# 中国现代农业产业可持续发展战略研究

## 谷子糜子分册

国家谷子糜子产业技术体系　编著

中国农业出版社

# 内容简介

本书从粟类作物的分布和生产入手，系统分析了中国谷子、糜子生产的分布区域及产业发展历程和现状，翔实总结了谷子和糜子种质创新、育种、生物技术、植物保护和食品加工等领域研究进展，深入剖析了我国谷子、糜子的生产形势和产业发展中存在的问题，探究了谷子、糜子产业发展的重点环节和内容，提出了在产业结构调整和农业供给侧改革新形势下谷子、糜子产业发展的战略构想和政策建议。

本书由国家谷子糜子产业技术研发中心组织长期从事谷子种质创新、遗传育种、耕作栽培、植物保护、产品加工和产业经济等方面的专家集体编写。全书分发展概况篇、战略研究篇和政策选择篇，共 8 章，可供从事杂粮作物产业相关领域管理、科研、推广、教学、生产、加工、贸易等工作人员阅读，也适合高等院校农学、食品加工、农经类专业研究生和高年级本科生参考。

# 编 委 会

主　　编　刁现民

编　　委　（按姓名笔画排序）

刁现民　王慧军　冯佰利　刘金荣
李顺国　杨天育　张喜文　赵　敏
郭二虎　程汝宏　程炳文

执 笔 人　（按姓名笔画排序）

刁现民　马继芳　王　阳　王桂荣
王慧军　田伯红　冯佰利　冯耐红
朱明旗　刘　猛　刘　斐　刘敏轩
刘焕新　刘敬科　李书田　李志勇
杨天育　杨文耀　杨成元　杨志杰
吴海岩　沈　群　张　云　张玉宗
张晓娟　张喜文　陆　平　侯东辉
夏雪岩　高志军　郭二虎　董　立
董志平　程汝宏　程炳文　管延安

# 出 版 说 明

为贯彻落实党中央、国务院对农业农村工作的总体要求和实施创新驱动发展战略的总体部署，系统总结“十二五”时期现代农业产业发展的现状、存在的问题和政策措施，进一步推进现代农业建设步伐，促进农业增产、农民增收和农业发展方式的转变，在农业部科技教育司的大力支持下，中国农业出版社组织现代农业产业技术体系对“十二五”时期农业科技发展带来的变化及科技支撑产业发展概况进行系统总结，研究存在问题，谋划发展方向，寻求发展对策，编写出版《中国现代农业产业可持续发展战略研究》。本书每个分册由各体系专家共同研究编撰，充分发挥了现代农业产业技术体系多学科联合、与生产实践衔接紧密、熟悉和了解世界农业产业科技发展现状与前沿等优势，是一部理论与实践、科技与生产紧密结合、特色突出、很有价值的参考书。

本书出版将致力于社会效益的最大化，将服务农业科技支撑产业发展和传承农业技术文化作为其基本目标。通过编撰出版本书，希望使之成为政府管理部门的政策决策参考书、农业科技人员的技术工具书及农业大专院校师生了解与跟踪国内外科技前沿的教科书，成为农业技术与农业文化得以延续和传承的重要馆藏图书，实现其应有的出版价值。

# 序言

中华古文明以农耕文明为其核心和基础，而谷子和糜子（又名：黍稷）则是中国北方农耕文明建立和发展的核心作物。世界上第一碗面条就是用小米面做的。考古学证据表明，谷子和糜子的驯化栽培历史均在10 000年以上。谷子和糜子是人类历史上最早驯化且栽培历史持续时间最长的作物，至今仍是我国北方旱作可持续农业的主栽作物。近年来，随着追求高产的主栽大宗作物大量肥水和农药的过分利用，我国农业产区水土资源严重透支、生态环境恶化、综合效益大幅下滑，使得我国种植业结构调整的压力越来越大。谷子和糜子以抗旱、节水、节肥的环境友好栽培为特征，且少受国际市场冲击，在种植业结构调整中具有不可或缺的作用。谷子和糜子脱壳加工的小米和黄米是公认的健康保健食品，对于保障膳食结构多样性，提升全社会健康水平具有十分重要的意义。

中华人民共和国成立初期，我国谷子和糜子的年栽培面积曾超过1 300万$hm^2$。20世纪70年代谷子仍是主要粮食作物，只是近30年来受生产条件改善等因素影响，谷子和糜子这两个作物才沦为次要作物。目前全国年种植谷子约100万$hm^2$，糜子约53.3万$hm^2$，主要分布在华北、西北和东北的干旱半干旱地区。我国是谷子和糜子的起源国，也是主要生产国和科学研究国。虽然对谷子和糜子的科学研究开始于20世纪40年代初期，但系统地进行种质资源、遗传育种、栽培植保、食品加工等方面的科学研究是在中华人民共和国成立之后，长期的科研和生产积累使得我国具有全世界最多的种质资源、最先进的品种和配套的高效栽培技术。但谷子和糜子科研与生产的整体水平同水稻、小麦、玉米等大宗作物相比，在品种产量水平和轻简栽培技术等方面仍有很大的差距。同时谷子、糜子生产正在经历由散户生产向规模化产业化生产的转变。在国家调整农业结构、转变生产方式的新形势下，回顾谷子、糜子生产的历史变迁，认真总结谷子、糜子产业的生产经验，全面了解谷子、糜子科研的动态，对明确我国谷子、糜子产业技术的研发方向和产业政策制定具有重要意义。

国家谷子糜子产业技术体系是农业部、财政部启动的现代农业产业技术体系建设的50个体系之一，2008年启动时仅有谷子一种作物，包括10名岗位科学家和10名综合试验站站长；2010年增加了糜子，共18名岗位科学家和19名综合试验站站长。自启动以来，国家谷子糜子产业技术体系以推动谷子和糜子原始创新、科技进步和产业提升为己任，紧密围绕谷子、糜子产业化生产的前瞻性、全局性、关键性和应急性问题，组织开展科技攻关、产业技术服务、基地建设和政策咨询等工作，在谷子免间苗轻简栽培、品质提升、全程机械化管理、产业链延伸等领域解决了制约产业化发展的多项技术瓶颈，形成了适合不同地区谷子、糜子生产的多项技术模式，为谷子、糜子由单户向产业化生产提供了强有力的技术支撑，并在基础前瞻性研究方面国际领先。据不完全统计，自2008年启动到2016年年底，建立了谷子野生种质库，完成了谷子核心种质资源重测序，构建了国际上首个谷子单倍型图谱，发掘出控制47个重要农艺和植物学性状的512个QTL位点，构建了豫谷1号EMS突变体库，克隆出一批重要功能基因；创制出抗咪唑乙烟酸新型除草剂种质，抗谷瘟、高抗黑穗病种质；培育谷子、糜子新品种116个，集成示范适于旱薄丘陵地等不同生态条件的谷子和糜子轻简化、机械化栽培技术模式、规程34个，在谷子、糜子主产区建立试验基地92个；示范基地244个，新品种累计推广面积190.21万$hm^2$；新技术累计推广面积82.70万$hm^2$，累计增产粮食92.47万t，增收节支和减少损失65亿元，为谷子、糜子生产由散户向规模化生产提供了强有力的技术支撑。

本书是农业部科技教育司组织编写的《中国现代农业产业可持续发展战略研究》的重要组成部分，是国家谷子糜子产业技术体系集体研究的软科学成果。由于谷子、糜子总体来说是中小作物，有关产业经济信息没有系统的数据积累，同时本书的撰写人员多数并非专业的软科学研究人员，其中不妥之处在所难免，敬请广大读者批评指正。在本书的编撰和出版过程中，得到了农业部科技教育司、中国农业出版社和中国农业科学院作物科学研究所的鼎立支持，编者在此表示衷心的感谢！

刁现民

2017.3

目
录

## 战略研究篇

## 政策选择篇

# 发展概况篇

FAZHAN GAIKUANG PIAN

# 第一章　谷子糜子产业发展概述

谷子、糜子属禾本科作物，具有抗旱耐瘠、适应性广、耐储存、营养丰富、粮草兼用等特点，在干旱和半干旱地区的农业生产中占有非常重要的地位，加强发展谷子、糜子产业，对保证我国粮食安全，促进粮食生产、畜牧业及经济可持续发展具有重大意义。

## 第一节　世界粟类作物的产业发展概况

### 一、粟类作物的种类及其特点

谷子（*Setaria italica*）、糜子（*Panicum miliaceum*）属禾本科作物，同珍珠粟（*Pennisetum glaucum*）、龙爪稷（或穇子）（*Eleusine coracana*）、小粟（*Panicum sumatrense*）、食用稗［*Echinochloa crusgalli*（Japanese）和 *E. colona*（Indian）］、薏苡（*Coix lacryma－jobi*）、福尼奥米［*Digitaria exilis*（白福尼奥米，white fonio）和 *D. iburua*（黑福尼奥米，black fonio）］、几内亚小米（*Brachiaria deflexa*）、圆果雀稗（*Paspalum scrobiculatum*）和台夫（*Eragrotis tef*）等同属粟类作物，英文统称"millets"。

粟类作物是一些籽粒较小、生长繁茂，可作为食用或饲用的一年生禾谷类作物和草本植物的总称。粟类作物具有以下共同特点：一是均为一年生禾本科小粒草本植物；二是生育期较短，适于在温暖季节生长，有的还可以用来填闲度荒；三是一般茎叶繁茂，再生力强，适于用作饲草；四是多数具有良好的抗旱耐热耐瘠等抗逆特性，能适应不良环境（古世禄，1987）。虽然粟类作物的单产比其他禾谷类作物低，但由于它们具有较强的抗旱、耐瘠薄、耐盐碱、耐温度胁迫的能力，因此具有极广的适应性。这使得粟类作物可在其他禾谷类作物难以生长或生长不良的地方栽培，并保证了少雨地区可靠的粮食收获，对生态环境恶劣地区的农业生产甚至对人类生存意义重大（黎裕，1992）。

同时，粟类作物可提供丰富的必需氨基酸、膳食纤维、维生素及矿质元素等，其营养价值高于其他禾谷类作物（如水稻、玉米等），是老人、幼儿、病人及孕妇的极好食源（董志平，2002；李翠兰，2009）。

## 二、世界粟类作物的分布与生产

### （一）世界粟类作物的分布

粟类作物在世界范围内的分布不像小麦、水稻那样广泛，主要分布在亚洲、非洲和欧洲东部；由于生态地理条件及民族文化习惯的不同，各种粟类作物的栽培地区存在很大的差异（黎裕，1992）。粟类作物的主要种植国家有亚洲的印度、中国、尼泊尔、巴基斯坦和缅甸，撒哈拉以南非洲的布基纳法索、喀麦隆、乍得、加纳、肯尼亚、马里、纳米比亚、尼日尔、尼日利亚、塞内加尔、苏丹、坦桑尼亚、多哥、乌干达和津巴布韦，美洲的阿根廷和美国，以及欧洲部分地区（表1-1）。

表1-1　粟类作物分布主产区

| 作物 | 主产区 | 主要用途 |
| --- | --- | --- |
| 糜子 | 亚洲：印度、中国、日本、阿富汗、伊朗、伊拉克、叙利亚、土耳其、蒙古<br>欧洲：罗马尼亚、乌克兰、俄罗斯<br>美洲：美国 | 食用、饲用 |
| 谷子 | 亚洲：中国、印度、日本、韩国 | 食用、饲用 |
| 稗 | 亚洲：中国、韩国、日本、印度 | 食用、饲用、药用、酿酒、制糖 |
| 龙爪稷 | 亚洲：印度、中国、尼泊尔、缅甸、斯里兰卡<br>东非：乌干达、肯尼亚、苏丹、厄立特里亚、卢旺达、布隆迪<br>南非：津巴布韦、赞比亚、马拉维、马达加斯加岛 | 食用、饲用、酿酒 |
| 福尼奥米 | 西非：贝宁湾、布基纳法索、几内亚、冈比亚、马里、尼日利亚、塞内加尔、多哥<br>中非：乍得 | 食用、饲用 |
| 薏苡 | 南亚、东南亚和东亚：缅甸、中国、印度、马来西亚、菲律宾、泰国<br>南美洲：巴西 | 食用 |
| 圆果雀稗 | 南亚：印度 | 食用、酿酒 |
| 小粟 | 南亚和东南亚：印度、尼泊尔、斯里兰卡、缅甸 | 食用 |
| 珍珠粟 | 亚洲：印度、阿富汗、孟加拉国、缅甸、巴基斯坦<br>非洲：在撒哈拉以南非洲的28个国家均有种植，其中面积较大的是尼日利亚、尼日尔、布基纳法索、马里 | 食用、饲用 |

（续）

| 作物 | 主产区 | 主要用途 |
| --- | --- | --- |
| 台夫 | 东非和南非：埃塞俄比亚（主产国）、肯尼亚北部、南非<br>美洲和欧洲（小规模种植）：美国、加拿大、荷兰<br>大洋洲：澳大利亚<br>其他地区（主要为饲用）：摩洛哥、印度、巴基斯坦 | 食用、饲用 |

## （二）世界粟类作物的生产概况

### 1. 世界粟类作物的生产

粟类作物比其他禾谷类作物的单产低，由于与其他高产粮食作物和经济作物在土地上存在竞争（黎裕，1992），使得近几十年来粟类作物的生产在世界范围内呈明显下降的趋势（图 1-1）。粟类作物的收获面积在 1973 年达到最高（4 564 万 $hm^2$），在 2012 年最低，为 3 172 万 $hm^2$。亚洲和欧洲地区的收获面积在近几十年来也呈现明显的下降趋势，美洲地区的收获面积在近几十年来变化不大，而非洲地区粟类作物的收获面积在近几十年来呈现明显的上升趋势（图 1-2），其收获面积在 1964 年仅为 1 170万 $hm^2$，在 2013 年增加到 2 092 万 $hm^2$，在 2008 年达到最高，约 2 162 万 $hm^2$。图 1-3 显示了 1964—2013 年中国粟类作物收获面积的变化情况，可以看出近几十年以来，中国粟类作物的收获面积出现了大幅度的下降。

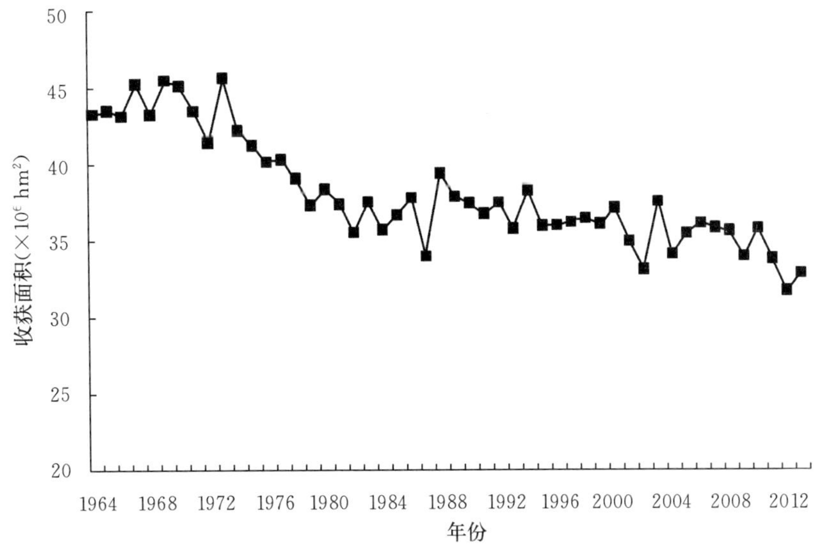


图 1-1　1964—2013 年世界粟类作物收获面积

（数据来源：http：//www.fao.org/home/en/）

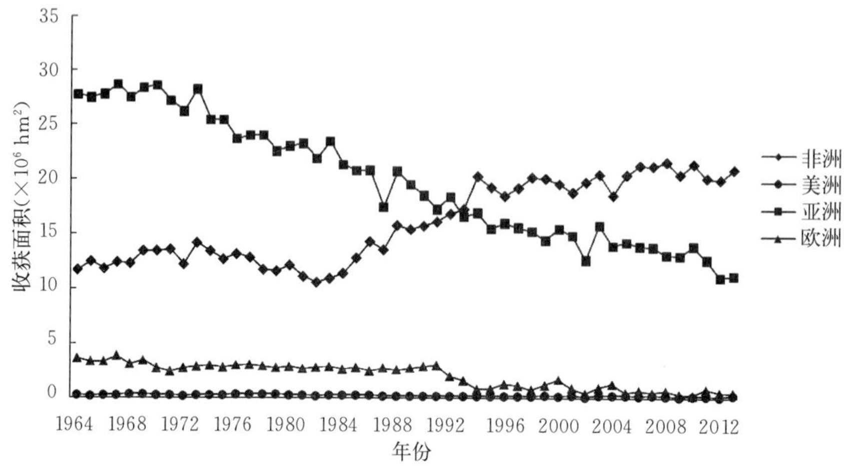


图 1－2　1964—2013 年四大洲粟类作物收获面积

（数据来源：http：//www.fao.org/home/en/）

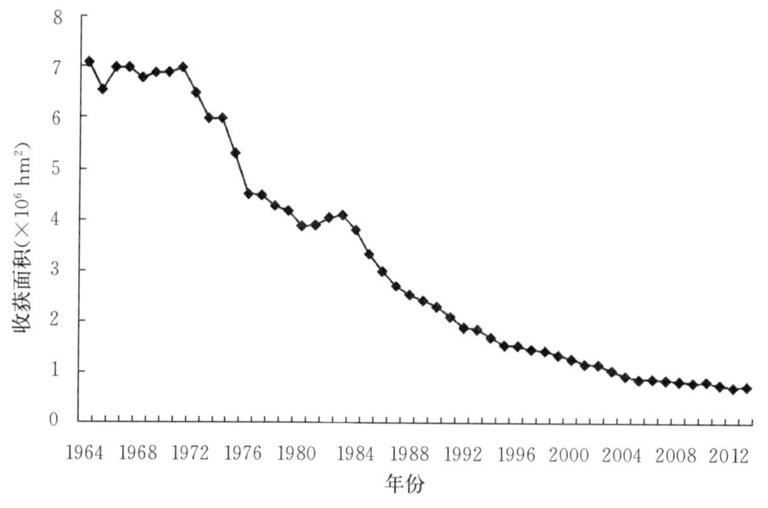


图 1－3　1964—2013 年中国粟类作物收获面积

（数据来源：http：//www.fao.org/home/en/）

自 1964 年以来粟类作物的单产波动较大，但各地区及世界平均水平均呈上升趋势，而中国粟类作物的单产高于世界平均水平及其余各地区水平。受单产和种植面积变化的共同作用，世界粟类作物的总产量稳定在 2 700 万 t 左右。美洲的总产量也较稳定。受大幅度种植面积变化的影响，亚洲和欧洲地区粟类作物的总产量有明显的下降趋势，而非洲地区的总产量有明显上升趋势（图 1－4）。近几十年来中国粟类作物的总产量也呈现大幅下降的情况（图 1－5）。

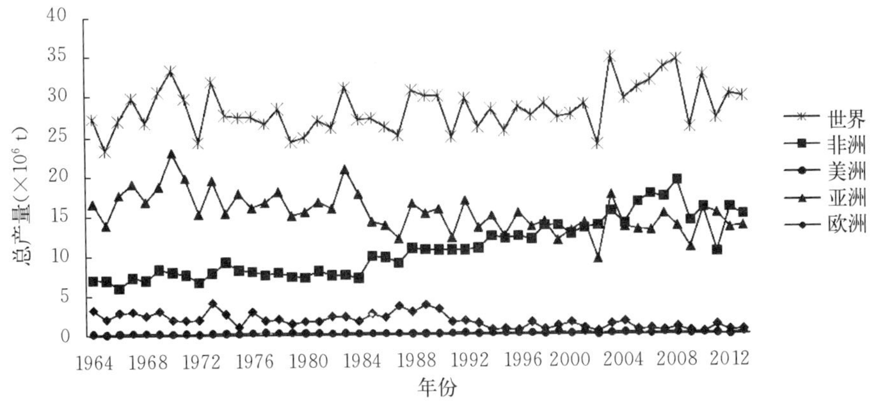


图1-4 1964—2013年世界粟类作物总产量

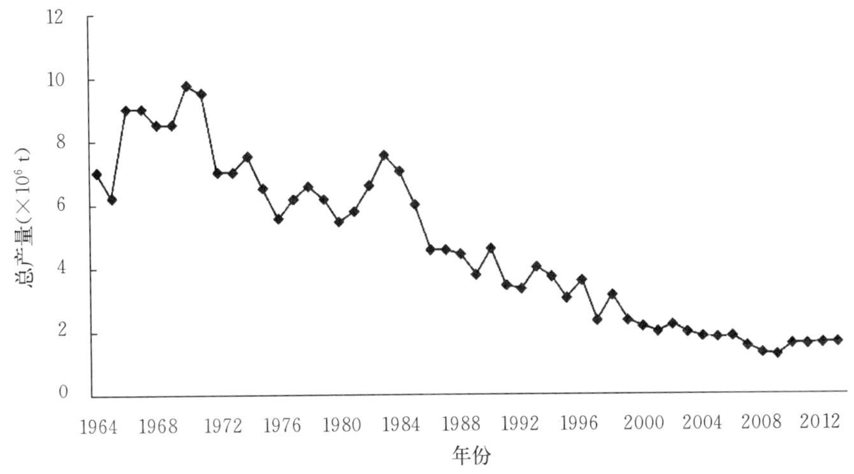


图1-5 1964—2013年中国粟类作物总产量

**2. 世界谷子糜子的分布与生产**

（1）世界谷子的分布与生产。谷子在世界上不同的国家种植面积没有清楚可靠的数据，很多中国研究者从联合国粮农组织有关的网站（http：//faostat. fao. org.）下载相关数据，因为这个网站提供了“millets”的世界种植和生产贸易情况。但“millets”一词在英文中是包括谷子、糜子、珍珠粟、台夫、龙爪稷等多种小粒作物的总称。把“millets”直接翻译成“谷子”或者我们中国人指的“小米”是错误的，而且往往造成以讹传讹的结果。因为在很多国家谷子不作为统计的主栽作物，联合国粮农组织又将谷子和其他粟类作物一起统计，我们目前不能有一个清楚可靠的谷子世界种植分布图。

谷子在历史上曾是横跨欧亚大陆的主要粮食作物，在哥伦布发现美洲大陆将玉米等高产作物引入欧亚大陆之前的欧亚人类文明发展中起到了不可或缺的重要作用。谷子在欧亚各国变为小作物，没有准确的统计面积只是近代的事情。但从国际交流和文献中，可以看出谷子仍是一个较为广泛分布的作物，全世界谷子面积约1 000万$hm^2$，主产区在亚洲，主要包括中国、印度等国家，其中中国的谷子面积和产量分别占世界总量的 80%和 85%左右，印度的面积和产量均占世界的 10%左右；亚洲其他国家如日本、韩国、尼泊尔、东南亚国家也零星种植。谷子在欧洲的法国、英国等国家作为鸟饲作物生产，面积很小，且年度变化很大。谷子在美国和加拿大是主要作物小麦田夏季的填闲饲草，主要是干草生产。

（2）世界糜子的分布与生产。全世界糜子的栽培面积为 550 万～600 万 $hm^2$，栽培面积最大的是俄罗斯，其次为乌克兰和中国，印度、伊朗、蒙古等国也有栽培。目前，俄罗斯糜子产量占世界总产量的 45%。

近几年俄罗斯糜子种植面积年际间波动较大，种植面积为 50.6 万～82.5 万 $hm^2$；不同年份糜子的播种面积占粮食作物播种总面积的比例为 1.1%～2.0%（表1-2）。

**表 1-2　2006—2011 年俄罗斯糜子种植面积**

| 地　区 | 年份 | | | | | |
|---|---|---|---|---|---|---|
| | 2006 | 2007 | 2008 | 2009 | 2010 | 2011 |
| 粮食作物（$\times10^6$ $hm^2$） | 41.96 | 43.17 | 45.73 | 46.47 | 41.89 | 42.01 |
| 糜子（$\times10^3$ $hm^2$） | 668 | 506 | 572 | 522 | 521 | 825 |
| 占粮食作物的比例（%） | 1.6 | 1.2 | 1.3 | 1.1 | 1.2 | 2.0 |

俄罗斯的糜子主产区包括中央联邦区、南部联邦区等 5 个生产区。这 5 个生产区的糜子产量占俄罗斯糜子总产量的 99.9%，其中包括 8 个主要附属区（其糜子产量约占总产量的 90%）。在 8 个附属产区中，萨拉托夫地区的糜子产量最高；各产区 2011 年产量与 2006—2010 年平均产量相比均有明显增加，其中增幅最大的是中央联邦区（4.6 倍），特别是沃罗涅日地区（6 倍），这与 2011 年该区引进了高产、抗多种胁迫新品种有关（表 1-3）。

**表 1-3　俄罗斯各生产区糜子总产量**

单位：$\times10^3$ t

| 产　区 | 2006—2010 年平均 | 2011 年 | 2011 年/2006—2010 年平均（%） |
|---|---|---|---|
| 俄罗斯 | 425.1 | 878.3 | 206 |
| 　中央联邦区 | 18.2 | 83.9 | 460 |
| 　　沃罗涅日地区 | 9.2 | 55.9 | 600 |
| 　南部联邦区 | 105.7 | 312.0 | 300 |
| 　　罗斯托夫地区 | 67.4 | 196.4 | 291 |
| 　　伏尔加格勒地区 | 32.9 | 103.9 | 315 |
| 　北高加索联邦区 | 37.4 | 44.1 | 117 |
| 　　斯塔夫罗波尔边疆区 | 34.2 | 42.4 | 123 |
| 　普利沃斯基联邦联邦区 | 238.8 | 394.3 | 165 |
| 　　萨拉托夫地区 | 141.4 | 238.2 | 168 |

（续）

| 产 区 | 2006—2010 年平均 | 2011 年 | 2011 年/2006—2010 年平均（%） |
|---|---|---|---|
| 奥伦堡地区 | 37.1 | 69.7 | 188 |
| 萨马拉地区 | 29.9 | 45.6 | 152 |
| 西伯利亚联邦区 | 24.7 | 43.4 | 176 |
| 阿勒泰地区 | 22.4 | 37.2 | 166 |

糜子生育期短，尤其是早熟品种，或者在生长的第一阶段快速生长的品种在中等寒冷农业气候区（俄罗斯中央联邦区和白俄罗斯）具有优势。尽管在温暖地区糜子的种植有限制，2011 年中央联邦区的单产还是超过了 2 t/hm$^2$，比俄罗斯平均产量高出 38.8%（表 1-4）。此外，在俄罗斯境内种植的现代糜子品种，对不同的土壤环境均具有较强的适应性，在高效农业技术条件下产量能达到 4 t/hm$^2$。

**表 1-4 俄罗斯糜子单产**

单位：t/hm$^2$

| 产 区 | 2006—2010 年平均 | 2011 年 | 2011 年/2006—2010 年平均（%） |
|---|---|---|---|
| 俄罗斯 | 1.06 | 1.47 | 131 |
| 中央联邦区 | 1.29 | 2.04 | 147 |
| 南部联邦区 | 1.09 | 1.59 | 139 |
| 北高加索联邦区 | 1.30 | 1.98 | 148 |
| 普利沃斯基联邦联邦区 | 0.96 | 1.31 | 127 |
| 西伯利亚联邦区 | 0.95 | 1.32 | 126 |

## 第二节 中国谷子糜子产业发展现状

### 一、谷子糜子在农业生产中的地位

#### （一）谷子糜子是我国干旱半干旱地区的主要栽培作物

谷子、糜子耐旱耐瘠薄，是我国北方干旱省份的重要粮食作物，甚至是部分地区的首要栽培作物，在旱作生态可持续农业和作物生态多样性建设中具有重要地位（柴岩，1999；董志平，2002；李翠兰，2009）。无霜期短、降水集中、年降水量少的北方广大旱作农业区一般都是谷子、糜子的优势产区（柴岩，2013）。谷子、糜子是这些地区人们的主要粮食作物，也是牛羊等家畜的越冬饲草。谷子、糜子的丰歉不仅会影响这些地区人们的生活，也会直接影响到这些地区畜牧业的发展（柴岩，2013）。

### （二）谷子糜子是水分高效利用作物

谷子、糜子是干旱半干旱地区的主要作物，生长期与雨热基本同步，在多数年份，水分不成为限制谷子、糜子生产潜力的主要因素（程炳文，2007）。谷子、糜子的水分利用率也高，糜子、谷子种子发芽需水量仅为种子重量的25%～26%（高粱需40%、玉米需48%、小麦需45%）；每生产1g干物质，糜子需水最少，谷子需水257g，玉米需水369g，小麦需水510g，水稻需水更高。同时，谷子、糜子的蒸腾系数在主要禾谷类作物中也为最低（程炳文，2007）。说明禾谷类作物中谷子、糜子的耗水量最低，用水最经济。在全球水资源日益匮乏的形势下，种植谷子、糜子对于提高水分利用率，保持农业可持续发展具有重要意义。

### （三）谷子糜子是抗旱避灾备荒的主要作物

在遭受旱、涝、雹灾害之后，补种、抢种谷子、糜子，充分利用其他作物不能利用的水热资源，可获取较好的收成（屈洋，2013）。例如，1962年是中国自然灾害最严重的一年，由于大范围严重干旱，其他谷物因错过播种期而不能播种，只能种植糜子，这一年全国糜子种植面积最大，而这一年糜子的丰收有效地缓解了因其他谷物减产造成的粮食短缺的压力（柴岩，2013）。此外，谷子、糜子的颖壳中含有大量硅素，能起防潮防虫的作用，其籽粒耐储藏，可用作储备粮（高强，2003）。

### （四）谷子糜子用途多样，有广阔的开发利用前景

谷子、糜子具有很高的食用价值，营养丰富，其保健作用在杂粮中占据重要地位。此外，其茎、叶、秆也含有丰富的营养成分，可以直接喂养牲口，也可以加工成精饲料，有重要的饲用价值（程炳文，2007）。谷子、糜子还可用于制糖、制药，或加工成各种方便小吃，具有广阔的市场开发前景。例如，谷糠可以加工成降血脂的多维胶囊，米糠提取物已广泛应用于化妆品、皮肤病治疗药物等产品之中。另外，谷子、糜子和玉米、高粱一样是高淀粉作物，可以用来生产工业酒精，制造生物燃料。

## 二、中国谷子糜子的分布与生产

### （一）中国谷子的分布与生产

#### 1. 中国谷子的分布

谷子在我国的分布很广泛，几乎全国都有种植，但目前产区主要分布在东经108°～130°、北纬32°～48°的北方各省的干旱、半干旱地区。其中种植面积较大的有山西、河北、内蒙古、黑龙江、吉林、辽宁、山东、河南、陕西、甘肃、宁夏等省份。2012年中国种植业信息网数据表明，山西、河北、内蒙古三省份占我国谷子种

植面积的68.1%。"十五"以来，国家攻关（科技支撑计划）项目习惯将我国谷子产区分为华北、东北、西北三大生态区。根据自然条件、地理纬度、种植方式和品种类型，有专家学者把中国谷子产区划分为东北平原春谷区、华北平原夏谷区、内蒙古高原春谷区、黄河中上游黄土高原春夏谷区4个谷子栽培区（李顺国，2014）。

**2. 中国谷子的生产水平**

（1）种植面积。根据《中国农业统计年鉴》的统计结果，中华人民共和国成立以来我国谷子种植面积呈不断缩减趋势（表1-5），2012年的谷子种植面积不足1949年的8%，减少了92.0%。自20世纪50年代末开始，我国谷子种植出现大面积减少；到70年代末，谷子种植面积不足1949年的一半，自此基本保持每10年100万 $hm^2$ 的速度减少。个别年份也有例外，因为谷子的种植面积受气候影响较大，自然灾害严重的年份，其种植面积会扩大。

**表1-5　1949—2012年中国谷子种植面积、单产和总产量**

| 年份 | 面积（$\times 10^6 hm^2$） | 单产（$t/hm^2$） | 总产量（$\times 10^6$ t） |
|---|---|---|---|
| 2012 | 0.736 | 2.440 | 1.796 |
| 2011 | 0.745 | 2.102 | 1.567 |
| 2010 | 0.809 | 1.946 | 1.573 |
| 2009 | 0.812 | 1.782 | 1.463 |
| 2008 | 0.815 | 1.578 | 1.286 |
| 2007 | 0.839 | 1.797 | 1.507 |
| 2006 | 0.858 | 1.911 | 1.639 |
| 2005 | 0.849 | 2.100 | 1.783 |
| 2004 | 0.916 | 1.980 | 1.813 |
| 2003 | 1.025 | 1.894 | 1.941 |
| 2002 | 1.140 | 1.909 | 2.176 |
| 2001 | 1.148 | 1.713 | 1.967 |
| 2000 | 1.250 | 1.700 | 2.125 |
| 1999 | 1.329 | 1.744 | 2.318 |
| 1998 | 1.410 | 2.212 | 3.120 |
| 1997 | 1.442 | 1.604 | 2.312 |
| 1996 | 1.514 | 2.360 | 3.573 |
| 1995 | 1.522 | 1.983 | 3.019 |
| 1994 | 1.672 | 2.211 | 3.696 |
| 1993 | 1.832 | 2.183 | 3.999 |

（续）

| 年份 | 面积（$\times10^6$ hm$^2$） | 单产（t/hm$^2$） | 总产量（$\times10^6$ t） |
|---|---|---|---|
| 1992 | 1.867 | 1.776 | 3.317 |
| 1991 | 2.081 | 1.645 | 3.244 |
| 1990 | 2.279 | 2.008 | 4.575 |
| 1989 | 2.396 | 1.566 | 3.753 |
| 1988 | 2.514 | 1.755 | 4.412 |
| 1987 | 2.688 | 1.621 | 4.537 |
| 1986 | 2.980 | 1.524 | 4.540 |
| 1985 | 3.319 | 1.801 | 5.977 |
| 1984 | 3.797 | 1.850 | 7.025 |
| 1983 | 4.088 | 1.845 | 7.540 |
| 1982 | 4.039 | 1.629 | 6.580 |
| 1981 | 3.889 | 1.482 | 5.765 |
| 1980 | 3.872 | 1.406 | 5.445 |
| 1979 | 4.173 | 1.468 | 6.125 |
| 1978 | 4.271 | 1.536 | 6.560 |
| 1975 | 4.918 | 1.455 | 7.155 |
| 1970 | 6.913 | 1.408 | 9.735 |
| 1962 | 6.430 | 0.825 | 5.306 |
| 1957 | 8.377 | 1.022 | 8.560 |
| 1952 | 9.836 | 1.172 | 11.530 |
| 1949 | 9.207 | 0.847 | 7.797 |

资料来源：《中国农业统计年鉴》。

我国谷子主要分布在河北、山西、内蒙古、辽宁、陕西、河南、黑龙江、山东、甘肃、吉林10个省份，这10个省份谷子种植面积占全国总面积的96.9%，自1978年以来，各省种植面积均表现下降趋势（表1-6）。河北、山西、内蒙古种植面积较大，吉林、甘肃、山东种植面积较小。吉林和黑龙江在20世纪70年代有较大的种植面积，但在20世纪80年代后期大幅度减少。

**表 1-6 中国谷子主产区谷子种植面积**

单位：$\times 10^3 hm^2$

| 年份 | 河北 | 山西 | 内蒙古 | 辽宁 | 吉林 | 黑龙江 | 山东 | 河南 | 陕西 | 甘肃 |
|---|---|---|---|---|---|---|---|---|---|---|
| 1978 | 542.3 | 564.5 | 144.8 | 442.1 | 620.2 | 968.2 | 207.7 | 294.5 | 247.1 | 106.5 |
| 1979 | 554.4 | 557.2 | 563.8 | 204.9 | 457.1 | 854.2 | 213.6 | 299.1 | 242.3 | 106.7 |
| 1980 | 549.2 | 551.1 | 502.5 | 190.1 | 415.9 | 768.8 | 169.1 | 263.9 | 248.0 | 109.1 |
| 1981 | 592.1 | 520.9 | 534.1 | 211.3 | 431.1 | 769.2 | 144.9 | 261.6 | 226.7 | 99.3 |
| 1982 | 700.0 | 543.0 | 570.1 | 272.4 | 418.9 | 722.6 | 150.2 | 267.7 | 206.5 | 99.3 |
| 1983 | 687.9 | 539.2 | 558.5 | 273.7 | 426.2 | 748.5 | 180.8 | 268.4 | 210.2 | 96.8 |
| 1984 | 706.5 | 501.1 | 518.9 | 254.6 | 325.7 | 633.5 | 230.0 | 256.6 | 195.1 | 86.6 |
| 1985 | 684.2 | 395.5 | 462.8 | 210.1 | 276.1 | 492.7 | 244.9 | 214.8 | 177.4 | 76.1 |
| 1986 | 630.9 | 381.3 | 414.5 | 205.9 | 218.5 | 409.9 | 208.8 | 194.8 | 172.2 | 67.1 |
| 1987 | 603.1 | 388.1 | 387.1 | 188.7 | 157.1 | 308.4 | 178.8 | 177.6 | 166.1 | 65.7 |
| 1988 | 572.1 | 382.4 | 385.3 | 179.4 | 131.8 | 245.3 | 157.9 | 174.9 | 159.5 | 62.7 |
| 1989 | 554.8 | 383.1 | 374.2 | 177.3 | 114.0 | 212.9 | 147.1 | 159.3 | 154.4 | 55.6 |
| 1990 | 549.0 | 381.9 | 356.5 | 169.3 | 88.9 | 175.1 | 139.5 | 148.5 | 156.1 | 54.7 |
| 1991 | 509.5 | 365.7 | 334.1 | 147.2 | 70.9 | 139.9 | 122.3 | 127.1 | 149.7 | 52.3 |
| 1992 | 428.8 | 345.1 | 285.1 | 120.4 | 63.4 | 131.9 | 109.4 | 121.6 | 148.7 | 60.7 |
| 1993 | 469.3 | 348.6 | 257.9 | 120.1 | 57.0 | 126.1 | 114.0 | 110.0 | 134.9 | 48.6 |
| 1994 | 419.6 | 327.6 | 232.6 | 109.0 | 47.8 | 108.3 | 99.5 | 101.1 | 129.9 | 49.7 |
| 1995 | 379.0 | 298.6 | 237.0 | 102.8 | 34.4 | 87.8 | 94.2 | 112.8 | 98.7 | 37.3 |
| 1996 | 361.9 | 307.9 | 252.0 | 104.9 | 27.1 | 72.7 | 84.7 | 102.9 | 115.0 | 40.4 |
| 1997 | 346.8 | 286.9 | 256.8 | 106.0 | 23.5 | 66.5 | 80.1 | 82.3 | 117.5 | 41.2 |
| 1998 | 332.6 | 304.4 | 224.5 | 100.8 | 19.9 | 70.4 | 74.1 | 85.0 | 119.7 | 41.2 |
| 1999 | 304.5 | 273.7 | 207.1 | 89.6 | 20.2 | 71.4 | 65.6 | 77.0 | 105.8 | 70.4 |
| 2000 | 309.6 | 280.1 | 164.0 | 86.9 | 26.1 | 81.8 | 54.6 | 80.3 | 90.4 | 43.6 |
| 2001 | 273.6 | 218.1 | 176.3 | 149.6 | 7.5 | 67.9 | 48.0 | 65.9 | 80.4 | 36.3 |
| 2002 | 262.3 | 249.8 | 177.2 | 107.2 | 17.2 | 79.5 | 43.9 | 58.5 | 78.2 | 34.0 |
| 2003 | 226.8 | 234.2 | 142.0 | 113.1 | 22.6 | 66.1 | 39.2 | 58.0 | 63.1 | 33.8 |
| 2004 | 222.7 | 223.1 | 126.0 | 103.8 | 10.2 | 43.5 | 31.6 | 39.3 | 62.6 | 33.1 |
| 2005 | 194.8 | 216.5 | 124.5 | 90.5 | 12.2 | 38.1 | 28.7 | 41.3 | 51.7 | 32.1 |
| 2006 | 194.2 | 192.9 | 158.9 | 82.8 | 13.4 | 34.5 | 15.5 | 34.9 | 77.7 | 31.2 |

（续）

| 年份 | 河北 | 山西 | 内蒙古 | 辽宁 | 吉林 | 黑龙江 | 山东 | 河南 | 陕西 | 甘肃 |
|---|---|---|---|---|---|---|---|---|---|---|
| 2007 | 176.3 | 230.8 | 135.5 | 82.2 | 11.7 | 29.4 | 15.4 | 33.3 | 75.8 | 26.8 |
| 2008 | 173.5 | 225.1 | 143.6 | 76.1 | 11.5 | 30.4 | 15.2 | 34.5 | 75.0 | 19.8 |
| 2009 | 146.2 | 199.7 | 149.6 | 87.4 | 17.7 | 25.4 | 14.7 | 38.0 | 77.7 | 18.4 |
| 2010 | 154.9 | 205.0 | 174.2 | 76.8 | 31.9 | 11.7 | 17.5 | 36.4 | 74.7 | — |
| 2011 | 164.5 | 206.0 | 137.3 | 63.5 | 35.1 | 10.2 | 17.8 | 35.9 | 62.7 | — |
| 2012 | 151.8 | 206.8 | 142.4 | 52.0 | 35.8 | 8.7 | 18.7 | 35.4 | 60.1 | 11.7 |

资料来源：《新中国农业六十年统计资料》。

（2）产量。谷子的单产一直在提高，从 1949 年的 0.847 t/hm² 到 2012 年的 2.440 t/hm²，翻了一番多（表 1－5）。从 20 世纪 60 年代以后开始平稳增长，近年来谷子的单产基本保持在 2 t/hm² 左右。谷子是我国为数不多的单产在世界上领先的主要农作物之一，根据 2011 年的统计数据，我国谷子单产平均 2.102 t/hm²，比世界平均水平高出 32.5%。

由于总种植面积严重缩减，我国谷子总产量不断下降，20 世纪 80 年代初，我国谷子总产量还保持在 500 万～700 万 t，但 2000 年以来，我国谷子年总产量基本在 200 万 t 左右（表 1－5）。

我国各省份之间谷子单产差别较大，同一省份年际间波动也较大（表 1－7），高时可达到 4 000kg/hm² 以上，低时不到 300 kg/hm²。虽然波动较大，但是各省份单产总体呈增长趋势，涨幅 10%～160%。总体来看，吉林、山东的谷子单产水平较高，甘肃、陕西的较低。

**表 1－7 中国谷子主产区谷子单位面积产量**

单位：kg/hm²

| 年份 | 河北 | 山西 | 内蒙古 | 辽宁 | 吉林 | 黑龙江 | 山东 | 河南 | 陕西 | 甘肃 |
|---|---|---|---|---|---|---|---|---|---|---|
| 1978 | 1 170 | 1 577 | 829 | 1 301 | 1 556 | 1 606 | 2 022 | 1 664 | 1 174 | 1 456 |
| 1979 | 1 840 | 1 669 | 976 | 1 220 | 1 553 | 1 522 | 1 990 | 1 538 | 929 | 1 124 |
| 1980 | 1 784 | 1 742 | 786 | 1 236 | 1 347 | 1 346 | 1 862 | 1 572 | 1 149 | 1 421 |
| 1981 | 1 900 | 1 853 | 1 123 | 1 065 | 1 496 | 1 294 | 2 070 | 1 682 | 1 103 | 1 107 |
| 1982 | 2 250 | 2 376 | 1 246 | 1 083 | 1 588 | 1 211 | 2 663 | 1 438 | 1 017 | 806 |
| 1983 | 1 963 | 2 244 | 1 414 | 1 644 | 2 417 | 1 677 | 1 600 | 1 937 | 1 094 | 1 188 |
| 1984 | 1 982 | 1 946 | 1 417 | 1 296 | 2 211 | 1 823 | 3 239 | 1 871 | 1 307 | 1 270 |
| 1985 | 2 137 | 2 235 | 1 698 | 1 423 | 1 575 | 1 283 | 2 882 | 1 699 | 1 116 | 1 262 |

（续）

| 年份 | 河北 | 山西 | 内蒙古 | 辽宁 | 吉林 | 黑龙江 | 山东 | 河南 | 陕西 | 甘肃 |
|---|---|---|---|---|---|---|---|---|---|---|
| 1986 | 1 725 | 1 657 | 924 | 1 355 | 1 373 | 1 466 | 2 998 | 1 160 | 1 254 | 1 253 |
| 1987 | 2 020 | 1 799 | 1 346 | 1 362 | 1 667 | 1 304 | 3 233 | 1 706 | 933 | 974 |
| 1988 | 1 003 | 2 233 | 1 204 | 1 132 | 1 904 | 1 304 | 3 199 | 1 824 | 1 404 | 1 020 |
| 1989 | 1 860 | 2 188 | 855 | 891 | 1 316 | 1 066 | 2 863 | 2 047 | 1 030 | 1 043 |
| 1990 | 2 058 | 2 297 | 1 664 | 1 772 | 2 341 | 1 788 | 3 576 | 2 262 | 1 185 | 1 206 |
| 1991 | 1 839 | 1 206 | 1 350 | 1 529 | 2 199 | 1 694 | 4 234 | 1 802 | 768 | 995 |
| 1992 | 1 758 | 2 086 | 1 554 | 1 512 | 2 208 | 1 842 | 3 007 | 1 826 | 1 029 | 1 252 |
| 1993 | 2 310 | 2 258 | 1 875 | 1 932 | 2 456 | 2 153 | 3 473 | 2 546 | 1 559 | 1 270 |
| 1994 | 2 444 | 1 938 | 1 780 | 2 479 | 2 762 | 2 244 | 3 705 | 2 509 | 1 624 | 1 672 |
| 1995 | 2 325 | 2 101 | 1 008 | 2 218 | 2 500 | 2 380 | 2 750 | 1 959 | 864 | 991 |
| 1996 | 2 334 | 2 422 | 1 957 | 2 568 | 2 804 | 2 957 | 4 115 | 2 120 | 2 191 | 1 191 |
| 1997 | 1 942 | 1 330 | 1 601 | 1 746 | 2 128 | 2 165 | 2 881 | 1 041 | 562 | 1 079 |
| 1998 | 2 332 | 2 110 | 1 973 | 2 643 | 2 412 | 1 278 | 4 252 | 2 521 | 1 830 | 1 455 |
| 1999 | 2 051 | 1 530 | 1 410 | 1 466 | 2 776 | 1 905 | 3 307 | 2 429 | 851 | 1 508 |
| 2000 | 2 216 | 2 150 | 915 | 978 | 2 299 | 1 064 | 3 028 | 979 | 1 294 | 1 301 |
| 2001 | 2 091 | 1 476 | 1 458 | 1 687 | 4 107 | 1 517 | 3 224 | 2 222 | 513 | 1 481 |
| 2002 | 1 818 | 1 872 | 1 709 | 2 183 | 4 733 | 2 038 | 2 972 | 2 239 | 1 330 | 1 357 |
| 2003 | 2 218 | 1 588 | 1 509 | 2 201 | 3 673 | 1 953 | 3 279 | 1 535 | 1 521 | 1 370 |
| 2004 | 1995 | 1 610 | 1 579 | 3 343 | 2 294 | 1 977 | 3 829 | 2 543 | 1 038 | 1 209 |
| 2005 | 2 231 | 1 764 | 1 867 | 3 017 | 3 336 | 1 785 | 3 720 | 2 704 | 1 257 | 1 335 |
| 2006 | 2 149 | 1 855 | 1 645 | 2 162 | 3 974 | 2 117 | 3 070 | 3 380 | 898 | 1 118 |
| 2007 | 2 032 | 1 387 | 1 375 | 2 816 | 2 196 | 1 667 | 3 071 | 3 081 | 1 475 | 1 611 |
| 2008 | 1 873 | 293 | 2 108 | 2 679 | 2 583 | 1 645 | 2 986 | 3 014 | 1 478 | 1 654 |
| 2009 | 2 544 | 788 | 960 | 1 728 | 1 678 | 1 752 | 3 014 | 2 898 | 1 584 | 1 554 |
| 2010 | 1 945 | 2 537 | 990 | 1 481 | 3 216 | 3 197 | 3 504 | 3 029 | 2 775 | — |
| 2011 | 2 644 | 1 272 | 2 027 | 3 480 | 2 913 | 3 408 | 3 272 | 1 478 | 1 668 | — |
| 2012 | 2 680 | 1 508 | 2 868 | 3 173 | 6 269 | 3 464 | 3 145 | 1 388 | 1 701 | 1 831 |

资料来源：《新中国农业六十年统计资料》。

## （二）中国糜子的分布与生产

**1. 中国糜子的分布**

中国糜子分布地域非常辽阔，50 多年前，从北纬 19°15′的海南琼海到北纬 48°的新疆哈巴河、阿勒泰以及北纬 49°18′的内蒙古海拉尔，南北跨近 30 个纬度；从东经 76°的新疆阿图什、喀什到东经 143°的黑龙江同江、虎林，东西跨 67 个经度；垂直分布由海拔 200 m 的山东日照到 3 000 m 的西藏扎达、普兰，落差约 2 800 m；几乎所有地区都有糜子的种植（柴岩，2013）。

中国目前的糜子生产区主要分布在中国长城沿线地区，本区大多数土地土壤瘠薄、干旱少雨，年降水量 300～500 mm，无霜期短。种植面积较大而集中的是内蒙古鄂尔多斯、巴彦淖尔、包头和赤峰，山西大同、朔州和忻州，陕西榆林和延安，甘肃庆阳、平凉、白银和定西，宁夏吴忠、固原和中宁（柴岩，2013）。

中国种植的糜子分粳性、糯性两类。甘肃、陕西、宁夏及内蒙古西部都是粳性糜子产区，以种植粳性糜子为主；内蒙古中东部、山西及河北北部、黑龙江、吉林是糯性糜子产区，以种植糯性糜子为主。目前主要有北方春糜子区、东北春糜子区和黄土高原春夏糜子区 3 个栽培生态区。

**2. 中国糜子的生产水平**

中国糜子播种面积一直呈下降趋势。1950—1960 年，中国糜子播种面积为 200 万 $hm^2$ 左右，此后一直呈下降趋势；据 1991—1995 年调查，全国糜子种植面积在 100 万～120 万 $hm^2$，种植面积急剧减少，减少幅度最大的是内蒙古，种植面积为 15.2 万 $hm^2$，与 1 950—1960 年相比，减少了 78.3%；其次是甘肃，种植面积为 15.3 万 $hm^2$，减少了 45.4%；第三是陕西，种植面积为 9.2 万 $hm^2$，减少了 61.7%。根据最近调查，2010 年全国糜子种植面积仅为 50 万～70 万 $hm^2$，总产量约 80 万 t。

此外，糜子是抗旱减灾作物，种植面积年度之间变化也很大，灾年高于丰年，特别是干旱年份，在其他作物无法入种的情况下，只有大量种植糜子。

中国糜子受生产条件限制，单产水平普遍较低。据有关资料统计，内蒙古 1950—1960 年糜子平均单产为 615 kg/$hm^2$，1980—1990 年平均单产为 1 005 kg/$hm^2$，比 1950—1960 年平均水平提高了 63.4%，到 1990—2000 年平均单产为 1 095 kg/$hm^2$，再提高 9%。由于农业技术和新品种推广，近几年全国糜子产量有了普遍的提高，一般单产为 1 500～1 800 kg/$hm^2$；糜子最高产量出现在陕西省府谷县木瓜镇，2009 年 66.7$hm^2$ 糜子单产达 3 648 kg/$hm^2$，其中 1.07$hm^2$ 糜子单产高达 4 333 kg/$hm^2$。糜子生产潜力大，单产水平高，在内蒙古准格尔旗、陕西府谷、山西河曲及保德等地，糜子单产可达 4 500～6 000 kg/$hm^2$。

# 三、中国谷子糜子生产中存在的问题与相关对策

## （一）中国谷子糜子生产中存在的问题

### 1. 品种结构性矛盾突出，混杂退化严重

目前，中国谷子、糜子的种质遗传资源基础狭窄，育种材料的创新力度不足，综合性状优良的骨干亲本材料匮乏，生产上缺乏突破性品种。多数品种不能适应高产、优质、多抗、广适和机械化作业的新需求，良种良法配套能力低，抗病性和抗逆性普遍差（屈洋，2013）。同时，因谷子、糜子的种子小，繁殖系数高，在播种、收获、脱粒、运输和储藏过程中，稍有不慎或因管理不善就可能混入其他品种造成机械混杂，降低良种固有属性（封世忠，2005）。其次是生物学混杂，丧失品种优良种性。而商品糜子存在混收、混储、混销的现象；在产后商品处理的过程中，有大小粒混杂，甚至混有其他异物的现象，商品质量不稳定（马建萍，2009；雷智刚，2014）。

### 2. 栽培技术的欠缺

长期以来，我国对与良种配套的高产高效栽培技术重视不够，良种良法脱节，谷子、糜子生产缺乏简单易行的种植技术，栽培技术发展缓慢（管延安，2009）。病虫草害呈继续加重的趋势，谷子、糜子生产重用地轻养地，土壤肥力明显下降，尤其是不合理的耕作制度加剧了耕地质量的下降（屈洋，2013；王桂荣，2013）。生产中广泛存在或施肥很少或施肥过多，且各要素用量不尽合理的现象（马金丰，2010），有机肥用量小，土壤养分不平衡。不少田块的栽培管理粗放，整地、播种质量差，播期、播量不适宜，密度与品种不配套，灌、排水不及时，收获时期不当等影响了谷子、糜子的产量和品质。

### 3. 机械化生产的问题

我国谷子、糜子机械化生产起步晚、水平不高，播种、中耕、收获等各个环节的机械化程度都很低（刘猛，2011；宋国平，2012；乔治军，2013；闫小明，2014），其生产过程的机械化率远低于玉米、水稻和小麦等大作物（赵宇，2013）。

目前我国谷子、糜子播种基本采用传统的播种方式，在部分地区也尝试用小麦播种机稍加改进后进行播种，但播量偏大，种子浪费严重，间苗、定苗时劳动强度大、耗时长，往往贻误农时，影响作物的正常生长。中耕除草仍以人工为主，收获一般采用人工镰刀收割、掐穗、碾压或脱粒、人工清选等，劳动强度大，收获期长，严重影响了谷子、糜子的生产。谷子、糜子脱粒机目前最多的是将小麦脱粒机的筛板改进后直接使用的，但脱粒效果较差，需要脱粒数遍，效率低，损失严重。近年来，部分地区也将小麦、水稻收获机稍加改装和调整后，勉强用来收获谷子、糜子，但作业性能差、损失大，含杂率高，收获效果极不理想（宋国平，2012）。

### 4. 鸟害的问题

谷子、糜子的鸟害以麻雀为主，零星种植地块尤其严重，虽研究试用了很多种方

法，鸟害问题仍得不到有效解决，使得谷子、糜子零星种植的田块消失，加剧了谷子、糜子生产面积的萎缩（程汝宏，2010；杜国平，2012；王桂荣，2013）。

## （二）产业发展对策

### 1. 优化品种结构，积极筛选新优品种

搜集、整理、鉴定谷子糜子品种资源，加大谷子、糜子种质改良与创新力度，加强谷子、糜子育种的基础理论研究，培育抗病、抗倒、抗逆和品质优良的新种质。利用常规技术和生物技术相结合的方法对国内现有核心种质进行改良与创新，构建一批新的核心种质，解决国内谷子、糜子种质基础狭窄的问题。今后重点选育目标性状突出、耐密、抗逆、广适、高产、适合机械化作业的新品种。积极筛选或引进适宜当地生态类型、农艺性状好的新优品种（系）。

### 2. 深入研究并加强推广配套的高产高效栽培技术

深入研究和集成配套的谷子、糜子高产高效栽培技术，制定相应的技术规程和技术标准，及时将科技成果转化为现实的生产力。研究不同耕作制度下的简化高效谷子糜子种植、土壤培肥、资源高效利用、肥水管理、抗逆防灾稳产技术，研究新型耕作制度下谷子、糜子病虫害的发生规律与防治技术，建立相应的谷子、糜子病虫害预测预报与综合防控技术体系。对现有的种衣剂、农药、除草剂等进行改良与更新，采用生物型或者高效低毒、低残留药剂配合生物防治技术实现谷子、糜子病虫草害的综合治理。在西北主产区，研究保护性耕作技术，推广化学除草技术，研究促进前期谷子、糜子营养生产和加快后期籽粒灌浆速度的技术。在黄土高原主产区，推广免耕直播和抗旱节水技术，推广秸秆还田、培肥地力，微集水种植技术。今后将以耐密、抗逆、广适、高产品种与机械化为载体的简化高产优质高效栽培为发展方向。

### 3. 促进谷子、糜子生产机械化的发展

探索适合中国国情的谷子、糜子生产机械化发展的模式，实现机械化与种植、管理、收获、加工等环节的协调发展。改进与推广翻地、整地、播种、中耕、除草、施肥、喷药、排灌、收获、运输、储存、加工等环节的机械化，促进谷子、糜子生产的集约化。结合谷子、糜子主产区的实际情况，因地制宜安排作物布局，实现谷子、糜子的区域化种植和专业化生产，推动大面积机械化作业。强化适合于机械化作业的谷子糜子新品种的选育与推广应用，鼓励农民建立谷子、糜子生产农机化服务专业队伍，提高谷子糜子生产机械化水平，实现农机作业的社会化服务。

### 4. 通过育种与植保手段减轻谷子、糜子鸟害

谷子、糜子鸟害问题尽管难以解决，但减轻危害还是可以实现的。鸟类特别是麻雀喜食谷子、糜子，但对不同类型的品种危害程度不同。例如，中长刚毛品种较中短刚毛和无刚毛品种危害轻，褐色籽粒品种较黄粒及其他粒色品种危害轻。因此，通过育种手段，将中长刚毛、褐色籽粒聚合于同一品种，可以更有效减轻鸟害。趋避方

法：目前飞机场普遍采用的物理驱鸟方法非常有效，但成本较高，且驱鸟设施在大田使用容易丢失，因此不适宜在谷子生产上推广使用。最佳方法是研发对人畜无毒、无味且不影响谷子品质的鸟类化学趋避剂（程汝宏，2010；杜国平，2012）。

# 第三节　中国谷子糜子产业发展现状与未来发展方向

## 一、中国谷子糜子产业发展现状

### （一）谷子、糜子生产的产业化程度较低，缺乏规范化的栽培技术规程，产业化组织程度低

我国谷子、糜子的生产形式较为分散，且多种植在干旱少雨地区，受年度气候条件影响很大，产量和品质水平不稳定（程汝宏，2005；雷智刚，2014）。虽然在我国已经形成了多个相对集中的谷子、糜子优势种植区，但多种植在旱薄地，且这些地区或基地内缺乏统一的组织和管理，仍然存在着种植的品种类型多而杂，投入少，管理水平低，广种薄收的现象（刁现民，2007）。同时，目前我国对规范化优质栽培技术的研究仍较少，技术的针对性、规范性和可操作性不强，不能起到规范化生产的作用（王素英，2010；张莉，2012）。

目前我国谷子、糜子的生产仍是小农经济形式的生产，同规模化的商品生产要求相差甚远（王素英，2010；张莉，2012）。整体上，我国的这种分散的生产形式造成了生产上的品种类型多样、管理和种植方式多样，产品的产量和品质难以控制，产品是小农经济的产品，而非产业化的批量商品（张芳，2010）。

### （二）对产业化开发所需的谷子糜子专用品种的选育、开发不足

由于专用品种更适合商业开发，因此对谷子、糜子专用品种的选育在促进其产业化发展中具有重要的作用。在“七五”和“八五”国家谷子育种攻关中，专用品种选育被列为子专题，以选育优质、鸟饲、药膳等新品种为目标，取得了一定的成果。但受市场变化和运作等多方面的影响，专用品种的开发并不成功（刁现民，2007）。同时，我国谷子、糜子育种中实际应用的材料遗传基础狭窄限制了谷子、糜子育种的突破，同其他禾本科主要作物相比，谷子、糜子的产量潜力相对较低。虽然新育成的品种数量不少，但在产量、品质和满足市场专用化、多样性需求等方面还远不能适应谷子、糜子产业化发展的需要（屈洋，2013）。

### （三）谷子糜子的深加工在初级阶段，对谷子糜子营养和药用价值机理的研究不足

在禾谷类作物中，谷子的营养价值最高而且营养相对平衡，能够满足人类生理代谢较多方面的需要（张莉，2012）。谷子的干基蛋白质平均为13.08%，变幅为

8.06%～19.21%，高于其他禾谷类作物。其所含的人体必需氨基酸含量指数分别比大米、小麦粉、玉米高41%、65%和51.1%，其维生素及微量元素含量也高于大米和小麦；同时，其碳水化合物和脂肪含量较低，是预防“富贵病”的有效食物（刁现民，2007）。

糜子脱壳后称为黄米。黄米中蛋白质含量很高，特别是糯性品种，其含量一般在13.6%左右，最高可达17.9%。黄米中人体必需的8种氨基酸的含量均高于小麦、大米和玉米，尤其是蛋氨酸，每100 g小麦、大米、玉米分别为140 mg、147 mg和149 mg，而糜子为299 mg，是小麦、大米和玉米的1倍多。且糜子含有丰富的有益元素，如钾、钠、钙、镁、铁、锰、锌、铜含量在多种谷物中均排名前列。糜子不仅具有丰富的营养价值，还有多种药用价值，是医食同源的重要食品资源，在现代功能型食品开发中占有重要地位（程炳文，2007）。中医学认为，糜子及其籽粒、皮壳、茎、叶和根均可入药，其味甘性寒，内服具有清热解毒、消暑利水、抗炎消肿、保肝明目、止泻、止胃痛、助美容、抗衰老、降低血压和血液中胆固醇、防治冠心病等功效，外用可治疗创伤、烧伤、疮疖痈疽等症。

目前，我国谷子、糜子食品功能研究还不够深入，相关企业也是处于初级发展阶段，谷子、糜子的深加工产品较少（刘晓东，2011；柴晓娇，2012；王桂荣，2013；乔治军，2013；雷智刚，2014）。市场上的谷子制品很少见，谷子消费80%～90%以米粥和干饭的原粮消费为主，个别的加工主要是小型企业和家庭作坊，产品主要是休闲小食品，如速食小米粥、小米锅巴等（刁现民，2007）。而糜子的产品主要也只是一些初级加工食品，目前常见的食品有黄米饭、炒米、驴打滚、油糕、双喜糕、枣糕、凉糕、豆包、粽子、摊花儿、煎饼、窝窝、黄米粥、酸捞饭、黄米凉粉、油茶、黄米馍类、黄米饼类及黄酒等（程炳文，2007）。深加工产品少，则限制了谷子、糜子的增值空间，造成其收购价低廉，农民无法获利，种植面积减少。虽然谷子、糜子具有很高的营养和药用价值，但目前我国加工技术落后产业链短，对谷子、糜子的深加工很不够，需求拉动不足；对其营养和药用价值机理的认识还很欠缺，以原粮初加工产品的消费占绝对的主导地位，难以满足消费市场多元化发展的要求，不能适应谷子、糜子产业化发展的需要。

## 二、中国谷子糜子未来发展方向

### （一）调整育种目标和方法，开展多元化产业育种

品种是影响种植业产业化水平最关键的生产资料。如何在谷子、糜子育种上调整目标，在保持和继续提高产量的同时，使新品种适应市场和环境发展的需要，是影响谷子、糜子生产的最关键因素。多元化产业育种是指专门为某种产业培育专用品种，具有满足产业发展需求和专用的双重性质，多元则是指满足不同领域、不同方向对一种作物的需要（刁现民，2007）。

豆科苜蓿被称为饲草之王，在国际干草市场售价为 130～150 美元/t，国际市场对饲草的需求量很大，年需求量约为 1 100×$10^4$ t（刁现民，2007）。谷子在美洲、大洋洲和欧洲部分国家多是作为饲草作物栽培的，其干草粗蛋白含量高的可达 16%～17%，具有营养价值高且营养均衡的特点。糜子籽粒含有较高的蛋白质，氨基酸组成也比较平衡，还含有丰富的矿物质和一定量的可溶性糖和脂肪，可作为猪、家禽、鸟兽的精饲料之一；其茎秆、颖壳、青干草等也具有重要的饲用价值。而谷子、糜子的产量显著优于苜蓿，因此完全可以作为一个饲草产业来发展。

除此之外，还应培育满足各类消费人群需要的食疗保健型品种，如富硒、高赖氨酸、高抗性淀粉含量、适宜谷糠油（护肤品）加工的高油品种等，从不同方面满足市场多元化产业开发的需要（张莉，2012；李顺国，2014）。

另外，还应制定目标培育出在栽培管理方面简化操作的品种，如各种类型的抗除草剂品种，减少除草和间苗的人工操作，培育适合机械化生产和加工的品种等，以保证谷子、糜子产业化发展对产量、品质、市场专用化、多样性需求等方面的要求（刁现民，2007；程炳文，2008；刘正理，2009）。

### （二）加强谷子糜子营养药用机理研究，研制和开发大众化食品和精深加工食品，促进谷子糜子产业化和规模化

市场需求是一切生产最原始的动力所在。从加工的角度提高谷子、糜子的消费价值、消费量和消费水平，将促进谷子、糜子的消费和市场需求，进一步促进谷子、糜子产业的发展。在谷子、糜子深加工方面应该重视大众化食品的研发，同时加强深层营养、药用机制的研究。与荞麦、燕麦等其他杂粮作物相比，谷子、糜子营养、药用机制方面的研究还较少，加强相关研究并研发出谷子、糜子功能食品、药膳食品、化妆品、甚至药品等，将延伸谷子、糜子的产业链，促进高附加值的谷子、糜子制品的开发，进而促进谷子、糜子的产业化发展。

### （三）树立谷子糜子产业思想，规划和研究谷子糜子产业发展

作为我国古老的农作物，谷子、糜子不但有久远的历史文化内涵，而且在新市场形势和新生态条件下，其自然平衡的高营养价值、抗旱节水的生理特点、广泛的生态适应性、禾谷类之首的饲草价值，必将为新时期的粮食生产、畜牧业发展和生态保护做出新的贡献。对于谷子、糜子的未来发展，应树立谷子、糜子的产业思想，除做好专用产业化的品种选育、产品深加工延伸产业链外，还要在产业化生产组织、基地和品牌建设、市场培育与开拓等方面全面协调工作，调动好科研人员、企业、农民和市场流通等各方面的力量。在农业产业结构中应进一步提升对谷子、糜子的重视，树立谷子、糜子产业化发展的思想，增加资金和技术的投入，支持谷子、糜子的产业化、规模化发展。其次，应充分发挥目前已形成的谷子、糜子产区优势的作用，从技术和资金等方面，在优势区建立产业基地，在基地内通过“科技人员＋公司＋农户”的方

式组织规模化生产，并形成从初级产品到加工产品和市场的产业与流通链。通过产业各方面的共同努力，共创品牌，通过品牌建立和市场开拓进一步提升产业水平，形成规模化生产。此外，加强谷子、糜子文化的研究和发掘，通过文化来宣传谷子、糜子，充分利用我国“粟文化”的历史积累，推进谷子、糜子的国内和国际市场的开拓与发展。牢固树立谷子、糜子能开拓大市场，形成大产业的思想，以品种、产品加工等科技提升为先导，通过抓龙头、建基地、连农户、开市场和创品牌，实现从谷子、糜子优势产区到产业区的转变。

# 第二章　谷子糜子核心产业区与优势产业带建设

## 第一节　中国谷子糜子种植区域的变迁

谷子、糜子是起源于我国的古老作物，具有悠久的栽培历史，据考古发现早在8 700多年前的新石器时代，谷子、糜子就已成为我国的主要栽培作物，为中华民族的发展壮大发挥了重要作用。纵观中华民族发展历史，谷子、糜子的种植历史为我国民族文化的产生、发展奠定了重要的基础。受到社会变革、经济发展、气候变化等诸多因素的影响，谷子、糜子的种植区域随着时代的发展发生了巨大的变化。在中国农业10 000多年的历史中，经历了原始农业、传统农业和现代农业3个发展阶段。其中原始农业最为漫长，大致经历了6 000～8 000年的时间；传统农业历时4 000年左右的历史；而现代农业则仅有100年左右的历史。谷子、糜子在各个发展时期均发挥了重要的作用，现在依然以其独特的优势，在现代农业特别是旱作农业发展中占有重要地位。

### 一、影响谷子糜子种植区域变迁的主要因素

谷子、糜子作为我国最古老的作物，从起源、发展、兴盛到退出主要粮食作物范畴，为中华民族的生存与发展发挥了重要作用，成为名副其实的中华民族哺育作物。应该说谷子、糜子种植区域的变迁受到自然、经济、社会、文化、军事等各方面因素的影响，在不同的历史时期发挥了其应有的作用。因此，不同的历史时期，影响谷子、糜子种植区域变化的主要因素有所不同，主要表现在以下几个方面。

#### （一）生态气候条件

谷子、糜子主产区的形成过程，就是其传播的过程，是对不同气候、地理环境等适应的过程，是作物与环境互相选择的过程。谷子、糜子起源于我国，在我国农耕文明早期，谷子、糜子在我国各地都有种植，但黄河流域的种植最为密集，这些地方适宜种植粟类作物，相对于其他作物，粟类作物对栽培技术要求低，抗逆性、适应性等方面更强，更适合在生产工具简单、生态条件差的情况下种植。从考古挖掘方面也得

到证实。在谷子、糜子原始的驯化期完成之后，以黄河中游为中心迅速地向四方传播，从谷子、糜子的驯化种植开始，展开了人类文明的画卷。

### （二）生产工具的进步

古人类从原始的刀耕火种开始，谷子、糜子得到驯化种植，但生产力低下，种植区域狭小。生产工具的出现，促进了农业的发展，耕作技术得到提高，到夏、商、西周时期，农业生产相对之前的原始农业有了较大的进步，牛耕和铜制农具开始推广普及，增强了谷子、糜子种植区域扩展的能力。

### （三）人类生存环境的变化

人口数量增加、土地资源短缺等人类生存环境的变化使谷子、糜子种植区域迅速扩展。春秋时期，周王朝日渐衰落，加之社会生产力的发展，土地使用价值提高，土地成为私有财产。由于人们对自身生存的需求，开始不断扩大生存空间，耕地面积迅速扩大，谷子、糜子的种植区域开始向秦岭淮河以北的广大地区延伸。到战国时期，谷子、糜子的主要种植区域基本形成，主要集中在北方，包括秦、晋、鲁、齐、韩、燕等诸侯国的大部分区域。到西汉时期，农业已经相当进步，是我国历史上农业发展的一个高峰期，相应的人口数量也急剧增加，谷子、糜子种植区域进一步扩大，主要包括现在的陕西省中部、山西省大部、河南省中部及北部、河北省中南部，以及山东省中部、东部等地区。

### （四）社会政治经济变革

社会政治中心的确立、人口数量的快速增加、战争的频繁发生、生产资料大量消耗，使人们需要更多的土地、粮食和饲草，这样就极大地带动了农耕的迅速发展。春秋战国至西汉早期，形成了北方政治中心，北方农业发展快于南方，谷子、糜子在北方种植比例增大，是当时主要的粮食来源，种植地块肥力也较高。西晋之前谷子排在粮食作物的首位。西晋之后，人口的两次大规模南移，给南方带去了先进的工具和技术，促进了南方稻作农业的发展，使农业经济结构发生了根本性的变化。而北方由于战乱造成土地荒芜，耕作技术进步不大，此时的发展中心移至南方。到隋唐时期，稻麦地位上升，取代了粟稻的传统地位。经济中心由北方转移至南方，南方粮食产量也超过了北方，出现了南粮北运的局面，此时谷子种植区域继续向南扩展，但在农作物中所占的比例则呈下降趋势。

### （五）高产作物的快速发展

随着社会经济的发展和对外交流的增多，外来作物的引进，促进了我国农业的发展，并使谷子、糜子逐渐退出粮食作物的统治地位。从秦汉时期一直到明清时期，经历了两次人口高峰。频繁的战争，对生产资料、土地资源的需求日益增加，人们进行了大规模的土地开垦，农作物种植面积逐步增加，其间由于小麦、玉米、马铃薯等新作物的引入，谷子、糜子种植面积增加缓慢，在农作物中所占比例呈下降趋势，在南方谷子、糜子逐步被稻麦所取代。由于谷子和糜子稳产、抗旱、耐贫瘠等特点，尤其在北方很多自然条件恶劣、生产力低下的山区，一直是人们的主要种植作物，也是主要的粮食供应。在自然条件相对较好的平原地区，人们把玉米、小麦等作物种植在水肥条件较好的肥旱地、水旱地，而把粟类作物大多安排在山地、丘陵的纯旱地。

### (六) 经济发展与人们膳食结构调整

20 世纪 70 年代以来，随着水稻、玉米育种技术的发展，化肥、农药等生产资料的应用，水稻、玉米、小麦等大作物单产水平快速提高，带来人们膳食结构的改变，谷子、糜子逐步退出了主食地位，成为一种生活中的调剂食品，被划归为小杂粮作物中的一员。由于谷子、糜子的产业链短，生产需求不断萎缩，谷子、糜子的种植面积急剧下降，主要分布在干旱山区种植。城市周边及平原区分散种植的谷子、糜子逐渐退出，形成了丘陵山区集中种植的格局。随着谷子、糜子产业的发展，人们对杂粮认识的转变，谷子、糜子的价格近年来一路攀升，生产也出现了区域内扩大的发展趋势。

## 二、谷子糜子各历史时期种植区域的演变

我国谷子糜子从早期驯化种植到历代发展变迁，贯穿了整个中华民族发展历史，从占统治地位的主要农作物逐步演变为现在的小杂粮作物，为人类的发展进步发挥了重要作用。谷子、糜子从原始农业时期的驯化栽培、古代传统农业的发展进步到现代农业的发展，随着社会经济的发展变革，种植区域也呈现了发生、发展与衰退的逐步演变的过程。

### (一) 原始农业时期谷子糜子的驯化栽培

谷子、糜子是我国最早驯化栽培的作物，是中华民族生存发展的哺育作物。中国是世界三大农业起源地之一，我国先民在原始时代首先驯化栽培了粟、黍、菽、稻、麻和许多果树蔬菜等，而谷子、糜子是主要的食物来源。远古时期，我国先人历经漫长的采食实践，逐步认识了谷子、糜子的生长规律，通过无数次的实践，掌握了种植技术，学会了对品种的筛选，形成了古朴的农学思想，开创了农作物栽培的先河，为人类实现定居生活奠定了物质基础。

#### 1. 谷子糜子的驯化历程

谷子、糜子从野生到人工栽培经历了漫长的过程。在远古时期，人类过着游猎生活，仅仅依靠渔猎来维持生存。在长期的渔猎过程中，人类不断总结捕猎经验，以此来改变生存条件。远古时期人类改变自然的能力很弱，适者生存是铁定的自然法则，

随着人类的繁衍与捕猎技术的提高加速了捕猎物种的减少甚至灭绝，迫使人类从渔猎为主转向以采食野生植物为主，并在实践中逐渐懂得了如何栽培、储藏可食植物，由此产生了农业的雏形。人类从采集植物到主动种植是一个漫长的过程，先人在采集植物的过程中逐渐认识到植物适应气候的周期性变化，散落在地上的种子能够定期发芽、生长、抽穗、开花、结实，经过无数次的观察、尝试种植，逐步积累了植物栽培的经验，并从少数种类植物的种植扩展到多种植物，开创了原始种植业的先河。

**2. 原始农业时期谷子糜子的栽培**

自然环境对人类最初的植物驯化和栽培种类起了决定性作用。原始农业时期，人们的生产力水平还很低下，不可能人为地创造适应作物生长的环境条件，只能适应自然环境，驯化的作物必然适应气候条件才能成功。因此，顺应自然环境是这一时期栽培技术的重要特点，种植的成功与否完全取决于自然条件。关于谷子（粟）早在四五千年前的甲骨文里已有记载。糜子也是我国最早驯化的作物之一，其驯化栽培时间早于谷子，由于其生长期更短、更耐旱耐瘠，籽粒比谷子大，被称为先锋作物。与谷子相比，由于糜子产量低、品质较差等原因，在谷子被驯化栽培之后，便逐渐取代了糜子，成为主栽作物。

农业的发展进步与生产工具的应用是密不可分的。原始农业的发展历时 6 000～8 000年的历史，经历了从萌芽、发展到转型发展 3 个时期。在原始农业的萌芽时期，作物栽培还只是一种附属性的生产活动，人类生存主要还是依靠采集、渔猎维持。在长期的实践中人类学会了采用石头、骨头、木头加工制造生产工具来提高生产效率，原始农业晚期出现了石器农具和耒耜农具并用的局面，耕作制度逐步由年年易地的生荒耕作制过渡到轮荒休耕耕作制，为人类实现定居生活奠定了基础。所以从土地利用和农具的发展角度看，原始农业的发展可划分为刀耕农业、锄耕（或耜耕）农业、发达锄耕（或犁耕）农业 3 个时期。这与新石器早期、中期和晚期相对应，可见，生产工具的发展对促进农业的发展发挥了决定性的作用。

**3. 原始农业时期谷子糜子的种植区域**

远古时期谷子、糜子广泛分布在黄河流域。谷子是北方地区新石器时期种植最广泛的作物，糜子同样也广泛种植，但面积少于谷子。1954 年在西安半坡村新石器时代遗址中，发现陶罐中有大量的碳化谷子遗存，证明我国在六七千年前的新石器时代就开始栽培谷子，磁山遗址、裴李岗遗址等出土的大量碳化谷粒考证，谷子在我国有8 700 年以上的栽培历史。科学家们推论，早在 8 700 年前，谷子就在黄河流域广泛种植，糜子也被同时驯化栽培，形成了以关中、晋南和豫西为中心的仰韶文化、以山东为中心的北辛—大汶口文化及北部辽燕地区的红山文化。新石器时代谷子、糜子发展速度明显快于南方被驯化的水稻，与糜子相比，谷子在新石器时期是种植最广泛的作物。这是因为谷子的产量比糜子高，而且耐储藏，成熟收割时，谷粒不易散落，谷秆又是牲畜的优良饲料，这些都是谷子取得主导地位的因素。

## （二）古代谷子糜子种植区域的演变

随着生产工具的发展，我国农业由原始农业进入了传统农业的发展阶段。约公元前21世纪，人类进入文明社会，由原始社会进入奴隶社会，相继建立了夏、商、周3个奴隶制王朝，这一时期由于金属农具的出现和使用，生产水平得到较大提高，实现了原始农业向传统农业的转变。我国的传统农业历时4 000年左右，分别经历了漫长的萌芽期、形成期、发展期和成熟期4个阶段，即传统农业粗放经营时期（夏、商、西周、春秋：前2070—前475）、北方旱作农业形成发展时期（战国、秦、汉、魏、西晋：前475—317）、南方稻作农业形成发展时期（东晋、南北朝、隋、唐、北宋：317—1127）和多熟制农业形成发展期（南宋、元、明、清：1127—1911）。谷子、糜子作为古代主要粮食作物，随着生产水平的提高、外来种的引进、社会政治经济中心的转移等多方面因素的影响，经历了发展、扩大、缩减的演变。

**1. 传统农业萌芽期谷子糜子的发展**

金属农具的出现和使用，使农业生产水平得到显著提高，实现了原始农业向传统农业的转变，人类社会也从原始社会进入奴隶社会。约公元前2070年之后，相继建立了夏、商、周3个奴隶制王朝，人类进入文明社会，农业发展进入传统农业萌芽期。

夏、商、周时期是谷子、糜子的重要发展时期，农具的改进推动了耕作制度的发展。此时的农业技术虽然还比较粗放，但是已经基本摆脱了原始农业的耕作方式，精耕细作技术已经在某些栽培环节中应用。在长期的农业实践中，人类注意到了农作物的类型和特性，并根据社会需求有意对作物类型进行选择。对品种的熟期也有了新的认识，并根据品种的熟期来选择适宜的播期。对作物的生长发育、开花结实有了初步的认识，并被广泛应用于指导农业生产。可见这一时期也是传统农学思想的萌发期。这一传统农业粗放经营时期的作物及其栽培技术被后人汇集成中国传统农学的奠基作——《吕氏春秋·上农》中的《上农》《任地》《辩土》《审时》四篇。

谷子、糜子是传统农业萌发期的主要粮食作物，这一时期虽然开始引进种植水稻、小麦、大豆等作物，但谷子、糜子仍处于粮食作物的主导地位。这一时期虽然谷子生产得到一定的发展，但糜子在粮食生产中占有主要地位，由于这一时期生产水平还很低下，糜子与谷子相比，更具有生长期短、耐旱耐瘠、耐杂草的特点，加上在当时祭祀、酿造、嗜好、人与人之间的交往等方面的需求，糜子在当时人们心中占有重要位置。“后稷教民稼穑”，说的就是黍稷不但被最早驯化而且是主要的粮食作物，后来以“社稷”象征国家，可见黍稷在当时人们心中的地位是非常重要的。

**2. 传统农业形成期谷子糜子种植区域的扩展**

传统农业的产生始于春秋战国，从春秋战国至西晋之前，由于冶铁业的产生与发展，使金属制和木制农具逐步代替了原始的石制农具，铁犁、铁锄、耧车、风车、石磨等工具的使用，为牛耕和精耕细作提供了技术保障，极大提高了劳动生产率，使农业生产由粗放农业向精细农业发展转变，由于我国的政治、经济中心一直在北方地区，使北方旱作农业逐步形成并快速发展，成为北方旱作农业的重要形成发展时期，初步形成了一套耕作栽培管理技术，有力地促进了农业的发展。

在春秋战国时期，黄河中下游地区的大田作物类型没有太大的变化，与夏、商、周时期基本相同，但排序发生了较大的变化，由于大豆抗旱、粮菜兼用、营养丰富，使其得到迅速发展，逐渐成为与谷子并列的主要粮食作物。战国时期以后，谷子开始扩大种植，由于抗旱、高产、品质优良，加上耕作技术的发展，适宜在土、肥、水条件较好土地上栽培的谷子呈现明显扩大种植的趋势，至汉代之前谷子已经成为黄河流域的主导作物，此时小麦等作物也得到一定的发展，而适合在旱薄地种植、产量较低的糜子生产技术研究失去了重视，种植面积呈现下降的趋势。

**3. 传统农业发展期谷子糜子种植区域的演变**

东晋至北宋时期，我国农业生产进入传统农业的发展期，此时南方稻作农业逐渐形成并得到发展，由于人口的两次大规模南移，给南方带去了先进的工具和技术，促进了南方稻作农业的发展，使农业经济结构发生了根本性的变化，而北方由于战乱造成土地荒芜，耕作制进展不大，此时的发展中心移至南方。

西晋之前谷子排在粮食作物的首位，到了隋唐时期，稻麦地位上升，取代了粟稻的传统地位。稻麦复种一年两熟的明确记载首见于唐代，由于复种指数的增加，南方粮食产量得到很大提高，以往南稻北粟的局面得到改变，水稻代替了谷子在全国的首要位置，第二位是小麦，谷子排在第三位。人口南移，使得我国南方水田耕作技术迅速发展。一套以耕、耙、耖为主要内容的水田耕作技术逐步发展成熟，此时期成为南方稻作农业形成发展时期。

在南方稻作农业形成发展时期，经济中心由北方转移至南方，南方粮食产量超过了北方，出现了南粮北运的局面，此时谷子种植区域继续向南扩展，在宋代大约相当于现今的江苏、浙江、湖南、广东、四川、江西等地均有谷子的栽培，尽管谷子在粮食作物中所占比例排在第三位，但种植区域基本上遍及全国。由于北方战乱，北方农业生产受到严重的影响，生产技术发展缓慢。

**4. 传统农业成熟期谷子糜子种植区域的北移**

宋代以后，我国传统农业发展逐渐成熟，形成了较完整的多熟制农业，生产水平得到极大提高，南方稻麦轮作制得到普及，稻麦地位提高的同时也改变了人们以谷子糜子为主食的饮食结构。北方虽然由于长期的战乱使农业生产受到破坏，但民族的融合又使得农耕技术得以向北方扩展。南宋时期油菜成为冬季主要作物，且是禾谷类作物的优良前茬，形成了水稻—油菜一年两熟制，棉花的引进实现了衣被由麻向棉制品的转变，特别是到了明清时期，玉米、花生、甘薯等作物的引进，农作物种植结构发生了巨大变化，粮食产量大幅提高，多熟种植成为主要生产方式，形成了南方多熟制、北方两年三熟制的多熟制格局，随着人口的增加，明代至清代前中期中国普遍出现人多地少的矛盾，迫于对粮食需求的压力，使传统农业精耕细作技术至清代也达到了顶峰。

南北朝以后，谷子的发展速度缓慢，南方水稻、油菜等作物的发展，使谷子种植面积萎缩。自明代引进玉米、甘薯、马铃薯等作物以后，在全国各地得到推广。特别是玉米发展很快。谷子的面积进一步缩小，在中等干旱地区逐渐被玉米、甘薯、马铃薯所取代。

### (三) 近代谷子糜子的种植情况

近代中国的农业与农村经济总体上处于一种停滞状态，中国的人口从 19 世纪初期到 20 世纪中叶大约增加了 50%，而在此期间，耕地面积并未同等规模地扩大，粮食单产不过是维持在一个大体相当的水平上。清代末叶，西方近代农业科学技术开始受到重视，农桑学校、农业试验场和农业推广机构等有所兴办，农学研究才逐渐走上与新的科学技术相结合的道路。20 世纪 20 年代末至 30 年代中期，中国社会相对稳定，农业生产有明显增长。1936 年前后，农业收成达近代史上最好水平。

近代中国，受战争、自然灾害及新作物引进等因素的影响，农业种植结构发生了较大的变化，小麦、玉米已成为北方地区主要粮食作物。黄河流域干旱的自然条件，使谷子、糜子保持了重要粮食作物类型的地位，并向旱薄地扩展。除南方少量种植外，谷子、糜子主要分布在我国的西北、华北和东北地区，谷子不仅营养丰富，而且谷草作为主要的牲畜饲料，在历代战争中发挥了重要作用，同时也为农业生产中畜力提供了良好的饲草，为农业生产的发展发挥了重要作用。糜子生育期短、抗旱、耐瘠，是重要的拓荒作物，为人类的生存发挥了重要作用。因此，在中华民族整个发展历史中，谷子、糜子起到了民族哺育作物的作用。直至中华人民共和国成立前夕，河北、山东、河南、陕西、山西等省的谷子播种面积仍处于农作物播种面积的重要地位。1938 年全国谷子面积达到 1 000 万 $hm^2$，占粮食作物种植面积的 17%，仅次于水稻、小麦、玉米排在粮食作物的第四位，而在北方地区则位居第三位，种植面积达到最高时期。

### (四) 中华人民共和国成立后谷子糜子种植区域的变化

中华人民共和国成立后，谷子、糜子播种面积经过了数次调整，成为区域性的重要作物，谷子、糜子逐渐退出主粮作物的历史舞台，但在改善人们膳食结构、促进干旱地区经济发展中仍发挥着重要的作用。

从中华人民共和国成立至 20 世纪 60 年代中后期，我国谷子的播种面积稳定在 600 万～900 万 $hm^2$。从 20 世纪 70 年代开始，水稻和玉米育种上取得突破性进展，单产增幅显著，加上交通和军事现代化的发展，使马在战争中的重要作用随之减弱，对谷草的需求也随之降低，谷子的种植面积迅速下降，到 1980 年全国谷子播种面积约为 400 万 $hm^2$，但谷子仍是许多北方农村的主粮。改革开放促进了我国经济的快速发展，水利条件和化肥投入快速增加，使得玉米和小麦等资源高消耗但高产量的作物面积增加显著，同时制药等化学工业对玉米的需求增加，人们对小米的消费也逐渐由原来的主食和粥食变成以粥食为主的方式，使得谷子的播种面积再次下降。目前全国谷子播种面积 100 万 $hm^2$ 左右，主要集中在我国北方的河北、山西、内蒙古、黑龙江、辽宁、吉林、陕西、河南和山东等干旱和半干旱地区（表 2－1）。玉米等高耗水高投入高产出作物的发展，使得谷子等环境友好型作物由全国的主栽作物变为北方干旱半干旱地区的区域性重要作物。但其抗旱节水、耐瘠薄、低投入、营养平衡、粮饲兼用等特点仍是不可替代的。

**表 2－1　1949—2011 年全国及主产省谷子面积**

单位：万 $hm^2$

| 年份 | 全国 | 河北 | 山西 | 内蒙古 | 辽宁 | 吉林 | 黑龙江 | 陕西 | 山东 | 甘肃 | 河南 |
|---|---|---|---|---|---|---|---|---|---|---|---|
| 2011 | 74.54 | 16.45 | 20.60 | 13.73 | 6.35 | 3.51 | 1.02 | 6.27 | 1.78 | — | 3.59 |
| 2010 | 80.87 | 15.48 | 20.50 | 17.42 | 7.68 | 3.19 | 1.17 | 7.47 | 1.76 | 1.24 | 3.64 |
| 2009 | 78.79 | 14.62 | 19.97 | 14.96 | 8.74 | 1.77 | 2.54 | 7.77 | 1.47 | 1.84 | 3.80 |
| 1999 | 132.87 | 30.45 | 27.37 | 20.71 | 8.96 | 2.02 | 7.11 | 10.58 | 6.56 | 7.04 | 7.70 |
| 1989 | 239.61 | 55.48 | 38.31 | 37.42 | 17.73 | 11.40 | 21.29 | 15.44 | 14.71 | 5.56 | 15.93 |
| 1979 | 417.25 | 55.44 | 55.72 | 56.38 | 20.49 | 45.71 | 85.42 | 24.23 | 21.36 | 10.67 | 29.91 |
| 1969 | 604.91 | 102.82 | 64.55 | 20.50 | 54.01 | 78.69 | 109.78 | 31.39 | 54.79 | 13.69 | 57.93 |
| 1959 | 691.20 | 85.22 | 61.73 | 65.94 | 58.53 | 77.49 | 88.65 | 31.72 | 95.27 | 25.33 | 46.71 |
| 1949 | 920.67 | 167.03 | 85.97 | 79.00 | 82.09 | 81.27 | 103.66 | 38.11 | 136.06 | 18.75 | 96.53 |

资料来源：农业部网站。

中华人民共和国成立以后，随着生产条件的改善，我国谷子生产在平川高积温地区春谷逐渐向夏谷发展，春谷与夏谷的面积也发生了很大变化。在河南、河北、山东、陕西中南部、山西南部等无霜期 150～200 d 的水浇地地区，夏谷面积不断扩大，到 20 世纪 70～80 年代，夏谷发展达到了很高的水平，夏谷播种面积 105 万～133 万 $hm^2$，约占当时谷子总播种面积的 1/3。其中河北、河南、山东的夏谷播种面积最大。目前全国夏谷播种面积约 27 万 $hm^2$，仍占全国谷子播种面积的 1/3 左右，以河北、河南两省最多。夏谷的发展不但提高了复种指数，增加了粮食产量，而且夏谷籽粒较小，千粒重相对低，容易蒸煮，增加了新的谷子类型。表 2－2 列出了从 1949 年起我国及河北省谷子面积、总产量和单产的统计数据，可从中看出谷子生产和育种水平的变化。

**表 2-2　全国及河北省谷子生产变化情况**

| 年　度 | 年种植面积（万 hm²） | | 年总产量（万 t） | | 单产（kg/hm²） | |
|---|---|---|---|---|---|---|
| | 全国 | 河北 | 全国 | 河北 | 全国 | 河北 |
| 1949—1953 | 923.0 | 167.1 | 926.7 | 174.3 | 1 002.0 | 1 027.5 |
| 1954—1958 | 825.5 | 120.9 | 875.6 | 119.9 | 1 065.0 | 1 005.0 |
| 1959—1963 | 647.6 | 78.5 | 570.0 | 71.9 | 877.5 | 916.5 |
| 1964—1968 | 609.8 | 88.0 | 786.0 | 118.2 | 1 308.0 | 1 338.0 |
| 1969—1973 | 618.7 | 94.1 | 813.5 | 152.2 | 1 311.0 | 1 614.0 |
| 1974—1978 | 467.7 | 61.5 | 648.7 | 105.7 | 1 389.0 | 1 716.0 |
| 1979—1983 | 401.2 | 61.7 | 629.1 | 121.0 | 1 566.0 | 1 947.0 |
| 1984—1988 | 305.9 | 63.9 | 529.9 | 126.3 | 1 723.5 | 1 972.5 |
| 1989—1993 | 209.1 | 50.2 | 381.3 | 98.7 | 1 836.0 | 1 965.0 |
| 1994—1998 | 151.2 | 36.9 | 314.4 | 84.2 | 2 074.5 | 2 275.5 |
| 1999—2003 | 117.8 | 27.5 | 210.5 | 57.3 | 1 792.5 | 2 079.0 |

## 三、谷子糜子生态区域的划分

中国谷子产区集中于华北、东北、西北的“三北”地区。大体上在兰州以东，淮河以北的东经 108°～128°、北纬 32°～48°。谷子对气候、土壤等环境条件的适应性很强，在中国海拔从几十米到 2 000m 左右、年降水量 400～700 mm、≥10 ℃积温高于 1 800 ℃、年平均气温 5～12 ℃、无霜期 150～210 d 的条件下种植最广泛。糜子的分布区域与谷子的分布区域比较接近，但糜子的生育期更短，更能利用灌溉条件或躲过风沙危害等特点，与谷子在种植分布上又有一定的区别，如在宁夏糜子占优势；在甘肃、内蒙古西部、陕西北部、山西西北部谷子和糜子都有种植，个别地方糜子比谷子更多。

### （一）谷子生态区划

#### 1. 谷子生态区划的历史变更

谷子是一种区域性较强的作物，在品种类型、栽培方式等多方面区域间表现出显著的差异。中华人民共和国成立后对谷子生态区的划分历经 3 次变更。

第一次全国谷子区划在 20 世纪 50 年代，根据种植谷子的自然环境和品种的适应性，将全国谷子生态区划分为 3 个区，分别为东北内蒙古区、黄河上中游区和黄河下游区。

第二次全国谷子区划是根据 1963—1964 年全国谷子生态型和品种适应性联合试

验划分为4个区，分别为东北平原区、华北平原区、内蒙古高原区和黄土高原区。其中东北平原区包括黑龙江、吉林、辽宁和内蒙古东部，该区地处北纬40°～48°，海拔20～400 m，无霜期120～170 d，年降水量400～700 mm，是我国最寒冷的地区，冬季长，无霜期短。华北平原区北起燕山沿长城一线，西以恒山、太行山为天然界限，南到淮河，东濒海岸，相当于全国综合农业区划中的黄淮海地区，包括河南、河北、山东等省，该区地处北纬33°～39°的平原地区，海拔高度在50 m以下，无霜期150～250 d。年平均气温12～16 ℃，年平均降水量400～900 mm，该区以夏播为主，北部春夏谷均有。内蒙古高原区包括长城以北的山区和高原，除内蒙古外，还包括辽宁省阜新、朝阳山区，河北张家口、承德地区以及山西大同、陕西榆林地区。该区大部分都是海拔1 000 m左右的山区和高原，≥10 ℃积温2 000～3 000 ℃，降水量一般为300～400 mm，局部有400～500 mm，无霜期约150 d。黄土高原区北部以长城为界，将雁北和陕西最北部分划出，西部包含谷子主产区边沿，南达秦岭，东部明显的界限为太行山与平原分界，包括山西、陕西、宁夏、甘肃等省份，该区地处北纬30°～40°，海拔600～1 000 m，无霜期150～200 d，日照时数14 h左右，年平均气温7～15 ℃，年降水量350～600 mm。4个区的区域内生态条件仍存在较大的差异。划分的主要依据一是与综合农业区划及其他作物区划相适应；二是充分反映谷子品种和栽培上的特点；三是考虑谷子的适应性受纬度和海拔的影响。

第三次全国谷子区划是根据1986—1990年全国谷子生态联合试验，采用Benzerri提出的“对应分析法”，将全国谷子生态区划分为5个区。分别为春播特早熟区、春播早熟区、春播中熟区、春播晚熟区和夏谷区。

**2. 谷子生态区划**

按照1986—1990年全国谷子生态联合试验，将全国谷子生态区划分为5个区，该区划将14个影响谷子生长发育的生态因子作为区划的统计指标，并参考有关省份的谷子区划和品种生态特性，将类似地点拟合进入各亚区，对于指导谷子生产具有重要的应用价值。

（1）春播特早熟区。本区包括黑龙江和内蒙古两省份北部黑龙江沿江高纬度各县，吉林长白山高寒山区和山西、河北、内蒙古长城沿线高寒地区。

本区气候地理特点：气候寒冷，冬季长而严寒，夏季短而凉。6～9月平均气温13.3～16.9 ℃。7月最热18.4～21.7 ℃，平均在20 ℃左右。≥10 ℃积温只有1 650～2 507 ℃，是各生态区中最低者。生育期间降雨较少，为340～500 mm。由于气温低，热水比是各生态区中最小的，但昼夜温差较大，有利于光合产物的积累。

本区又分为两个生态亚区。

① 黑龙江沿江和长白山高寒特早熟区。本亚区分布于我国最北部的黑龙江沿江各地，还有长白山的高海拔各县。包括嫩江、伊春、逊克、嘉荫、黑河、德都、孙吴、绥芬河（黑龙江），鄂伦春（内蒙古），长白、安图、敦化、靖宇、抚松、浑江（吉林）。

② 山西、河北、内蒙古长城沿线高寒特早熟区。本区分布于内蒙古中南部、山西西北部和河北北部坝上高原的高寒地区。包括康保、张北、围场、丰宁、尚义（河北），卓资、集宁、克什克腾（内蒙古），右玉、左云、平鲁、五寨、神池、岢岚（山西）。

(2) 春播早熟区。本区包括黑龙江省除特早熟区及南部各县外的大部分县，吉林省沿舒兰、吉林、磐石、通化一线以东的长白山区，河北张家口坝下和承德坝下北部，北京市北部山区县，山西雁北地区及太行、吕梁两山区高海拔县，内蒙古大兴安岭东南各县旗、阴山前山区、土默特灌区、后套灌区和鄂尔多斯高原，甘肃河西走廊和陇中高海拔地带，还有宁夏六盘山区。

本区南北跨度大，北纬 35.58°～48.3°，东西距离长，横跨 40 个经度，南部纬度低、海拔高，北部纬度高、海拔较低，形成了相近的生态条件。本区冬季寒冷，夏季温凉，≥10 ℃积温为 2 064～3 509 ℃，平均 2 600 ℃，5～9 月气温 15.2～20.7 ℃，平均 17.5 ℃，都明显高于特早熟区，最热月气温比特早熟区高 2 ℃左右。无霜期 120～140 d。9 月昼夜温差低于特早熟区。由于降水少，日照时数较多，生育期间降雨具有明显的地带性。西部特少、东部多。西部最少的仅有 73.8 mm，东部多的达到 749.7 mm。热水比也同步地表现为东部小西部特大。

本区分为两个生态亚区。

①松嫩平原、岭东南早熟区。本亚区分布于黑龙江省的牡丹江半山区、合江低湿平原区、西部碳酸盐黑土区、嫩江干旱平原区和克拜黑土丘陵区，吉林省东半部长白山东西两侧，内蒙古大兴安岭东南各旗。包括牡丹江、宁安、东宁、穆棱、林口、海林、鸡东、方正、延寿、巴彦、木兰、通河、佳木斯、富锦、集贤、桦川、萝北、绥滨、鹤岗、汤源、双鸭山、宝清、同江、桦南、抚远、饶河、七台河、依兰、虎林、青岗、兰西、明水、安达、林甸、杜尔伯特、绥化、齐齐哈尔、龙江、甘南、富裕、泰来、林西、克山、拜泉、讷河、克东、北安、依安、庆安、绥棱、海伦（黑龙江），图们、延吉、汪清、和龙、龙井、通化、珲春、磐石、桦甸、蛟河、舒兰（吉林），扎赉特、科右前、突泉、科右中、乌兰浩特、扎兰屯、莫力达瓦、阿荣（内蒙古）。

②内蒙古高原中部、黄土高原北部早熟区。本亚区分布于承德北部和张家口坝下地区，山西北部及东西两山高海拔县，内蒙古中部黄河沿线两侧，宁夏六盘山区，陇中和河西走廊。包括万泉、崇礼、赤城、怀安、宣化、阳原、涿鹿、怀来、蔚县、怀柔、密云、延庆（河北、北京），察右前、兴和、丰镇、凉城、清水河、和林、土左、土右、托克托、呼和浩特市郊、包头郊区、固阳、包头市区、磴口、杭锦后、临河、五原、乌拉特前、乌拉特中、乌拉特后、达拉特、准格尔、东胜、伊金霍洛、鄂托克、杭锦、鄂托克前、乌审（内蒙古），大同市南郊、新荣区、阳高、天镇、广灵、灵丘、浑源、应县、山阴、朔县、大同、怀仁、偏关、繁峙、宁武、岚县、静乐、娄烦、方山、中阳、交口、五台、寿阳、左权、和顺、陵川（山西），武威、民勤、古浪、张掖、民乐、临泽、山丹、酒泉、临夏、永靖、永登、会宁、景泰、定西、通渭、陇西、渭源、临洮、张家川、庄浪、舟曲、迭部、省农垦（甘肃），西吉、海原、

固原、隆德、彭阳（宁夏）。

（3）春播中熟区。本区包括黑龙江省南部，吉林中、西部平原和东部河谷、盆地，内蒙古的赤哲山地丘陵，西辽河平原灌区，河北太行山东麓800 m以上山区，山西中部的东西两山区，陕北北部，甘肃中部，宁夏中部等地。

本区位于北纬36.1°～46.4°，海拔高度低于早熟区，为134～1 500 m。5～9月平均气温明显高于早熟区，为18.2～19.9 ℃，平均为19.2 ℃。最热月7月气温在21.8～23.9 ℃，平均达到23 ℃左右。≥10 ℃积温在3 000 ℃上下。本区降水量少，是各生态区中最少的（但松花江平原和吉林通化河谷降水多），而4～5月蒸发量是各生态区中最大的，达到310～707 mm，平均为530 mm左右。热水比是各生态区中次大的，达到5.08～20.83，平均为9左右，说明水分短缺严重。由于降水少，阴天少，7～9月日照时数较长，平均达到700 h，而且9月昼夜温差大，有利于谷子灌浆上籽，尤其赤哲山地谷子上籽特别好。

本区分为两个生态亚区。

① 松辽平原中熟区。本亚区分布于黑龙江省南部的松花江黑土平原，吉林松花江上游河谷，长春、白城平原，内蒙古赤哲山地丘陵区及西辽河平原灌区。代表地点：黑龙江哈尔滨、内蒙古赤峰、吉林长春。包括哈尔滨、双城、阿城、呼兰、宾县、望奎、五常、肇州、肇源、肇东、尚志（黑龙江），赤峰市郊、红山区、元宝山区、宁城、喀喇沁、敖汉、翁牛特、奈曼、库伦、巴林左、扎鲁特、巴林右、科左中、科左后、阿鲁、通辽、开鲁（内蒙古），白城、镇赉、洮南、大安、通榆、乾安、前郭尔罗斯、扶余、长岭、长春、农安、德惠、九台、榆树、吉林、双阳、伊通、辉南、柳河、东丰、辽源、东辽、梅河口（吉林），桓仁、南芬、宽甸、新宾、清原（辽宁）。

② 黄土高原中部中熟区。本亚区处于典型黄土高原，包括冀西北山地丘陵区，晋西黄土高原、晋东太行山地，陕北丘陵沟壑区和长城以北风沙区，陇中干旱区，宁夏中部黄土丘陵区等。包括涞源、阜平部分、平山部分、邢台部分、涉县部分（河北），米脂、绥德、子洲、清涧、吴堡、横山、榆林、佳县、神木、靖边、定边、府谷（陕西），隰县、石楼、蒲县、临县、兴县、平顺、壶关、沁源、榆社、盂县、代县（山西），榆中、皋兰、七里河、西固、红古、白银、平川、永昌、金川、静宁、秦水、秦安、甘谷、武山（甘肃），中卫、灵武、盐池、同心（宁夏）。

（4）春播晚熟区。本区横跨东北到甘肃陇东，包括吉林四平平原，辽宁大部，河北东北部、山两中部、东南部和西南部，陕北大部，甘肃东部。本区南界为夏谷区，是春夏谷交错地带。实际上本区也是夏谷的早熟区，一般可复播特早熟和早熟夏谷品种。

本区位于北纬34.6°～43.5°。地势东低西高，最低点仅有3.3m，最高地点为1 240 m，海拔高度明显低于春播中熟区。由于纬度偏南，海拔较低，气候暖和，是春谷各生态区中温度最高的，特别是9月气温明显高于其他春谷区，因此生育期长，一般无霜期在 150 d 以上。最热月 7 月气温在 20.9～25.3 ℃，平均为 23 ℃左右。≥10 ℃积温 2 800～3 900 ℃。9 月昼夜温差为春谷区中最小的。生育期间大部分地点降雨较多，一般在 500 mm 以上，仅西部甘肃一些地方降水少。

本区分为 3 个生态亚区。

① 辽宁、河北中晚熟区。本亚区分布于四平、铁岭平原、辽西北丘陵、辽东山区、集安盆地、冀东北承德山区丘陵等地。包括朝阳、龙城、双塔、北票、建昌、喀喇沁左翼、建平、北镇、凌源、阜新、彰武、清河门、黑山、细河、义县、银州、铁法、铁岭、清河、开原、西丰、昌图、康平、法库、风城、岫岩、东沟、本溪、平山、溪湖、明山、抚顺城区、抚顺（辽宁），承德市区、青龙、宽城、兴隆、平泉、滦平、隆化、承德（河北省），集安、公主岭、四平市区、梨树、双辽（吉林省）。

② 辽宁、河北沿海晚熟区。本亚区分布于辽宁沈阳以南的辽东半岛，辽西走廊，河北唐山地区沿渤海地带。本区代表地点：辽宁锦州和河北乐亭。包括绥中、兴城、锦西、南票、葫芦岛、太和、辽阳市区、弓长岭、太子河、辽阳、灯塔、沈阳苏家屯、东陵、新城子、新民、鞍山旧堡、海城、台安、锦县、甘井子、瓦房店、新金、长海、庄河、旅顺口、金州、盖县、营口鲅鱼圈、盘锦（辽宁），丰润、丰南、滦县、滦南、乐亭、迁安、迁西、遵化、玉田、唐山市区、昌黎、抚宁、卢龙、秦皇岛市区（河北）。

③ 黄土高原南部晚熟区。本区分布于北京市西山区，山西忻定、太原盆地、上党盆地、吕梁山区南段，陕北延安地区，陇东泾渭上游丘陵区及陇南少数县。本区的南界为山西晋城—太原—乡宁—陕北洛川—甘肃庆阳一线，是春、夏谷的分界线。在分界线上为过渡地段，随地势高低向南或向北变化。代表地点：山西长治、陕西延安、甘肃庆阳。包括忻州、太原南城、太原北城、定襄、阳曲、原平、河曲、保德、古交、清徐、武乡、沁县、长治城区、长治郊区、长治县、襄垣、潞城、屯留、长子、高平、沁水、昔阳、安泽、晋城郊区、永和、汾西、大宁、乡宁、吉县、离石、柳林（山西），延安、延长、延川、子长、安塞、志丹、吴旗、甘泉、富县、洛川、宜川、黄陵、黄龙（陕西），西峰、庆阳、环县、华池、合水、正宁、宁县、镇原、平凉、泾川、灵台、崇信、武都、宕昌、文县、天水秦城区、北道区、靖远（甘肃），门头沟、矿区（北京）。

（5）夏谷区。沿着我国谷子春播晚熟区南沿，甘肃的西峰—洛川—乡宁—太原—晋城—涉县—北京—唐山构成春谷和夏谷分界线，其南部是夏谷区。

本区分为两个生态亚区。

① 黄土高原夏谷区。本亚区分布于山西汾河河谷、临汾、运城盆地、泽州盆地南部，陕西渭北旱塬和关中平原。陕南的商洛山区属另外生态类型，因谷子面积很小也并入本区中。包括榆次、太谷、祁县、平遥、介休、孝义、清徐、文水、汾阳、交城、灵石、古县、浮山、阳泉市郊、平定、黎城、阳城、晋城城区、万荣、翼城、洪洞、芮城、闻喜、临汾、垣曲、河津、侯马、平陆、稷山、运城、霍县、襄汾、曲

沃、新绛、绛县、夏县、临猗、永济（山西），韩城、华县、华阴、潼关、大荔、浦城、澄城、白水、合阳、富平、渭南、咸阳、渭城、兴平、三原、泾阳、乾县、礼泉、永寿、长武、杉县、旬邑、淳化、武功、渭滨、宝鸡、凤翔、岐山、扶风、眉县、陇县、千阳、麟游、铜川郊区、耀县、西安、灞桥、阎良区、铜川城区、长安、蓝田、临潼、周至、高陵、宜君、白河、商县、洛南、丹风、商南、山阳（陕西）。

本亚区气候地理特点是：低纬度，中海拔，形成高气温，低雨量。地处北纬34.3°～37.2°的黄土高原。海拔376～979 m，平均605 m。最热月平均气温到25 ℃，9月气温达到18.3 ℃。≥10 ℃积温为3.883～4.547 ℃，平均为4 000 ℃左右。9月昼夜温差最小。夏谷生育期间6～9月降雨仅有322～413 mm，平均为372 mm，稍嫌不足。6月降雨平均为60.4 mm，基本能满足播种出苗的需要。由于气温高，热水比较大。7～9月日照时数较少。由于纬度低，理论日照时数也少。本区土壤以褐土为主，间有底潮土。

② 黄淮海夏谷区。本亚区分布于北京、天津以南，太行山、伏牛山以东，大别山以北，渤海和黄海以西的广大华北平原地区。包括涿州、新城、定兴、容城、固安、廊坊、永清、三河、大厂、香河、丰台、石景山、昌平、顺义、通县、大兴、房山、平谷、天津南郊、天津西郊、天津北郊、大港农场、蓟县、宝坻、武清、宁河、静海、雄县、安新、高阳、霸县、文安、大城、青县、沧县、沧州市区、黄骅、孟村、海兴、盐山、任丘、肃宁、河间、献县、泊头、南皮、东光、吴桥、饶阳、深县、武强、武邑、阜城、衡水、衡水市区、景县、冀县、枣强、故城、新河、南宫、清河、巨鹿、平乡、广宗、威县、临西、鸡泽、曲周、邱县、广平、馆陶、大名、魏县、元氏、石家庄市区、获鹿、望都、定县、安国、新乐、无极、深泽、正定、藁城、晋县、辛集、栾城、赵县、高邑、柏乡、宁晋、隆尧、任县、邢台市区、南和、肥乡、成安、临漳、临城、邢台、沙河、永年、邯郸市区、邯郸、磁县、内邱、徐水、保定市区、清苑、博野、蠡县、满城、完县、唐县、曲阳、行唐、灵寿、井陉、赞皇、易县、涞水、涉县、平山、阜平、武安（河北、北京、天津），山东省全部，河南省全部。

本区气候地理特点是：低纬度，低海拔，形成高温、降水较多、昼夜温差小、日照时数少的生态条件。地处北纬32.4°～39.8°，海拔3.3～750 m，平均为93.4 m。最热月7月平均气温高达26.6 ℃，9月气温尚有20.5 ℃，≥10 ℃积温3 752～4 866 ℃，平均为4 440 ℃。

## （二）糜子生态区划

糜子在中国分布广泛，东起浙江，西止新疆、西藏，北起黑龙江省，南到海南、云南，几乎全国各省份均有种植。种植北界是地处北纬49.5°的黑龙江省嫩江县；南界是北纬20°的海南省北部。种植高限是海拔3 000 m的西藏自治区藏南地区。主产区是地处北方的内蒙古、陕西、甘肃、山西、宁夏、黑龙江等省份的半干旱地区。糜子在全国粮食作物中次于水稻、小麦和玉米，也次于谷子、高粱、甘薯、大豆、马铃薯和大麦，与燕麦、荞麦、小杂豆等同属小宗作物。在不同地区，作物之间的搭配受到当地自然条件、生产条件和经济条件的制约。我国长城沿线地区，风沙多，降水较少，主要作物有谷子、玉米、高粱、糜子及小麦等，糜子以其抗旱耐瘠薄的特点而占有一定比重，为糜子的主要种植区之一；黄土高原地区主要作物有冬小麦、玉米、大豆及谷子，糜子面积仅次于谷子，是我国糜子又一主产区，本区复种糜子占有一定比例；在西北干旱灌区，糜子主要作为麦收后的复种作物。但当某一地区遭受旱、涝等自然灾害后，糜子和荞麦一样成为救灾的先锋作物。目前，我国糜子主产区主要集中在长城沿线地区，即河北张家口、承德地区，宁夏银南、固原地区，甘肃庆阳、平凉、定西地区，山西大同、朔州、忻州，陕西榆林、延安，内蒙古赤峰、通辽、鄂尔多斯，黑龙江嫩江地区，吉林白城地区。这些地方土壤贫瘠，干旱少雨，年降水量在300～500 mm，无霜期短，糜子是这些地区的主要作物之一，有粳糯之分，包头、东胜、榆林、延安一线（东经110°）以东地区主要栽培糯性，该线以西主要栽培粳性糜子。

**1. 东北春糜区**

本区包括黑龙江、吉林、辽宁（朝阳除外）三省及内蒙古大兴安岭地区，哲里木盟中部的西辽河灌区。

**2. 华北夏糜区**

本区即为《中国综合农业区划》中的黄淮海区，位于长城以南、淮河以北，太行山及豫西山地以东，包括北京市、天津市、河北省和河南省大部、山东省、安徽和江苏两省的淮北地区。

**3. 北方春糜子区**

本区位于长城沿线及以北地区，包括内蒙古大兴安岭以西大部、辽宁朝阳地区、河北承德和张家口地区、北京市延庆县、山西北部和西北地区、陕西榆林沿长城各县、宁夏盐池和同心县、宁夏引黄灌区及甘肃河西走廊地区。本区是我国的旱作农业区，杂粮比重较大，糜子占有重要的地位，是我国糜子主要产区之一。

**4. 黄土高原春、夏糜子区**

本区西起青海日月山，东至太行山，南达秦岭及伏牛山，北至长城沿线以南，包括河北西部少数县、山西大部、河南西部、陕西中北部、甘肃中东部及甘南、宁夏南部及青海东部地区。这一地区将近70%的地区为黄土层所覆盖，土层深厚，但水土流失严重，土壤瘠薄。本区西北部以春播为主，东南部以夏播为主。由东向西，粳性品种逐渐增加，糯性品种逐渐减少，是由糯性品种为主向粳性品种为主的过渡区，糜子类型多样复杂，籽粒颜色以黄、红为主，千粒重较高，侧穗型居多。

**5. 西北春、夏糜区**

本区包括新疆全区及甘肃西北部酒泉地区。南疆盆地属温暖气候带，北疆属中温带。南疆是我国土地面积最大的灌溉农业区，两年三熟或一年两熟，麦收后可复种糜子，但面积很小。北疆农区糜子为春播也有夏播，但面积较小。本区糜子品种为粳性，半粮半饲，但耕作管理较为粗放。发展方向是培育适宜于灌区栽培的抗倒、耐肥、食饲兼用品种，温暖地区要充分利用光热资源，改进耕作制度，扩大复种指数。

**6. 青藏高原春糜区**

本区包括西藏自治区、青海中西部及四川西部，是我国最大的高原区。糜子属零星栽培，一般为春播，少数地方为秋、冬播，品种为粳性，散穗型，籽粒小，单产较低。本区糜子品种资源类型独特，为我国宝贵的糜子种质资源。

**7. 南方秋、冬糜子区**

本区包括淮河、秦岭以南，青藏高原以东的各省份。年降水多，以种植水稻为主，糜子属旱粮作物，零星分布于各省山地和丘陵地带，一般多在头年秋、冬季播种，次年春季收获，种植方式以平作条播为主，品种多为糯性、侧穗型，耐湿性强，当地生育期较短，品种北引生育期延长，甚至难以成熟。

## 四、未来谷子糜子种植区域的变化趋势

### （一）谷子糜子以产业区为主，零散的个体种植户为辅

目前我国的现代化农业发展还处于初级阶段，除了玉米、小麦等大宗作物走在我国现代化的前沿，其余生产规模小的作物、具有地方特色的优势作物等还大多依靠传统的生产方式，尽管也加入了现代农业中一定的机械化元素，但仍然较滞后。谷子糜子的现代农业之路也同样受到了这种现状的影响，尤其是谷糜的种植区域大多散落丘陵坡地，实现机械化难度大，而自身的栽培方式没有较大的突破，对于单一的农户很难大面积种植，直接影响农民的经济收入。尽管出现了一些产业区，但产业化组织水平不高。优势区域内产业化企业规模小、带动能力弱，与农民资本连接、服务支持、利益共享等一体化关系尚不完善，带动农户增收能力有限。农民专业合作组织和行业协会数量少、规模小、不稳定的发展格局仍未根本改变，在政策传递、科技服务、信息沟通、产品流通等方面的作用尚未充分发挥。农业小生产与大市场的矛盾依然突出，抵御市场风险的能力仍然较弱。据统计，1997—2007 年我国耕地面积净减少 820 万 $hm^2$，人口净增了 9 000 多万，我国面临的人口、粮食等问题还很严峻，因此在优势作物区域化的布局之下，谷子、糜子的种植面积还会进一步减少或增加，但终将趋于稳定的种植面积，保持一个相对稳定的发展时期。

### （二）从主要粮食作物逐渐转变为不可或缺的特色作物

谷子、糜子在我国广袤的土地上传承了几千年，受到不同民族、生活习惯差异，以及气候、政治、经济等因素的影响，我国目前的谷子和糜子在各地种植的习惯、目的、规模的大小等均有不同，比如糜子是我国古代许多地传统节日不可或缺的。但随着历史的发展，文化的融合、超越，好多传统已不复存在，仅有少数地方保留下来，

渐而形成地方性的特色，同时也被许多企业家看到这种特色所蕴含的商机。受到企业的带动，这种特色及原有的小农生产被扩大，逐渐规模化。2009 年国家启动了谷子产业技术体系，2011 年又将糜子并入谷子产业技术体系，国家谷子糜子产业技术体系的启动为谷子、糜子产业的发展起到了很好的推动作用，根据体系每年的信息平台显示，许多农业发展滞后、生态条件恶劣的地方已经逐渐认识到产业化、集约化带来的巨大经济效益，开始自发地完成这个时代赋予他们的使命。

### （三）种植面积呈现局部扩大趋势

市场需求的增加、地方政府的重视、土地流转及谷子和糜子加工企业的带动，使谷子、糜子的价格近年来呈现出快速增加的趋势，生产大户、专业合作社等规模种植逐步扩大，谷子、糜子特色产业的地区效益和规模效益继续推进，优势区域将进一步形成，种植面积呈现局部扩大的趋势，在全国范围内将形成几个大的优势产业区。

## 第二节　谷子糜子核心产业区构建

### 一、谷子糜子核心产业区构建的背景

从全球的角度来看，农业发展的一大趋势是形成规模化、特色化与专业化的产业区。这种产业区是一些相互联系的公司通过共性和互补集中在一起形成的区域，通常包括自然地域的上下游、互补产品的生产商、提供专业化基础设施和提供技术支持的其他机构，如学校、研究机构、职业培训机构、技术标准机构等。这在世界发达国家有很多成熟的先例。近年来，我国沿海地区借鉴发达国家的发展经验，形成了不少规模化与专业化的产业区，许多产业区目前已成为当地经济发展中最有活力的一块。

区域特色农业产业集聚区，是指在一定区域内，根据当地的比较优势与竞争优势，发展具有竞争力的本地特色的产业链条，形成在国内外市场有竞争力的特色产业、特色企业群。产业区的建立以国内外市场为导向，发展市场潜力巨大的产业。区域比较优势是区域特色农业产业区形成的基础，包括地理位置、资源禀赋、交通条件以及农村社会经济水平等区域特色。特色农业产业区的形成，一方面依托相关资源在市场竞争中的比较优势；另一方面也以市场为导向，根据利益最大化原则进行资源的整合，在一定区域内进行专业化生产，并不断地提高产品的质量和档次，逐步形成自己的名牌优质产品。在专业化的基础上，不断横向扩张，增加品种；纵向拉长，系列发展，逐步形成一业为主、关联产业并存的产业化格局。围绕一个特色产业区，组织产、加、销、贸各方面分工协作，形成产业链条。

区域特色的产业集聚区必须选择一个主导产业，并以主导产业为基础进行重新布局，发展与主导产业相配套的关联产业区，形成产业链条和主导产品的系统开发，从

而形成规模效应。主导产业为某一地区产业中技术先进、商品率高、规模大、获利大，对其他产业乃至整个国民经济的发展都具有强烈推动作用的产业，对其他产业具有较高关联度和产业不断升级换代是主导产业的第二大特征。主要以实施农业产业化的主导产业为突破口，即在本地特色产品上进行产业化开发，争取生产上规模，加工上档次，质量上水平，把资源优势变成商品优势，创造出特色农业来。

谷子、糜子是发源于我国的古老农作物，从古代到近代一直是我国人民生活中的主粮，当前仍是干旱和半干旱地区的主要粮食作物，具有前景广阔的商品开发价值和很强的市场竞争力。谷子、糜子在我国的很多地区是优势农产品，建设谷子、糜子核心产业区对于发展农村经济，提升产业水平具有重要意义。

## 二、谷子糜子产业区建设的原则

发挥区域谷子、糜子的优势，以特色产业区来吸引资金、人才和技术，提高农业人才素质，以特色创名牌产品，开拓和占领国内外市场。

总体原则：在确保粮油等大宗农产品产量稳定增长的前提下，从当地资源、技术、区位、产业等出发，以国内外市场为导向，以产业化开发为基本途径，依靠科技进步，围绕“特”字开展产业化运作。注重生产拳头产品，实行多目标、多层次、多方式、多途径、全方位的综合挖掘，进行各具特色的区域性名、特、优、稀新产品的开发，促其上规模、成批量，确保农民增收、财政增收和市场繁荣。

## 三、谷子糜子产业区的现状

### （一）农业产业区的发展阶段

农业产业区是依据区域农业生产优势而形成的地域分工。建设和发展的农业产业区，其目的就是为了获取比较优势。随着农业的发展和农业生产条件的改善，驱动农产品产业区发展的主导因素也在不断变动和逐步演替。根据主导因子的不同，可以把农产品产业区按顺序大致划分为 4 个阶段：形成期、扩张期、整合期和提升期。

**1. 形成期**

资源驱动是农业产业区形成期的主要特征，它是农业生产发展和农产品产业区发展的初级阶段。这个阶段的主导驱动因子是农业自然资源，它要求农业产业区根据区域农业自然条件的适宜性和限制性进行布局，资源驱动因子的作用至关重要。

**2. 扩张期**

由规模驱动的产业区外延扩展阶段，通过扩大规模、提高农产品成本竞争优势完成农业产业区的扩张，实现优势农产品的区域布局。

**3. 整合期**

农业产业区的经济结构改革和产业升级阶段，其主导驱动因子是产业链。

#### 4. 提升期

是农产品产业区发展的高级阶段，主要依靠技术创新与变革保持和提升产业区的竞争优势。

### （二）谷子糜子产业区的现状

近年来，随着旱情的发展、富贵病的增加、农产品国际竞争的加剧及谷子产量水平的大幅度提高，谷子的营养保健价值、国际竞争力和产量潜力被重新认识，有的省份出现了谷子种植面积回升的势头。在谷子生产优势产区形成了多个谷子规模化生产基地，如内蒙古的赤峰、河北的武安和易县、山西的沁县和汾阳、辽宁的建平县、山东的金乡县等，这必将进一步促进谷子生产的区域优势和产业化的形成。

随着杂粮市场的发展和国家对企业的一系列优惠扶持政策的落实，我国已形成规模较大的生产加工企业和小米贸易集散地，具备了谷子、糜子产业区的雏形。如山西沁州黄、檀山皇和辽宁建平小米市场等，河北武安谷子种、加、销规模化产业集群。其中不少企业是省级龙头企业和国家级扶贫龙头企业，这些企业通过企业＋基地＋农户、企业＋基地＋农户＋科研单位或企业＋农户等不同方式，在其周围形成了比较优势明显的集中产区，从田间到餐桌，实行绿色食品生产。这些企业的出现，拉动了当地的谷子生产，提高了农户的种植效益。

在优势龙头企业和品牌建设方面已有一定的基础。我国历史四大名米“沁州黄”“桃花米”“金乡小米”“龙山小米”等曾列为历代封建王朝的贡品，本身就是很著名的品牌。近年我国各地新近形成了一批较著名的品牌，如“沁州黄”“檀山皇”“金谷米”“汾州香”等。

虽然在内蒙古赤峰、河北武安和易县、山西沁县和汾阳、辽宁建平等地形成了多个谷子种植相对集中优势地区，但是这些地区或基地内还缺乏规范的统一组织和管理，种植的品种类型多而杂，而且多种植在旱薄地，投入少，管理水平低，广种薄收现象严重，造成了产量和品质的不稳定，当前的谷子生产仍多为小农经济形式的生产，同规模化的商品生产要求相差很远。总体来看，谷子、糜子产业区的发展基本处于形成和扩张阶段，还有很大的提升空间。

糜子也是我国北方的传统粮食作物，其沿革经历了与谷子相似的历程。中华人民共和国成立初期全国糜子面积约 200 万 $hm^2$，目前在 56 万～60 万 $hm^2$，主产区在长城沿线地区。糜子是传统的制米作物，黄米及其加工制品是糜子产区的主要口粮和保健食品。主要的食用方式是蒸煮米饭，制作风味小吃，例如茶汤、炸糕、年糕、汤团、粽子、酸饭、糜子粉、炒米等。此外，糜子是传统的制酒原料。总体来说，糜子相对于谷子的产业化程度要低，还未形成规模较大的核心优势产业区。

### （三）谷子糜子优势产业区构建案例

在全国几大谷子主产地，已形成了数个规模较大、产业化水平较高、比较优势突出的核心谷子产业区，在此介绍几个突出的实例。

**1. 山西沁州黄小米（集团）有限公司**

山西沁州黄小米（集团）有限公司是目前国内最大的小米生产加工企业，在该公司的辐射带动下，围绕传统贡米“沁州黄”原产地沁县及其周边地区，形成了特色鲜明效益突出的谷子核心产业区。该公司以沁州黄小米为基础产业，以小米深加工产品为主导方向，是集良种繁育、基地建设、科研开发、产品加工、市场营销于一体的省级农业产业化经营重点龙头企业，山西省优势农产品谷子基地示范企业，全国标准化生产示范区建设实施单位。公司成立于1989年，2001年改为股份制，2002年组建集团，下设5个控股子公司，注册资本1.15亿元。公司秉承“诚信经营、追求卓越、创新服务、奉献社会”的经营理念，始终坚持公司＋基地＋农户＋标准化＋品牌的产业化经营方式，严格实行统一地块标准、统一种植品种、统一技术规程、统一配方施肥、统一订单收购的“五统一”基地管理模式，在沁县13个乡镇发展沁州黄绿色标准化基地4 000 $hm^2$，年产优质沁州黄谷子15 000 t，带动26 000多农户户均收入3 000元。2000年以来，沁州黄小米连续获得国家绿色食品认证、有机食品认证、QS认证，被评定为“山西省名牌产品”、“中国名牌农产品”和“中国优质产品”；集团公司被评为“国家AAA级守合同重信用单位”。在深加工产品的开发方面取得重大突破，总投资10 700万元的谷之爱婴幼儿营养小米粉生产线2010年6月正式竣工投产，新产品各项指标经“国家乳制品质量监督检测中心”检测全项合格，通过QS认证，获得国家两项专利。新产品分冲乳和调糊两大系列，对婴幼儿具有增智、壮骨、助消化、调养脾胃、增强免疫力的作用，被专家誉为“全价植物营养”，是婴幼儿最为理想的一种辅助食品。2011年11月公司谷之爱婴幼儿营养小米粉在北京隆重上市，受到广大消费者和众多客商的青睐。市场成熟后预计年销售收入可达10亿元，实现利税2亿元，带动5万种植农户发展基地5 300 $hm^2$，户均收入3 000元。

**2. 河北省武安市**

核心产业区构建的另一个典型是武安市，谷子常年种植面积1.5万 $hm^2$ 左右，占全市耕地面积的20%以上。武安是中国谷子的发源地，境内有著名的磁山文化遗址，并在2004年和2005年先后被命名为“河北小米之乡”和“中国小米之乡”，目前武安市有大型小米加工企业1家，中型加工企业6家。河北仓盛兴粮油工贸有限公司投资1 700万元建成了年加工能力达1.5万t的优质小米生产线，种植基地面积达1.3万 $hm^2$，注册了“武安小米”地理商标和“磁山粟”“晶秋”商标。取得了小米的有机食品认证和绿色食品认证，并与农户签订了收购订单，带动农户10万多户。通过与河北省农林科学院谷子研究所等科研单位联合，开发试制了小米多功能营养粉、小米糠油、高纤维素等系列深加工产品，这对当地谷子生产又是一个拉动和促进。

武安的谷子产业发展不仅得益于龙头企业的拉动，与政府的大力扶持也紧密相关。为做大做强武安小米产业，市委市政府高度重视，2004年市政府下达了

《关于发展优质小杂粮的实施意见》，其中尤其突出了小米产业。2005 年市委、市政府下达了《关于发展小米产业的实施方案》，同时把武安小米产业列为武安市“十一五”国民经济发展规划的十大产业之一，市财政每年出专款扶持谷子生产。

在基地建设上，一是对武安 4.87 万 $hm^2$ 耕地进行了无公害农产品生产基地环评认定，使所有谷子都产于无公害农产品生产基地；二是农业局每年从科研院所引进十几个优质谷子新品种进行品种展示，并请专家对小米现场考察，筛选出小香米、冀谷 19、冀谷 31 等优质当家品种进行推广。同时，建立了多个优质谷子种植基地；三是在建立绿色食品（小米）生产基地 670 $hm^2$ 的基础上，建设成了有机谷子生产基地；四是通过良种补贴和示范方建设带动了武安优质谷子基地的发展。

**3. 辽宁建平杂粮市场**

辽宁省建平县不仅谷子种植集中，面积大，常年种植面积在 2 万 $hm^2$ 左右，而且形成了集产、供、销一体的规模化杂粮交易市场。全县杂粮加工购销业户达 1 000 多家，其中朱碌科镇最负盛名，达 215 家，规模较大的业户 54 家，大型加工企业 8 家，杂粮生产专业合作社 2 个，占地面积 3 640 $m^2$ 的杂粮批发市场 1 个，已成为东北的杂粮集散地。全县年加工购销杂粮 25 万～30 万 t，实现年加工销售产值 6 亿～8 亿元，产品广泛销售到东三省及内蒙古和我国大中城市，部分产品已外销到日本、韩国、新加坡、马来西亚、欧盟等国家和地区。

## 四、谷子糜子核心产业区建设对策

谷子、糜子作为主产于北方干旱少雨贫瘠土地的特色杂粮作物，在当前农村劳动力不足，管理成本逐年上升的情况下，通过构建核心优势产业区，实现规模化、标准化、轻简化生产，产业化加工、销售，进而降低生产成本，对于提高农民和企业附加值，促进谷子、糜子生产具有重要推动作用。

### （一）政策支持

在农业产业结构调整中进一步加强对谷子、糜子的重视，树立产业化发展的思想，增加资金和技术投入，促进产业化、规模化发展。

### （二）科技先导

以优良新品种、产品深加工等方面的科技提升为先导，加强科研机构与企业衔接和合作，破解制约谷子、糜子产业的发展瓶颈。

### （三）产业带动

充分发挥目前已形成的谷子、糜子生产区域优势的作用，在优势区域建立产业基地，并形成从初级产品到加工产品和市场的产业与流通链。通过产业各方的共同努力，共创品牌，通过著名品牌的建立和市场开拓，进一步提升产业水平并形成规模化生产，为龙头企业形成和产业化生产的实现奠定基础。

### （四）文化引领

加强谷子、糜子文化的研究和发掘，充分利用好我国源远流长的“粟文化”的历史积累，提升谷子、糜子的知名度和市场意识，推进谷子、糜子国内外市场的开拓与发展。

## 第三节　谷子糜子优势产业带建设

### 一、谷子糜子优势产业带建设背景

产业带是特定产业优势突出、链条完整、产业集中的区域，是相关或相同的产业的基地，在此区域内可以形成产业集聚效应，更好地壮大产业，在产业带里资源会更有效地利用和配置。在产业带形成初期，企业区位行为受环境条件的影响，而表现为向某一优势区位集中，进而发展成若干城市工业集中区，企业在运营过程中由中心向外沿轴线扩散，这两种空间过程既相互推动又相互制约，便形成了产业带。产业带的形成最初是从工业等产业中逐渐形成的，农业产业带是后来重视农业发展以后才逐渐发展起来。

农业产业带是农产品形成具有某种优势的产业聚集区，区域内资源配置高效优化，产业持续发展，最终形成农业产业带。优势农产品是指在我国资源和生产条件较好、商品量大、市场前景广阔，在国内市场与国外产品竞争具有优势，能够抵御进口冲击的农产品，或在国际市场上具有竞争优势，能够进一步扩大出口的农产品。优势农产品产业带是指资源条件好、生产规模大、市场区位优、产业化基础强、环境质量佳、集中连片的农业发展区域。2003 年农业部实施优势农产品优势区域布局以后，通过国家和相关省的投入引导、科技推动、信息服务等有效措施，我国部分农业产业逐渐向优势区域集聚，基地建设逐渐向现代化过渡，优势区域农产品的优质化率明显提高，出口和加工业发展迅速，产业链条不断延伸，产品竞争力不断增强，有力地推动了我国农业产业整体素质的提升，农业优势产业带逐渐形成。优势农产品区域布局规划的实施，进一步优化了全国农业生产力布局，促进了农业结构战略性调整向纵深发展。但全国优势农产品区域布局的两次规划（2003—2007 年，2008—2015 年）均未把谷子、糜子等杂粮作物列入。谷子和糜子是我国干旱和半干旱地区的主要杂粮作物，在我国具有前景广阔的商品开发价值，具有很强的竞争优势，市场潜力巨大。谷子、糜子在一定意义上来说是我国的优势农产品，建设谷子、糜子优势产业带对产业发展具有重要意义。

## 二、谷子糜子优势产业带建设的原则

### （一）指导思想

以科学发展观理论指导调整和发展，把适宜区域发展的优质、高产、轻简化、特色的谷子和糜子品种作为主要推广种植品种，充分发挥区位优势、资源优势、市场优势等，以促进区域经济发展、农业增效、农民增收为目的。坚持以市场为导向，以科技为支撑，以企业、政府、农户为基本单元，按照适宜的生产模式进行产业发展，优化产业结构，改善品质，提高产量，不断增强市场竞争能力；实施产业配套，政策推动，吸收外资、龙头企业带动，上下配合联动发展战略，逐步把区域谷子、糜子产业做大、做强。

### （二）基本原则

**1. 立足资源禀赋**

谷子、糜子营养丰富、抗旱、耐瘠、环境友好，在干旱、半干旱的丘陵山区具有较强比较优势。建设谷子、糜子优势产业带，应立足资源禀赋，选择种植面积大的县区、比较优势明显的地区，有利于谷子、糜子生产提质增效，做大做强。

**2. 以市场为导向**

遵循市场经济规律，充分发挥市场在资源配置中的基础性作用，从区域资源优势出发，面向市场，瞄准现实和潜在需求，进一步优化品种结构和品质结构，引导标准化、专业化生产，促进优势谷子、糜子量的增长和质的提升。

**3. 科技支撑为本**

产业带建设要注重科技的力量，农业科技进步和创新是优势产业带发展的根本动力。依托国家谷子糜子产业技术体系，针对市场和生产需求，加强谷子、糜子产业技术创新，全面增强优势农产品产出能力，促进农产品总量平衡、结构平衡和质量提升。

**4. 合作协调推进**

借鉴和吸收其他产业带建设经验，相互学习、合作与促进，加强部门间、区域间联合协作，调动各方积极性，统筹利用资金、技术、人才等各类资源，建立分工明确、行动协调、持之以恒的良好机制，努力形成推动优势农产品区域布局工作的合力。

**5. 尊重农民意愿**

在充分尊重农民生产经营自主权的基础上，利用土地流转、合作社等多种形式促进谷子、糜子规模化生产，保障农民的市场主体地位。通过政策引导、市场带动、信息服务等途径，调动农民自觉自愿发展优势农产品生产的积极性。

### （三）总体目标

经过谷子、糜子优势产业带建设，使谷子、糜子区域布局更加优化，质量、效益和竞争力明显提高，优势区域对促进农业增效、农民增收的能力进一步增强。形成2～3个谷子、糜子优势产业带，建设一大批高产、优质、高效、生态、安全的谷子糜子优势主产县，形成一批规模化、标准化、设施化、品牌化的现代谷子、糜子产业示范区。通过区域布局的优化，推动谷子、糜子区域化、规模化、专业化生产水平显著提升，区域资源得到合理高效利用，比较优势得到进一步发挥，产品竞争力进一步增强。

## 三、谷子糜子优势产业带建设

根据全国自然条件和谷子、糜子生产现状，把全国谷子、糜子产业带布局划分为4个优势产业带，一是东北谷子糜子产业带；二是太行山区谷子产业带；三是西北谷子产业带；四是长城沿线谷子糜子产业带。

### （一）东北谷子糜子产业带

**1. 区域特点**

东北春谷产业带包括内蒙古东部的赤峰、通辽的部分地区，辽宁西部的朝阳市、阜新市，吉林西部的白城市、松原市，黑龙江西部的齐齐哈尔市、大庆市、哈尔滨市等地区。东北糜子产业带包括内蒙古的赤峰、通辽、兴安盟，辽宁西部的朝阳、阜新，吉林的白城，黑龙江的嫩江地区、齐齐哈尔、大庆等。

该区域位于内蒙古高原东部，大兴安岭南端，燕山北部。该区域大部属于山地丘陵区，以温带大陆性季风气候为主，冬季漫长而寒冷，春季干旱多大风，夏季短促炎热、大部分地区降雨稀少，且雨水集中、分布不均，秋季短促、气温下降快、霜冻降临早，年平均气温0～8.6℃，适宜种植抗旱作物。区域内铁路、国道、高速公路构成交通网络，有国道303、304等，高速G1、G45、G10，京哈铁路等，交通便捷，区位优势明显。

该区域常年种植谷子面积约21.3万$hm^2$，其中赤峰是全国谷子的四大产区之一，以种植面积大，历史悠久而著称，一般常年谷子播种面积13.3万$hm^2$，干旱年份达33万$hm^2$。辽宁省西部种植面积达4万～5万$hm^2$，黑龙江和吉林种植面积总计约4万$hm^2$。

该区域糜子种植面积13.3万$hm^2$，主要分布在黑龙江嫩江，吉林白城，内蒙古赤峰和通辽。

**2. 产业定位**

该区域谷子面积大，品质优良，主要种植黄金苗、吨谷等品种。按照目前的生产现状和产业发展现状，该区域的谷子大量调至河北、山西等地的谷子加工集散地进行加工，然后简单包装或者精包装，销往全国各地。正因为这一特点形成了东北谷子调出产业带。该产业带就定位以面积大、品质优良为特点，提供谷子供各地区谷子加工集散地加工。东北糜子产业带定位以糯性为主，选育推广高品质、高产量的糜子新品种，开发各种以黏性为特点的糕点，开拓糜子市场。

**3. 发展目标**

围绕该地区是谷子、糜子原料生产基地特点，加强该地区的谷子、糜子生产的规模化、标准化，选育和推广一批优质、专用新品种，组装集成一批谷子、糜子标准化生产技术，为该地区谷子、糜子产业发展提供技术支撑。通过政策引导、政府支持，培养一批谷子、糜子经纪人，扶持一批专业合作社、龙头企业，进一步提高谷子、糜子组织化水平。通过优势产业带建设，谷子生产面积占全国总面积的35%，糜子生产面积占全国总面积的25%。

### （二）太行山区谷子产业带

**1. 区域特点**

太行山谷子产业区位于沿太行山从南到北的广大丘陵山地，北起北京西山，南达豫北黄河北崖，西接山西高原，东临华北平原，绵延400 km，为山西东部、东南部与河北、河南两省的天然界山。太行山脉东侧华北平原温暖湿润，属夏绿阔叶林景观；西侧黄土高原属半湿润至半干旱过渡地区，平均海拔1 000 m以上，降水分布不均。太行山东部山麓地带已成为重要的交通要道，有京广、石太、石德铁路及其高铁，京港澳（G4）、京昆（G5）、青兰、青银高速等，交通十分便利。该区域涵盖了山西省东部、河北省西部及河南省北部的太行山区域。该区域谷子面积约15.7万$hm^2$，其中河北省西部太行山区谷子面积5.7万$hm^2$，山西省东部太行山区谷子面积9.2万$hm^2$，河南省太行山区谷子面积8 700 $hm^2$。

**2. 产业定位**

太行山区多是山地丘陵旱地，适合谷子耐旱作物种植，同时该区谷子种植历史悠久，有武安小米、龙兴贡米、蔚州贡米及山西沁州黄小米等优质小米。依靠优越的自然资源和便利的交通，目前逐渐形成太行山谷子优势产业带，该产业带定位于优质、高产为主要特点的谷子产业带，发展精品、高档优质小米原粮产地，进行高档小米的品牌建设，发展高端产品，增加小米的附加值。

**3. 发展目标**

利用目前科技优势、资源优势，充分发挥沁州黄小米、武安小米、蔚州贡米、龙兴贡米等知名品牌，形成太行山区精品谷子产业带。借鉴沁州黄（小米）集团有限公司发展模式，建立现代谷子产业发展模式。通过政策引导、政府支持，扶持国内有重要影响的龙头企业3～5个，优质高档小米市场占有率达到70%，谷子生产面积占全国总面积的30%。

## （三）西北谷子产业带

### 1. 区域特点

西北谷子产业带地处黄土高原丘陵沟壑区，该区域包括西北地区的甘肃、宁夏、陕西北部，以及山西西部的吕梁、临汾等地的谷子生产区域。该区域气候特点各不相同，陕西、甘肃、宁夏地区基本属于温带大陆性气候区，年均降水量较少，一般在300～400 mm，主要集中在6～9月。山西省西部地区吕梁属于黄土高原丘陵沟壑地貌，属温带季风气候，年降水量在700 mm左右。临汾市地处半干旱、半湿润季风气候区，属温带大陆性气候，四季分明，雨热同期。该区域受黄土高原的地形地貌的影响，交通以铁路和公路为主，交通相对发达。该区域谷子常年种植面积约14.3万$hm^2$，其中甘肃谷子面积1.3万$hm^2$左右，宁夏6 700 $hm^2$左右，陕西4.67万$hm^2$左右，山西的吕梁和临汾5.67万$hm^2$左右。

### 2. 产业定位

该区域农户谷子种植分散、种植面积较小、产量较低，企业规模小、品牌影响小。该区域为革命老区，谷子产业定位是充分挖掘革命老区谷子产业文化和产业发展潜力，走红色谷子产业道路，稳步发展谷子生产，逐步向深加工发展，与当地红色旅游相结合，提高谷子产业发展水平。

### 3. 发展目标

加大科技支撑力度，引进、筛选和培育适合当地产业发展的优质、高产谷子新品种，逐步完成该地区的谷子品种更新。充分挖掘地区文化，扶持龙头企业。例如延安小米，用红色旅游创造品牌，以“小米加步枪”为文化底蕴，打造延安小米品牌。通过地理保护标志、绿色（有机）产品认证等措施培育和扶持2～3个知名谷子企业，谷子生产面积占全国总面积的15%。

## （四）长城沿线谷子糜子产业带

### 1. 区域特点

长城沿线谷子产业带包括从陕西北部及内蒙古鄂尔多斯到河北承德的长城沿线。具体包括河北的张家口、承德，山西的大同、朔州，内蒙古的呼和浩特、鄂尔多斯，陕西的北部。长城沿线的糜子分布自东向西是糯性糜子和粳性糜子的逐渐转变过程，糯性糜子主要分布于包头、鄂尔多斯、榆林、延安一线的黄河以东，包括内蒙古呼和浩特、乌兰察布，山西大同和朔州，河北承德、张家口、秦皇岛。全国粳性糜子主要分布在沿长城一带的包头、鄂尔多斯、榆林、延安一线的黄河以西，包括内蒙古包头、鄂尔多斯，陕西北部，宁夏南部，以及甘肃定西、庆阳等。

该区域是燕山、内蒙古高原、黄土高原为主的广大区域，属中温带干旱和半干旱地区，农业以旱地农业为主，一年两熟或两年三熟。长城以北气候以温带大陆性气候为主，年降水量少于380 mm；长城以南以暖温带季风气候为主，年降水量大于

380 mm。目前交通以铁路和公路为主，也比较发达。

长城沿线属于春谷种植区域，该区域谷子种植面积约 8.67 万 $hm^2$，其中山西大同、朔州谷子面积 2.4 万 $hm^2$，河北张家口、承德谷子面积 4.67 万 $hm^2$，内蒙古呼和浩特、鄂尔多斯谷子面积约 1.3 万 $hm^2$；长城沿线糜子面积约 40 万 $hm^2$。

**2. 产业定位**

根据近两年长城沿线谷子生产现状，张杂谷系列品种在长城沿线表现较好，产量较高，非常受农户欢迎。另据调研，河北承德、张家口，山西定襄的张杂谷种植及收获情况，反映均较好，说明该区适宜发展种植杂交谷。因此长城沿线定位在发展杂交谷子。长城沿线自东向西是由糯性糜子逐渐向粳性糜子过渡。糜子及糜子面可以制作多种小吃，风味各异、形色俱佳、营养合理、食用方便，制作历史悠久。糜子生产定位发展优质、专用产区。

**3. 发展目标**

以杂交谷生产和加工为目标，大力推广杂交谷种植，同时建立 2～3 个杂交谷深加工龙头企业，研究深加工产品，提高谷子产业链，增加附加值。谷子种植面积占全国谷子面积的 20%。扶持和建立 2～3 个糜子深加工企业，开发白酒、宁夏固原金糜子酒、陕西志丹糜子酒、张家口北宗黄酒等。该区域糜子种植面积占全国总面积的 60%。

## 四、谷子糜子优势产业带建设的措施与建议

### （一）进一步强化和完善政策支持力度

建设谷子、糜子优势产业带和政府政策支持是分不开的。一是监督制定、调整完善产业带建设规划及其配套措施和实施意见。在谷子、糜子优势产业带建设的实践中，既要加强谷子、糜子产业的培育力度，更要关注对发展空间的规划、协调、实施。统筹各产业带之间的布局与发展，特别是产业的联动发展和整体协调。二是强化产业扶持和优惠政策引导各类投资向临近或者重点优势产业带倾斜。充分发挥政府财政资金的导向功能，集中资金和项目切实增加对优势产业带的建设。鼓励“谁投入谁所有、谁经营谁受益”的原则，积极引导各类社会资本参与谷子、糜子优势产业带建设。进一步完善谷农补贴政策，把有限的财政资金补贴到关键区域和重点带片上，以强化其比较优势和市场竞争力，进而提高农业生产效率，增加农民收入水平。

### （二）加强科技创新，提高谷子糜子产业科技含量

依托国家谷子糜子产业技术体系，针对市场和生产以及产业带建设需要，与企业结合，加强科研选题的顶层设计，选育一批优质、专用、高产的谷子、糜子新品种，研发一批轻简化生产技术，开发一批深加工产品，提高谷子、糜子产业科技含量。探索农业科技成果进村入户的有效机制和办法，加大农业科技成果转化和推广力度，努

力提高优质高产品种和集成配套技术的普及率和到位率。针对农村青壮年劳动力大量外出务工、农业劳动力素质结构性下降的现状，加大优势区域新农村实用人才培训工程、新型农民科技培训工程等培训项目的实施力度，抓好先进实用技术培训，提高农民的知识素养和务农技能，培养一大批适应现代农业发展要求的新型农民。

## （三）发展龙头企业和专业合作社，带动优势产业带建设

### 1. 培植壮大龙头企业，推进产业化经营

加快实施谷子、糜子优势产业带建设，要进一步发展企业的龙头及带头作用，创建更多的谷子加工企业，鼓励更强的龙头企业扩大规模。一方面鼓励投资或集资建立更多谷子、糜子加工企业，集思广益、号召大家共同从栽培、植保、加工等环节进行深入研究，促进谷子、糜子产业发展。另一方面重点扶持一批产业化基础好、辐射带动面广、市场竞争力强、经济效益优、诚信度高的谷子龙头企业，积极引导龙头企业和农户形成生产、加工、销售的利益共同体，加大谷子、糜子优势产业带的带动能力。

### 2. 示范推广标准化生产

在谷子、糜子优势产区选择一批重点乡镇，建立优势谷子产品标准化生产基地，要根据当地谷子、糜子生产现状制定谷子、糜子标准化生产技术规程，加快实用技术及品种的集成、配套、示范和应用，发挥基地的示范带动作用。

### 3. 建立和完善专业合作社

积极推进谷子、糜子专业合作社的建立，利用专业合作社的经验和做法，结合谷子、糜子产业带建设的实施，引导谷农在自愿的基础上，加入谷子、糜子专业合作社，发展高产、优质等特点的谷子、糜子品种。借助专业合作社的力量，解决谷子、糜子生产出现的各类问题，促进谷子、糜子产业带建设顺利进行。

### 4. 政府＋科研＋企业共同推动产业带建设

政府领导，科技成果转化，企业示范共同加快谷子、糜子优势产业带建设。推进谷子、糜子向优势产区集中，建设谷子、糜子优势产业带，是深化调整谷子、产业结构的一项战略任务，也是提高我国谷子、糜子产业发展的重要举措，更是一项长期的系统工程，需要政府、科研、企业以及其他组织或个体的大力配合。各产业带负责人要根据自己的要求和生产实际，切实加强对谷子、糜子产业带建设的领导及监督，着眼于整个谷子、糜子产业的开发，明确目标，集中力量，组织攻坚。

# 战略研究篇

ZHANLÜE YANJIU PIAN

# 第三章　谷子糜子种质创新与新品种选育发展战略研究

## 第一节　谷子糜子起源与育种发展简史

### 一、谷子糜子起源

谷子［*Setaria italica*（L.）Beauv.］是禾本科（Gramineae）黍亚科（Agrostidoideae）黍族（Panicatae）狗尾草属（*Setaria*）的一个二倍体栽培种；糜子［*Panicum miliaceum*（L.）］是禾本科（Gramineae）黍亚科（Agrostidoideae）黍族（Panicatae）黍属（*Panicum*）的一个四倍体栽培种。谷子和糜子是最早被人类驯化的栽培作物之一，是世界上栽培最古老的粟类作物。根据最新的炭化籽粒单粒断代分析，欧洲最早的谷子栽培历史在公元前1500年前后，即欧洲谷子栽培历史在3 500年左右。谷子和糜子是我国北方最早栽培的农作物，据我国学者吕厚远等利用植硅体方法对河北武安磁山文化遗址出土灰化物的研究表明，我国北方糜子的驯化可以早到距今10 000年，粟的驯化栽培距今8 700年。根据中国科学院地理资源研究所杨晓燕博士对谷子起源的研究表明，距今10 500年前谷子已成功驯化成作物。

在谷子的起源问题上，长期以来国际上一个热门的话题是关于谷子起源中心的争论。学术界流行东亚（中国）起源说、欧洲起源说和南亚起源说3种观点，以前的研究大多倾向于多个起源中心，或者欧洲和中亚独立起源，近来我国和日本研究发现谷子可能是单起源中心。目前多数学者认为，谷子起源于我国的华北地区和黄土高原，随着人类的迁徙和原始农耕的发展，向外逐渐扩散遍及整个北方地区，最早传到日本和朝鲜半岛，而欧洲谷子则可能是从中国经由俄罗斯和奥地利传入的。谷子的中国起源中心说目前得到普遍认可，在谷子传播问题的认识上也是比较清晰的，很多学者都认为是由中国直接或间接传入各国，经西伯利亚传至欧洲各国，后传入阿拉伯、小亚细亚、澳大利亚。瑞士植物学家德堪多（Alphonse de CandaUe）认为，谷子起源于中国华北，史前时期由亚欧大陆的大草原经阿拉伯、小亚细亚传入东欧、中欧等地区。瓦维洛夫支持谷子多样性中心在东亚的观点，推断认为谷子是从东亚西传到中亚直至欧洲的。谷子传播到西亚以后又有两条传播的渠道：一是以印纹陶文化为代表，沿地中海北岸从希腊到南斯拉夫的达尔马提亚、意大利、法国南部的普罗旺斯、西班牙等地区；二是以线纹陶文化为代表，沿多瑙河流域从东南欧穿过中欧，到荷兰、比利时等地区。谷子东传朝鲜和日本的证据较多，而谷子的西传缺少确切的文献和考古学证据，尚属于悬而不决的问题。国内对谷子传播的研究则更加详细，石兴邦研究总结认为，谷子的传播是以黄河中游地区为中心，从西北传到新疆，向东北传到吉林、辽宁、黑龙江地区；向南传到长江中下游、淮河流域和东南沿海及台湾等岛屿，再向域外传播；向东传到朝鲜半岛和日本等地。

在糜子的起源与传播问题上，一般认为糜子起源于东亚及地中海，但学术界存在较大分歧，有学者认为黍的祖先种在欧亚大陆广泛分布，其起源可能是多中心的，关于糜子的起源国外存在3种主要的观点。第一种以博物学家林奈为代表，认为糜子原生于印度，但缺乏证据支持；第二种以康德尔（de Candolle）和赫尔拜克（H. Halback）为代表，他们以野生糜子的存在与否作为依据，认为糜子原生于埃及-阿拉伯地区，然后传到印度，再由印度传到中国；第三种以苏联学者瓦维洛夫、美国学者柯炳棣等为代表，认为中国是栽培糜子的古代初基因中心，糜子是从中国传到欧洲。日本学者星川清亲也持这种观点，认为糜子的原产地靠近中亚的东亚大陆性气候地区，然后随着古代民族的迁徙向西方传播，是在中石器时代（前8000—前4000）至新石器时代（前4000）向欧洲传播的。我国学者根据考古发现和最早的文字记载及广泛分布的糜子野生近缘种，几乎都认为中国是糜子的起源中心。

### （一）谷子糜子的近缘野生种和系统进化关系

农业起源的标志是野生植物的驯化，谷子近缘野生种青狗尾草和糜子近缘野生种野糜子的研究为谷子和糜子的起源提供了重要证据。据 Rominger 的系统发生假说，青狗尾草可能是欧亚大陆狗尾草属的最初祖先，我国植物遗传育种学者李先闻、李竞雄和鲍文奎等也提出青狗尾草是谷子的野生祖先。青狗尾草的分布极广，在亚洲东部、西伯利亚、欧洲（除北部外）、非洲北部都有，Avdulov 最早报道谷子的染色体基数是9，狗尾草属染色体基数也为9，青狗尾草和谷子的染色体数 $2n=18$。Kishimoto、李先闻、鲍文奎、李竞雄进一步提出狗尾草属的染色体基数是9，谷子的染色体数是 $2n=2x=18$。由于青狗尾草和谷子不仅具有完全相似的形态特征，而且同为二倍体（$2n=2x=18$）并有相同的染色体组型模式（$2n=18$ AA）。谷子和青狗尾草的叶绿体 DNA 也具有相同的酶切类型，二者之间杂交能够得到完全可育或半不育的后代。二者的差别仅为谷子的籽粒较大、丧失了自然落粒性和种子休眠的特性，因此谷子最有可能是从青狗尾草进化而来的。采用聚丙烯酰胺凝胶电泳技术对谷子及其8个狗尾草野生种进行酯酶同工酶分析，结果表明，谷子及其不同野生种种间同工酶谱差异性主要表现为个别酶带的差异，谷子和青狗尾草间的亲缘关系也最为密切。

至于狗尾草演化成栽培谷子的过程，是由狗尾草进化成狐尾草（谷莠子）再进一步驯化成谷子，还是直接从狗尾草驯化而来，现在比较一致的看法是谷子是从狗尾草直接驯化而来，有3个证据。一是日本学者对狗尾草属植物护颖和内外颖灰相的研究结果（即将护颖置于载玻片上加热灰化、镜检），认为大狗尾草、普通狗尾草、金色狗尾草、紫狗尾草的灰相和谷子的灰相非常相似；二是同工酶分析结果表明，谷子和青狗尾草的酯酶谱带非常相似；三是青狗尾草与谷子在植物形态解剖上相似，体细胞染色体基数相同，核型相近，相互之间可以进行有性杂交，也能产生育性不完全的杂种，这些都证明谷子是由青狗尾草进化来的。至于与谷子关系最近的谷莠子，形态上虽然很像是谷子和狗尾草的中间型，但根据下列事实证明谷莠子可能不是青狗尾草进化到谷子的过渡类型。第一，一些深山原始地区，只有普通狗尾草、金色狗尾草和紫色狗尾草而没有谷莠子；第二，只有种过谷子的地方，其沟边、路旁、坡地等才有谷莠子的分布，同时谷莠子有许多外部特征近似原地块种过的谷子品种，特别是穗形、粒色等非常相似；第三，谷子与莠子的杂交较与狗尾草杂交容易且杂种后代育性也高。

糜子的近缘野生种野糜子类型丰富，广泛分布于我国及中亚细亚、西伯利亚和蒙古等国。1937年日本植物分类学家北川政夫首次将野糜子定为糜子的一个变种 *P. miliaceum* var. *ruderale* Kitag，苏联禾草学家茨维列夫将其提升为亚种，改名为 *P. miliaceum* subsp. *ruderale*（Kitag）Tzvel。野糜子形态和糜子栽培种相似，染色体数相同$2n=36$，两者能正常杂交，杂种一代结实正常。野糜子和糜子栽培种生物学性状存在的明显差异是野生种比栽培种更容易生不定根，熟性较早，千粒重小，种子随熟随落，皮壳率高，成熟种子的休眠期长短不一，这些都是明显的野生性状。据内蒙古、山西、黑龙江等省份对栽培糜子性状的研究表明，栽培糜子在人工选择的条件下是从小粒向大粒、厚壳向薄壳、易落粒向不易落粒、胚乳粳性向糯性方向进化的。从其进化过程来看，最早作为原始人类赖以生存采集的野生稷，籽粒是粳性的，由野生稷进化为栽培稷，再由栽培稷进化为栽培黍。由此推断，栽培糜子是从具有各种原始性状的糜子近缘野生种进化而来的。另据高俊山等利用聚丙烯酰胺凝胶电泳方法对糜子栽培种和野生种胚和胚乳酯酶同工酶的研究结果，栽培稷和野生种的基本谱带都由7条组成，谱带完全相同，而栽培黍的谱带由9条组成，这也说明糯型由粳型进化而来。刘旭等研究也进一步证明，山西及其邻近地区是糜子起源中心和遗传多样性中心。

作物的驯化是一个漫长的过程，而且即使今天也在进行。野生作物在驯化过程中，会产生野生型的伴生杂草，野糜子是否会是糜子的野生亲本和栽培种杂交的产物呢？谷子从野生近缘种到栽培种的驯化过程中，为什么先祖没有选择大粒的金色狗尾草和法式狗尾草进行驯化，而选择小粒的青狗尾草来驯化为谷子？类似这样一些问题还需要做进一步的研究。

### （二）谷子糜子起源的考古学研究进展

考古发现及其研究成果有助于认识农业起源。要寻找谷子起源的原始材料，可上溯到新石器时代早期、旧石器时代晚期，甚至年代更早到距今 10 000 年左右。我国最早发掘的谷子考古遗存是 1931 年发掘的山西万荣县荆村新石器时代遗址（前 5000—前 4000，属仰韶文化类型），但国外学者认为荆村出土的不是谷子，而应该是黍。此外，还有两处史前谷子遗存的发现（一处是陕西宝鸡斗鸡台，另一处是内蒙古赤峰蜘蛛山），但来源及物种的判定都不确实。能够确定我国最早栽培谷子的文化遗存是河北武安磁山文化遗址，但 21 世纪初在内蒙古赤峰市发掘的兴隆沟遗址（距今 7 500～8 000 年）也有可能是最早栽培谷子的文化遗存，只是这种说法尚需进一步确认。

国内大量的考古证据都证明谷子起源于我国。我国目前谷子史前出土遗存有数百处，分属黄河流域新石器时代的磁山文化、裴李岗文化、北辛文化、老官台文化、仰韶文化、大汶口文化、龙山文化、马家窑文化、齐家文化和代表东北地区新石器时代的红山文化等。从遗存年代上来看，距今 3 000～8 000 多年前；从遗存空间分布看范围十分广泛，涉及陕西、山西、河北、河南、甘肃、青海、新疆、辽宁、吉林、黑龙江、山东、江苏、云南、西藏、台湾等省份，但主要分布于黄河流域（包括中上游和下游地区）。谷子的考古发现不仅遗存年代跨度大、空间分布广，而且遗存表现形式多种多样，有谷灰、粟粒、粟壳、粟痕、粟壳迹、粟秆圈纹等，同时伴有石铲、石镰、石碾盘等生产工具，代表我国新石器时代早期文化的河北武安磁山文化遗址（前 5400）、河南新郑裴李岗遗址（前 5935）都有谷子种子和米粒出土；属于新石器时代中期的西安半坡遗址及多处新石器时代晚期文化遗址也有谷子出土，此后有实物出土的遗址分布更为广泛，南到云南，北到辽宁，西到新疆，东到台湾，特别以中原为多，如内蒙古的兴隆洼遗址、河南郑州大和村遗址、山西夏县西荫村遗址、青海乐都柳湾遗址、甘肃永靖大何庄遗址等，这都足以说明早在新石器时代就形成了种植谷子的农业区。山西沁水的下川遗址（属于旧石器晚期遗址，距今约 16 000 年）发现的残缺石磨盘被认为是加工谷子用的，河北徐水南头庄遗址和北京东胡林遗址（均属于新石器时代后期）发掘的石器中，发现的谷子淀粉将谷子的利用向前推进了 2 000 年，这些也为谷子中国起源提供了有力的佐证。

国外一些地区同样有谷子的考古发现。如埃及古遗址（前 2000—前 1780）中曾发现 *Setaria* 属植物 *S. veawillata*；墨西哥塔毛利帕斯遗址（Tamaulipas，前4000—前 3000），在玉米成为人类主食之前也曾栽培过谷子；根据最新的年度测定方法单粒炭化种子的年代分析，欧洲的谷子种植历史开始于距今 3 500～4 000 年。日本北海道 UsujifiB 遗址（距今 4 000 年）发现最早的谷子属于绳纹时代中期，Kazahafi 遗址（距今 2 540 年±250 年，距今 2 810 年±170 年）发现谷子属于绳纹时代晚期；韩国 Chulmun 文化中期（距今 4 590 年±140 年，相当于我国的新石器时代末期）的遗址地面也发现了谷子。尽管国外遗址也都发现了谷子遗迹，但绝大部分学者公认谷子的原产地应在中国，中国是栽培谷子的起源中心。

我国是世界上糜子考古发现最早、考古资料最丰富的国家，糜子考古遗迹以黄河下游为中心，西到新疆，东到黑龙江。最早出土于甘肃秦安大地湾一期文化遗址的碳化糜子种子，据北京大学考古研究室测定距今 7 370～8 170 年。糜子考古发现年代较早的遗迹还有河南新郑裴李岗遗址的糜子碳化种子，距今 9 300 年±1 000 年；辽宁新乐遗址发现的碳化糜子籽粒距今 6 000 年；山东长岛北庄遗址黍壳标本年代为公元前 3500 年；陕西临潼姜寨遗址发现的黍壳及灰色朽粉距今 5 000～5 500 年（鉴定确认是黍）；甘肃东乡马家窑遗址出土的糜子距今 5 000 年左右（是目前最为完整的年代较早的糜子考古标本）。此外，糜子考古发现还有辽宁北票下夏家店遗址发现的黍粒，甘肃青岗岔遗址发现的黍及其草秸，青海民和核桃庄遗址发现的黍粒，新疆和硕新塔拉遗址和黑龙江东康遗址发现的碳化黍粒。南方其他地方尚未发现糜子遗迹，但湖南马王堆古墓中发现有糜子遗迹，距今 2 000 多年。国外其他国家也发现过糜子遗迹的考古资料，也曾发现糜子的痕迹，国外发现较早的糜子遗迹有 3 处，一是欧洲幼发拉底河和底格里斯河流域的捷姆迭特・纳斯尔遗址发现的糜子遗迹，年代为公元前 3000 年；二是中欧线纹文化晚期的德国朗威勒遗址发现的糜子遗迹，年代为公元前 3000 年左右；三是希腊塞利萨中部的阿尔基萨遗址发现的碳化糜子种子，年代为公元前 6000—前 5000 年。从糜子考古史料不难看出，中国糜子考古发现不但早而丰富，而且中国现存糜子考古发现呈现的中心地区年代较早、四周较晚的格局，也说明糜子起源于中国的可能性很大。近年我国学者吕厚远对河北武安磁山文化遗址的考古研究结果更是支持了糜子中国起源的结论。

谷子、糜子考古研究虽然支持谷子、糜子中国起源的观点，但由于考古遗物、遗迹所能得到的谷子、糜子资料比较有限，有不少标本已丢失或被遗弃，加之有效的回收、鉴定手段不足，考古中利用古老种子等遗存鉴定有局限性，同时一个非常重要的问题是如何正确区分考古中发现的谷子和糜子，因此，谷子、糜子的考古研究仍然任重道远。

### （三）谷子糜子起源的遗传学研究

作物的遗传研究结果是认识其起源的重要证据之一，综合形态学、细胞学、蛋白质和基因组学等多方面的研究结果，有的证据支持谷子的多起源说，有的证据支持谷子的单起源说。1987 年 Prasada Rao 等通过对收集的世界谷子资源形态学研究，将栽培谷子分为小粟类、大粟类和印度粟类 3 种类型，并指出小粟类主要分布于欧洲和西南亚，大粟类主要分布于中国，印度粟类主要分布于印度和南亚其他地区。1995 年 Li 等对来自中国和其他国家 2 907 份谷子材料的形态学聚类分析，根据不同来源地区的性状表现不同，推出谷子可能是多起源的，即中国、欧洲和中亚独立起源。20 世纪 80 年代法国学者 Jusuf 等对欧亚谷子和青狗尾草同工酶的研究结果表明，欧洲的青狗尾草和欧洲的谷子表现了接近或者相似的同工酶带型，中国的青狗尾草和中国的谷子表现了接近或者相似的同工酶带型，由此推论出欧洲和亚洲谷子是独立起源的。Fukunaga 等对 79 份谷子材料进行糯性基因结构分析显示谷子糯性起源是多地区的，他提出谷子也有3个起源中心（中国、欧洲、阿富汗—黎巴嫩）。Kawase等把研究对象扩大到871份材料，再次认为不同分子类型的糯性谷子是独立起源的。高明君等关于粟栽培起源的同工酶研究表明，欧洲粟地方品种酯酶同工酶表型分布和我国有较大差异。载维特等通过对储藏蛋白的比较，也认为粟的起源在一个以上地区。孙培业等运用Stebbins核型分类方法对欧、亚大陆14个谷子品种的核型进行了分类，从染色体水平推论中国及欧洲是谷子的两个起源中心。Li等利用RAPD标记、Le Thierry等利用AFLP标记、Fukunaga等利用RFLP标记对欧亚谷子及其狗尾草的研究似乎都支持谷子的多起源中心。Kato对谷子线粒体DNA的分子标记研究将世界各地谷子材料分成3种类型。刁现民等（2010）用谷子基因组9个基因片段的SNP，对来自世界各地的50个谷子农家品种和34份青狗尾草进行了分析，结果显示谷子是单起源而非多起源。Hirano等（2011）用转座子分子标记分析了425个谷子和12个青狗尾草，首次将谷子和青狗尾草分为两个类群，也得到了谷子是单起源的结论。Jia等（2013）对我国青狗尾草的微卫星多样性开展系统分析，结果表明来源于黄河流域的青狗尾草与栽培谷子近缘，此结果支持黄河流域为谷子的起源中心之一；同时，Jia等（2013）完成了对世界各地来源的916份栽培谷子的全基因组重测序分析，结果表明我国的谷子遗传多样性最为丰富，国外的品种均与我国特定地区的品种近缘，并且采用狗尾草落粒性基因开展的聚类分析支持谷子为单起源的作物。这在基因组序列层面上支持了中国是谷子的起源中心的观点。谷子多起源学说的出现，使得谷子的起源进化问题变得比较复杂，其中的许多问题有待澄清。近期，需要用更广泛的和更有代表性的材料、用更准确的基因组测序方法、用全基因组的信息分析来研究谷子起源问题。尽管目前还无法明确谷子的起源地，但可以肯定的是中国谷子的遗传多样性远远高于其他地区，这在某种程度上支持了中国是谷子的起源中心的观点。

高俊山等对野生稷与栽培稷的干种胚及胚乳的酯酶同工酶进行了研究，认为野生稷是栽培糜子的祖本，栽培稷由野生稷进化而来，而栽培黍由栽培稷进化而来，即粳型是初级类型，糯型为高级类型。由此确定，野生稷和栽培糜子有很近的亲缘关系。另据其对中国糜子品种酯酶同工酶酶谱类型地理分布的研究，认为中国的栽培糜子起源于黄土高原。相对于谷子起源的遗传学研究，糜子起源的遗传学研究证据非常有限。未来加强对糜子资源材料、育成品种和糜子野生种的遗传多样性研究，查明种群结构和地理结构的关系必将推动对糜子起源的认识。

### （四）谷子糜子起源的文献记录追述

从文字记载来看，3 000多年前的中国甲骨文就有谷子出现。甲骨文中的“禾”字即指谷子，以后谷子用作祭祀之物，文字记述有多种曾用名，考证浩繁。据历史资料记载，谷子在中国古代原始农业中，占有重要的生产位置。如秦代主管农业的官吏称“治粟内史”，西汉时期叫“搜粟都尉”。公元1世纪东汉《白虎通义》记载：“人非土不立，非谷不食。土地广博，不可遍敬也，五谷众多，不可一一祭也，故封土立社，示有土尊。稷，五谷之长，故立稷而祭之也。”东汉的《汉书·郊祀志》记载：“稷者，百谷之主，所以奉宗庙，共粢盛，人所食以生活也。”到汉代前后，粟既是谷子，又作为粮食之概称，更见其在生产上的重要作用。周朝时已有“嘉种”的概念，《小雅》中写道“黄鸟黄鸟，无集于谷，无啄我粟”；春秋战国时期，墨子在《非乐上参》中写到“食必粱肉，衣必文绣”；《史记》中写到“被绮縠，馀粱肉”。我国现存最古老的农书《吕氏春秋》的《上农篇》中有“农攻粟”的记载；《任地篇》有“子能使穗大而坚均乎？子能使粟圆而薄糠乎？”的描述。公元前1世纪古农书《氾胜之书》和《齐民要术》中都把谷子列为五谷之首，足见谷子在古代农业中的重要地位。

我国记载糜子最早的文献是《神农书》，其中写道“黍生于榆，出于大梁之山左谷种”“黍生于寅，疾于年，长于丙丁，老于戊，死于申，恶于壬，忌于丑”，说明糜子在当时粮食生产中已占有重要位置。公元前1世纪后关于糜子的记述更多，《诗经》中出现糜子的地方共有17次，有“俾民稼穑有黍有稷”的记载；《小雅·甫田》记载“琴瑟击鼓，以御田祖。以祈甘雨，以介我稷黍”，说的是为求丰收而祭祀神农；商代的甲骨文糜子出现的次数也特别多，据《商代谷类作物》统计，黍出现了300多次，稷出现了40多次。《国风·豳风·七月》记载“九月筑场圃，十月纳禾稼。黍稷重穋，禾麻菽麦”；《子颖达疏》记载“以糜子为民实之本”，也说明糜子在当时的重要性。《氾胜之书》记载“黍者暑也，种者必待暑，先夏至二十日，此时有雨，疆土可种黍，一亩三升”；东汉《四民月令》有“四月蚕入蔟，时雨降，可种黍禾，谓之上时”的记载；西晋《广志》记载了糜子的品种“有牛黍，有稻尾黍、秀成赤黍，有马革（五）大黑黍……”；南北朝的《齐民要术·黍穄第四》中详细记载了糜子的栽培技术：“凡黍、穄田，新开荒为上”“一亩，用子四升，三月上旬种者为上时，四月中旬为中时，五月上旬为下时”“苗生垄平，即宜耙耢”；说明糜子的种植比较普遍。

谷子、糜子文献史料表明，我国是种植谷子、糜子最早的国家，谷子、糜子是我国古代主要的粮食作物。古代谷子、糜子不但能食饱度命，对社会的稳定发展起了举足轻重的作用，而且被看作美食的代表在亲人故去时当作随葬品，因此为后人留下了极为珍贵的考古证据。

## 二、谷子糜子育种发展简史

### （一）近代谷子糜子育种简史

我国谷子品种选育历史悠久，在古文献中最早提到谷子品种的是距今2 200多年秦代的《吕氏春秋》（前239），该书提到早熟或晚熟的粟品种；我国最早正式介绍谷子品种是晋代的《广志》一书，该书介绍了11个粟品种；最早记载不同谷子品种类型的文献是北魏时期的《齐民要术》（前534），该书不仅介绍了64个谷子品种，还对品种进行了分类：“早熟、耐旱、免虫的有十四个”“有毛耐风、免雀暴的有二十四个”“味美的三个、味恶的三个”等；《齐民要术》记载了粟品种 86 个；清代农书《授时通考》记载了粟品种 251 个。我国古代的谷子育种行为虽然是自发的，但古人已很重视对不同类型谷子品种的利用，如形象化地以“十石准、压塌车、媳妇笑”等名称命名高产类型品种；以“气死风、水里站、不死苗”等名称命名抗逆类型品种；以“六十天还仓”等名称命名早熟类型品种；以“羊毛糯酒谷、乌黑金、干捞饭、十里香”等名称命名优质类型品种等。还育成了号称“四大贡米”的“沁州黄”“桃花米”“金乡小米”“龙山米”等优质名牌品种。

我国近代谷子品种的选育始于 20 世纪 20 年代，当时的金陵大学、燕京作物改良试验场和华北农科所等单位通过系统育种先后育成并推广了燕京 811、开封 48、华农 4 号、薄地租等粟品种；40 年代后期，晋察冀边区农林牧殖局所属的灵寿县马家庄农场选育出了边区 1 号等，曾在生产上广为应用。

我国古代也非常重视糜子品种的选育工作。我国是世界上最早有糜子品种记载的国家之一。早在 3 000 年前的殷商时期，甲骨文就有糜子品种的记载，1 700 年前西晋郭义恭撰写的《广志》中，详细记载了当时种植的 14 个糜子品种：“有牛黍，有稻尾黍、秀成赤黍，有马革（五）大黑黍，有秬黍，有温屯黄黍，有白黍。”中国近代糜子品种改良是 1940 年后开始的，当时绥远省第一农事试验场（今内蒙古自治区巴彦淖尔市临河区狼山镇）、陕甘宁边区的光华农场（今陕西延安农科所）先后从地方糜子品种中鉴选出一批优良品种在当地进行推广，其中种植面积较大的是 1947 年绥远省第一农事试验场李纪选出的狼山 462 和米仓 155，这些品种曾是内蒙古的巴彦淖尔市、乌兰察布市前山地区和土默川平原的主栽品种。

### （二）现代谷子糜子育种的发展

我国真正意义上的谷子品种改良工作是中华人民共和国成立后开始的。20 世纪 50 年代初期，全国开展了大规模的地方品种整理评选，到 50 年代末 60 年代初系统选育的谷子品种在生产上占主导地位，代表品种有晋谷 1 号、花脸 1 号、安谷 18、磨里谷、新农 724 等。1959 年河南省新乡地区农业科学研究所张履鹏等在世界上首先采用杂交结合系选方法育成谷子新品种新农冬 2 号后，谷子的杂交育种在我国普遍开展起来，20 世纪 60 年代采用杂交方法育成的谷子品种已同期育成品种总数的 30%左右，20 世纪 70 年代达 50%，20 世纪 80 年代中期以来，我国 70%的谷子推广品种是采用杂交后代系谱选择方法育成的。1980 年初河南安阳市农业科学研究所采用杂交方法育成的豫谷 1 号是一个重大突破性品种，该品种进一步确立了杂交育种的主导地位。80 年代后我国谷子的诱变育种、杂种优势利用也取得了突破性进展，同时组织培养、转基因、远缘杂交、分子标记辅助育种等也取得了较好进展，使我国谷子育种形成了杂交育种为主，其他育种手段为辅的多元育种格局。

1963 年张家口地区坝下农业科学研究所首次采用 $^{60}Co\ \gamma$ 射线诱变方法育成了我国第一个也是世界上第一个辐射诱变育成的新品种张农 10 号。20 世纪 70 年代、80 年代我国谷子诱变育种普遍开展并取得突破，据统计，70 年代诱变育成谷子品种 9 个，80～90 年代初诱变育成谷子品种 19 个，许多品种在生产中发挥了重要作用如晋谷 21、赤谷 4 号、辐谷 3 号、冀谷 9 号、冀谷 14、秦谷 2 号、佳 67－128、龙谷 28、鲁谷 7 号、朝谷 4 号、延矮 1 号和龙辐 93－076 等。谷子辐射育种中应用最多的诱变方法是$^{60}Co$ γ 射线照射干种子，育成品种如张农 10 号、冀谷 14、辐谷 3 号、鲁谷 7 号等；其次是快中子处理干种子，育成品种如龙谷 27、龙谷 28、赤谷 4 号等；此外还有重离子束诱变育种，如河北省农林科学院谷子研究所应用氮离子束注入干种子育成了新品种谷丰 1 号。

谷子杂交种选育方面，我国处于世界领先地位。1973 年张家口市坝下农业科学研究所在国内外首次育成了具有实用价值的高度雄性不育系蒜系 28，1980 年组配出强优势组合蒜系 28×张农 15 和黄系 4×1007 应用于生产。我国利用谷子核隐性高度雄性不育系测配出的优势杂交组合还有河北省农林科学院谷子研究所组配的冀谷 16（1066 A×C445）、黑龙江农业科学院作物育种研究所组配的龙杂谷 1 号（丹 1×南繁 1 号）等，这些杂交种较常规对照品种增产 17.2%～33.4%。1987 年河北省张家口市坝下农业科学研究所崔文生和赵志海等发现并开始选育光温敏感型隐性雄性不育系，其他多家单位也开展了光温敏感的雄性不育材料选育工作，但一直没有选育出能够在生产上利用的雄性不育和可育育性转换稳定的不育系。

我国谷子倍性育种方面，内蒙古农牧业科学院等单位通过人工诱变育成毛谷 2 号、乌里金、佳期黄、朝阳谷等谷子同源四倍体品种；陕西省农业科学院利用同源四倍体谷子品种与法氏狗尾草进行远缘杂交，获得异源四倍体谷子材料。河北省农林科学院谷子研究所王润奇等建立了谷子初级三体系列，高俊华等在初级三体群体中发现了四体，可代替相应的三体用于遗传分析。

目前谷子的花药培养和原生质体植株再生已获成功，用幼穗、幼叶和成熟种子为外植体都获得了原生质体再生植株，河北省农林科学院谷子研究所还利用体细胞无性系变异培育出矮秆丰产谷子品种冀张谷 6 号（1996 年通过河北省审定）。目前谷子转基因、分子标记辅助育种研究也取得了一定进展，河北省农林科学院谷子研究所以 *GUS* 基因的瞬时表达为指标，建立完善了基因枪转化谷子技术体系，双质粒平行转化获得了抗性愈伤组织，中国农业大学农业生物技术国家重点实验室采用农杆菌介导的方法将谷子遗传转化效率提高到 6%左右；中国农业科学院作物科学研究所通过开发遗传标记和基因组学分析，构建了高密度的谷子遗传及物理图谱，并对谷子萌芽期耐旱基因位点开展了定位分析，同时，利用基于重测序的关联分析，精细定位了超过 520 个控制 47 个主要农艺性状的基因位点；谷子抗除草剂拿捕净、氟乐灵、阿特拉津和咪唑乙烟酸的基因都已经克隆完成并实现了标记开发，为谷子分子标记辅助育种创造了条件。

纵观我国现代谷子育种目标，大致可分为 3 个阶段：高产育种阶段，高产、多抗兼顾优质阶段，优质、高产并重阶段。20 世纪 50 年代初期到 80 年代中期，主要以高产为育种目标，育成的代表品种有跃进4号、昭谷1号、豫谷1号等；20世纪80年代中期到20世纪末，以高产、多抗兼顾优质为育种目标，先后育成和推广了豫谷2号、冀谷14等一批抗病高产品种，晋谷21、冀特2号（金谷米）、冀特1号等一批优质专用新品种；20世纪末以来，主要以优质、高产并重为目标，先后育成了冀谷19、晋谷35、谷丰2号、冀谷18等一批优质高产品种。随着生产和市场需求的变化，我国谷子育种目标将做进一步调整。预计以后我国谷子育种的重点将在继续完善近期的优质、高产、专用等目标的基础上，重点开发优质米用型和高产多抗型为主的简化栽培品种和高产杂交种。

我国现代糜子育种工作是1950年后随着糜子生产需要和全国农作物品种资源征集整理的开展而开始的，最初糜子品种的改良方法主要是地方品种的筛选及评价利用。20世纪50年代，各地通过对地方品种征集鉴定，筛选出如宁夏隆德大黄糜，内蒙古黄秆大白黍，甘肃合水红硬糜子，陕西延安软粥糜，山西六十天小红糜、白黏黍、软糜子等一批抗旱耐瘠，适应性强的农家品种应用于生产。20世纪50年代末到60年代初，育种单位加强了系统选育工作，先后育成一批抗病、抗虫、丰产、稳产的糜子良种，代表品种如甘糜1号、甘糜2号、宁糜5号、宁糜6号、龙黍3号、龙黍5号、内糜1号、晋黍1号等。20世纪60年代后，各地普遍开展了糜子杂交育种工作，此后杂交育种方法成为糜子育种的主要方法，这一时期育成的品种有内糜2号、内糜3号、内糜4号、内糜5号、内糜7号、伊选黄糜、宁糜9号、宁糜10号、宁糜11、宁糜12、宁糜13、宁糜14、宁糜15、宁糜16、陇糜3号、陇糜4号、陇糜5号、陇糜6号、陇糜7号、陇糜8号、陇糜9号、陇糜10号、晋黍3号、晋黍4号、晋黍5号、晋黍6号、晋黍7号、雁黍8号、龙黍16、龙黍18、龙黍22、龙黍23、粘丰6号、粘丰7号、榆黍1号、榆糜3号等，育成品种抗性明显增强，品质改善，产量水平提高，适应种植区域广。20世纪60年代后，我国也开展了糜子的辐射育种、远缘杂交育种和单倍体育种工作，如黑龙江省农业科学院利用热中子诱变育成了糜子新品系73-3012；陕西省延安地区农业科学研究所利用秋水仙碱诱变选育出东方红等八倍体糜子新品系；甘肃省农业科学院利用野糜子远缘杂交育成糜子新品种陇糜5号，研究了糜子花药培养的基本条件，明确了外植体材料、培养基成分、基因型等对花药培养的影响，以及培养基和接种密度花培结果的影响。在糜子杂种优势利用和分子标记辅助育种方面，目前张家口市农业科学院等单位开展糜子的杂种优势利用研究，中国农业科学院作物科学研究所开展了糜子分子标记的开发，这些工作为糜子杂交种选育和分子标记辅助育种开创了新的局面。

据统计，1940—2010年，全国各省份先后育成糜子品种131个，其中采用杂交方法育成品种46个占35%，采用系统选育方法育成品种85个占64%。到1970年全国开展糜子品种改良的9个单位先后筛选出糜子品种42个，约占全国育成品种的32%；1971—2000年全国育成糜子品种63个；2000—2012年，全国育成糜子品种达26个，品种改良成效显著。最早通过国家审定的糜子品种是内糜5号（1992）、宁糜

9 号（1992）、陇糜 4 号（1993）、宁糜 10 号（1997）。利用杂交方法最早育成并在生产上大面积推广的品种是龙黍 16、龙黍 18、内糜 2 号，其中龙黍 16 是我国第一个采用杂交技术（龙黍 12/龙黍 5 号）结合系选育成的糜子品种。我国育成糜子品种特色各异，其中内糜 5 号是适宜制作炒米的好品种，千粒重高达 9.5 g；宁糜 9 号生产上应用时间最长，连续 10 年作为国家区域试验对照品种，是具有广泛适应性的抗旱丰产品种；陇糜 4 号抗旱丰产，熟性适中，适应性广，生产上得到大面积推广应用；宁糜 8 号是国内最有利用价值的极早熟品种，生育期为 59 d；陇糜 5 号是第一个利用远缘杂交方法育成的高产品种；晋黍 4 号是优质品种，米糕色黄、软、筋（精）、甜、适口性好，超过国家一级优质糯米标准。

糜子的品种改良工作远远落后于其他作物，新形势下要实现糜子品种创新工作的重大突破，除了加强品种资源研究外，还要在育种技术研究和育种材料创新方面取得突破，尤其是要加强糜子基因组的研究，对糜子全基因组进行测序和基因功能的分析，构建糜子遗传作图群体，深入研究重要经济性状形成的遗传和分子基础，开发分子标记并初步实现分子标记辅助育种；要研究糜子杂种优势利用的有效途径和方法，培育糜子杂交种。在糜子品种改良目标方面，生产角度主要目标是改变糜子植株形态，降低植株高度，缩小基部节间长度，增加茎秆韧性，提高植株抗倒伏能力和品种抗旱能力，增加穗粒数和穗粒重，进一步提高糜子产量；市场角度主要目标是降低膳食纤维含量、增加蛋白质和脂肪含量，改善适口性，进一步提高黄米品质，未来糜子育种目标是将产量提高、品质改善和抗性增强三者相结合。

## 三、国外谷子糜子育种现状

国外开展谷子育种的主要国家有印度、法国、美国、俄罗斯、朝鲜、日本、澳大利亚、匈牙利等，但这些国家目前的谷子育种规模都很小，育种手段也都比较落后，对我国谷子育种影响较大的是印度、法国和美国。印度早在 20 世纪 20 年代就开展了有计划的谷子品种选育，但直到目前印度仍以系统选育方法为主，近年来印度培育出具有 *D1*、*D2*、*D3*、*D4* 矮秆基因的品种，作为培育耐水肥、高产、抗倒品种的亲本。印度谷子育种机构主要在安德拉邦 Mandyal 中心，班加罗尔大学和国际半干旱热带作物研究所，这些单位保存有 3 000 多份谷子资源。目前，印度南部主要发展适宜水稻收获后的旱季种植的夏播谷子，需生育期 70～90 d 短生育期品种、抗除草剂品种和优质品种，对河北省的夏谷品种、抗除草剂品种表示出极大的兴趣，希望引进。谷子遗传育种研究开展较好，且对我国谷子遗传育种影响最大的是法国。20 世纪 80 年代，法国的 Darmency、Till 等在谷子的起源、进化、性状遗传、鸟饲品种选育等方面取得了一系列成就，特别是 1981 年 Darmency 等发现的青狗尾草抗除草剂突变材料，1993 年引入我国后，通过与谷子品种杂交，已将青狗尾草的除草剂基因转入谷子品种中，育成了大量的抗除草剂谷子资源材料和苗头品系，有的已进入生产应用阶段，这对于解决谷子不抗除草剂、长期依赖人工除草的难题起到了巨大的促进作用。

日本和朝鲜与我国北方气候条件相似，从这两个国家引进的品种资源对我国谷子育种起到了很大的作用，例如，我国目前许多品种都有日本品种日六十日的血缘。日本学者 Ben 等（1971）在世界上首次进行了谷子花药培养，并成功地诱导出愈伤组织，并完成植株再生。

国外的糜子育种研究比较广泛而深入，对我国影响较大的是苏联。据资料记载，苏联从事糜子育种的机构有 20 多个，20 世纪 70 年代通过区域化试验的品种有 38 个。主要的糜子育种机构有曲维谢罗波道梁斯克育种试验站、东南农业科学研究所、西伯利亚农业科学研究所、古比雪夫农业科学研究所等。苏联糜子品种选育关注的主要是大粒、早熟（安全成熟）、高产、抗落粒、抗病（对黑穗病免疫，抗细菌斑点病、萎蔫病）、高品质（主要是提高蛋白质、胡萝卜素、脂肪、淀粉及其他含量，以及高出米率）、饲料等性状，还有抗寒性和抗倒伏性，育种方法主要是品种间杂交、多倍体、化学或辐射诱变等。同时，为了使糜子获得穗大、根系旺、植株壮的遗传特性，也与高粱进行过远缘杂交。目前开展糜子育种的主要是乌克兰和俄罗斯，他们糜子育种采用的主要方法也是杂交育种（人工去雄和温汤杀雄），育成品种具有高产、大粒、优质、抗病虫、早熟的特点。乌克兰 1961—1975 年杂交育成 Kharkovskoe65、Kharkovskoe86、Kharkovskoe72 等高产品种，用 *N*-亚硝基甲脲、亚硝基乙基脲、硫酸二甲酯等诱变育成 Kharkovskoe57、Kharkovskoe31 等品种，同时他们注重将杂交育种和辐射育种有机结合，促进了糜子育种的效率，育成品种 Slobozhanske，具有抗旱性强、高产、籽粒暗黄色、团穗型等特点，唯一缺点是不抗倒伏。俄罗斯的全俄豆类及制米作物研究所开展了糜子的花药培养研究，研究了糜子花药培养外植体材料、培养基成分及培养温度等。

此外，开展糜子育种的还有美国内布拉斯加州、科罗拉多州、怀俄明州和北达科他州，其育种主要考虑的是高产、大粒和适应性及籽粒的颜色（红色和白色），育成的代表性品种有 Earlybird（早熟矮秆大粒）、Sunrise（大粒抗倒中熟）和 Hunstman（晚熟高秆高产），目前选育食品加工原料的糯性品种也成为一个热点。韩国公州国立大学研究了糜子的 SSR 分子标记，在糜子分子标记辅助选择育种方面取得了一定进展。

## 第二节　谷子糜子种质资源研究与创新

### 一、谷子糜子种质资源研究概述

种质资源是作物育种和各项研究的物质基础。古老的地方品种、育成的推广品种、重要的育成品系、特殊遗传材料及野生近缘植物，都属于作物种质资源范畴。我国谷子和糜子种质资源数量多、分布广、类型丰富。种质资源研究始于20世纪50年代中期，各主产省份陆续开展谷子、糜子资源的征集工作，到1958年，已收集谷子地方品种16 000余份、糜子地方品种6 000余份。“文化大革命”期间，不仅种质收集工作陷于停止，已收集的资源由于缺乏管理，很多材料发生丢失、混杂、失活等问题。随着1978年中国农业科学院作物品种资源研究所的成立和国家种质库的建成，我国种质资源研究工作开始走入有序和正规。

在中国农业科学院作物品种资源研究所的协调下，在20世纪80年代早期再次进行了全国范围的谷子、糜子种质资源的征集工作，在“广泛收集、妥善保存、深入评价、积极创新、合理利用”方针的指导下，对全国谷子、糜子资源进行系统的整理归类。1979年完成了首批11 673份谷子、资源整理，编撰出版了《中国谷子品种资源目录》共3册。1985年完成了首批4 203份糜子资源整理，编撰出版了《中国糜子品种资源目录》。在整理编目的基础上，种质资源的考察收集、引进及其各项鉴定工作得以顺利展开。

在国家攻关项目、支撑项目、保种项目、平台项目的持续支持下，到2012年，国家长期库共收集保存谷子种质资源26 633份、糜子种质资源8 900份，国家中期库保存谷子种质15 223份、糜子种质6 865份，并建立了与之对应的数据库管理系统，先后编撰出版了谷子种质资源目录7册、糜子种质资源目录3册。2006年完成了谷子、糜子种质资源描述规范和数据标准的制定，2007年完成了种质资源收集、整理、保存技术规程的制定，2008年完成了谷子、糜子繁殖更新技术规程的制定，使谷子、糜子种质资源的基础性工作更为系统和规范。国家中期库种质的更新和充实，提升了种质资源的对外服务能力，初步满足了研究单位和大专院校对基础材料的需求。

## 二、我国谷子糜子种质资源收集保存与应用

种质资源的收集是资源工作的首要环节和基础，主要包括国内种质资源考察收集和征集、国外种质资源的引进与交换。

### （一）种质资源考察收集和征集

在谷子、糜子的成熟季节，由谷子、糜子专家组成考察队，根据事先确定的路线和地点，深入田间地头或集市，实地采集谷子、糜子资源。种质样本应包含群体内所有的遗传变异，混合群体一般按比例采集。育成材料要随机取样，对于地方品种，为保持其群体内的多样性，在随机取样的基础上，尽量将各种类型采集齐全，每个品种应该混合收集20～30穗，或收集混合脱粒的种子250 g。对于野生资源，根据生境条件、伴生植物等差异，设立适合的采集点，每个采集点根据居群大小，采集20～30个单株的种子，单株间距最好在10 m以上。采集的样本要及时命名、编号和保存，

野生资源要用全球定位系统（GPS）定位并记录居群面积，根据需要确定标本和图像数据的采集。种质资源的征集，主要利用调查函通过地方科技人员采集种子材料、调查了解当地资源现状和利用情况，除了20世纪50年代中期和80年代早期两次大规模征集外，现在仅作为种质资源考察的补充。30多年来，谷子、糜子资源工作者，先后参与了云南、西藏、神农架、三峡、海南岛、大巴山、黔南、桂西、赣南、粤北等综合性作物种质资源考察，也参与了沿海地区耐盐资源调查、西北耐旱资源调查和贵州作物资源调查，共收集谷子、糜子地方品种及其近缘野生种质3 500余份，其中包括来自南方省份的原始谷子、糜子类型和少数民族的特用种质。

### （二）种质资源的引进与交换

在调查和分析的基础上，向国际组织、目标国家或地区的资源管理部门发出引种申请，或通过种质交换，或通过合作研究等形式，引进所需要的谷子、糜子种质资源。已先后从日本和朝鲜等24个国家和国际半干旱中心引进了526份谷子、180份糜子种质，丰富了我国谷子、糜子种质资源类型和数量，也为起源演化及多样性研究提供了宝贵材料，并在我国谷子、糜子育种中发挥了积极作用。

### （三）种质资源保存、鉴定

种质资源保存，既要以最少的种子量保存最大的遗传多样性，又要延长库存期限减少因多次繁殖造成的遗传漂移，保持种子活力和群体多样性。收集的谷子、糜子种质资源，首先要进行田间鉴定，重点考查植物学特征和生物学特性及重要农艺性状，以此为基础编撰种质资源目录。在鉴定的同时，繁殖足量的种子，赋予全国统一编号，种子交国家长期库（－18 ℃，相对湿度小于50%）和国家中期库（－4～4 ℃，相对湿度小于65%）保存，入库种子的发芽率>85%，种子含水量为8%～10%，种子保存量各100 g。当种子发芽率低于60%或种子量过低时进行种质更新。

种质资源鉴定是以育种急需的特性为重点，排除环境因素造成的差异，反映真实的种质特性。30多年来在收集保存的基础上，对谷子、糜子资源的营养品质、抗病性、抗逆性做了大量的鉴定工作，制定了抗病抗逆性鉴定规范，从中获得了一大批优良材料。

### （四）谷子糜子种质品质鉴定

在农业部种质资源品质鉴定实验室，采用国家标准化检测方法，完成了多项品质检测。谷子籽粒粗蛋白含量为7.25%～21.9%，赖氨酸含量为0.11%～0.46%，粗脂肪含量为1.14%～7.99%。人体必需的8种氨基酸中，除赖氨酸外的其他7种氨基酸含量高于其他禾谷类作物，脂肪酸的组分中，85%为不饱和脂肪酸，其中亚油酸含量约65%。谷子籽粒淀粉含量为64.64%～85.95%，维生素$B_1$含量为2.7～10.2 mg/kg，维生素$B_2$含量为0.48～1.76 mg/kg，维生素E含量为4.25～95.85

mg/kg，微量元素硒含量为 13～212 mg/kg。糜子籽粒粗蛋白含量为 10.32%～17.37%，粗脂肪含量为 1.02%～5.45%，赖氨酸含量为 0.14%～0.22%（表 3－1）。

**表 3－1　谷子糜子种质品质鉴定概况**

| | 项　目 | 测定份数 | 含　量 | 优异种质标准 | 优异种质份数 |
|---|---|---|---|---|---|
| 谷子 | 粗蛋白含量 | 21 076 | 7.9%～21.9% | >15% | 2 887 |
| | 粗脂肪含量 | 21 076 | 1.14%～7.99% | >5% | 2 656 |
| | 赖氨酸含量 | 20 876 | 0.11%～0.46% | >0.33% | 1 124 |
| | 总淀粉含量 | 939 | 64.64%～85.95% | >80% | 188 |
| | 维生素 $B_1$ | 881 | 2.7～10.2mg/kg | >8 mg/kg | 46 |
| | 维生素 $B_2$ | 881 | 0.48～1.76 mg/kg | >1.2 mg/kg | 28 |
| | 维生素 E | 1 081 | 4.25～95.85mg/kg | >65 mg/kg | 144 |
| | 微量元素硒 | 1 081 | 13～212 mg/kg | >100 mg/kg | 209 |
| 糜子 | 粗蛋白 | 4213 | 10.32%～17.37% | >15.5% | 336 |
| | 粗脂肪 | 4 213 | 1.02%～5.45% | >4.5% | 265 |
| | 赖氨酸 | 4 213 | 0.14%～0.22% | >0.2% | 318 |

### （五）谷子、糜子抗病性抗逆性鉴定

谷子谷瘟病抗性鉴定采用苗期叶面喷雾接种，白发病抗性鉴定采用播种期菌土覆盖种子接种，黑穗病抗性鉴定采用播种期菌土覆盖种子接种或病菌包裹种子大粒化接种，谷锈病抗性鉴定采用孕穗期叶面喷雾接种，粟芒蝇抗性鉴定采用在高危害地区自然感虫方法，玉米螟抗性鉴定以田间自然感虫初检和人工放置虫卵复检相结合，线虫病抗性鉴定在自然病圃或人工病圃依据自然发病情况进行，根据两年以上鉴定结果的最重危害程度确定抗性级别。谷子苗期抗旱性鉴定采用人工控制条件下苗期反复干旱法，全生育期抗旱性鉴定采用干旱地区控制田间灌水量方法，根据干旱条件下相对受害情况，确定抗旱级别。糜子黑穗病抗性鉴定采用菌粉包裹种子的大粒化接种，也是以两年以上鉴定结果的最重危害程度确定抗性级别。传统上糜子苗期耐盐性鉴定在 3 叶期用含 1.3%～1.5% NaCl 的营养液胁迫 10 d，糜子芽期耐盐性用 1.8% NaCl 溶液胁迫 7～10 d，根据相对盐害率确定苗期和芽期的耐盐性。最新研究表明在 3 叶期用 200 mmol/L 中性盐（$NaCl + Na_2SO_4$）胁迫 10 d，在芽期用 160 mmol/L 中性盐胁迫 7 d，获得的结果更稳定更真实。谷子、糜子种质抗性鉴定概况见表 3－2。

**表 3-2　谷子、糜子种质抗病抗逆鉴定概况**

| | 项　目 | 接种方法 | 鉴定种质数 | 高抗种质数 | 抗种质数 |
|---|---|---|---|---|---|
| 谷子 | 谷瘟病 | 苗期喷雾 | 18 470 | 166 | 691 |
| | 白发病 | 菌土覆盖 | 22 797 | 551 | 834 |
| | 黑穗病 | 菌土覆盖/大粒化 | 6 031 | 44 | 61 |
| | 谷锈病 | 孕穗期喷雾 | 12 021 | 74 | 17 |
| | 粟芒蝇 | 自然感虫 | 10 181 | 1 | 28 |
| | 玉米螟 | 人工放置卵块 | 3 072 | 0 | 6 |
| | 线虫病 | 自然感虫 | 1 050 | 69 | 108 |
| | 苗期抗旱 | 反复干旱 | 21 470 | 807 | 2 356 |
| | 全生育期抗旱 | 田间鉴定 | 207 | 2 | 47 |
| 糜子 | 黑穗病 | 大粒化 | 6 568 | 1 838 | 44 |
| | 苗期耐盐 | 盐溶液胁迫 | 4 208 | 15 | 63 |
| | 芽期耐盐 | 盐溶液胁迫 | 4 230 | 104 | 334 |

种质资源是极其珍贵的农业遗产与自然资源，也是全民族的重要财富。中国农业科学院作物科学研究所作为谷子、糜子种质研究的牵头单位，在收集保存鉴定谷子、糜子资源的同时，也向全国科研及教育单位，提供科研和教学所需的实物和种质信息，目前已繁殖更新了谷子种质 15 223 份、糜子种质 6 865 份，近年来，已累计提供利用谷子 9 000 余份次、糜子 3 400 余份次，对推动谷子、糜子的基础研究和育种工作的开展起到了积极作用。

## 三、中国谷子种质资源的主要类型及代表品种

中国谷子分布广泛，样本众多，形态特征和生物学特性差异明显，既有原始的小粟类型，也有分化程度很高的大粟类型，很多分类性状存在连续变异。陈家驹先生依据重要分类性状划分了中国谷子类型。它包括 67 个组群，其中有 17 个组群的样本众多，性状特殊，组内性状共同点多，利用价值较大，也能基本反映中国谷子的形态特点。

（1）龙爪谷。龙爪谷又称佛手、鸡爪、猫爪、龙角等，生产品种的穗部分枝发育完全，第一分枝延长形成若干长的支穗，使整个穗形成为短粗而疏松的足爪形状，植株各部均为绿色，不含花青素，刺毛很短，主要是黄粒黄糯米，偶有粳米类型。代表品种为原产北京的西郊龙爪谷。

（2）猫足谷。猫足谷又称鸭嘴、狗蹄、石榴嘴等，穗的主轴甚长，大部分具有细密穗码，只在穗顶部发生几个分枝，形成蹄爪的外形，多数品种是绿苗绿穗，中短刺毛，不含花青素，生育期偏晚，黄粒黄糯米，偶有红粒、黑粒、黄褐粒品种和白米、青米及粳性的特殊类型。代表品种为原产北京怀柔区的毛爪谷。

（3）黑谷。黑谷在成熟时籽粒由黄红转褐黑或紫黑，外观阴暗，鸟不喜食，又称猪屎谷，黑粒主要为糯性，也有不少粳性品种，多数品种穗纺锤形，黄米，植株各部均不含花青素，某些粳性的品种稍含花青素，成熟期中等，偶有圆筒形、长鞭形穗和紫鞘紫穗品种。代表品种为原产北京顺义区的黑黏谷。

（4）红黏谷。红黏谷都是纺锤形紧密穗，生育期较短，多数品种植株各部位都具有花青素，即紫苗红黏谷，少数品种不含有花青素，即青苗红黏谷，红黏谷成熟后籽粒红色艳丽，小鸟喜食，其中长穗短刺毛的品种可发展成鸟饲专用品种，我国传统医学中用谷子入药，也偏爱红谷。代表品种为原产河北迁安县的红黏谷。

（5）红谷。红谷为籽粒红色、杏黄色的粳性品种群，植株各部或有或不含有花青素，均比较早熟，多数品种为纺锤形穗，黄米，少数品种圆筒形穗甚至短粗穗，也有白米品种。代表品种为原产北京良乡的小红谷。

（6）青谷。青谷又称灰谷、绿谷、黑米，都是指青灰色或黄灰色小米。青谷的稃皮呈灰白色或黄灰色。青谷品种除米色外的其他性状并不一致，穗形粗细发育程度也有差别。多数品种纺锤形穗粳性，也有其他穗形和糯性品种。代表品种为原产河北涞水县的大青谷和原产河北涉县的马青苗。

（7）白米谷。白米品种具有各种穗形和粒色、米质，但米粒均为白色，多数品种为白粒白米粳性，黄粒白米品种也不少。代表品种为原产河北省迁西县的小白米和原产河北省卢龙县的糯米香。

（8）黄毛黏谷。本组群的品种都是黄粒黄米糯性，穗形均趋向于短粗圆钝，具有长而密的刺毛，个别略短，植株各部均不含花青素，植株高大，相当晚熟，是一个明显的自然组群，在中国谷子演化中，代表了刺毛多小花少的较原始类型。代表品种有原产北京近郊的大毛谷。

（9）白黏谷。白黏谷组以白粒黄糯米品种为主，多纺锤形穗，少数为圆筒或圆锥形穗，个别品种略有中短刺毛，绿苗绿穗。代表品种为原产山东省滋阳县的滋阳白黏谷。

（10）黄毛谷。黄毛谷包括黄粒黄米品种中的长刺毛和中长刺毛类型，一般生育期较长，多数植株全绿，少数品种在植株的某些部位（如芽鞘）带有花青素，多数品种穗纺锤形，个别品种穗粗散长大。代表品种为原产北京市近郊的黄毛谷。

（11）黄谷。黄谷组群包含黄粒黄粳米短毛的谷子类群，样本众多，幼苗和植株的色泽多种多样，穗型、米质、米色、刺毛等性状也变化丰富，比其他组群更具有多样性。代表品种为原产河北省滦县的水里混和原产北京市通州区的黄快谷。

（12）有毛白谷。有毛白谷是白粒黄粳米的有毛品种的总称，幼苗叶鞘有绿色、红色、紫色等差别，刺毛有长短之别，刺毛色有绿色、紫色之分并有变色现象。代表品种为由济南黄谷分化选育而来的三三二。

（13）齐头白毛谷。齐头白毛谷的穗呈圆筒形，刺毛中长，幼苗黄绿色，叶鞘多红色，少数品种叶鞘不含花青素为绿色。代表品种为华农4号，由石家庄的毛毛黄选育而来。

（14）白谷。白谷为白粒品种的总称，多数品种黄粳米，穗大而紧，纺锤形，刺毛短，植株高大，生育期较长，幼苗叶片有绿色、黄绿色、黄色之别，芽鞘有绿色、红色、紫色之分。早熟代表品种有原产北京郊区的北郊12，晚熟代表品种有华农2号。

（15）齐头谷。齐头谷包括穗圆筒形、齐头形和棍棒形的白谷黄粳米短毛的谷子类型，幼苗叶鞘可带有深浅不同的色素，部分品种穗型短粗直立，有的品种穗部紫色素深浓。红苗绿穗的代表品种为原产河北省玉田县的齐穗菠菜根，紫苗紫穗的代表品种为原产山东省临朐县的黑夹腿。

（16）鸡嘴谷。本组品种的穗基部枝梗发育良好，而顶部小分枝未发育，形成基部粗的圆锥形穗，又称母鸡嘴、簪子头、打锣锤等，多数品种植株各部均含花青素，个别不含花青素的品种称为白母鸡嘴。代表品种有原产北京市近郊的鹌鹑谷。

（17）长鞭穗谷。穗分枝的增加主要是主轴延长，或穗码在主轴上着生距离加长而形成细而长的穗形，长鞭穗形的产生除品种固有的特性外，与穗分化发育时期的长短有关，本组群包含不同粒色、米色，刺毛长短也有差别，白粒品种较多。代表品种有原产陕西省富平县的白把子。

## 四、中国谷子的遗传多样性

谷子的单穗粒多、繁殖系数大，同时谷子具有一定的自然异花授粉杂交，容易形成种质分化，加上我国栽培谷子的历史悠久，种植区域辽阔，生态环境各异，在漫长的自然选择和人工选择条件下，形成了多种多样的谷子遗传资源，也保留了少量的自然四倍体种质。

### （一）穗形多样性

谷子的穗部形态取决于第一级分枝（即穗码）的长短和在穗轴上的排列方式。第一级分枝不伸长构成普通型穗，包括上下渐细中间粗的纺锤形、上下粗细均匀的圆筒形、上部渐尖中下部较粗的圆锥形、顶部较粗且穗码较紧密的棍棒形、穗轴很长且穗码稀疏的鞭绳形。第一级分枝伸长构成分枝型穗，包括基部穗码伸长形成的龙爪形、顶部3个以上穗码伸长形成的猫足形、主轴顶端穗码分杈的鸭嘴形。

### （二）刺毛多样性

谷子穗部均有刺毛，刺毛的长度因品种而异，为1～12 mm，以中短刺毛的品种居多。刺毛的颜色有绿、褐黄、浅紫或紫等差异，大部分品种刺毛为绿色。在刚抽穗时刺毛色泽鲜明，开花结实后，随着籽粒的成熟逐渐褪色。

### （三）粒色多样性

谷子籽粒的色泽取决于稃皮的颜色，一般有黄、白、红、黑、青灰、杏黄和黄褐等色，按颜色差异大致分为黄谷、白谷、红谷、黑谷、青谷和金谷6类。黄谷和白谷数量最多，约占国内谷子资源的90%。

### （四）米色多样性

谷粒脱壳后的小米，颜色的变异呈现一定的连续性，一般分黄、白、青灰3种颜色，黄米品种占90.4%，白米和青灰米不足总数的10%，属稀有类型。食用小米包括粳糯两种米质，少数介于两者之间，主要栽培品种以粳性为多。

### （五）粒形、光泽、大小的多样性

受遗传因素及栽培条件、生态环境的共同影响，谷粒的外形有圆形和卵圆形，表面有的光亮、有的暗涩，种皮有粗、厚、细、薄等差别，籽粒的大小以千粒重衡量，最小的仅1.5 g，最大的5 g以上（一般为四倍体品种），大部分为2.5～3.0 g的中粒品种。

### （六）植株多样性

谷子苗期的叶片、叶鞘因花青素分布的品种差异，叶片颜色表现为绿色、黄绿色或紫色，叶鞘颜色表现为绿色、黄绿色、红色、浅紫色或紫色。幼苗长大成株，在高矮、粗细、节间长短、节数多少、分蘖有无、分枝有无等各个方面，均随品种的不同而有差异。

### （七）生育期的差异

生育期是指正常播种条件下出苗到成熟的天数，我国谷子品种间生育期相差很大，春播早熟品种80～100 d，中熟品种100～120 d，晚熟品种120～140 d，可用于备荒救灾的极早熟品种只需两个月便能收获，而用于饲草栽培的极晚熟品种需5个多月才能收获籽粒。

## 五、中国糜子的遗传多样性

### （一）穗形多样性

糜子穗形是分类学研究和生态型研究的重要遗传性状，主要有散穗、侧穗、密穗3个类型。散穗型，包括主轴和分枝极度延长而下垂的周散穗和中度延长而挺直的伞形穗，穗主轴与一级分枝间的夹角呈35°以上的展开角；侧穗型，包括侧穗、侧散穗、侧密穗，穗主轴及一级分枝较长，全穗向一个方向下垂；密穗型，穗主轴及各级分枝均短，分枝着生间距很小，小穗排列集中且紧凑，穗直立或半直立。

### （二）花序色多样性

在籽粒乳熟期会呈现绿色和紫色两大类花序色。紫色花序品种，在遗传和昼夜较大温差的相互作用下，枝梗及护颖呈深浅不同的紫色，约占资源总量的10%，如果昼夜温差小则不一定显色。

### （三）小穗粒数多样性

小穗粒数是一个稳定性状，多数品种一个小穗着生一颗籽粒，少数品种在同一小穗内着生双粒。现在已发现有红、黄、灰、褐等粒色的双粒型种质。

### （四）粒色多样性

糜子粒色包括白色、灰色、黄色、红色、褐色和复合色六大类，每一类都有色泽从浅到深的连续变异，复合色更是两种及两种以上颜色组合的结果，从而派生出糜子丰富的籽粒色泽。

### （五）粒形和籽粒大小多样性

受遗传和环境的共同影响，糜子籽粒的形状有球形、卵球形、长卵形3类。籽粒大小以千粒重衡量，变化在1.5～9.8 g，可以分成五大类，即特小粒型（小于5.5 g）、小粒型（5.6～6.5 g）、中粒型（6.6～7.5 g）、大粒型（7.6～8.5 g）和特大粒型（大于8.5 g）。

### （六）米色多样性

脱壳后的糜米，色泽呈白色到黄色的连续变异，一般分为白色、浅黄色、黄色3类。

### （七）生育期的多样性

生育期的长短，一方面取决于遗传背景，同时受种植环境光温条件的影响，一般分为特早熟（生育期小于90 d）、早熟（90～100 d）、中熟（100～110 d）、晚熟（110～120 d）、极晚熟（120 d以上）。

## 六、谷子糜子种质资源创新及其成就

在人工控制条件下，模拟自然环境下种质突变和杂交，定向培育新品种（品系）及其遗传材料如不育系、三体系等，这是种质创新的主要手段。通过远缘杂交、理化诱变及细胞工程技术，创制符合研究和育种需要的新种质、新材料，是资源工作者和育种家的共同目标。

### （一）谷子三体创制和利用

河北省农林科学院谷子研究所的王润奇利用豫谷 1 号经秋水仙素处理获得的同源四倍体为母本，与豫谷 1 号二倍体为父本杂交，获得了三倍体后代。从三倍体后代中找出 $2n+1=19$ 的三体植株，根据谷子染色体形态确定三体所附加染色体的编号，从而在 1993 年创制出一套谷子三体材料。利用这套三体和四体Ⅳ、四体Ⅷ、四体Ⅸ，将谷子红色护颖和刚毛基因定位在 1 号和 2 号染色体，隐性矮秆基因（安矮 3 号）和显性矮秆基因（来自赤峰）定位在 3 号染色体，糯性基因 *wx* 和白米基因（法谷 56－81）定位在 4 号染色体，不育基因（1066A）和青米基因（马青苗）定位在 6 号染色体，黄苗基因（1066A）定位在 7 号染色体。

### （二）谷子显性核不育系的创制

内蒙古赤峰市农业科学研究所的胡洪凯等利用引进的澳大利亚谷子与来自吐鲁番的地方品种杂交，1978 年获得了少量不育株，经定向选择，1989 年定名为 Ch 型显性核不育材料，属于互作型显性核不育，其不育基因 *Ms* 与上位恢复基因 *Rf* 存在连锁关系。

### （三）谷子光温敏不育系的创制和利用

张家口市农业科学院于 1980 年，在澳大利亚谷和宁夏中卫竹叶青的杂交组合后代中，选育出了在短日照下可育长日照下不育的具有育性转换特点的光（温）敏核不育材料。山西省农业科学院谷子研究所等单位也进行了谷子光温敏不育系的选育，培育出一些材料，但由于不育系的不育度差和育性不稳定问题，至今没有光温敏不育系在谷子杂种优势利用中应用。与此相类似，河北省农林科学院谷子研究所也创制出一批核隐性高度雄性不育系，如 1066A、350A 等，雄性不育率在 95%左右，自交结实率约为 5%，只要有合适的恢复系，也能实现谷子两系杂交种的生产。

### （四）谷子抗除草剂种质的创新和利用

20 世纪 80 年代后期，美国、加拿大等国的科学家在连续使用除草剂的生产田中，陆续在谷子近缘种青狗尾草中，发现了抗除草剂基因，包括细胞质遗传的抗阿特拉津基因、抗拿捕净的核显性基因、抗氟乐灵的核隐性基因等。以此为材料，法国科学家和我国科学家合作，采用远缘杂交结合回交和选择，创制了抗除草剂拿捕净、阿特拉津、氟乐灵的谷子新种质。这些种质引进到中国，在谷子育种上起到了重要作用。抗拿捕净种质的利用，在谷子杂交种生产中发挥了积极作用。河北省张家口市农业科学院将抗拿捕净基因转育到恢复系中，两系法制种以后，在杂交种生产田喷施拿捕净，杀灭假杂种，从而保证了杂交种的利用。河北省农林科学院谷子研究所程汝宏等，通过培育抗拿捕净和不抗拿捕净的近等基因系，采用 1：1.5～1：2 的比例混合播种，出苗后使用拿捕净，既能保证全苗又能实现免间苗，实现了谷子简化栽培。程汝宏利用抗除草剂咪唑乙烟酸、抗烟嘧磺隆的青狗尾草，创制了一大批抗除草剂的谷子种质，正在向育种家分发利用。

### （五）理化诱变创制谷子新种质

我国谷子理化诱变创新工作始于 20 世纪 60 年代初期，利用中国农业科学院原子能研究所的钴源对谷子干种子进行辐射诱变，诱变后代经过定向选择，获得了高产、早熟、大粒、耐旱、耐盐碱、矮秆、抗倒伏、高脂肪含量、高维生素含量等各类新种质，也获得了多个叶片上举、茎秆粗壮、适合密植的谷子叶型和株型，由此育成了一大批谷子新品种。其中张农 10 号是我国第一个辐射诱变育成的谷子品种，延矮系列材料为谷子育种提供了较好的矮源，晋谷 21 成为高产优质米的标志品种，白大粒品种的千粒重达到 5.3 g，五十六天小早谷成为特早熟种质的典型，郑矮 2 号和矮竹叶青等种质实现了谷子密植和高光效育种。快中子诱变结合后代选择，获得了特早熟的龙辐 95049、抗旱抗白发的嫩光 12、抗倒伏抗旱的龙谷 28 等。近几年，正在利用化学诱变剂诱导谷子产生单碱基突变，构建突变体库，在谷子的分子研究或基因组学研究上，取得了较大突破。

### （六）根据育种目标创制谷子新种质

紧扣育种目标，通过杂交回交等技术手段，创造符合育种需要的谷子新种质，不仅是资源工作者也是每个育种家的重要工作内容。内蒙古农牧业科学院作物研究所通过品种间杂交，创制出株高超过 2 m、高抗倒伏的粮饲兼用谷子；河北省农林科学院谷子研究所董志平等利用杂交手段将十里香的抗锈病基因转育到多个栽培品种，并获得了抗锈基因的 SCAR 标记。中国农业科学院从 1995 年开始，积极创制具有两个以上优良性状、农艺性状与育成品种相当的复合材料，先后获得了适应性广高抗白发病且品质优良的宽京早 312、黑穗病免疫高蛋白高脂肪的京矮 311、兼抗白发病和黑穗病的品 111 和品 206、矮秆耐密的品 216、全生育期抗旱二级高抗谷瘟病中抗锈病的优 89、全生育期抗旱二级抗玉米螟的优 81 等优异资源，部分材料如品 111（辽谷 5 号）在生产上直接利用。

### (七) 谷子种质资源的定向改良

通过种质资源的收集和引进，掌握了大量基础种质，然而这些种质除个别性状突出之外，多数性状与生产需要差距极大，完全不符合育种家的实际需要，种质资源工作者的重要任务就是对目标材料进行定向选择和改良。一个典型的例子是谷子品种日六十日的引进和改良。早在20世纪50年代中期，中国农业科学院从日本引进了谷子品种六十日粟，这是来自日本九州的地方品种，早期表现为抽穗困难、灌浆不良、穗松籽瘪、生育期过长、病害重，唯一可用的特点是茎秆矮壮抗倒伏性优良。陈家驹先生对该品种进行了十几代的持续选择，终于在1970年获得了生育期较短、茎秆矮壮、圆锥形穗粗短紧实、穗颈基本直立的材料日六十日，完全有别于原始的六十日粟，原始材料的叶斑病和谷瘟病抗性都得到了改良，甚至成了谷瘟病抗源之一。1970年开始，日六十日开始育种利用，1973年从北郊十二×日六十日后代中选育出京2122(后定名为京谷1号)，很多育种家从京2122看到了日六十日的利用价值，70年代末至80年代，全国半数育成品种都有日六十日的血统，著名品种有豫谷1号、冀特1号、青到老、鲁谷4号、聊农4号及京谷和燕谷系列品种等，日六十日的利用使谷子在抗倒伏育种上实现了突破。

### (八) 糜子种质创新

甘肃省农业科学院作物所围绕糜子育种目标，利用野生糜子的广适性、早熟性、耐旱耐瘠性等突出优点，通过杂交手段对糜子栽培种进行改良，创制出适应性广抗倒耐旱的7305-2，进而育成了陇糜5号和陇糜7号。山西省农业科学院品种资源研究所，以等离子处理本地黄糜子，结合系统选择，育成了品糜1号。黑龙江省农业科学院育种所利用苏联引进的种质，杂交育成了龙黍21。陕西延安农业科学研究所用秋水仙素处理大瓦灰、大红袍、牛尾黄等品种，创制了多个$2n=72$的糜子新品系。

## 七、谷子糜子种质资源研究的未来发展

经过30多年的努力，我国已经建立起了一个基本稳定的研究队伍，也拥有了世界最丰富的谷子、糜子资源，构建了种质收集保存鉴定创新利用的工作体系。然而我国现有的谷子、糜子资源，多数是原产本国的地方品种，由于总体研究水平低下，多数种质达不到育种家可用的程度，育成品种的遗传背景过于狭窄，栽培品种的遗传脆弱性日益明显。随着现代农业的发展和基因组时代的来临，谷子、糜子种质资源研究与生产和育种发展不相适应的矛盾日益突出，骨干种质偏少、创新能力低下、研究工具匮乏是最为突出的问题，因此资源工作者任重而道远。

第一，要继续重视谷子、糜子资源的收集，尤其要加快国外种质收集引进的步伐，对现有种质要进行系统的整理鉴定，沟通资源工作者与育种家之间的实物和信息

交流，减少低水平重复工作，提供种质信息的可靠性和稳定性，以此为基础，促进优异基因源的挖掘和种质创新工作的开展，满足育种研究的实际需要。

第二，要加强遗传工具材料的创制和优异种质的创新，搭建资源与育种共享的研究平台。遗传工具材料的创制和优异种质创新是一个长期任务，或许需要几代人的共同努力才能完成，因此要求从业者的执着和坚持。现有的工具材料如谷子三体系、核显性不育系、高度雄性不育系、光温敏不育系等需要进一步拓展遗传背景，突破利用的局限性，也要进一步创制附加系、易位系、突变系等遗传研究工具，解决从近缘种属获得有益基因的难题。育种和生产的突破性进展，有赖于优异种质的创新和利用，一方面要具有战略眼光去发现可用基因资源，应从核心种质的研究和鉴定入手，有重点地进行重要性状的遗传研究。另一方面要建立和健全共享机制，促进优异种质的高效利用。

第三，要开展多学科的合作研究，资源研究要与栽培、植保、土肥、生理等相关学科联合攻关，提高种质研究水平，加快种质创新进度。针对我国育种和生产上的重大问题以及民族地区的特殊需求，加强特用基因资源的挖掘，创制符合地理、人文、环境、生活、生产需要的基础种质。

第四，要善于引用新技术新成果。要以常规技术为基础，综合利用远缘杂交技术、细胞工程技术、分子标记技术、转基因技术等最新技术成果，不断探索和改进谷子、糜子资源研究的新技术新方法新途径，加强重要基因的筛选与克隆，努力获取具有自主知识产权的新基因，将我国谷子、糜子资源大国转变成基因强国。

## 第三节　谷子糜子常规育种研究与创新

### 一、传统的谷子糜子育种目标与创新

育种目标指的是育种者对拟培育的品种设定的性状指标要求。可根据生态条件、生产条件、市场需求和社会发展阶段设定一个或者几个目标。育种目标一般可以分为产量性状目标、品质性状目标、成熟期目标、对抗病虫害的耐受性目标、对环境胁迫的耐受性目标、对环境适应性目标等。随着生产条件、市场需求和社会发展阶段的变化，育种目标也在不断调整。由于育种周期较长，育种目标一般要有一定的预见性和超前性。

#### （一）不同生态、生产条件的育种目标与创新

**1. 黄淮海夏播生态区**

黄淮海夏播生态区谷子、糜子生育期短、生长速度快、湿热天气多、病虫草害发生严重，育种需要同时设定多个目标。传统上，该区域主要针对平原水浇地冬小麦、谷子（糜子）一年两熟耕作制度，选育中矮秆、抗倒、穗大小中等、耐密植、抗病、

耐肥、结实性好的中早熟品种。20世纪以来，随着生产上一些新问题的出现，该区域育种目标出现了很多新的变化。一是针对平原区谷子、糜子生产面积严重萎缩，主产区转移到丘陵旱地半春播一熟区的现状，育种目标向中高秆、耐旱耐瘠薄、抗倒、抗病、丰水年增产潜力大的中晚熟品种转变。二是针对该区苗期草害严重，尤其单子叶杂草较难防治，且劳动力短缺，劳动力价格逐年增长的现状，致使抗除草剂成为育种的重点目标之一。三是病害种类增多，抗病性成为艰巨的育种目标。以前该区主要是谷锈病、线虫病、纹枯病、褐条病。近年来，随着资源交换和跨区引种的增多及气候的变化，过去的春谷区主要病害谷瘟病、白发病、黑穗病也在夏谷区严重发生，不同年际间各种病害发病程度不同，进一步加大了夏谷区抗病育种难度。四是随着近年来谷子生产效益的提升，平原区谷子生产逐渐恢复，且呈现出规模化、产业化生产的发展趋势，使得适合机械化生产成为新的育种目标。该区品种具有植株较矮、对光温反应较不敏感、区域适应性广的特点，是我国谷子、糜子品种资源利用价值较高的类型。

**2. 西北春播生态区育种**

西北春播区生产生态条件复杂，既有高原、丘陵，又有山前平原和盆地。水肥条件较好的晋中晋南、关中地区着重选择抗倒、耐肥、抗病的中晚熟品种；西北部高海拔地区和内蒙古高原区重点选育抗倒、抗旱、抗寒、早熟、大穗、大粒的中早熟品种。该区主要病害是谷瘟病、白发病、红叶病和黑穗病，冀东北春播区有谷锈病和纹枯病。该区生产生态条件复杂，品种通用性差，同时也是我国谷子、糜子生态类型最多的区域。该区是我国谷子、糜子主产区，既有总体面积大、需要机械化的必要，又有地块零碎、机械化操作困难的问题，因此，在适合机械化生产目标性状上应因地制宜。由于该区谷子、糜子苗期单双子叶杂草几乎各占50%，因此，除草剂育种也是重点目标之一。

**3. 东北春播生态区育种**

东北平原区气候寒冷，无霜期短，应选育早熟、抗倒、抗病、苗期及灌浆期耐低温的品种。该区主要病害是谷瘟病、白发病，个别区域有谷锈病。该区谷子生产相对集中，抗除草剂和适合机械化生产是育种重点目标，但是该区谷子、糜子植株较高大，应将降低株高作为适合机械化生产的主要性状。

### (二) 符合市场需求和社会发展的育种目标与创新

在不同的社会发展阶段，市场需求不同，育种目标也不同。1949—1950年是中华人民共和国成立初期，全国谷子平均单产分别仅为847.5 kg/hm$^2$ 和966.0 kg/hm$^2$。1951—1960年，此阶段虽然启动了谷子育种工作，但生产上仍以农家品种为主，此阶段全国10年谷子平均单产1 039.5 kg/hm$^2$。

**1. 高产育种阶段**

从中华人民共和国成立初期到20世纪80年代末，由于我国粮食短缺，谷子、糜子育种的主要目标是高产，也是我国谷子、糜子产量提高较多的阶段。

1961—1970年从农家种系统选育而来的品种占主导地位，代表品种有晋谷1号、花脸1号、安谷18、磨里谷、新农724等，这期间全国10年谷子平均单产为1 197.0 kg/hm$^2$，较农家种主导的1951—1960年平均单产水平提高了15.2%，1966年全国谷子平均单产达到1 522.5 kg/hm$^2$。

1971—1980年系统选育品种和杂交方法育成的品种各占50%左右，此期间10年平均单产为1 345.5 kg/hm$^2$，较上个10年提高12.4%。

1981—1990年，杂交、诱变等方法育成的品种占主导地位，谷子产量水平进一步提升，此期间10年全国谷子平均单产达到1 714.5 kg/hm$^2$，较上个10年提高27.4%，此阶段的代表品种有跃进4号、昭谷1号、豫谷1号等。这个阶段是谷子优质育种启蒙时期，1986年举办了首届全国优质食用粟鉴评会，1986—1990年的全国"七五"谷子育种攻关课题中设立了优质专用谷子育种专题，并育成了一批优质专用新品种，如冀特2号（金谷米）、晋谷21等优质米用类型，冀特1号等高蛋白、高维生素加工专用类型。1990年年底全国首个优质食用粟品质标准DB/1300 B22 13—90《优质食用粟及其检测方法》制定并发布，但这期间的优质专用品种较高产对照产量水平低10%左右。

**2. 高产、多抗兼顾优质阶段**

1991—2002年的12年间大致属于高产、多抗兼顾优质阶段。20世纪80年代后期，由于豫谷1号的抗谷锈病能力丧失，谷子锈病在谷子主产区特别是华北夏谷区严重流行，导致谷子产量水平下滑，抗病性成为谷子高产的关键。1990—1998年推广了豫谷2号、冀谷14、鲁谷10号、龙谷30、公谷65等一批抗病高产品种，谷锈病流行得到有效控制，新品种的抗倒伏能力也大幅度提高，产量水平明显上升，到1996年，全国谷子平均单产达到2 359.5 kg/hm$^2$，首次登上单产2 250 kg/hm$^2$的台阶。此后又相继育成并推广了谷丰2号、济谷12、晋谷48、龙谷32、公谷68等高产多抗品种，以及产量水平与高产品种持平的小香米、晋谷35、九谷11等优质品种。但这个阶段生产上仍以高产品种为主，优质专用品种尚未占主导地位，优质小米产业化开发正在起步。1991—2002年的12年间全国谷子平均单产为1 920.0 kg/hm$^2$，较1981—1990年的平均单产1 714.5 kg/hm$^2$提高12.0%。

**3. 优质高产并重阶段**

近10年来，由于世界性杂粮热的兴起，以及我国告别了粮食短缺的历史，优质农产品成为市场的热点，谷子育种目标随之转变为优质、高产并重，并出现了多元化的发展趋势。2006—2010年的"十一五"国家科技支撑计划"优质谷子新品种选育与增值利用技术研究"课题首次将优质确定为全国谷子育种攻关的首要目标，这期间优质品种在产量、抗性等方面有了较大提高，先后育成并推广了富硒品种冀谷18和优质品种冀谷19、长农36、九谷11等，许多优质品种产量较高产对照增产5%以上。2003—2012年召开了五届全国性的"优质食用粟品质鉴评会"，特别是优质、高产、广适的豫谷18的育成，代表了优质品种达到了新的水平。一批优质高产新品种进入了实质性的产业化开发阶段，小米加工与内外贸易形成了一项不可忽视的产业，有力地促进了优质品种选育工作。此阶段虽然谷子进一步向丘陵旱地集中，但2003—2012年这10年全国谷子的平均单产为1 935.0 kg/hm²，实现了在单产水平不降低的情况下，品质有了较大提升的目标。特别是2009年国家谷子产业技术体系启动后，谷子新品种、新技术研发和推广力度加大，谷子单产水平呈稳步上升趋势，2012年全国谷子平均单产达2 439.0 kg/hm²，2010—2012年3年平均单产达2 163.0 kg/hm²。此外，从2003—2012年全国谷子品种区域试验参试品种平均单产水平看，单产由2003年的4 355.8 kg/hm²上升到2012年的4 914.2 kg/hm²，说明育成品种的产量水平确实在提高。

## 二、谷子糜子常规育种方法与创新

谷子、糜子常规育种方法有自然变异选择育种、杂交育种（单交、复交、多交、回交）、诱变育种、轮回选择育种（动态基因库、目标性状基因库）等。

### （一）传统的谷子糜子育种方法与创新

**1. 自然变异选择育种**

20世纪50年代后期至70年代中期，我国多数谷子品种都是采用自然变异选择育种方法育成的，对于提高谷子产量发挥了重要作用。自然变异选择育种主要利用天然杂交、自然突变进行优中选优，因为谷子虽然是自花授粉作物，但也有少量的异交，平均异交率在0.69%，最高可达5.6%；同时一些个体在各种自然条件（如温度、光照、干湿度等）剧烈变化情况下，会引起基因突变。选择育种的优点是简便易行，育种周期短，一般在选株后通过1～2年的株行试验即可进入产量试验。缺点是变异源有限，变异幅度一般较小，难以出现较大突破。选择育种以在推广品种和新育成品种中选株效果最好，曾经大面积应用的公谷6号、长农1号、衡研130、鲁谷2号、华农4号、白沙971、昌潍69、鲁谷4号等都是采用选择育种方法育成的。

**2. 杂交育种**

杂交育种是通过品种间有性杂交创造新变异而选育新品种的方法，是目前我国谷子育种中普遍采用的、成效最显著的育种方法。20世纪80年代中期以来，我国70%的谷子推广品种是采用杂交方法育成的。

亲本选配是杂交育种成败的最重要环节。亲本选配应遵循的原则是：①母本的综合性状好，缺点少，且主要性状突出，父本要具有母本缺少的突出优点，即双亲优缺点能够互补；②双亲生态类型差异较大、亲缘关系较远，且一般配合力好；③双亲之一是当地推广品种。

谷子、糜子杂交育种可以采用单交、复交、多交、回交等方式。但是由于谷子、糜子均属自交作物，花器小，单穗花数达数千枚，且单穗小花发育不一致，花期持续一周左右，开花时间在夜间和清晨，适宜杂交的时间较短，因此，人工杂交十分困难，一般要在清晨开展，要经过整穗、去雄、授粉 3 个过程，技术要求高，杂交效率较低，一般人工单花去雄每人每天只能做 3～5 个组合，组合成功率只有 50%左右，收获的种子平均真杂交率仅 30%左右。为此，又创新了温汤集体杀雄、水浸人工综合去雄、套塑料袋日光杀雄、化学杀雄等技术，但均存在杀雄不彻底，真杂交率低的问题，$F_1$ 代植株 70%～90%为母本，真杂种要利用 $F_1$ 代的杂种优势和遗传显性性状来鉴别，需要对双亲性状非常熟悉的人员来鉴别，由于单株发育进程、留苗密度等差异，往往将母本株误认为是杂种，导致育种效率不高。因此，目前多数谷子、糜子品种都是单交方法育成的，复交、多交、回交很少应用。

近年来，随着抗除草剂新种质的创制和广泛应用，谷子杂交育种效率大大提高，一般采用不抗除草剂的材料为母本，显性抗除草剂材料为父本，$F_1$ 代苗期喷施除草剂即可除掉假杂种，从而大大提高了工作效率。此外，以抗除草剂的 $F_1$ 杂种为父本，以不抗除草剂的材料为母本，可实现复交或者回交。

**3. 诱变育种**

我国谷子诱变育种始于 20 世纪 60 年代，目前在谷子育种中应用广泛且成效显著。最初一般采用 $^{60}Co$ γ 射线照射干种子，后来逐步演变出快中子诱变、化学诱变、离子束注入诱变等。目前多采用 EMS 化学诱变，具有方法简单、突变率高等优点。许多采用诱变方法育成的品种在生产中发挥了重要作用，如冀谷 14、谷丰 1 号、辐谷 3 号、龙谷 28、鲁谷 7 号、赤谷 4 号、晋谷 21 等均成为生产上的主栽品种。EMS 化学诱变还成为构建遗传研究所需的突变体库的主要方法。

**4. 轮回选择育种**

谷子轮回选择育种，是 20 世纪 60 年代由河北省张家口市坝下农业科学研究所利用谷子雄性不育系首先开展起来的。轮回选择群体在谷子上取名为“动态基因库”，该所已通过轮回选择选育出冀张谷 4 号、冀张谷 5 号等一系列谷子新品种。利用不育系进行谷子轮回选择，省去了人工杂交环节，群体内不育株和可育株的反复杂交，增大了基因重组和打破基因连锁的概率，通过多代选择，群体内优良基因不断积累，为新品种选育提供了较多的选择机会。

## 三、谷子主要目标性状的遗传、鉴定选择

谷子的主要目标性状包括株高、穗型、籽粒颜色、生育期、抗倒性、抗病性、耐旱性、品质性状、抗除草剂、区域适应性。

### （一）抗除草剂性状遗传

目前谷子抗除草剂有 5 种类型，均为简单遗传。抗阿特拉津材料性状受细胞质基因控制；抗拿捕净性状、抗咪唑乙烟酸性状、抗烟嘧磺隆性状均受核显性单基因控

制，抗氟乐灵材料性状受 2 对连锁的细胞核隐性基因控制。

### （二）籽粒颜色遗传

成熟的谷子种子由内外稃硬化形成的外壳包裹，因而是假颖果。籽粒色泽受基因互作的多基因控制，根据遗传学分析，谷子籽粒颜色主要有白、灰、黄、深红、红、褐黑、黑等 7 个等级，受 3 对基因 BBIIKK（bbiikk）的控制，其中 BB 单独存在使谷粒呈灰色，II 能使色素加深，KK 能使籽粒呈深黄色，如果 BBIIKK 三者在一起就使籽粒呈黑色，只有 BBIIkk 则呈褐黑色，bbiiKK 和 BBiiKK 呈黄色，bbIIkk 呈红色，BBiiKK 呈赤黄色，BBiikk 呈浅黄色，而只有隐性纯合基因 bbiikk 呈白色。籽粒颜色虽然遗传较复杂，但在低、中世代选择有效。

### （三）果皮颜色和米色遗传

谷粒去壳后即为颖果，俗称小米，其果皮很薄，与种皮不易分清。白米 W 对黄米 w 属简单的孟德尔遗传，白米为显性，相关基因位于 3 号染色体上。青果皮基因由两对等位基因控制，果皮青色对果皮黄色，$F_1$ 为黄色，$F_2$ 黄、青果皮比例接近 13∶3，控制青果皮性状的基因位于 6 号染色体上；果皮黑色对果皮黄色，$F_1$ 为黑色，$F_2$ 果皮黑、黄比例为 9∶7；果皮灰色对果皮黄色，$F_1$ 为黄色。果皮颜色和米色遗传较为简单，一般低、中世代选择有效。

### （四）粳糯性遗传

米质的粳糯性受单基因控制，以粳性 Wx 为显性，糯性 wx 为隐性，控制粳糯性的基因在 4 号染色体上。粳糯性遗传简单，低、中世代选择有效。

### （五）株高遗传

一般高秆为显性。据内蒙古农牧业科学院的观察，株高第一代介于双亲之间，多为中间类型，但显著倾向于高秆亲本，并有超亲现象，其遗传率为 67%，早期选择有效。古世禄等（1996）报道，矮生性（95 cm 以下的品种）多属于隐性，但不同的矮秆材料遗传表现不同，郑矮 2 号的矮秆基因由 2 个基因控制；安矮 3 号的矮秆基因为隐性单基因，位于 3 号染色体上，延矮 1 号的矮秆基因同安矮 3 号的矮秆基因是等位基因，延矮 2 号和济矮 12 的矮秆基因同安矮 3 号的矮秆基因是非等位基因。赤峰市农业科学研究所发现的 $D^{ch}$ 谷子显性矮秆基因，其后表现为半显性遗传。研究表明，多数矮秆品种表现早衰、早枯、秕粒多。

### （六）穗型遗传

纺锤形为显性，筒形为隐性，$F_2$ 分离比例为 3∶1；紧穗型为显性，$F_2$ 分离比例为 3∶1；掌状穗对普通穗，$F_1$ 为掌状穗，$F_2$ 表现 9∶7 分离。

### （七）生育期遗传与选择

古世禄等（1996）报道，生育期为数量遗传，$F_1$ 生育期的长短主要受双亲生育期平均数的影响，中×早、中×晚、晚×早、晚×中、晚×晚等不同组合的 $F_1$ 的生育期变异大多数组合倾向于早熟亲本，其中也有超亲早熟的出现，$F_2$ 超亲遗传明显。

### （八）丰产性状的选择

谷子的产量构成因素包括单位面积有效穗数、穗粒数、千粒重，由于谷子粒小，不易计算穗粒数，因此，在千粒重相近的情况下，可通过比较穗粒重间接比较穗粒数。我国谷子的产量潜力还很大，在近期内，提高上述产量构成三因素的某个、某两个或三者协调提高均能实现产量的提高，其中三者协调提高最易实现丰产性的突破。李荫梅（1975）研究了夏谷子主要农艺性状的遗传力，结果表明，遗传力由高到低的顺序依次是小区产量＞码数＞株高＞千粒重。刘子坚（1990）等研究了春谷子主要数量性状的遗传力，认为主穗长、株码数、出苗至抽穗天数、千粒重、穗粗、生育期、主茎高和根数遗传力较高，株穗重、株粒重遗传力较低。古世禄等（1996）报道，杂种 $F_1$ 穗长表现中间型，偏向较长的亲本。杂种 $F_1$ 单株粒重表现为中间型，并有正向超亲现象，后代分离变化大，遗传率较低，估算为 47.3%，早代选择效果不大。千粒重遗传率稍高，为 56.5%，早代选择较为有效。段春兰等（1990）认为，株高与穗长、码数、穗粒重呈极显著正相关；穗长与码数、千粒重呈极显著正相关，与穗粒重呈显著正相关；码数与穗粒重呈显著正相关，千粒重与穗粒重呈极显著正相关。刘晓辉（1990）认为，单株产量与穗粒重、穗粒数和千粒重呈极显著正相关，但穗粒数与千粒重呈极显著负相关。

在育种过程中，对于产量三要素的选择可参考以下方法。

**1. 单位面积有效穗数的选择**

单位面积有效穗数属于数量性状，受多个微效基因控制，遗传力较低，因此应在中高世代（$F_3$ 以后）进行选择，但在早代可通过对株型、株高、穗下茎节长度等与之密切相关的性状进行间接选择。一般情况下，叶片上冲、中矮秆、分蘖、穗下茎节较短的类型成穗率较高。对成穗率的直接选择应采用加大选择压力和连续定向选择的方法，一般自 $F_4$ 代开始，各代加大种植密度，选择成穗率高、结实性好、抗倒性强的类型。多年积累的国家夏谷新品种区域试验资料的分析统计结果表明，在留苗密度 75.0 万株/hm$^2$ 的情况下，高产夏谷子品种有效穗数一般在 67.5 万株/hm$^2$ 以上。

**2. 单穗粒数和穗粒重的选择**

单穗粒数和单穗重均属于数量性状，受多个微效基因控制，遗传力较低，因此均应在中高世代（$F_3$ 以后）进行选择，但与二者密切相关的穗长、穗粗、穗码数、码粒数遗传力较高，可在早代通过对这些性状的间接选择来提高单穗粒数和单穗重。研究表明，穗长、码数与穗粒重呈显著正相关。高产品种一般为穗子中等偏长、粗穗、穗码数中等但码粒数较多的类型。

### 3. 千粒重的选择

谷子千粒重一般为 2.0～4.0 g，推广品种多为 2.5～3.5 g。≥3.0 g 称为大粒类型，<2.0 g 为小粒类型。千粒重高低具有一定的地域性，在我国一般黄土高原和内蒙古高原的谷子品种籽粒较大，华北夏谷区谷子品种以中小粒为主，推广品种千粒重一般在 2.5～2.8 g。千粒重具有较高的遗传力，可在早代选择。实践证明，华北夏谷区谷子千粒重的提高有很大潜力，通过选用大粒亲本和后代选择可以明显提高千粒重，而且能够选育出超亲类型。

## （九）品质性状的选择

目前，谷子的品质评价一直以 1990 年通过审定的河北省地方标准 DB/1300 B22 13—90《优质食用粟及其检测方法》为参考，该方法规定了优质小米应具备的粗蛋白、粗脂肪、维生素 $B_1$、直链淀粉含量，以及胶稠度、糊化温度值。该方法是国内外唯一的优质小米评价标准，20 多年来对于指导优质谷子品种选育和评价发挥了很大作用。但是，该方法也有很多不足，例如缺乏外观品质（商品性）评价指标，缺乏香味评价等。同时该方法指标过多，缺乏综合评判指标，同时，许多达不到该标准的品种实际上却成为生产和市场开发的骨干品种，因此，该方法具有很大局限性，也不便于育种过程中对大量后代材料的简单快速评价，因为化验这些指标耗时很长，并需要较大样品量（至少 1.0 kg），很难在谷子品质育种早代材料选择中应用。

黏度速测仪（rapid visco analyser，RVA）的出现，为小米蒸煮食味品质微量快速评价提供了可能，利用 RVA 对米粉黏度测定，一份样品只需要 12.5 min，且样品量仅需要 3 g，用 TCW（Thermal Cycle for Windows）配套软件进行分析，具有快速简便的特点。水稻上的研究结果表明，稻米 RVA 谱特征值与稻米蒸煮食味品质密切相关，证明 RVA 谱法是可以替代传统蒸煮食味品质评价的新方法，已成为大米蒸煮食味品质测定的国家标准（GB/T 24852—2010），为小米淀粉黏滞性（RVA 谱）测定方法与小米蒸煮食味品质评价方法的建立提供了重要指导。目前有少数报道对小米 RVA 谱特征值与其适口性和直链淀粉含量的关系进行了研究（王玉文等，2008；刘辉等，2010；马金丰，2013），结果表明二者相关性极显著。进一步研究，可建立适合于小米淀粉 RVA 测定的程序，为小米蒸煮食味品质遗传研究及育种材料选择提供新的检测方法和标准。

在育种过程中，谷子的品质性状选择可参考以下方法：

（1）采用优质亲本，低世代选择谷子外观商品品质，中世代化验营养品质，高世代鉴定食味品质。在育种过程中，营养品质的提高主要依靠目标性状强的亲本之间杂交，通过基因的累加效应来实现，后代选育应在综合性状好的前提下，依靠化验分析来选择。

李荫梅等（1987）认为，谷子蛋白质含量与籽粒产量呈负相关，与千粒重呈正相关。古世禄（1990）研究了谷子杂种后代蛋白质、脂肪含量与双亲蛋白质、脂肪含量的相关性，结果表明，76.9%的组合杂种 $F_1$ 蛋白质含量介于双亲之间，且高于中亲值，23.1%的组合 $F_1$ 蛋白质含量超高亲。21.6%的 $F_2$ 个体蛋白质含量超亲，一般亲本蛋白质含量变异大的组合易在 $F_2$ 分离出超高亲个体。谷子杂种 $F_1$ 脂肪含量多数组合略高于双亲平均值，部分组合超高亲，也有少数组合低于双亲平均值。$F_2$ 的脂肪含量变异丰富，超高亲现象普遍存在，但组合间有差异，双亲脂肪含量均高的组合，$F_2$ 出现超高亲的个体较多。通过相关分析，谷子籽粒脂肪含量中亲值与 $F_1$、$F_2$ 脂肪含量呈极显著正相关，$F_1$ 脂肪含量与 $F_2$ 平均脂肪含量呈极显著正相关，双亲差值与 $F_1$、$F_2$ 平均含量相关不显著。

提高食味品质应首先选用优质亲本，杂种后代普遍存在超亲现象，双亲亲缘关系越远，出现超亲的概率越高。$F_2$、$F_3$ 选择小米外观商品品质，在 $F_4$ 以后就应进行食味品质检测或直接蒸煮品尝。蒸煮品尝以已知优质品种为对照，各品种用相同的米和水，用相同的灶具和相同的时间进行蒸煮，然后根据米粥香味、黏稠度、口感及冷却后回生情况等多个项目进行评分，总分达到或超过优质对照者为优质类型。

除了蛋白质、脂肪含量外，谷子育种的目标是进一步提高小米的特色保健营养成分。与小麦、水稻、玉米等粮食作物相比，谷子最具有提高人体免疫力，防治皮肤病、克山病、大骨节病和癌症等作用。因此，应将维生素 $B_1$、维生素 $B_2$ 和微量元素硒（Se）作为谷子营养品质的主攻目标。突出的优点是含有丰富的维生素 $B_1$、维生素 $B_2$ 和微量元素硒（Se），我国谷子品种小米硒含量平均为 71 μg/kg，维生素 $B_1$ 含量平均为 6.3～7.1 mg/kg，维生素 $B_2$ 含量为 0.9～1.08 mg/kg。近期保健谷子品种的技术指标为：自然栽培条件下，小米硒含量 150 μg/kg 以上，维生素 $B_1$ 含量 8 mg/kg 以上，维生素 $B_2$ 含量 1.2 mg/kg 以上。

外观品质包括小米色泽、色泽一致性、腹沟深浅、碎米多少等。小米色泽是指谷子去壳后的果皮色泽，属于质量性状，可在 $F_2$ 开始选择，通过多代自交实现纯合。优质品种要求色泽鲜艳（金黄、鲜黄、橘黄）或具有特殊色泽（乳白、青、灰等），色泽一致，腹沟浅、碎米少。外观品质是消费者能直接评价并首要选择的指标，因此，外观品质是谷子品质育种的关键之一。

蒸煮品质是指小米蒸饭或煮粥所需的时间。一般人们喜欢蒸煮需时短、耗能少的类型。蒸煮品质可以通过蒸煮来实测，目前，一般要求优质品种的蒸煮时间在 15 min 左右，蒸煮品质也可通过测试糊化温度来间接衡量。糊化温度是淀粉在热水中开始做不可逆膨胀的温度范围，它与适口性无关，但可以衡量小米的蒸煮品质。目前多用碱消指数来测定糊化温度，碱消指数低的糊化温度高，蒸煮一般需时较长。目前多数品种的碱消指数为 2.0～3.0。在实际中发现，碱消指数有时并不能完全代替实际的蒸煮测试，有些品种如豫谷 1 号和豫谷 2 号，两者的碱消指数分别为 2.1 和 3.4，但实际蒸煮试验，豫谷 1 号却比豫谷 2 号蒸煮省时 5 min 以上。因此，间接测试只是反映可能的趋势，一般要求碱消指数 2.0 以上即可，应尽可能进行实际的蒸煮测试。

（2）注重品质环境敏感性。品质性状的环境敏感性是指优质品种在不同土质、气候、水肥条件下品质差异的程度。传统的“四大贡米”对环境表现敏感，必须在特定区域种植才表现优质。1990 年通过河北省审定的冀特 2 号（金谷米）也对环境较敏感，在同属石家庄地区的赵县和无极县两地种植品质差异极显著，在赵县表现为一级优质米，在无极则品质明显变劣，甚至不如普通品种。但有些优质品种如豫谷 1 号对环境表现不敏感，在各地均表现优质。当前的优质育种，应努力培育出品质性状对环境不敏感的类型，以适应大面积推广和大批量开发的需要。实践证明，在高世代采用异地同步鉴定的方法，可选育出品质性状对环境不敏感的类型。具体做法：$F_4$ 及以后各代在 3 种以上不同环境条件下对品质性状的稳定性进行大群体的鉴定筛选，从中筛选出在不同环境条件下均表现优质且综合性状较好的类型。

### （十）抗病性的选择

谷子病害有 40 多种，发生较重的有黑穗病、白发病、锈病、谷瘟病、线虫病、纹枯病、褐条病、病毒病等，其中危害严重的世界性病害是锈病。我国谷子主产区主要病害是谷锈病、纹枯病（主要发生在夏谷子区）、谷瘟病、白发病和黑穗病（主要发生在春谷子区）。

主要病害对谷子产量的影响是十分严重的，甚至造成绝收。减轻病害危害的最经济有效的方法是培育抗病品种。目前，谷子病害研究还仅局限于抗病资源搜集鉴定，病害生理小种分化、流行规律研究和抗病品种选育，遗传研究极少，目前仅在谷锈病研究方面较为深入。白辉、董志平等筛选到 3 个抗锈基因分子标记，并绘制了遗传连锁图，其中筛选出与抗锈基因 *Rusi1* 紧密连锁的分子标记，物理距离 76.8 kb，建立了高密度抗锈关联图谱，为谷子抗锈分子标记辅助育种奠定了技术基础。

抗病育种的前提是选用抗性稳定、综合性状较好的亲本材料，通过与高产亲本杂交、回交培育高产抗病品种。注意杂交双亲的抗病性要能够互补，不可感同一病害，提供抗源的亲本的目标抗性要强；也可采用综合性状较好的抗病亲本进行诱变育种。分离后代应进行人工接种鉴定抗性，对于气传病害如锈病还应设立诱发行，要注意水平抗性和耐病类型的选育。

### （十一）区域适应性选择

谷子品种光温反应比较敏感，尤其是对光照长度反应敏感，一般不能跨生态区种植。高纬度、高海拔的品种引种到低纬度、低海拔地区生育期缩短，产量水平降低；反之，则生育期延长，有的不能正常成熟甚至不能抽穗。传统的谷子育种，针对谷子地区敏感性强的特点，从每个生态区特定的生态条件出发，制定适宜本区的育种目标，认为谷子育种是特定的生态条件下特定的生态类型的改造和不断完善，育种目标实质上是一个具体的生态目标。因此，从亲本到分离世代，均在当地进行定向选择，以在本生态区表现好坏作为取舍的唯一标准。采用这种方法育成的谷子品种，有其区域适应性强的优点，表现在本区生长良好；但跨区种植适应能力往往较差，从而使其推广范围受到限制。即使在本区，一旦生态条件改变或遇上灾害性天气，则导致大幅度减产。因此，应培育适应性广、能够跨区大面积种植的谷子品种，使新品种发挥最大效益。

选育光温反应不敏感的品种应首先选用光温反应不敏感的亲本，在此基础上，辅以正确的选择方法。山西省农业科学院谷子研究所研究表明，有8.1%的品种对短光照不敏感，25.6%的品种对长光照不敏感，12.5%的品种对长短光均不敏感，对光温综合反应不敏感的品种也占有一定比例。这表明，尽管谷子具有光温敏感特性，但仍存在着一些相对不敏感的类型。这为培育适应性广泛的谷子品种提供了材料基础。在育种方法上，一般可采用两种方法：一是采用李东辉等提出的“动态育种法”，即跨生态区对后代进行交替选择；二是就地进行遮光14 h短日照处理或加光16 h长日照处理，处理条件下的出苗至抽穗日数与自然条件下出苗至抽穗的日数之比值称为光反应度，光反应度越接近于1，说明光反应越不敏感，其适应性越广。在育种实践中，常利用冬春南繁或温室加代将上述两种方法结合使用，不同环境下均表现突出的类型一般都具有良好的区域适应性。

### （十二）抗倒伏性选择

谷子属于种植密度大、茎秆软、易倒伏作物。倒伏对谷子产量有极大影响，是造成谷子减产非常重要的原因之一。谷子品种在田间的倒伏程度和倒伏面积是抗倒性的直接体现。多年来，对谷子倒伏性状的选择，只有在自然条件下田间发生倒伏时才能进行。由于风雨灾害具有不确定性、偶然性和方向性，因此，鉴定结果也具有不准确性。沧州市农业科学院田伯红等（2010）通过近几年对田间自然条件下倒伏程度不同的谷子品种进行力学分析和根量、株高等指标的测定，综合考察了株高、单茎鲜重、茎秆机械强度和根量等各种与倒伏相关因素，利用“倒伏系数”来评价谷子品种的抗倒伏能力。试验检测显示各品种的倒伏系数与田间实际倒伏程度比较吻合，抗倒性强的品种，其倒伏系数较小，抗倒性差的品种，倒伏系数也大。二者相关极显著（$r=0.8574^{**}$），说明用倒伏系数评价谷子抗倒性是可靠的。倒伏系数由谷子植株的株高，单茎鲜重（包括穗子）、单株根系干重和茎秆基部节间的机械强度构成，是地上、地下多个性状的综合体现。

对倒伏系数与倒伏有关性状的相关分析结果表明，构成倒伏系数的几个性状与倒伏系数存在不同程度的相关关系，其中单茎鲜重、抗折力、根量和茎秆机械强度与倒伏系数有着极显著的负相关，谷子品种的单茎鲜重、抗折力、根量和茎秆机械强度的值越大，其倒伏系数越小，品种的抗倒伏能力越强；但每个性状所起的作用不是均等的。对构成倒伏系数的4个因素（株高、单茎鲜重、茎秆机械强度和单株根重）进行通径分析，结果表明，谷子单茎根量和茎秆机械强度是影响谷子倒伏系数的最大因素，单茎鲜重是通过根量和茎秆机械强度存在比较大的间接负效应，而株高对倒伏系数的直接和间接效应都较小，因此，在谷子抗倒品种选育中不应以株高作为选择标准，品种之间茎秆质量差异很大，植株高、茎秆机械强度大、单茎根量多，其抗倒伏能力也会强，植株矮、茎秆机械强度小，单茎根量少，其抗倒伏能力也会差，用倒伏系数作为衡量谷子倒伏的可靠指标比较客观。在谷子抗倒伏育种的选育过程中，应选择根系发达、茎秆机械强度大，单株鲜重高，特别是经济系数高的材料，植株的高矮不是决定因素，一般以中秆为好，植株过高使得重心升高，产生倒伏的潜在危险增大，植株过低容易发生早衰，降低产量。在栽培措施上应促进谷子根系发育，提高茎秆机械强度，增加光合作用，加大单株鲜茎重量，在增强其抗倒伏能力的同时，获得较高的经济产量。

### （十三）抗旱性选择

尽管谷子、糜子是抗旱作物，但不同遗传背景下抗旱性仍差异显著，因此，对抗旱性进行选择是十分必要的。古世禄等（1996）报道，谷子的抗旱性遗传力较低，但 $F_2$ 超亲遗传十分明显，平均超亲率达 71.2％，其中超高亲率达 37.9％。因此，在 $F_2$ 代即可对抗旱性进行选择，但由于其遗传力较低，在中高世代仍要继续进行跟踪选择，直至稳定。但是，单纯抗旱不是最终目标，因为谷子总体产量还不高，只有培育干旱条件下稳产、丰水条件下能高效利用水分实现高产的类型才符合生产需要，因此，在育种过程中，应进行通过水、旱交替选择，以便选育出在干旱条件下稳产、丰水年份高产的谷子新品种。

在干旱条件下，不抗旱的材料苗期表现生长缓慢、植株萎蔫甚至干枯；抽穗期表现卡脖，抽穗困难；抽穗后表现秃尖；成熟期表现早衰、籽粒不饱满、结实率低等症状。张文英等（2010）认为，相对根冠比、相对单穗粒重和灌浆期光合速率、蒸腾速率同谷子抗旱性表现极显著相关，可以作为谷子全生育期抗旱性鉴定的指标；而相对根干重、相对单穗重、相对株高和气孔导度则可以作为谷子全生育期抗旱性鉴定的参考指标。张文英等 2013 年制定了河北省地方标准《谷子抗旱性鉴定技术规范》，该方法将谷子抗旱性分五级，从强到弱依次为：1 级，极强（HR）；2 级，强（R）；3 级，中等（MR）；4 级，弱（S）；5 级，极弱（HS），可在种子萌发期、苗期、孕穗期、全生育期进行，全生育期抗旱性鉴定结果可作为品种（系）抗旱性鉴定标准。种子萌发期抗旱性鉴定采用聚乙二醇高渗溶液法；苗期抗旱性鉴定采用反复干旱法；孕穗期抗旱性鉴定在模拟干旱棚条件下进行，播种后 20 d±3 d 后停止灌水进行干旱胁迫；全生育期抗旱性鉴定在干旱棚进行，在不同生育时期视墒情补水，保持土壤含水量为田间持水量的 45％±55％，以便保证一定产量。

### （十四）其他性状遗传

花药橙色对白色，$F_1$ 花药为橙色，$F_2$ 橙色、白色花药比例为 3∶1；茎基红色对绿色，$F_1$ 茎基为红色，$F_2$ 红色、绿色茎基比例为 3∶1；刚毛红色对绿色，$F_1$ 刚毛为红色；刚毛长对短，$F_1$ 为长刚毛，后两个性状遗传较复杂。

谷子主要经济性状如生育期的日数、抽穗期、千粒重、株高、穗长和穗数等遗传率比较高，宜早代选择；而穗粒重和小区产量遗传率低，变异系数高，早代选择效果较差，宜隔代选择。

# 四、谷子糜子常规育种的创新

## （一）谷子抗除草剂育种与简化栽培型多系品种选育

谷子是小粒半密植作物，精量播种困难，且一般品种不抗除草剂，谷子生产一直人工间苗、人工除草，不但劳动繁重，而且极易发生苗荒草荒导致严重减产甚至绝收，加上缺乏适宜的精量播种和收获机械，使得谷子生产一直依靠人力畜力，生产效率低下，难以规模化生产。2004年，河北省农林科学院谷子研究所程汝宏等提出了“简化栽培谷子品种选育及其配套栽培方法”，于2006年获得国家发明专利（专利号：ZL200410058088.9），采用该方法育成的谷子新品种，通过喷施特定除草剂可达到化学间苗、化学除草的简化栽培目的。该方法的核心是利用现有的显性抗拿捕净材料、抗咪唑乙烟酸材料、抗烟嘧磺隆材料，以及常规育种材料，通过杂交、回交，培育抗、不抗或抗不同抗除草剂的谷子新品种及同型姊妹系或近等基因系，并将抗、不抗或抗不同除草剂的谷子新品种及同型姊妹系或近等基因系按一定比例混配，创制出适宜简化栽培的多系品种，在保证较大的播种量发挥群体顶土作用的前提下，利用其对除草剂的抗性差异，根据出苗情况，通过有选择地喷施特定除草剂达到同时间苗和除草的目的。其技术路线如图3-1所示。

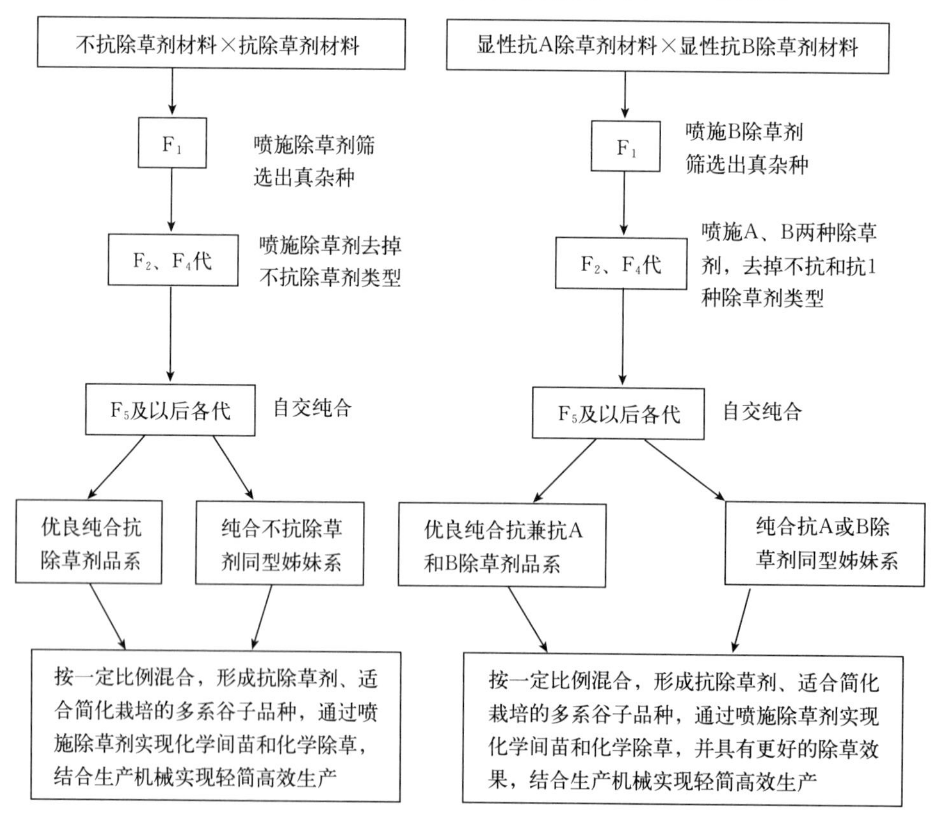


图3-1 谷子抗除草剂简化栽培品种培育路线

目前，采用该项技术，河北省农林科学院谷子研究所已育成抗拿捕净的冀谷 25、冀谷 29、冀谷 31、冀谷 34，抗咪唑乙烟酸的冀谷 33 等抗除草剂适合简化栽培的谷子品种，并在生产上大面积推广应用，效果显著，配合农机配套，可实现谷子规模化生产。

### （二）春谷矮化育种

长期以来，东北、西北区春谷多为株高 1.5～1.8 m 的高秆大穗类型，这是长期自然选择和人工驯化的结果，为春谷区谷子生产做出了很大贡献。但是，这种类型不仅易倒伏，而且穗颈长、穗部不整齐，不适宜机械化收获，同时也不适宜机械化中耕施肥等作业。为了培育矮秆类型，吉林省农业科学院引用郑矮 2 号、矮 88 等夏谷矮秆资源与当地品种杂交，培育出公矮 2 号、公矮 5 号、公矮 5 号、公矮 6 号等一系列株高 1.1～1.4 m 的中矮秆谷子新品种，产量与当地的高秆大穗类型持平甚至增产 10%以上，例如 2004 年通过吉林省品种审定委员会审定的公矮 2 号，株高仅 108 cm 左右，穗直立或半直立，叶上直下披，抗倒耐密。公矮 6 号是以夏谷矮 88 为母本、春谷 860092－30 为父本杂交选育而成，该品种在 2007—2008 年吉林省谷子品种区域试验中，籽实平均产量为 5 184.8 kg/hm$^2$，比对照平均增产 11.05%，2008 年全省生产试验籽实平均产量为 4 828.9 kg/hm$^2$，比高秆大穗类型对照公谷 60 平均增产 16.9%，2009 年通过吉林省农作物品种审定会审定。公矮号系列品种的育成与推广，实现了吉林省春谷区品种类型的更新换代和规模化机械化生产。

### （三）糜子抗倒高产广适育种

糜子由于抗倒伏性差，产量水平还不高，平均产量低于谷子；此外，与谷子比较，糜子对光照长度和温度更敏感，品种的区域性更强，短日高温条件下植株显著变矮，生育期显著缩短，产量水平严重下降。因此，培育抗倒高产广适品种是目前糜子育种的主要目标。实践证明，选育出高产广适的糜子品种是可行的，例如宁糜 9 号、陇糜 4 号都属于高产广适类型，在生产上应用时间长达 10 年以上。因此，提高糜子的抗倒性和产量除了改变糜子植株形态，降低植株高度，缩小基部节间长度，增加茎秆韧性外，还应注重弱分蘖甚至不分蘖类型的选育，依靠主茎成穗是提高糜子抗倒性和产量的有效途径。在广适性选育方面，应开展糜子品种资源光温反应鉴定，筛选对光温反应不敏感的类型做育种亲本，并开展异地穿梭育种或者就地进行遮光处理。

## 五、谷子糜子常规育种的未来发展

谷子是粮食作物，并以保健性食品为特性，同时也是饲料作物，但因为谷子不是大宗主粮，政府储备既不收购也不进行价格管控，可以说是完全市场化的经济作物；在膳食结构中，小米产品不是主粮，是调剂食品。但是，谷子是干旱地区的优势作物，是市场开发潜力巨大的健康食品。因此，谷子新品种选育应重点围绕市场需求开展工作。

### （一）培育适合机械化生产的谷子糜子品种

随着土地流转的深入，农业将日益呈现规模化、专业化的发展趋势，而培育适合机械化生产的谷子、糜子品种无疑是实现规模化、专业化生产的基础。研究表明，适合机械化生产的品种应具备植株较矮（150 cm 以下）、株型紧凑、抗倒性抗病性好、穗层整齐、容易脱粒、耐穗发芽、抗除草剂等特点。

### （二）培育适合食品加工的优质专用谷子糜子品种

随着谷子食品加工业的发展和人们保健意识的增强，优质专用谷子品种将大有可为。目前，正在进一步加强优质专用谷子品种研究力度，例如，针对糖尿病人和肥胖病人培育高抗性淀粉谷子品种；针对谷子赖氨酸含量低的营养短板培育高赖氨酸品种；针对食品加工需要培育适合主食加工和深加工的专用品种；高维生素、高蛋白、富硒、富铁类型；以及糯质类型、不同米色的类型等。

### （三）培育超高产谷子糜子品种

谷子、糜子都是 $C_4$ 作物，但目前产量水平都还很低，产量潜力还很大。目前的谷子、糜子品种具备了大面积单产 5 500～6 000 $kg/hm^2$、小面积单产 7 500～9 000 $kg/hm^2$ 的潜力，未来应培育大面积单产 6 500～7 500 $kg/hm^2$、小面积单产 10 000～11 000 $kg/hm^2$ 的超高产品种。对 2001—2012 年全国谷子品种区域试验参试品种主要性状初步分析表明，进一步降低株高、改善冠层结构、提高光合效率、提高单株产量、提高结实性、提高抗病性、抗旱性和抗倒性能是今后谷子产量突破的主要途径。

### （四）培育适合南方种植的品种

谷子在我国 23 个省份广泛分布，中华人民共和国成立初期南方省份也有大面积种植，即使目前在广东、广西、湖南、湖北、云南、江西直至海南也有小面积种植，但这些省份应用的品种多为农家品种或者引自北方省份的品种，没有任何机构专门针对南方生态区进行谷子育种。近年来，由于干旱、水稻种植制度的变迁，南方省份许多水田只种植一季稻，丘陵旱地只种植一季花生等作物，8 月上中旬之后大量耕地处于撂荒状态，而这些区域 8 月上中旬至 11 月上旬光热资源仍很足，完全能够满足谷子生长发育的需要，发展潜力很大。近年来，河北省农林科学院谷子研究所与当地有关部门结合，在江西鹰潭、云南曲靖、广西南宁等地开展了适宜谷子品种筛选试验，结果表明，一些对光温反应不敏感、生育期适宜的谷子品种完全能在这些地区推广应用，单产可达 4 500～6 000 $kg/hm^2$，因此，今后应南北联手开展适宜南方种植的谷子品种，实现资源的充分利用。

## 第四节　谷子糜子杂种优势利用与创新

杂种优势是生物界普遍存在的现象，合理利用杂种优势能够在产品、抗性、品质等多方面取得显著改良效果。谷子杂种优势利用世界上只有我国开展了研究，自 20 世纪 60 年代以来，在对谷子杂种优势表现、雄性不育系培育、杂种优势组合鉴定选择等方面均取得了显著进展，利用高度雄性不育两系法谷子实现了杂种优势的生产利用，不仅实现了谷子增产，而且在方法上也是一种创新，为其他作物杂种优势利用提供了借鉴经验。

### 一、谷子杂种优势利用概况

谷子是自花授粉植物，利用杂种优势必须采用雄性不育系或者其他的物理或化学杀雄的方法，因而，谷子雄性不育系的选育就很重要。日本学者 Takahahi，于 1942 年首先报道了一个谷子的雄性不育材料的不育性受一对隐性核基因控制。1967 年陕西省延安地区农业科学研究所在宣化竹叶青品种中发现了雄性不育现象，经过遗传分析证实该雄性不育性受隐性单基因控制，将这种雄性不育类型命名为延型不育，并研究了不育类型的母本繁殖和杂交制种技术。谷子延型雄性不育系选育及两系法制种于 1978 年获陕西省科学大会奖，但因全不育类型母本繁殖难度大，未能在生产上大面积应用。

1968 年中国科学院遗传与发育生物学研究所用化学诱变的方法育成水里混雄性不育系，是一个全不育材料。1969 年河北张家口市坝下研究所从红苗蒜皮白谷田中发现了雄性不育株，并由之育成了高度不育系蒜系 28，其雄性不育性受一对隐性主效基因控制，由于有修饰基因的作用，不育株有 5%左右的自交结实率，产生的种子仍为雄性不育株。这种高度雄性不育系的母本繁殖比全不育材料简便得多，虽然它和全不育材料一样依然只有恢复系没有保持系，但它的两系利用却在生产中有过蒜系 28×张农 10 号等高产杂交组合和数万亩的生产示范面积。此后，一些科研单位从品种间杂交、理化处理中育成了不育 1 号、338 A、大莠、金大 A 等数十个隐性核不育系。

1972 年春在山西长治召开的全国谷子科研工作座谈会上酝酿组织全国谷子杂优协作组。1972 年冬陕西延安地区农业科学研究所、河北张家口坝下农业科学研究所、中国科学院遗传与发育生物学研究所太原分所在海南共同主持召开了谷子杂优研究座谈会。1973 年农业部领导下由延安地区农业科学研究所和坝下农业科学研究所牵头组成了全国谷子杂优协作组，1974 年年会统计，雄性不育材料有 40 多个，测配品种达 3 000 多个，未能从中筛选出保持系。协作组组织了多次协作活动，建立了全国谷子雄性不育资源圃，并参照高粱、水稻制定了谷子的三系标准。

1984 年，内蒙古自治区赤峰市农业科学研究所胡洪凯等从他们所做的澳大利亚×吐鲁番组合的 $F_3$ 中发现了显性雄性不育基因，揭开了谷子雄性不育研究新的一页。随后又在其姊妹系中发现了抑制显性雄性不育基因表达的上位基因，为恢复系的选育奠定了基础。经过潜心研究，选育出了显性核不育纯合一型系，解决了不育系繁种和杂交种制种问题。谷子显性雄性不育基因的发现及其杂优利用技术研究获内蒙古自治区科技进步一等奖，并申请到专利成果，其研究水平在显性核不育领域是领先的。

1989 年，河北省张家口市坝下农业科学研究所赵治海等首次发现了谷子光（温）敏核不育材料，开辟了谷子杂优利用研究的又一新领域。在选育过程中研究了谷子光敏临界期和光敏转换的稳定性，育成的光敏不育系 292 A 在长日照下（14.5 h）为不育，不育率为 100%，不育度为 99.4%，在短日照下（11.2 h）为可育，结实正常，小样本试验育性转换稳定。光温敏不育系的概念和思路来自水稻的光温敏两系选育，虽然水稻上已取得成功，谷子上虽然有过多个光温敏不育系培育的报道，但至今没有育成可以生产利用的光温敏不育系，能在生产上利用的谷子不育系仍是核隐性高度雄性不育。

抗除草剂基因应用促使谷子杂种优势利用快速发展。Heap 和 Morrison（1996）在连续使用同一种除草剂的大田里发现了抗拿捕净除草剂的青狗尾草，de Prado 等（2004）在欧洲的西班牙发现了一个对靶目标为乙酰辅酶 A 羧化酶（ACCase）的除草剂表现不敏感的青狗尾草，这都为谷子抗除草剂研究引入了新的材料。Wang 等研究发现抗拿捕净除草剂基因 *Srf* 为细胞核控制的显性单基因。Marles 等（1993）发现有些杂草抗拿捕净除草剂能力是其他品种的 100 倍之多。拿捕净除草剂属于环乙烯二酮类、单一靶标类除草剂，作用于植物叶绿体的乙酰辅酶 A 羧化酶，乙酰辅酶 A 羧化酶是一个生物素羧化酶，它所催化的反应是脂肪酸生物合成中的第一步，拿捕净通过抑制丙二酸单酰辅酶 A 的合成从而阻碍脂肪酸合成（牛玉红，2002）。王天宇等（2000）采用远缘杂交的方法，将野生资源青狗尾草中的抗拿捕净基因转移到谷子栽培种中，创造出了抗除草剂新种质。赵治海研究员利用具有抗拿捕净基因的种质创造配合力高的杂交组合亲本，将得到的携带纯合抗除草剂基因的亲本与不育系配制杂交组合，得到的真杂交后代具有抗除草剂特性，因此，通过施用除草剂即可去除假杂种、杂株和杂草，获得整齐一致的杂种群体。经过谷子研究人员的不断创新，目前张杂谷系列谷子具有了早中晚熟品种齐全、春播夏播品种并进的特点。

## 二、谷子杂种一代的优势表现及相关分析

### （一）谷子杂种一代的优势表现

大量的研究证明，两个遗传组成不同的谷子品种杂交产生的杂种一代，在生长势、生活力、抗逆性及产量和品质上有一定的优势表现。但不同的杂交组合所表现的

具体优势不尽相同。从与生产有关的性状上分析，谷子杂交一代的优势主要表现在以下几个方面：

**1. 生长势与生育期**

谷子杂交一代一般生育较快，在春播情况下较常规品种提早 2～3d 出苗（崔文生，1987）。河北省农林科学院谷子研究所（1989）以豫谷 1 号为对照，对 38 A×恢 329 等 6 个夏谷两系杂交种苗期生长发育进行的研究表明，杂种一般较亲本和对照多分化 1～2 片叶，地上部干物重较对照增加 15%左右，次生根数、茎粗、株高都显著高于对照和父本。李焕奎（1963）的研究表明，谷子杂交一代生育期表现倾早或超早，较对照提早成熟。

**2. 抗逆性和适应性**

根据两系杂交种黄系 4×1007 和蒜系 28×张农 10 号的多点推广试验（崔文生，1987），谷子杂交一代抗旱性较强，特别是抗卡脖旱能力强。1984 年张家口地区遇到严重夏旱，常规品种不能正常抽穗，或抽穗后秃尖严重。杂交种却能顺利抽穗，且未发生秃尖现象。另外，叶片的萎蔫时间和单株黄叶数，杂交种都较常规品种表现优势。

适应性强是谷子杂交种的另一特点。组合黄系 4×1007 在坡地、旱平地和旱瘀地都表现了较强的适应性，比对照品种跃进 4 号增产 24.60%～57.37%。

**3. 产量因素和产量**

谷子杂交一代的产量表现一般明显优于亲本，强优势杂交组合较推广常规品种增产 20%～40%，高的可达 60%左右的增产效果。如两系杂交种蒜系 4×张农 10 号，在张家口地区较推广品种跃进 4 号平均增产 57.37%（崔文生，1987）。许多研究（李焕奎，1963；杜素慧，1984；赵喜魁，1985）表明，谷子杂种一代的单株产量具有明显的优势，单株籽粒重一般比双亲提高 20%～30%。容重和千粒重也具有一定的优势，蒜系 28×张系 10 号的容重较对照跃进 4 号增加 0.04～0.07 g/cm³，千粒重增加 0.4～0.6 g（崔文生，1987）。但也有研究认为千粒重优势不明显或无优势，单穗籽粒重的提高，主要由于每码籽粒数的增加（赵喜魁，1985）。杂交种出米率也具有一定优势，一般较常规品种增加 11%左右（崔文生，1987）。除产量性状外，一些组合在品质性状，如蛋白质、维生素含量等方面也表现出杂种优势（籍贵苏，1989）。

## （二）杂种优势表现与亲本的相关

杂种一代的优势大小与双亲基因型密切相关。一般双亲地理生态差异大的组合，后代表现较大的杂种优势。例如国外品种日六十日和海 7403－2 杂交，一代杂交种单穗重的平均优势为 74.7%，超亲优势为 62.0%（杜素慧，1984）。崔文生等（1987）利用蒜系 28 和黄系 4 等测配了各地有代表性的品种 251 个，结果表明父母本产地相距越远，优势组合出现的概率越高。用 30 个系统选择品种和 21 个杂交育成品种同不育系测配，前者优势组合率为30%，后者为71.4%。说明杂交育成的品种遗传基础复杂，和不育系差异大，杂交一代优势较强。根据调查，利用不育系配制杂交种，父本本身结实性好的，测配出来的杂交种结实性好，空壳率和秕谷率低。父母本双亲性状互补，特别是穗部性状互补，杂种一代优势较强。如黄系4×测35，测35穗大等性状补偿了黄系4小穗的缺点，杂种一代增产达25%以上。但也有少数组合，亲本性状无明显互补作用，杂种一代也表现较强的优势。

## 三、两系杂种的选育和利用

谷子两系杂种是利用隐性指示性状的核型高度雄性不育系和指示性状呈显性的恢复系进行大田制种，把杂种一代的优势用于生产的方法。这项研究从1969年开始，迄今已选育出十几个农艺性状较好的高度雄性不育系，春谷类型的有蒜系28、黄系4、丹1、黄大1等，夏谷类型的有350A、43A、1066A等。利用高度雄性不育系同恢复系杂交，已选育出增产30%左右的组合在生产上利用。

### （一）高度雄性不育系的发现和选育

崔文生等1969年从赤城县红苗蒜皮白谷田中发现了雄性不育株，经1970年、1972年和1973年3年南繁北育，1973年从210个穗行中选出不育率达100%、不育度达95%的穗行3个。1973年冬在海南岛开始扩大繁殖。最后将育性及其他性状基本表现稳定一致的蒜系28系统入选，确定为高度雄性不育系，简称高不育系。显微镜镜检证明，蒜系28不育花属于花粉败育型。

用蒜系28和黄苗品种15、磨里谷测交转育，育成了5个黄苗高度雄性不育系黄系1至黄系5。在此基础上，又转育或选育出农艺性状好、配合力高的黄米1、黄大1等高度雄性不育系。黑龙江省五常县农业技术推广中心1986年选出了丹1高度雄性不育系。继春谷之后，1990年河北省农林科学院谷子研究所选育或转育成农艺性转好、春夏谷区均适用的高度雄性不育系1066A等。

### （二）高度雄性不育系的遗传研究

对高度雄性不育系蒜系28和黄系4（崔文生，1979）的遗传研究证明，其雄性不育性受一对隐性基因控制。普通品种和它们杂交，$F_1$表现正常可育，$F_2$代可育株和不育株出现3∶1分离；$F_1$杂种和不育株回交，后代可育株和不育株分离为1∶1。对夏谷型高度雄性不育系43A等的遗传研究表明，其不育性也受一对隐性基因控制（王天宇，1988）。

核型高度雄性不育系的突出特性是其本身具有极少数的可育花粉，使得其不育特性能自交保持。造成高度不育的原因，可能是不育基因对育性控制能力不强，或有影响育性的修饰基因存在。

高度雄性不育系在群体繁殖时，会出现两极分化，一方面分离出不育达100%的完全不育株，另一方面以0.01%～0.1%的频率分离出正常可育株。这种现象在蒜系28、黄系4和350 A等核型高度雄性不育系中均有发现。如果将可育株花粉授于不育株上，后代育性分离比例为1∶1；可育株套袋自交，后代可育株和不育株分离比例为3∶1。这说明可育株的基因型为Msms，其形成可能是由于在田间对不育株套袋自交不严格造成的正常可育株的花粉异交，或者是由于雄性不育单基因恢复突变形成。

## （三）两系杂交种组合选配和利用

### 1. 指示性状在两系杂交种组合选配中的应用

谷子核型高度雄性不育系具有5%左右的自交结实率，因而杂交制种时，杂种种子含有一定数量的假杂种，必须在苗期利用指示性状拔除。一般是培育不育系带有隐性性状，恢复系为相应的显性性状。试验表明，红苗对绿苗为显性，红苗和绿苗对黄苗为显性。因而绿苗不育系只能以红苗品种作为恢复系，黄苗不育系则能以红苗和绿苗品种作为恢复系。黄苗不育系具有较广阔的恢复源，已筛选出多个强优势组合。春谷区已培育出黄系4、黄米1和黄大2等黄苗不育系，夏谷区育成了1066A等。

黑龙江五常县农业推广中心吕品（1986）育成了株型为隐性指示性状的高度雄性不育系丹1。丹1在苗期发育慢，株矮小，叶片宽短上举。丹1同一般品种杂交，杂种一代因恢复系的显性基因和杂种优势作用，苗期生长较快，株高大，叶较长，很明显同假杂种区分开。这种方法克服了恢复系选择受苗色限制的缺点，而且真假杂种区分明确。利用这种不育系已选育出丹1×112等强优势组合。

### 2. 两系杂交种的组合选配和生产利用

按杂交种亲本选配原则，利用大量测交、$F_1$鉴定筛选的方法，春谷区育出了蒜系28×张农10号、黄系4×1007、丹1×112、黄米1×酒谷7号等强优势组合。其中蒜系28×张农10号、黄系4×1007在20世纪70年代末推广应用，表现增产、稳产，1985年张家口地区两系杂交种种植面积达8 592.45 kg/hm$^2$。组合丹1×112在黑龙江兰溪县比对照品种绥谷4号增产21.6%，比龙谷25增产18.35%。以河北省农林科学院谷子研究所为主开展的夏谷类型杂种优势利用，先后在20世纪90年代中期，选育了350A、1066A等高度雄性不育系，并配制了1066A×C445等强优势组合，该组合在河北省区域试验中较对照增产17%，并通过河北省审定，命名为冀谷16。这是我国第一个通过审定的谷子杂交种。黑龙江省农业科学院作物育种所也在1996年审定了龙杂谷1号杂交种。进入21世纪以来，张家口市坝下农业科学研究所通过改良1066A等不育材料，先后培育出了增产达20%左右的张杂谷1号和张杂谷5号等通过国家谷子品种鉴定委员会的鉴定，而且杂交种的制种产量达到了1 500～2 250 kg/hm$^2$。山西省农业科学院谷子研究所也培育出了高229×K172等强优势组合。目前这些优势组合正在示范推广。

## 四、核质互作型雄性不育系的选育研究

无论采用种间杂交的核代换还是不同地理来源的品种间杂交，谷子质核互作型雄性不育系选育虽然做了大量工作，但是至今未能成功。这也同谷子及狗尾草属研究人员少，种间进化关系不清等原因有关。

### （一）种间杂交在选育谷子雄性不育系中的应用

通过种间杂交完成核代换，已经证明是选育植物雄性不育系的有效途径之一，在小麦、水稻等作物上均取得成功。谷子属于狗尾草属，同属近缘野生种共 125 个，我国有十几个种。目前已利用部分野生种同谷子杂交，选育出不育率在 80%以上的材料。

同小麦等其他作物不同的是，谷子在狗尾草属中是一个较原始的二倍体种（$2n=2x=18$），而其他野生种多已发展进化到了高倍水平。金色狗尾草（*S. glauca*，$2n=4x=36$）、法式狗尾草（*S. faberii*，$2n=4x=36$）、轮生狗尾草（*S. verticilata*）多为多倍体种。用四倍体野生种为母本同谷子杂交，$F_1$ 为三倍体，出现染色体不育，不仅结实困难，并且是选育雄性不育株的一种干扰。为解决这一问题，朱光琴等（1987）首先将谷子用秋水仙碱加倍成同源四倍体，然后再同狗尾草杂交，在四倍体水平上应用狗尾草的细胞质。1982 年他们曾经获得法式狗尾草 114（异源四倍体）×延谷 5 号（二倍体）的杂交种。1984 年、1985 年利用加倍形成的四倍体谷子为父本，同轮生狗尾草（*S. verticilata*）和云南狗尾草（*S. yunnanensis*，$2n=4x=36$）等四倍体狗尾草杂交成功，除云南狗尾草组合因过分晚熟未获种子外，其余都完成了回交加代，$B_2F_1$ 代保持着较高的不育性和四倍体谷子的显著大粒性。

朱光琴（1987）用青狗尾草（*S. viridis*）同谷子杂交，共做了 30 多个组合，后代表现不理想，有的回交高达 9 代，但未育成核质互作型不育系，仅从中获得了两个不育材料。现已有的谷子和近缘种的杂交涉及青狗尾草、法式狗尾草和轮生狗尾草等 3 个种，根据最近的狗尾草属进化关系研究，这些种同谷子的亲缘很近，所以未能通过核代换培育出不育系。开展更远亲缘关系的种间核代换，有可能是获得成功的关键。

### （二）种内不同生态类型品种间杂交在选育谷子雄性不育系中的应用

谷子已有 11 500 多年的驯化栽培历史，在这超万年的进化发展中，谷子种内完全有可能形成不同的细胞质类型及不同核基因类型。通过种内不同生态类型品种间的杂交，可能选育出质核互作型雄性不育和保持系，完成三系配套。利用种内不同生态类型品种间杂交容易成功，亲本或杂种不必进行染色体加倍，也不受狗尾草野生不良性状的干扰等优点。崔文生等（1986）利用不同生态类型品种做了 42 个

杂交组合，$F_2$代出现不育株的有3个组合：澳大利亚谷×青谷子、澳大利亚谷×中卫竹叶青和澳大利亚谷×吐鲁番谷，其$F_2$代不育株率分别为15.6%、16.0%和7.5%，不育度达100%，各组合用原父本回交后不育率逐渐上升，根据综合性状表现，重点选用澳大利亚谷×中卫竹叶青，利用其不育株测交了大量组合，但未能育成稳定的质核互作不育系。智慧等（2007）在青狗尾草N10和谷子品种大清秸的杂交后代中，也发现了雄性不育单株，并对这些雄性不育株的花粉败育情况进行了观察。

## 五、谷子杂种优势利用方法创新与成就

1989年，由张家口市坝下农业科学研究所（张家口市农业科学院前身）赵治海等首次发现了谷子光（温）敏核不育材料。谷子光（温）敏核不育系是自交繁殖，可降低生物学混杂概率，提高不育系纯合度，而且由于不育基因只属核基因控制，不受细胞质制约，与质核互作不育比较，易转育易恢复，选配优势组合概率大，避免了细胞质单一，容易感病等不良细胞质效应的危害。水稻的实践证明，作物的光（温）敏不育系，是杂种优势利用的简便途径。

在谷子光（温）敏核不育的育性转换机制上，已经明确了以生长锥、二级枝梗分化至雌雄蕊分化为育性转换的敏感期，在此期间，受到14 h以上的长日照，则雄性败育；接受13 h以下短日照，则雄性可育。其败育的原因，认为是在长光周期诱导下，叶片与幼穗的酶活性、激素及碳水化合物分配异常，导致雄蕊发育所需的营养缺乏而造成雄性败育。

### （一）光（温）敏核不育的选育

谷子光（温）敏不育系是以杂交突变等出现不育的后代为基本材料，通过多代短日照下自交，使基因不断纯合，并结合长、短光周期对应选育而成的。不育系用作母本配制高产杂交种在生产上使用。杂交种增产潜力取决于双亲优良性状的合理组配，这已被众多的研究结果和长期的育种实践所证实。因此，选育优良的不育系及恢复系，是杂种优势利用的基础。

**1. 光（温）敏核不育系标准**

（1）育性性状。一般优良的不育系应具备下列性状：在不育环境下，无论雄蕊早期败育或晚期败育，花药中有无正常花粉粒，但花药始终不开裂散粉，自交结实率小于1%；雌蕊柱头发达外露，授以正常可育花粉后，可正常结实；开花特性同正常品种；生命力强，一般在田间生活力应保持在7 d以上。在可育环境下，雄蕊花药中具有正常生命活力的花粉，开花后，花药能自动破裂，授粉结实，一般结实率不少于30%。

（2）农艺性状。优良不育系的农艺性状一般要求：植株株型紧凑、半紧凑和正常

株型；中矮秆和矮秆；叶片宽窄适度；茎秆粗壮，坚韧而有弹性；根系和支持根发达，抗倒伏。穗部为中或大穗，穗直立或半弯曲，小穗码多，花多，穗码密度适中，不宜太紧太稀。对当地主要病虫害如黑穗病、白发病、锈病、谷瘟、钻心虫等有一种或多种抗性，对干旱、高温、低温等恶劣环境有耐性，整齐一致。

(3) 配合力。配合力的选育要在亲本农艺性状普遍较好的基础上进行。一般配合力好的不育系，由其选育出各种优异类型杂交种的概率较多。

**2. 选育途径、方法和过程**

选育光（温）敏感型雄性不育系，应首先选获不育材料，一般获得雄性不育材料有 3 种途径：

(1) 从自然界谷田中选出雄性不育材料。一般在高纬度、高海拔地区气候变化剧烈易造成不育。谷子在抽穗开花期或者灌浆上籽期，在谷田里选雄性不育株为宜，但对选出的雄性不育株，必须按穗行播种，观察不育性的重现性，从中选出稳定遗传的雄性不育株。

(2) 采用理化处理，产生雄性不育材料。此法必须在高剂量、高浓度调节下处理材料，才能出现雄性不育株。

(3) 通过人工杂交，产生雄性不育材料。此法的关键是正确选择亲本，选用纬度、海拔、亲缘关系相差大的两亲本杂交，后代才较易出现雄性不育，选出后必须经过定向选择，才有可能选出光（温）敏型不育。

如光（温）敏感型不育材料 292，就是从材 5×测 35 杂交组合中选育而成。母本材 5 来源于云贵地区谷子鸡场糯单选而成的品系，父本测 35－1 是从赤峰地区品种中单选而成的品系。

1987 年在杂交组合（材 5×测 35－1）后代群体中，发现不育株，单穗脱粒后，同年冬，在海南岛穗行种植，开花期镜检，均为可育株，1988 年春在沙岭子种植，开花期镜检，为雄性不育，不育度在 99%，套袋自交，同年在海南岛点播，共获得成苗 22 株，全部结实。因结实性差异较大，当年只入选了 4 个单株，进行单穗脱粒。1989 年 5 月 12 日，各取其部分种子在沙岭子种植，区号分别为 292、293、294 和 295。开花时，用 10 倍放大镜进行育性检查，并取不育穗在室内进行花粉败育显微镜压片观察，其花粉为典败型，不育率为 100%，不育度 99.4%。因 292 在植株高度、叶型、穗型等性状上基本一致，从而入选。

292 雄性不育源，经过 3 年连续南北选育，育性转换基本稳定，在海南省三亚市冬季短日照（11.2 h）和常温（20.2 ℃）下，能正常散粉结实；在张家口夏季长日照（15 h）和常温（19.5 ℃）条件下，表现雄性不育，不育率达 100%，不育度 99.4%。1989 年 9 月 27 日，通过省级鉴定。认为经过两年南繁北育 4 个世代两次重复，表现出明显的光（温）敏感型雄性不育特性，雌蕊正常，雄性败育彻底，是一个很有价值的新的不育源，国内首次发现，国外未见报道，这是继谷子隐性核高度不育系和显性核不育后又一个突破。

以上 3 种途径所获得的不育株，采用以下方法繁殖、保存，然后在不同光周期下对应种植，进行观察选育。

## (二) 光（温）敏感型雄性不育材料保种选育方法

所获得的遗传性不育株，首先应该做好保种、繁种工作，然后在不同光周期条件下，对应种植观察选育，繁殖方法可采用促蘖、兄妹杂交，或利用植株幼嫩生长部分进行组织培养等，现仅将促蘖、杂交保种、繁殖、选育方法介绍如下：

**1. 促蘖保种选育法**

发现雄性不育株之后，立即将主穗套袋隔离，并移栽到另一种光周期或温度条件下（长日照—短日照；低温—高温），并在根茎部适当培土，加强水、肥管理，增加周围环境湿度，也可以喷施一些激素，促进分蘖产生，如果分蘖在短日照条件下，育性恢复开始结实，将所得到的种子，仔细收获，将种子对应点播在不同光周期或不同温度条件下，观察其育性变化情况，在短日照及高温条件下，自交结实的后代，应重复进行不同光（温）周期的处理试验，验证其对光或温的敏感性，从中选出光（温）敏感型不育材料。

**2. 杂交保种选育法**

用同系或姊妹系可育株的花粉，授于不育株上，使其结实，$F_1$ 代完全可育，$F_2$ 代按穗行种植在短日照（不超过 12 h）条件下，进行育性观察，对育性不分离的穗行，按单穗收货、脱粒、保存，$F_3$ 代按穗行种植在长、短不同日照条件下，如可能也可试验一下对不同温度敏感情况，观察其不育率及不育度变化，如某一穗行在长日照条件下，不育率及不育度表现均很高，而对应种植在短日照条件下，不育率及不育度表现均很低，此穗行仍按单穗收货，单穗脱粒。$F_4$ 代仍按上述方法种植、观察、收获和脱粒，以此连续数代对应种植选育，当某一穗行在长日照条件下表现全不育，在短日照条件下表现结籽，此穗行即为光敏感型雄性不育系。

**3. 通过杂交转育法**

此法是适用于已具有光（温）敏感型雄性不育系（源），但此系（源）还存在某些缺点，可以此材料为亲本与正常品种杂交转育，方法有两种：一种是换核方法，以雄性不育源为母本，与其有转育目标性状的品种材料为父本进行杂交，并以原父本多次回交，以加强品种材料目标性状的转移，从回交后代中选育出新的具有转育父本优良性状的不育材料。另一种是换质方法，此法使雄性不育源转换为正常散粉株为父本，正常品种为母本，进行杂交换质，再以正常品种为父本与后代分离出来的不育株回交，从回交后代中选育出新的具有父本优良性状的不育系。杂交转育法，特点是见效快，效果好，如严格遵守各个选育程序，可以选育出各种类型的光温敏感雄性不育，也可选育出各种类型的温感雄性不育系。如果方法不当也可能把光、温敏感特性丢失。

## 六、$Ms^{ch}$显性核不育基因的发现、研究和利用

### （一）$Ms^{ch}$显性核不育基因的发现

胡洪凯等（1986）报道，1976年在海南岛组配了澳大利亚谷×吐鲁番谷的杂交组合，母本澳大利亚谷来自大洋洲，父本吐鲁番谷是一个来自新疆的农家品种；父母本性状差异很大。1978年在其$F_3$代68个穗行中，发现11个穗行出现不育株，其中78182穗行有28株为不育株，12株为可育株。对28株不育株进行详细观察记载后，选用其分蘖在开花前套袋，同时杂交配对，以后该材料的育性表现基本稳定。

78182不育材料的主茎和分蘖的育性一致，在赤峰不育株个体间育性没有中间型。开花时花药橘黄色，大小正常，内含部分圆形饱满可育花粉，但花药一般不开裂散粉。自交结实率0.6%左右，而在南方（如三亚、通什、湛江）不育株花药部分开裂散粉，能得到部分自交种子。其雌蕊发育正常，柱头外露明显，生命力强，寿命长，开花后7～10d授粉仍有效，自由授粉结实率可达70%～80%。姐妹可育株花粉正常开裂散粉，花粉呈半透明圆球状，遇碘呈蓝黑色反应，套袋自交结实正常。

78182的雄性不育特性表现如下遗传行为：①不育株自交种子，后代表现分离比例为3（不育）：1（可育）。②不育株与姐妹可育株杂交，后代育性分离比例为1（不育）：1（可育）。③测交或回交，用跃进4号等近400个谷子普通品种和不同的不育株系测交，$F_1$都出现育性分离，分离比例为1：1；再选用有代表性的品种同分离出来的不育株回交，回交一代的育性分离比例也是1：1。④不育株不套袋，接受自然花粉，不同年代的试验都按1：1分离。⑤用原父本吐鲁番谷回交，在排除南繁不育株自交结实的干扰情况下，回交一代不育株和可育株约占50%，也表现为1：1分离，即使回交多代也不改变这一规律。⑥不育株中分离出姐妹可育株自交，后代无育性分离。

上述育性遗传分析表明：该雄性不育性由细胞核内显性基因控制。由于是在赤峰发现的，故称之为赤峰核型显性不育谷子材料，并将该基因定名为$Ms^{ch}$简称*Ch*。这种不育类型在谷子中国内外是首次发现。

### （二）$Ms^{ch}$显性核不育基因遗传机制的研究

1979年胡洪凯等在原组合澳大利亚×吐鲁番谷的姐妹系中筛选得到一个181-5系，其本身可育，育性稳定，花粉量大，它和携带*Ch*基因的不育株杂交，$F_1$育性表现全恢。这标志着找到了该不育材料的恢复系。

王朝斌等（1989）在原有的基础上，通过不育株181-5的$F_1$～$F_3$育性表现的遗传分析，初步揭示了*Ch*不育材料育性恢复机制，即育性是由两对显性连锁的核基因Ch和GG上位互补控制的。其中Ch_是显性不育基因；GG是显性上位基因，它能抑制显性不育基因的表达，从而使育性恢复可育。按$F_1$自交法计算，其交换率为

9.4%，其不育株的基因型为 gchg _；同型可育株（或普通品种）为 gchgch；181－5 的基因型可能为 GChG _ 或 GchGch。

## （三）$Ms^{ch}$ 显性核不育基因在建立杂交制种体系中的应用探讨

*Ch* 型不育材料在北纬 34°以北的谷子产区花药不开裂，不散粉，而在北纬 21°以南的三亚、通什、湛江等地，不育株能部分自交结实，$F_1$ 的育性在南方、北方都表现 3（不育）∶1（可育）分离，这说明后代中有显性纯合株的存在。如果从不育株自交后代中分离出纯合不育株，其不育性在南北两地繁种，就可能得到显性核不育纯和系。而不育株自交后代分离出来的隐性纯合可育株，繁殖后得到隐性纯合可育系，称之为显性核不育同型系。这种“同型系”和不育系为孪生关系，一切性状相似，仅育性不同，它和显性纯合不育系杂交，后代为全不育群体，称之为显性杂合不育系。这样显性核不育纯合系在低纬度地区自交保持不育性；以显性不育同型系与其杂交，成千倍地扩大显性不育杂合系的繁殖量，进行一代保持；以显性核不育上位系与其杂交，得到供大田生产用的 $F_1$ 杂交种，从而拓建一套新的杂交制种体系。其杂交制种方式如图 3－2 所示。

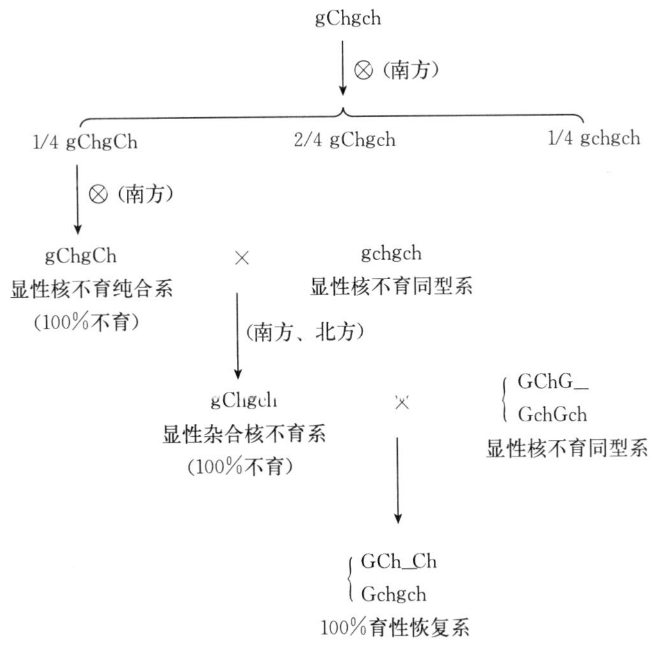


图 3－2 $Ms^{ch}$ 显性核不育基因交制种程序

这种新的杂交制种体系的拓建成功，将显性核不育基因直接应用于谷子杂种优势育种中，在理论上可能打破显性核不育基因难于在杂种优势上利用的传统观念，将为作物雄性不育理论提供一些新内容。按照这种模式，内蒙古赤峰市农业科学研究所进行组合测配试验，但由于制种较烦琐等原因，至今未能在生产上利用。但这种体系为今后的工作提供了指导和帮助，在拓宽杂种利用途径上有意义。

## 七、谷子雄性不育材料的分类和雄性败育的细胞形态学研究

### （一）谷子现有雄性不育材料的分类研究

目前中国所具有的谷子雄性不育材料均属于核不育。崔文生等（1979）从其形成原因上将它们分为3类。第一类型为引变型：由人工化学诱变形成的雄性不育，如黄钱串、张农15等，这类材料绝大多数为无花粉型，不育性稳定，不育株率为100%，但因不能找到保持系而不能利用。第二类型为突变型：受自然界物理或化学因素影响，核内基因突变形成雄性不育；这类材料花药多为细棒状，花药内有败育花粉，经过选育不育率可稳定在99.9%，不育度达90%以上或100%，可作为高度不育型直接利用。第三类型为核抗型：由两个谷子品种杂交，细胞核之间产生不协调而形成雄性不育，如耧红等；此类材料花药有细棒状和X形两种，花粉有败育型和无花粉型两种，不育度和不育率都难稳定。

按照雄性不育材料的育性表现，可分为全不育型和高度不育型两种类型。全不育度达100%，自交完全不结实；不育率在材料间表现不同，一般50%左右；不育性靠姐妹株保持。这类材料如水里混A、竹叶青等。高度不育型不育度为95%左右，依靠5%左右的自交结实率保持，不育率99.9%左右，如蒜系28、350A等。从雄性不育基因的显隐性分类，可以分为显性核不育和隐性核不育两类（智慧等，1988）。

### （二）雄性败育的细胞形态学研究

刁现民等（1988）对全不育型谷子材料金大A和388A，高度核不育性材料蒜28和350A，以及*Ch*显性核不育的1：1群体进行了花药发育的细胞形态学研究，初步阐明了这几种雄性不育材料的败育时期、败育方式及败育的可能原因。

338 A的雄性败育发生于造孢细胞期，当药室直径发育到35～40 mm时，造孢细胞的细胞质退化解体，以后细胞核也逐渐溶解，开花时，花药内空无物。金大A不同小花间，以及同一小花的不同花药间，败育时期和方式差异很大；约占16%的药室在造孢细胞期败育，主要表现为原生质体凝聚，多数药室则能经过减数分裂释放小孢子，有的药室小孢子虽形成初生壁，但在小孢子继续发育过程中败育。338 A和金大A的中层、绒毡层及部分花药的药室内壁细胞表现退化较早，或液泡化膨大生长，或解体等异常现象。多数338 A的药隔表现微管束较小，鞘细胞不能形成，或形成不良，或发生质壁分离。338 A的雄性败育，可能是由药隔分化不良造成。金大A的药隔则未见明显异常，其花粉败育原因有待进一步研究。

蒜系28和350 A的花药发育基本一致，能完成减数分裂释放出小孢子，小孢子在发育过程中因原生质解体而退化。小孢子退化后，一些药室腔变的皱缩不规则，药室腔很小或基本不存在。约占3%的小花中，可见到某花药具有1～2个小孢子能完

成有丝分裂形成二孢花粉，并进一步发育为三孢成熟花粉。这正是5%左右自交结实的基础。

## 八、谷子杂种优势群的划分

杂种优势群是依据强优势杂交种的亲本来源人为划分的育种群体，群间个体杂交优势明显，群内个体间杂交优势较弱或无优势。通过划分杂种优势群，可以提高杂交种选育和组配的效率，促进谷子杂种优势的深入广泛应用。

杂种优势群的判定一般基于育种材料的大量测交和配合力的鉴定结果，同时结合育种材料间的系谱关系进行划分。谷子属自花授粉作物，颖花较小，无法实现彻底去雄，真杂种需要进行后代鉴定，开展大规模的测交试验及配合力鉴定非常困难。因此，长期以来，基于田间测配的谷子杂种优势群划分始终没有取得显著进展，从已有文献来看，该领域基本处于停滞状态。

杂种优势的产生与亲本间的遗传距离显著相关。近年来，通过采用分子标记技术，谷子杂种优势群的划分取得了突破。中国农业科学院作物科学研究所和河北省农林科学研究院谷子研究所均在这一研究领域取得了进展。Wang 等（2012）采用微卫星标记技术，通过对我国谷子传统地方品种的遗传分析，将我国的谷子种质资源划分为 4 个类群，分别是东北早春播群、西北春播群、华北夏播群和南方群，首次在分子水平上明确了我国谷子杂种优势利用的遗传基础和杂种优势群的基本划分；Jia 等（2013，2015）综合采用重测序技术和分子标记技术，将我国的谷子种质及育成品种资源划分为两大类群：春谷和夏谷，两个杂种优势群以东起吉林、西至云南和贵州的东北西南走向划分，与我国的雨热资源紧密相关，反映出我国谷子遗传资源的地缘性特征。结果表明，突破地缘限制，开展杂交种亲本的选配将是未来谷子杂种优势利用的主要技术路径。

## 九、谷子杂种优势利用的未来发展

目前应用的杂交谷子依然属于血缘关系较近的品种间杂种优势利用的范畴，由于品种间的亲缘关系较近，遗传差异相对较小，基于传统方法的杂种优势利用仍然存在较大的增长空间。通过进行亲缘关系较远资源间杂交，尽量拓宽谷子的遗传种质基础，增加谷子杂种优势利用的潜力，在此基础上不断提高杂交种组配和制种效率是未来谷子杂种优势利用的主要研究方向。同时，进一步改良现有亲本的农艺表现，在更高产量水平上发挥杂种优势的潜力也是需要关注的研究内容。

谷子杂种优势利用同常规育种一样，需要结合市场需求朝着粮饲兼用方向发展，把谷子培育成优良的饲料作物，使之向更高的食物能量级别转移。从长远来看，谷子杂种优势利用将在旱作农业领域发挥越来越重要的作用。随着全球性气温升高，水资源越来越匮乏，节水农作物是未来粮食生产的唯一出路，杂交谷子的选育应该突出对优良耐旱种质的应用，进一步提高杂交谷子的水分利用率和耐旱性，为我国的节水农业做出更大的贡献。

随着基因组学、分子生物学等研究手段的不断丰富，谷子杂种优势利用的一些基础性工作亟须开展，如新雄性不育材料的创制及鉴定，败育或育性转换的分子机制，主要农艺性状的杂种优势的产生机制以及谷子杂种优势表现的分子预测等，基础研究的开展必将为谷子杂种优势利用事业的深入、长久发展提供保证。

## 第五节　谷子糜子基因组研究与生物技术育种

自20世纪90年代以来，农业生物技术在世界范围内取得了飞速发展，一批抗虫、抗病、耐除草剂和高产优质的农作物新品种培育成功。农作物基因工程产业化的步伐正在加快，并将在解决目前人类所面临的粮食安全、环境恶化、资源匮乏、效益衰减等问题上发挥巨大作用。单就农作物而言，生物技术从细胞工程和组织培养开始，发展到转基因技术、分子标记、功能基因组研究等多个方面。主要农作物如水稻、玉米、小麦、棉花和大豆等，由于经济的重要性，世界各国都进行了很多研究，生物技术研究一直领先，众多领路性的突破也是在这些作物上取得的，如水稻的全基因组测序和功能基因开发、抗虫转基因棉花和转基因玉米的商业化、抗除草剂转基因大豆的应用等；中小作物参照大作物的经验，在研究中可少走弯路。但不同作物有其自身特点，仍有众多问题不能用共同性的知识和经验解决，必须开展自身的生物技术研究，同时大作物利用中小作物的经验和特异基因，对自身发展极为重要。谷子由于只是区域重要性作物，其影响相对于小麦、水稻、玉米等作物小，组织培养和生物技术研究也相对较少，但近年来也取得了不少进展，并正在发展成为 $C_4$ 光合作用研究和黍亚科的模式作物，本节就这方面的工作进行阐述，旨在促进谷子生物技术进一步发展。

### 一、谷子糜子及其近缘种的细胞遗传学研究

物种的染色体数目和基因组类型是基因组和生物技术研究的基础，谷子和糜子的细胞遗传学研究是很少的，但近年来随着谷子正在发展成为模式作物，谷子及其近缘野生种的染色体数目、基因组类型及进化关系的研究逐渐增多，并为基因组的深入研究提供了参考信息。

#### （一）狗尾草属物种的染色体数目

谷子所在的狗尾草属（*Setaria*）有125个种，分布于世界温带、暖温带和热带地区，其中非洲有74个种，美洲有25个种，其他分布于欧亚大陆，在中国有17个

种。狗尾草属中既具有全世界栽培历史最悠久的农作物谷子也具有干扰和危害世界农业生产及土地耕种较强的多个杂草种，如青狗尾草（*S. viridis*）、法氏狗尾草（*S. faberii*）、轮生狗尾草（*S. verticilata*）和金色狗尾草（*S. glauca*）等（表3-3）。谷子是中国北方和印度等东亚和南亚国家的主要粮食作物，但在欧洲、美洲和澳洲则作为饲草作物和鸟饲作物栽培。一些金色狗尾草（*S. glauca*）品种在印度次大陆也是栽培作物，而且印度次大陆还存在从青狗尾草到谷子不同驯化程度的变异品种。一些狗尾草属种在热带地区和温带地区还是重要的牧场栽培草，如非洲的 *S. splendida* 和南美洲的 *S. leiantha* 等。狗尾草属的杂草普遍具有很强的抗逆性、繁殖力及适应性，抗旱耐瘠薄能力尤其突出。

有关狗尾草属植物染色体数目的报道较早。Avdulov（1931）最早报道狗尾草属染色体基数为 $x=9$，青狗尾草和谷子的染色体数 $2n=18$。我国的植物遗传育种前辈李先闻、李竞雄和鲍文奎等（1942，1945）首先提出青狗尾草是谷子的野生祖先，并通过细胞学工作佐证该观点，这也被后来的许多研究所证实；他们还提出了青狗尾草的基因组组成为AA，法氏狗尾草是由A基因组和另一未知基因组合成的四倍体。随后一些研究陆续报道了狗尾草属一些种的染色体数目的细胞学观察。狗尾草属植物的染色体基数为9，青狗尾草（*S. viridis*）为 $2n=AA=18$，法式狗尾草（*S. faberii*）为四倍体（$2n=36$）、狗尾草属其他种如轮生狗尾草也为四倍体（$2n=36$），金色狗尾草（*S. glauca*）为四倍体和八倍体（$2n=36$，$2n=72$），*S. pumila* 有二倍体、四倍体和六倍体（$2n=18$，$2n=36$，$2n=54$）。虽然狗尾草属被认为有125个种，但由于是从不同国家或地区研究结果的汇总，其中存在着同种异名或同名异种的现象，全世界究竟存在多少个狗尾草属种，至今没有确切的研究和准确肯定的答案，更多研究有待进一步开展。

**表3-3　狗尾草属几种植物的染色体数目**

| 植物种名及起源地 | 染色体数目（2*n*） | 文　献 |
| --- | --- | --- |
| 青狗尾草（*S. viridis*） | $2n=2x=18$，AA | Avdulov，1931；王永强等，2007 |
| 谷子（*S. italica*） | $2n=2x=18$，AA | |
| *S. adhaerans* | $2n=2x=18$，BB | Benabdelmouna et al.，2001 |
| 轮生狗尾草（*S. verticillata*） | $2n=4x=36$，AABB | de Wet，1954；Gupta and Singh，1977 |
| 法氏狗尾草（*S. faberii*） | $2n=4x=36$，AABB | Fairbrothers，1959；Till-Bottraud et al.，1992 |
| 金色狗尾草（*S. glauca*） | $2n=2x=36$ | 李秀兰和陈瑞阳，1985 |

（续）

| 植物种名及起源地 | 染色体数目（2*n*） | 文　献 |
|---|---|---|
| *S. pumila* | 2*n*=2*x*，4*x*，6*x*=18，36 | de Wet，1954；Avdulov，1931；Brown，1948 |
| *S. geniculata* | 2*n*=4*x*，6*x*=36，72，DD | Gupta and Singh，1977；Brown，1948 |
| *S. grisebachii* | 2*n*=2*x*=18，CC | 王永强等，2007 |
| *S. leucopila* | 2*n*=2*x*=18，AA | 王永强等，2007 |
| *S. queenslandica* | 2*n*=4*x*=36，AAAA | 王永强等，2007 |
| *S. holstii*（南非） | 2*n*=2*x*=18， | Le Thierry d'Ennequin et al.，1998 |
| *S. woodii*（南非） | 2*n*=2*x*=18， | Le Thierry d'Ennequin et al.，1998 |
| *S. chevalieri*（南非） | 2*n*=4*x*=36 | Le Thierry d'Ennequin et al.，1998 |
| *S. incrassate*（津巴布韦） | 2*n*=4*x*=36 | Le Thierry d'Ennequin et al.，1998 |
| *S. leiantha*（阿根廷） | 2*n*=4*x*=36 | Le Thierry d'Ennequin et al.，1998 |
| *S. neglecta*（南非） | 2*n*=4*x*=36 | Le Thierry d'Ennequin et al.，1998 |
| *S. palmifolia*（新几内亚） | 2*n*=4*x*=36，EE | Le Thierry d'Ennequin et al.，1998 |
| *S. parviflora*（墨西哥） | 2*n*=4*x*=36，DD | Le Thierry d'Ennequin et al.，1998 |
| *S. sphacelata*（墨西哥） | 2*n*=2*x*，4*x*，6*x*=18，36 | Le Thierry d'Ennequin et al.，1998 |
| *S. macrostachya*（墨西哥） | 2*n*=6*x*=54 | Le Thierry d'Ennequin et al.，1998 |
| *S. lachnea*（澳大利亚） | 2*n*=4*x*=36，CCC'C' | Zhao et al.，2013 |
| *S. arenaria*（中国） | 2*n*=6*x*=54，FF | Zhao et al.，2013 |

## （二）谷子及狗尾草属野生种所属的基因组

基因组的分化是研究物种分化的基础，近缘物种间基因组的分类和进化关系研究一直是研究栽培种和野生近缘种间关系的重点内容。谷子和青狗尾草的基因组最早被认定为A（Li et al.，1942，1945），它们具有完全相同的基因组，现在的分子标记技术和基因组测序也已证明谷子和青狗尾草的基因组完全相同。基因组原位杂交技术是广泛应用的区别不同基因组的研究方法，其基本原理是相同的。基因组DNA序列同源性很高，能够相互杂交，并从杂交信号的强弱鉴别出来。利用这种技术法国学者Benabdelmouna等（2001）对狗尾草属的另一个二倍体种倒刺狗尾草（*S. adhaerans*）和法式狗尾草、轮生狗尾草、金色狗尾草等进行了基因组鉴定，发现谷子的A基因组不能和倒刺狗尾草的基因组杂交，即二者杂交仅在染色体的着丝粒附近有弱的杂交信号，而整条染色体则没有杂交信号，因此将二倍体种倒刺狗尾草的基因组命名为狗尾草属的B基因组。法式狗尾草和轮生狗尾草分别和谷子的A基因组、倒刺狗尾草的B基因组杂交，结果发现它们的两套染色体中均有一套能和A杂交，而另一套能和B杂交，由此推出法式狗尾草和轮生狗尾草这两个常见的四倍体种的基因组一套为A，另一套为B，即它们的基因组构成是AABB。但四倍体和八倍体金色狗尾草的基因组和已知的A、B基因组均不杂交，即金色狗尾草的基因组和A、B基因组差异很大，它们是完全不同的基因组（Benabdelmouna et al.，2001）。

2009年，王永强等在对河北省农林科学院谷子研究所刁现民课题新收集的谷子近缘野生种的染色体数目鉴定中，鉴定出来源于墨西哥的*S. grisebachii*也是一个二倍体种，而来自澳大利亚的*S. queenslandica*则是一个四倍体种。以已知的谷子和青狗尾草的A基因组、倒刺狗尾草的B基因组为标样制作标记探针，分别和*S. grisebachii*的染色体制片杂交，结果发现*S. grisebachii*的染色体不能和A、B基因组的探针杂交，仅在着丝粒处有弱的杂交信号，这说明*S. grisebachii*的基因组同A、B基因组的进化关系较远，是一个新的基因组，并被命名为狗尾草属的C基因组，*S. grisebachii*的基因组构成是CC。而来自澳大利亚的*S. queenslandica*其两套36条染色体均能和谷子的A基因组杂交，且杂交信号很强，说明其两套基因组均为A基因组，其基因组构成是AAAA，是同源四倍体，这是狗尾草属中发现的首个同源四倍体。在谷子多倍体育种中，用二倍体常规谷子品种进行秋水仙碱处理，获得人工染色体加倍的四倍体材料，这些材料表现植株长势中等或较弱，籽粒显著变大，但结实性差，约50%。而自然界中存在的天然四倍体*S. queenslandica*却没有结实性差的问题，表现了完全正常的结实和正常的长势，说明其基因组中可能具有控制同源染色体正常减数分裂的基因，这可以为解决人工四倍体的低结实问题带来新的思路和新的基因材料。

进一步利用基因组DNA原位杂交技术，赵美丞等（2013）分别以已知的谷子基因组A、倒刺狗尾草的基因组B和*S. grisebachii*的基因组C的DNA制作标记探针，和狗尾草属的多倍体物种金色狗尾草、*S. plicata*、皱叶狗尾草（*S. arenaria*）等材料的染色体制片进行杂交，发现已知的3个基因组A、B和C的DNA均不能和金色狗尾草、*S. plicata*、皱叶狗尾草（*S. arenaria*）的染色体杂交，仅在着丝粒附近的重复

DNA 区出现少量的杂交信号。说明这 3 个物种的基因组和已知的 A、B 和 C 完全不同；而且这 3 个物种的基因组相互之间杂交，也没有强的杂交信号，说明它们的基因组是相互不同、相互独立的。根据这些信息，将金色狗尾草、*S. plicata* 和皱叶狗尾草的基因组分别命名为 D、E 和 F 基因组。这是狗尾草属目前鉴定出的全部基因组类型，分别是谷子和青狗尾草的 A、倒刺狗尾草的 B、*S. grisebachii* 的 C、金色狗尾草的 D、*S. plicata* 的 E 和皱叶狗尾草的 F。虽然狗尾草属据称有 125 个物种，但我们常见的或者说广泛分布的物种都包括在上面的分析中，汇总这些已知的物种和其相应的基因组，结果可见表 3-3。

### （三）狗尾草属不同基因组和物种之间的遗传和进化关系

对狗尾草属不同基因组和不同物种之间的进化关系的研究最早来自一些杂交试验。20 世纪 60～80 年代，我国谷子育种专家开展了很多利用远缘杂交培育谷子雄性不育系开展杂种优势利用的研究，谷子和青狗尾草之间相互杂交且杂交后代正常可育，或者表现了一定的不育，但总的来说谷子和青狗尾草可杂交且后代正常可育，杂交后代也没有培育出不育系。限于当时材料的有限，仅开展了谷子和法式狗尾草、青狗尾草、金色狗尾草、轮生狗尾草及云南狗尾草的杂交，其中真正获得的杂交种只有法式狗尾草（吴权明等）。虽然谷子和金色狗尾草之间也进行了很多杂交尝试，但一直没有获得杂交成功。这也说明谷子和青狗尾草的关系最近，其次是法式狗尾草，而金色狗尾草和谷子遗传距离很远。这些结论被后来的基因组分析和分子标记分析所证实。

Benabdelmouna 等（2001）最早利用基因组 DNA 原位杂交来研究狗尾草属不同物种间的进化关系，结果发现金色狗尾草的染色体与已知的谷子 A 基因和倒刺狗尾草的 B 基因组进行分子杂交没有杂交信号，因此推出金色狗尾草和谷子、倒刺狗尾草遗传分化很远。中国农业科学院的黎裕等（1998）最早利用 RAPD 分子标记，采用聚类分析的方法研究了一些谷子、青狗尾草和金色狗尾草的进化关系，发现不同来源的谷子、青狗尾草等聚在一起，而金色狗尾草则形成一个遗传较远的分支，也说明金色狗尾草与谷子的遗传关系很远。李伟等（2012）采用 27 个 ISSR 分子标记引物进行狗尾草属的扩增试验，鉴定出 14 个引物在狗尾草属中能稳定扩增出多态性的标记，利用这 14 个标记对一组包括谷子、青狗尾草、法式狗尾草、轮生狗尾草、金色狗尾草等 9 个狗尾草属物种的 81 份材料进行遗传距离的聚类分析，发现所有供试材料共分为两大组：第一组是青狗尾草组，包括青狗尾草、谷子、法式狗尾草、轮生狗尾草、*S. leucopila* 和 *S. queenslandica* 等，它们之间有着较近的遗传关系；第二组是金色狗尾草组，包括金色狗尾草和 *S. parviflora*，它们之间相对较近。该结果也说明金色狗尾草和谷子之间确实遗传关系很远。

美国密苏里大学的 Kellogg 教授等率先利用狗尾草属的基因组 DNA 序列变异来分析狗尾草属及其近缘属种的进化关系，在其利用的质体基因 *ndhF* 基因序列变异的研究中，发现狗尾草属物种可以分为 12 个组，她认为现在的狗尾草属完全是由 12 个相互关系很远的组构成，甚至提出狗尾草属可以拆分为 12 个新属的观点。美国俄克拉何马州立大学的 Doust 博士等（2007）利用基因组片段信息的分析也表明，现在的狗尾草属确由分化较远的不同组构成。这些结果实际上都是以基因组 DNA 片段的单碱基核苷酸变异（SNP 标记）为基础分析的结果，不同的基因组片段得到的结果可能存着一定的差异，但随着数量的积累，总的遗传变异和进化趋势还是能看出来的。

结合基因组原位杂交的信息，赵美丞等（2013）利用核糖体 5S rDNA 和 *kn1* 基因的基因组序列的 SNP 变异，利用贝叶斯（Bayesian）分析法研究了常见的狗尾草属物种和 6 种狗尾草属基因组的进化关系。在利用 5S rDNA 序列的结果中，发现 A 基因组和 C 基因组关系最近，其次是 E 基因组和 D、B 基因组，而 F 基因组和 A 基因组关系最远；但在利用 *kn1* 基因的基因组序列的 SNP 变异分析的结果中，A 基因组和 D、C 基因组遗传关系较近，其次是 B 和 E 基因组，最远的是 F 基因组。这些结果说明，F 基因组确是同已知的谷子 A 基因组关系很远。清楚认识这些基因组和相应物种的进化关系对利用这些材料开展基因组进化及开发其中的有益基因极其重要，但这需要更细致和深入的工作。

### （四）糜子及近缘种的染色体数

糜子（*Panicum miliaceum* L.）属禾本科黍亚科黍属，该组植物的染色体基数和谷子一样也是 9 条染色体，栽培糜子和野生糜子均为四倍体（$2n=4x=36$），体细胞具有 36 条染色体，根据《中国作物及其野生近缘植物》记载，该属和糜子近缘的种有多个，包括柳枝稷（*P. virgatum* L.）、旱黍草（*P. trypheron* Schult.）、南亚稷（*P. walense* Mez.）、细柄黍（*P. psilopodium* Trin.）、洋野黍（*P. dichotomiflorum* Michx.）、心叶稷（*P. notatum* Retz.）、康稷（*P. bisulcatum* Thunb.）、大黍（*P. maximum* Jacq.）、发枝稷（*P. trichoides* Swartz.）和短叶黍（*P. brevifolium* L.）等。但对于这些物种的染色体数目和基因组倍性及进化关系鲜有报道。加强这方面的研究，将有助于认识糜子的起源和进化，也有助于利用野生资源改善现有品种资源的多样性和多态性。

## 二、谷子糜子的基因组测序和变异分析

基因组测序是对一个物种进行功能基因深入研究和分子设计育种最基本的基础，也是基因组和基因进化分析等一些关键性基础和应用基础研究的基本信息。就谷子和糜子的基因组而言，因谷子是二倍体，且基因组较小，谷子已基本完成了基因组的测序，目前在公众网站上已有豫谷 1 号、张谷、大青秸 3 个谷子的基因组，同时还有 1 个青狗尾草 N10 的基因组，其中豫谷 1 号的基因组测序质量较高，多作为参考（对

照、标准）基因组。糜子是四倍体，究竟是同源四倍体还是异源四倍体，目前不清楚，而且基因组的大小未有研究报道，所以至今没有完成基因组测序。但随着测序技术的进步，以及糜子同属的近缘种柳枝稷测序的完成，糜子可以参考谷子和柳枝稷的序列开展研究，也可完成自己的基因组测序。本部分仅就谷子的基因组测序及相关信息进行详细阐述。

## （一）谷子基因组测序获得的基本信息

关于谷子基因组研究的最早报道是对谷子等狗尾草属物种的基因组大小的测定，Le Thierry d'Ennequin 等（1998）对谷子等多种物种的基因组 DNA 含量进行测定，发现谷子和青狗尾草的 A 基因组单倍体 DNA 为 0.50～0.52pg，另两个二倍体物种 *S. holstii* 和 *S. woodii* 的基因组单倍体 DNA 分别为 0.85 pg 和 0.83pg，其他基因组的单倍体 DNA 变异分布在 0.50～1.20 pg。从这一结果可看出，狗尾草属的基因组总的来看是较小的，尤其是谷子和青狗尾草的基因组仅为 0.50～0.52pg，换算成 DNA 碱基数，谷子和青狗尾草的基因组大小为 490～510Mb。对谷子基因组图谱的最早研究来自 Wang 等（1998）构建的一个由 160 个 RFLP 标记组成的遗传连锁图谱，该图谱长 946cM，其中的 RFLP 探针除利用谷子基因组开发的，还包括了来自水稻等其他禾本科作物的探针。由这个图谱发现谷子和水稻基因组（染色体）之间有很高的大片段共线性，即谷子的基因及其排列顺序和水稻的基因及其排列顺序有很高的一致性，有 5 条谷子的染色体和 5 条对应的水稻染色体基因排列顺序是一致的，谷子的另外 4 条染色体则分别对应两个其他水稻染色体的大片段（Devos et al.，1998）。

对物种的基因组进行全基因组测序，获得这个物种全部的基因组 DNA 碱基序列信息是进行基因组深入研究的基础。美国国家能源部所属的联合基因组研究所（Joint Genome Institute，JGI）在 2007 年提出对谷子进行全基因组测序，随后开展了对豫谷 1 号的测序工作，但到 2010 年 1 月才最终将谷子的基因组组装完成并向社会公开。同时，我国的华大基因也完成了对张谷的全基因组测序和组装工作，这两个基因组测序的结果于 2012 年发表在《自然·生物技术》上，奠定了谷子基因组深入研究的基础。

对豫谷 1 号的测序用了 50 688 个 BAC 克隆和 13 个 EST 文库，结果获得了 396.7Mb 的谷子基因组序列，覆盖了约 80%的谷子全基因组和 95%的基因区。分析表明谷子基因组中转座子等重复序列约占 40%，这和水稻（40%）很相似，低于高粱（62%），远低于重复序列很高的玉米和小麦（大于 80%）；其中 LTR 转座子占的比例最高，在 25%以上；编码基因的区域约 46Mb，约占基因组的 9%；对这 46 Mb 基因编码区进行注释分析，发现了 2.4 万～2.9 万个编码蛋白的基因（Benntzen et al.，2012）。我国华大基因对张谷的基因组测序获得了谷子 423 Mb 的基因组序列，其中转座子等重复序列为 196.6Mb，占基因组的 46.3%，这包括反转录转座子 133.6

Mb（31.6%）和 DNA 转座子（9.4%），并预测谷子基因组编码 38 801 个基因（Zhang et al.，2012）。谷子基因组的序列已公布，建立了谷子基因组深入研究的基础，标志着谷子遗传育种研究进入到了基因组时代，对谷子品种资源、遗传和育种研究的促进作用将是巨大的。但现在已有的测序结果并没有完全覆盖谷子的基因组，而其从目前的应用情况看，即便是组装较好的豫谷 1 号序列，也存在一些未覆盖和注释错误的区域，需要继续补充和更新数据版本，使用者必须根据自己的研究认真核对，并实测检验。

### （二）谷子与其他禾谷类作物的比较遗传学和共同基因组

禾谷类作物比较遗传学是由 RFLP 标记研究兴起的基因组分析的新学科，是目前世界许多实验室的研究热点。Moore 等（1995）利用禾谷类物种同源序列制备探针并开展杂交分析，以水稻各染色体片段连锁图谱为基础，成功地将小麦、水稻、玉米、谷子、高粱、甘蔗等主要禾谷类作物的对应基因组片段整合在一起，以后又加入了燕麦和大麦，成功地将禾谷类基因组形成了一个统一的环，奠定了禾谷类统一基因组图谱的基础，也说明 10 000 多种禾本科植物来自一个共同祖先。Devos 等（1998）用位点已知的水稻探针和在水稻中位置已知的小麦基因组 cDNA 克隆，通过构建水稻-谷子比较图谱发现，两个基因组间存在着高度的保守性，5 个完整的谷子染色体与 5 个完整的水稻染色体呈线性关系，剩余的 4 条谷子染色体，每条与水稻的两个染色体片段表现出线性关系，水稻的 3 号和 10 号染色体对应谷子的 9 号染色体，水稻的 7 号和 9 号染色体对应谷子的 2 号染色体，与构成玉米 1 号和 7 号染色体及高粱 C 和 B 连锁群的情况很相似，也说明谷子在禾本科的分类地位是黍亚科。禾谷类作物比较基因组学的建立，为禾谷类分子遗传和育种提供了非常有价值的信息。禾本科植物的千差万别只不过是等位基因的差别，如果要对任一禾谷类物种的某个基因区域进行研究，就可根据它们的同线性，用研究领先的另一物种（如水稻）相同区域的信息，制作探针或引物来分离目的物种的基因片段。这对于研究落后的谷子来说意义尤为重大。

## 三、谷子糜子的分子标记及标记辅助育种

标记技术是育种栽培实践和理论研究中常用的技术，最初的标记多是形态标记，如利用苗色标记雄性不育系等，随着生物技术的发展，各种类型的标记陆续出现，首先是 20 世纪 80 年代左右以同工酶为主的蛋白质生化标记，然后是以 DNA 技术为基础的 DNA 分子标记，现在一般说的标记多是指 DNA 分子标记。分子标记技术快速发展，产生了很多的种类，并在遗传多样性分析、功能基因定位和克隆、特异性状育种等方面广泛应用。就谷子和糜子而言，谷子已完成了多种标记的开发，已有基本能满足研究和育种需要的标记数据库，而糜子的分子标记尚在开发和建立过程中，但由

于谷子和糜子有着较近的亲缘关系，谷子的很多分子标记可以为糜子所利用；另外，美国等国家开发的柳枝稷的分子标记，完全可以为糜子所利用，柳枝稷和糜子同属黍属，很多标记应该具有共享性。

## （一）谷子糜子的分子标记

分子标记有多种类型，包括 RFLP 标记、AFLP 标记、RAPD 标记、ISSR 标记、SSR 标记和 SNP 标记。谷子是最早开发 RFLP 标记的农作物之一，并在构建遗传连锁图谱和种质资源多样性及谷子起源研究中应用（Wang et al.，1998；Devos et al.，1998），但 RFLP 标记的基础是 DNA 分子杂交，这种技术操作复杂、费用高、污染严重，现在已很少应用。RAPD 标记仅利用 PCR 进行扩增，在遗传多样性研究中广泛应用，这也体现在谷子和狗尾草的多样性和进化关系研究中（Li et al.，1998）；但 RAPD 标记稳定性差，现在应用已很少。AFLP 标记的稳定性好于 RAPD，在谷子多样性研究和抗除草剂基因标记中有研究应用的报道。ISSR 标记因采用国际通用引物且好的稳定性在遗传多样性研究中应用较多，如在谷子不同种属的进化关系和谷子起源研究中，李伟等（2012）获得了很好的研究结果。RFLP、RAPD、AFLP 和 ISSR 比较等是在分子生物学发展初期开发的标记类型，对基因组序列未知的物种有普遍的应用价值，随着分子生物学研究的发展和基因组测序技术的进步，SSR 标记和 SNP 标记逐渐发展成为主流的标记技术，谷子上也表现了这种形势。

谷子最早的 SSR 标记开发来自对谷子一个抗旱差减文库 EST 序列的分析，共开发了 26 个 SSR 标记（Jia et al.，2007），但这些标记由于是保守的基因编码区，多态性较差。利用富集文库法，中国农业科学院作物科学研究所的贾小平等开发了 190 个多态性好的 SSR 标记（Jia et al.，2009），并构建了一个由 89 个 SSR 标记组合遗传连锁图谱。中国台湾的 Lin 等（2011）开发了 45 个 SSR 标记，并检测了这些引物的多态性表现。利用豫谷 1 号公布的基因组序列，印度国家基因组研究所的 Gupta 等（2012）开发了 170 多态性好的标记，但只对部分表进行了多态性分析。Pandy 等（2013）对公布的豫谷 1 号和张谷的基因组序列进行分析，得到了 21 294 个含 SSR 的序列信息，但只对很少几个标记进行了多态性检验，并构建了这些标记的物理图谱。但由于不了解这些标记的多态性信息，使用者很难从中找到有效的标记。中国农业科学院作物科学研究所谷子基因资源课题的张硕等（2013）利用豫谷 1 号基因组序列和谷子品种大青秸及青狗尾草 N10 的基因组序列进行比对，开发出来 732 多态性丰富的 SSR 标记，并利用 28 个包括谷子、青狗尾草和其他狗尾草属物种对这些标记进行了多态性鉴定，获得了每个标记的 PIC 值，构建了包括 732 标记的物理图谱，使得研究者很容易从中找到自己需要的标记。这些标记信息均已公布，标记的数量和有关信息基本能满足谷子及青狗尾草的功能基因组研究应用。

SNP 标记是指 DNA 单碱基多态性，由于其鉴定的是单个碱基的变异，在基因组中丰富程度很高，能够对基因进行高精细度的定位和标记。但这种标记依赖基因组测序的结果，只有知道了不同品种特定 DNA 片段的碱基序列，才能检测出这种标记。但随着测序技术的简单化和低成本化，用测序来确定基因型（GBS，Genotype by sequencing）正在发展成为日常应用的标记技术。SNP 标记多用于全基因组变异分析、单倍体基因图谱构建、功能基因的关联分析和特定基因的精细定位等研究。中国农业科学院作物科学研究所的谷子基因资源课题联合中国科学院上海生命科学院的国家基因研究中心，对由 916 份国内外材料构成的谷子核心种质进行了重测序，发掘出了 258 万 SNP 标记，经鉴定这些 SNP 在供试材料中发生的频次，找出了其中高频次发生的 SNP 标记 84.5 万个，构建了一个高丰度的谷子单倍型图谱，形成了谷子 SNP 标记的数据库，为谷子功能基因发掘和基因组变异的深入研究奠定了标记基础（Jia et al.，2013）。

## （二）谷子主要农艺性状和植物学性状的 QTL 发掘

在质量性状定位方面，王志民（1997）最早把青狗尾草抗茄克宁除草剂基因定位到 9 号染色体，其最紧密的连锁标记为 Xpsm176。牛玉红等（2002）对由一对显性基因控制的谷子抗拿捕净除草剂种质进行了分子标记研究，采用 $F_2$ 群分法，筛选了 330 对 AFLP 引物，找到了两个位于抗性基因一侧的连锁标记 AP1284 和 AP2350，它们与目标基因的遗传距离分别为 6.3cM 和 2.9cM。这些工作为进一步认识和利用这些基因奠定了基础。

在谷子数量性状分析方面，Wang（私人通信）等应用谷子 B100 和青狗尾草 A10 组培的 $F_2$ 和 $F_3$ 群体，用 RFLP 为标记分析了谷子的抽穗期、落粒性、株高、穗长、穗粗、分蘖数、穗下节长、颖壳色、米色、千粒重等数量性状的相关位点（QTL）。两个分别位于 4 号和 8 号染色体的 QTL 控制着谷子的抽穗期，这在很大程度上决定着谷子的早熟性，它们对抽穗期的贡献率为 65%，均表现一定程度的显性；落粒性受两个分别位于 5 号和 9 号染色体的 QTL 控制，5 号染色体的位点为部分显性，9 号染色体的为显性，它们对落粒性的贡献率为 31%和 22%，两个位点的作用效果累加；分别位于第四、第五、第八和第九连锁群的 4 个 QTL 位点，对谷子的株高遗传有着较高的贡献率，其中位于第五连锁群的位点贡献率最大，约为 30%，说明株高的遗传相对复杂；青狗尾草的穗下节远较谷子长，分别位于第五和第二连锁群的两个位点对穗下节的长度起主导作用，分别提供了 27%和 18%的贡献率，控制株高的基因对穗下节长度也有一定的作用；共发现了 5 个 QTL 位点控制谷穗的大小，控制穗长的两个位点分别位于 4 号、8 号染色体，控制穗粗的两个位点位于 3 号、5 号染色体，另一位于 9 号染色体的位点对穗长和穗粗均起作用；位于 5 号和 9 号染色体的两个位点分别控制着 25%和 13%的分蘖性，青狗尾草是分蘖基因的贡献者；谷子粒重的遗传控制比较复杂，两个分别位于 3 号、9 号染色体的位点有着较大的贡献率，也仅仅解释了 37%（分别为 11%和 26%）的贡献率，说明粒重受多个微效基因控制，这意味着粒重育种有着较大的难度；粒色一般认为由 3 个质量性状基因控制，分别为 K、

B和I，B位于7号染色体而I位于9号染色体，K基因未定出；小米的颜色受一对质量性状基因控制，该基因位于6号染色体的一个末端。综合这些结果可发现，谷子的这些农艺性状主要受少数的主基因位点控制，这些位点主要位于4号、5号、8号和9号染色体。数量性状的QTL分析严格地讲应采用重组群体（RI群体），而Wang等是采用$F_2$和$F_3$群体，可能在一定程度上影响结果的准确性，但就作为进一步分析的基础和常规育种而言，仍有一定的参考价值。

谷子分枝和分蘖性的QTL发掘（Doust et al.，2004）方面，谷子B100和青狗尾草A10构建的127个单株构成的$F_2$群体，用119个RFLP表来进行QTL发据；120个$F_3$家系在两个环境下的表型平均数来代表$F_2$，研究结果在两个环境下均在1号和5号染色体各发现一个可重复的控制分蘖的QTL，在3号染色体发现两个可重复的控制分蘖数的QTL；在两个环境下还发掘出了4个可重复的控制分枝的QTL，其中4号和6号染色体各一个，而5号染色体有两个。除这8个在两个试验中均显著可重复地控制分蘖和分枝的QTL外，还鉴定出了多个在单个环境下显著地控制分蘖和分枝的QTL。这些显著的QTL合起来解释了66%～73%的分蘖性表型变异和65%～99%的分枝性表型变异。利用在玉米中克隆的控制分蘖性的*tb1*基因为探针，将之定位到谷子的9号染色体的末端部分，这里也确实存在控制分蘖和分枝的QTL，但并不是主效的QTL。

穗和花是植物重要的生殖器官，也是产量构成的来源。Doust等（2005）利用谷子B100和青狗尾草A10构建的120个$F_{2:3}$家系群体，在不同种植密度下研究了谷子的码数、码密度、小花数和刚毛数4个穗部性状的遗传和主要QTL，在高密度和低密度下，分别鉴定出33个和38个统计显著地控制这4个性状的QTL。其中控制码数和码密度的各有3个QTL、控制小花数的6个QTL和控制刚毛数的2个QTL在两种密度下均达到显著水平，这些QTL合起来解释了50.0%～88.3%的表型变异。分析发现这些控制穗部穗码和小花的QTL多位于谷子的5号和9号染色，而这些谷子的5号和9号染色体的相应区段，正好和玉米的3号和1号染色体上被认为是“驯化基因区段”的染色体片段共线。根据这些共线性，找到了一些可能是控制这些QTL的基因。

Doust等（2012）利用谷子B100和青狗尾草A10杂交组合后代构建了一个由182个株系构成的重组自交系群体，对这182个株系在光照时间为12 h、13 h、14.5 h和16 h等不同的8个环境下进行了抽穗期等性状调查，构建了一个包括560个SNP标记、101个SSR标记和23个STS标记的遗传连锁图谱。在8个独立环境的试验中共获得16个控制抽穗期的QTL，其中有9个QTL在至少2个环境下是显著的；单位点QTL对表现变异的贡献率为2.5%～41.9%，每个环境下的QTL合起来对表型的贡献率为34.7%～88.1%，其中在4号染色体的一个主效QTL解释了23.84%的变异，且在5个环境下均表现显著。这些QTL主要分布在谷子的2号、3号、4号、5号、7号和8号染色体上，分析这些QTL位点所在的基因组区域，并和小麦、水稻、玉米、高粱、拟南芥等作物已知的控制生育期的基因进行分析，发现在小麦和拟南芥中的春化相关基因在谷子没有对应的 QTL，即春化相关基因在谷子中对调控生育期没有作用；和谷子生育期 QTL 共性的对应的在其他作物中控制花期的基因主要包括 CONSTANS 通路的 *SPA1*、*CO/HD1/CONZ1*、*HAP3*、*HAP5* 等基因；两个水稻上控制光周期的基因 LFL1 和 OsMADS5 其在谷子上的同源基因有相应的 QTL 对应。

## （三）谷子单倍型图谱构建和主要农艺性状 QTL 分析

随着第二代测序技术的实用化，对大批量样本进行测序成为可能，由此发展的构建以 SNP 标记为基础的单倍型分子标记图谱在多种作物上开展，并在此基础上开展了基于自然群体的全基因组关联分析，发掘和定位了大量功能基因位点，形成了单倍型标记的数据库，水稻、玉米、拟南芥等植物在这方面建立了良好的方法基础。中国农业科学院作物科学研究所利用第二代测序技术，对 916 份谷子核心种质进行了以 SNP 标记为基础的全基因组变异分析，该研究对每个品种进行 0.7×覆盖的测序，获得了约 0.3Tb 原始测序序列信息，从中发掘出了 2 584 083 个 SNP 标记，排除其中不常见的稀有 SNP 后，得到了一个由 845 787 个常见的 SNP 构成的单倍型图谱；同时对谷子品种大青秸和狗尾草品种 N10 分别进行了 45×和 39×覆盖的深度基因组组装测序，并将这些序列和已公布的豫谷 1 号及张谷的序列进行了变异的比对分析。根据 SNP 变异进行供试品种的群体结构分析，发现所有 916 份材料很清楚地分为两类：一类是春谷型，有 292 份材料，分布在中国北部及高海拔的冷凉地区，这些材料在异地的较温暖环境下普遍表现较短的生育期；另一类是春夏谷兼播型，有 624 份材料，分布在吉林及以南地区和低海拔地区，这些材料表现相对长的生育期。基因组变异分析表明，导致两种类型划分的主要有 14 个染色体位点，其中包括了已进行功能研究的控制抽穗期的 *HAP5C* 和 *FIE1* 基因。这 14 个基因组位点的发现，对于深入研究谷子在不同地区的适应和驯化有着重要作用。序列变异分析表明谷子基因组总的多样性（π）约为 0.001 0，界于籼稻的 0.001 6 和粳稻的 0.000 6 之间。谷子群体的连锁不平衡（LD）分析表明，谷子全基因组平均的 LD 约为 100kb，但基因组的不同位置 LD 变异很大，从几千碱基对到几十万碱基对，这就导致关联分析所定位的基因在不同的区域定位的精度将有很大区别。

谷子的全基因组关联分析对 916 个品种在北京、海南三亚、河南安阳、山西长治、辽宁朝阳等 5 个环境下进行了 47 个性状的统计，包括 18 个形态性状（苗色、花药色、叶枕色、粒色、分蘖数、分枝数、刚毛长、茎节数、株高、茎粗、抽穗期、叶长、叶宽、穗茎长等）、13 个产量相关性状（株高、穗长、穗粗、单株穗数、单株有效穗数、穗码数、码粒数、穗粒重、千粒重、单株粒重、生育期、单株草重等）、3 个生育期性状（抽穗期、开花期、成熟期）和 5 个抗病性性状（红叶病抗性、纹枯病等），分析这 5 个环境获得的表现型数据，并和基因组 SNP 单倍型变异进行关联，分别发掘出 126 个、92 个、131 个、177 个和 77 个达显著水平的 QTL，其中 59 个 QTL 在至少两个环境下表现显著。将这些 QTL 位点和拟南芥水稻等模式作物已知的基因进行共线性分析，发掘处理 17 个控制这些性状的谷子基因，其中包括花青素合成的 *C1* 基因。

对研究中包括的 518 个农家品种和 294 个育成品种进行比较分析，育成品种较农家品种在很多农艺性状上获得了大的改良，如分蘖数的减少、穗长和穗粒重的增加等，这些表型变异的遗传基础是基因组水平的选择。谷子育成品种和农家品种全基因组的比较分析发掘出了 36 个选择位点，这些育种选择位点的大小平均约为 200kb。把这 36 个育种选择位点和发掘出的控制性状的 QTL 联合分析，发现其中 16 个选择位点和发掘的 QTL 在基因组的位置相同或邻近，如单株分蘖数、单株成穗数、籽粒颜色等。

### （四）谷子分子标记辅助育种和将来的分子设计育种

相对于水稻等其他禾本科主要农作物，谷子生物技术育种和分子生物学研究起步较晚，近两年刚刚开始进行一些重要农艺性状的分子标记，分子标记辅助的育种的数据基础正在形成之中。分子标记辅助育种具有目标明确、不受环境影响、速度快等特点，在选择受环境性状影响大的基因型时有突出的优势，如抗病性状、品质性质、抗干旱盐碱等非生物胁迫性状，以及一些受环境影响大的产量性状等。但分子标记辅助育种要求提前知道控制这些性状的基因及其标记，只有开展了大规模的谷子功能基因的解析，充分了解了控制这些性状的基因的遗传，才能有效地开展标记辅助育种的有关工作。就谷子而言，目前分子标记辅助育种仅仅是个起步，但有水稻和玉米等作物的经验，有谷子常规育种技术的积累，谷子分子标记辅助育种结合常规育种技术，一定能够突破限制促进谷子育种水平的提高。生物技术育种的更高水平是全基因组分子设计育种，这不仅需要对控制这些复杂农艺性状的基因有深入了解，而且需要对自然群体中存在这些基因等变异有充分的了解，发掘和认识其中的有益等位变异，认识不同等位变异组合的互作及其效应，从而进行基因组水平上的分子设计，并在此基础上聚合优异等位变异，优化基因组合，并和常规育种技术结合实现基因组水平的分子育种。

## 四、谷子及狗尾草属组织培养的研究

### （一）谷子及狗尾草属组织培养

日本学者 Ben 等（1971）最早开展了谷子的组培研究，它们在添加 2,4－D 和 KT各 1 mg/L 或 2,4－D 1 mg/L，KT 2 mg/L 的 Blaydes 培养基上，培养处于四分体期到单核小孢子期的谷子花药，获得的 4 块愈伤组织经扩繁后，在添加 IAA 2 mg/L 和 KT 2～4 mg/L 的相同培养基上诱导出了再生植株。经细胞学检测，其中既有单倍体（2n＝9），也有二倍体（2n＝18）。这是谷子组织培养的首篇报道。许智宏等（1983）首次用谷子幼穗进行了愈伤组织诱导和植株再生。结果表明，2 cm 左右的幼穗容易进行愈伤组织诱导和经不定芽途径的植株再生；幼穗切段在 MS＋2,4－D 2.0 mg/L＋ KT 0.2 mg/L 的培养基上形成质密的白色胚性愈伤组织，太大或太小的幼穗则形成疏散的非胚性愈伤组织；胚性愈伤组织在 MS＋6－BA 2.0 mg/L＋ NAA 0.5 mg/L 的培养基上形成再生植株，并证明是由胚状体途径而再生。此后谷子的组织培养研究增多。Rao（1988）用成熟胚（种子）为外植体获得了愈伤组织和再生植株，并发现品种 ISE 315 的再生能力好于 ISE 212，说明谷子品种间的再生能力有差异。Reddy（1990）用 PGSE－L－126 等 4 种基因型的谷子进行了成熟胚和未成熟颖花的诱导培养。尽管用成熟胚为外植体获得了 75.46%～94.70%的愈伤组织诱导率，但由成熟胚而来的愈伤组织在 LS、MS 和 B5 培养基上均未获得再生植株，而由颖花形成的愈伤组织在 LS 培养基上形成了大量再生植株，说明未成熟颖花作为外植体好于成熟胚。在 Reddy（1990）分析的花粉母细胞期、单核小孢子期和双核小孢子期 3 个不同发育时期的颖花外植体中，它们的愈伤组织诱导率和植株再生率表现了显著差异。以 PGSE－L－126 为例，这 3 个时期的愈伤组织诱导率分别为 61.17%、17.35%和 0.60%，其愈伤组织的植株再生率分别为 47.16%、38.85%和 13.64%。说明花粉母细胞期是最佳时期。同时，4 种基因型之间的愈伤组织诱导率和植株再生率的差异也达到了显著水平，说明了基因型对愈伤组织诱导和植株再生的决定作用。在谷子组织培养中已采用的另一类外植体是无菌苗的茎尖（Osuna－Avila et al.，1995），在添加 2,4－D 或 2.4,5－T 不同浓度的 MS 培养基上，谷子无菌幼苗的茎尖也能形成胚性愈伤，并形成正常成熟的再生植株。2,4－D 的浓度为 2 mg/L 并添加 KT 1 mg/L 时，其培养效果好于其他任何处理。

王节支等（1998）检测了常用激素在谷子组织培养中的应用效果，认为 2,4－D 2 mg/L与 KT 0.2 mg/L 配合使用，是最佳的愈伤组织诱导培养基；6－BA 对分化成苗起主导作用，6－BA 2 mg/L 与 NAA 0.2 mg/L 是最佳分化培养基，分化率最高可达 60%；虽然 IAA 与 NAA 主要促进生根，但在谷子上 1/2MS 比 1/2MS 添加 NAA0.2 mg/L 分化的根多，移栽成活率高，狗尾草属的组织培养研究部分文献见表 3－4。

**表 3－4　狗尾草属的组织培养研究部分文献**

| 物种 | 外植体或起始物 | 培养基 | 结果与结论 | 文　献 |
| --- | --- | --- | --- | --- |
| 谷子 | 单核小孢子期花药 | Blaydes | 单倍体再生植株 | Ben et al.，1971 |
| 谷子和金狗尾草 | 幼穗 | MS | 经体细胞胚形成再生小植株 | 许智宏等，1983 |

（续）

| 物种 | 外植体或起始物 | 培养基 | 结果与结论 | 文献 |
|---|---|---|---|---|
| 谷子 | 幼穗胚性愈伤 | MS | 形成悬浮系及植株再生 | 杨丽军等，1985 |
| 谷子 | 悬浮细胞 | MS | 经原生质体形成愈伤组织 | 杨丽军等，1986 |
| 青狗尾草×谷子 | 幼穗 | N6 | 愈伤组织及植株再生 | 周俊彦等，1986 |
| 谷子 | 成熟胚（种子） | MS | 经愈伤组织形成大量再生植株 | Rao et al.，1988 |
| 谷子 | 种子 | MS | 形成原生质体再生植株 | 董晋江等，1989 |
| 谷子 | 未成熟颖花 | LS | 经愈伤组织形成大量再生植株 | Reddy et al.，1990 |
| | 成熟胚（种子） | LS | 未获得再生植株 | |
| 谷子 | 幼穗 | N6、MS | 高分化潜能胚性悬浮系 | 路铁刚等，1991 |
| 谷子 | 种子、幼穗 | MS、$KM_8P$、N6 | 成熟原生质体再生植株 | 赵连元等，1991 |
| 谷子 | 无菌苗芽尖 | MS | 成熟可育再生植株 | Osuna - Avila，1995 |
| 金色狗尾草 | 幼穗 | MS | 愈伤组织及植株再生 | 刁现民等，1997 |
| 青狗尾草 | 种子 | MS | 愈伤组织转化 | Brutnell，et al.，2010 |

除上述谷子的组织培养外，许智宏等（1983）和刁现民等（1997）分别完成了金狗尾草（*S. lutescens*）和金色狗尾草（*S. glauca*）的幼穗组织培养植株再生。这些工作综合起来形成了谷子及狗尾草属植物的组织培养技术体系，包括外植体类型、培养基与激素类型和培养条件等多个方面。

### （二）谷子的体细胞悬浮系建立和原生质体植株再生

在基因枪转化法发明之前，人们将禾谷类作物的转基因寄希望于悬浮系和原生质体培养，在这方面做了很多工作，谷子的原生质体培养在禾谷类作物中仅次于小麦，是较早完成的。谷子胚性细胞悬浮系的建立，最早由杨丽军和许智宏（1985）完成。他们从豫谷1号幼穗形成的胚性愈伤组织开始，在经修改的MS液体培养基上，成功地建立了胚性细胞悬浮系，获得了经悬浮细胞形成的再生植株，而且该悬浮系经一年多继代仍能保持再生能力。路铁刚和孙敬三（1991）也成功地建立了具有高分化潜能的谷子胚性细胞悬浮系。李名扬等（1990）对由幼穗愈伤组织建立的悬浮系的培养研究表明，低浓度的ABA可促进悬浮系体细胞胚发生，一定量的活性炭可促进胚状体发育成熟与出苗成株。杨丽军等（1986）报道了由悬浮系分离出原生质体，原生质体在KM8P和MS培养基上形成胚性愈伤组织。

谷子原生质体培养的首例成功报道见于 1989 年，董晋江和夏镇澳（1989）用晋谷 10 号种子诱导的愈伤组织，不经悬浮培养直接酶解原生质体，在修改的 MS 培养基上获得了原生质体再生植株。赵连元等（1993）用冀谷 11 为材料，将谷子愈伤组织分为质密型、松软型和松脆性 3 种类型，从松软型愈伤组织酶解得到原生质体，经 MS 和 N6 培养基协调培养，获得了大量再生植株。由于相对简单的基因枪转基因技术的发明以及农杆菌共培养法在单子叶植物上的成功突破，对原生质体培养的研究逐步减少，谷子上也没有进行过以原生质体为受体的转基因操作。

## （三）谷子体细胞无性系变异的表现和育种应用

体细胞无性系变异广泛存在于各种植物的组织培养再生植株中，虽然对产生这些变异的机制至今仍不十分清楚，但了解相关的变异规律不仅对指导谷子生物技术操作有利，也可直接利用这些变异，为遗传育种服务，因为育种的过程就是创造变异和选择稳定变异的过程。

刁现民等（1999）以华北地区育种中广泛应用的郑 407 为材料，分析谷子体细胞无性系当代及后代的性状变异，结果表明：无论是未成熟幼穗直接再生植株还是经愈伤组织再生植株，当代（$R_1$）均表现株高降低、叶片变窄变短、株型紧凑、穗长和穗粗明显变小、结实率降低，这些表现一部分是组织培养的生理后效应。愈伤组织再生植株出现了 30%左右各种程度的不育株。对再生和 $R_3$ 的分析表明，郑 407 体细胞无性系的变异率接近 10%，变异性状包括株高、抽穗期、叶长和穗长等，其中一些变异可为育种应用，$R_1$ 表现为一定程度不育的植株后代易出现变异；在水稻等作物中发现的 $R_2$ 纯合变异在谷子中也有发现。

为全面了解谷子体细胞无性系的变异规律和育种应用方法，刁现民等（2002）用豫谷 1 号、豫谷 2 号、高 39、冀谷 14、矮宁黄等多个品种在更广泛的范围，对变异频率、变异方向和后代稳定表现等进行了分析，结果表明，以 $R_2$ 株系为计算单位的谷子农艺性状变异频率为 13.0%，不同基因型的变幅为 4.3%～32.9%；变异涉及株高、抽穗期、穗粒重、出谷率、育性、抗病性等性状；$R_1$ 表现半不育的植株其后代 $R_2$ 出现变异的概率高；变异性状多数能做 $R_3$ 稳定并遗传给后代。对育种而言，一些变异向着不利于育种的方向，如晚熟、出谷率降低等；同时也存在着有利于育种目标的变异，如高秆晚熟的高 39 出现了中秆早熟变异系、株型松散的豫谷 2 号出现了多个紧凑株型变异、感锈的豫谷 1 号出现了抗性提高的变异等。虽然这些变异只占很小的比例，但在一定程度上克服了原品种的缺点，而且稳定快。由此可以认为，利用体细胞无性系变异在短时间内创造出有极大进步的全新品种的可能性较小，但对现有品种在个别性状的改良是可行的，而且为全新品种的培育创造和积累新变异。应用谷子体细胞无性系已培育出矮 88 和 T103 等新品种或品系，在育种和生产中发挥了一定的作用。

### （四）应用体细胞无性系筛选耐盐突变体

利用体细胞无性系筛选耐盐突变体在小麦、水稻等多种作物上都有实践，陆卫等（1994）用谷子幼穗来源的胚性愈伤组织，经甲基磺酸乙酯（EMS）诱变处理，再经连续筛选培养，获得了一个耐盐性稳定的变异系，并再生成植株。对无盐压条件下生长 3 代的耐盐细胞系的生理生化分析表明，其对氯化钠和聚乙二醇引起的离子和水分胁迫有较强的抗性。在无盐胁迫的条件下耐盐系的相对细胞渗透势低于对照，而游离脯氨酸含量和超氧化物歧化酶活性则分别高出对照 105%和 90%。

### （五）谷子组织培养在远缘杂交育种中的应用

狗尾草属生物技术研究的其他报道：谷子与近缘野生种进行远缘杂交的杂种幼胚培养（罗新谈等，1993；刁现民等，1994）和杂种一代不稳性的克服（周俊彦等，1988）。在远缘杂交中，杂种不发育及杂种不稳是经常遇到的难题，利用组织培养为解决这些问题提供了方便，并在谷子同其近缘种的杂交实践中积累了一些经验。

## 五、谷子的遗传转化技术及进展

### （一）基因枪法转化谷子研究

禾谷类转基因包括基因枪法和农杆菌共培养法，这两种方法在谷子上均已有研究报道，由于研究的单位和人员明显少于其他作物，在技术的成熟上也同其他作物有一定的差距。1999 年和 2000 年（董云洲等）先后报道了用 JQ－700 基因枪转化谷子花粉和未成熟幼穗，经卡那霉素筛选，获得了转化体。刁现民等在董云洲等的报道前后用同样的方法，进行了 3 年试验，均未获得转化体，原因有待进一步分析。但从适合谷子的选择标记的类型分析，卡那霉素对谷子的愈伤组织无效，PPT 等 Bar 基因的选择谷子转化体有一定效果，最好的则是用潮霉素选择。这同水稻、玉米、小麦等其他禾谷类作物是一致的。同时用卡那霉素为选择标记，还产生大量的白化苗，使得再生困难（刁现民等，2003）。

1999 年，刁现民等用包含 ubi1 启动子启动 *GUS* 的基因的质粒 pAHC25 进行谷子的转化，用 *GUS* 基因的瞬时表达量为指标，系统分析了 JQ－700 基因枪转化谷子愈伤组织的影响因素，建立了以下操作方法：钨粉包被质粒 DNA 用量以 3$\mu$g/mg 钨粉，$CaCl_2$ 浓度 1.5 mol/L，亚精胺浓度 40 mmol/L 为最佳，过高的 DNA、$CaCl_2$ 和亚精胺加入量均显著降低转化率；JQ－700 基因枪样品室高度 7 cm，轰击速度 400～450 m/s 转化，较其他高度和速度下转化瞬时表达率高；每次转化的愈伤组织用量对转化也有影响，以 1～2 g 时 *GUS* 的表达最多。用该方法共轰击豫谷 1 号的胚性愈伤组织 9 批（刁现民等，2003），在 bialaphos 含量为 2～3 mg/L 的选择培养基上从处理的 653 块愈伤组织中，获得了 29 块抗性愈伤组织，其中 3 块为 *Gus* 阳性。从抗性愈伤组织再生的 52 株再生植株中，用 PCR 和 Southern 杂交证实 7 株为转基因植株。转基因植株的叶片可抗 0.1% bialaphos 涂抹。转入的基因能稳定遗传给后代，从 $R_4$ 代选出了 3 个 *bar* 基因纯和系。

### （二）农杆菌共培养转化谷子研究

农杆菌共培养转化相对于基因枪法具有操作简单、费用低、转入的目的基因多为单拷贝等优点，是植物转基因技术的主攻手段。由于禾谷类作物不是农杆菌的天然寄主，转化难度大，随着对转化机制的深入了解和转化条件的细化，共培养转化在水稻、玉米等禾谷类作物取得了成功，这为谷子的共培养转化提供了参考材料。王永芳等（2003）对农杆菌共培养转化谷子各影响因素进行了分析，初步建立的谷子农杆菌共培养适宜转化体系，以幼穗诱导的愈伤组织为转化材料，农杆菌浓度 $OD_{600}$ 为 0.5，乙酰丁香酮为 100μmol/L，浸菌附加超声波或真空处理，22℃共培养 2～3 d 后水洗 2 遍，于含羧苄西林钠和头孢唑林钠各 250 mg/L 的 0.1%甘露醇浸泡 30 min 除菌，接于 MS＋PPT 1.0 mg/L＋羧苄西林钠 250 mg/L＋头孢唑林钠 250 mg/L＋ CH 1.0 g/L＋甘露醇 10 g/L 上进行筛选，类似培养基中继代和再生，最后于 1/2MS＋NAA0.5 mg/L＋PPT1.0 mg/L 中生根成为完整小植株。用含 *Bt* 基因的双元载体农杆菌 LBA4404 和 EHA101，他们所建立的转化程序，对豫谷 1 号、高 39、鲁谷 10 号等优良品种的愈伤组织进行了转化。共获致密型抗性愈伤组织 75 个，经再生获得 35 株抗性植株。

美国康奈尔大学 Brutnell 等（2010）利用青狗尾草 A10 的种子为外植体，建立了青狗尾草农杆菌共培养的转化技术体系，并且这个体系在经常更新。这为利用青狗尾草和谷子结合、形成功能基因研究新的模式系统奠定了外源基因转化的技术基础。

综合已有的结果，虽然用基因枪法和农杆菌共培养法均获得了转基因植株，但适合谷子的稳定高效的转化体系仍需进一步努力，特别是以农杆菌为主的高效转化率和有效选择，这是谷子转基因技术以后的主攻方向。

## 六、谷子作为功能基因组研究模式作物的发展方向

谷子是二倍体自花授粉作物，单倍体 DNA 含量仅为 0.50～0.52pg，基因组全长为 490～515Mb，这在禾本科作物中是很小的，尤其是在谷子所属的黍亚科中基因组很小；同时谷子基因组的重复序列为 36%～40%，即重复序列占的比例少；同时，谷子和青狗尾草生育期短，植株相对矮小，占据空间小，这些方面均使谷子具有基因组研究的方便。谷子基因组测序的完成和多个品种重测序的实施，建立了基因组信息的数据基础，一个以谷子和青狗尾草为平台的新的功能基因组研究模式体系正在形成。中国在谷子研究方面，具有显著的资源优势，这为我国谷子功能基因组研究走在国际前列提供了帮助。

模式作物在很多研究方面起着领军的作用，在基础理论和方法研究中站在最高水平。利用拟南芥和水稻，在植物成花分子机制、激素信号系统等很多方面取得了众多突破，使植物学、作物遗传育种学有了新的发展。但仅有拟南芥和水稻等模式作物是不够的，拟南芥是双子叶植物，许多代谢机制不同于单子叶植株；水稻虽是禾本科单子叶植物，但仍不能解决诸如 $C_4$ 光合代谢、黍亚科特殊的很多基础问题，而这个黍亚科包括了玉米、高粱、珍珠粟、柳枝稷、谷子、糜子等全世界最重要和广泛种植的作物。而谷子作为新的功能基因组研究的模式作物，首先可服务于本亚科的玉米、高粱、珍珠粟、柳枝稷、糜子等禾谷类作物，其研究基因和机制可直接用于这些作物的遗传改良，因为谷子和这些作物有着相对近的进化关系。其次谷子作为模式作物可用于 $C_4$ 高光效光合机制的研究，主要农作物中有 $C_3$ 和 $C_4$ 两种光合途径。$C_4$ 植物不仅光合效率高，能充分利用光能固定 $CO_2$，还具有较强的抗旱性，水分利用效率高；同时，$C_4$ 作物在营养高效利用方面也较 $C_3$ 作物具有显著的优势。因此，研究 $C_4$ 途径的分子机制，已成为一个热点，而谷子和青狗尾草基因组特点、植物学形态、在 $C_4$ 作物进化中的地位，都促使其成为 $C_4$ 途径研究的模式作物，如盖茨基金资助的 $C_4$ 水稻项目利用的就是青狗尾草来筛选突变体，克隆导致 $C_4$ 途径突变的基因。利用谷子和青狗尾草作为模式作物研究的第三个方向是非生物胁迫抗性，如抗旱性、耐盐性等，谷子和青狗尾草的抗旱性突出是公知的，但其抗旱性的分子机制至今不清楚，目前完成的谷子基因组测序和重测序等数据基础，构建的突变体库等为深入研究谷子的抗旱性，解释作物抗性的机制，并发掘利用谷子抗旱的有益基因提供了机会。除作为黍亚科的模式作物、$C_4$ 光合途径和非生物学胁迫抗性这 3 个突出的方向外，谷子在植物比较遗传学、禾本科株型架构的分子机制、作物驯化的遗传基础等方面，也是很好的研究材料，对这些领域的深入研究，必将促进植物遗传、基因组学和育种学的长足发展。

## 第六节　谷子糜子良种繁育与生产

谷子、糜子良种繁育与生产，指的是按照种子生产技术规程，对新育成优良品种和现有优良品种采用配套的优良栽培技术，迅速扩大繁殖，生产出市场需求和质量合格的生产用种，其目的是保持良种种性，防止品种混杂退化，保证生产上有高纯度、高质量的种子。由于种子市场要求品种种类齐全，种子数量充足、质量优良，因此良种繁育与生产不仅是谷子、糜子品种选育的继续，也是品种推广的重要环节，对提高谷子、糜子生产水平有重要意义。

种子是谷子、糜子重要的生产资料，我国历来都非常重视谷子、糜子的良种繁育与生产。早在西汉的《氾胜之书》中就注意到谷子“穗选”的重要性，《齐民要术》中对谷子品种混杂的弊病记载得更为透彻，认为“种杂者，禾则早晚不均，舂复减而难熟，粜卖以杂糅见疵……所以特宜存意，不可徒然”，还详细记载了防止混杂的方法和留种田的管理措施。中华人民共和国成立后我国对良种繁育与生产工作非常重视，不仅在各地建立了良种场，专门繁殖优良品种种子，还健全了良种繁育体系，完善了良种繁育规程，如山西省种子公司制定了《谷子原种生产技术规程》，河北省农林科学院谷子研究所制定了《谷子种子生产技术规程》，并提出“谷子良种良法小包装”供种法；糜子上，王玉玺等也总结提出良种繁育必须做到种子生产专业化、种子质量标准化、品种布局区域化，并以县乡为单位统一供种，这对保持谷子糜子遗传纯度和增产优势、促进谷子、糜子生产发展都起到了积极推动作用。

## 一、品种混杂退化的原因及其防杂保纯措施

品种混杂是指一个品种中混合了非本品种的个体或其他作物的种子，降低了品种的使用价值；品种退化是指品种在生产栽培过程中种性发生了变异，致使失去品种原有的生物学特性和优良经济性状，生产力降低，抗逆性减退，产量下降，品质变劣等。品种混杂退化随时不同的两个概念，但常有共同表现和内在联系，混杂常加速退化，退化也加速了混杂。

### （一）品种退化的原因

新育成品种由于本身处于一个遗传平衡的状态，群体中各个体的繁殖力和成活率相等，可以代代维持相对恒定，一般遗传组成不会改变，一旦受到某些因素影响，原有遗传平衡被打破，则可能导致基因型频率发生变化，引起群体内植株高矮不齐，早晚不一，产量降低，品质变劣，抗逆性减弱等。引起品种混杂和退化的原因比较多，概括起来有以下几个方面：

**1. 机械混杂**

在良种繁育过程中，由于条件限制和人为过失，种、收、脱、晒、储、运等环节操作不规范，可能导致不同品种种子混入，前作、杂草、留生糜子、野谷子、野糜子等清除不净，造成混杂。机械混杂在工作各个环节都可能发生，是自花授粉作物品种混杂的最主要原因。机械混杂后的种子若不及时清选，一些繁殖系数较大的混杂种子在群体中占的比例会逐年加大，使良种变劣，甚至会进一步产生生物学混杂。

**2. 生物学混杂**

生物学混杂是不同品种的花粉与本品种杂交，导致产生新的杂种和分离群体，生产上称之为“串花”“串粉”，其遗传实质是基因的迁移。谷子、糜子虽是自花授粉作物，自然异交率只有2%～3%（有的品种甚至高达10%），但繁育过程中发生自然杂交产生的变异植株随繁殖世代增加而不断增加，很快会使品种发生混杂而致种性退化。例如，糜子糯性品种中混入粳性品种，粳糯杂交，粳性为显性，随世代增加，粳性的比例越来越大，容易使糯性失去使用价值。

**3. 基因突变与基因分离重组**

一个品种即一个相对稳定一致的纯系，由于纯系中个体间的遗传性或多或少存在一定差异，虽然一个新育成品种在主要性状上表现一致，但还是难免仍然有一些残余杂合的异质基因存在，特别是一些有微效多基因控制的数量性状，更不可能完全纯合，种子繁殖过程中，异质基因可能发生分离重组导致个体性状间差异加大；同时一个品种也可能由于基因自然突变产生变异植株，使品种一致性和纯度下降，导致品种混杂退化。

**4. 不良环境条件和栽培管理技术造成混杂**

品种的优良性状都是基因与环境互作的结果，每个品种都有其适宜的生长发育环境和配套的栽培管理技术，离开适宜环境（适宜的气候和土壤条件）优良种性就难以发挥，并可能引起不良变异和病变，栽培管理技术不配套也有可能造成品种数量性状的不良变异和退化。此外，良种繁育过程中，由于不了解选择方向和不掌握被选品种特点，进行不正确的选择，也会造成品种群体不稳定，引起混杂退化。

## （二）防杂保纯措施

防杂保纯是良种繁育的任务，品种的防杂保纯涉及种子生产的各个环节，技术性强，时间连续性长，要做好这项工作，除了要树立防杂保纯的意识、充分认识做好这项工作的重要性外，更要加强组织管理，做好规划，严格操作技术，科学繁育。

**1. 加强管理，建立健全良繁体系，实施良种区域化布局**

健全的良种繁育体系是良种繁育工作的组织保证，由于谷子、糜子繁殖系数大，一般繁殖系数200～300倍，因此良种繁育体系可以简单化，通过原原种、原种和生产用种三级繁育体系可直接向生产供种，这样更有利于防治品种的混杂和退化，同时根据群众常有田间选留谷子、糜子良种的习惯，科技部门可以通过培训和宣传，指导群众依据品种种性选穗留种，使专业化种子生产供应与群众化选种留种结合起来，防止品种的混杂退化。谷子、糜子生产的区域性很强，各地应该因地制宜，根据区域生产条件和品种适应性，搞好谷子、糜子的品种布局，合理确定不同区域主栽品种和搭配品种，然后组织良种繁育。

**2. 制订严格的繁育计划，认真执行种子生产操作技术规程，防止机械混杂和生物学混杂**

谷子、糜子是小作物，种植面积年际间波动比较大，更兼繁殖系数大用种量小，政府部门应该根据产情需要和市场需求，制订严格的繁育计划，避免临时收购造成品种混杂。由于机械混杂是引起自花授粉作物谷子、糜子品种混杂的主要原因，因此良种繁育过程中要认真落实种子生产技术规程。要合理安排种子田，避免前作落粒和残留种子造成的混杂，一般应该选择3年以上没有种植过谷子、糜子的田块，要选择合适的种子繁殖田隔离区，一般原原种和原种间繁殖田隔距离应该在48 m以上；在种源种子接收发放中，要严格检查种子的包装和标识及真实性和纯度，认真做好种子检验检疫；种子播种过程中，要专人负责操作、严格检查农机具造成的混杂，种子处理和播种机具要清净，谷子、糜子生长期间要严格拔除杂劣株，且要在生长发育的不同时期分次进行，同时随时防治病虫害；在种子收割干燥过程中，必须做到单打、单收和单藏，并标明品种名称、产地、质量等级和生产日期等，以免混杂。

## 二、良种繁育与生产的条件

### （一）良种繁育与生产品种应具备的条件

根据《中华人民共和国种子法》相关规定，种子生产者繁育的品种应该是国家、省市审定或者认定登记的品种，未通过审定和认定登记的品种不能进行商业化种子生产。同时，种子法也规定，国家实行植物新品种保护制度，如果繁育生产的种子其品种保护权不属于种子生产者，应获得品种权人的授权或者品种转让协议。此外，用于良繁生产的转基因品种还应该办理农业转基因生物安全证书。目前国家谷子品种鉴定委员会和国家小宗粮豆作物品种鉴定委员会负责谷子糜子的鉴定工作，谷子、糜子主产省份实行谷子、糜子品种的审定和认定登记，凡通过国家农业技术推广中心组织的谷子、糜子品种国家鉴定，或者省级品种审定或认定登记，方可进行良种繁育与生产。

### （二）良种繁育生产商应具备的条件

根据《中华人民共和国种子法》相关规定，种子生产商应该具备的条件包括：具有种子生产相适应的资金、生产设施、检验设施和种子生产专业技术人员和检验人员。由于谷子、糜子用种量比较小，目前一些主产区将谷子、糜子的种子生产纳入主要农作物种子繁育计划进行管理，但大部分产区谷子、糜子种子繁育处于自主自留状态，一些专业的种子生产商在繁育优良品种，从事育种工作的科研单位也进行种子繁育。

### （三）良种繁育应具备的生态和生产条件

每个品种都是在一定生态条件下育成的，因此品种的生态适应性是良种繁育的前提条件，要提高种子生产的质量和数量，就必须考虑品种的生态类型和生产条件。种子繁育的生态和生产条件包括气候条件、地形地貌与土壤条件、授粉条件、病虫害发生条件，以及机械化条件、交通条件、生产基地的社会化组织程度等。虽然谷子糜子抗旱耐瘠，对种子繁育的生态和生产条件要求不严，但为了提高种子繁育的质量和产量，也应该选择光热资源相对富足、地势平坦、排灌便利、土壤肥力较好、病虫害发生轻、交通便捷、农业生产水平和组织化程度较高的适宜区域进行良种繁育，繁育过程中要统一技术、统一管理。

## 三、良种繁育与生产的方法

### （一）良种繁育的一般程序

一般和其他作物一样，谷子、糜子良种繁育的程序也是按原原种（育种家种子，basic seed）、原种（original seed）、良种三级程序进行的。

**1. 原原种**

原原种亦称育种家种子，就是育种家育成的遗传性状稳定的品种或亲本种子最初的一批种子，是用来生产原种的种子。育种家种子的品种典型性最强，其植株在良好的生长条件下表现的主要特征特性就是该品种或亲本的性状标准。原原种生产由育种单位或指定繁种的部门按照原原种生产技术规程来生产，主要是对原原种群体进行典型性鉴定和扩大生产，可以根据预试种子数量，选择种子生产条件优越的地块生产，生产种子过程中在苗期、拔节孕穗期、灌浆成熟期不同阶段按照品种典型特征拔除杂株病株，收获时单收、单打、单储。

**2. 原种**

用原原种直接繁殖或通过三圃法提纯复壮所生产的种子，达到原种国家质量标准的种子称原种。原种的性状典型一致，主要特征特性符合原品种的典型性状，株间整齐一致、纯度高，生长势、抗逆性和生产力等略有提高或不降低，种子质量好，籽粒成熟充分、饱满一致，发芽率高、无杂草及霉烂种子，不带检疫病虫害等。

原种生产由良种场按照原种种子生产要求进行繁育，用于生产良种的种子。二圃制原种生产需要经过单株选择、株（穗）行鉴定、原种扩大繁殖过程，三圃制原种生产则需要经过单株选择、株（穗）行鉴定、株（穗）系鉴定、原种扩大繁殖过程，与二圃制生产原种相比，三圃制生产原种增加了株（穗）系鉴定。通常情况下，谷子、糜子籽粒小，繁殖系数高，二圃制原种生产就能满足生产要求，品种混杂退化严重时，可采用三圃制方法生产原种。

**3. 良种**

用原种繁殖的种子称良种，良种是由原种繁殖而来的，特征特性和质量经检验符合要求，供应大田生产播种用种。良种田栽培措施可以参照原种田进行。良种按照纯度、净度、发芽率为主要依据进行分级，等级内种子必须有正常的色泽、气味、千粒重，入库储藏种子水分含量必须在14%以下。一般良种分三级，不同级别有不同的要求。例如内蒙古自治区对糜子二级良种的要求是：最低纯度96%，最低发芽率93%，最低净度96%，最高含水量14%。

### （二）常规品种原种生产方法

常规品种原种生产方法技术较为简单，用育种单位提供的原原种种子生产原种，常用的是三圃法，由3个环节组成：培育单株，优中选优；株系鉴定，纯中选纯，优中选优；集中优系，混合留种，高位繁殖。

**1. 培育单株，优中选优**

建立选择圃的前一年，在纯度相对较高的大田里，选择符合原品种典型性的若干单株作为次年的种子，数量需要 50～100 g 的播种量。次年建立选择圃，行距较生产上采用的略宽些，株距 10 cm，株行距要匀，土壤肥力要匀。抽穗期在田间选一次单株，蜡熟期在田间复选，入选株一般不能少于 1 000 株，且需成熟一致，经室内考种株高、穗长、结实情况（目测）、单株粒重、千粒重、粒色、粳糯性等后，淘汰劣株，单株脱粒留种。

**2. 株系鉴定、纯中选纯、优中选优**

将上年入选的单株建立株系圃，观察记载出苗期、抽穗始期、抽穗盛期、成熟期、杂株数、抗逆性、收获株数与小区产量，考种记载株高、穗长、结实情况（目测）、单株粒重、千粒重、粒色、粳糯性等后，优中选优，淘汰劣系。为了防止天然异交，在条件许可的情况下每株系种植不少于 3 行，小区面积不小于 10 $m^2$，每隔 9 区种 1 区原品种做对照；同时田间在开花前和蜡熟时至少去杂两次，凡出现杂株的株系均要淘汰，收获时杂株区的临近区也应淘汰。

**3. 混合留种、高倍繁殖**

由入选株系混合留种形成原种圃，由原种圃扩繁收获的种子称复壮原种或原种。原种圃扩繁要求土地肥沃，倒茬 3 年，宽行距，精播，精细管理，力争较高产量。原种再扩繁一代后可供大田使用。

**4. 常规品种原种田的栽培管理**

谷子和糜子常规品种原种田的栽培管理有相似点，同时也有不同之处。原种田栽培管理要比大田用种的要求更高些。要选择土地肥沃、地力均匀、排灌方便、前茬一致、集中连片且倒茬 3 年以上的地块建立原种圃，原则上要和其他品种谷子、糜子花粉来源地至少有 20～50 m 的隔离区，也可采用河北省谷子种子生产技术规程提出的原种隔离区 48 m 的标准。整地要细，使土壤疏松，达到上松下实，上平下碎。水浇地要足墒播种，旱地要“三九”轧地，早春耙耢保墒，使土地水分保持达到能播种状态。底肥应秋施，结合秋整地施农家肥 30 000 kg/$hm^2$ 左右。要根据各地气候条件及品种生育期不同，选择适宜时间播种，提倡足墒播种，一般当地气温稳定在 8～10 ℃时播种。在中国北方谷子一般 4 月下旬至 5 月上旬播种，糜子一般 5 月下旬至 6 月上旬播种。夏播区谷子、糜子一般 6 月中下旬播种。播种前精选晒种，去除病粒、秕粒、破损粒；用含有防病、虫药剂进行拌种，或用专用种衣剂对种子进行包衣处理。种植密度要比大田小，按大田密度 90%种植。出苗后，在 2～3 叶期，及时镇压；4～5 叶期及时中耕除草；拔节孕穗期加强肥水管理和病虫害防治。

去杂去劣是原种繁育中一项十分重要的工作，要依据谷子、糜子生长发育的特点，在品种典型性状表现突出的开花前和蜡熟期进行去杂去劣，同时适时去除谷子、糜子的伴生杂草谷莠子和野糜子。在谷子、糜子成熟后，要适时收获，单收、单晾、单脱，防混杂。

## （三）杂交种繁育与生产方法

杂种优势利用是大幅度提高作物产量、品质和抗逆性的有效途径，伴随着我国谷子杂种优势利用研究取得了巨大进展，谷子杂交种繁育技术也日趋成熟。早在20世纪60年代，我国先后研究出质核互作三系法、高度雄性不遇两系法和显性核不育三系法，但是由于一些技术问题没有解决，因此未能应用于生产。20世纪90年代，河北省张家口市农业科学院研究成功谷子光温敏两系法杂种优势利用新途径，由于光温敏雄性不育系在短日照、高温条件下表现可育（用于繁种），在长日照、低温条件下表现不育（用于制种），恢复源广且易于选择强优势杂交组合，解决了不育系繁种产量低、杂交制种产量低和杂交种纯度低的问题，经过近10多年的探索，形成了谷子光温敏两系制种技术体系，杂交制种产量已由最初的300 kg /$hm^2$左右提高到目前的2 250 kg /$hm^2$，繁殖系数300倍以上，达到了产业化应用水平。

**1. 谷子光温敏不育系繁种**

谷子不育系繁殖系数是谷子杂交种能否达到产业化应用水平的关键，利用谷子光温敏核不育系在一定温度诱导下能自交结实繁殖，在其他温度诱导下表现雄性不育的这一特性，冬季可以在海南繁殖不育系，保证了用于杂交谷子制种的不育系繁种获得较高产量。

**2. 光温敏两系杂交谷子制种**

（1）制种田选择。谷子光温敏雄性不育系在北方长日照、相对低温环境条件下表现不育，随着日照时数减少、气温升高，不育度有降低趋势。经多年探索，综合考虑产量、杂交率以及能否正常成熟等因素，河北省张家口和承德市坝下日平均气温稳定通过10 ℃、年活动积温2 600～3 500 ℃的地区为春播品种适宜制种区；日平均气温稳定通过10 ℃的年活动积温4 400～4 800 ℃的地区为夏播品种适宜制种区。为了保证谷子光温敏不育两系杂交种的纯度，要求选择地势平坦开阔、土质肥沃、可及时灌溉、前茬没有种植谷子的沙壤土地块制种，同时谷子杂交制种田与相邻异品种种植田块的距离≥200 m，也可以在周围种植玉米、高粱、大麻等其他高秆作物做屏障进行隔离。

（2）科学播种。要根据父母本从种植到开花所需的时间来确定父母本是同期播种还是错期播种，错期播种覆土深度要一致，避免由于出苗不一致导致的花期不遇。现有错期播种品种张杂谷5号、张杂谷6号、张杂谷9号和张杂谷10号在张家口地区制种时，一般早播亲本75%出苗（1叶1心）时，再播另一亲本。播种方法采用平播或条播方式均可，播种深度2～3 cm为宜，播后要及时镇压。一般母本用种量7.5 kg/$hm^2$左右，父本用种量3.75 kg/$hm^2$左右；父母本种植行数比为2∶6或1∶3，父本行距33 cm，母本行距20 cm。为保证苗全，要求足墒播种，播种前，结合整地施足底肥，可施农家肥4.5万kg /$hm^2$ 和磷酸二铵375 kg /$hm^2$。

（3）田间管理。在苗高 5～6 cm 时要拔除杂株，进行间苗和定苗。土壤肥力高时可适当密植，反之应稀植。一般春播时父本株距为 25 cm 留苗密度约 3.6 万株/$hm^2$，母本株距为 10 cm 留苗密度约 3.0 万株/$hm^2$；夏播时父本株距为 10 cm 留苗密度 9.0 万株/$hm^2$，母本株距为 7 cm 留苗密度约 45.0 万株/$hm^2$。一般制种田 5～6 叶期进行一次中耕，要浅锄、细锄，达到灭草不埋苗；8～9 叶期进行第二次中耕，要求深锄、细锄，达到灭净杂草并向植株根部培土。在抽穗期和灌浆期各浇 1 次足水，当父本苗高 30 cm 时，要结合中耕追施尿素 150 kg/$hm^2$；父母本抽穗前，结合浇水，追施尿素 225 kg /$hm^2$。

（4）去杂去劣。父母本都要严格去杂去劣，分 4 次进行。拔节期根据株高、叶色及分蘖能力等主要性状，第一次去杂去劣，将杂、劣、病株以及可疑株连根拔除；开花期根据株型、穗型、颖色等主要性状进行第二次去杂去劣，及时拔除父本和母本行中的杂株；收获前进行第三次去杂去劣，拔除母本行中的杂穗；脱粒前进行第四次去杂去劣，去除母本穗中的父本穗、结实较满的母本穗和其他杂穗。

（5）花期调节与辅助授粉。花期是否相遇决定了杂交制种的产量和质量，因此花期调节非常重要。因干旱或其他原因影响父母本不能正常出苗时，可采用大、小苗同留或促控的办法，尽量使父母本生长发育同期。拔节后采用解剖植株的方法预测花期，当花期不遇时，对生长发育滞后的亲本可采取早中耕、多中耕、偏水偏肥、根外追肥等措施，促其生长发育；或对生长发育超前的亲本采取深中耕断根、适当减少水肥等措施，控制其生长发育；或者同时使用上述两种方法，从而使母本比父本早开花 1～2 d，达到花期相遇。自花授粉作物谷子必须进行人工辅助授粉，当父本开花后，每天早晨母本旗叶无露水时，将父本穗向母本穗扑打，直到父本花粉散尽。授粉太早，花粉遇水破裂；授粉太晚，父本花药开裂，花粉散落，减少了母本的授粉量。授粉期一般为 10～15 d。

（6）收获和脱粒。父母本应单独收获，先收获父本，严格剔除混在母本行中的父本穗。母本收获一般在腊熟末期进行，当谷穗由绿变黄，谷粒已变为坚硬状、表现出籽粒正常的大小和色泽，颖及稃全部变黄，种子含水量约 20%时即可收获。收获后及时晾晒，定时翻动，防雨防霉变。脱粒前要去除母本穗中的父本穗、结实较满的母本穗和其他杂穗然后脱粒，以防混杂。

## 四、种子质量监控

### （一）种子质量

种子质量一般分为品种品质和播种品质两个方面，是品种真实性，种子纯度、净度、发芽率、含水量和活力等指标的综合反映，事关千家万户的利益和农业生产的发展。种子质量的品种品质指的是种子内在的价值，如真实性和纯度；播种品质则是指净度、饱满度、发芽率、含水量、活力、容重和病虫害感染率等。合格种子的纯度、净度、发芽率和水分 4 项指标应该符合国家种子质量标准，和其他作物一样，谷子、糜子也对种子质量标准进行了规定，根据 GB 4404.1—2008 中的记载标准，谷子、糜子种子质量如表 3-5 所示。

**表 3-5 谷子、糜子种子质量**

| 作物名称 | 种子类型 | | 纯度（≥%） | 净度（≥%） | 发芽率（≥%） | 水分（≤%） |
|---|---|---|---|---|---|---|
| 谷子、糜子 | 常规种 | 原种 | 99.8 | 98.0 | 85 | 13.0 |
| | | 大田用种 | 98.0 | 98.0 | 85 | 13.0 |

## （二）种子检验

种子检验是对种子质量进行分析测定、判断种子质量优劣、评定种用价值的技术措施，种子检验工作不仅对正确划定良种等级，保证种子质量，实现种子标准化，促进良种繁育工作有重要意义；对保证生产上纯度高、质量好品种的用种安全，推动大田用种原（良）种化以及对种子安全储藏运输，防止检疫对象的病虫害和杂草随种子调运传播等也有着重要意义。

种子检验包括种子生产田间检验和收获后检验两部分。田间检验主要采用目测法，对留种田内品种的生育状况、纯度、病虫害等进行鉴定；室内种子检验主要是对含水量、发芽力、纯度、净度、病虫害等的检验，一般在种子入库前、储藏中和播种前分 3 次进行，以确定种子等级和能否作为播种用种。

**1. 种子检验规则**

品种纯度指标是划分种子质量级别的依据。纯度达不到原种指标的降为一级良种，达不到一级良种的降为二级良种，达不到二级良种的为不合格种子。

**2. 种子检验的项目**

种子检验的项目包括品种品质的检验和播种品质的检验。品种品质的检验是对品种真实性和纯度的检验，同时对病虫害感染程度、杂草和异种作物混入程度进行检查，其检查方法分田间和室内检验两种。播种品质的检验是在种子入仓时，储藏期间及播种前进行的种子净度、发芽率和发芽势、含水量、千粒重及病虫害感染率的检验。

**3. 检验总结**

检验合格的种子，由检验单位签发检验合格证，按国家规定的分级标准，评定等级，作为经营、利用的根据。检验不合格的种子，由检验单位填写检验结果单，根据受检验种子的不同情况，分别提出停止使用、改变用途或精选处理等意见。

**4. 检验方法**

扦样按 GB/T 3543.2 执行，净度分析按 GB/T 3543.3 执行，发芽试验按 GB/T 3543.4 执行，真实性和品种纯度鉴定按 GB/T 3543.5 执行，水分测定按 GB/T 3543.6 执行。

## 五、种子的加工与储藏

### （一）种子加工

收获后的谷子、糜子种子常混有昆虫、杂草种子、秸秆、泥土等混合物，这些杂物容易引起种子发热和霉变，因此种子储藏前需要进行种子加工。种子加工包括种子的干燥、清选、精选分级、包装和种子包衣、丸粒化等处理，是提高和保证种子质量的主要措施。

**1. 种子干燥**

种子必须达到安全储藏的含水量标准，才能在一定的时期内保持活力和种用价值。种子含水量高，耐藏性差，在短期内便失去种用价值。严重时会引起发热、生虫甚至霉变。因此，种子干燥是保证种子质量的一项关键措施。生产上种子干燥常用自然干燥法，即利用日光曝晒、通风和摊晾等方法降低种子水分，此法简单、经济、安全，一般不易丧失种子生活力，但必须备有晒场，同时易受到气候条件的限制；种子干燥还可采用人工机械干燥法，即采用动力机械鼓风或通过热空气的作用以降低种子水分，此法不受自然条件的限制，并具有干燥快、效果好、工作效率高等优点，但必须有配套的设备，并严格掌握温度和种子含水量两个重要环节。人工机械干燥可分为自然风干燥和热空气干燥。

**2. 种子清选**

种子清选就是把草籽、杂质和异作物清选出去，并清除劣质种子，以提高种子质量等级。通常种子清选使用种子专用清选机械，使用清选机时要注意清选机筛子孔径的大小和风选气流量的大小。

**3. 种子精选分级**

种子精选分级就是利用机械方法，将与种子大小相似的杂质和受病虫害危害的种子从好种子中分离出来，通常采用比重精选机和窝眼分级设备来精选，种子精选分级后种子质量明显提高。

**4. 种子包衣**

种子包衣技术可根据所用材料性质（固体或液体）的不同，分为种子丸化技术和种子包膜技术。国际上种衣剂有四大类：物理型、化学型、生物型和特异型，国外多为单一剂型。目前我国已研制了复合种衣剂、生物型种衣剂 20 多个剂型，可应用于玉米、小麦、棉花、花生、水稻、大豆等多种作物，有 9 个剂型已大量投产，但目前在谷子、糜子上很少有过使用种子包衣技术的成功例子，该项技术是否能在谷子、糜子上大面积应用，还有待进一步的研究。

**5. 种子包装**

种子加工以后，为防止品种混杂、感染病虫害及种子变质、保证安全储运及便于销售、防止假冒等，应实行种子包装。种子包装不仅有利于种子储藏，也是保证种子质量、数量、方便运输、精确计量和点检的重要措施。河北省农林科学院谷子研究所提出的“谷子良种良法小包装”供种办法证明不仅提高了种子质量，而且还方便了农民，避免了运输销售过程中的混杂和掺假问题。

## （二）种子储藏

种子储藏是为了能较长时间地保持种子具有旺盛的生活力，延长种子的使用年限，保证种子具有较高的品种品质和播种品质，以满足生产对种子数量和质量的需求。种子是有生命的物质，储藏期间管理不当，容易发热变质、吸湿生芽、虫害或感染有毒物质，都会降低或丧失种用价值。据测定，谷子种子含水量12.5%以下、温度25℃以下、相对湿度65%以下的相对平衡条件能使谷种储藏处于稳定状态。

**1. 影响种子储藏寿命的因素**

影响种子储藏寿命的因素除了遗传因素外，也与储藏的温度、水分等条件密切相关。种子的含水量对种子储藏寿命影响极大，一般在储藏期降低含水量和温度有利于延长种子储藏寿命；温度越低，呼吸作用越弱，也有利于种子寿命的延长。温度和种子含水量对于种子储藏寿命常会发生相互增强和补偿效应。

**2. 种子安全储藏的技术措施**

种子入库前，要做好仓内清洁卫生工作，并进行消毒处理；入库种子要严格控制入库时种子的含水量，安全的储藏种子含水量一般要比种子质量分级标准规定的水分低0.5%～1.0%；要使用透气包装和小包装，确保入库种子质量；要按作物品种，做好内外标签，注明种子名称、等级、净度、纯度、发芽率、水分、生产单位、收获日期等；储藏期间要定期对虫、霉、鼠、雀等危害进行检查，以便及早发现问题，做出应对措施。

# 第四章　谷子糜子栽培与生产管理创新发展战略研究

人口增长、土地减少、环境恶化是人类生存面临的三大难题。据联合国粮农组织报告，“发展中国家仍然有 7.8 亿人由于不能获得足够的食物而不能维持日常的营养需要”“有 20%的人口处于经常性的营养不良”“到 2050 年，即便发达国家也要重新研究吃饭问题”。因此，确保粮食持续增产一直为联合国及各国政府所关注。

中国人口占世界人口的 21%，而耕地面积不足世界的 9%，因此，解决粮食安全问题难度就更加大。单产的提高，除通过不断改善生产条件，培育作物良种提高单产以外，更重要的措施是要依靠栽培技术的进步，充分利用自然资源、生产条件与新品种特性，挖掘作物的综合增产潜力。

谷子、糜子起源于中国，在我国种植已有万年以上的历史。在我国古代原始农业中，谷子、糜子种植居于首要地位。秦代有主管农业的“治粟内史”，乃掌管谷食钱货的官吏，为九卿之一；西汉设有“搜粟都尉”，专管征集军粮之事。纵观谷子、糜子栽培与发展历史，从可查到的资料看，记载谷子、糜子栽培的文献有 2 200 多年的历史，著名的古农书《四民月令》对谷子、糜子栽培已有记载，《氾胜之书》和《齐民要术》更是把谷子列为五谷之首。黄河流域虽早在新石器时代晚期已经开始种植水稻、小麦，但其比重始终低于谷子、糜子。

## 第一节　谷子糜子栽培简史与成就

### 一、中国谷子糜子栽培简史

#### （一）公元前中国谷子糜子栽培

崔寔编撰的《四民月令》成书于东汉后期。据该书记载，公元前 11 世纪时，人们对种植糜子、谷子的时间已有描述。“灵曜日夏火星昏中可以种黍”“蚕入蔟，时降雨，可种黍禾，谓之上时”。说明谷子、糜子种于夏天已成规律，播种时间可以提前至 5 月中旬。公元前 2 世纪，谷子大多栽培于华北，公元前 1 世纪至公元 6 世纪，随着汉文化的发展及汉族与其他民族的接触，在东北、西北、内蒙古地区都有相当的推广，而淮河以北种植的最多。至 7 世纪及唐宋时期，东南山区丘陵地带也有种植。两汉魏晋南北朝七八百年间，糜子随汉族的经济文化与国外诸侯交流传播而进入河西、西域，北上内蒙古，东北走辽东，氐族、羌族、鲜卑族、乌桓族等民族在汉民族的影响下从事农耕种植，奠定了糜子栽培区域的基础。

《四民月令》对不同土质和前作田地的耕作时间也有比较详尽的描述。曰："正月，地气上腾，土长冒橛，陈根可拔，急菑强土黑垆之田。二月，阴冻毕泽，可菑美田缓土及河渚小处。三月，杏华盛，可菑沙白轻土之田。五月、六月，可菑麦田。"崔寔著《政论》还记载了当时的耕种方式："武帝以赵过为搜粟都尉，教民耕殖。其法三犁共一牛，一人将之，下种，挽耧，皆取备焉。日种一顷。至今三辅犹赖其利。今辽东耕犁，辕长四尺，回转相妨，既用两牛，两人牵之，一人将耕，一人下种，二人挽耧矣。凡用两牛六人，一日才种二十五亩。其悬绝如此。"对上述的耕种方式，《齐民要术》注到："按三犁共一牛，若今三脚耧矣，未知耕法如何？今自济州以西，犹用长辕犁、两脚耧。长辕耕平地尚可，于山涧之间则不任作，且回转至难，费力，未若齐人蔚犁之柔便也。两脚耧，种垄概，亦不如一脚耧之得中也"。

公元前1世纪后期编著的《氾胜之书》是西汉时期重要的农学著作，书中大力推广种子穗选法，要求在田间选择籽粒又多又饱满的穗留作种子。此时，人们已利用畜粪、蚕矢、马骨等以充实肥料的来源，并有具体的施肥方法。如《氾胜之书》中记载"薄田不能粪者，以原蚕矢杂禾种种之，则禾不虫。又马骨锉一石，以水三石，煮之三沸；漉其滓，以汁渍附子五枚；三四日，去附子，以汁和蚕矢羊矢各等分，挠令洞洞如稠粥。先种二十日时，以溲种如麦饭状。常天旱燥时溲之，立干；薄布数挠，令易干。明日复溲。天阴雨则勿溲。六七溲而止。辄曝谨藏，勿令复湿。至可种时，以余汁溲而种之，则禾不蝗虫"，详细地介绍了用畜粪、蚕矢、马骨等溲种的程序与步骤。发明推广的"溲种法"（在种子上黏上一层粪壳作为种肥），其原理直至今天还在应用。对"溲种法"描述之详细，时至今日，也有参考价值。

《氾胜之书》谓："黍者暑也，当暑而生，暑后乃成也。先夏至二十日可种黍，谚曰：前十鹅张，后十羞囊。"说明在夏至前10 d内播种，则时间充裕，后10 d播种，则时间就显得紧张了。这与我国现代糜子春播区种植时间基本吻合。而"种禾无期，因地而时"，则是说谷子的播种时期随着地域不同而差异很大。"三月，榆荚时南，高地强土可种禾"是说进入农历三月后，在干燥、排水良好、质地黏重的土壤趁雨季可开始种植谷子。书中记载的"黑坟宜黍麦"，是糜子种在富于保墒性质的黑钙土上会得到较高产量与实际验证。

成书于公元1世纪的《尔雅·释地》也有"田，一岁曰菑，二岁曰新田，三岁曰畬"之记载，揭示了新垦农田演变和熟化的过程，即"菑"是生满杂草的"不耕地"；"新"是已经撂荒二年，正在复壮的土地；"畬"是经过撂荒、复壮，准备耕垦的土地。西汉中期为了便于地力的恢复，代田制一改原来的漫撒制，在农田中起垄做圳。庄稼种在垄下的沟即圳中，第二年垄圳互易，地力得到局部的休整。在实际垦荒过程中规律是相同的，经过除草及杂物—翻土压草—晒土—新田—部分种植—熟田—全部种植过程。而《氾胜之书》描述的"区田种谷"与《尔雅·释地》所记载的"田，一岁曰菑，二岁曰新田，三岁曰畬”内容相似，是一种抗旱播种的方法。为应对干旱，《氾胜之书》提出了把土地按棋盘式分成若干小区，隔区种植。首年种植谷子的小区，次年休闲，次年种植谷子的区都是上年休闲的小区，如此有利于抗旱保墒，增加产量，可得轮换种植之益。“上农区可得粟百斛，中农区秋收粟得五十一石，下农区秋收粟亩得二十八石。”但由于此法费工费时，种植成本大，当时并未被广泛采用。“雪汁者五谷之精也，使稼耐旱。常以冬藏雪汁，器盛埋于地中，治种如此，则收常倍。”用兽骨汁或雪汁浸种，则谷子能耐旱，已经具备了近代植物阶段发育理论的萌芽。“夏至可以种晚黍，欲疏于禾”“一亩三升”，讲的是糜子种植密度应稀于粟，糜子播种量每 667 $m^2$ 种 3 L 为宜。《氾胜之书》还记载，“黍心未生，雨灌其心，心伤无实。黍心初生，畏天露。令两人对持长索，搜去其露，日出乃止。凡种黍，覆土锄治，皆如禾法”，说的是当糜子花序未出现时，若遇雨浸灌则不能完成授粉过程，会获得不实的果实。不仅对即将抽穗的糜子遭受雨水灌心的危害进行了详细的描述，还提出了开花期去其露、保授粉的方法。

### （二）6 世纪前中国谷子糜子栽培

贾思勰所著《齐民要术》成书于公元 6 世纪，书中详细记载了种植谷子、糜子技术的改进与发展。与公元前 1 世纪相比，已经开始考虑前茬、轮作、早播、密植、整地、中耕、锄草、收获等栽培细节，体现了谷子、糜子栽培技术的改进。强调种地要精细，须量力而行。年间易地而种，歇地就是好地。“凡人家营田，须量已力，宁可少好，不可多恶。假如一具牛，总营得小亩三顷。据齐地大亩，一顷三十五亩也。每年一易，必莫频种。其杂田地，即是来年谷资。”对厩肥堆积、使用量、施用方法，耕作方式、中耕次数都描述得比较详细。《齐民要术》记载，“凡田地中有良有薄者，即须加粪粪之。其踏粪法：凡人家秋收治田后，场上所有穰、谷积等，并须收贮一处。每日布牛脚下，三寸厚；每平旦收聚堆积之；还依前布之，经宿即堆聚。计经冬一具牛，踏成三十车粪。至十二月、正月之间，即载粪粪地。计小亩亩别用五车，计粪得六亩。匀摊，耕，盖着，未须转起。自地亢后，但所耕地，随饷盖之；待一段总转了，即横盖一遍。计正月、二月两个月，又转一遍。”“看地宜纳粟：先种黑地、微带下地，即种糙种；然后种高壤白地。其白地，候寒食后榆荚盛时纳种。以次种大豆、油麻等田。然后转所粪得地，耕五、六遍。每耕一遍，盖两遍，最后盖三遍。还纵横盖之。”“谷，小亩一升下子，则稀概得所。候黍、粟苗未与垄齐，即锄一遍。黍经五日，更报锄第二遍。候未蚕老毕，报锄第三遍。如无力，即止；如有余力，秀后更锄第四遍。”

北魏时期，黄河流域一带谷子、糜子与小麦、大豆轮作已较为普遍。据《齐民要术》记载，认为“凡黍、穄田，新开荒为上；大豆底为次；谷底为下”。新开荒富有肥力，易为糜子吸收，是为最佳；大豆供给后作以残余养分，故次之；糜子易感染与谷子相近的病害等，所以最为下，可见已经对谷子、糜子种植茬口对栽培的影响有了初步的认识。“地必欲熟，再转乃佳。若春夏耕者，下种后，再劳为良”“燥湿候黄场”，是对糜子种植整地的详细描述。即糜子整地宜精细、均匀，若春夏已进行了耕地，种下去后再进行整治为好。整地要燥湿均匀，保持一定的水分，与当前提倡“黄墒种糜子”很是相近。播种“三月上旬种者为上时；四月上旬为中时；五月上旬为下时”，说明此时播期有所提前，并以适期早播为宜。如以农历三、四、五月与阳历相对应，播期为阳历的4、5、6月，播期较公元前1世纪提前了20～30 d。而播种采用撒播法，播后不镇压，即“种讫不曳挞”。播量则比过去有所加大，采用密植方法，“一亩用子四升”，较之前每667 $m^2$ 播量增加了1 L。后魏时期，糜子盛行密植，认为虽单株细小，然颗粒成熟饱满，籽粒均匀，比稀植为好。较《氾胜之书》所谓“要比禾稀”有所变动。这个时期，对出苗后松土锄草也已开始重视。“苗生垄平，即宜耙耢，锄三遍乃止，锋而不耩（苗晚，耩即多折也）”，说的是松土锄草的时间、次数与方法，宜用前面尖锐的锄而不用无耳的“耩”来松土，防止损伤谷子、糜子植株。《齐民要术》记载：“刈穄欲早，刈黍欲晚。穄晚多零落，黍早米不成。谚曰：‘穄青喉，黍折头。’皆即湿践。久积则浥郁，燥践多兜牟”“黍，宜晒之令燥。湿聚则郁。凡黍，黏者收薄。”告知人们当糜子头折向下时即可收获，趁湿脱粒。若堆积久了会郁坏，太干了再脱粒则容易被压碎。糯性的较粳性的产量则要低一些。

《齐民要术》中还记载：“凡谷，成熟有早晚，苗秆有高下，收实有多少，质性有强弱，米味有美恶，粒实有息耗。早熟者苗短而收多；晚熟者苗长而收少。强苗者短，黄谷之属是也；弱苗者长，青、白、黑谷是也。收少者美而耗，收多者恶而息也。地势有良薄，良地宜种晚，薄地宜种早。良地非独宜晚，早亦无害，薄地宜早，晚必不成实也。山、泽有异宜，山田种强苗，以避风霜；泽田种弱苗，以求华实也。”可见，在6世纪时，人们已注意到不同谷子、糜子品种在生育期、植株高矮、产量高低、抗旱抗风能力、籽粒的粳糯性及出米率等性状上存在的差异。对贫瘠土壤和肥沃土地与谷子、糜子播种时期的关系、地势高低与谷子、糜子品种耐旱抗风霜能力的差异等都已有了相当的认识。

从耕作制度看，本世纪对作物的前茬已非常讲究。认识到了连作病害严重，杂草多，收成会大大减少。故《齐民要术》有“谷田必须岁易”“麻欲得良田，不用故墟”“凡谷田，绿豆、小豆底为上，麻、黍、胡麻次之，芜菁、大豆为下。常见瓜底，不减绿豆”等记载，记述了当时的轮作顺序及作物轮作的必要性。谷子的前作最好为绿豆、小豆，其次是大麻、糜子、胡麻，再次为芜菁、大豆。瓜田施肥重，所遗留的养分易为谷子吸收，与绿豆茬口能利用根瘤菌吸收空气中的氮素，增加养分吸收有同样的价值。

《齐民要术》对谷子、糜子种植从整地、播种期、播种方法、补苗、间定苗、中耕除草、培土、收获等都有比较详尽的记载。“春若遇旱，秋耕之地，得仰垄（敞开田地）待雨。春耕者，不中也。夏若仰垄，非直荡汰不生，兼与草薉俱出。”强调谷子糜子田整地要细致，前作收获后就要进行秋耕保墒。秋耕之地春播时可以待雨，春耕之地夏播时就不可以待雨。夏季整地后若敞田待雨，大雨来时摇动冲刷，会把种子冲走。同时，种子与杂草同时发芽，会带来草害。“凡种谷，雨后为佳。遇小雨，宜接湿种；遇大雨，待薉（秽）生（杂草发芽）。”谷子有早晚之分，其适播时期在北方情形有如所述：“二月、三月种者为植禾（早禾），四月、五月种者为稚禾（晚禾）。二月上旬及麻菩（音勃，即雄麻散花粉）扬生，种者为上时，三月上旬及清明节，桃始花，为中时；四月上旬，及枣叶生，桑花落为下时，岁道宜晚者，五月六月初亦得。”其适播时间宜趁小雨后表土得着水分时下种，如遇大雨要等待杂草发芽后下种，如杂草多时要锄地一遍，然后下种。

## （三）19 世纪中国谷子糜子栽培

7 世纪至 8 世纪中叶的隋唐时期，华北地方依然十分繁荣，谷子为华北人民的主要食粮，生产自然发达。8 世纪中叶安史之乱以后，北方经历了近 1 个世纪持续的战争，生产破坏、人口南流，以至到了“田无黍麦，邑无烟火”（《旧五代史》卷八二）的境地。北宋（960—1127）160 多年间，虽政治中心仍在北方，而契丹族、女真族在其北，党项族在其西北，疆土不完，时受侵略，耕地面积、生产数量不能恢复到盛唐时代的规模，北方的粟麦生产不足以支持大量军民的需要，于是漕运南方之食粮年达 6 亿 L 左右，以资接济，形成南方农业生产获得长足的发展，而北方农业生产濒于荒废的对比现象。南宋渡江以后，北方经济遭破坏的时间较长，元、明、清初期实行恢复和发展农业生产的政策，对北方农业生产的恢复不为无力，但在封建统治政权下，其恢复是非常缓慢的。而且在恢复到相当程度后，又遇到破坏。作为北方人民主要食粮的粟麦，在北方农业生产荒废的情况下，有着不同的命运。谷子是夏作作物，在温暖湿润的气候条件下，不能与水稻竞争，因而在南方除东南山地进行陆种谷子外，几乎没有谷子的栽培。大麦、小麦在南方是冬作物，与水稻不是竞争的作物，而是辅助的作物。所以大麦、小麦在宋南渡后（1127）得到普遍的生产，而谷子在南方就没有地位。谷子的栽培在北方第二次大动乱时期不但地荒，而且人荒。经验既缺少累积，知识和能力又停滞不前，生产工具和生产技术自然很少改进。1 000 多年中遭遇到时而扩充时而收缩的历史变化，它的栽培技术的发展也就有所限制。然而一切事物总是前进的，在一切事物的缓慢行程中，仍可找到它们从简单到复杂的发展途径，谷子栽培技术的改进正是这样。

李竞雄等编著的《作物栽培学》对 19 世纪谷子的栽培有着较为详细的描述。这中间包含了耕作制度、整地施肥、播种、间苗、留苗、中耕、培土、除草、追肥、灌溉等各个环节，而对糜子栽培的记载却少之又少。

**1. 耕作制度**

谷子在耕作制度中的地位以 13 世纪为分界线，7～13 世纪，以谷子为主的一年一熟制已逐渐发展到一年两熟制，即冬种麦、豆，夏种粟，轮流种植，而在河北山东这些需粮地区，谷子和小麦的种植尤为普通。12、13 世纪南宋时，川峡中多畲田，则“春种麦豆作饼饵以度夏，秋则粟熟矣”（《石湖诗集》卷一六范成大《劳畲耕诗序》），为夏秋两熟之又一方式。14 世纪后，由于棉花栽培向北推广，16 世纪后由于玉米栽培向北推广，以及 14～19 世纪东北地区从南向北的土地开发，增加了耕作制度的品种数和扩大了耕作制度的范围，到 19 世纪后期出现各种耕作制度方式。这些不同的种植方式包括：

东北北部（一年一熟区）：夏大豆→春谷→春小麦。

东北南部：夏大豆→春高粱→夏谷。

河北、山西棉区：春谷子→棉花→春玉米（或间作大豆）。

河北、山西麦区：夏谷→冬小麦→夏玉米（或绿豆）。

河北、山西麦区：春谷→冬小麦（复种绿豆）→春玉米。

河南东部、山东东部：谷子→夏高粱。

小麦、大豆、玉米等收获时间较早，收后有充分的时间进行秋耕，宜为谷子的前作物；棉花、甘薯、花生等收获时间较晚，收后没有时间进行秋耕，不是谷子的理想前茬。由于土地瘠薄，时有风、旱涝灾，故河南东部与山东东部实行了谷子和高粱的轮作；由于谷子是中耕作物，可利用种植谷子保蓄水分，减少杂草，故在河北和山西棉区、麦区将谷子作为重要的轮作作物纳入了不同的耕种制度中。

**2. 田间管理**

谷子地要秋耕保墒，但仍应用以往宝贵的经验和知识，仅耕地深度由于犁具的限制，一般不超过 13.3～16.6 cm。由于谷子的吸肥力极强，施肥宜重基肥。秋耕前施厩肥 15 000～22 500 kg/hm$^2$，翻到下层，使其陆续分解。在干旱地区，耕后要耙碎土壤，抑制水分的蒸发。在土壤水分充足的田地或沙性较重的土地，耕后可以不耙，促使土壤充分风化。入春后，在旱地上用碾子镇压，将坷垃压碎，然后再轻耙 1～2 次以松土保墒，保证全苗。在水分充足的地上则要进行浅耕细耙，以免种子发芽生根后，因土壤下沉切断幼根而使幼苗死亡。在碱地，要先行刮碱，然后翻下碱土，春耕工作就要从晚进行，以减轻苗期的碱害。

**3. 抗旱播种**

播种前可用风选、清水选或盐水选的办法选取大小均匀饱满的种子而捞去浮在水面的谷秕和草籽，然后将下沉籽粒摊开阴干。稻的温汤浸种方法也被应用到谷子浸种上，以免除病害。谷子的播种期虽随地而异，但“春谷宜晚，夏谷宜早”的说法可以概括北方种谷子的典型规律，因为春谷早播，种子发芽时会受到病虫害的侵袭，谷子孕穗时会遇到旱季。夏谷由于晚播而晚收，会耽误后茬小麦的整地播种日期。河北地区群众“早谷晚麦，十年九坏”的经验之谈及“清明高粱谷雨谷”的说法，是当地农事操作的指南。夏谷在北方则应于麦收后夏至前后播种，不能迟于小暑，这样才不致耽误后茬小麦的整地播种日期。至于播种量，每公顷播量用 7.5～11.25 kg，出苗后进行间苗。在肥地、碱地、枯重土及干旱、地下害虫较多的田地，由于土地肥沃能支持较多的植株，或由于保证受害后有一定数量植株的关系，要酌情增加播量至

18.75 kg/hm$^2$左右。作为饲草种植的谷子也要增加播量。播种沿用撒播、耧播方法，耧播的比重较大，有利于保持土壤水分且有节省劳动力的优点。春谷夏谷播种的深度到这一段时期也有了具体的规定。一般春种为 5～6 cm，夏种为 3.3～5 cm。在旱地或遇干旱的天气还要进行播后镇压。至于在整好的土地上干土寄籽等雨发芽，以及"套耧播种"先用空耧绑上草把，刮开表面干土，再用装有种子的耧顺沟播下，利用下层的湿土，则系在开沟等雨播种的方法外的两种抗旱播种的新方法。播种行距受耧腿的固定距离所限制，有 23～26 cm 和 40 cm 的差别，播幅也小。开沟时沟宽 10 cm 左右，先在沟底施下土粪，大约 7 500 kg/hm$^2$ 作为种肥。耧播时由于耧腿距离的限制，种肥和种子不能同时施下。

**4. 间苗定苗**

谷子早间苗，适时留苗是播种后第一项生产措施。对间苗的次数和标准有了较细的规定。苗高 3.3～6.7 cm 时进行第一次间苗，使苗稀松到彼此不相遇的程度即可。苗高 10～15 cm 时进行第二次间苗，以 3.3 cm 一株为标准。苗高 10～16.5 cm 时进行定苗。用手间苗可以做到单株调角留苗，留成三角形，相互错开形如"香炉腿"，唯费工。用锄间苗每嫌粗放，须用手间苗补充，但可节省劳力。至于留墩苗的方式则系留成墩距 16.5 cm，每墩留下 4～5 株苗。

**5. 中耕除草与追肥**

这个时期，对中耕除草以及结合中耕除草所进行培土追肥工作的次数、时间、工具、要达到的标准和要起到的作用都有具体的规定。第一次中耕除草工作于苗出现 3～4 片真叶时用小锄进行，以深达锄破土皮为度，有松土通气，吸收光热，保持水分的作用。第二次中耕除草工作于第一次的半月后，苗高 16.5～20 cm，出现 7～8 片叶子时进行，可顺行边深锄 3～5 cm。第三次中耕工作于苗高 66.6 cm 时进行，深6～10 cm，留墩苗的尚须在墩间除去杂草。如只进行 3 次中耕，则第二、第三次可合并进行。第四次中耕工作于孕穗后期或抽穗前进行，由于这时根系充分发育，只能浅耕约 3.33 cm，以防伤根。关于中耕方法，天旱时，锄后要推平，以碎土保墒；天涝或土壤水分充足时，中耕深度要加深，锄后也不必推平，以利水分的蒸发。前 3 次中耕的技术经验是"头遍间苗要准，二遍扶苗要稳，三遍深锄要狠"。培土结合第三次中耕进行，有促进根系发育、防止倒伏的显著作用。追肥结合第三、四次中耕进行，先追肥后中耕。第一次追肥每公顷施稀释的人粪尿 3 万～6 万 L 于株旁，供给幼穗分化时所用，施下后用耠子串一遍，深 10 cm 左右。第二次追肥用人粪尿 1 000 L，缩减用量，促其成熟。

**6. 适量灌溉**

有灌溉条件的地区，谷子地于 10 d 或半月之前进行灌溉，浅浇以保证出苗，切忌临近播种前浇水，降低地温影响出苗。苗期不加灌溉，让幼苗受干旱锻炼进行"蹲苗"，促使根系向下发展。在孕穗及抽穗期，灌浆至蜡熟期如逢天旱应在清晨或傍晚灌溉适当水分。

19世纪谷子的栽培技术水平在6世纪的基础上有了虽缓慢而不断的提高，可称已达到手工种植精致细密的程度。首先谷子小麦及谷子绿豆两熟制的推行，增加了华北地区的复种指数，有助于解决华北人民的食粮问题。等到14世纪和16世纪后，棉花和玉米的先后传入并向华北地区发展，在栽培作物方面增加了新的种类。在耕作制度方面，劳动人民也进行新的安排，从而合适的前茬就成了考虑的问题。其次，在栽培技术措施方面有些是新增加的，如“蹲苗”以锻炼幼苗耐旱，控制追肥量以促使谷粒成熟。有的是把原有的技术措施根据实践的结果加以规律化，如开沟等雨播种、干土寄籽及套楼播种3种播种方法的比较及其应用的条件。对间苗、中耕、除草、培土、追肥的次数、时间、应用工具、要达到的标准和所要起到的作用，都有了具体的明确的规定。追肥、中耕、培土循序进行不可紊乱。谷子的生产行程从质的规定发展到量的规定和安排，是这一段时期的特色。

## （四）中华人民共和国成立后至20世纪末中国谷子糜子栽培

### 1. 20世纪60年代中国谷子糜子栽培研究

20世纪50年代末，我国成立了一批基层研究机构，至20世纪60年代，谷子、糜子栽培技术研究有了一定的突破。已基本明确了连作减产，前茬以小麦、大麦、豌豆、亚麻等早收作物为佳。强调及早进行深耕，疏松土壤、精细整地、增加耙耱、播后镇压为主的耕种方法。秋施有机肥，补充磷肥增产效果明显。强调糜子用福尔马林消毒或用过磷酸钙澄清液浸种防治黑穗病。提倡宽行播种，适时追肥。在播期、播量上与传统种植无大的区别。可以看出，20世纪60年代谷子糜子的栽培技术有了施肥量和施肥措施的记载，一些近代的技术也已开始使用。对不同时期谷子、糜子品种的发育已有了初步的认识，田间管理也已经开始结合谷子、糜子生长发育规律来进行，但其栽培技术和水平与1 000年前比发展非常缓慢。

1960年，原山西农学院杜竹铭教授对明末陈龙正所著《几亭全集》所描述的“冬月种谷法”进行验证试验，认为冬月种谷确能提高种子中各种酶的活性，起到种子复壮作用。试验结果，车儿谷和白母鸡嘴两个谷子品种经过冬埋处理，淀粉酶活动度分别提高69%和800%，过氧化物酶活动度分别提高15%和135%，种子发芽率分别提高4.4%和7.2%。种子活力可以得到增强，从而收到抗旱、抗虫、早熟、增产的明显效果。

### 2. 20世纪80年代中国谷子糜子栽培研究

20世纪80年代，谷子研究尚在较系统地进行，糜子研究则滑向了低谷。这个时期，全国开展糜子试验的单位只有10个左右，研究人员不足30人，从事糜子栽培研究的人员则更少。华北等传统的谷子春播区由于种植业结构调整，生产条件较好的田地为了发展经济作物和出口玉米，谷子面积急剧下降，谷子由传统的水地向干旱半干旱区、丘陵地区转移。为发展谷子生产，各地开展了旱地麦茬夏播谷子技术研究，适时推广了“争时早播，精量、免耕贴茬播种，缩垄增行，高度密植，增施种肥，追施氮肥，喷施磷钾硼叶面肥”等措施，实现了“春谷改夏谷”的技术改革，稳定和扩大了谷子播种面积。对谷子、糜子栽培的研究集中在对传统栽培技术的总结和栽培模型的建立上。一些研究者通过五元二次旋转回归试验、正交试验等方法，对糜子的施肥量、播种时期等进行了研究，求得了一些数学模型，提出了播期对产量影响最大，其次为氮肥、有机肥、磷肥、密度。通过研究发现，糜子可比谷子维持较高的叶水势水平，是糜子比谷子御旱优越的特性。谷子、糜子、高粱、玉米四种作物由于蒸腾速率、气孔扩散阻力、叶水势日变化的明显差异而形成了在需水特性上的差异，糜子、高粱比谷子、玉米蒸腾速率高峰早 3～4 h，气孔早 3～4 h 关闭，是糜子、高粱比谷子、玉米水分散失少、保持较高的膨压而抗旱的主要原因之一。遇旱后，糜子、高粱蒸腾速率比谷子、玉米降低幅度大，蒸腾调节优越，因此糜子和高粱比谷子、玉米更适应干旱环境。

**3. 20 世纪 90 年代中国谷子糜子栽培研究**

20 世纪 90 年代是中国谷子、糜子栽培研究较为集中的时期。研究主要围绕着土壤水分变化、耗水特征、幼苗抗旱性、肥料效应、播种时期、地膜覆盖等展开。围绕节水农业技术的示范应用，开始对糜子沟垄径流量栽培技术、地膜不同覆盖方式等进行研究。

（1）水分。春谷与夏谷不同时期需水量见表 4－1、表 4－2。谷子苗期需水量很少，从播种到拔节的需水强度只有 1.97～2.66 mm/d。成熟期的需水量也比较少，灌浆至成熟期的需水强度与苗期相差不多。生长中期需水量最多，从拔节到灌浆期的需水量占全生育期总需水量的 50%左右。抽穗前后需水强度达到顶峰，日平均需水量在 4～5mm，对水分条件的反应非常敏感，是谷子需水的第一临界期，如果干旱缺水会使生长速度减慢，基部黄叶增多，叶面积减少，小穗变稀，粒数减少，产量显著下降。灌浆期对水分的反应也比较敏感，是谷子需水的第二临界期，此时干旱会影响茎叶营养物质向穗部籽粒转移，造成每穗粒数减少，秕谷率增加，千粒重下降而导致减产。谷子经过前期干旱锻炼可增加对再次干旱的适应性，表现出积极的生理效应：干物质积累速度加快，叶绿素含量增加，叶片光合速率提高。前期干旱锻炼还可以提高谷子的经济系数和水分利用效率。

**表 4－1 春谷不同时期需水量**

| | 春谷（山西寿阳） | | | |
|---|---|---|---|---|
| | 天数（d） | 需水量（mm） | 需水强度（mm/d） | 分配系数（%） |
| 播种—拔节 | 50.0 | 132.9 | 2.7 | 34.0 |
| 拔节—抽穗 | 31.0 | 123.6 | 4.0 | 31.6 |
| 抽穗—灌浆 | 20.0 | 61.9 | 3.1 | 15.9 |
| 灌浆—成熟 | 32.0 | 72.3 | 2.3 | 18.5 |
| 全生育期 | 133.0 | 390.7 | 2.9 | 100.0 |

表 4-2 夏谷不同时期需水量

| | 夏谷（河南洛阳） | | | |
|---|---|---|---|---|
| | 天数（d） | 需水量（mm） | 需水强度（mm/d） | 分配系数（%） |
| 播种—拔节 | 29.0 | 57.0 | 2.0 | 16.7 |
| 拔节—抽穗 | 23.0 | 118.3 | 5.1 | 34.7 |
| 抽穗—灌浆 | 18.0 | 83.5 | 4.6 | 24.5 |
| 灌浆—成熟 | 29.0 | 82.2 | 2.8 | 24.1 |
| 全生育期 | 99.0 | 341.0 | 3.4 | 100.0 |

糜子生长对土壤水分影响较大的层次是 0～80 cm 土层部分。糜子作物的生物量同土壤含水量的关系，为收获后土壤含水量小，生物量增多，反之减少。土壤含水量在 9%～11%，作物生物量 7 500～10 500 kg/hm$^2$ 的概率为 0.7。氮肥＋有机肥、播期＋密度和播期＋氮肥交互处理的水分利用率高。培肥地力与保水耕作是创造糜子稳产高产水分条件的主要途径与措施。裸地土壤水分完成一个循环周期，2 m 土层水分有所增加，主要补偿层次为 50～150 cm。低肥农田，糜子对土壤储水的利用深度较高肥条件下减少了近 50 cm，对不同土层的有效水利用系数也明显低于高肥地，特别是50 cm以下的利用系数大大降低，50～100 cm 不足高肥地的 1/3，100 cm 以下系数几乎为零。土壤储水的调节作用可使糜子在生育期降水相差 121 mm 的情况下，产量与耗水量维持在相近水平。在干旱年份，高肥地糜子对土壤储水的利用深度达 150 cm，对不同层次的有效水利用系数为 0.43～0.93，水分生产效率为 0.77 kg/mm，分别是低肥地的 1.5 倍、1.2～5.1 倍和 1.7 倍。

（2）肥料。夏谷不同生育期的氮、磷、钾在不同器官中的分配与转移规律研究结果：苗期根中的氮、磷、钾比率为 65%～75%，拔节后逐渐下降，至成熟期仅为 3%～5%；抽穗开花后，穗中养分含量急剧增加，其中，96%的氮增量、48.2%的磷增量和全部的钾增量可通过营养器官的养分运转来获得。叶片与叶鞘的氮、磷素运转率与运转量均较高。叶片中的钾从开花期明显减少，根与叶鞘中的钾前期最多，以后逐渐减少，部分被排出体外。收获时分配于穗部的氮、磷、钾分别占全株总量的 68.39%、67.95%和 24.91%，茎秆中的钾占总量的 36.33%。不同部位叶片对夏谷的养分吸收及运转功能不同。按其分类，根叶（初叶至第 8 叶）、茎叶（第 9～13 叶）、穗叶（第 14～17 叶）和粒叶（第 18 叶至旗叶）分别对根系、茎秆、穗部性状及籽粒发育起主要作用。

糜子对氮、磷、钾的吸收速度生长前期缓慢，吸肥量较少，生长中期吸收速度逐渐加快，吸肥量也逐渐增加并达高峰，但磷的吸收高峰晚于氮和钾，生长后期吸收速度逐渐减弱。吸肥量以氮最多，钾次之，磷最少，吸收比例一般为 1∶0.29∶0.56。低密度时，糜子的磷肥效果更好。栽培条件可以调节糜子籽粒蛋白质及其组分含量；

氮肥可提高糜子籽粒蛋白质及其组分含量，有效地改善糜子的营养品质和加工品质；播期对糜子籽粒蛋白质含量的影响表现为迟播高于早播，但迟播产量下降。在一定范围内，增施氮、磷、钾肥可提高糜子蛋白质、脂肪含量，改善其品质。

糜子缺钾可以使细胞膜及内部结构破坏，出现代谢紊乱。而缺钙则可使细胞膜结构破坏，从而引起电解质大量外渗，导致透性增强较多。无论透性、游离脯氨酸含量还是超微结构的变化，缺钙并缺钾苗的情况似要好于单缺钾苗。使用氯丙嗪后，无论缺钙与否及有无水分胁迫，其幼苗生长均大为受抑，游离脯氨酸含量均有较大的增加。由此看来，由干旱胁迫引起的糜子幼苗游离脯氨酸的累积可能与钙调蛋白无关。

（3）地膜栽培。采用地膜覆盖栽培，可使谷子、糜子增产40%左右，最高产量可达9 000 kg/hm$^2$左右，特大干旱年份增产效果尤为明显。糜子三垄沟覆膜种植、双垄沟覆膜种植、平膜穴播种植、膜侧沟播种植处理的各个物候期几乎没有差异，生育期均较露地条播缩短6 d；4种处理均可明显改善糜子的经济性状，具有显著的增产效果，且以三垄沟处理增产增收效果最好。糜子覆膜穴播产量较露地穴播增产729.1 kg/hm$^2$，增产率为24.56%。饲草产量增加3 604.2 kg/hm$^2$，增产率为34.09%。糜子地膜覆盖穴播栽培的单位地膜投入产出比为1∶10.13。对半干旱偏旱区糜子沟垄径流栽培研究认为，沟垄比2∶1配宽带较沟垄比1∶1的窄带增产，膜垄比土垄增产，土垄窄带比平作减产。糜子沟垄径流栽培的耗水量随带宽变化较大，与垄面状况关系较小，宽带>窄带，而其水分利用效率与垄面状况关系大，与带宽关系小，依次为膜垄>土垄>平作。

### （五）21世纪前10年谷子糜子栽培

进入21世纪到现代农业产业技术体系成立前，随着国家对小杂粮产业的重视，谷子、糜子栽培研究进入了一个新的历史阶段。各地开展了包括旱区种植制度、生态气候适生种植区划、旱作糜子田水分动态与平衡、地膜栽培节水补灌技术、膜侧沟播栽培技术、密度与磷肥对生育性状和产量性状及品质的影响、干物质积累及分配规律等研究工作。

**1. 需水规律及补充灌溉**

从作物类型看，旱地6种主要作物的水分生态适应度排序依次为：谷子>马铃薯>糜子>胡麻>豌豆>春小麦；不同作物热量生产潜力依次为：苜蓿>春小麦>马铃薯>冬小麦>谷糜>胡麻>豌豆：不同作物水分生产潜力依次为：苜蓿>马铃薯>谷糜>小麦>胡麻>豌豆。为制定合理的旱区种植制度决策方案提供了理论依据。在半干旱偏旱区，增加施肥量会加大作物蒸腾，加强对土壤水分消耗。渗灌是糜子补充供水的最佳方式。糜子始穗期是半干旱冷凉区补充供水的关键时期。补充供水30 mm/hm$^2$是半干旱冷凉区糜子补灌的适宜补灌量。

**2. 密度与肥料利用**

靠个体夺高产的单秆大穗型品种谷子产量及其构成要素成穗率、单穗重、穗粒重、结实性均对密度反应敏感；靠群体夺高产的密植型品种对密度反应表现为产量敏感，单穗重、穗粒重比较敏感，成穗率、出谷率不敏感；群体个体并重夺高产品种表现为产量对密度反应不敏感，成穗率、出谷率比较敏感，单穗重、穗粒重敏感；3 种类型品种单位面积穗数对密度反应都很敏感。群体个体并重夺高产品种自身调节能力较强，丰产性、稳产性突出，代表今后育种的方向。密度对糜子生育中后期的叶面积、光合速率、气孔导度，蒸腾速率等指标具有很大的影响，从而影响了糜子的光合作用能力。22 万株/$hm^2$ 处理下的糜子具有最大的光合作用能力。

增施磷肥可以提高糜子生育中、后期的叶片叶绿素含量，延迟糜子中后期叶片衰老，明显提高糜子生育中后期的单株叶面积，对糜子中后期的光合速率有明显的提高效应，且磷肥于拔节—孕穗期追施效应更大。增加糜子茎粗、防止倒伏的关键栽培措施是密度控制在低密度水平，并增施磷肥。有机复合肥的合理施用对提高谷子生产效益、提高肥料利用率、降低环境污染非常有效。晋谷 21 施有机复合肥 375 kg/$hm^2$ 增产 562.5 kg/$hm^2$，以后每增施 187.5 kg/$hm^2$ 肥料分别增产 187.5 kg/$hm^2$、195.0 kg/$hm^2$、127.5 kg/$hm^2$，施肥超过 650 kg/$hm^2$ 时增产效应降低。

糜子叶、茎、鞘、籽粒等器官干物质运转率的大小表现为叶＜鞘＜茎＜籽粒＜壳；株高、穗长等生物学性状与产量呈显著相关或极显著相关。因此，在栽培上应采取必要的调控措施，保证糜子植株的良好生长，以达到提高产量、增进品质的目的。根系在遇到断根逆境时具有主动适应和调节的功能。在糜子产量形成的生育后期，下层根系对维持其正常的生长发育更为重要。40 cm 以下深层根系对产量的贡献更大。改善下层土壤条件对促进糜子正常生长、提高糜子产量具有重要的作用。

**3. 地膜覆盖与节水技术**

降水后微集水种植技术的沟内有较好的集水作用，水分可以储备在垄下部位，表层土壤水分变化剧烈。微集水种植技术在生育期间有集水保墒作用，季末土壤供水能力明显改善。冬闲田处理秋平膜与秋垄沟播前储水量分别较对照高 24.9 mm、7.1 mm，且增产效果显著。覆膜处理的谷子产量得到明显提高，农田水分得到高效开发利用。在降水年变率大和季节分布不均造成土壤与作物水分供需错位的地区，采取微集水种植技术可以有效改善土壤供水能力，减少土壤蒸发量，生育期集水保水效果显著；微集水增产效果明显，季末对下茬作物生长有较好的水分茬口效应，从旱区资源持续发展观点看，该种植方式在推广应用上更具有生命力。垄沟处理在降水后有一部分水分侧渗到膜下作为储备水分，垄下水分明显增加。旱区降水主要集中在谷子生长后期，降水后的水分变化规律和分配运移为农田水分调控和采取适宜的集水保墒措施提供理论依据。平膜方式在谷子苗期提高耕层温度的作用明显，促进了幼苗的生长。冬闲田处理中秋平膜播前膜下土壤水分好，利于作物春播和出苗；而秋垄沟冬季无雨可集，但仍有一定保墒效果。微集水处理的蓄水量在谷子不同生育期均比对照增加，水分利用效率平均分别比对照高 10.3 kg/($hm^2$·mm)（2004 年）、6.76 kg/($hm^2$·mm)（2005 年）；由于降水量不同且降雨分布不均匀，使 2004—2005 年度沟垄微型集雨种植谷子产量有所差异，但在两年试验中，谷子增产趋势基本一致，不同带型的产量分别比对照平均提高 108.48%（2004 年）和 135.28%（2005 年）。通过回归分析，得出在宁南半干旱地区微集水种植谷子比较适宜的沟垄宽度为 45 cm。从施肥增加当季作物产量和提高有限水分的利用效率方面考虑，在土壤水分状况较差的年份，施中等肥量并不经济，而应适当减少施肥量，以节约农业生产成本。但从培肥地力的角度看却是可取的。从提高旱作农田作物水分利用效率和肥料利用效率角度看，中等肥量的施肥水平更为合理。不同水肥条件通过改善旱地土壤水分状况而对作物 $P_n$ 和 $Tr$ 产生影响，在欠水年型水分条件下，作物由于受到土壤水分胁迫，增加施肥对作物净光合速率和蒸腾速率的影响很小；但当作物生育期土壤水分供应状况较好时，增加施肥可以提高作物净光合速率和蒸腾速率。在谷子生长各时期，渗水地膜覆盖的增温、保温效果优于普通地膜；渗水地膜覆盖在谷子生长前期温度高于露地，在谷子生长中后期温度低于露地。

**4. 微肥与化控技术**

烯效唑浸种处理，可以抑制谷子幼苗苗高，增加谷子幼苗叶片叶绿素的含量、谷子幼苗超氧化物歧化酶和过氧化物酶保护酶活性，具有较显著的抑冠促根效应和抗逆性。烯效唑浸种对谷子的控上促下作用，使谷子根系数量、根系活力、根干重、根系总长度及茎粗与分蘖均明显增加，株高明显降低；显著降低了前期谷子叶面积，但后期发生逆转，表现出控前促后的效果；还对开花后谷子植株的衰老具有明显的调节作用，可延长根系活力的缓降期，提高衰老期间根系和旗叶中超氧化物歧化酶和过氧化物酶活性，降低根系与旗叶中丙二醛含量。烯效唑浸种处理可显著增加谷子的成穗数和千粒重，最终显著增加产量。

不同基因型谷子的冠层温度存在着分异现象，依其冠层温度的高低可分为不同的类群，这些类群和谷子内外性状特别是生理代谢功能的优劣有着紧密联系，从而使冠层温度具有重要的指示意义。在籽粒灌浆期间，冷温态谷子叶片叶绿素含量、可溶性蛋白质含量、可溶性糖含量、丙二醛含量等一些生物学性状明显优于暖温态谷子，在籽粒灌浆后期表现尤为明显，反映出冷温态谷子的代谢水平高，活力较强，后劲足，这为籽粒充实创造了十分有利的条件。优良谷子品种的选择基本上要界定在冷温群体内，冷温群体能否高产关键要看库容及库与源的相互协调，并注意病虫的防治及防倒伏等，只有冷温群体和大的潜在库容有机结合才能使产量可能出现新的、更大的提升。

谷子叶片净光合速率（$P_n$）日变化呈双峰型，有明显的光合午睡现象。第一个峰值出现在 11:00 前后，Pn 达到 12.7 $\mu$mol/(m$^2$·s)，下午峰值在 16:00 左右出现，$P_n$ 为 8.05 $\mu$mol/(m$^2$·s)，两峰之间呈低谷即为光合午睡。气孔导度（$G_s$）与净光合速率（$P_n$）变化趋势一致，气孔因素可能是引起谷子光合午睡的重要原因。

空间诱变可诱发谷子产生丰富的遗传变异，不同基因型对空间诱变的响应存在差异。空间诱变对于一些基因型的种子发芽和幼苗生长势有一定的抑制作用，但是拔节后植株生长势强。诱变处理可明显增加各性状的变异幅度和变异系数，而且正向变异较多，株高降低，穗长和单株产量增加。诱变处理植株生育期多倾向晚熟，但仍有一定频率的早熟变异出现。诱变处理群体平均千粒重与对照相近，但出现一批千粒重超过 3.4 g 的大粒变异类型。

谷子顶 3 叶叶绿素含量、超氧化物歧化酶活性、过氧化氢酶活性均为旗叶>倒二叶>倒三叶，而丙二醛含量为旗叶<倒二叶<倒三叶。覆草栽培时叶片叶绿素含量显著高于常规栽培和地膜覆盖栽培，灌浆后期叶绿素降解缓慢；叶片衰老速度缓慢，代谢强度降低缓慢，有利于籽粒灌浆和光合产物的积累。地膜覆盖栽培模式下，在灌浆前期，叶绿素含量显著高于常规栽培，叶片保护性酶活性（超氧化物歧化酶、过氧化氢酶）均高于常规栽培，膜脂过氧化程度低；灌浆后期，地膜覆盖谷子叶片膜脂过氧化产物丙二醛含量增加，脂膜相对透性增大，植株体内氧自由基明显积累。高温胁迫可诱导活性氧清除酶（超氧化物歧化酶、过氧化氢酶）活性下降，植株体内保护酶活性趋于衰弱，高温导致膜脂过氧化程度加剧，衰老速度加快。覆草栽培可改善土壤的生态环境，增强微生物活性。地膜覆盖增产作用在一定程度上是以耗竭土壤肥力，特别是以土壤有机物质为代价。应改变连续地膜覆盖栽培的方式，避免造成土壤水分和养分过分耗竭，后期严重脱水、脱肥，导致收获指数和产量下降。

### （六）现代农业产业技术体系成立后中国谷子糜子栽培

2008 年国家谷子产业技术体系成立，给谷子、糜子栽培研究注入了巨大的活力。参考大作物研究方法，本着学追赶的精神，谷子、糜子栽培研究有了井喷式发展。体系人从栽培生理、栽培方法、施肥技术、施肥量、轻简栽培农机农艺相结合的措施等多方面开展了研究。体系成立以来，公开发表的有关谷子、糜子栽培的文章近 200 篇，还有一批研究成果正在验证试验中。

**1. 农艺措施对谷子糜子生育的调控**

研究认为，中耕可以使谷子株高增高、叶绿素含量增加，但和免中耕相比增加不显著。中耕对谷子的过氧化物酶、超氧化物歧化酶等保护酶的活性影响显著，可提高谷子的抗逆性。由于中耕消除了杂草对谷子的竞争作用，提高了谷子的抗倒伏能力，进而使谷子的籽粒产量和粗蛋白含量显著提高。中耕 3 次谷子的产量和粗蛋白含量最高。除草剂 2，4 -滴丁酯的合理施用，和免中耕及中耕一次相比，虽然使谷子生育前期的株高降低，但可以增加叶绿素含量，提高植株过氧化物酶、超氧化物歧化酶的活性，提高谷子的光合速率，从而增加了谷子的产量，而对粗蛋白含量影响不显著。

相同密度条件下，穴播与条播的株高、产量之间的差异显著，穗重差异极显著。条播的株高显著高于穴播，而穴播的产量显著高于条播，穗重也极显著高于条播。与条播相比，在相同密度条件下，穴播有效提高了谷子籽粒产量、生物产量、谷草产量和谷穗重，其中，13.0 cm 和 16.5 cm 穴距处理显著高于条播，不同品种间表现有所差异。在生产上根据不同品种特点确定适宜的穴距穴播，有利于提高谷子产量，实现机械化播种。

糜子播量与出苗率关系密切。当播种量为 7.5 kg/hm$^2$、15.0 kg/hm$^2$、22.5 kg/hm$^2$ 和 30.0 kg/hm$^2$ 时，伊选黄糜的出苗率分别为 22.51%、24.00%、57.02% 和 45.01%。这说明当播种量太少时，由于糜子的顶土能力降低，出苗率较低，而当播种量提高到 22.5 kg/hm$^2$ 时，出苗率相对较高，当播种量增加到 30.0 kg/hm$^2$ 时，出苗率又有所降低，可能是由于种子基数多，在播种到出苗这段时间里，种子之间会相互竞争养分和水分，最终导致出苗率相对降低。

**2. 地膜覆盖栽培**

近年来，地膜覆盖种植谷子技术在西北春谷区得到了较快的应用，旱地谷子地膜覆盖栽培技术早期增温增湿保墒，利于旱地谷子全苗壮苗；可促进谷子生长发育，解决了积温不足地区应用晚熟品种难成熟的问题，利于旱地谷子高产；集雨叠加利用，地膜不仅具有抑蒸保水作用，而且覆膜后的垄面有引流集雨作用，能使雨水就地入渗叠加利用，提高了雨水生产效率。通过垄膜覆盖膜侧沟播技术和平膜穴播栽培技术研究，提出了垄膜覆盖膜侧沟播技术规程和平膜穴播栽培技术规程。覆膜种植也可采用秋季覆膜保墒措施，防止土壤水分蒸发。

据甘肃省农业科学院研究，选用垄膜覆盖沟播、全膜双垄沟播、全膜平铺穴播、全膜平铺沟播等 4 种地膜覆盖方式，可提高谷子生长期间的净光合速率和水分利用效率。在抽穗期，地膜覆盖种植方式的光合速率比露地种植的高 9.8%～28.5%，水分利用效率比露地的提高 3.0%～18.1%；同时，地膜覆盖种植明显加快了谷子生育期间的生长速度，在苗期至成熟期，地膜覆盖种植方式的平均生长速度较露地快 28.7%～35.5%。地膜覆盖种植方式增产显著，产量在 3 429.00～4 233.60 kg/hm$^2$ 之间，比露地沟播种植方式增产 30.87%～61.57%。

谷子覆膜处理植株鲜、干重分别比对照（CK）增加 48.9 g、19.1 g，根、茎、叶、穗含水分别比 CK 提高 3.79%、3.00%、9.72%、1.57%；覆膜使谷子生育期提前 5 d 左右，增产 1 001 kg/hm$^2$，增产率为 27.59%；覆膜处理 0～10 cm 土层含水量比 CK 高 1.25%～3.66%，10～20 cm 土层含水量比 CK 高 0.12%～0.86%；覆膜处理地下 5 cm、10 cm、15 cm、20 cm 土层的地温分别比 CK 高 2.8 ℃、2.7 ℃、2.2 ℃、2.1 ℃，随土层深度的增加覆膜处理的地温与 CK 之间的差距变小；覆膜处理 0～20 cm土层土壤团聚体含量比 CK 高 4.43%～0.72%，其中>5 mm、2～5 mm 两级大团聚体含量可提高 5.64%～1.84%，而 0.50～0.25 mm 小团聚体含量低于 CK0.65%～1.19%，非团聚体含量在 0～5 cm、5～10 cm、10～15 cm、15～20 cm 土层低于 CK 3.43%、4.43%、1.85%、0.73%。覆膜后良好的土体结构与水温效应加快了谷子生育进程，增加了谷子产量。

揭膜覆盖能提高土壤水分含量，加快谷子的生长发育进程，可使谷子提早成熟，促进根系发育，使根基部第一节间缩短，增强抗旱、抗倒性；易揭膜覆盖的产量比露地增产 20.7%，比普通膜覆盖增产 13.8%；收获后易揭膜的回收率可达到 85%。在西北早熟春谷种植区域，密度对谷子产量的贡献仍然是最重要的因素。适当密植是提高谷子单位面积产量的首选。

对糜子全膜覆土穴播（PMS）、全膜覆盖穴播（PM）和露地穴播（CK）3种不同处理的发育动态、土壤水分季节变化、糜子地上生物量动态、产量和耗水量两年测试结果表明，地膜覆盖后糜子营养生长期缩短，生殖生长时期延长，但全生育期缩短；PMS处理的糜子生育期较CK缩短12～13 d，较PM延长10～11 d。地膜覆盖使糜子拔节前0～200 cm土层的土壤含水量增加，随糜子生育进程的推进，3种处理的耗水量依次为：PM>PMS>CK。在抽穗前，PM的地上生物量最大，其次为PMS，CK最小；在收获期，PMS的生物量和籽粒产量均显著高于PM。PM和PMS的产量较CK分别在2009年和2010年提高了83.53%和64.58%，115.51%和84.47%；与PM处理相比，PMS的糜子产量在2009年和2010年提高了17.42%、18.18%，但两个处理的土壤耗水量在两年均无显著差异。因此，通过覆盖降低棵间蒸发是提高旱地糜子产量和水分利用效率（WUE）的重要途径。通过覆盖方式的选择来调控糜子的发育进程和耗水过程，对提高糜子产量和WUE也有重要意义。

节水种植可以有效地提高农田集水与保墒效果，明显提高土壤水分含量，降低糜子全生育期耗水量与耗水强度。其中，双沟覆膜产量达6 927.43 kg/hm$^2$，比对照增产40.00%，其水分利用效率为17.22 kg/(hm$^2$·mm)，比对照增加60.19%。双沟覆膜较其他处理可以明显地提高集雨和保墒效果，有利于提高水分利用效率及作物产量。

目前，严格意义上的生物节水技术尚处于次要地位，但可以预见，当水的流失、渗漏、蒸发得到有效控制，水的时空调节得到充分利用之后，提高植物水分利用效率（WUE）和耐旱性就显得更为重要，可视为实现进一步大量节约农业用水的关键环节和最终潜力所在。通过试验认为，全膜覆盖垄沟播和全膜覆盖平作穴播株高分别比露地条播高30.4 cm、26.6 cm，总体来看膜侧沟播株高、穗长、主穗粒和千粒重都表现较其他处理整齐，全膜覆盖垄沟种植产量最高为5 359.5 kg/hm$^2$，说明在春季干旱区全膜覆盖垄沟种植能够保证糜子正常出苗，起垄不覆膜产量最低为3 183.75 kg/hm$^2$，说明要提高糜子单产，苗期要保证足够的土壤水分，起垄不覆膜导致土壤跑墒，从而使土壤墒情不足。合理施肥可增加蓄水保墒能力，抑制土壤蒸发，提高水分利用率，增加作物产量。

**3. 肥料类型与施肥量**

针对谷子、糜子施肥量及施肥技术进行了大量研究。研究结果认为：磷肥对谷子的增产效果十分显著，在种植谷子时，多数地区都应该增加对磷肥的投入和使用。氮肥和钾肥要因地制宜，灵活把握。有条件的地区最好实行配方施肥，根据作物的需要和土壤肥力状况进行补充。合理施用氮素化肥能明显促进植株的生长、提高谷子产量；施纯氮45 kg/hm$^2$、纯磷129 kg/hm$^2$、纯钾67.5 kg/hm$^2$组合，增产效果最大，水分利用效率可达到16.66 kg/(hm$^2$·mm)。

谷子实行氮、磷、钾合理配方施肥，有利于谷子的生长和产量的提高。单位面积产量与氮、磷、钾施用量之间具有显著的回归关系。谷子使用与常规施肥等养分量的缓释肥料有机硅缓释肥，可增产 940.5 kg/$hm^2$，增产率 14.55%，增产效果极显著。

营养转化肥是一种植物生长调节肥，对不同品种的谷子均具有一定的增产作用，对张杂谷 11、冀谷 19、冀谷 31 苗高 10 cm 和 40 cm 左右时的植株长势均无显著影响，在抽穗期对冀谷 19 和冀谷 31 表现出了矮化效果，增产效应表现为张杂谷 11（7.77%）＞冀谷 19（7.24%）＞冀谷 31（2.06%）。追施营养转化肥以后到抽穗前，未观察到谷子长势异常变化；抽穗期前后观察发现，冀谷 31 和冀谷 19 植株变矮且杂乱不齐，而张杂谷 11 未表现出异常。研究结果显示，该肥料对抽穗期的冀谷 31 和冀谷 19 表现了矮化效果，有利于植株抗性增强和结实率提高，对张杂谷 11 虽未表现出矮化效应，但最终也能够提高产量。

叶面施硒可以明显提高谷子籽粒硒含量，但施硒处理籽粒硒含量不易控制，品种间硒的累积量差别很大，应用时需要根据品种及人们的合理摄入量等来调整施硒浓度。

**4. 水分利用与干旱胁迫**

夏谷总耗水量中，丰水年型占同期自然降水量的 97.8%，平水年型占同期自然降水量的 92.1%，缺水年型同期自然降水量占总耗水量的 83.13%。说明在丰水、平水年型情况下，自然降水基本能满足夏谷水分需要。从作物阶段耗水测定结果看，丰水年型情况下，夏谷存在奢侈耗水现象；平水年型自然降水能基本满足夏谷水分需求，但突出问题是阶段性、间隙性水分缺乏；缺水年型情况下，自然降水不能满足夏谷水分需求，其突出问题主要表现：在两方面，一是水分状况制约着夏谷正常播种和出苗，二是水分供应状况影响作物的生长发育进程。

干旱胁迫处理的相对叶绿素含量和相对光合速率与品种的抗旱指数呈极显著正相关，且灰色关联度较高，可作为评价谷子孕穗期抗旱性的光合参数指标。

采用盆栽土培试验，研究了谷子幼苗对土壤中不同含量铅（Pb）、铬（Cr）的生长响应和吸收积累的差异性。结果表明，在所试浓度（50～800 mg/kg）范围内，Pb、Cr 在谷子幼苗地上部和地下部的积累量存在较大差异，幼苗重金属的吸收富集和转运系数均为 Pb 大于 Cr，Pb、Cr 胁迫对幼苗生物量的影响表现为低浓度的促进和高浓度的抑制作用，但 Cr 对生物量的影响比 Pb 更强。相同处理条件下，幼苗茎叶中可溶性蛋白质、DNA 含量和增色效应对 Pb、Cr 的响应也有明显差别，Cr 对幼苗的生理毒性和 DNA 损伤效应的作用强度大于 Pb。

## 二、国外谷子糜子栽培相关的研究

国外谷子、糜子研究主要侧重进化、遗传等基础研究。我国是世界上唯一对谷子、糜子进行系统研究的国家，研究领域包括起源、进化、资源、育种、细胞遗传、分子遗传、生物技术、栽培生理、病理等各个方面。

### (一) 品质生理

日本、印度等国家对谷子研究较多,其中日本在谷类籽粒蛋白质功能的基础性研究方面较为突出。日本岩手大学 Nishizawa 研究发现,谷类籽粒蛋白质能显著提高血浆中高密度脂蛋白的浓度,高密度脂蛋白具有抗动脉粥样化的功能。同时谷类籽粒蛋白质对胆固醇的新陈代谢也有一定调整作用。这一研究结果推动谷子蛋白质功能的研究,同时也有利于谷子食品的研究与开发。通过发酵对谷子蛋白质营养的研究表明,发酵有利于提高谷子的营养价值,虽然不同的品种蛋白质含量不同。目前关于谷子蛋白质提高血浆高密度脂蛋白浓度的机制,正在进一步的研究之中。

Majid Valipoor Dastenai 等(2012)对饲用谷子研究表明,在营养生长期,开花期、结实期 3 个不同物候期时,谷子饲料中除了酸洗纤维百分率和粗纤维百分率有差异外,其他饲料质量与产量指标均没有显著差别。在营养生长期,以谷子为原料的饲料质量指数显著高于其他两个时期。

Amir Ahmadi Aghtape 等(2011)对谷子用处理过的废水灌溉及叶面喷施肥料试验的研究表明,废水灌溉以及全部肥料都用于叶面喷施处理显著提高谷子产量以及营养生长状况。全生育期废水灌溉处理下,谷子籽粒可溶性糖、粗蛋白、灰分、干物质等含量显著高于其他处理;其细胞壁中半纤维素含量以及木质素含量显著降低。

### (二) 抗逆生态机制

Paul Ajithkumar(2013)采用盆栽控水方法,研究了干旱胁迫下谷子抗旱的形态及内部生化反应机制,结果表明谷子抗旱的形态及生化机制在于,成熟期根长及植株内可溶性渗透物质的增加和叶绿素含量与株高的降低。

Hendawy 等(2012)研究表明,盐胁迫下埃及几种谷子的株高、穗长、产量等性状显著降低,盐胁迫对谷子籽粒中碳水化合物、蛋白质影响不显著;盐胁迫能够降低谷子中谷氨酸、胱氨酸以及亮氨酸的含量。

### (三) 合理施肥

Pham Van Cuong(2009)研究认为,氮肥的施用能够影响谷子产量与籽粒品质,不同谷子品种需氮肥量有所不同,谷子对氮肥的需求量与营养生长时期植株中叶绿素含量以及抽穗期干物质积累量有关;谷子籽粒品质随着氮肥用量的增加而降低。

Bhaskara Rao 等(2005)研究表明,把 3 个不同菌株的固氮菌单独或者与氮肥一起接种在谷子上,能够提高谷子株高、植株地上和地下部分干重以及籽粒、茎秆及根系中全氮含量;接种固氮菌后的处理中籽粒产量显著高于对照,接种处理下谷子穗重与千粒重显著提高。

Sayed Alireza Valadabadi 等(2010)研究表明,钾肥显著提高谷子根系的渗透作用，在干旱条件下，谷子施用不同用量的钾肥能够影响其根系渗透作用，降低干旱对谷子的损伤，显著促进干旱胁迫下根系向土壤深处生长。

TRAORE 等（2012）研究表明，对谷子施用麻疯树籽粒饼肥处理与施用化肥处理相比，前者的分蘖数、株高、产量等性状显著高于后者。

#### （四）机械化栽培

Rogério Peres Soratto 等（2003）研究表明，由于缺少合适的播种机，谷子粒小是影响谷子播种均一性的主要原因，把谷子种子与恰当类型及合适比例的磷肥混合播种可以提高播种质量，进而促进谷子的生长发育状况，并且能够提高产量。

### 三、谷子糜子在旱作生态农业中的作用

谷子、糜子在旱作生态农业中的作用研究很少。一般认为，谷子、糜子生长发育规律与降水规律相吻合的特点，使其在生育期内能有效增加地表覆盖，强大的须根系对土壤起到很好的固定作用。由于覆盖可降低地表风速，从而减轻或防止风蚀，同时，还能起到减轻雨滴冲击、阻止地表水径流的作用，使更多的水渗入地下，减少水土流失。另外，覆盖还可以防止地表板结，提高土壤持水能力，从而起到良好的水土保持作用。

马波等研究认为，谷子冠层对溅蚀有一定的削减作用，但对土壤的保护作用是有限的。在不同的生长阶段，冠下的溅蚀速率在 40 mm/h 雨强下平均降低 24%，在 80 mm/h 雨强下降低 52%，大强度降雨条件下谷子冠层对土壤的保护作用相对小强度降雨条件下更好一些。谷子冠下溅蚀速率会高于相同雨强下裸地的溅蚀速率，但空间分布不均匀且随机性很大。在种植谷子的条件下，必须重视农地的溅蚀防治。

## 第二节　谷子糜子栽培技术研究与创新

### 一、中国谷子糜子栽培技术回顾

谷子、糜子在我国古代农业中占有极其重要的地位，考古发现非常丰富。早在 100 多年前就有“禾草”“鬼拉驴”（糜子混种荞麦）等套作、间套的组合方式。《尚书》《诗经》《春秋左传》《周书》《吕氏春秋》《本草注》《四民月令》《齐民要术》《汜胜之书》《尔雅·释地》《梦溪笔谈》《王祯农书》《群芳谱》《几亭全集》等古书籍均有我国关于谷子和糜子分布区域、粳糯类型、栽培品种、栽培技术、习惯叫法、食用方法及用途等记载。

谷子、糜子栽培历史前面已进行回顾，从公元前 11 世纪开始已有关于谷子、糜子栽培技术的记载。自公元前 11 世纪始，就对不同土质、前茬、耕作时间、播种时

期都有比较详尽的描述。受汉文化发展的影响，在东北、西北、内蒙古地区都有相当的推广。之后对“溲种法”、播种时期、轮作方式、中耕技术、适宜的密度等都有较详尽的记载和描述。至北魏时期，黄河流域一带谷子、糜子与小麦、大豆轮作已较为普遍，对出苗后松土锄草也已开始重视。6世纪时，人们已注意到不同谷子、糜子品种在生育期、植株高矮、产量高低、抗旱抗风能力、籽粒的粳糯性及出米率等性状上存在的差异。对贫瘠土壤和肥沃土地与谷子、糜子播种时期的关系、地势高低与谷子、糜子品种耐旱抗风霜能力的差异等都已有了相当的认识。认识到了连作病害严重，杂草多，收成会大大减少。19世纪谷子、糜子的栽培技术水平已达到手工种植精致细密的程度。谷子、糜子生产行程从质发展到量的变化。中华人民共和国成立后至20世纪末，中国谷子、糜子栽培虽已基本明确了连作减产、合理轮作、及早深耕，疏松土壤、精细整地、增加耙耱、播后镇压为主的耕种方法，也已对肥料的使用和不同时期谷子、糜子品种的发育有了初步的认识，田间管理也已经开始结合谷子、糜子生长发育规律来进行，但其栽培技术和水平与1000年前比发展非常缓慢。20世纪80年代以前，对谷子、糜子栽培的研究集中在对传统栽培技术的总结、栽培模型的建立上，也有少量栽培生理方面的研究，但研究的深度和广度都十分有限。20世纪90年代后，围绕着土壤水分变化、耗水特征、抗旱性、肥料效应、播期、地膜覆盖、节水栽培等开展了系列研究。但由于人员和经费都十分有限，研究还只是停留在表观上，21世纪以来，特别是现代农业产业技术体系成立后，谷子、糜子栽培研究进入了一个新的历史阶段。从种植制度、生态气候适生种植区划、旱作农田水分动态与平衡、地膜栽培、节水补灌技术、膜侧沟播栽培技术、密度与肥料对生育性状和产量性状及品质的影响、干物质积累及分配规律、轻简栽培、机械化种植技术等多个方面开展了研究工作，已经取得了一些研究成果。相信通过现代农业产业技术体系的带动，谷子、糜子栽培研究的质和量都会在短期内有突破性进展。

## 二、谷子糜子栽培的限制性因素分析

谷子、糜子都是我国古老的传统作物，但产量一直在低水平徘徊。限制谷子、糜子高产的因素较多，但主要因素包括以下几个方面：一是产品开发跟进慢，深加工研究层次低，小米、黄米仅在一些特定地区作为口粮而生产，影响到谷子、糜子的消费和生产。二是占劣地，种下茬。谷子、糜子多种植在干旱、半干旱区旱地，水地、歇地、豆茬几乎无谷子和糜子。恶劣的生产条件对提高谷子、糜子产量的影响是显而易见的。三是吃不饱。山旱地普遍肥料不足，有限的农家肥又优先照顾玉米、马铃薯、小麦等作物，种植谷子、糜子几乎不使用化肥，使其单产一直保持在一个相对较低的水平。四是科学研究工作滞后，新品种、新技术推广速度慢。五是品种混杂退化。谷子、糜子良种繁殖和提纯复壮工作几乎停顿，种子部门很少经销谷子、糜子种子。六是麻雀危害严重。不少地方虽知谷子、糜子高产，但无法对付麻雀，只好不种。

## 三、春谷栽培技术创新和可持续发展

谷子起源于我国，是我国古老的栽培作物之一。早在六七千年前新石器时期在黄河流域一带就已大量种植，殷商时期已是人们的主食。谷子在我国分布极其广泛，各省份几乎都能种植，但主产区集中在东北、华北和西北地区。

### （一）我国春谷区的栽培生态条件

我国春谷区大致可分为西北春谷区和东北春谷区两大区域，细划分可分为春谷特早熟区、春谷早熟区、春谷中熟区和春谷晚熟区。

**1. 春谷特早熟区**

春谷特早熟区分两个亚区。

（1）黑龙江沿江和长白山高寒特早熟区。处于我国最北部的黑龙江沿江各县，还有长白山高海拔县。代表地点为黑龙江呼玛、吉林敦化。本区处于高纬度，气候最寒冷，是我国种谷北界。生长季节日照时间长，昼夜温差大，4～5月蒸发量小。因积温少，热水比最小。无霜期仅有90～120 d，谷子品种生育期100 d以下。对温度反应中等，对短日照反应中等，对长日照反应敏感为其特殊性。小粒种，米中蛋白质、脂肪含量高，淀粉低。植株矮小、穗小、不分蘖。当地谷子产量高于其他粮食作物，主要问题是低温冷害和耕作粗放。

（2）山西、河北、内蒙古长城沿线高寒特早熟区。位于内蒙古中部南沿，晋西北和冀北坝上高寒地区。代表地点为山西右玉、河北坝上围场、内蒙古集宁。该区中纬度，高海拔，干旱低温，少雨多风，春季蒸发量大，热水比较高。品种抗旱性强，秆矮小，穗短，不分蘖。对日照和温度反应都敏感，短日高温生育期短，适应范围小，生育期100 d左右。主要问题是干旱、缺肥、耕作粗放。

**2. 春谷早熟区**

春谷早熟区分两个亚区。

（1）松嫩平原、大兴安岭东南早熟区。除黑龙江省南部松花江黑土平原和黑龙江沿江以外的全部、吉林长白山东西两侧、内蒙古大兴安岭东南各县旗。代表地点为黑龙江省齐齐哈尔、牡丹江，吉林桦甸，内蒙古扎兰屯。气温明显高于春谷特早熟区。东部多雨，热水比小，肥力较高。西部干旱少雨，春季蒸发量大，多风沙，肥力低。本区品种对短日照和温度反应中等，对长日照反应不敏感至中等，短日高温生育期短。千粒重小，在3 g以下。植株较矮，穗较短，以纺锤形为主，不分蘖。生育日数100～110 d。小米中蛋白质、脂肪含量高。主要病害是黑穗病和白发病。主要问题是西部干旱缺肥，东部低温冷害。

（2）山西、河北、内蒙古、甘肃、宁夏早熟区。包括河北张家口坝下，山西大同盆地及东西两山高海拔县，内蒙古中部黄河沿线两侧，宁夏六盘山区，甘肃陇中和河西走廊，北京市北部山区。代表地点为内蒙古呼和浩特、山西大同、河北张家口、甘肃会宁、宁夏固原。本区热量条件优于松嫩平原、大兴安岭东南早熟区。海拔高，干旱少雨为其特点。热水比是各亚区中最高的，特别是河西走廊全靠祁连山雪水灌溉，干旱是谷子生产的主要问题。品种对日照反应敏感，对温度反应中等至敏感，短日高温生育期很短。矮秆不分蘖，抗旱性强。穗较长，长纺锤形穗较多，籽粒大，千粒重3.5～4.2 g，地广人稀，耕作粗放，缺肥、风蚀沙化是又一问题。主要病害是黑穗病和白发病。品种生育天数110 d左右。

**3. 春谷中熟区**

春谷中熟区分为两个亚区。

（1）松辽平原中熟区。包括黑龙江省南部的松花江黑土平原，吉林松花江上游河谷，长春、白城平原，内蒙古赤哲山地丘陵和西辽河平原灌区。本区东西两翼为山区丘陵，中部是广阔的松辽平原，气候温和。东部多雨，中、西部干旱，昼夜温差大，日照时数多。西部因干旱谷子面积很大，是春谷面积最大的亚区。东部、中部土壤肥力较高。西部为沙土、盐碱土，肥力差不保水。品种对短日照反应中等，对长日照不敏感到中等，感温性弱，短日高温生育期较短。中、西部要求抗旱性品种，东部要求耐涝品种。植株中等高，穗中等长，以纺锤形穗为主。日照时数多，灌浆上籽好为其特殊处。小米中蛋白质、脂肪含量较高。品种生育期一般为110～120 d。主要病害是白发病和黑穗病。代表地点黑龙江省哈尔滨、吉林长春、内蒙古赤峰。

（2）黄土高原中部中熟区。处于黄土高原，包括冀西北山地丘陵，晋西黄土丘陵，晋东太行山地，陕北丘陵沟壑和长城以北的风沙区，陇中干旱区，宁夏中部黄土丘陵区。代表地点为山西临县、陕西榆林、河北涞源、甘肃兰州、宁夏同心。本亚区气候温和，日照时间长。水土流失和风沙严重，土壤瘠薄，干旱少雨，春旱严重，热水比高。品种耐旱耐瘠，植株中等，穗特长，以长纺锤、长筒形穗为主。生育期110～120 d。主要病害是白发病和谷瘟病，小米中蛋白质、脂肪含量较高。

**4. 春谷晚熟区**

春谷晚熟区分3个亚区。

（1）辽宁、吉林、河北中晚熟区。包括四平、铁岭平原，辽西北丘陵，辽东山区，冀东承德山区丘陵，是辽宁、河北春谷的主产区。代表地点为吉林四平、辽宁铁岭和朝阳及河北承德。本区两边为山地丘陵，中部是辽河平原。地处中纬度，低海拔，气候温和。东部多雨易受涝害。辽西北少雨，土壤肥力低，种谷多，产量较低。承德山地降雨多，土壤较肥沃，产量高。本区品种对短日照反应中等，对长日照不敏感。植株较高，穗也较长，以纺锤、长纺锤形穗为生。生育日数110～125 d，小粒种。小米中蛋白质、脂肪含量中等。

（2）辽宁、河北沿海晚熟区。包括沈阳以南的辽东半岛、辽西走廊和河北唐山地区。代表地点为辽宁锦州、河北乐亭。地处中纬度、低海拔的沿渤海地带，高温多雨，热水比低。品种光温反应接近华北夏谷区，对短日照反应不敏感至中等，对长日照不敏感，温反应敏感，短日高温生育期长，显著不同于其他春谷区。植株中等高，较繁茂，穗长中等，纺锤形穗为主。品种为中晚熟和晚熟种，生育日数 120 d 以上。本区已由春谷向夏谷发展。

（3）黄土高原南部晚熟区。本区包括山西忻定、太原盆地，上党盆地，吕梁山区南段，陇东泾渭上游丘陵区及陇南少数县，陕西延安地区和北京市西山。本区南界为春、夏谷交界线，南部亦有少量夏谷栽培。代表地点为山西长治、陕西延安、甘肃庆阳。地处较低纬度，较高海拔，冬不酷寒，夏不炎热。降水量中等，蒸发量较小，热水比中等。土壤较肥沃，耕作精细，谷子单产是春谷区最高的。小米中蛋白质、脂肪含量中等，适口性好。品种以晚熟种为主，生育日数 120～135 d。植株高大繁茂，穗较长，有少量分蘖。以长纺锤、纺锤、圆筒形穗为主，籽粒小。主要病虫害是谷瘟病、白发病和蛀茎害虫。产量高低取决于施肥水平和 7～9 月是否降雨。

## （二）春谷栽培技术特点

我国农民在几千年种植谷子的实践中积累了极其丰富的经验，创造了很多关于种植谷子的农谚。例如："谷子种岭坡，穗硬好粒多""早种年年收，迟种碰年头""早种一把糠，迟种一把米""不怕苗子小，就怕坷垃咬""谷间寸，顶上粪""人怕老来穷，谷怕卡脖旱""晒出米来，淋出秕来""谷收绿叶黄谷穗"等。

谷子要高产，必须考虑高产群体的生理指标和高产环境条件指标。高产群体的生理指标包括叶面积指数、光合势净同化率、干物质积累动态、经济系数等。而高产环境条件指标包括温度、水分、光照等。

千百年来，不同春谷栽培区形成了各自独特的技术特点。例如，松辽平原中熟区提出了加深熟化耕作层，改良土壤结构，轮作换茬，合理施肥，适期播种，加强田间管理，及时收获的春谷栽培技术模式。甘肃省农业科学院研究认为：旱地谷子地膜覆盖栽培，早期增温增湿保墒，利于谷子全苗壮苗；促进生长发育，利于谷子高产；集雨叠加利用，有利于提高雨水利用效率。在研究实践的基础上，提出了旱地谷子地膜覆盖栽培条件下垄膜覆盖膜侧沟播、平膜覆盖穴播栽培技术要点。总结各地经验和研究成果，春谷在栽培上有以下几方面技术特点：

**1. 分期调节，促控结合**

促进个体健壮地生长发育，实现秆硬不倒，穗大粒多，籽粒饱满，是夺取春谷子高产的保证。春谷栽培措施应遵循前期控上促下，发根壮苗；中期水肥齐攻，壮秆攻穗；后期看苗施肥，看天浇水，防倒壮籽。生产上，要做到根壮、株壮、穗壮，促进根系垂直方向发展，使其长成"山羊胡"，防止"八字胡"；根轮数达到 10 层以上，每株根数达到 100 条左右；促进毛根的生长，提高根系的吸收能力。茎秆扁圆，叶色浓绿；植株不徒长；拔节期叶面积指数达到 1.5，抽穗期达到 5，完熟期达到 3，穗枝梗分化期封垄；秕谷率 30%以下，千粒重 3.5～4.0 g。

**2. 针对品种，合理密植**

根据不同品种特征，调节播种行距、株距和密度。一般情况下，建议等行距单行种植，行距一般为 33～75 cm，种植密度为 30 万～52.5 万株/$hm^2$。根据品种特性考虑，密度应该有所差异。

（1）穗重型结构。以大穗攻高产的品种，匀行距条件下，行距 33.3 cm，株距7～8 cm；宽窄行种植时，行距 27 cm×40 cm，株距 7～8 cm。保苗 36 万～45 万株/$hm^2$，保穗率≥85%。

（2）穗重密度兼顾型结构。以穗重密度兼顾高产的品种，宽窄行种植时，行距 27 cm×40 cm，株距 4.5～6 cm。宽垄种植时，垄宽 10～12 cm，行距 50 cm，每米长均匀留苗 31～42 株，保苗 49.5 万～67.5 万株/$hm^2$，保穗率≥80%。

（3）密度型结构。以密度攻高产的品种，宽垄种植时，垄宽 10～12 cm，行距 45 cm，每米长均匀留苗 41～51 株，保苗 75 万～90 万株/$hm^2$，保穗率≥80%。

**3. 蹲苗压青，培育壮苗**

压青尖在 3 叶期以后到拔节以前都可进行，一般以 3～5 叶为宜，是否需要压青尖，应视苗情而定。在底墒好且施足底肥的条件下，应适当推迟第一次水肥管理时间，一般在穗枝梗开始分化时进行。在拔节期喷施 0.5%的矮壮素有一定的蹲苗作用。通过前期蹲苗，防止后期倒伏，是谷子高产栽培技术的关键。

**4. 秋深耕，早间苗**

秋深耕有利于土壤熟化，可以促进根系的发育。早间苗可扩大根系吸收面积，据试验，5 叶间苗比 8 叶间苗根系吸收面积增大 7.2 倍，反映植株碳氮代谢水平的体内含糖量和含氮化合物的量均显著增加，幼苗茎粗间苗早的为 0.55 cm，间苗晚的为 0.39 cm。叶绿素含量间苗晚的比间苗早的减少 43.3%。另据试验，播后 20 d 间苗比播后 40 d 间苗谷子株高降低 6.6 cm，茎粗增加 0.02 cm，单株根数增加 11.3 条，穗粒重增加 6.5 g，每穗码数增加 5.6 个，增产 10.5%。

**5. 分期配方施肥**

基肥最好在秋深耕前施入。如果用农家肥作基肥，使用量超过 7 500 kg/$hm^2$ 时，应分期施入，在秋耕时施 70%，春耕时施 30%。谷子施用种肥增产效果十分显著，在化肥施用量较少的情况下，应在穗分化初期一次施入，化肥施用量较多时，应在拔节后和抽穗前分两次施入。春谷施用磷肥普遍增产，一般情况下，磷肥可与有机肥料混合堆制后作基肥施用。

**6. 及时中耕，精细管理**

春谷全生育期需中耕 3～4 次。中耕坚持干锄浅，湿锄深，达到“干锄湿，湿锄干”的目的。一般情况下，中耕要求做到头遍浅，二遍深，三遍高培土，四遍刮草不伤根。谷子苗期生长缓慢，易受杂草危害，要做到早中耕。一般第一次中耕应在间苗时或间苗后立即进行，主要是锄草、松土、稳苗。这时次生根还未长出，常因大风吹断谷子主根造成缺苗断垄，围土稳苗可以减轻风害，并可促进次生根的生长。深中耕可以断老根，促新根，去浮根，深扎根，是培育壮根的一项重要措施。

## （三）春谷栽培技术创新

### 1. 覆膜种植技术

地膜覆盖后能显著地减少土壤水分蒸发，使土壤湿度稳定，并能长期保持湿润，有利于根系生长。地膜覆盖具有增温保湿作用，可减少养分的淋溶、流失、挥发，可提高养分的利用率。地膜覆盖在谷子上的应用只是近几年的事情。配合地膜玉米的种植，开始探讨残膜谷子和地膜、膜侧谷子的增产机制和地膜覆盖下种植谷子的可行性。

（1）垄膜覆盖膜侧沟播技术。以 50～60 cm 为一带，垄底宽 25～30 cm，高 10 cm，垄间距 25 cm 左右，沟垄相间，垄背覆膜引流，沟内集雨种植。使用覆膜沟播机和 35～40 cm 幅宽、厚 0.008 mm 薄膜，起垄、覆膜、播种可一次完成。每垄两侧各种一行谷子，沟内共种植 2 行谷子，宽行距 30～35 cm，窄行距 15～20 cm，留苗密度较露地栽培高 7.5 万～15 万株/$hm^2$。

（2）平膜覆盖穴播栽培技术。覆膜时不起垄，选用 80～120 cm 平膜覆盖穴播，覆膜时间可根据土壤墒情确定。覆膜要紧贴地面，边上用土压实，每隔 4～5 cm 压一条土腰带。用谷子点播机点播，每个膜面上种植 3～4 行，行距 25～40cm，每穴下籽 3～5 粒，定苗时每穴留苗 2～3 株，留苗密度 7.5 万～15 万株/$hm^2$。

（3）全覆膜双垄沟种植技术。全膜双垄覆盖总带宽 1.1 m，大垄底宽 0.7 m，高 0.1～0.15 m，小垄底宽 0.4 m，高 0.15～0.2 m。秋覆膜在 10 月中下旬覆膜，选用厚度为 0.01 mm、幅宽为 1.2 m 的耐候地膜。早春顶凌覆膜选用厚度 0.008 mm、幅宽 1.2 m 的超薄膜，边起垄边覆膜，膜与膜间不留空隙，两幅地膜相接于大垄面中间，相接处用土压住地膜，每隔 2 m 横压一土腰带。覆膜 7～10 d 后在沟内每隔 0.5 m 扎一直径 3 mm 的渗水孔。采用人工或机械覆膜要做到铺平、铺正、捂紧、压严、紧贴地面，达到不跑温、不漏气、风揭不动、草顶不开。若为坡地，则按等高线起垄覆膜，并隔 1.5～2 m 横压土腰带 1 条，以防大风揭膜，并防止因土地不平整而形成径流。

（4）全膜覆土穴播技术。选用膜厚 0.008 mm、幅宽 1.2 m 的抗老化地膜，在膜上均匀覆细土，覆土厚 0.01～0.015 m，每 1.2 m 带幅播 3 行谷子。在地下害虫严重的地块，覆膜前每公顷用 40%辛硫磷乳油 7.5 kg 加细沙土 450 kg 拌成毒土撒施，或兑水 750 kg 喷施。杂草严重的地块，起垄后每公顷用 50%乙草胺乳油 1.5 kg 兑水 750 kg 向地面喷施，喷完 1 垄后及时覆膜。

### 2. 化控间苗种植技术

为解决谷种单粒顶土能力差，依靠群体萌芽才能顶土出苗的问题，山西省农业科学院谷子研究所研究发明了 MND 谷子化控间苗技术。该技术的载体是化控间苗谷种，即用化学制剂 MND 处理的谷种与正常谷种按一定比例混匀后一起播种，播种出苗后，MND 制剂处理的谷种在苗期两叶一心时自然死亡，留下正常谷种的种苗。应用化控间苗谷种栽培技术，能减少谷子间苗用工，保证谷子正常出苗，提高劳动生产效率。但该方法受土质、墒情、土壤肥力、播期影响较大，特别是播种后连续降雨会降低药效。另一方面，化控间苗技术队整地质量要求较高，幼苗靠自然淘汰留苗，株距难达均匀。因此，在整地质量不好，特别是干旱年份和播后多雨时不宜应用。

**3. 测土配方施肥技术**

测土配方施肥技术是以土壤测试和肥料田间试验为基础，根据作物需肥规律、土壤供肥性能和肥料效应，在合理施用有机肥料的基础上，提出氮、磷、钾及中、微量元素等肥料的施用数量、施肥时期和施用方法。其核心是调节和解决作物需肥与土壤供肥之间的矛盾，有针对性地补充作物所需的营养元素，实现各种养分平衡供应，满足作物的需要，达到提高肥料利用率和减少用量，提高作物产量，改善农产品品质、节省劳力、节支增收的目的。

### （四）春谷栽培技术可持续发展

春谷主要种植在西北、东北高寒、干旱地区，随着小杂粮市场的不断培育和良好发展，近几年面积有恢复和扩大的趋势。特别是北方许多马铃薯种植区，由于常年发展马铃薯生产，带来疫病大发生，谷子与马铃薯轮作倒茬，能有效降低马铃薯病害的发生，克服连作障碍带来的不利影响，对保证马铃薯和其他作物安全生产意义重大。在北方旱作农业区玉米、马铃薯等作物产能提升空间有限的今天，加大对谷子科研、生产投入，不仅能彻底改变谷子低产现状，实现谷子产量翻番性突破，也会对改善土壤连作障碍，实现大作物持续高产做出贡献。

国家粮食生产能力提升，“潜力在旱地，难点在旱地，希望也在旱地”。现行粮食作物的高产出是以高投入为基本前提的。目前，全国范围内出现的“增产不增收，增收不增效”问题十分突出，在旱作农田重新审视谷子生产，发展低耗水作物是农业生产发展，提升北方旱作区粮食生产能力的必然选择。随着轻简栽培、高效栽培、配套机械应用和优质高效栽培技术的研制、示范与推广，谷子研发任务也越来越重，发展的空间和前景将更为广阔。

## 四、夏谷栽培技术创新和可持续发展

我国谷子大多以春谷种植为主，特别是 20 世纪 50 年代以前，全国谷子绝大部分为春谷，因春谷生长期长，植株生长健旺，在栽培管理技术上与夏谷有很大不同。

夏谷又称复播谷、晚谷、回茬谷，是我国一年两作或两年三作地区的一种轮作方式。前茬作物多为小麦，少量为大麦、油菜，主要种植区域为河北中南部、山东、河南，山西、陕西有小面积种植。江苏、江西、安徽、福建、湖北、广东、广西、贵州、云南等省份有零星种植，多为秋、冬季复播。

从20世纪60年代后期到70年代，由于国家水利事业的发展，进一步扩大了复种指数，农业科研单位向生产上不断提供大量适合夏播的新品种和栽培技术，夏谷面积不断扩大，在无霜期长、水肥条件好的地区，夏谷取代了春谷。实践证明，虽然夏谷生长期短，但生长季节的水肥气热等条件，对其生长发育有利的因素较多，不利的因素较少。以及在品种和栽培方面的不断提高，使夏谷的产量水平不断提高，大面积每公顷产量6 000 kg以上，最高产量超过9 000 kg。在适宜地区发展夏谷，对解决作物布局中的争地问题、调节粮食生产结构和发展畜牧业等，都能起到十分重要的作用。特别是在无霜期短，夏玉米不保收的地区，适当发展夏谷生产，对于这些地区提高复种指数，增加粮食产量具有重要意义。

## (一) 夏谷栽培技术特点

夏谷营养生长阶段处于日照最短时期，通过光照反应时间短，很快就会由营养生长转入生殖生长阶段，而且生长期间雨热同季，生长发育速度快，相应的个体生长量远低于春谷，因此夏谷的栽培管理与春谷相比有以下几方面不同的特点：

### 1. 整地技术

夏谷生育期短，围绕夏谷的一切管理措施都要突出一个“早”字。夏谷整地要服从抢墒早种。夏谷是否整地，如何整，要根据腾茬早晚、墒情好坏、杂草情况、人力物力等条件区别对待，灵活掌握。整地的基本原则是在保证全苗的基础上，力争抢时早播。有灌溉条件腾茬早的地片，可以铺肥抢耕，但耕地不宜过深，一般不超过15 cm。耕地后要马上耙地，耙平耙细，抢时播种。夏谷整地之所以不宜深耕，是因为深耕后土地松暄，播后遇雨易出现沉垄和灌耳现象，造成缺苗断垄；并且雨后土壤吸水量大，土壤通气性差，易芽涝苗荒，造成幼苗细弱，不能高产。耕地后播种夏谷，还必须注意镇压，以免遇旱失墒，在高温条件下出现“悬苗”，造成断垄。一般情况下，麦茬夏谷提倡贴茬播种。即麦收以后不整地，麦茬行间播种谷子。贴茬播种能争取农时，有利于充分利用光热资源，能减少因耕翻造成的土壤失水，还能减轻出苗后遇雨造成的灌耳危害。墒情不足时，有水浇条件的应在麦收前10 d以内浇麦黄水，这样既有利于小麦增产，又为夏谷播种造墒，起到一水两用的作用。

### 2. 施肥技术

(1) 基肥。基肥要以有机肥为主，并配合施用磷钾肥。夏谷因要抢时早播，多数不施有机肥，但要创造条件，尽量增加有机肥的施用。可在播种前沟施或撒施，也可在间苗后结合中耕施入。高产夏谷每公顷施用量应在45 000 kg以上。

(2) 种肥。夏谷的前茬多为冬小麦，苗期速效养分往往不足，施种肥是夏谷生产中的一项重要措施。各地试验证明，在瘠薄地上施种肥明显提高了产量，肥力中等以上的地块也表现增产。施用种肥一般可增产8%～12%。种肥以氮、磷、钾复合肥或磷酸二铵效果最好，施用量在75 $kg/hm^2$以内。

(3) 追肥。在施用基肥或种肥的基础上，高产夏谷的追肥提倡分期追施。试验证明，同等数量的氮肥，孕穗期追施的比拔节期追施增产8.2%，分期追肥比集中在拔节期追肥增产5.9%～22.6%，比孕穗期增肥增产平均近10%。在地力条件较好的情况下，追肥量的1/3应在拔节期追施，以有利于攻大穗，起到“座胎肥”的作用；抽穗前10 d左右的孕穗期追施2/3，以满足孕穗到开花灌浆对氮肥的大量需求，起到攻粒的目的。但在旱薄地或苗情较差的地块，或早熟品种，则初次要多追，以使幼苗不狂长为度，以促进前期生长，实现穗大、穗齐。

**3. 播种技术**

夏谷的播种期受前茬作物的限制和苗期雨水早晚的影响很大。各地的经验证明，夏谷播种越早越好，早种是增产的关键。夏谷力争6月上旬到中旬播种，使幼苗在日照较长的条件下通过光照阶段，延长生长期，为生殖生长创造良好的营养基础；并利用播种后的一段旱天进行蹲苗，促进扎根，培养壮苗；还能使需肥需水量大的孕穗到开花期处于雨热同期，从而保证水分供应，避免“胎里旱”和“卡脖旱”。如果播种过晚，生长日数不足，前期营养生长不良，中期被迫进入生殖生长，发育差，秆矮穗小，后期温度降低，开花灌浆受抑制，严重影响产量，而且腾茬晚，影响小麦正常播种。据试验，由6月10～20日，每晚播种1 d，平均减产1.5～2.0%；6月20～30日，每推迟1 d减产3%～7%；7月播种每晚播1 d减产近10%。

**4. 群体结构**

留苗密度是创建合理群体的中心环节，受品种特性、土壤肥力、播期早晚和自然条件多种因素的制约。高产夏谷大穗型品种密度不宜超过75万株/$hm^2$，小穗抗倒品种密度可在67.5万株/$hm^2$左右。各地多点次试验证明，高产夏谷较晚熟的品种和早播、肥地高温多雨地区要适当稀植，留苗密度在67.5万株/$hm^2$左右；反之应适当增加密度，密度应达75万株/$hm^2$。大量试验证明，夏谷留苗低限不应低于60万株/$hm^2$，高限不应超过90万株/$hm^2$。密度过大，前期叶面积急剧增加，群体内光照条件不良，个体之间水、肥竞争加剧，发育受严重削弱，单株生产力低下，秸秆细软，很易倒伏，也易发生病害，往往造成减产。密度过小，个体虽能健壮生长，但叶面积太小不能充分利用光、热资源，也难以高产。

## （二）夏谷栽培技术的创新

华北地区水浇地麦茬夏谷，极易出现倒伏，在不同历史时期有关科研单位根据各地不同生态特点提出了几种夏谷栽培管理技术。

**1. 夏谷平播技术**

夏谷平播是夏谷区的主要种植方式。平播是指小麦收获后施基肥，耕翻耙平或只用旋耕犁碎茬松土，或不松土，立即贴茬播种。播后夏谷垄内基本上是平的，在生长季节，通过多次行间中耕培土，到成熟时成为高垄。代表技术为山东省农业科学院作物研究所杨永琛研究员提出的促“四壮”（壮根、壮苗、壮秆、壮穗）为主要技术体系的平播宽幅密植法，在孕穗期深中耕、高培土，对增加密度，调节个体与群体的关系，防止根部倒伏等起到明显的作用，从而显著提高了夏谷产量。平播夏谷栽培上要注意以下几点：

(1) 争时早播。夏谷生育期要求积温为 1 400～2 300 ℃，在短日照 8 h 以下，削弱营养体生长，促进生殖生长，提早抽穗，穗小粒少，影响产量。因此争时早播获得较高的热量和日照时数，是提高夏谷产量的基本条件。华北夏谷区在 6 月下旬以前应完成播种。

(2) 改善群体结构。夏谷生育期短，营养体较小，群体密度应适当加大，实践证明，每公顷留苗数以 67.5 万～82.5 万株为宜。单株生产潜力大，秆高较晚熟的品种和早播、肥地、高温多雨地区要适当稀一些，而早熟品种和晚播、旱地则要相对密植。

(3) 协调营养与生殖生长。夏谷的水肥管理，既要针对夏谷生长发育快的特点，早进行水肥管理，又要注意防止夏谷在高温、高湿的条件下徒长倒伏，因地制宜地采取推迟水肥管理，控制营养生长促进生殖生长的措施。科学地确定水肥管理的早、晚，要根据夏谷播种期的早晚、品种类型、土壤肥力、群体大小、气候条件等具体情况而定。夏谷生育期间，高温多雨，对根系生长不利，要注意深锄促进根系生长，防止倒伏。

**2. 夏谷沟播技术**

“沟谷”是科研人员在古代“区田”法的基础上总结出的一种谷子种植方式，在河北省谷子生产上推广面积较大。河北省农林科学院谷子研究所李东辉先生系统总结提出了夏谷沟播栽培法，由于防倒效果突出，增产效果良好。“沟谷”通过一系列的田间管理，从种在沟里，到长在背上。种在沟里，有利于促进根系的生长发育；长在背上，能为谷子增根、换根、壮根创造水、肥、气、热等良好条件，达到防倒、防涝、防枯秸的目的。

“沟谷”的具体内容：采用不同类型的“三抗”(抗倒、抗病、抗虫) 品种，用机引犁开沟，沟宽 20～25 cm (沟背等距)，沟深 15 cm 左右，播种带 15 cm，浅覆土 3 cm。种肥用氮、磷、钾复合化肥混合少量有机肥进行沟施。用处理过的精选种子进行精量播种，每公顷下种量 7.5 kg 左右。播后镇压 2～3 次，胚芽出土，心叶展开再镇压一次。3～4 叶定苗，每公顷基本苗为 75 万～90 万株。谷苗 16 cm 高后，沟施粗肥，分两次平沟，植株 33 cm 左右 (拔节期前后) 只中耕不浇水，以锄代浇。50～60 cm 高 (孕穗中期) 追施氮 45～60 kg/hm$^2$，挑沟后高培土浇大水。定苗后和抽穗前，分别防治蛀茎和蛀穗害虫。

**3. 夏谷移栽技术**

夏谷移栽有利于提高复种指数，早腾茬，并能获得高产。据试验，栽谷比麦茬直播早熟 10 d 左右，增产可达 6%～48%。搞好育苗移栽要抓好以下主要环节：

(1) 育苗。在麦收前 20 d，选择能灌溉的地块，每公顷施用 45 000 kg 优质土杂肥、45～60 kg 氮肥，耕好地后做畦。根据移栽面积大小确定育苗畦数。先在畦中灌足水，等水渗下后均匀撒种，一般每公顷撒种 52.5～67.5 kg。由于栽植的谷子大田生长期短，成熟早，要选用中晚熟品种。撒种后要撒上一层土覆盖种子，畦面干后镇压提墒，育苗过程中要注意防雨。育苗期以 20～25 d 最好，时间太长次生根长出，会影响移栽成活率。

（2）移栽。谷苗长到 5～6 片叶时就可移栽。移栽前 1 d 要在育苗畦中先浇一次透水，促使谷苗发新根。移栽最好在阴天的下午进行。移栽前先开好行距 40 cm 左右的浅沟。每丛栽植 5～7 株，丛距 10～15 cm，栽苗深度以不埋住谷叶、栽后浇水苗不倒为原则。栽苗后随即浇水，如天气干旱次日下午再浇一次水。浇水也不可过多，否则土壤湿度过大不易发根。

（3）栽谷管理。因为栽植的谷子生长期短，只有早追肥才能促进其生长和穗发育，为了使栽谷早发快长，缓苗之后就要追肥。地皮干后进行深中耕，以促进根系生长。由于栽谷根系粗短，扩展面小，在拔节到抽穗前要结合中耕高培土 2～3 次，防止从根部倒伏。抽穗后叶面喷施氮、磷肥，并浇好灌浆水，可延长根系和叶片寿命，明显提高谷子产量。栽谷成熟早，要注意防雀害。

**4. 夏谷简化栽培技术**

2000 年以来，河北省农林科学院谷子研究所通过多年的研究，提出了“简化栽培谷子育种技术体系及配套栽培方法”，并获得了国家专利。应用该技术育成的谷子品种通过采用配套栽培技术，可以实现化学间苗、化学除草，并可杀灭谷莠子，解决几千年来谷子一直依赖人工间苗、人工除草的技术难题。重点控制的主要技术环节：简化栽培品种、播种量、化学间苗除草。

（1）播种量。平原春白地或贴麦茬播种地块播种量为 13.5～15 kg/hm$^2$；麦收耕地后播种的地块，特别是联合收割机收获小麦的地块，由于麦茬较多，影响谷子播种质量，播种量以 16.5～18.75 kg/hm$^2$ 为佳。

（2）简化栽培品种。应用简化栽培品种是实现简化栽培的必要前提，使用该技术必须每年购买专用谷种和除草剂，使用自留种子不能达到简化栽培的目的，使用其他除草剂会导致谷苗死亡。目前可用的简化栽培品种有冀谷 25、冀谷 29、冀谷 31、济谷 15、济谷 16 等。

（3）化学间苗除草。由于拿捕净只能杀灭单子叶杂草，对双子叶杂草无效，因此，要实现彻底除草必须采用其他防治双子叶杂草的除草剂与拿捕净配合。通过大量筛选，适合谷田双子叶杂草防治的除草剂有两种，即谷友、百阔净，两者任选一种。谷友（44%可湿性粉剂）为苗前除草剂，对单、双子叶杂草均有效，于谷子播种后、出苗前均匀喷施于地表；百阔净（2 甲 4 氯水剂，有效成分 750 g/L）为苗后除草剂，只对双子叶杂草有效。

谷子播种后、出苗前于地表均匀喷施 44%谷友可湿性粉剂，最佳剂量是 1 500 g/hm$^2$，最高 1 800 g/hm$^2$，兑水 750 kg/hm$^2$；谷苗 4～5 叶期喷施 12.5%拿捕净乳油，剂量为 1 200～1 500 mL/hm$^2$，兑水 450～600 kg/hm$^2$。

需要注意的是，若谷子播种量过大或杂草出土较早，可以分两次使用拿捕净，第一次在谷苗 2～3 叶期使用，剂量为 750 mL/hm$^2$；第二次在谷苗 6～8 叶期使用，剂量为 1 050～1 200 mL/hm$^2$。如果因墒情等原因导致出苗不均匀时，苗少的部分则不喷拿捕净。注意要在晴朗无风、12 h 内无雨的条件下喷施除草剂，确保不使药剂飘散到其他谷田或其他作物。拿捕净兼有间苗和除草作用，垄内和垄背都要均匀喷施，不漏喷。

**5. 间作套种技术**

间作套种是我国农业生产的传统经验之一，可以根据作物的不同特性有效地利用空间，更好地发挥自然资源的潜力，从而达到增产增收的目的。夏谷的间作作物主要是玉米和花生、大豆、绿豆。因谷子和玉米都是喜强光的 $C_4$ 作物，而且谷子植株较玉米矮，因此谷子间作玉米要以谷子为主，一般 6～8 行谷子间作 1～2 行玉米，谷子的行距和单作相同。玉米每公顷以种植 1.5 万株左右为好，不宜过密，否则谷子会因郁闭严重而减产。还要避免间作带玉米种植行数多，而谷子种植行数少，以免形成风洞造成倒伏。谷子、豆、花生间作以 1.6 m 或 3.2 m 的等间距条带种植为好，谷、豆、花生分别种植 3 行和 6 行。谷、豆、花生间作，既发挥了谷子利用强光能力的特点，又充分利用了豆类相对耐阴的特点，还能收到种地养地相结合的效果，从而达到高产高效的目的。试验示范证明，谷豆间作比传统栽培法增产 20%以上，提高经济效益 40%以上，土地利用率提高 16%。

间作的品种选用上，要尽量选用成熟期一致的品种，以便同时收获，利于整地种麦。间作的玉米要选用植株较矮，叶片上冲的紧凑型品种，以减少因遮阴造成的谷子产量损失。绿豆和大豆品种要选用直立型品种，以利田间管理和收获。另外谷子玉米间作宜选肥地，谷子和花生、大豆、绿豆间作则在中低产田进行效果更好。在小麦生长后期，如麦垄中墒情较好，可用独腿耧在麦垄中套种谷子，不但能防止麦收以后土壤干旱不能播种，而且缓解了“三夏”大忙劳力不足的矛盾。麦垄套种时间要根据土壤墒情确定，但不宜过早，否则小麦谷子共生期过长不利于培育壮苗。一般应在 5 月下旬之后，小麦收获前 10 d 左右进行。套种不宜过深，以 3 cm 左右为度。麦收时要注意保苗，尽量避免践踏和压伤，麦收后加强管理，及时清垄除草。麦垄套种应在中低产田进行，高产田效果不好。还可在麦套玉米田中套种谷子，原则和谷子玉米间作相同。

## （三）夏谷栽培技术的可持续发展

春、夏谷划分的主要依据是播种时期，由于河北中南部、山东、河南等地多采用一年两作的耕作制度，谷子的种植主要为麦收后的夏播谷子。但当前存在两方面的突出问题：一是随着城镇化进程的加剧，耕地面积不断压缩，国家提出的确保 1.2 亿 hm$^2$ 耕地的政策压力很大，而且在耕地面积一定的前提下，随着人口的不断增长和人民生活水平的日益提高，要保证粮食产量的不断增长，同为夏播作物的夏玉米，因管理简便、机械化程度高，夏谷不断受到挤压，水浇条件好的平原地，谷子种植面积已经很少，谷子种植集中区多走上了山地、旱地；另一方面随着农村多数青壮年的进城务工，农村劳动力日趋不足，而且劳动力成本不断上升，对用工较多的谷子生产，提出了很大的挑战。因此发展谷子生产必须立足当前的新形势，切实解决生产中存在的实际问题。

第一，精简高效机械化配套栽培技术。通过机械化精量播种、化学除草、机械化施肥、中耕、收获，大幅度地减少生产用工，这是谷子能够在生产上大面积推广应用的基础。目前虽然很多技术取得了一定进展，但作为整体技术离生产应用还有很大距离，尤其是专用机械的研发。

第二，优质高效栽培技术。谷子当前不再是人民生活中的主食，而是生活中的调节品，必须不断地提高品质。因此要研究与优质品种配套的优质栽培技术。谷子在山旱地种植多，而山旱地多为土质瘠薄地，要研发与之相适应的养分高效栽培技术。

## 五、糜子栽培技术创新和可持续发展

糜子耐旱、耐瘠薄，是我国北方干旱、半干旱地区主要栽培作物；生育期短，生长迅速，是理想的复种作物。在我国北方冬小麦产区，麦收后因无霜期较短，热量不足，不能复种玉米、谷子等大宗作物，一般复种生育期短、产量较高的糜子。复种糜子收获后不影响冬小麦的播种。糜子还是救灾、避灾、备荒作物。糜子对干旱条件的适应性和忍耐性在防范农业种植业风险，提高农业防灾减灾能力上起着十分重要的作用。糜子品种生育期可塑性比较大，可以播种后等雨出苗，也可以根据降雨情况等雨播种，是重要的避灾作物。糜子生长发育规律与降水规律相吻合的特点，使其在生育期内能有效增加地表覆盖，强大的须根系对土壤起到很好的固定作用。由于覆盖降低了地表风速，从而减轻或防止风蚀，同时，还能起到减轻雨滴冲击、阻止地表水径流的作用，使更多的水浸入地下，减少水土流失。另外，覆盖还可以防止地表板结，提高土壤持水能力，从而起到良好的水土保持作用。在遭受旱、涝、雹灾害之后，充分利用其他作物不能够利用的水热资源，补种、抢种糜子，可取得较好收成。

糜子栽培技术研究创新始于中华人民共和国成立后，特别是 20 世纪 80 年代以来，科研工作者通过系列研究，基本形成了比较完整的糜子栽培技术体系。现代农业产业技术体系成立后，对糜子栽培技术及生理特性进行了更为深入的研究，得出了很多新的研究成果。

### （一）糜子栽培技术特点

糜子是短生育期作物，特早熟品种生育期一般在 65 d 以下，早熟品种一般为 66～80 d，中熟品种为 81～95 d，晚熟品种为 96～110 d，特晚熟品种为 111 d 以上；糜子是喜温作物，种子发芽的适宜温度为 20～30 ℃，植株最适宜的生长温度为

35℃，根系最适宜的生长温度为25℃，开花最适宜的温度为24～30℃，灌浆期最适宜的温度为20℃；糜子是短日照作物，短日照条件下，糜子植株发育进程加快，表现为生育期缩短，植株变矮，长日照条件下，植株发育进程变慢，表现为生育期延长，植株变高；糜子是抗旱作物，以糜子的蒸腾系数（255.12）为100计算，则主要禾谷类作物的蒸腾系数分别是谷子（257.00）为107，高粱（276.39）为114，玉米（337.62）为131，大麦（494.93）为194，小麦（533.20）为209，燕麦（556.16）为218；糜子是耐瘠作物，能在各种土壤上种植，与其他禾谷类作物相比，每生产100 kg 籽粒，糜子所需吸收的氮、磷、钾数量较少，还能吸收土壤深层其他作物难以吸收的土壤养分；糜子是耐盐碱作物，其耐盐碱能力显著高于高粱、玉米、小麦、马铃薯、大豆等作物。一般糜子品种都可以在含盐量0.3%的盐碱地生长，耐盐糜子品种能在含盐量0.5～0.7%的盐碱地生长并抽穗结实。

**1. 合理轮作**

合理轮作是在同一田块在一定的年限内按一定的顺序轮换种植不同作物的方法。根据不同作物特点，合理进行轮作倒茬，可以调节土壤肥力，维持农田养分和水分的动态平衡，避免土壤中有毒物质和病虫草害的危害，实现作物的高产稳产。

糜子忌连作，也不能照茬。农谚有“谷田须易岁”“重茬糜，用手提”的说法，说明了轮作倒茬的重要性和糜子连作的危害性。糜子长期连作，不仅会使土壤理化性质恶化，片面消耗土壤中某些易缺养分，加快地力衰退，加剧糜子生产与土壤水分、养分之间的供需矛盾，也更容易加重野糜子和黑穗病的危害，从而导致糜子产量和品质下降。因此，糜田进行合理的轮作倒茬，选择适宜的前作茬口，是糜子高产优质的重要保证。

豆茬是糜子的理想前茬，研究认为，豆茬糜子可比重茬糜子增产46.1%，比高粱茬糜子增产29.2%。豆茬中，黑豆茬比重茬糜子增产2倍以上，黄豆茬比重茬糜子增产32%。豆科牧草与绿肥能增加土壤有机质和丰富耕层中氮素营养及有效磷的含量，改善土壤理化性质，提高土壤对水、肥、气、热的供应能力，降低盐土中盐分含量和碱土中pH，使之更适合于糜子生长，是糜子理想的前茬作物。

马铃薯茬一般有深翻的基础，土壤耕作层比较疏松，前作收获后剩余养分较多；马铃薯是喜钾作物，收获后土壤中氮素含量比较丰富；马铃薯茬土壤水分状况较好，杂草少，尤其是单子叶杂草少，对糜子生长较为有利。马铃薯茬种植糜子，较谷子茬增产90.3%，较重茬糜子增产24.3%。马铃薯茬也是糜子的良好前茬。

除此以外，小麦、燕麦、胡麻、玉米等也是糜子比较理想的茬口，在增施一定的有机肥料后，糜子的增产效果也比较明显。在土地资源充分的地区，休闲地种植糜子也是很重要的一种轮作方式，可以利用休闲季节，接纳有限的雨水，保证糜子的高产。一般情况下，不提倡谷茬、荞麦茬种植糜子。

全国各地自然生态条件不同，作物布局差异很大，糜子轮作制度也有很大的差异。在我国糜子产区，糜子主要的轮作制度有糜子—荞麦—马铃薯，豆类（或休闲）—春小麦—糜子，春小麦—玉米—糜子—马铃薯，小麦—胡麻—糜子等。

**2. 耕作技术**

（1）整地。糜子主要种植在旱地，土壤水分完全依靠降雨资源。冬春雨水少，苗期水分大部分依靠秋季土壤接纳的雨水来保证。要保证糜子获得全苗，做好秋雨春用、蓄水保墒是关键。因此，在整地的过程中，要坚持“二不三早一倒”的原则：“二不”指“干不停，湿不耕”。伏秋耕地时，宁愿干犁，决不湿耕，防止形成泥条泥块，影响晒垡和土壤蓄水；“三早”指早耕、早耱、早镇压。糜子多种植在夏茬地，应该做到“早耕早耱，随耕随耱，三犁三耱”，耕地不出伏，冬春勤镇压，接纳夏秋雨水，提高土壤保水蓄水能力；“一倒”主要指犁地和翻土的方向要内外交替进行，犁地的走向应相互交叉，保证犁通、犁细、犁深。

在秋作物收获之后，应及时进行深耕，深耕时期越早、接纳雨水就越多，土壤含水量也就相应增加，早深耕土壤熟化时间长，有利于土壤理化性质的改良。研究表明，不同时期深耕 0～25 cm，土壤含水量随深耕时期的推迟而减少，8 月下旬深耕，翌年 4 月土壤含水量为 13.2％，而 9 月下旬深耕，翌年 4 月土壤含水量为 10.2％，早耕与迟耕含水量相差 3％。

（2）耙耱。我国糜子种植区主要集中在长城沿线干旱风沙区，春季多风，气候干燥，土壤水分蒸发快，耕后如不及时进行耙耱，会造成严重跑墒，所以，耙耱在春耕整地中尤为重要。据调查，春耕后及时耙耱的地块水分损失较少，地表 10 cm 土层的土壤含水量比未进行耙耱的地块高 3.5％，较耕后 8 h 耙耱的地块高 1.6％。

（3）镇压。镇压是春耕整地中的一项重要保墒措施。镇压可以减少土壤大孔隙，增加毛细管孔隙，促进毛细管水分上升，与耱地结合还可在地面形成干土覆盖层，防止土壤水分的蒸发，达到蓄水保墒目的。播种前如遇天气干旱，土壤表层干土层较厚，或土壤过松，地面坷垃较多，影响正常播种时，也可进行镇压，消除坷垃，压实土壤，增加播种层土壤含水量，有利于播种和出苗。但镇压必须在土壤水分适宜时进行，当土壤水分过多或土壤过黏时，不能进行镇压，否则会造成土壤板结。

**3. 施肥技术**

糜子虽有耐旱、耐瘠的特点，但要获得高产，必须充分满足其对水分和养分的要求。土壤肥力水平与土壤蓄水保墒能力呈正相关。保证一定的土壤肥力，不仅是满足糜子生产对养分的需要，也对增加糜子田间土壤水分十分重要。糜子每生产 100 kg 籽实需从土壤中吸收氮 1.8～2.1 kg、磷 0.8～1.0 kg、钾 1.2～1.8 kg，正确掌握糜子一生所需要的养分种类和数量，及时供给所需养分，才能保证糜子高产。糜子吸收氮、磷、钾的比例与土壤质地、栽培条件、气候特点等因素关系密切。对于干旱瘠薄地、高寒山地，增施肥料，特别是增施氮、磷、肥是糜子丰产的基础。糜子施肥应以基肥为主，基肥应以有机肥为主。有机肥营养元素全面，释放缓慢，肥效长，利于糜子生长。用有机肥做基肥，不仅为糜子生长发育提供所需的各种养分，同时还能改善土壤结构，促进土壤熟化，提高肥力。结合深耕施用有机肥，还能促进根系发育，扩大根系吸收范围。有机肥的施用方法要因地制宜，充足时可以全面普撒，耕翻入土，也可大部分撒施，小部分集中施。如肥料不足，可集中沟施或穴施。一般情况下，高产糜子田应施农家肥 30 t/hm$^2$ 以上，结合播种施用磷酸二铵 100～150 kg/hm$^2$ 做种肥。在农家肥短缺地区，可以采用适量的尿素做种肥。用 37.5 kg /hm$^2$ 尿素做种肥有显著的增产作用，但要先播肥，后播种，或者播种后撒施尿素，然后耱地，以防烧苗。适量施用锰、硼和钼可以显著提高糜子的产量和品质。

**4. 播种技术**

播种前视土壤墒情进行浅耕（倒地）灭草。立夏后根据土壤墒情随时准备播种。

（1）种子处理。为了提高种子质量，在播种前应做好种子精选和处理工作。糜子种子精选，首先在收获时进行田间穗选，挑选那些具有本品种特点、生长整齐、成熟一致的大穗保藏好作为下年种子。对精选过的种子，特别是由外地调换的良种，播前要做好发芽试验，一般要求发芽率达到 90%以上，如低于 90%，要酌情增加播种量。种子处理主要有晒种、浸种和拌种 3 种。晒种可改善种皮的透气性和透水性，促进种子后熟，增强种子生活力和发芽力。晒种还能借助阳光中的紫外线杀死一部分附着在种子表面的病菌，减轻某些病害的发生。浸种能使糜子种子提早吸水，促进种子内部营养物质的分解转化，加速种子的萌芽出苗，还能有效防治病虫害。药剂拌种是防治地下害虫和糜子黑穗病的有效措施。播前用药、水、种 1∶20∶200 比例的农抗 769 或用种子重量 0.3%的拌种双拌（闷）种，对糜子黑穗病的防治效果在 99%以上。

（2）适时播种。糜子是生育期较短、分蘖（或分枝）成穗高、但成熟很不一致的作物。播种过早，气温低、日照长，使营养体繁茂、分蘖增加，早熟而遭受鸟害；播种过晚则气温高，日照短，植株变矮，分蘖少、分枝成穗少、穗小粒少、产量不高，因此在生产中糜子应适时播种。其播种期与种植的地区、品种特性和各地气候密切相关。糜子播种一般考虑在早霜来临时能够正常成熟为原则，老百姓常用“挣命黄”来形容糜子成熟时的特点，即在早霜来临时糜子刚好能够成熟。根据不同的地区和品种，掌握播种时间的一般原则：单种地区，年均温 6～7 ℃半干旱区 5 月中旬至6 月中旬等雨抢墒播种，年均温≥7 ℃地区 5 月中旬至 7 月上旬有雨均可播种。复种时要做到及时整地，尽早抢种，墒情好的时候可以茬地直接播种。播种应考虑以下几点：① 地温稳定在 12 ℃以上，出苗时终霜期已过；② 孕穗至抽穗期应与当地雨热季节相吻合；③ 按品种特性掌握播种期。生育期长的晚熟品种一般适宜于春播，迟播会在生育后期遇到低温或早霜，不能正常成熟，或降低产量和品质；生育期短的早、中熟品种可适当晚播或夏播。

（3）播种方法。我国各地的地形、土质、耕作制度及气候特点差异很大，播种方法也有很大的差别。我国糜子播种主要分为条播、撒播和垄播 3 种。采用条播时，用畜力牵引的三腿耧播种，行距 20～25cm。耧播省工、方便，在各种地形上都可进行。其优点是开沟不翻土、深浅一致、落籽均匀、出苗整齐、跑墒少。在春旱严重，墒情较差时，易于全苗。播种深度对糜子幼苗生长影响很大。糜子籽粒胚乳中储藏的营养物很少，如播种太深，出苗晚，在出苗过程中易消耗大量的营养物质，使幼苗生长弱，有时甚至苗出不了土，造成缺苗断垄。所以，糜子以浅播为好，一般情况下播深以 4～6cm 为宜。但在春天风大、干旱严重的地区，播种太浅，种子容易被风刮跑，播种深度可以适当加深，同时注意适当加大播种量。

（4）播种量与密度。由于糜子产区多分布在干旱半干旱地区，糜子获得全苗较难，所以播种量普遍偏多，往往超过留苗数的 5～6 倍，使糜子出苗密集，加之糜子无间苗习惯，容易造成苗荒减产。因此在做好整地保墒和保证播种质量的同时，应适当控制播种量。在干旱半干旱区，土壤瘠薄，留苗密度对糜子获得高产十分重要。一般春播留苗 90 万株/$hm^2$ 左右。肥力较好，降水量较大的地区，留苗密度可适当增加，但最大不能超过 120 万株/$hm^2$。

糜子播种量主要根据土壤肥力、品种、种子发芽率、播前整地质量、播种方式及地下害虫危害程度等来确定的。如种子发芽率高、种子质量、土壤墒情、整地质量好及地下害虫少时，播种量可以少些，可以控制在 15 kg/$hm^2$ 左右。如果春旱严重，播量应不少于 18.5 kg/$hm^2$，最多不能多于 22.5 kg/$hm^2$。

**5. 田间管理**

田间管理的重点是中耕除草。糜子幼苗长到 1 叶 1 心时及时进行镇压增苗，促进根系下扎，有条件的时候在 4～5 片叶时进行间定苗。糜子幼芽顶土能力弱，在出苗前遇雨容易造成板结，应及时采用耙耱等措施疏松表土，保证出苗整齐。糜子有“糜锄三遍自成米”的说法，所以，中耕对糜子尤为重要。糜子生育期间一般中耕 2～3 次，结合中耕进行除草和培土。

**6. 病虫鸟害防治**

（1）病害。糜子主要病害是黑穗病，一般选用 50%多菌灵可湿性粉剂，或 50%苯来特（多菌灵），或 70%甲基托布津可湿性粉剂，用种子量的 0.5%拌种，可有效防止病害发生。

（2）虫害。糜子虫害主要是蝼蛄、蛴螬，一般采用药剂拌种、毒饵诱杀和药剂处理土壤等方法防治。可用 50%辛硫磷乳油或 40%甲基异柳磷乳油按种子重量的0.1%～0.2%比例拌种，先加水 2～3 kg，稀释后喷于种子上，堆闷 2～4 h 后播种；也可于整地前每公顷用 2%甲基异柳磷粉剂或 10%辛拌磷粉粒剂 30～45 kg，混合适量细土或粪肥 20～30 kg，均匀撒施于地面，随即浅耕或耙耱，使药剂均匀分散于 10 cm 土层里。糜子出苗后，如遭蝼蛄危害，可用麦麸、秕谷、玉米渣、油渣等做饵料，先将饵料炒黄并带有香味后，加 4%甲基异柳磷乳油 50～100 g，再加适量的水制成毒饵，在傍晚或雨后撒施，每公顷 30 kg 左右，均能收到很好的效果。

（3）鸟害。麻雀（*Passer montanus*）是对糜子危害十分严重的鸟类。其危害主要集中在糜子成熟季节，一般在 6:00～10:00 和 16:00～19:00 在糜田觅食。阴天多，晴天少，12:00～14:00 很少出来。防止麻雀危害除采用人工驱赶外，利用其天敌鹞子进行驱逐效果很好。鹞子属鸟纲鹰科鹞属，为肉食性鸟类。雌雄羽色不同。雄鸟体长约 45 cm，头、颈带灰色，背部灰色，下体白色泛青。雌鸟体长约 50 cm，上体深褐色，下体浅褐色，缀有斑点。鹞子必须经过人工驯化后才可以使用。

**7. 适时收获**

糜子成熟期很不一致，穗上部先成熟，中下部后成熟，主穗与分蘖穗的成熟时间相差较大，加之落粒性较强，收获过晚易受损失。适时收获不仅可防止过度成熟引起的“折腰”，也可减少落粒的损失，获得丰产丰收。一般在穗基部籽粒用指甲可以划破时收获为宜。由于霜冻会引起糜子落粒，收获前要注意收听天气预报，保证在早霜来临前及时收获。糜子脱粒宜趁湿进行，过分干燥，外颖壳难以脱尽。

## （二）糜子栽培技术的创新

**1. 精量条播**

传统的糜子种植多采用撒播，即在春季浅耕（农民称为倒地）后，将糜子种子直接撒在田间，然后收耱。种子落入犁沟内，形成自然播深，吸纳土壤水分，保证正常出苗。这种种植方式现在在西北部分山区仍然延续着。后来发展到木耧播种，牲口在前面拉，人在后面左右摇摆木耧使种子以均匀的速度进入土壤。耧播需要有经验的人进行操作，否则极易造成下种量不均匀。也有部分地区种植糜子时采用多行小麦播种机具，将播量调至最小后，将要种植的糜子种子拌入沙子或炒熟的糜子进行播种，有条件的家庭也有带磷酸二铵做种肥进行播种的。但由于小麦和糜子的体积相差太多，加上农户调节播量的技术不过关，播种糜子时的播量还是会很大。

近年来，研究工作者研制了多种型号的精量播种设备，特别是不同类型的排种器设计，可以使糜子播量最少调节到 2 250 $g/hm^2$，糜子精量条播技术开始在各地得到推广和应用。在实现精量播种机播种的地区，糜子播量可以严格地调节到 15～22.5 $kg/hm^2$，在保证糜子全苗的基础上，为后期糜子发育提供了密度保证。

**2. 适时播种**

在冬麦收获后复播区，麦收后及时抢早播种已为常态。为充分利用冬麦收获后的墒情，避免小麦收获后多雨天气对糜子种植的不利影响，加快复种糜子生育进程，争时早播无可非议。而在糜子春播区，什么时候播种糜子一直没有形成一个共识。传统研究认为，播种过早，气温低、日照长，使营养体繁茂、分蘖增加，早熟而遭受鸟害；播种过晚则气温高，日照短，植株变矮，分蘖少、分枝成穗少、穗小粒少、产量不高。在西北、东北糜子春播区，农民有“立夏高山糜，小满到川里”的播种时期谚语。换算为阳历日期，一般为山区 5 月上旬，其他地区 5 月中下旬种植糜子。在山西北部、内蒙古东部等地，糜子种植已经被推迟到了 6 月上中旬。近年来，各地进行了多次播期试验，以山西河曲进行的糜子播期试验为例，当地传统的种植一般在芒种后 2 d 播种（6 月 7 日），但王德慧研究结果，晋黍 7 号在河曲种植的最佳播期为 6 月 1 日左右，延迟播种虽对千粒重影响不大，但由于穗长变短、穗粒重下降，进而影响到产量的提高。当播期为 6 月 29 日时，较播期为 6 月 1 日时产量下降 54.9%（表 4-3）。

表 4-3 不同播期对晋黍 7 号产量及产量构成因素的影响

| | 播期（月/日） | | | | |
|---|---|---|---|---|---|
| | 6/1 | 6/8 | 6/15 | 6/22 | 6/29 |
| 穗长（cm） | 44.56 | 41.78 | 34.90 | 33.14 | 32.88 |
| 穗重（g） | 17.89 | 16.38 | 15.29 | 14.19 | 12.27 |
| 穗粒重（g） | 14.93 | 13.72 | 12.25 | 11.55 | 9.63 |
| 千粒重（g） | 9.75 | 9.74 | 9.67 | 9.62 | 9.62 |
| 产量（$kg/hm^2$） | 4 810.5 | 3 885.6 | 2 996.3 | 2 838.2 | 2 179.7 |
| 减产幅度（%） | 0 | 19.23 | 37.71 | 41.00 | 54.69 |

虽然糜子自身具有较强的生育期调节能力，但晚播对产量的影响较大。除非特殊干旱影响播种和出苗，一般情况下，进入 5 月即可进行播种。

**3. 改善群体结构**

合理密植是作物提高产量的重要技术环节，适宜的密度是构成群体产量的关键因素之一。密度过大，个体之间相互抑制，高密效应会导致产量的降低；密度过小，个体生长虽好，但由于单位面积上的株数减少，造成光、热、水、肥等资源浪费，群体产量也无法提高。使群体与个体都能得到良好的发育，才保证糜子产量的提高。不同的糜子品种由于株型差异，适宜的密度也有所差异。传统方法撒播或利用小麦播种机播种糜子常常下种较多，播量偏大，有些地区公顷播量甚至达到 30～45 kg，按糜子千粒重 8 g，发芽率 90%计算，苗数可达到 330 万～500 万株/$hm^2$，而糜子适宜的密度一般保持在 90 万～120 万株/$hm^2$。

高志军研究认为，伊选黄糜播种量在 15.0 $kg/hm^2$ 时，出苗密度为 100 万株/$hm^2$，与糜子在实际生产应用中的最佳适合密度相吻合。播量 15.0 $kg/hm^2$ 时产量为 6 903 $kg/hm^2$，较播量 7.5 $kg/hm^2$、22.5 $kg/hm^2$、30.0 $kg/hm^2$ 分别增产 4.1%、13.33% 和 16.47%，可以免去间苗、定苗的作业过程，省时、省力又省钱。

此外，糜子种植行距不同对产量也有较大的影响，同一密度，行距不同，籽粒产量是有差别的。据印度资料，行距 22～30cm 的籽粒产量明显高于行距 45～60cm。美国曾在半干旱地区用 6 个品种 4 种行距（18cm、36cm、53 cm、71 cm），并在 5 种不同环境中进行试验。籽粒产量以 18 cm 行距的最高，行宽每增加 18 cm，单产减少 219 $kg/hm^2$。陕西省延安地区农业科学研究所的旱地试验说明，在 50 cm、40 cm、33 cm、25 cm 4 种行距中，产量以行距 25 cm 的最高，后面的 3 个处理籽粒产量较行距 50 cm 的增产 1.5%～8.4%，但在特旱年份，宽行播的产量高于窄行距。内蒙古乌拉特前旗在高水肥地上的试验结果，在 20 cm、25 cm、33 cm 3 个处理中，以行距 25 cm的产量最高。据内蒙古准格尔旗的试验，在行距分别为 20 cm、25 cm、33 cm

3 个处理中，产量以 25 cm 最高，较行距 33 cm 的增产 3.3%。固原市农业科学研究所研究认为，同一品种相同密度条件下，不同行距产量大小依次为 30 cm＞35 cm＞25 cm＞20 cm＞40 cm＞50 cm＞20～40 cm。

综上所述，同一密度的不同行距，对籽粒产量有影响，但增产的幅度需做具体分析。中国华北、西北主产区多为窄行栽培，行距一般为 33 cm 左右，行距缩小到 20 cm有增产效果，但在特旱年份，或者草害严重地块，不宜提倡缩行增垄。中国东北地区，习惯采用宽行栽培，按照国内外的研究资料，缩小行距应有较明显的增产效果，但是一个地区历史上形成的栽培习惯是有其深刻的内在因素的。目前中国东北地区关于缩行增垄的研究资料还十分缺乏。需经过实践验证后才能确定这项措施的适用性。

近年来，小粒播种机的研发生产，可以保证糜子播种时精确控制行距和播量，各地应根据品种特性和密度试验结果，推广使用小粒播种机，实现糜子精确定量播种，保证糜子生产有一个合理的群体构成。

**4. 协调营养与生殖生长**

糜子的生育期无论长短，其一生都要经过一系列特征特性的变化，包括种子的萌发、出苗、分蘖、拔节、孕穗、抽穗、开花、灌浆、成熟等过程。通过这些过程，才能完成糜子根、茎、叶、花、果实的发育和形成。糜子的一生中，包括了营养生长阶段、营养生长和生殖生长并进阶段、生殖生长阶段 3 个过程。不同的生育时期反映了不同器官分化形成的特异性和不同的生长发育中心反映了不同生育时期生育中心的转变和对环境条件不同的要求。了解了这些特性和不同生育时期糜子对环境条件的要求，就可以根据糜子在不同时期的生育特点进行合理的栽培管理，这对提高糜子产量和品质有十分重要的作用。

糜子抗旱，在禾谷类作物，耗水量最低，抗旱能力最强，用水最经济。糜子在不同生育阶段对干旱的反应不同，3 叶期受旱减产 9%左右，拔节期受旱减产 24%，抽穗期受旱减产 55%，灌浆期受旱减产 69%，说明糜子需水的敏感期在抽穗和灌浆期。糜子耐瘠，能在各种土壤上种植，特别是在新垦荒地上种植糜子也能获得较好的收成。与其他禾谷类作物相比，每生产 100 kg 籽粒，糜子所需吸收的氮、磷、钾数量较少。

通过调节糜子营养与生殖生长，才能达到防止倒伏，促进库源养分流转，实现优质高产的目标。因此，糜子生长前期应适当控制水分，促使根系发育，为后期吸收养分和防止倒伏奠定基础。农谚有“不怕旱苗，只怕旱籽”“小苗旱个死，老来一包籽”等说法，正是对糜子苗期抗旱能力的经验总结。糜子在不同生育阶段对干旱的反应不同，3 叶期受旱减产 9%左右，拔节期受旱减产 24%，抽穗期受旱减产 55%，灌浆期受旱减产 69%，说明糜子需水的敏感期在抽穗和灌浆期。拔节后要追施一定量的氮肥，促进营养生长。抽穗后遇到干旱时，有条件的地区应适当补充灌溉或叶面喷肥。合理调节糜子营养与生殖生长对提高糜子产量具有积极的作用和意义。

**5. 覆膜侧播技术**

近几年，糜子覆膜种植开始应用。地膜覆盖后糜子的耗水量较对照增加 32 mm，水分利用效率较对照提高 8.79%，表明地膜覆盖使土壤的供水能力增强，促进了糜子的蒸腾蒸散量，使有限的水分能够达到高效利用，提高了糜子的水分利用效率。糜子三垄沟覆膜种植可明显改善糜子的经济性状，具有显著的增产效果，可比露地条播糜子增产 24.0%。沟垄径流栽培可使水分相对集中，改善作物水分状况，促进作物生长发育。使降水向土壤深层入渗，有利于水分保蓄。对半干旱偏旱区糜子栽培，沟垄比 2∶1 的宽带较沟垄比 1∶1 的窄带增产。糜子沟垄径流栽培的耗水量随带宽变化较大，其水分利用效率与垄面状况关系大。旱坡地糜子采用聚流沟种植技术，地表径流可减少 33.8%，0～30 cm 土层土壤含水量提高 3.23%～3.56%，较传统种植方式增产 40.29%。秸秆覆盖栽培可使产沙量下降 59.32%，径流含沙率下降 54.87%，较传统种植方式增产 13.15%。在糜子生长到 5 片叶时，进行行间覆盖，可以显著增产，并大幅度降低耗水量，提高水分利用效率。耗水量降低并不影响当年糜子产量，并可降低土壤水分利用率，为后茬作物创造较好的土壤水分条件，改善糜茬干旱程度。糜子行间覆盖的另一个好处是可以促进糜子早发、早熟、籽粒饱满而增产，尤以地膜覆盖十分显著。麦衣覆盖也有一定效果，这在热量不足、早霜来临较早、生长期短的地区是一项十分重要的技术措施。对糜子地膜覆盖穴播与露地穴播栽培的田间试验结果表明，糜子覆膜穴播后产量较露地穴播增产 729.1 kg/hm$^2$，增产率为 24.56%；饲草产量增加 3 604.2 kg/hm$^2$，增产率为 34.09%。糜子地膜覆盖穴播栽培的单位地膜投入产出比为 1∶10.13，增产增收效果显著。

**6. 合理施肥**

土壤肥力水平与土壤蓄水保墒能力呈正相关。保证一定的土壤肥力，不仅是满足糜子生产对养分的需要，也对增加糜子田间土壤水分十分重要。糜子每生产 100 kg 籽实需从土壤中吸收氮 1.8～2.1 kg、磷 0.8～1.0 kg、钾 1.2～1.8 kg，正确掌握糜子一生所需要的养分种类和数量，及时供给所需养分，才能保证糜子高产。糜子吸收氮、磷、钾的比例与土壤质地、栽培条件、气候特点等因素关系密切。对于干旱瘠薄地、高寒山地，增施肥料，特别是增施氮磷肥是糜子丰产的基础。糜子施肥应以基肥为主，基肥应以有机肥为主。有机肥营养元素全面，释放缓慢，肥效长，利于糜子生长。用有机肥做基肥，不仅为糜子生长发育提供所需的各种养分，同时还能改善土壤结构，促进土壤熟化，提高肥力。结合深耕施用有机肥，还能促进根系发育，扩大根系吸收范围。有机肥的施用方法要因地制宜，充足时可以全面普撒，耕翻入土，也可大部分撒施，小部分集中施。如肥料不足，可集中沟施或穴施。一般情况下，高产糜子田应施农家肥 30 t/hm$^2$ 以上，结合播种施用磷酸二铵 100～150 kg/hm$^2$ 作为种肥。在农家肥短缺地区，可以采用适量的尿素做种肥。用 37.5 kg /hm$^2$ 尿素做种肥有显著的增产作用，但要先播肥，后播种，或者播种后撒施尿素，然后耱地，以防烧苗。适量施用锰、硼和钼可以显著提高糜子的产量和品质。

### （三）糜子栽培技术的可持续发展

糜子主要分布在我国西北、华北、东北干旱、半干旱地区，是我国北方干旱、半干旱地区主要栽培作物，理想的复种作物。糜子还是救灾、避灾、备荒作物。糜子生长发育规律与降水规律相吻合的特点，使其在生育期内能有效增加地表覆盖，强大的须根系对土壤起到很好的固定作用。由于覆盖降低了地表风速，从而减轻或防止风蚀，同时，还能起到减轻雨滴冲击、阻止地表水径流的作用，使更多的水浸入地下，减少水土流失。另外，覆盖还可以防止地表板结，提高土壤持水能力，从而起到良好的水土保持作用。在遭受旱、涝、雹灾害之后，充分利用其他作物不能够利用的水热资源，补种、抢种糜子，可取得较好收成。自古以来，糜子不仅是北方旱作区人民的主要食物，也是当地家畜家禽的主要饲草和饲料。

糜子栽培技术的发展经历了从撒播到耧播到机械播种的过程，经历了从不施肥到施用农家肥到农家肥与化肥配合施用的转变，经历了从露地到膜侧到覆膜双垄沟种植的变化。每一项栽培技术的进步，带来的都是糜子产量的提升。相对于大作物而言，糜子栽培技术还相当落后。无论是栽培生理，还是栽培方法，糜子的研究都处于低水平状态。今后，糜子栽培技术可持续发展的历程还很长，还有许多问题需要重新认识。糜子的栽培研究要着眼于发展的眼光，参考大作物栽培研究发展的经验，研究糜子高产群体各阶段生育指标定量，建立高产群体生育各期的定量诊断指标；研究糜子叶龄模式，确定糜子各项田间作业最适时期的主要诊断指标；研究糜子精确定量轻简化栽培技术，建立糜子生长和管理模式、诊断指标、计算公式、计算参数；研究糜子生育发展与季节的同步性、基本苗定量、施肥定量、施肥量与施肥时期对糜子生长发育的影响，生产和应用糜子专用肥料；研究糜子轮作、间套复种、抗逆栽培技术，建立糜子高产栽培理论；研究糜子耕作、播种、中耕、收获、脱粒等生产机械，为实现轻简栽培做好技术支撑；研究优质糜子生产管理技术，为糜子生产上台阶做出贡献。

## 六、土壤肥料技术创新和可持续发展

土壤是农业生产的基本资料，是农业生产链环中物质与能量循环的枢纽，是农业生态系统的重要组成部分。土壤是农业生产各项技术措施的基础，肥料是粮食优质高产的保障。“民以食为天，食以土为先，土以肥为魂”。在种植业的各项技术中，至少要考虑 8 个基本因素，即土（种类、肥力、性质）、肥（肥料种类、施肥技术、施肥量）、水（灌溉技术、灌溉量、灌溉时间）、种（品种）、密（密度）、保（植保）、工（农用机具）、管（田间管理）。土与肥位列 8 个基本因素之首，是实现农业增产增效的核心和关键。

## （一）谷子糜子土壤肥料研究现状

近代谷子、糜子土肥研究始于中华人民共和国成立后。经过60多年的研究实践，从中华人民共和国成立初期的总结群众经验入手，到之后通过五元二次旋转回归试验、饱和试验、“3414”试验、正交试验等方法，对糜子的施肥量进行了研究，求得了一些数学模型。提出了地力是影响谷子、糜子高产稳产的重要因素之一，培肥地力是创造谷子、糜子稳产高产水分条件的主要途径与措施。初步研究了谷子、糜子的吸肥规律、吸收比例及对谷子、糜子生长发育的影响。研究认为，合理施肥可增加蓄水保墒能力，抑制土壤蒸发，提高水分利用率，增加作物产量；磷肥对谷子、糜子的增产效果显著；合理施用氮素化肥能明显促进谷子、糜子植株的生长，提高谷子、糜子产量；实行氮、磷、钾合理配方施肥，有利于谷子、糜子的生长和产量的提高；使用与常规施肥等养分量的缓释肥料有机硅缓释肥，谷子增产效果极显著；叶面施硒可以明显提高谷子籽粒硒含量。

## （二）谷子糜子需肥规律

研究认为，谷子每生产100 kg籽实需从土壤中吸收氮2～4.75 kg、磷0.5～2.8 kg、钾2.0～5.7 kg；糜子每生产100 kg籽实需从土壤中吸收氮1.8～2.1 kg、磷0.8～1.0 kg、钾1.2～1.8 kg。

谷子的氮素有效反应时期为拔节—灌浆期，枝梗分化期为增加小穗花数的氮素临界期，而花粉母细胞四分体初期可视为降低空壳率、增加成粒数的氮素临界期。施氮肥可以延长叶片寿命，从而延长功能时期，加强后期光合作用，有利于充实籽粒。不同时期追肥，不但影响到地上部干物质积累数，同时也影响到植物体各器官干物质积累与分配。

早期追肥对植物营养体及生殖器官生长在一定时期有促进作用，尤其是在瘠薄土地上效果更为显著；过早追肥，养料虽有保证，营养体能良好的生长发育，但不能保证生殖器官生长发育所必需的营养物质，因而直接影响到穗部的小穗花数和成粒数。

枝梗分化期追肥，氮素效应不但能促进植株营养体良好的生长发育，同时也能保证生殖器官生长发育，解决营养体生长和生殖器官发育的营养条件的矛盾，保证植株不但有繁茂的营养体，同时也有穗大花多的生殖器官，从而能提高经济产量。枝梗分化期追施氮肥，不仅能提高生育前期植株氮素代谢，同时延续到乳熟阶段，提高生育后期的光合能力，有利于充实籽粒。从穗分化过程来看，枝梗分化期是小穗花形成与发育的关键时期，小穗花着生愈多，成粒数的机会也愈多，在此关键时期内，及时追肥管理，提高氮碳代谢水平，奠定物质基础，其经济效益将超出四分体盛期的氮素处理，是增粒的氮素临界期的生理基础。

后期追施速效氮肥，对植株营养体发育影响很小，不能挽救由于前期缺氮而造成的营养体生长发育矮小和穗小的损失，但能保证小穗花的发育所必需的矿物营养。因此，有降低空壳率、提高成粒数的作用。

在氮素营养充足条件下，高水平的磷素营养有增粒效果。磷素营养对分枝小穗群数有影响，对粒数及千粒重有量变关系。对提高千粒重及增加粒数有良好作用。其增粒主要原因是通过降低空壳率、增加成粒数而实现的。同时，在氮肥充足条件下，高水平磷素对根系发育有显著促进作用。特别是在早期施磷效果更好。后期土壤施磷，往穗部运转量很少。因此，可以认为：谷子穗部磷素来源主要为生育前期积累的再利用。谷子籽粒磷素来源为前期积累的再利用。

糜子拔节 20～31 d 后逐渐进入旺盛生长期，各器官干物质积累量均呈 S 形曲线，符合“慢—快—慢”的增长规律。糜子籽粒灌浆期（拔节后 34～48 d）是干物质积累的高峰期，也是干物质分配的高峰期，干物质在叶、茎、鞘、根各器官的分配率，随糜子生长进程而发展变化。要提高糜子的产量，应在糜子拔节的初期、中期，及时改善水肥条件，协调好根、鞘、茎、叶的生长，提高糜子的光合能力，实现干物质的积累和合理分配。

糜子籽粒产量的形成过程是植株干物质积累与分配的过程，在一定时期内分配到生殖器官的干物质越多，产量就越高。从拔节初期到成熟期，糜子叶、茎、鞘、籽粒等器官干物质运转率的大小表现为叶＜ 鞘＜ 茎＜ 籽粒＜ 壳；株高、穗长等生物学性状与产量呈显著相关或极显著相关。因此，在栽培上应采取必要的调控措施，保证糜子植株的良好生长，以达到提高产量、增进品质的目的。

谷子、糜子施肥应以基肥为主，基肥应以有机肥为主。有机肥营养元素全面，释放缓慢，肥效长，利于糜子生长。用有机肥做基肥，不仅为谷子、糜子生长发育提供所需的各种养分，同时还能改善土壤结构，促进土壤熟化，提高肥力。结合深耕施用有机肥，还能促进根系发育，扩大根系吸收范围。有机肥的施用方法要因地制宜，充足时可以全面普撒，耕翻入土，也可大部分撒施，小部分集中施。

正确掌握谷子、糜子一生所需要的养分种类和数量，及时供给所需养分，才能保证谷子、糜子高产。谷子、糜子吸收氮、磷、钾的比例与土壤质地、栽培条件、气候特点等因素关系密切。对于干旱瘠薄地、高寒山地，增施肥料，特别是适时增施氮磷肥是谷子、糜子丰产的基础。

### （三）谷子糜子专用肥研发

谷子、糜子专用肥研发远远落后于大作物。市场上可见的谷子专用肥有赤峰杰翔复合肥有限公司生产的长效缓控释谷子专用肥，承德磐丰酵素菌有限公司生产的 BYM 谷子专用抗倒伏生物复合肥料，宁城县施达化肥有限责任公司生产的施达高浓度谷子专用肥，河南誉中奥农业科技有限公司生产的谷子绿色生态全营养套餐专用肥料，吉林省隆源化肥有限公司生产的谷子专用复混肥，内蒙古赤峰金化复合肥有限责任公司生产的谷子专用复混肥，山西沁县天力谷肥发展有限公司生产的谷子专用复混肥，吉林省绿隆肥业科技有限公司生产的绿隆谷子专用肥。糜子专用肥几乎是空白。

这些谷子专用肥多数为复混肥料，配方的适应区域较狭窄，多数没有进行过严格的田间试验验证。

通过国家谷子糜子产业技术体系3年的研究，根据谷子、糜子需肥规律和各地土壤养分含量差异，已经提出了几套适宜于谷子、糜子的施肥配方，下一步，将进行专用肥研发、试制和验证。

## （四）谷子糜子土壤肥料技术创新和可持续发展

土壤是农业生产活动的基础，而肥料则是土壤的“添加剂”，是谷子、糜子高产的“食粮”。提高土壤肥力不仅是农业持续发展的基础，也是连接谷子、糜子生产各种持续关系的纽带。我国种植谷子、糜子的土壤养分贫瘠化现象很严重，肥料生产及使用技术落后，肥料的利用率也不高，这些都是制约谷子、糜子高产的因素。因此，不断提高土壤肥料，持续实施土壤培肥工程，合理科学的施肥是谷子、糜子创高产，保丰收的重要基础。

在环境条件和品种固定的情况下，农作物单位面积产量的增加是由作物品种及其配套的栽培技术等要素实现的。农作物单位面积产量的提高，不仅依赖于作物品种更新，耕作栽培技术的改进与提高也发挥了重要作用，但二者不能促进单产连续增加，如施肥量虽然每年都有所增加，但单位面积施肥量只有达到或接近新品种要求的最高产量施肥量才能使单产显著提高。作物品种达到最高产量施肥量后再增加肥料施用量也不再具有增产作用。作物单产的增加随施肥量的阶段性增加和作物品种的阶段性更新而提高。农作物单产的提高首先是作物品种更新的结果。然而，作物品种的高产特性仅是一种潜力，要把这种高产潜力转化为现实产量必须依靠相应的耕作栽培技术和农艺措施，施肥水平的提高是品种更新的动力和产量潜力发挥的重要因素。

国家谷子糜子产业技术体系成立以来，为了挖掘谷子、糜子现有品种的产量潜力，体系人开展了大量的土壤与肥料研究工作。在宁夏固原和山西长治建立了谷子、糜子长期定位试验，内容涉及肥料（氮肥、磷肥、钾肥、有机肥）、轮作、灌溉等多因素。开展了“3414”肥料试验，研究谷子、糜子需肥规律；进行了耐瘠薄和高耐肥品种筛选，鉴定了一批高耐肥谷子、糜子品种；设置了旱薄地谷子、糜子精确定量栽培技术研究，有机肥对谷子产量和品质的影响研究，轮作对改良土壤的作用研究，谷子、糜子对低氮胁迫的基因型差异研究，氮肥总量控制试验研究，不同生育期谷子、糜子吸收氮、磷、钾养分规律试验等系列研究工作，取得了大量的试验结果。通过对谷子、糜子产区土壤肥力调研，结合研究成果，初步建立了谷子土壤肥力和缺素状况数据库。谷子、糜子土壤肥料研究的欠缺与落后，为谷子、糜子土肥研究展示了广阔的发挥空间，通过对土壤的调理和合理施肥技术的研究并加以推广应用，谷子、糜子产量突飞猛进提高已经成为可能。

没有肥料的投入就没有我国的现代农业，更无法解决我国粮食安全问题。谷子、糜子不合理施肥，提高产量和品质就是一句空话。然而，如何提高肥料利用率，合理利用化肥，要做的工作还很多。现阶段，我国主要粮食作物生产中化肥的施用方式已经由过去单纯地增加化肥数量向氮、磷、钾肥合理供应转变，用以更好地获得粮食作物生产的优质高产。但在谷子、糜子生产上，如何合理施用肥料还不是十分明确，化肥投入欠缺和利用率不高的问题依然十分突出。今后的谷子、糜子生产中，肥料的利用必须坚持“开源”和“节流”并重，在提高供应量的同时，注意用正确的方式施用化肥，提高肥料利用率。当最大限度地提高肥料利用率时，必须考虑定期土壤测试、充分且平衡地施用养分、合适的施肥时间和方法、适合的当地环境和土壤条件。保证更多的肥料被谷子、糜子吸收，从而获得最大经济产量。

## 第三节　谷子糜子安全生产与管理

### 一、谷子糜子安全生产含义

农产品无公害化生产是农业现代化的重要标志之一。发展无公害、质量型农业是对我国传统农业和数量型农业的变革，是我国经济发展进入新阶段的必然结果，是保护与改善农业生态环境，实现可持续发展的需要，是增加农民收入的重要途径，是提高我国农产品国际竞争力的需要。

谷子、糜子安全生产是农业安全生产的组成部分，是构成食品体系和人类健康体系的主要产业之一，内容包含了提高粮食产量和保证产品质量两个方面。随着社会经济的发展及农作物污染事件的接连发生，农产品生产及加工技术带来的危害不断攀升。为了确保谷子、糜子安全性和适用性的生产链所有阶段必须采用的一切条件和措施即为谷子、糜子的安全生产。

### 二、谷子糜子在我国粮食安全生产中的地位与作用

粮食安全是经济发展的前提条件，是国家安全的战略基础，是政治安全的命脉，是构建和谐社会的重要条件。近年来，粮食需求刚性增长，消费结构升级加快。受非农建设用地及生态退耕农业产业结构调整等因素的影响，改革开放以后农业耕地尤其是优质肥沃的耕地数量逐年有不同程度减少。据联合国粮农组织报告，“发展中国家仍然有 7.8 亿人由于不能获得足够的食物而不能维持日常的营养需要”“有 20%的人口处于经常性的营养不良”“到 2050 年，即便发达国家也要重新研究吃饭问题”。因此，确保粮食持续增产一直被联合国及各国政府所关注，我国尤甚。国内粮食产量虽然连年增加，但粮食作为具有战略意义的特殊商品，是人类生存、经济发展和社会稳定不可替代的物质基础。保障供应，稳定市场，确保粮食安全成为国家和各级政府的一项重大任务。

化肥农药的大量施用，在大幅度提高农产品产量的同时，不可避免地对农产品造成污染，给人类生存和生活留下隐患。目前人类疾病的大幅度增加，尤其各类癌症的大幅度上升，无不与化肥农药的污染密切相关。

我国是一个自然灾害频繁的国家，粮食生产的丰歉在很大程度上受自然条件的制约，致使粮食供求中紧缺与过剩交替出现。国内粮食产量连年实现增产的同时，大作物产量继续增加的潜力已经非常有限，继续增加粮食供给，谷子、糜子的地位和作用不可忽视。

虽然就全国来说谷子已不再是主要粮食作物，但在北方干旱省份仍是重要粮食作物，在一些地区甚至是首要栽培作物，在旱作生态可持续农业和作物生态多样性建设中具有重要地位。如辽宁建平、内蒙古赤峰、河北武安等地，谷子播种面积占大秋作物面积的30%～40%，不仅是当地农民经济的主要来源，也仍是当地农民的主粮。近年来，随着旱情的发展、富贵病的增加、农产品国际竞争的加剧以及谷子产量水平的大幅度提高，谷子的营养保健价值、国际竞争力和产量潜力被重新认识，有的省份出现了谷子面积回升的势头。随着世界性杂粮热的兴起和农业产业化的发展，小米作为我国北方和东南亚地区具有悠久消费传统的营养食品，必将有新的发展。

糜子是我国北方干旱半干旱地区主要制米作物之一，营养丰富，品质优良，是药食同源的营养保健产品。糜子耐旱、耐瘠薄，是我国北方干旱、半干旱地区主要栽培作物，生长期与雨热同步，在多数年份水分不是限制糜子生产潜力的主要因素。糜子的叶片含水率、相对含水量和束缚水含量等水分指标高，表现出有利于抵御干旱条件的水分饱和度。数量充足的自由水对生理过程酶促进生化反应起重要作用。蒸腾速率低，束缚水在温度升高时不蒸发，可以减轻干旱对植物的危害。在干旱地区当土壤湿度下降到不能满足其他作物发芽要求时，糜子仍能正常发芽，在禾谷类作物中耗水量最低，用水最经济。糜子还是救灾、避灾、备荒作物。糜子对干旱条件的适应性和忍耐性在防范农业种植业风险，提高农业防灾减灾能力上起着十分重要的作用。糜子品种生育期可塑性比较大，可以播种后等雨出苗，也可以根据降雨情况等雨播种，是重要的避灾作物。在遭受旱、涝、雹灾害之后，充分利用其他作物不能够利用的水热资源，补种、抢种糜子，可取得较好收成。

谷子、糜子抗旱耐瘠、水利用效率高、适应性广、化肥农药用量少，是典型的环境友好型作物。在适宜温度下，糜子发芽只需吸收种子本身重量25%的水分，谷子吸收本身重量26%的水分即可发芽，而同为禾本科作物高粱需要40%的水分、玉米需要48%的水分、小麦需要45%的水分。谷子糜子不仅抗旱，而且水利用效率高，每生产1 g干物质，糜子需水255 g，谷子需水257 g，玉米需水369 g，小麦需水510 g，而水稻则更高。谷子、糜子之所以最早被驯化栽培，同其较高的抗旱耐瘠薄能力和广泛适应性是紧密相关的。我国是缺水大国，人均水资源仅为世界平均水平的25%，而且近年来以过分消耗水资源来带动经济发展已付出了沉重代价，导致了水资源缺乏形势的日益加剧，我国北方地区的江河断流、湖泊干枯、地下水位的迅速下降；即便是所谓水源丰沛的南方地区，也开始频频出现严重的旱灾，干旱缺水已成为我国生态和经济发展的严重问题。农业耗水约占总耗水的60%，是最大的水消耗源。同时农业耗水的产值同工业相比，又是十分低的。旱情和经济的发展使得部分地区已开展限制农业用水，一些高耗水作物不得不退出或减少栽培，发展和利用抗旱节水作物已迫在眉睫，从这一点上说，谷子、糜子还是重要的战略储备作物，在干旱形势日益严重的情况下，完全有可能重新成为主栽作物和主要消费粮食。

对陕西定边、清涧和宁夏固原、海原各种作物的产量变动规律进行分析，在这些地区，粮食作物的产量水平依次为：薯类＞糜子＞谷子＞杂豆＞小麦＞夏杂粮，而变异系数大小次序正好相反，夏粮的平均变异系数为55.0%～74.7%，而秋粮平均变异系数为36.0%～62.7%。秋粮作物，特别是薯类、糜谷、杂豆等小杂粮作物较夏粮表现出明显的高产、稳产特征，充分说明了其生态适应性的优势。需要说明的是，水浇地上很少种谷子、糜子，如果不计算水地，谷子、糜子在旱地粮食生产中的高产、稳产系数可能还要大。

谷子、糜子都是常规品种和杂交品种，生产上无转基因品种应用。多种植于无污染源、工业极不发达的地区，尤其是高海拔山区、无工业污染；生产中极少施用农药、化肥，其产品是自然态，无有害物质，后期加工与生产安全完全可以通过人为的手段进行控制，是人类“回归大自然”中颇受青睐的天然食品源。

## 三、谷子糜子安全生产管理技术创新

谷子、糜子传统生产停留在人工和畜力为主阶段。种子多为传统农家种系统选育和通过杂交手段选育，无转基因品种应用。种植区以高海拔寒冷地区、干旱半干旱山区为主，远离工业源，生产中极少施用农药、化肥，田间劳作以人工方式为主。传统的生产过程完全属于无公害、有机化生产。

进入21世纪以来，通过品种改良和栽培技术创新，谷子、糜子的单产有了较大的提高。随着谷子杂交种在生产上大面积应用，在谷子、糜子春播区，地膜种植、膜侧种植技术的推广，有限的降水得到了更好的发挥。大面积谷子单产达到了9 000 kg/hm$^2$以上、糜子单产达到了6 000 kg/hm$^2$以上的高产水平。各地通过实践和示范，研究制定了一批谷子、糜子栽培技术模式，发布了相应的高产栽培技术规程。通过将深松深层蓄水效应、残茬覆盖保水增肥效应和垄盖膜侧沟播聚水、保水、增温、透光效应几项技术融于一体，再配以优良品种、配方施肥等，组成以深松残茬覆盖膜侧沟播为主体的水肥资源高效利用栽培技术体系，实现了旱地谷子、糜子的优质高产稳产；通过农艺与农机的结合，摆脱依靠人畜力和简单生产工具的现状，提高了劳动生产率，实现了高产高效；通过强化技术培训，提高农民掌握新技术、新方法的能力，实现了大面积连续增产。

# 第四节　谷子糜子机械化生产与创新

适宜的生产机具是一种作物得以维持和扩大生产的基础，然而我国谷子、糜子生产手段依然十分落后，生产机械化一直处于极低的水平。谷子、糜子生产多为人工作业，费工、耗时、劳动强度大，而农村又缺少劳动力、缺乏适宜的作业机具，严重制约了谷子、糜子产业的发展。

## 一、谷子糜子传统生产机械回顾

《齐民要术》记载："燉煌不晓作耧犁，及种，人牛功力既费，而收谷更少。皇甫隆乃教作耧犁，所省庸力过半，得谷加五。"

谷子、糜子传统生产机具在很大程度上沿袭了小麦生产机具，并在其基础上稍作修改，虽然机具的作业效果不理想，但由于谷子、糜子专用生产机具稀缺，这些机具一直在部分地区使用着。

### （一）播种工具

#### 1. 点葫芦

点葫芦是人工操作播种的简易工具，由 4 个部件组成。①装种子的葫芦（包括葫芦、铁盒、布袋等）；②筒子；③篦子，根据种子颗粒大小，下种量多少确定篦子密度；④点种棍，用来敲打筒子下种。

使用点葫芦播种，首先需要人力或畜力进行开沟，再由人工一手持点葫芦的桶身，一手持点种棍，将种子的出口处对准所开沟底，边走边用点种棍敲打桶身，籽粒便随着敲打震动落下，下种量可随着敲打的缓急进行微量调整，敲打轻缓下种量小，敲打急重下种量大，因此播种一般需要有经验的人进行操作，否则下种量不均，影响出苗（图 4-1）。

图 4-1　传统的点葫芦播种

#### 2. 播种耧

耧是播种机具，三条腿木耧是一种比较古老的播种工具，一般用牲口在前面拉，进行播种前开沟，人在后面左右摇摆木耧使种子以均匀的速度进入土壤，小麦播种曾经使用这种耧，部分机械化程度较低的地方在播种谷子的时候还在使用（图 4-2）。播种同样需要有经验的人进行操作，否则也极易造成下种量不均匀，但这种播种方式下种量比较大，用于播种谷子会间接增大间苗的工作量。

近年来在部分平原地区开始种植谷子和糜子，农民为了减轻劳动程度一般都是采用多行小麦播种机具，将播量调小后进行播种，但由于小麦和谷子的体积相差太多，播种谷子时的播量还是会很大，谷种浪费严重，定苗时劳动强度大、耗时长，往往贻误农时影响作物的正常生长发育。

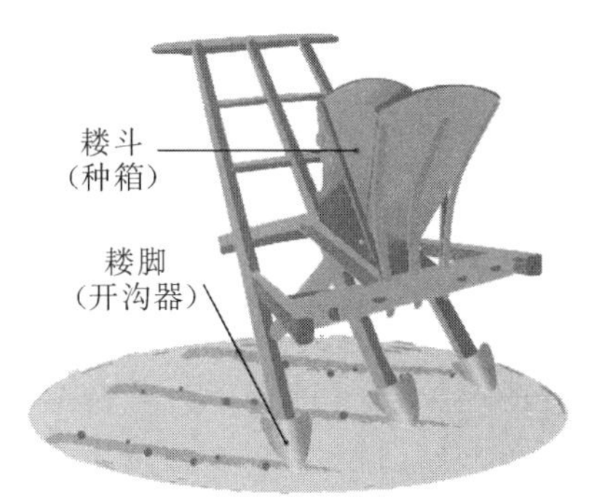


图 4－2　播种耧

### （二）收割机具

谷子最缺少的就是收割机具，传统谷子收割使用的是最原始的收割用具——镰刀。

脱粒机是目前谷子和糜子生产上使用最多的机械，但多为小麦脱粒机改进筛板后直接使用，脱粒前需要先将谷穗剪下，然后再进行谷穗脱粒，脱粒效果一般，往往需要脱粒 2～3 遍才能脱净，效率低，损失多。谷子的联合收获也是近来才在小麦、水稻收获机上稍加改装和调整后，勉强用来收获谷子，作业性能差、损失大、含杂率高、效率低，收获效果极不理想。

## 二、影响谷子糜子机械化生产的限制因素

### （一）地域和种植习惯

我国谷子、糜子主产区主要分布在经济欠发达、技术相对落后的干旱和半干旱的山区和丘陵地带，地块小且分散，增加了生产实现机械化的难度。播种基本上还是靠人力或畜力牵引的简易播种耧。此外很多地区需要等到雨后趁着墒情好时播种，播种期很短，墒情差异较大，播种量需要随墒情不同进行调节，没有适宜的播种机械很难在墒情最好的时期完成。种植的行距和株距也没有统一的规定，因此收获机具的幅宽和拖拉机入地的轮辙，很难满足多地域的需求。

### （二）谷子、糜子自身生长条件

谷子、糜子籽粒小、千粒重轻，但受株数影响，播种时有严格的行距和株距限制，否则影响产量，单粒精播不仅实现难度大，而且不能保证粒粒都能正常出苗。如果为保证出苗过度加大播种量，又容易增加间苗工作量，同时也浪费籽粒。因此，谷子、糜子播种量控制要求比较高。但从农机角度讲，籽粒越轻小越影响机械化播种精度。

从收获性状来讲，谷子、糜子植株成熟后谷穗下垂、重心高、易倒伏，割晒作业时，谷秆割断后受谷穗重力牵带，倾倒方向很难控制，造成铺放杂乱。受生长条件限制，大多数地区谷子收获时茎秆含水率很高，而籽粒轻小的作物对机械化脱粒的效果也有很大影响。脱粒后由于潮湿与茎叶分离时容易粘连，造成夹带，使损失率提高，因此，谷子、糜子自身的生长特性，会给精确化机械播种和收获带来一定困难。

### （三）所需机具种类繁多，但市场量相比较小

我国谷子、糜子种植区域分散，品种和种植方式繁多，且不同地域种植的自然条件和种植方式存在较大的差别，一两种机型很难满足生产需求。因此，谷子、糜子生产机具研发要满足多元化的需要，研发机具的生产效率要与种植规模和用户的需求相适应，过大、过小都会影响到机具的推广和使用。就目前而言，谷子、糜子生产机械应以小型轻简机具为主，并逐步开发适于平原地区的大、中型生产机具，此外，研制谷子生产机具还要考虑到机具生产成本，考虑到市场需求和农民的接受能力。

### （四）机械化研究比较晚

我国对谷子、糜子生产机械研究起步相对较晚，其主要原因是由于谷子和糜子的种植相对于主要农作物来说面积比较小，机具需求量少，而研究开发机具投入大、回报率低，相关单位的积极性不高，在市场经济的环境下，造成生产中机具缺少的现状。近年来，在生产需求和国家农机政策的引导下，个别科研单位也开始了谷子和糜子生产机具的研究，但只是局限在播种和脱粒的局部改进方面，没有系统地进行全程机械化研究，研发的机具还处在科研和试验阶段，其性能不完善、可靠性低，不能满足生产要求。

### （五）农机农艺相结合基础薄弱

农业生产离不开技术和工具，即农艺与农机。农业机械化顾名思义就是“农业”要和“机械”融化在一起，即农艺与农机相结合。随着农业的发展，对农艺技术有了更深更科学的研究，农艺对农业机械的要求越来越高，农机的出现使农艺得到了更好的展现。从发展的趋势看，农机与农艺的结合是重要的，双方发展是相互协调、相互依存的，不适应农艺要求的农机无人使用，实现不了机械化作业的农艺无法推广。然而谷子、糜子生产农机与农艺结合相对薄弱，还需要实际操作上的相互兼顾、有机结合、相互适应，只有农机满足农艺的要求，农艺为整个机械化做好基础，才能实现共同发展，取得最大的效益。

## 三、谷子糜子生产机械研制与创新

我国农业现代化的进程不断加快，农业机械化进入了历史上发展最快的时期。随着小麦、玉米和水稻主要农作物生产机械化的普及，谷子、糜子种植区域的农民对生产机械的需求和呼声越来越高，人们迫切希望谷子、糜子也能够像小麦、玉米和水稻一样实现机械化生产。

中共十七届三中全会做出的《关于推进农村改革发展若干重大问题的决定》，明确提出要“积极发展现代农业，提高农业综合生产能力”。为确保现代农业发展，该决定同时提出要“不断促进农业技术集成化、劳动过程机械化、生产经营信息化”，

要“支持农用工业发展，加快推进农业机械化”。这既对加快农业机械化发展提供了难得机遇，又对农业机械化发展提出了更高、更新的要求。该决定还提出了“加快推进农业机械化，促进农机农艺融合，耕种收综合机械化水平达到60%左右”的政策目标。就目前来看，谷子、糜子机械化的水平还远远低于这个数值，谷子、糜子机械化已经成为生产上的一个瓶颈。

谷子、糜子机械化生产是现代化农业机械发展的必然趋势，进入“十二五”后，国家和各级政府对谷子机械化生产越来越重视，开始加大对小作物生产机具研制的扶持力度，国家谷子糜子产业技术体系也将机械化岗位列入其中，建立了谷子糜子生产机械化创新团队，与体系内其他创新团队联合、紧密结合农艺需求，专门从事生产过程机械化的系统研究，谷子、糜子生产机械化已经迎来了新的发展机遇。通过不断努力，历经两年多的研究，目前已研制出了几种生产上使用的农机具，进入试用和小批量生产阶段。

## （一）谷子糜子播种机具

### 1. 谷子糜子机械化播种技术要求

机械化播种首先要满足的是播种量和播种深度，其次为行距和株距。种子发芽需要特定的播种深度，适宜的播种量和均匀的株穴距可以保证种子在田间合理分布，为种子的生长发育创造良好条件，这样既可以大量节省种子，减少间苗用工，减轻劳动强度，还能够保证小籽粒谷物稳产高产。为了提高谷子、糜子产量和品质，农业科研人员经过大量试验，研究出了诸多种植方式，例如培育谷子、糜子新品种及研究配套栽培技术（可真正实现谷子、糜子精确播种的新型栽培技术），地膜覆盖、双垄沟播等栽培技术，但都需要配套以适用的农机具才能完成。

精准农业是现代农业发展的趋势，因此研发的谷子、糜子播种机从功能上来讲主要是能够实现精准播种。与农艺配套的播种机械可分为不同的种类。从排种方式上分可为精量条播机和精位穴播机；从种植方式上可分为常规平播机、垄上播种机、覆膜侧播播种机等；按照地块大小和配套动力选用可分为机引播种机和人畜力播种机。此外，根据地域差异，还应加大播种行数调整范围，以适应不同地块需求，对于小地块种植区，可采用单行或少行（2～4 行）的小型机具，对于平原大面积种植区，可采用 4 行以上的大、中型机具。

### 2. 几种播种机具介绍

目前国内外大量生产的谷物条播机都是以麦类作物为主，各种部件都比较成熟。从机具成本上考虑，市场上成熟的小麦和玉米播种机的部分装置如开沟器、种肥箱、机架等结构值得借鉴，但由于谷子、糜子籽粒小、千粒重轻，一般的谷物排种部件很难达到播种要求，因此，通过研发，形成了几种专用的小籽粒排种部件，并集成小粒种子的播量微调装置，制作了几种谷子、糜子播种机。

（1）2B-5A2 型谷子、糜子条播机。该机由机架、种箱、排种机构、覆土器和镇压轮组成，机具的播量精确并可调，且每行均设有单体仿形机构，当开沟器在作业中遇到障碍物或凹坑时，该仿形机构可保证各行播种的深度不受影响，专用地轮进行排种驱动，减小打滑率和空转系数，使播量更可靠。此种机具比较适用于平原或地块较大的地区使用（图 4-3）。

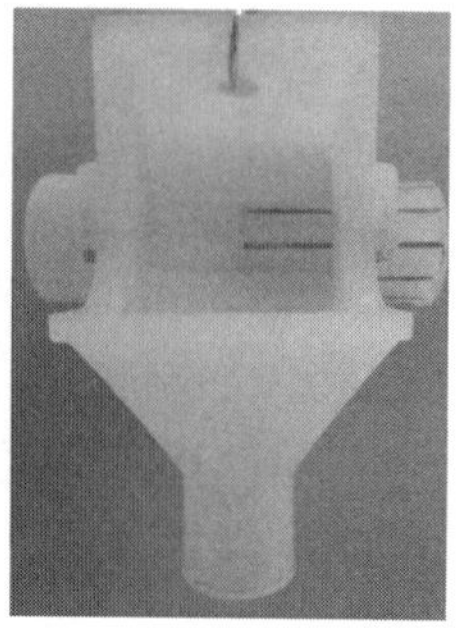

图 4-3　2B-5A2 型谷子、糜子条播机及其排种盒

机具的主要部件为小籽粒排种器，排种器由中心轴、排种盒、排种轮等组成。

排种盒的材质采用尼龙制成，质量轻、成本低，外槽轮的尺寸直径为 24 mm，长度为 35 mm，外槽的半径为 3 mm。排种轴采用方钢制成，排种轴的一端装有可以旋转的手柄，旋转手柄可以改变外槽轮在充种区的长度，从而进行播量控制。

（2）2BM-5A2 型谷子、糜子免耕播种机。免耕播种机属于保护性耕作机具，它具有防止水土流失、防止沙尘、保护环境、节省能耗、争抢农时等优点。免耕播种机首先使用在玉米等宽行距作物的播种上，现在已逐步推广至小麦等窄行距作物上。针对小麦—夏谷子轮作区，新研制了 2BM-5A2 型谷子、糜子免耕播种机，此机型为 2B-5A2 型谷子、糜子条播机的改制机型，主要是在开沟器的前方加装了秸秆防缠辊（图 4-4）。

（3）谷子、糜子（精密）穴播机。国内玉米、大豆、棉花等中耕作物已经开始使用精密播种机，即单粒播种或穴播机（图 4-5），我国小麦在有条件的地方也开始进行精密播种，精密播种机可最大程度上实现播种作物的株距，通过行距和株距的控制，实现均匀播种。此种机型是谷子、糜子播种机的一个发展趋势，其技术参数见表 4-4。

图 4-4　2BM-5A2 型谷子、糜子免耕播种

图 4-5　谷子、糜子（精密）穴播机

国家谷子糜子产业技术体系机械化岗位研制的谷子、糜子（精密）穴播机采用小四轮拖拉机配套，单体仿形，各行播深一致，采用无刮种器设计，不伤种子；不通过输种管，靠自重投种；橡胶镇压轮驱动，不黏土，提高了机具对土壤的适用性。行距、株距以及穴粒数可调，适应性较强。

**表 4-4 谷子、糜子精播机主要技术参数**

| 项目 | 单位 | 技术参数 | |
|---|---|---|---|
| | | 2BM-5A2 型条播机 | 穴播机 |
| 配套动力 | kW | 13～18 | 13～18 |
| 播种行数 | 行 | 5 | 5 |
| 适宜行距 | cm | 35 | 25～40（可调） |
| 穴距 | cm | | 8～12（可调） |
| 穴粒数 | 粒/穴 | | 3～10（可调） |
| 播种深度 | cm | 2～5（可调） | 2～5（可调） |
| 播量范围 | kg/hm² | 3.75～22.5 | 3.75～22.5 |
| 作业速度 | km/h | 2～4 | 2～4 |

## （二）田间管理机具介绍

中耕可以破除地表板结，增加土壤的通透性，促进根系生长发育。还可以消除杂草对谷子的竞争作用，提高谷子的抗倒伏能力，进而使谷子的籽粒产量和粗蛋白含量显著提高，中耕机见图 4-6。根据农艺生产需求，研制适宜的谷子、糜子中耕施肥机、喷药机等装置，有利于推动谷子、糜子机械化发展，加快谷子、糜子生产的条件建设。谷子、糜子田间管理机械主要技术参数见表 4-5。

图 4-6 谷子糜子中耕机

**表 4-5 谷子、糜子田间管理机械主要技术参数**

| 项目 | 单位 | 技术参数 |
|---|---|---|
| 配套动力 | kW | 13～18 |
| 最小地隙 | cm | 43 |
| 中耕行数 | 行 | 2 |

（续）

| 项　目 | 单位 | 技术参数 |
| --- | --- | --- |
| 中耕深度 | cm | 2～4（可调） |
| 施肥量 | $kg/hm^2$ | 300～750（可调） |
| 伤苗率 | % | ≤3 |
| 适宜行距 | cm | 25～40 |
| 作业速度 | km/h | 2～4 |

## （三）收获机具介绍

谷子、糜子颗粒细小，成熟后穗部弯曲，容易碰撞折断或散落。收获过晚，容易造成落粒和鸟害；收割过早，籽粒成熟不好，秕谷率高，千粒重下降，产量低，影响米质。为此，适时收获是保证谷子、糜子丰产的重要环节，收获要根据谷子、糜子籽粒的成熟度来决定，一般传统收获以蜡熟末期或完熟初期为最好，并利用谷子、糜子后熟的特性，晾晒 3～10 d 后脱粒，这样水分少，胚乳发育完全，发芽率高。

### 1. 谷子糜子机械化收割的农艺技术要求

谷子、糜子机械收获方式因地制宜可分为两种：一是丘陵地带、小地块种植区采用分段机械化收获——先割晒后脱粒，是目前着重解决的收获方式，无须其他外在条件就可实现，并借鉴开发手扶式等小型联合收割机械；二是平原、较大地块种植区，根据需要除可以采用分段机械化收获外，还可开发作业效率较高的大、中型联合收获机械。谷子、糜子收获机具主要分为割晒机、脱粒机和联合收获机。

### 2. 谷子糜子收获配套机具

割晒机：割晒机用于谷物收割，即将成熟后的谷子、糜子割倒放铺，有利于秸秆的回收，比人工收割的作业方式生产效率提高数十倍。与脱粒机配套使用可实现分段收获，即割晒放铺、人工收集、掐穗脱粒或整株脱粒。

通过研究谷穗重心高、果穗下垂状态下的分禾、切割、铺放技术，形成谷子、糜子专用割晒机。机具的幅宽考虑到地形、田间道路以及机具的运输等问题，配套动力应选用中、小型拖拉机、手扶拖拉机和其他动力，以适应不同地区的需要。目前团队新研制了 4S－1.8 型多功能割晒机（图 4－7），可实现谷子、糜子的割晒，该机采用立式割台，割台由机架、传动箱、往复式切割器、上下三排拨禾链、拨禾星轮和分禾器等部件组成。

图 4－7　4S－1.8 型多功能割晒机

机架可与拖拉机进行挂接并用来安装和支撑各工作部件，往复式切割器置于机架底部，割刀上方为扶禾器，扶禾器上方分别排列3层带拨齿的拨禾链，割刀至每层拨禾链的尺寸分别以谷子和糜子植株的重心点做参考进行排列，上层拨禾链可向上调整30 cm左右，以适应较高秆作物的收割。

机具的主要技术参数：割刀形式为往复式割刀，收割幅宽1 800 mm，割茬高度≤150 mm，配套动力为小四轮拖拉机，适宜作业速度2～4 km/h。

试验发现，谷子、糜子的植株高度及生长状况对割晒机的收割效果还是有一定影响的，籽粒成熟后，植株高度在1.1～1.3 m收割效果好，植株高度超过1.5 m，由于重心高，效果差。因此，还需要大量试验进行验证，以保证机具适应性。

脱粒机：由于谷粒体积小、重量轻，而谷秆、叶子和谷糠谷秕等杂质对谷粒的夹带会较多，造成损失加大；谷穗脱粒时对含水率有一定要求，不能过度干燥，否则易损伤谷壳，使谷子直接变成小米，影响谷子的存放，但是如果谷穗的含水率偏高，又会影响谷子的脱净率，尤其是整株脱粒比谷穗脱粒更容易造成夹带损失。因此谷子脱粒的技术难点包括：脱粒过程中籽粒与谷穗的彻底分离，如何减少筛选、风选的清选损失，避免谷壳的机械损伤等。

根据谷秆回收需求不同，谷子、糜子脱粒机主要分为两种机型：谷穗脱粒机和整株脱粒机。谷秆整秆需要回收的地区可使用谷穗脱粒机，使用前需要先将谷穗与谷秆分离，然后单独进行谷穗脱粒。下面介绍两种常用型号的脱粒机。

5T-28小型谷穗脱粒机：该机能够一次完成谷穗的谷糠谷秕、杂余和谷粒的分离，具有操作方便、体积小、效率高等特点，这种机型比较适合小规模生产者使用，也将是近期市场上保有量最多的脱粒机型（图4-8）。

5T-45型整株脱粒机：整株脱粒机能够带谷秆整株脱粒，可一次完成谷粒、谷糠谷秕、杂余、谷秆的清选分离（图4-9）。该机采用电动机为动力，三角带传动，最大限度地减少人们的劳动强度。该脱粒机还可增设自动上料装置，代替人工喂入，既可减轻劳动强度，减少喂入伤害，保证操作者的人身安全，又能实现均匀喂入、减少作业故障、提高作业效率。谷子、糜子收获机械主要技术参数见表4-6。

**表4-6　谷子、糜子收获机械主要技术参数**

| 项　目 | 单位 | 技术参数 | |
|---|---|---|---|
| | | 5T-28型 | 5T-45型 |
| 配套动力 | kW | 2.2（4级电动机） | 2.2（4级电动机） |
| 外形尺寸 | mm | 1300×700×1000 | 2130×1290×1540 |
| 整机重量 | kg | 80 | 300 |
| 滚筒型式 | | 杆齿式 | 纹杆与杆齿组合式 |
| 清选型式 | | 风选 | 吸风与筛选组合式 |

（续）

| 项　目 | 单位 | 技术参数 | |
|---|---|---|---|
| | | 5T-28型 | 5T-45型 |
| 凹板间隙 | mm | 10～15 | 5～10 |
| 作业效率 | kg/h | 400 | 800～1 200 |
| 滚筒转速 | r/min | 1 260 | 1 050 |
| 脱净率 | % | ≥98 | ≥98 |
| 破碎率 | % | ≤0.5 | ≤0.5 |
| 含杂率 | % | ≤5.0 | ≤5.0 |

与谷穗脱粒机相比，整株脱粒机的体积和价格要大很多，但使用前不用将谷穗与谷秆分离，可减少一个人工作业的环节，成本降低，此外整株脱粒机的一次脱净率较高，从长远来讲，整株脱粒机将会是谷子脱粒机的一个主导机型。

图4-8　5T-28小型谷穗脱粒机

图4-9　5T-45型整株脱粒机

联合收获机具：联合收获机具可在田间一次作业完成谷物的切割、输送、脱粒、清选集箱等项工作。联合收获劳动强度小、效率高，是谷子、糜子机械化收获理想的作业方式。

目前平原地区谷子、糜子种植面积较小，研发专用的大中型联合收获机，利用率低，成本太高，机手经济效益差，难以推广，因此短期内可在其他谷物联合收获机的基础上（如小麦联合收）进行研发，增加其收获谷子的功能，以解决平原地区谷子收获的燃眉之急。根据机具脱粒的工作原理不同进行分类，本团队已在两类谷物联合收获机的基础上进行了改装，分别进行了谷子联合收获试验，取得了较好的工作效果。联合收获机具包含轴流式和切流式两种，分别介绍如下。

轴流式谷子联合收获机：轴流式谷子联合收获机是在原新疆2型小麦联合收获机的基础上改制，这种机型基于轴流式钉齿或板齿滚筒设计，采用击打式脱粒及滚筒内离心式分离方式，作物秸秆在滚筒内滞留时间较长，谷秆破碎严重，尤其是在茎叶含水率高时，脱粒过程茎叶易挤出水分变潮湿，由于谷子籽粒小、重量轻，分离时籽粒容易与茎叶粘连，造成夹带损失高、籽粒含杂率高等问题。因此轴流式机型在收获成熟期茎叶含水率低的品种效果较好，通过调查发现该机型比较适合东北、西北一年一作地区使用；但不适合华北夏谷区使用。

切流式谷子联合收获机：谷子收获宜采用揉搓式脱粒、滚筒外抖动式分离的工作原理，这种工作方式秸秆破碎率低，籽粒夹带少，含杂率低；因此研制带有切流式滚筒脱粒、逐稿器分离结构的谷物联合收获机较为适宜。切流式谷子联合收获机（图 4－10）是在佳木斯 1065/1075 切流式联合收获机的基础上进行了改造，针对谷子收获作业的特点对清选风量、风速等参数进行了调整，对凹板筛进行了更换，加装了特定的割台分禾装置；根据待收获谷子的高度、秸秆含水量、倒伏程度、作物产量等状况，对收获机的作业速度、滚筒转速、割台离地间隙等参数进行适当调整。其较好的作业效果，主要表现在含杂率明显变小，尤其是在收获秸秆含水率较高的谷子品种时，夹带损失较小，基本上解决了轴流式滚筒联合收获机筛板堵塞、含杂率高和夹带损失率较高的难题。通过试验总结出这种机型的优点：收获效果不受秸秆含水率影响，籽粒含杂率低，秸杆完整性好，夹带损失少，此机型适合所有地区使用，这是谷子机械化联合收获作业的一大突破。谷子、糜子收获机械主要技术参数指标对比见表 4－7。

图 4－10　切流式谷子联合收获机

**表 4－7　谷子、糜子收获机械主要技术参数指标对比**

| 项　目 | 单位 | 技术参数 | |
|---|---|---|---|
| | | 轴流式机型 | 切流式机型 |
| 破碎率 | % | 5.0 | 3.7 |
| 含杂率 | % | 6.36 | 3.8 |
| 未脱净率 | % | 2.5 | 3.0 |
| 籽粒损失率 | % | 8.2 | 4.5 |

### 四、基于农机农艺结合的轻简栽培技术创新和可持续发展

谷子、糜子生产要实现全程机械化，首先要进一步加强栽培技术上的农机农艺相结合，使所研究的技术落到实处。农机为农艺服务，农艺是为农机制造提供理论依据的，因此正确和规范的农艺是农机制作的基础。

首先从农艺上需要规范栽培技术，由栽培专家与农机专家结合农机设计参数通过试验，在不减少产量的情况下制定统一的种植模式，农艺为农机具机械的研发做好基础，从宽行距、近株距、株数不变、还高产等方面进行试验，并研究适合机械化的好品种。要在机械化的基础上同时限制农艺，例如根据拖拉机等配套动力的轮距的参数规定种植行距，因为不同的行距，从播种到中耕再到收割对机具的影响很大，多种行距会使机具很难得到通用。

此外，联合收获机的使用可减少作业环节、提高作业效率，适于规模化生产使用，能够引领谷子、糜子生产从丘陵区走向山前平原，是未来机具发展的方向，也是谷子产业化发展的必然趋势。在使用谷子联合收获机收获谷子时，根据谷子生长特性，需其他一些外在条件和技术配套才能实现，如收获前先喷洒催熟剂，保证谷子成熟度，减少损失，或培育适合机械联合收获的谷子新品种。

## 第五节　谷子糜子轻简栽培技术创新与发展

### 一、谷子糜子轻简栽培发展历史

追溯最原始的谷子、糜子栽培，古老的栽培技术虽然简单，但不是人为控制条件下实现的轻简化栽培，而是原始落后状态下粗放耕作方式的体现。现代农业发展的必然，要求实现谷子、糜子轻简栽培技术创新，改变或优化传统技术措施，降低劳动力和物质的消耗，从而达到高产、优质、低耗、高效目的的谷子、糜子优质高产目标。轻简技术的应用，将会给谷子、糜子生产技术带来一次新的历史变革。

#### （一）精量播种与栽培方式研究

谷子间苗问题一直是谷子科研工作者关注的主要问题。1962 年，内蒙古昭乌达盟农业科学研究所提出谷子精量播种不间苗技术；1965 年河北省农学会提出谷子宽垄密植少间苗技术。1983 年河北省农作物研究所提出夏谷小密垄不间苗技术。实践证明，宽垄密植少间苗技术和精量播种不间苗技术虽然可以节省间苗用工，但因播种量较小时在旱地往往导致缺苗，全苗地块又往往密度过高，造成田间通风透光性差，病害、倒伏严重，因此，未能得到大面积推广。目前谷子主产区主要采用撮留苗方式间苗，该方法间苗省工，结合半精量播种技术效果较好。但由于农民习惯于大播种

量，致使撮内苗数过多，造成茎秆细弱、穗小、易倒伏等，间苗省工的效益难以补偿产量的损失。

1987 年李东辉提出谷子小包装精量播种技术，方法是将用高浓度尿素处理后不能发芽的谷种与正常谷种混合播种，初步达到了免间苗或少间苗的效果。该方法虽然起到了一定的积极作用，但由于谷粒太小，且多数种植在坷垃较多的旱地上，谷苗顶土力差，要靠群体顶土才能保证出苗，使得小包装精量播种技术的应用范围受到限制。

## （二）机械化播种

1980 年前后，各地纷纷研究谷子机械化播种技术，在平原地区示范效果很好，可将谷种播量控制在 415～715 kg/hm²，能够达到少间苗或不间苗的目的。但是，由于这些播种机械多数只是对小麦播种机进行简单的播量调整，播种质量不高，因为谷子籽粒太小，播种过程中排种器容易堵籽，导致播种不均匀而缺苗断垄。同时，自 1985 年我国全面实行家庭联产承包责任制后，各农户谷子种植面积小而且分散，且大部分种植在丘陵山区，使得联产承包责任制以前推广的大型播种机械很难操作，目前已很少使用。

## （三）种子处理技术

### 1. 谷种丸化技术

1993 年河北省农林科学院谷子研究所试图通过谷种丸化实现精量播种免间苗，但丸化谷种导致谷种吸水困难，出苗率较低，因此应用效果不理想。

### 2. 谷子化控间苗技术

2001 年，山西省农业科学院谷子研究所筛选出一种特殊的化学制剂，对谷种进行处理，使其既能正常发芽出苗、发挥群体顶土出苗的作用，又能在出苗后自行死亡，处理谷种与同品种正常谷种按一定比例混合播种，从而实现谷子免间苗的目的。但是，该方法在生产应用中仍存在较多问题，主要表现在：①不同墒情条件下播种量不好掌握，播种过多仍需人工间苗，播种过少或在干旱条件下导致缺苗断垄；②该方法不能解决人工除草的难题。

## （四）化学除草技术

为了实现谷子化学除草，国内外研究人员曾进行了大量探索，但研究结果表明，谷子对所有商业化生产的除草剂均表现敏感，只有少数除草剂在低剂量下可勉强使用，如阿特拉津等，但低剂量下除草效果较差。1998 年，南开大学研制出新型除草剂 44%谷友可湿性粉剂，推荐剂量为 211 kg/hm²，兑水量为 750 kg/hm²，于谷子播种后出苗前封地使用。1999 年以来，河北省农林科学院谷子研究所与南开大学合作，经过几年的反复示范和剂型改进，结果表明，该除草剂在墒情条件好、使用剂量适宜的情况下除草效果可达 90%以上。但是，在墒情不足的情况下，除草效果不理想，而在使用过量（超过 211 kg/hm$^2$）或苗期阴雨较多的情况下药害明显，对谷苗有明显的抑制作用，甚至导致谷苗死亡。因此，该除草剂只能在技术条件较好的地区控制使用，目前应用面积仅为谷子生产总面积的 3%左右。

### （五）矮化育种研究

为了提高谷子抗倒伏、耐密植能力，进而提高产量水平，我国谷子育种工作者开展了谷子矮化育种研究，并育成了豫谷 8 号、冀张谷 6 号（矮 88）、赤谷 9 号等矮秆品种。实践证明，应用这些矮秆类型虽然可以提高种植密度 30%～50%，在一定程度上可以减少间苗用工，但却普遍存在着抗旱耐瘠性差、早衰、结实性差等难以克服的问题，仅适宜在水浇地上推广。目前的推广谷子品种，90%以上仍为中、高秆品种。

### （六）抗除草剂育种研究

1981 年以来，法国学者在谷子的近缘种野生青狗尾草（*Setaria viridis*，$2n=2x=18$）群体中发现了抗除草剂的突变体，经过筛选和遗传研究，得到受细胞质基因控制的抗阿特拉津材料；加拿大研究人员从野生青狗尾草中发现受核显性单基因控制的抗拿捕净材料，以及受 2 对连锁的细胞核隐性基因控制的抗氟乐灵材料。通过杂交、回交等手段，将青狗尾草的抗除草剂基因转移到栽培谷子中。1993 年，河北省农林科学院谷子研究所将法国、加拿大的谷子抗除草剂基因引入中国栽培品种中，创制出谷子抗除草剂材料并分发到全国多家谷子育种单位，开始了我国的谷子抗除草剂育种。但是，十几年过去了，抗除草剂谷子品种仍未在生产上得到大面积应用，育成的抗除草剂品种也寥寥无几。造成这样局面的主要原因有 4 个方面：①单一的抗除草剂品种不能解决谷子人工间苗的难题；②抗氟乐灵类型抗性水平偏低，除草剂浓度不易掌握；③抗拿捕净类型虽然抗性水平高，但拿捕净对双子叶杂草无效，除草不彻底，需要与专杀双子叶杂草的除草剂配合使用，导致除草成本过高；④细胞质抗除草剂基因是由叶绿体突变产生的，对光合作用有不利影响，应用细胞质抗除草剂基因要在产量上付出代价，同时，细胞质抗除草剂基因抗性遗传不稳定，杂种后代抗性易出现分离。由于上述原因，致使谷子抗除草剂育种出现了前期热、近期冷的局面。

一直以来，糜子没有开展轻简栽培技术研究的报道。可查阅的资料显示，研究的目的多数是围绕着如何实现产量的提高而进行，几乎不涉及如何进行轻简栽培的问题。

## 二、谷子糜子轻简栽培技术分类

在各项农业物化技术成果（种、肥、水、机械化等）应用中，良种增产潜力的发挥，必须有精确定量栽培技术的配合，既有肥、水、机械化等物化技术成果的应用，又有适时、适量等精确定量技术，才能充分发挥增产作用。作物精确定量轻简栽培应坚定“三适宜”的原则，即以“适宜的最少作业次数，在最适宜的生育期，用最适宜的物化技术量”来精确定量。“三适宜”精确定量，既能保证作物高产、优质，又能省工、节约资源、减少污染，达到“高产、优质、高效、生态、安全”的目的。

谷子、糜子轻简栽培技术包括种子丸化技术，种子节约技术或精量播种保苗技术、肥料合理施用技术、专用复合肥一次性施用技术、化学除草技术、机械农艺结合技术、免耕技术、间复套种技术、节水保墒技术、覆膜条件下机械化种植技术等。

## 三、谷子糜子轻简栽培技术创新与发展

### （一）培育简化栽培谷子品种

2003 年河北省农林科学院谷子研究所提出了综合运用育种手段和栽培措施实现谷子简化栽培的技术思路，2006 年，简化栽培谷子品种选育及其配套栽培方法获得国家发明专利（专利号：ZL20041005808819）。该方法的核心技术：利用现有的抗除草剂基因，改变国内外普遍采用的单纯培育抗除草剂品种的育种方法，通过杂交、回交等育种手段，培育出抗除草剂、不抗除草剂或抗不同除草剂的同型姐妹系或近等基因系，把 2～3 个同型姐妹系或近等基因系按一定的比例混合播种，通过喷施特定除草剂达到同时实现化学间苗和除草的目的。

### （二）发掘抗除草剂基因

2006 年河北省农林科学院谷子研究所从加拿大新引进了抗咪唑乙烟酸除草剂的青狗尾草材料，经室内和田间鉴定，该除草剂不仅可以防治禾本科杂草，而且适用于苘麻、反枝苋和藜等阔叶杂草，因此，可以使用单一除草剂达到较彻底除草的目的。同时，咪唑乙烟酸是目前广泛应用于大豆田除草的常用除草剂，价格低廉，除草成本只有拿捕净＋谷友成本的 1/3，因此具有更广阔的应用前景。目前，河北省农林科学院谷子研究所已将狗尾草抗咪唑乙烟酸基因转入谷子中，育成了一批性状基本稳定的抗咪唑乙烟酸谷子育种材料，预计 3 年内可应用于谷子生产。

### （三）研发生产机械

未来的谷子、糜子生产必将走规模化、产业化的发展道路，而要适应这一发展趋势，必须在推广抗除草剂品种的基础上，研发关键生产环节的配套农机，走农机与农艺相结合的发展道路。国家谷子糜子产业技术体系机械化研发岗位研制的 2B－5A2 型谷子糜子条播机、2BM－5A2 型谷子糜子免耕播种机、谷子糜子（精密）穴播机、谷子糜子割晒机、5T－28 小型谷穗脱粒机、5T－45 型整株脱粒机、轴流式谷子联合收获机、切流式谷子联合收获机已经进入试用阶段，机械化的实现，必将为谷子、糜

子轻简栽培带来一次革命性的变革。

## 四、谷子糜子轻简栽培技术未来展望

谷子、糜子要高产，栽培技术简化是今后发展的方向。纵观近20年研究发展的历程，谷子、糜子栽培研究已从总结经验、研究个性转向探讨器官及产量和品质形成的普遍规律，从一把尺子一杆秤转向使用现代仪器设备，如作物生长分析仪、SPAD仪等。今后，有必要从细胞核分子水平探讨栽培措施、生长环境对作物器官建成及产量和品质的影响，通过研究和建立作物生产数据库及信息系统、作物生长预测和监测系统、作物管理决策支持系统、作物空间信息系统（3S技术等）、精确农业支持系统、作物智能教学和苗情诊断系统、虚拟作物以及网络服务系统，对复杂的作物栽培生产过程进行系统的分析和综合，建立动态的模拟模型和管理决策系统，实现作物生产管理的定量决策，促进谷子、糜子栽培的规范化、信息化、科学化。

深化对作物器官建成及产量和品质形成规律的认识，使谷子、糜子栽培学从提供品种配套技术服务转变为既为品种提供配套技术，也为育种家提供选育新品种的生理或形态上的可靠指标模式，栽培学要走在育种学的前面，通过栽培技术研究，将技术进行物化，研究和开发物化产品，简化谷子、糜子生产过程。作物栽培学只有顺应科学发展的大趋势，跟踪科学发展的前沿，应用现代高新技术，调整科学研究方向，深化科学研究领域，解决更多传统技术不能解决的问题，才能在传统作物栽培学研究的基础上，开创全新的学科研究领域，谷子、糜子栽培理论和技术才会有一个跨越式的发展。通过手段的改进，实现对作物发育的定向调控和作物栽培的精确定量要求。

### （一）种子丸化技术

20世纪30年代，英国Get－mains种子公司在禾谷类作物种子上首次成功研制出种子包衣技术，然后很快传入美国。种子丸化技术于20世纪40年代首次在美国被采用，到80年代末在欧美等国家普遍应用。

我国种子包衣和丸化技术的研究和应用起步较晚，但发展较快。20世纪80年代初，首先在对甜菜种子上进行应用，之后对牧草种子丸粒化进行了试验。1986年研制出了玉米专用种衣剂，有效地解决了多年来难以解决的病虫兼治的繁杂工序，克服了“白种下地”的现象。80年代后期，我国国产种子包衣技术主要以田间实验示范为主，重点在玉米、棉花、小麦等作物上应用，90年代种子包衣技术进入推广应用阶段。

我国丸粒化技术发展比较缓慢的主要原因有两个：一是价格高，二是我国丸粒化种子的发芽率无法保证。1993年河北省农林科学院谷子研究所试图通过谷种丸粒化实现精量播种免间苗，但丸粒化谷种导致谷种吸水困难，出苗率较低，因此应用效果不理想。

丸粒化不仅可以提高种子的质量，而且还可以减少农民的劳动量，是现代化农业发展的必由之路。虽然，我国种子丸粒化技术没有大面积推广，但很多单位已经取得了一些研究进展或正在进行这些方面的研究。纵观国内外种子丸粒化技术的发展，虽然还存在着发芽率不能保证等问题，但我们有理由相信，在不远的将来，各种技术难点将得到突破，丸粒化技术将在我国大规模发展。随着具有除草功能的多功能种子处理剂被开发，种子薄膜包衣技术的采用，在种子处理剂中大量地引入生物防治剂，相信在不久的将来，谷子、糜子种子丸粒化技术也将有一个快速的发展。

### （二）种子节约技术

种子节约依靠精量播种和保苗技术的提高。要在节约种子的同时，减少后期作业量，降低谷子、糜子生产劳动强度。实现种子节约，关键是要有精量播种机械的支持。在选用优良种子，创造良好种床的基础上，通过使用精量播种机械，使播入土壤的种子行距、株距、播深满足农艺要求，覆土深度一致，实现施肥与播种同步完成，达到底肥深施、节约种子、出苗均匀整齐的目的。

### （三）合理施肥技术

合理施肥包括施肥时期、施肥量、肥料种类与配方、简化施肥技术等多个方面。在环境条件和品种固定的情况下，农作物单位面积产量的增加是由作物品种及其配套的栽培技术等要素实现的。施肥水平的提高是品种更新的动力和产量潜力发挥的重要因素，而在品种因素确定之后，如何通过合理施肥实现谷子、糜子产量的提高有许多工作要做。

谷子、糜子高产潜力提高是品种耐肥性和肥料利用效率的增强，最高产量施肥量的增大和肥料吸收转化率的提高是其外在和内在的表现形式，品种的这种特性是在相应土壤肥力和施肥条件下遗传的结果。在科学施肥技术下，通过谷子、糜子品种更新，单产才会不断增加。谷子、糜子施肥技术、施肥方法、施肥时期研究远远落后于大作物，许多生产上利用的谷子、糜子品种产量水平很不稳定，年季间、地区间差异很大，有时候同一品种在相邻地块之间产量差异也十分显著。要加强对谷子、糜子品种叶龄指数和需肥规律研究，深入研究适宜的施肥指标和时期，研制谷子、糜子新型专用肥料、缓释肥料。在生产中实现因土壤和品种调整施肥比例与时期，通过合理施肥，协调土壤和品种相应施肥量、施肥比例，调节土肥水分、种植密度，协调谷子、糜子生长发育进程，实现高产优质。

### （四）农艺农机结合技术

无论是原始的还是现代化农业生产，都包含着农艺和农机两个方面。先进的农艺技术要标准化、大规模、高速度地推广，必须与农机化技术相结合，才能转化为现实的生产力。对于谷子、糜子而言，虽然农艺离开农机也可以进行，但要提高效率、降低成本、轻简栽培，农机与农艺的结合就密不可分了。农艺与农机的结合是实现谷子、糜子轻简集约栽培的重要环节，是实现精确定量栽培的重要技术手段。土壤耕作与修复离不开农机，精确定量播种离不开农机，适时合理施肥离不开农机，覆膜条件下节本种植离不开农机，收获脱粒离不开农机，间复套种离不开农机。农机农艺相结合技术研发任重而道远。

### （五）节水保墒技术

干旱缺水是全球农业生产面临的严重问题，是制约粮食高产稳产的主要因素，也是制约我国农业和经济发展的重要因素。在我国西北干旱半干旱地区，缺水是制约该地区农业、经济发展的主要因素。如何提高作物的水分利用率，已成为旱作农业生产的关键。

传统研究认为，谷子、糜子都是耐旱作物，在适宜水分条件下，水分利用效率糜子＞高粱＞谷子＞玉米＞春小麦＞扁豆＞胡麻＞苜蓿。但即使耐旱，也有一个限度。谷子、糜子都种植在我国干旱半干旱地区旱地，干旱是谷子、糜子生产第一制约因素。探索谷子、糜子抗旱机制，提出了不同的节水栽培措施，研究谷子和糜子节水保墒耕作技术、耕地整理节水技术、减免耕保水技术、抗蒸腾剂保水技术、覆盖保水技术、水肥耦合调控技术、节灌节水技术、抗旱品种和旱作栽培技术，对谷子、糜子安全生产尤为重要。

# 第五章　谷子糜子病虫害防控技术创新发展战略研究

## 第一节　谷子糜子主要病虫草害的类型

谷子、糜子是禾谷类作物，禾谷类作物具有的多数病虫害和草害在谷子、糜子中一般都会发生，谷子、糜子本身也有它们自身一些特殊的病虫害。目前已发现的谷子、糜子病虫草害有200余种。其中常见的主要病害有11种，主要虫害有30种，草害30多种。而且，随着气候变化及生产上种植结构和耕作制度的改变，病虫草害种类仍在不断增加，给我国的谷子、糜子生产造成了极大危害。

### 一、主要虫害

虫害始终是造成谷子、糜子减产的重要因素。经调查，目前危害我国谷子、糜子的主要害虫有8目28科58种，其中危害较重的有30多种。目前危害我国谷子、糜子生产的虫害根据危害特点可分为：地下害虫、蛀茎害虫、食叶害虫、刺吸害虫等。其中地下害虫主要有蝼蛄、网目拟地甲、蒙古拟地甲、金针虫、蛴螬、根土蝽、粟鳞斑肖叶甲、蟋蟀等。此类害虫取食种子和萌发的幼根、幼芽，轻者缺苗断垄，重者成片无苗导致毁种；孕穗期造成枯穗；抽穗期造成白穗或折株，常年产量损失10%左右，严重时可达20%以上。由于危害虫态的隐蔽性强，防治难度大，成为制约谷子、糜子生产的主要因素之一。谷子、糜子蛀茎类害虫主要种类有玉米螟、粟芒蝇、黑麦秆蝇、粟灰螟、粟凹胫跳甲等，此类害虫以幼虫钻蛀茎秆，造成死苗白穗等症状。春播区发生较重，一般年份危害率在5%～10%，严重地块可达50%以上，个别地块毁种。粟灰螟和玉米螟是分布广、危害重的主要种类，粟灰螟主要发生于山地、旱坡地及常年比较少雨的地区，而在地势平坦的水浇地，多以玉米螟危害重；其次为粟凹胫跳甲和粟芒蝇，常与粟灰螟和玉米螟混合发生。食叶类害虫主要有黏虫、蝗虫、粟负泥虫、褐足角胸肖叶甲、稻纵卷叶螟等，此类害虫主要通过成虫或幼虫取食植株叶片造成危害，黏虫、蝗虫大发生时甚至可将谷子叶片吃光，造成减产或毁种。刺吸类害虫主要是蚜虫、灰飞虱、叶螨及根土蝽（地臭虫）、粟缘蝽、赤须盲蝽、甘薯跳盲蝽等椿象类害虫，其中蚜虫和灰飞虱除刺吸危害外，还是病毒病的传毒介体。椿象类可危害叶部和穗部，危害穗部可造成小穗不育或病秕粒，根土蝽严重危害可造成谷苗逐渐枯黄而死亡。除了以上几类，常见的害虫还有很多，如后期危害穗部的粟穗螟、双斑长跗萤叶甲等，都会对谷子产量造成一定的影响。

黏虫是谷田、糜田常见的食叶性害虫。黏虫具群聚性、迁飞性、杂食性、暴食性，幼虫食叶，大发生时可将作物叶片全部食光，造成严重损失。黏虫在小麦等收获后，马上转移到麦田附近的杂粮上，谷子、糜子出苗后若见黏虫，一般为四至六龄，如果防治不及时，仅 2～3 d 就会把谷子、糜子的幼苗叶片吃光，只剩下叶脉，造成严重损失。

地下害虫是一类生活于土中，危害植物的地下部分或近地面部分的害虫。地下害虫数量大，分布广，主要有蛴螬、地老虎、金针虫和蝼蛄。蛴螬是鞘翅目金龟总科的幼虫，其优势种有暗黑鳃金龟、华北大黑鳃金龟、东北大黑鳃金龟、铜绿丽金龟、网目拟地甲；地老虎属鳞翅目夜蛾科，其优势种有小地老虎、大地老虎和黄地老虎；金针虫属鞘翅目叩甲科，其优势种有沟金针虫、细胸金针虫、褐纹金针虫；蝼蛄属直翅目蝼蛄科，其优势种有华北蝼蛄、东方蝼蛄。不同生态区域、作物种类不同，地下害虫优势种群也有差异。一般来说，热量资源充足，复种指数高的地区，地下害虫种类丰富，蛴螬、蝼蛄、金针虫均可发生；土地较肥沃，灌溉条件较好，光、水条件优越的地区，地下害虫种类以蝼蛄和小地老虎为主；干旱少雨，冷凉地区地下害虫优势种为金针虫和黑绒鳃金龟等；温凉少雨，风沙大，土地瘠薄地区地下害虫主要为蛴螬。地下害虫的危害特点：①食性杂。地下害虫危害各种农作物及果树林木幼苗、花卉、牧草、中草药等多种植物。农作物从播种至收获的整个生育期都可遭到地下害虫的危害。近年来，随着耕作制度的改变，地下害虫在一些地区发生严重，导致农作物大面积死亡，大大降低作物的产量，已经成为农业生产的主要障碍；②危害隐蔽。绝大多数地下害虫生活在土壤中，不易被发现，0～10 cm 土层是多数地下害虫产卵和三龄幼虫活动危害的主要土层。一般活动区域的土壤温度在 15～30 ℃。地下害虫一年中有两个活动盛期：一是仲春时节，即农作物播种期；二是仲秋时节，即农作物秋播期。

除此之外，在谷田、糜田局部发生的害虫还有蝗虫（包括东亚飞蝗、笨蝗、菱蝗等）、蝽类（包括粟缘蝽、赤须盲蝽、斑须蝽等）、蝇类（包括粟芒蝇等）、蚜虫（包括玉米蚜、禾谷缢管蚜等）、糜子吸浆虫及其他害虫如双斑长跗萤叶甲、粟穗螟、黄斑长跗萤叶甲、红缘灯蛾等。这些害虫虽偶有发生，危害性不及上述 3 类害虫，有时在局部也可成为主要害虫，需要引起注意。

### （一）玉米螟

玉米螟隶属于鳞翅目（Lepidoptera）草螟科（Crambidae）秆野螟属（*Ostrinia*），是我国谷子、糜子上的主要钻蛀性害虫，严重影响着谷子、糜子的产量和品质。一般年份产量损失 10%～20%，严重时损失 30%左右。世界范围内危害谷子、糜子的主要有两个种，即亚洲玉米螟［*O. furnacalis*（Güenée）］和欧洲玉米螟［*O. nubilalis*（Hübner）］。亚洲玉米螟主要分布于东南亚、中国、印度、日本、澳大利亚、朝鲜及太平洋西部的许多岛屿；欧洲玉米螟主要分布于西亚、西北非、欧洲和北美洲。在中国，两种玉米螟均有分布，但危害谷子、糜子的是亚洲玉米螟。

亚洲玉米螟幼虫为趋触性害虫，具体表现为低龄幼虫“潜藏”，幼虫孵化后爬入心叶或潜入未抽穗及刚抽出的花丝中取食；高龄幼虫“钻蛀”危害茎秆和穗部，遇风折断，造成折茎、折穗，使谷穗不实或秕粒增多，影响产量和品质。

亚洲玉米螟是杂食性害虫，寄主范围广，目前已报道的寄主植物达69种，除谷子、玉米和高粱外，还有马铃薯、大麻、向日葵、蚕豆、菜豆、小麦、水稻、棉花、甘蔗、生姜、啤酒花等作物。取食不同种类寄主作物，其体重、发育速度、世代历期都有显著差异，以取食甜玉米的幼虫存活率、蛹重和每雌产卵量最大，而取食棉花的幼虫历期明显延长，虫龄增加至6龄。

卵，长约1 mm，扁平椭圆并呈鳞片状叠加排列，数十粒组成一个卵块，初为乳白色，渐变为黄白色，孵化前卵内可见幼虫头部，为黑褐色，此期称为黑头期。幼虫，5个龄期，老熟幼虫，体长25 mm左右，圆筒形，头黑褐色，背部颜色有灰黄、浅褐、深褐等多种，中、后胸背面各有4个毛瘤，腹部1～8节背面有两排毛瘤，前后各两个，此外，第九腹节具3个毛瘤，中央1个较大。胸足黄色，腹足趾钩为三序缺环。蛹，长15～18 mm，黄褐色至红褐色，纺锤形，体被密布细小波状横纹，尾端有刺毛5～8根。第五至六节腹面各有足痕1对，臀刺黑褐色，端部有5～8根向上弯曲的1组刺毛缠连于丝上。雌蛹腹部肥大，尾端较钝圆，交尾孔在第七腹节，开口于第八腹节腹面；与雌蛹相比，雄蛹腹部较瘦，尾端尖，生殖孔在第七腹节气门后方，开口于第九腹节腹面。成虫，黄褐色，雄蛾体长10～13 mm，翅展20～30 mm，体背黄褐色，腹末较瘦尖，触角丝状，灰褐色，前翅黄褐色，有两条褐色波状横纹，两纹之间有两条黄褐色短纹，后翅灰褐色；雌蛾形态与雄蛾相似，但是腹部较肥胖，色较浅，前翅鲜黄，线纹浅褐色，后翅淡黄褐色。

亚洲玉米螟在我国的分布区跨越的纬度很大，其地理环境差异也较大，属典型的兼性滞育昆虫，在不同地理分布区发生的代数不同，低纬度低海拔地区发生的世代数多。从北到南，每年发生1～7代，北纬45°以北的黑龙江为1～2代；北纬40°～45°的河北北部，吉林、辽宁及内蒙古大部分地区，属于2代区；长江以北的河北、河南、山东、陕西、安徽、江苏为3代区；湖北、四川、湖南、江西及浙江基本为4代区；广西、广东中北部及台湾北部等地区属于5～6代区。广西南部及海南岛每年发生6～7代；云贵高原一年基本发生两代，各地的玉米螟均以末代老熟幼虫在寄主秸秆、穗轴或者根茬中越冬，次年生长季节来到后开始化蛹、羽化，并产卵危害。

亚洲玉米螟的滞育决定其发生的代数，滞育是由短光照所引发的受遗传基因控制的特性。亚洲玉米螟滞育的解除并不需要经过相当长的低温，然而较高的温度会引起幼虫的死亡率增加。

舒占涛、陈高勋等报道在赤峰，玉米螟一年发生 2～3 代，以老熟幼虫在玉米或谷子秸秆中越冬，次年 4～5 月化蛹，蛹期 10 d 左右。成虫夜间活动，飞翔力强，有趋光性，寿命 5～10 d，喜欢在生长较茂盛的谷子或玉米叶背面中脉两侧产卵，每雌可产卵 350～700 粒，卵期 3～5 d。初孵幼虫能吐丝下垂，借风力飘迁邻株转株危害。幼虫多为 5 龄，三龄前集中在幼嫩心叶等部位取食，四龄后钻入茎秆。玉米螟适合在高温、高湿条件下发育，冬季气温较高，天敌寄生量少，危害较重；卵期干旱，植株叶片卷曲，卵块易从叶背面脱落而死亡，危害较轻。

肖玉民报道在黑龙江玉米螟是常发性害虫，当地一年发生 2 代。危害谷子的是玉米螟第一代幼虫。这代幼虫是上年越冬代的老熟幼虫，羽化后飞入谷田产卵孵化出来的。越冬代在上年危害玉米、高粱等作物后，在玉米秸秆、根茬、穗轴中越冬最多，其次是在高粱的穗梗与根茬中，少部分在杂草中越冬。翌春，越冬代逐渐醒蛰，5 月下旬开始化蛹，5 月末至 6 月上旬羽化为成虫，从屯内飞出，经由屯边地头，转入谷田。成虫具有昼伏夜出，趋光性较强的特点，喜欢在朝阳背风，长势繁茂的田块飞翔交尾。通过越冬代羽化调查以及田间观测，玉米螟蛾峰在谷田出现的时间是 6 月中旬至 6 月下旬，成虫在谷苗中部叶片叶背中筋处产卵，卵期 5～7 d，孵化盛期在 6 月 25 日前后。6 月中旬始见第一代幼虫，幼虫在谷苗心叶或叶腋中活动 2～3 d 以后，开始蛀茎危害，幼虫蛀茎取食茎髓或幼穗，造成枯心或白穗，后期遇风茎折倒伏。

杨耿斌认为，雨水多、湿度大、长光照对越冬幼虫化蛹、羽化成虫及产卵极为有利。相对湿度为 90%以上，玉米螟幼虫孵化成活率超过 95%以上。在越冬满足其饮水需求，才能解除滞育而化蛹。幼虫的存活和化蛹率随幼虫饮水后体重的增加而增加，幼虫化蛹的早晚受温度和水分的综合影响。在相对湿度 20%～100%的环境中，越冬复苏后的亚洲玉米螟虫体重量均有所下降，不同湿度下虫体重量下降幅度差异明显。低湿条件下虫体重量下降幅度明显大于高湿，湿度在 40%以下时虫体重量下降趋于稳定。复苏后玉米螟死亡率与湿度呈负相关。20%～40%低湿条件下玉米螟不能化蛹，80%～100%高湿条件下能够化蛹，但最大化蛹率仅为 4%和 10%。

李红等根据气候条件对玉米螟的发生做出预报，认为 5～7 月的平均气温、降水量是亚洲玉米螟主要发生期年际波动的主要影响因子。李静秋通过对玉米螟化蛹的年际波动、地理位置与气象条件的分析，认为 5～6 月的温度决定了玉米螟化蛹的早晚，适宜的降水是化蛹的另一个必要的条件。当预报 5～6 月低温或者干旱、水分过多时，玉米螟化蛹就会延后，相应的玉米螟危害加重；反之，5～6 月高温、降水适宜，玉米螟化蛹则提前，对玉米危害就减轻。

陈斌利用山东省宁阳县 1989—2003 年玉米螟的发生资料以及气象资料，运用相关分析、逐步回归分析、通径分析及灰色关联分析对影响二代玉米螟种群动态的气象因子进行分析。结果显示气象因子对二代玉米螟种群消长的作用和二代玉米螟的生物学特性是相符合的。指出影响山东省二代玉米螟消长的主要气象因子是 5～8 月的气温和降水。利用多元逐步回归法筛选出了用于预测二代玉米螟虫量的气象因子，分别是6月平均气温、6月平均降水、7月平均降水、5月平均降水、8月上旬平均气温、8月上旬平均降水。袁福香等对吉林省一代玉米螟发生的气象条件适宜程度划分预报等级，将影响玉米螟发生的气象因子相应地分为5个级别，1级：气象条件有利于玉米螟大发生；2级：气象条件有利于玉米螟中等偏重发生；3级：气象条件有利于玉米螟中等发生；4级：气象条件有利于玉米螟中等偏轻发生；5级：气象条件不利于玉米螟发生。

鲁新等研究认为亚洲玉米螟的发育起点温度平均为13℃，在吉林省中部地区发生二代玉米螟，一般900℃的有效积温即可满足发育。

温、湿条件对亚洲玉米螟越冬幼虫发育密切相关。王伟业室内人工饲养亚洲玉米螟越冬幼虫得出，高湿度有利于成虫的正常交配和产卵，以温度设为26℃±1℃、相对湿度70%±10%、光照周期16 L/8D的环境条件最有利于老熟玉米螟幼虫成活和化蛹。从卵孵化为幼虫到成虫羽化共需要628℃积温。在室内平均25℃的温度下大约需40 d。

亚洲玉米螟危害潜力大，一是寄主植物繁多，食性杂，且幼虫钻蛀危害，形成哑巴灾；二是发生分布范围广，受害面积大；三是生存环境复杂多变，防治难度大。从20世纪50年代开始，植保工作者已意识到亚洲玉米螟在我国的严重危害性，并采取多种措施进行防治。王振营等提出玉米螟关键防治技术包括农业防治、物理防治、生物防治及性信息素应用。刘宏伟等认为必须加大基础理论的研究，如果不取得实质性的巨大进展，玉米螟的防治将长期处于停滞不前状态。

卵块孵化盛期是防治玉米螟幼虫的最好时期。防治的时间性很强，过早施药因雨水冲刷或农药残效期所限，防治效果低，防治过晚，一旦蛀茎，灾害即成。所以处理好越冬寄主，消灭虫源是非常重要的。

转基因抗虫玉米的研究及推广种植为防治玉米螟提供了一条新的途径，在田间玉米螟综合治理中起着关键作用。自20世纪90年代首次报道表达Bt蛋白的转基因玉米田间抗虫效果以来，Bt毒素在害虫防治领域的重要性迅速提升。1996年美国首先商业化应用通过基因工程改造，而表达一个 *Bacillus thuringiensis* var. *kurstaki* (Berliner)（Btk）基因编码蛋白的转基因抗虫玉米。表达Bt蛋白的转基因玉米对田间玉米心叶期第一代欧洲玉米螟（*Ostrinia nubilalis*）的防治效果达到99%以上。商品化应用的第一代转基因抗虫玉米为转单基因，如以欧洲玉米螟等鳞翅目昆虫为靶标的转Bt *cry1Ab* 基因玉米 Yeild Gard Corn Borer（MON810，孟山都公司）、Knock-out（176，先正达公司）和 Agrisure CB（Bt11，先正达公司），转Bt *cry1Ac* 基因玉米 Bt-Xtra（DBT-418，Dekalb），转Bt *cry9C* 基因玉米 StarLink（CBH-351，AgrEvo/PGS），转Bt *cry1Fa2* 基因玉米 Herculex Ⅰ（TC1507，杜邦先锋），以玉米切根叶甲（*Diabrotica virgifera*）为靶标的转Bt *cry3Bb1* 基因玉米 Yield Gard Rootworm（MON863，孟山都公司）。随后多基因、基因叠加、多性状玉米品种相继问世。如表达Cry1F、Cry34Ab1、Cry35Ab1和Pat蛋白的 Herculex XTRA（TC1507×DAS-

59122-7，Mycogen Seeds；杜邦先锋）、表达Cry1Ab和Cry3Bb1蛋白的YeildGard® Plus（MON810×MON863）等，既能防治鳞翅目玉米螟等害虫，同时又能防治鞘翅目玉米切根叶甲等地下害虫，且耐农达除草剂。

国内目前已经进行了表达Cry1Ab蛋白的MON810（孟山都）和Bt11（先正达）对亚洲玉米螟抗性的田间试验，发现这两个转基因玉米可对亚洲玉米螟实现全生育期防治（He et al.，2003；王冬妍等，2004）。1993年，国内将Bt基因成功转入玉米，并得到转基因植株。目前已获得Bt玉米自交系和杂交种，并进行了环境释放试验。正在研发的产品有转*cry1Ab*、*cry1Ah*、*cry1Ac*、*cry1Ac-cry1Ie*、*cry1Ah-cry1Ie*等抗虫玉米。

转Bt基因玉米为亚洲玉米螟（*O. furnacalis*）的防治开辟了新的途径，然而大面积种植转相同或相似的单基因Bt玉米将不可避免地引发靶标害虫对Bt产生抗性。自从首次报道对Btk产生抗性的印度谷螟（*Plodia interpunctella*）品系以后，昆虫对Bt产生抗性这一课题便越来越引起科学家们的关注。目前国内外的许多研究已证明鳞翅目、鞘翅目和双翅目的多种昆虫经过室内汰选后可以对不同的Bt蛋白产生抗性。在田间已分别检测到对表达*cry1Ab*和*cry1F*基因的转基因玉米产生一定抗性的玉米秆夜蛾（*Busseola fusca*）和草地贪夜蛾（*Spodoptera frugiperda*）种群，以及对表达*cry1Ac*基因的转基因棉花抗性增加的美洲棉铃虫（*Helicoverpa zea*）种群。

阿维菌素是土壤微生物（*Streptomyces avermitilis*）的发酵产物，属大环内酯类杀虫抗生素，其作用机制是干扰昆虫的γ-氨基丁酸神经传导系统，对昆虫具有触杀和胃毒作用，并有微弱熏蒸作用。它在土壤和水中易降解、无残留，对人畜和生态环境有高度的安全性，对天敌安全，对大多数作物均无药害。苏云金杆菌（*Bacillus thuringiensis*）是一种革兰氏阳性土壤细菌，在芽孢形成期会产生对靶标昆虫具有杀虫活性的伴孢晶体，晶体对动物和植物安全并可降解。采用阿维菌素和Bt对亚洲玉米螟进行田间药效试验，结果表明这两种生物杀虫剂对亚洲玉米螟防治效果高达83%以上，均具有较高的杀虫活性。

白僵菌是一类以昆虫为寄主的病原真菌，被它感染的昆虫多达200多种。据文献记载，国外对白僵菌的认识开始于1763年，我国则更早，秦汉时期的《神农本草经》和唐代的《备急千金要方》中就有对僵蚕的记载，僵蚕事实上就是蚕蛾科昆虫家蚕因感染白僵菌而致死的干燥虫体。

白僵菌在分类地位上隶属于真菌界，子囊菌门，粪壳菌纲，肉座菌目，虫草科。1911年法国人Beauverie首先提出，根据白僵菌的种群特征完全有理由使它独立成为一个属。1912年Vuillemin为纪念他的同事Beauverie的工作，以Beauveria命名白僵菌，称为*Beauveria* Vuill.。目前在*Beauveria*下有52个记录种，真菌字典承认9个种。其中应用最广泛的有两种，分别为球孢白僵菌［*B. bassiana*（Bals.-Criv.）Vuill.］和卵孢白僵［*B. tenella*（Delaer.）Siem］。

白僵菌是目前应用最广泛的昆虫病原真菌。球孢白僵菌是世界上研究最多、应用最广的一种虫生真菌，在自然界的分布极为广泛，寄主范围也非常宽广，杀虫范围达15个目149个科的700多种昆虫。白僵菌侵染昆虫受环境影响很大，主要是相对湿度和温度的影响。白僵菌的分生孢子在相对湿度90%以下很难萌发，但侵入到昆虫体壁后，相对湿度范围较广，原因可能是由于与昆虫体表的特殊物质有关。最初阶段的相对湿度和附着时间很大程度上决定了白僵菌的侵染能力。球孢白僵菌对温度的要求范围比较广，不同来源菌株耐高温范围不同。5～30 ℃温度条件下一般都能萌发，最适温度为25 ℃±1 ℃，高于37 ℃条件下培养很难萌发。阳光中紫外线对白僵菌孢子也有一定的影响，紫外线的作用降低孢子的存活，长时间阳光暴晒可以使球孢白僵菌孢子失活直至死亡。球孢白僵菌具有五大优势：防治效果好，主动致病能力强，害虫不易产生抗性，对天敌友好，对环境无污染。球孢白僵菌的侵染体有分生孢子、芽生孢子、菌丝体3种形式。其中，分生孢子是最自然的有效侵染体。

早在2 400多年以前我国劳动人民就发现了家蚕僵病，并在之后用死蚕治虫的实践。意大利学者Bassi于1835年通过试验证明了白僵菌是家蚕（*Bombyx mori*）白僵菌病的病原菌，从此为昆虫病理学奠定了基础。1897年美国首次利用白僵菌防治麦长蝽（*Blissus lercoplerus*）的生防实践。迄今为止，世界范围内所发现的由真菌引起致病的约占各类昆虫疾病的60%，其中由白僵菌所引起的占21%。研究应用昆虫真菌相对比较深入而广泛的国家有美国、俄罗斯、法国、中国、加拿大、日本、巴西等，其中巴西和中国的应用量最大。我国相对研究的比较晚，徐庆丰、林伯欣和李运帷等在1954年开始的5年期间应用球孢白僵菌对甘薯象甲、大豆食心虫及马尾松毛虫等农林害虫进行防治，取得了很大的成功。随后福建省利用白僵菌对数十公顷马尾松毛虫进行防治，效果达到了80%以上。球孢白僵菌在我国北方地区主要被用作对玉米螟的防治。

国内从20世纪70年代起就大规模生产和应用白僵菌。关于它的毒性，最早是由Cniiopehko提出来的，我国是在80年代才开始研究的。有关杀虫机制，国外已进行了较多研究，而且提出几种假说，“胞外水解酶”是公认的一种假说，它是指真菌的菌丝主要通过合成分泌胞外水解酶，这些酶降解软化昆虫体壁，菌丝得以侵入寄主。目前发现球孢白僵菌能够产生毒素类、水解酶类、有机酸类等代谢产物，这些代谢产物大多都对昆虫有致病性的作用，一部分还具有杀菌和抗菌的作用。

解娇通过两种球孢白僵菌［*Beauveria bassiana*（Bals.）Vuill.］孢子粉培养方法，以含孢量为$5.48\times10^{10}$个/g孢子粉进行悬乳剂研制。室内对亚洲玉米螟幼虫毒力测试结果表明，与白僵菌孢子粉相比，白僵菌悬乳剂2号提高了室内对玉米螟幼虫的毒力。对亚洲玉米螟田间防治试验结果表明，与未施药的空白对照相比，白僵菌颗粒剂、白僵菌悬乳剂1号、白僵菌悬乳剂2号及化学农药，均对亚洲玉米螟有一定的防治作用，主要表现在蛀虫隧道长度变短，僵虫或死虫增加，以及玉米产量提高。防效表现为颗粒剂＞悬乳剂2号＞悬乳剂1号＞化学农药克百威。根据白僵菌不同制剂对防治亚洲玉米螟的试验结果，证明可湿性粉剂对亚洲玉米螟防治效果高达86.9%。

史晓利等研究了寄生性天敌的胁迫作用，认为过高及过低的温、湿度对玉米螟的生长发育等均有不同程度的影响，同时还间接影响玉米螟寄生性天敌的存活和寄生效率；水分和食料对玉米螟幼虫生长发育、幼虫滞育和滞育解除等也有重要影响。因此，生物防治是今后主要的发展方向。

利用亚洲玉米螟成虫的趋光性，可在其寄主植物田间设置高压汞灯、黑光灯或频振式杀虫灯诱杀成虫，防治效果可达65%～75%。利用人工合成的雌蛾性信息素或玉米信息素诱芯，诱杀或干扰雄虫使亚洲玉米螟不能正常交尾，从而达到防控的目的。张振铎等报道，在吉林省内设置玉米螟性诱剂诱捕器诱捕成虫具有一定可行性，诱捕器每0.13 $hm^2$ 安置1个既经济又有效。辐射不育防治玉米螟是基于放射性同位素照射，致使雄虫遗传不育，与野生种群雌蛾交配后，最终导致下一代不育而抑制玉米螟种群密度。早在20世纪80年代，张和琴等就进行了辐射不育防治玉米螟的试验，结果表明辐射不育可有效控制玉米螟的种群密度。

昆虫生长调节剂（insect growth regulator，IGR）的发现是害虫防治史的一个重大突破，这类药剂作用于昆虫生长发育的关键阶段，干扰昆虫体内天然激素平衡，进而影响其生长发育和变态发育，从而达到控制害虫的目的，符合害虫综合治理（integrated pest management，IPM）的要求。自1995年Fresco在第二届国际植保大会上提出“从植物保护到保护农业生产系统”后，昆虫生长调节剂已成为全球农药研究与开发重点领域之一。

昆虫生长调节剂根据其作用方式及化学结构的不同主要分为几丁质合成抑制剂、保幼激素类似物和蜕皮激素类似物等三大类。几丁质合成抑制剂，能够抑制昆虫几丁质合成酶的活性，阻碍几丁质合成，即阻碍新表皮的形成，使昆虫的蜕皮、化蛹受阻，活动减缓，取食减少，直至死亡。

利用遗传方法对害虫进行防治的不育昆虫技术（sterile insect technique，SIT）是一种没有污染且具有物种特异性的害虫控制技术，包括辐射不育、化学不育、杂交不育、染色体易位及胞质不亲和性等多种方法。SIT技术中应用最为成功的是辐射不育方法，已成功实现了螺旋蝇（*Cochliomyia hominivorax*）、基黄毒蛾（*Teia anartoides*）、苹果蠹蛾（*Cidia pomonella* L.）等害虫的防控。但依靠大量辐射或使用化学不育剂使害虫不育，其结果是导致害虫对辐射的适应能力提高，对释放的不育害虫的寿命和交配竞争能力产生严重影响，随之而来的还有设备建造和资金运行等问题。近年来，随着昆虫转基因技术的不断成熟，利用转基因技术进行害虫防治已经成为SIT技术的新方向，这种防治方法只针对靶标害虫而并非所有害虫，是一种对环境友好、无污染的新型防治策略。

目前，亚洲玉米螟的防治技术主要本着“预防为主，综合防治”的植保方针，树立“公共植保、绿色植保”理念，围绕“四化”目标（即技术绿色化、体系模式化、推广应用产业化、综合效益最优化），合力推进玉米螟绿色防控向纵深发展。实行消灭越冬虫源、杀灭田间螟卵和防治初龄幼虫三道防线的方法，采用农业防治、生物防治、物理防治、化学防治等手段，因地制宜，因虫情而异实施有效的绿色防控策略。

近年来我国大力推广的玉米螟绿色防控试验示范取得一定突破，数据显示，通过综合应用白僵菌封垛、诱虫灯诱杀、赤眼蜂生物防治等技术，可基本不用化学农药。例如，内蒙古自治区在开鲁县13.33万$hm^2$的玉米螟绿色防控中，3年替代和减少高毒化学农药使用量510 t，通过连续多年的绿色防控，有效保护了自然天敌，促进了农业生态系统的良性循环。

玉米螟绿色防控的关键技术主要有诱虫灯、白僵菌、赤眼蜂和苏云金杆菌等。在频振式诱虫灯的基础上，研发了投射式诱虫灯；改进了白僵菌剂型，生产出了用于灌心的颗粒剂，扩大了白僵菌应用范围；对多年来一直沿用的赤眼蜂，通过提纯复壮，提高了寄生效率；通过剂型改良，创制了苏云金杆菌乳剂和颗粒剂，结合农药施用机械的开发，在机动喷雾器的基础上，研发出了自走式高秆作物喷雾机械。

我国玉米螟绿色防控的另一个特点是模式多样化，在单一释放赤眼蜂的基础上，通过集成创新，针对不同生态区域和玉米螟发生特点，集成了适用于黑龙江大部、内蒙古东北部、山西北部等1代玉米螟发生区的“灯＋蜂”模式；适用于吉林大部、辽宁、内蒙古东南部、山西大部等2代玉米螟发生区的“灯＋蜂＋菌”模式，与“灯＋菌＋生物农药”模式；适用于内蒙古自治区东部和其他玉米螟2代发生区的“蜂＋菌”“蜂＋性诱剂＋生物农药”等多种绿色防控技术模式。

对黑龙江、内蒙古、四川等多个示范区绿色防控效果的调查表明，赤眼蜂等单项绿色防控技术的平均防效65%，挽回产量损失7%，每公顷增产值1 500元，投入产出比1∶20.0；集成绿色技术模式的平均防效70%以上，挽回产量损失8%～10%，每公顷增产值900～1 050元，投入产出比达1∶14.5，经济效益显著。经济效益带动了社会效益，在玉米螟绿色防控示范区和辐射带动区，推广应用玉米螟绿色防控技术，减少了田间玉米螟落卵量和幼虫量，减少了进田施药环节，减轻了劳动强度，有效促进劳动力转移。

另外，在玉米螟绿色防控示范区，通过推广绿色防控技术，减少了化学农药使用量。例如，四川示范区化学药剂使用量减少70%～100%，天敌数量明显回升；内蒙古示范区，玉米螟种群数量连续3年持续下降，每公顷玉米螟越冬基数从采取绿色防控技术之前的2 400多头降到255头。自然天敌种群数量的回升，有效地控制了玉米螟种群数量，生态效益明显。

防治方法：

（1）农业防治。选用抗虫品种。秸秆还田粉碎要细，及时处理谷茬、秸秆，以减少越冬虫量。

（2）物理防治。根据玉米螟成虫有趋光习性，可利用杀虫灯诱杀，单灯防治面积2～3 $hm^2$，设置高度距地面1.5～2.0 m，可有效诱杀成虫，减少田间落卵量，减轻田间危害。

（3）性诱防治。玉米螟对性诱剂有较强反应，可用人工合成的玉米螟性信息素诱芯，在田间诱杀雄虫，降低雌虫交配率和繁殖系数。

（4）生物防治。在每代玉米螟产卵始盛期释放赤眼蜂。每代产卵盛期连放两次，每 5 d 一次，每公顷 30 万～45 万头。

（5）化学防治。每代玉米螟成虫产卵至初龄幼虫蛀茎前用 1.8%阿维菌素乳油 1 000倍液、20%氯虫苯甲酰胺悬浮剂 3 000 倍液、2.5%溴氰菊酯乳油 1 500 倍液或 30%乙酰甲胺磷乳油 1 000 倍液针对叶背和茎秆喷雾。

### （二）粟灰螟

粟灰螟［*Chilo infuscatellus*（Snellen）］属鳞翅目，螟蛾科。别名甘蔗二点螟、二点螟、谷子钻心虫等。在我国广泛分布于东北、华北、内蒙古、西北、华东北部等北方谷子、糜子产区，以及广东、台湾、广西和四川等省份的一部分甘蔗产区。和玉米螟比较，粟灰螟食性较简单。在北方主要危害谷子、糜子，有时也危害狗尾草、谷莠子等禾本科杂草。南方称甘蔗二点螟主要危害甘蔗。

粟灰螟幼虫孵出后 3 d，大多转至作物基部，并自近地面处或第二、三叶鞘处蛀茎危害，约 5 d 后，被害谷苗心叶青枯，蛀孔处仅有少量虫粪或残屑。发育至三龄后表现转株危害习性，一般幼虫可能转害 2～3 株。糜子苗期受害后造成枯心株；糜株抽穗后被蛀，常常形成穗而不实，或遇风雨，大量折株造成减产，成为北方糜子产区的主要蛀茎害虫。

成虫淡褐色，体长 8.5～10 mm，翅展 18～25 mm，雄蛾体淡黄褐色，额圆形不突向前方，无单眼，下唇须浅褐色，胸部暗黄色；前翅浅黄褐色杂有黑褐色鳞片，中室顶端及中室里各具小黑斑 1 个，有时只见 1 个，外缘生 7 个小黑点成一列；后翅灰白色，外缘浅褐色。雌蛾色较浅，前翅无小黑点。卵粒扁平椭圆，壳白有三角形网纹，初产时乳白色，孵化前铅黑色，每块卵 10～30 粒。卵长 0.8 mm，扁椭圆形，表面生网状纹。幼虫 5 龄，末龄幼虫体长 15～23 mm，头红褐色或黑褐色，胸部黄白色，体背具紫褐色纵线 5 条，中线略细，最外侧纵纹在气门上方通过，腹足趾钩为双序缺环。蛹长 12～14 mm，腹部 5～7 节周围有数条褐色突起，第七节后瘦削，末端平。初蛹乳白色，羽化前变成深褐色。

赵章武等采用压片法、空气干燥法和 HSG 显带法观察了粟灰螟的精巢中精母细胞的减数分裂，得知粟灰螟染色体单倍体数目 $n=28$，同鳞翅目最为普遍的染色体单倍体数目 31 有差异。

粟灰螟在我国北方糜子产区，一年可以发生 1～3 代，一般以 2、3 代发生区危害较重。在 2 代区，一代幼虫集中危害苗期，造成枯心，二代主要危害穗期。粟灰螟以老熟幼虫在谷茬内或谷草、玉米茬及玉米秆里越冬。内蒙古、东北及西北幼虫于 5 月下旬化蛹，6 月初羽化，一般 6 月中为成虫盛发期，随后进入产卵盛期，第一代幼虫 6 月中下旬危害。8 月中旬至 9 月上旬进入第二代幼虫危害期。华北地区和安徽淮北越冬幼虫于 4 月下旬至 5 月初气温 18 ℃左右时化蛹；5 月下旬成虫盛发，5 月下旬至

6月初进入产卵盛期，5月下旬至6月中旬为一代幼虫危害盛期，7月中下旬为二代幼虫危害期。三代产卵盛期为7月下旬，幼虫危害期8月中旬至9月上旬，以老熟幼虫越冬。南方年生4～5代，海南5～6代，世代重叠，主要危害甘蔗。成虫昼伏夜出，傍晚活动，交尾后，把卵产在谷叶背面，每雌产卵约200粒，卵期2～5 d，初孵幼虫爬至茎基部从叶鞘缝隙钻孔蛀入茎里危害，完成上述过程需时1～3 d。幼虫共5龄，除越冬幼虫历期较长外，一般19～28 d。低龄幼虫喜群集，三龄后开始分散。在茎内危害15 d左右。四龄后开始转株危害，每只幼虫常危害2～3株，老熟后化蛹在茎里。

初孵幼虫行动活泼，爬行迅速。大部分幼虫于卵株上沿茎爬至下部叶鞘或靠近地面新生根处取食危害；部分吐丝下垂，随风飘至邻株或落地面爬于它株。幼虫孵出后3 d，大多转至植株基部，并自近地面处或第二、三叶鞘处蛀茎危害，约5 d后，被害苗心叶青枯，蛀孔处仅有少量虫粪或残屑。发育至三龄后表现转株危害习性，一般幼虫可能危害2～3株。成虫多于日落前后羽化，白天潜栖于糜子植株或其他植物的叶背或土缝等阴暗处，夜晚活动，有趋光性。第一代成虫卵多产于苗中及下部叶背的中部至叶尖近部中脉处，少数可产于叶面。第二代成虫卵在已抽穗的糜子上多产于基部小叶或中部叶背，少数产于糜子茎上。

粟灰螟发生程度取决于越冬基数和气候条件，越冬后的幼虫遇有雨量多、湿度大利其化蛹、羽化及产卵。如河南新乡5月降水量大于40 mm，降雨多于8次，可能大发生。山东聊城百茬中越冬活虫10头左右，5月中旬至6月上旬气温20～25 ℃，相对湿度70%，降水量25 mm以上，一代发生重，相对湿度小于50%则发生轻，二代遇7月上中旬相对湿度高于70%则发生重。

降水量和湿度对粟灰螟影响最大，春季如雨多，湿度大，有利于化蛹、羽化和产卵。粟灰螟产卵对糜苗有较强的选择性，播种越早，植株越高，受害越重。品种间的差异也较大，一般株色深，基秆粗软，叶鞘茸毛稀疏，分蘖力弱的品种受害重。

王利民等对赤峰市粟灰螟的生活习性调查，认为决定粟灰螟发生程度主要有3个因素，即谷茬的存留量；越冬存活率；春季化蛹、羽化、产卵的温湿度。越冬基数高、春季越冬存活率高，虫源基数大，5月的温湿度适宜，有利于化蛹、羽化、产卵，发生相对严重。

粟灰螟的预测预报一般可依据5月的降水量和降雨次数，对一代粟灰螟做出发生程度的预报或估计。以推广抗虫品种为主，药剂防治为辅。重点把住几个关键时期，即幼虫越冬、幼虫钻蛀、幼虫转株期。

螟甲腹茧蜂（*Chelonus munakatae*）为粟灰螟卵—幼虫体内的寄生蜂，一般产卵于粟灰螟卵内，在刚孵化的幼虫体内孵化，成长的幼蜂即离开寄主，在谷茬内结茧化蛹。粟灰螟羽化始期，剖检谷茬，螟甲腹茧蜂的寄生率达10%～25.9%。在粟灰螟的卵盛期和幼虫初发期，寄生率可达61.3%。李文江报道第一代螟甲腹茧蜂7月上旬寄生率最高达96.4%。

防治方法：

(1) 农业防治。秋耕时，清理田间谷茬及秸秆烧毁，减少越冬虫源。适当调整播期，适时晚播可减轻危害；田间出现枯心苗后，要结合定苗及时拔除，防止幼虫转移危害。

(2) 药剂防治。春谷区重点防治苗期第一代幼虫危害，春夏谷混种区重点防治二、三代幼虫危害，可用4.5%高效氯氰菊酯乳油，2.5%溴氰菊酯乳油1 500～2 000倍液，或90%敌百虫晶体800～1 000倍液，50%杀螟松乳油、50%杀螟丹乳油1 000～1 500倍液，任选其一在幼虫钻蛀前针对谷子茎基部喷雾。

### (三) 黏虫

黏虫[*Mythimna separata* (Walker)]属鳞翅目，夜蛾科。异名*Leucania separata* Walker。别名粟夜盗虫、剃枝虫，俗名五彩虫、麦蚕等。

黏虫幼虫食叶，大发生时可将作物叶片全部食光，造成严重损失。因其群聚性、迁飞性、杂食性、暴食性，成为全国性重要农业害虫。近年小麦种植密度大，致北方原来不能构成危害的二代黏虫猖獗起来，成为威胁较大的害虫，黏虫在小麦等收获后，马上转移到麦田附近的杂粮上，糜子出苗后若见黏虫，一般为四至六龄，如果防治不及时，仅2～3 d就会把糜子的幼苗叶片吃光，只剩下叶脉，造成严重损失，因此必须重视二代黏虫的防治工作。杂草多的地块，还应重视防治三代黏虫危害。

除新疆未见报道外，遍布全国各地。寄主包括麦、水稻、谷子、糜子、玉米等禾谷类粮食作物及棉花、豆类、蔬菜等16科104种以上植物。

成虫体长15～17 mm，翅展36～40 mm。头部与胸部灰褐色，腹部暗褐色。前翅灰黄褐色、黄色或橙色，变化很多；内横线往往只现几个黑点，环纹与肾纹褐黄色，界限不显著，肾纹后端有1个白点，其两侧各有1个黑点；外横线为1列黑点；亚缘线自顶角内斜至Mz；缘线为1列黑点。后翅暗褐色，向基部色渐淡。卵长约0.5 mm，半球形，初产白色渐变黄色，有光泽，卵粒单层排列成行成块。老熟幼虫体长38 mm，头红褐色，头盖有网纹，额扁，两侧有褐色粗纵纹，略呈“八”字形，外侧有褐色网纹。体色由淡绿至浓黑，变化甚大（常因食料和环境不同而有变化）；在大发生时背面常呈黑色，腹面淡污色，背中线白色，亚背线与气门上线之间稍带蓝色，气门线与气门下线之间粉红色至灰白色。腹足外侧有黑褐色宽纵带，足的先端有半环式黑褐色趾钩。蛹长约19 mm，红褐色，腹部5～7节背面前缘各有一列齿状点刻；臀棘上有刺4根，中央2根粗大，两侧的细短刺略弯。

黏虫喜欢半干枯叶片的气味，多把卵产在糜子中部叶片尖端，孵化后三龄前的幼虫多集中在叶片上取食。每年发生世代数全国各地不一，从北至南世代数为：东北、内蒙古年生2～3代，华北中南部3～4代，江苏淮河流域4～5代，长江流域5～6代，华南6～8代。黏虫属迁飞性害虫，其越冬分界线在北纬33°一带。在北纬33°以北地区任何虫态均不能越冬；在湖南、江西、浙江一带，以幼虫和蛹在稻桩、田埂杂草、绿肥田、麦田表土下等处越冬；在广东、福建南部终年繁殖，无越冬现象。北方春季出现的大量成虫系由南方迁飞所至。成虫产卵于叶尖或嫩叶、心叶皱缝间，常使叶片成纵卷。初孵幼虫腹足未全发育，所以行走如尺蠖；初龄幼虫仅能啃食叶肉，使叶片呈现白色斑点；三龄后可蚕食叶片成缺刻，五至六龄幼虫进入暴食期，幼虫共6龄，老熟幼虫在根际表土1～3 cm做土室化蛹。发育起点温度：卵13.1℃±1℃，幼虫7.7℃±1.3℃，蛹12.0℃±0.5℃，成虫产卵9.0℃±0.8℃；整个生活史为9.6℃±1℃。有效发育积温：卵期4.3℃，幼虫期402.1℃，蛹期121.0℃，成虫产卵111℃；整个生活史为685.2℃。成虫昼伏夜出，傍晚开始活动。黄昏时觅食，半夜交尾产卵，黎明时寻找隐蔽场所。成虫对糖醋液趋性强，产卵趋向黄枯叶片。在谷田、糜田喜把卵产在糜株基部枯黄叶片叶尖处折缝里。每个卵块一般20～40粒，成条状或重叠，多者达200～300粒，每雌一生产卵1 000～2 000粒。初孵幼虫有群集性，一、二龄幼虫多在糜株基部叶背或分蘖叶背光处危害，三龄后食量大增，五至六龄进入暴食阶段，食光叶片或把穗头咬断，其食量占整个幼虫期90%左右，三龄后的幼虫有假死性，受惊动迅速卷缩坠地，畏光，晴天白昼潜伏在糜子根处土缝中，傍晚后或阴天爬到植株上危害，幼虫发生量大食料缺乏时，常成群迁移到附近地块继续危害，老熟幼虫入土化蛹。

黏虫的适宜温度为10～25℃，相对湿度为85%。产卵适温19～22℃，适宜相对湿度为90%左右，气温低于15℃或高于25℃，产卵明显减少，气温高于35℃即不能产卵。湿度直接影响初孵幼虫存活率的高低。该虫成虫需取食花蜜补充营养，遇有蜜源丰富，产卵量高；幼虫取食禾本科植物的发育快，羽化的成虫产卵量高。成虫喜在茂密的田块产卵，生产上长势好的小麦、谷子、水稻田和生长茂密的密植田及多肥、灌溉好的田块，利于该虫大发生。天敌主要有步行甲、蛙类、鸟类、寄生蜂、寄生蝇等。

卵、幼虫、蛹、成虫4个虫期所能忍受的温度幅度在5～35℃，一般要求的适宜相对湿度在50%～95%，高于或低于这个温湿度范围，生长均不良，甚至可引起死亡。所以从黏虫个体发育特点看，在幼虫期或蛹期遭受不利因子的刺激后，到了成虫期一定要迁飞转移，选择适宜的生活地区来避免冬季严寒与夏季高温、高湿等不利因子的袭击。从生殖生物学意义上来看，黏虫迁飞主要是为下代选择适宜的环境条件，以保持种群的繁衍。因此，黏虫迁飞必须具有：①雌雄同时一起迁飞；②交配产卵前大规模迁飞等特征。如果只有雄虫迁飞，无法产下后代，这种迁飞就不具有生物学意义。如果只有雌蛾迁飞，因孤雌产卵不能孵化，亦同样无生物学意义。所以，一定要雌雄同时一起迁飞，并在交配产卵前迁飞。如果雌蛾产过卵以后再迁飞，只能表现为找适宜的生活场所；如果在产卵期迁飞，雌蛾已经孕卵，身体较重，在飞行上要受到一定影响，除非具有间歇产卵的能力。但绝大部分昆虫都是在产卵前迁飞的。根据野外观察，在自然条件下，黏虫迁移前一般都未交配。迁移开始于性未成熟时期，终止于卵充分成熟或产卵之后，在迁移过程中，性腺发育成熟，卵巢亦发育成熟。根据黏虫蛾迁飞特点，飞翔能力与生殖活动的关系，可分为 3 个阶段：第一阶段，羽化后 1～4 d，为迁飞取食期。这时期主要特征是取食，促进性腺发育成熟，蛾群中雌雄蛾同时在一起迁飞，性比及雌雄蛾飞翔能力均相趋一致；第二阶段，羽化后 5～10 d，为交配产卵繁殖期。这时期主要特征是性已成熟，雌雄蛾进行交配、受精及产卵繁殖。由于雌蛾孕卵飞翔能力显著降低，而雄蛾飞翔能力仍保持无变化，因此，在迁飞蛾群中性比发生变化，雌蛾数逐渐减少；第三阶段，羽化 10 d 以后，为迁飞结束期。这时期迁飞蛾群接近于结束，飞翔能力显著降低，在迁飞蛾群中，雄蛾占绝大多数。

黏虫飞翔活动频率和飞翔能力随蛾龄变化的趋势是一致的。22～24 ℃条件下，4～8 日龄飞翔活动最频繁，5～7 日龄飞翔能力达到最强。吊飞 24 h，可平均累计飞翔 23.7 h，190.386 km；吊飞 72 h，最多可连续飞翔 41.42 h，累计飞翔 431.699 km。飞翔速度一般为 2～4 m/s，其中少数个体达 5.3 m/s，众数为 3.1 m/s。顺风飞翔，枯虫飞翔速度随风速的增加逐渐降低。其逆风飞翔的最大风速平均为 4.4 m/s。

飞翔能力与营养，特别是成虫期的补充营养关系密切。飞翔的适宜温度为 11～32 ℃，最适温度在 17 ℃左右，下限约为 8 ℃。飞翔活动有明显的昼夜节律，光照度为 0.3 lx，飞翔活动开始减少，5 lx 以上完全停止飞翔。飞翔活动有两个峰，一个是在 18:45～21:00，另一个是在翌日凌晨 1:00～5:00。

黏虫蛾的卵巢发育和产卵情况，吊飞的与未吊飞的相比，均无显著差异。

对迁飞型和居留型的黏虫雌雄蛾进行生理测定，结果表明，脂肪是黏虫迁飞的主要能源物质。

黏虫生殖与飞行的关系符合“卵子发生—飞行共轭”理论。黏虫成虫期取食、飞翔、求偶或性反应交配和产卵一系列行为是各具相对独立性和顺序性的阶段。飞翔在取食、飞翔、求偶或性反应交配、产卵等期内都有发生，并有不同的飞翔特征，在迁飞中以飞翔期的飞翔最为重要。雌雄蛾的飞翔期在羽化后 3～10 日龄，因求偶、性反应前期变化而有变异。黏虫雌蛾求偶前期 2～11 d，平均为 5.93 d，雄蛾性反应前期 3～11 d，平均为 7.14 d。求偶、性反应与迁飞潜力有密切关系。随求偶、性反应前期加长，求偶、性反应前飞翔量呈 S 形曲线增长；求偶或性反应迟的个体有飞翔期，且有 1～2 个飞翔峰（日）。根据有无飞翔期和求偶、性反应与飞翔量曲线确定雌蛾求偶前期大于 5 d，雄蛾性反应前期大于 4 d 的个体为迁飞型个体。自然种群中雌蛾迁飞型个体占 52.47%，雄蛾占 97.14%；不同地理种群江苏、吉林、山东和广东 1～4 代黏虫，雌蛾迁飞个体依次占 47.64%、49.29%、47.22% 和 68.22%，求偶前期平均依次为 5.75 d、5.64 d、5.58 d 和 6.77 d。影响求偶前期的生态因素主要是温度逐渐上升和食料不断老化，两者可能是引起黏虫迁飞的主要因素。

保幼激素（HJ）释放量的增加是迁飞个体转化为居留个体的主要原因。黏虫迁飞个体转化为居留个体的关键时期为羽化后的 24 h，但居留型转化为迁飞型的过程很可能是不可逆的，因此迁飞型的生活史弹性或对环境的适应能力比居留型的要强。环境因子如饥饿、低温（5 ℃）及长光照的刺激达到一定的长度或强度可以使迁飞个体转变为滞留个体。其原理为卵巢发育加速，生殖前期缩短，飞行肌提前降解，飞行能力下降，而这些变化都受到 HJ 的调控。

对谷田、糜田黏虫的防治应服从黏虫绿色防控的总体安排，加强越冬区和一代黏虫多发区防控，降低其向二代多发区和三代多发区迁入危害；前期重点防治小麦黏虫，控制黏虫中后期向水稻和玉米上转移危害；严重发生区在幼虫三龄暴食危害前，集中连片施药普治。谷田、糜田黏虫大多是二代、三代多发区。二代多发区主要包括东北三省、黄淮地区、内蒙古自治区及河北省北部、西南、西北等地区，年发生 2～3 个世代，以第二代发生数量最多，主要在 6～7 月危害小麦、玉米、谷子等，应重点防控小麦、玉米和谷子上的黏虫。但在局部地区（辽西、辽南）第三代幼虫也发生数量较多，于秋季 8 月危害玉米、谷子、高粱，此时重点防控玉米上的黏虫。三代多发区包括河北省中、南、西部，山东省西、北部，山西东部，河南北部等地区，年发生3～4 个世代，以第三代发生数量最多和发生频率最高，主要在 7～8 月危害谷子、玉米等作物，此时重点防控玉米上的黏虫。

防治方法：

（1）物理防治。根据成虫对干草（谷草）和糖醋液有较强趋性的特点，于成虫发生期在田间插草把，大草把（直径 5 cm）每隔 10 m 插一把，每天早晨捕杀潜伏在草把中的成虫。小草把为 3～4 根一把，间距 3～5 m 插一把，3 d 后取回，用开水浸泡杀卵后晒干再用或直接换下烧毁。还可在田间设置糖醋液诱杀成虫，盆距约 500 m。糖醋液的配制：红糖 1.5 份，食用醋 2 份，白酒 0.5 份，水 1 份，再加 1%的 90%晶体敌百虫或其他杀虫剂。

（2）熏蒸防治。80%敌敌畏乳油 300 mL 兑水 2 L，均匀喷洒在 7～10 kg 锯末、麦糠或 20 kg 细土上，拌匀后行间撒施。

（3）化学防治。在幼虫三龄盛期以前用 20%氯虫苯甲酰胺悬浮剂 3 000 倍液、20%除虫脲悬浮剂 800 倍液或用 10%氟啶脲乳油 1 500 倍液喷雾。20%氰戊菊酯乳油 1 000～1 500 倍液、4.5%高效氯氰菊酯乳油 1 000 倍液、48%毒死蜱乳油 1 000 倍液，任选其一喷雾。

### （四）蝼蛄

蝼蛄属直翅目蝼蛄科。我国已知 4 种：华北蝼蛄、东方蝼蛄、欧洲蝼蛄和台湾蝼蛄，主要种类有华北蝼蛄（*Gryllotalpa unispina*）和东方蝼蛄（*Gryllotalpa orientalis*）两种。华北蝼蛄又称单刺蝼蛄，是谷子的主要地下害虫。以成虫和若虫在地下串行，咬食未出苗种子和谷苗根茎造成谷子缺苗断垄。华北蝼蛄发生在内蒙古、新疆、甘肃、宁夏、陕西、河北、山东、河南和东北等省份，危害较重。东方蝼蛄各省份都有发生，以淮海等地受害较重。除危害谷子、玉米、小麦等粮食作物外，尚危害棉、麻、蔬菜、烟草、中药材、果木幼苗等植物。

华北蝼蛄成虫体长 39～45 mm，黄褐色，黑褐色，腹部较浅，全身密布细毛。前胸背面中央有一暗红色斑点。前翅长约 14 mm，后翅折叠在前翅之下。前足特别发达，适宜在土中开掘潜行。后足胫节背侧内缘有棘 1 个或消失。若虫形态与成虫相似，前翅黄褐色，不发达，覆盖腹部不到一半，尾须 2 根，黄褐色。卵椭圆形，初产黄白色，孵化时深灰色。初孵若虫乳白色，复眼淡红色，二龄后体呈黄褐色，五至六龄与成虫同色。若虫期 13 龄。

东方蝼蛄成虫体长 29～31 mm，体色较华北蝼蛄深褐色，密生细毛。后足胫节背侧内缘有棘 3～4 个。前翅灰褐色，覆盖腹部达一半。腹部末端近纺锤形。卵椭圆形，初产乳白色，后变黄褐色，孵化前呈暗紫色。初孵若虫乳白色，复眼淡红色，后期体色逐渐加深。若虫期 8～9 龄。

蝼蛄雌雄虫的鉴别，主要依据前翅脉和腹部末端外生殖器。华北蝼蛄和东方蝼蛄雄虫的前翅 $Cu_2$ 脉均明显呈角状弯折，并与 A 脉愈合成粗大坚硬的暗锉；雌虫则不呈角状弯折，亦不愈合成暗锉。

华北蝼蛄的生活历期较长，在华北大部分地区需要 3 年完成一代，其中卵期约 20 d，若虫期约 750 d，成虫期一年以上，以成虫和若虫在土内越冬。

东方蝼蛄在长江以南地区 1 年 1 代，也以成虫和若虫在土内越冬。

华北蝼蛄多生活在轻盐碱地的干燥向阳的近地埂处，并在地下 15～30 cm 深处隧道一端的土室中产卵，每室产卵 80～800 粒，卵期 10～25 d。当年以八至九龄若虫越冬，第二年以十二至十三龄若虫越冬，第三年老熟若虫羽化成虫后越冬，越冬成虫第四年 6 月产卵。

东方蝼蛄多集中在沿河、池塘和沟渠附近地块下的卵室内产卵。一雌虫产卵60～80 粒，卵期 15～28 d。在黄淮地区第一年以四至七龄若虫越冬，第二年夏秋羽化成虫，少数当年产卵，多数成虫再次越冬，至第三年 5～6 月产卵，成虫 8～9 月死亡。

蝼蛄均为昼伏夜出的害虫，21:00～23:00 为活动取食高峰。初孵若虫有群集性，成虫趋光性强，还具趋化性、趋粪性和趋湿性，并对香甜的物质特别嗜好。成虫和若虫在 4～11 月危害各种作物幼苗，常以春秋季危害最严重，以口器和前足将作物根茎咬撕成乱麻状，造成植株枯死。

防治方法：

（1）灯光诱杀。在 4～10 月设置杀虫灯诱杀成虫。

（2）种子处理。播种前用 40%甲基异柳磷乳油或 40%辛硫磷乳油、70%吡虫啉可湿性粉剂、70%噻虫嗪可分散粉剂按种子量的 0.3%拌种，晾干后播种。

（3）毒土毒饵。每公顷用 40%辛硫磷乳油 3 750～4 500 mL，或 2%甲基异柳磷粉剂或 5%敌百虫粉剂 37.5～45.0 kg，加 3～5 倍水喷拌在 375～450 kg 细土上制成毒土，撒于播种沟内。或用 48%毒死蜱乳油 750～1 500 mL，加适量水拌炒香的棉籽饼、豆饼、麦麸或煮半熟的谷子（晾干）30～45 kg，制成毒饵在傍晚撒于田间。

## （五）金针虫

金针虫俗称钢丝虫，属鞘翅目叩头甲科幼虫。危害谷子的主要种类有沟金针虫（*Pleonomus canaliculatus*）、细胸金针虫（*Agriotes fuscicollis*）和褐纹金针虫（*Melanotus caudex*）。均以幼虫在地下吃食种子和咬断谷子根茎，使幼苗死亡，造成缺苗断垄，是谷子的重要地下害虫。

3 种金针虫的成虫体色有深褐色至棕红或暗黑至黑色。沟金针虫的体长较大，为 14～18 mm，细胸金针虫和褐纹金针虫体长较短，为 7～14 mm。3 种金针虫的卵均为乳白色，圆形或椭圆形，宽 0.5～1.0 mm。沟金针虫黄褐色，有光泽；老熟幼虫体长 20～30 mm，宽 4 mm，背面中央有一细纵沟，尾节分叉，叉的内侧各有 1 个小齿。细胸金针虫细长，淡黄褐色，有光泽；老熟幼虫体长约 23 mm，宽约1.3 mm，尾节圆锥形，不分叉。褐纹金针虫体色较深，红褐色；老熟幼虫体长 25～30 mm，宽 1.7 mm，尾节近圆锥形，末端有 3 个齿状突起。3 种金针虫的蛹均为纺锤形，初为乳白色，后变黄色。沟金针虫蛹长15～17 mm，细胸金针虫和褐纹金针虫的蛹较短，为 8～12 mm。

金针虫不同种类的生活史有明显差别，沟金针虫 3～4 年发生 1 代，褐纹金针虫 3 年 1 代，细胸金针虫 2～3 年 1 代。3 种金针虫均以幼虫或成虫在 20～40 cm 土层越冬。成虫 4～5 月出土活动，昼伏夜出，交尾产卵于土中。幼虫孵出后在土中生活 700～1 200 d，随土温变化有上升、下移的活动习性。沟金针虫、细胸金针虫和褐纹金针虫在 10 cm 地温分别下降到 4～8 ℃、3.5 ℃和 8 ℃时下移越冬，高于上述温度时则上移危害。不同种类金针虫对土壤环境的适应能力有明显差别，沟金针虫幼虫多发生在沙壤土和黏壤土的旱地平原地区，春季雨水较多、墒情好时危害重；细胸金针虫多发生在水浇地和保水能力较好的黏重土壤中；褐纹金针虫适宜发生于湿润疏松、有机质含量 1%以上的土壤中。细胸金针虫和沟金针虫成虫有趋光性。

防治方法：

（1）灯光诱杀。在成虫发生期可安设杀虫灯诱杀成虫，减少田间虫卵量。

（2）种子处理。播种前用 40%甲基异柳磷乳油或 40%辛硫磷乳油、70%吡虫啉可湿性粉剂、70%噻虫嗪可分散粉剂按种子量的 0.3%拌种，晾干后播种。

（3）毒土。播前每公顷用 2%甲基异柳磷粉剂或 5%敌百虫粉剂 37.5～45 kg 拌细土 450 kg，或每公顷用 40%辛硫磷乳油或 48%毒死蜱乳油 3 750～4 500 mL 兑水 45～75 kg，用喷雾器喷洒于 375～450 kg 细沙土上，边喷边搅拌。充分拌匀后撒于播种沟内。

（4）药液灌根。可在幼虫危害期用 48%毒死蜱乳油 1 500 倍液或 40%辛硫磷乳油 1 000 倍液灌根。

## （六）小地老虎

小地老虎［*Agrotis ypsilon*（Rott.）］属昆虫纲鳞翅目夜蛾科，又名土蚕、地蚕。国内分布非常普遍。取食各种植物幼苗，玉米、高粱、谷子等禾本科作物和棉花、烟草等经济作物，以及蔬菜、豆类等受害严重。

小地老虎成虫体长 16～23 mm，翅展 42～54 mm，全体黄褐色至灰褐色。雌蛾触角丝状，雄蛾触角双栉齿状。前翅长三角形，前缘至外缘之间色深，从翅基部至端部有基横线、内横线、中横线、外横线、亚外缘线和外缘线。内横线与中横线之间，以及中横线与外横线之间分别有 1 个环形纹和肾形纹，内横线中部外侧有 1 个楔形纹，在肾形纹与亚外缘线间有 3 个剑形纹，两个指向内方，一个指向外方。后翅灰白色，脉纹及边缘色深，腹部灰黄色。

卵粒直径约 0.5 mm，半球形，表面有纵横隆起线，顶端中心有精孔。初产时白色，后渐变黄色，近孵化时淡灰紫色。

老熟幼虫体长 37～47 mm，长圆柱形。头黄褐色，胴部灰褐色，体表粗糙，布满圆形深褐色小颗粒，背部有不明显的淡紫色纵带，腹部第一至八节背面各节各有前、后两对毛片，前一对小且靠近，后一对大而远离。臀板黄褐色，其上有 2 条黑褐色纵带。

蛹体长 18～24 mm，赤褐色，有光泽，末端色深，具一对分叉的臀棘。

我国各地一年发生的代数不同，东北、内蒙古及西北地区中、北部为 2～3 代，华北 3～4 代，华东 4 代，西南 4～5 代，华南 6～7 代。北纬 33°以北地区，至今尚未查到越冬虫源，春季虫源可能是由南方迁飞而来的。北纬 33°以南至南岭以北，主要以幼虫和蛹越冬。南岭以南可终年繁殖危害。各地均以第一代发生数量多、时间长、危害重。在北京地区，第一代幼虫危害盛期为 5 月上中旬；在陕西关中第一代幼虫危害期在 4 月中旬至 5 月下旬，5 月是危害盛期。

小地老虎成虫昼伏夜出，黄昏后活动最盛，飞翔力很强。成虫需补充营养 3～5 d，对黑光灯、糖蜜、发酵物具有明显的趋性。成虫交配后即可产卵。卵多产于植物茎叶上，以株高 3 cm 以下的幼苗叶背和嫩茎上为多，也有一部分产在土面上。

小地老虎幼虫 6 龄，少数个体可达 7～8 龄。三龄前昼夜危害，啃食叶片，造成小孔洞和缺刻。三龄后白天潜伏在植株根部周围土壤里，夜间出来食害，从茎基部将植株咬断，造成缺苗。五至六龄取食量最大。因春季气温较低，第一代幼虫历期可长达 30～40 d。幼虫老熟后在土层 6～10 cm 深处筑土室化蛹。

月平均温度 13～25.8 ℃，小地老虎各虫态的生长发育均最适宜，超过 30%，成虫不能产卵且寿命缩短，若继续升温，会引起大量死亡。小地老虎喜潮湿，在湿润地区多有分布。若秋季降雨多，翌年春季小地老虎发生量大，危害重。但积水过多，幼虫经长时间淹水后易死亡，虫口密度大幅下降。在壤土、黏壤土、沙壤土等土质疏松、保水性能强的土壤中，小地老虎发生多。

### （七）蛴螬

蛴螬是金龟甲幼虫的统称，属鞘翅目金龟甲科，各地俗名很多如白地蚕、核桃虫等。全国各地均有发生，北方地区主要有大黑鳃金龟［华北大黑鳃金龟（*Holotrichia oblita* Faldermann）、东北大黑鳃金龟（*H. diomphalia* Bates）］、暗黑鳃金龟（*H. parallela* Motschulsky）、铜绿丽金龟（*Anomala corpulenta* Motschulsky）、黑皱鳃金龟（*Trematodes tenebrioides* Pallas）、棕色鳃金龟（*H. titanis* Reitter）等。严重危害玉米、高粱、谷子等禾本科作物和豆类、花生，以及块根、块茎类作物。

大黑鳃金龟子幼虫蛴螬型，体肥大，多为白色，少数为黄白色。体长 35～45 mm，腹部末端向腹面弯曲，呈 C 形，体壁柔软多皱，体表疏生细毛。头大而圆，多为黄褐色，头部前顶生有左右对称的 3 对刚毛。胸足 3 对 4 节，后足较长。腹部 10 节，第十节称为臀节。臀节肛腹板刚毛区散生多数钩状刚毛，而无刺毛列。成虫体长 17～21 mm，宽 11 mm，长椭圆形，黑褐色，有光泽。口器咀嚼式，触角 10 节左右，末端鳃叶状，叠成锤状。前翅为鞘翅，长椭圆形，其长度为前胸背板宽度的 2 倍，鞘翅表面微皱，肩凸明显，密布刻点，缝肋宽而隆起，另有 3 条纵肋。后翅膜质，中胸有小盾片。前足开掘式，胫节外齿 3 个，内方距 1 根，中足和后足胫节末端距 2 根。

有两个形态相似的常见生态种，即华北大黑鳃金龟和东北大黑鳃金龟。华北大黑鳃金龟多数两年发生 1 代，少部分个体一年发生 1 代，以成虫或幼虫越冬。以成虫越冬时，翌年春季开始出土活动，6 月上旬至 7 月上旬为产卵盛期，6 月上中旬开始孵化，盛期在 6 月下旬至 8 月中旬，孵化的幼虫在土壤中危害。10 cm 深土层温度低于 5 ℃后进入越冬状态。以幼虫越冬的，翌年春季越冬幼虫开始活动危害，6 月初开始在土壤中化蛹，7 月初开始羽化，7 月下旬至 8 月中旬为羽化盛期，羽化后的成虫当年不出土，在土中潜伏越冬。华北大黑鳃金龟以成、幼虫交替越冬。若以幼虫越冬，翌年春季危害重；若以成虫越冬，翌年夏、秋季危害重。成虫昼伏夜出，白天潜伏于土层中和作物根际，傍晚开始出土活动，尤以晚上 20:00～23:00 活动最盛，午夜后相继入土；成虫具趋光性，对黑光灯趋性强；对厩肥和腐烂的有机物也有趋性。

东北大黑鳃金龟在北方地区两年完成 1 代，以成虫和幼虫在土层中越冬。越冬成虫翌年 4 月开始出土，交尾期长达 2 个月，交尾后 4～5 d 产卵。卵产于 5～12 cm 深的耕层土壤中，卵期 10～15 d。幼虫持续危害到 10 月，以后越冬。越冬幼虫翌年春季出土，危害小麦和春播作物，可持续至 6 月。老熟幼虫入土深 15 cm 左右化蛹，化蛹盛期在 5～6 月。幼虫多发生于低湿地块和水浇地。

暗黑鳃金龟幼虫体长 35～45 mm，胸腹部乳白色，臀节腹面有钩状刚毛，呈三角形分布。成虫体长 16～22 mm，宽 7.8～11 mm，长卵形，无光泽，被黑色绒毛，腹部背板青蓝色丝绒状，触角棒状部很短小，由 3 节组成。

暗黑鳃金龟一年发生 1 代，多以三龄老熟幼虫越冬，少数以成虫越冬。在地下潜伏深度为 15～40 cm，20～40 cm 深处最多。以成虫越冬的，翌年 5 月出土。以幼虫越冬的，4 月下旬至 5 月初化蛹，化蛹盛期在 5 月中旬，6 月初至 8 月中下旬为成虫发生期。成虫多昼伏夜出，趋光性强，喜飞翔在玉米、高粱等高秆作物和灌木上，交尾后即飞往杨、柳、榆、桑等树上，取食中部叶片。成虫在土中产卵，以 5～20 cm

深处最多。7 月初开始产卵，直至 8 月中旬。7 月中旬卵开始孵化，下旬为孵化盛期，8 月中下旬为幼虫危害盛期。幼虫食性杂，三龄后食量最大，可转移危害，使植物成片死亡。

铜绿丽金龟幼虫体长 30～33 mm。幼虫老熟后化蛹时，从体背部裂开蜕皮，蜕下的皮不皱缩。在田间调查时，可据此与其他蛴螬相区别。成虫体长 15～19 mm，宽 8～10.5 mm，背面铜绿色，有金属光泽。头、前胸背板、小盾片色稍深，鞘翅色稍浅，纵肋不明显。体腹面黄褐色，密生细毛。

铜绿丽金龟在北方 1 年发生 1 代，以幼虫越冬。翌年春季越冬幼虫上升活动，5 月下旬至 6 月中下旬为化蛹期，7 月上中旬至 8 月是成虫发生期，7 月上中旬是产卵期，7 月中旬至 9 月是幼虫危害期，10 月中旬后陆续进入越冬。少数以二龄幼虫、多数以三龄幼虫越冬。幼虫在春、秋两季危害最烈。成虫夜间活动，趋光性强。

黑皱鳃金龟幼虫体长 24～32 mm。头部前顶刚毛每侧各 3 根，成一纵列，也有各 4 根的。成虫体中型，长 15～16 mm，宽 6.0～7.5 mm，黑色无光泽，刻点粗大而密，鞘翅无纵肋。头部黑色，触角 10 节，黑褐色。前胸背板横宽，前缘较直，前胸背板中央具中纵线。小盾片横三角形，顶端变钝，中央具明显的光滑纵隆线，两侧基部有少数刻点。鞘翅卵圆形，具大而密排列不规则的圆刻点，基部明显窄于前胸背板，除会合缝处具纵肋外无明显纵肋。后翅退化仅留痕迹，略呈三角形。

黑皱鳃金龟在关中平原两年完成 1 代，以成虫、三龄幼虫和少数二龄幼虫越冬。越冬成虫于翌年 3 月下旬气温上升到 10.4 ℃时零星出土，4 月上中旬气温升到 14 ℃时大量出土，发生期约 50 d。4 月下旬开始产卵，卵于 5 月下旬开始孵化，6 月下旬达孵化盛期。大部分幼虫于 8 月发育为三龄，秋季危害到 11 月下旬，以后下潜越冬。翌年 3 月上旬当 10 cm 深处地温上升到 7 ℃以上时开始活动，地温 11 ℃时，绝大部分幼虫上升到地表危害。6 月上旬开始化蛹，6 月下旬开始羽化。成虫白天活动，以 12:00～14:00 活动最盛。卵多产于大豆、小麦、玉米、谷子、高粱、马铃薯等作物田中。

棕色鳃金龟幼虫体长 45～55 mm，乳白色。头部前顶刚毛每侧 1～2 根，绝大多数仅 1 根。成虫中大型，体长 20 mm 左右，体宽 10 mm 左右；体棕褐色，具光泽。触角 10 节，赤褐色。前胸背板横宽，与鞘翅基部等宽，两前角钝，两后角近直角；小盾片光滑，三角形。鞘翅较长，为前胸背板宽的 2 倍，各具 4 条纵肋，第一、二条明显，第一条末端尖细，会合缝肋明显，足棕褐色有强光。

棕色鳃金龟在陕西省 2～3 年完成 1 代，以二至三龄幼虫或成虫越冬。在渭北塬区，越冬成虫于翌年 4 月上旬开始出土活动，4 月中旬为成虫发生盛期，延续到 5 月上旬。4 月下旬开始产卵，卵期平均 29.4 d，6 月上旬为卵初孵期，7 月中旬至 8 月下旬幼虫达 2～3 龄，10 月下旬下潜到 35～97 cm 深的土层中越冬。翌年 4 月越冬幼虫上升到耕层，危害小麦等作物地下部分，7 月中旬幼虫老熟，下潜深土层做土室化蛹，8 月中旬羽化，成虫当年不出土，直接越冬。第三年春季越冬成虫出土活动。棕色鳃金龟成虫于傍晚活动，基本不取食。雌虫偶尔少量取食。雌虫交配后约经 20 d 产卵，卵产于 15～20 cm 深土层内，卵单产。幼虫危害期长，土壤含水量 15%～20% 最适于卵和幼虫的存活。

防治方法：

（1）灯光诱杀。蛴螬成虫有趋光性，在 5～8 月可利用黑光灯诱杀成虫，减少田间虫卵量。

（2）种子处理。播种前用 40%甲基异柳磷乳油或 40%辛硫磷乳油、70%吡虫啉可湿性粉剂、70%噻虫嗪可分散粉剂按种子量 0.3%拌种，晾干后播种。

（3）施用毒土、颗粒剂。每公顷用 40%辛硫磷乳油 3 750～4 500 mL、2%甲基异柳磷粉剂或 5%敌百虫粉剂 37.5～45 kg，任选其一，加 3～5 倍水喷拌在 375～450 kg 细土上制成毒土，撒于播种沟内，或用 3%甲基异柳磷颗粒剂 2 400～2 600 g，播种时随肥施入。

（4）药剂灌根。用 48%毒死蜱乳油 1 500 倍液、30%乙酰甲胺磷乳油 800 倍液或 40%辛硫磷乳油 1 000 倍液在蛴螬危害期灌根。

### （八）根土蝽

根土蝽（*Stibaropus formosanus*）又称麦根椿象，俗称地臭虫。属半翅目土蝽科。发生在我国东北、华北、西北及华东等地。以成虫、若虫在地下刺吸谷子根部汁液，抑制谷子生长，造成叶片枯黄，植株矮小，甚至死亡。

成虫体长 4.0～5.5 mm，椭圆形，棕褐色，有光泽。头部前突略下倾，侧叶明显上翘，略长于中叶，具较深皱纹，额部中央成内沟状隔开。触角短丝状，5 节，第一节极小，易见到 4 节。复眼小，橘红色；有单眼，位于复眼之后。前胸最宽处位于两后角之间，中央隆起，前缘短弧凹，侧缘半圆形，后缘弧凸，两侧各具一黑褐色斑。小盾片基部光滑，端部横皱。前足胫节镰刀状；中足胫节香蕉状；后足胫节马蹄状，马蹄的底面及周缘具 40 多根粗短刺。跗节细小，前足跗节着生于胫节中部；中后足跗节着生于胫节顶端。卵长 1.0～1.2 mm，宽约 1.0 mm，椭圆形，灰褐色。老熟若虫体长 5.0 mm 左右，体白色，足黄白色，头、胸、翅芽橙黄色。腹部纺锤形，背面有 3 条黄色横纹，各节具细毛。

根土蝽在华北地区 2 年发生 1 代。以成、若虫在 30～60 cm 土层越冬。翌年随气温升高，越冬虫逐渐上移到耕作层土壤，危害谷子、小麦、玉米等作物。谷子播种出苗后，成虫和若虫在地下刺吸谷子根部营养。谷子受害后叶片自下而上变黄，植株矮化枯死。成虫在土中交配，产卵于 20～30 cm 的潮湿土层里，单雌产卵量数粒至百余粒。该虫有假死性，能分泌臭液，发生严重地块可闻到臭味。当地温高于 25 ℃或天气闷热的雨后，部分成虫爬至土表，身体稍干即可爬行或低飞，干旱年份发生重。

防治方法：

（1）农业防治。重发生田改种薯类等非寄主作物，有条件的地区实行秋耕冬灌，改旱地为水浇地，消除根土蝽的适生环境，可减轻危害。

（2）种子处理。播种前用 70%吡虫啉可湿性粉剂、70%噻虫嗪可分散粉剂、40%甲基异柳磷乳油或 40%辛硫磷乳油按种子量的 0.3%拌种，晾干后播种。

（3）土壤处理。上年发生严重地块，播前造墒或播后浇蒙头水时每公顷用 48%毒死蜱乳油或 40%甲基异柳磷乳油 15 kg，随水灌入；或每公顷用 3%甲基异柳磷颗粒剂 45 kg，加细土 375 kg，拌匀后施于播种沟内进行土壤处理。

（4）药剂灌根。生长期间发现点片危害后用 48%毒死蜱乳油或 40%甲基异柳磷乳油 1 000 倍液灌根，每株 300～500 mL 药液。严重时采用土壤处理中浇水灌药方法。

## （九）拟地甲

拟地甲属鞘翅目拟步甲科。危害谷子的主要有蒙古拟地甲（*Gonocephalum reticulatum*）和网目拟地甲（*Opatrum subaratum*）。食性杂，除危害谷子外还危害 30 多科 100 余种植物。两种拟地甲常混合发生，干旱地区普遍发生，尤其春播谷子发生重。谷子播种出苗期间成虫和幼虫咬食谷子萌发的幼芽和幼苗造成谷子缺苗断垄。

蒙古拟地甲和网目拟地甲在华北地区 1 年发生 1 代，均以成虫潜伏在疏松土壤中，蒙古拟地甲在 2～10 cm 土层，网目拟地甲在 15～30 cm 土层，以及多年生杂草和越冬作物根际、残株落叶下面及洞穴等处越冬。翌年春季当地温达 5 ℃时蒙古拟地甲成虫开始活动，8 ℃时在无风的天气爬行觅食，遇到较高气温时能起飞，有较强的趋光性。网目拟地甲成虫因后翅退化不能飞翔，爬行较慢。谷子播种后，拟地甲从越冬场所转移到谷田危害幼苗，尤以干旱的坡地谷子受害重。两种拟地甲成虫受惊扰时，均具假死性。对豆饼、花生饼有趋性。蒙古拟地甲有较强趋光性。

成虫一生可多次交配，也能孤雌生殖。单雌产卵量 30～400 多粒，卵散产于 2 cm 的表土层内。幼虫在土中觅食，老熟后在 10～15 cm 表土层做土室化蛹。幼虫抗水性较差，低洼地，水分过高的地块发生轻；地势较高的丘陵山坡，排水良好的地块发生重。

防治方法：

（1）诱杀成虫。利用蒙古拟地甲有较强的趋光性，可设置杀虫灯诱杀成虫。利用拟地甲对豆饼和花生饼的趋性，可在发生较重地块以毒饵诱杀。毒饵用 40%甲基异柳磷乳油、48%毒死蜱乳油或 90%的敌百虫晶体 50～100 mL 兑适量水稀释后，与粉碎的豆饼或花生饼 3 kg 混匀后，撒于田间，重点在地块边缘进行诱杀。

（2）种子处理。播种前用 70%吡虫啉可湿性粉剂或 70%噻虫嗪可分散粉剂按种子量的 0.3%拌种，晾干后播种。

## （十）粟鳞斑肖叶甲

粟鳞斑肖叶甲（*Pachnephorus lewisii*）属鞘翅目肖叶甲科。在我国北方谷子产区均有发生，春播谷子危害重。主要以成虫在谷子出苗期间咬食幼芽，或咬断幼苗基部，造成缺苗断垄，严重危害可导致毁种。

成虫长椭圆形，雌虫体长 2.5～3.0 mm，雄虫 2.0～2.5 mm。初羽化时为白色，逐渐变为淡褐色，最后变为灰褐色，具暗金属光泽。全身和足密被排列不规则的灰褐色和白色鳞片状毛。头小，下屈，从背面不易见，复眼黑褐色，触角 11 节，第一节膨大，第二节至第六节较细，末端 5 节较宽，略呈念珠状。前胸背板短，近圆形，具侧缘，密布细小刻点和鳞片。鞘翅基部明显宽于前胸背板，鞘翅刻点大于前胸刻点，其纵横排列分布不规则。3 对足等长。腹部可见 5 节。卵椭圆形，长 0.5～0.7 mm，初产时乳白色，渐变乳黄色，孵化前变暗。老熟幼虫体长 4～6 mm，乳黄色。头部淡黄色，胸足 3 对，等长，端生一爪。腹部第一节至第七节腹面各有 1 对指状突起，端生数根细毛。裸蛹，长 2.5～3.5 mm。初为乳白色，化前变暗。腹部尾端有 2 刺。

粟鳞斑肖叶甲在北方谷子产区 1 年发生 1～2 代。以成虫在田边土块下、土缝里、作物根茬及杂草根际越冬。翌年春季 3～4 月开始活动危害。越冬成虫先在杂草上取食，4 月谷子开始发芽出土，即由杂草上转移到谷田危害。5 月上中旬达到危害盛期。以成虫在谷子出苗前咬断谷子幼芽，使幼苗未出土即死亡，俗称“劫白”；在谷子刚出土时，咬断谷子幼苗的生长点，造成死苗，俗称“劫青”。待叶片展开后，成虫则咬食叶片，造成叶片残缺不全，影响幼苗生长。6 月产卵于 0.5～3 cm 的土层，每雌平均产卵 38 粒，最多 140 粒。产卵期 33～162 d。幼虫发生在 7～8 月，主要生活在谷子等禾本科作物和杂草根际附近表土 1～16 cm 土层内。幼虫历期 30 d，7 月下旬至 9 月幼虫老熟后在土中做土室化蛹。在 25～26 ℃温度下，蛹期平均 7 d。成虫羽化后，9～10 月在危害取食过程中逐渐寻找隐蔽场所潜伏越冬。成虫有假死性、群集性和趋光性。在气候干旱年份，尤其是春旱有利于该虫发生。

防治方法：

（1）农业防治。实行精耕细作，秋季耕翻土地，春季及时耕耙保墒，清洁田地，消灭杂草，降低越冬虫量，减轻虫害。

（2）种子处理。播种前用 70％吡虫啉可湿性粉剂或 70％噻虫嗪可分散粉剂按种子量的 0.3％拌种，晾干后播种。

（3）化学防治。在出苗前后对地表进行全田喷雾防治。可用药剂有 4.5％高效氯氰菊酯乳油 1 000～1 500 倍液、2.5％溴氰菊酯乳油 1 000 倍液、10％吡虫啉可湿性粉剂 1 000 倍液、20％速灭威乳油 2 000 倍液、48％毒死蜱乳油 500～800 倍液、90％敌百虫晶体 1 000 倍液等。要求喷雾周到均匀，尤其注意地边及田块周边草丛的防治。

### （十一）粟负泥虫

粟负泥虫［*Oulema tristis*（Herbst）］属昆虫纲鞘翅目负泥甲科。分布在黑龙江、吉林、辽宁、内蒙古、宁夏、陕西、山西、山东、河北、北京。南达长江沿岸。寄主植物为谷子、糜子、小麦、大麦、高粱、玉米、陆稻等。成、幼虫均危害。成虫沿叶脉啃食叶肉，成白条状，不食下表皮。幼虫钻入心叶内舐食叶肉，叶面现宽白条状食痕，造成叶面枯焦，出现枯心苗。

卵长0.8～1.5 mm，椭圆形，黄色。末龄幼虫体长5～6 mm，圆筒形，腹部稍膨大，背板隆起。头部黄褐色，胸、腹部黄白色。口器、单眼深红褐色。前胸背板具1排不规则的黑褐色小点，中、后胸和腹部各节生有褐色短刺。裸蛹长5 mm，黄白色。

成虫体长3.5～4.5 mm，宽1.6～2 mm，体黑蓝色具金属光泽。胸部细长，略似古钟状，鞘翅上有10列纵行排列刻点，青蓝色，小盾片、前胸背板及腹面钢蓝色，触角基半部较端半部细，黑褐色。足黄色，基节钢蓝色，前跗节黑褐色，前胸背板长于宽，基部横凹显著，中央处有1个短纵凹，刻点密集在两侧和基凹里。鞘翅平坦，基部刻点稍大，每1行刻点在纵沟处。

北方年生1代，以成虫潜伏在谷茬、田埂裂缝、枯草叶下或杂草根际及土内越冬。翌年5～6月成虫飞出活动、食害谷叶或交尾，中午尤为活跃，有假死性和趋光性。6月上旬进入产卵盛期，把卵散产在1～6片谷叶的背面，2～3片叶最多，卵期7～10 d，初孵幼虫常聚集在一起啃食叶肉，有的身负粪便，幼虫共4龄，历期20 d以上，老熟后爬至土中1～2 cm处做茧化蛹，茧外黏有细土，似土茧，蛹期16～21 d。羽化出来的成虫于9月上中旬陆续进入越冬状态。该虫在干旱少雨的年份或干旱年份的淤土地或雨涝年份的旱坡地易受害，早播春谷较迟播谷、重茬地较轮作地受害重。

### （十二）粟凹胫跳甲

粟凹胫跳甲（*Chaetocnema ingenua*）又称粟茎跳甲、谷跳甲，俗称土跳蚤、地蹦子等，属鞘翅目叶甲科。在我国北方谷子产区均有发生，春播谷子危害重。以幼虫危害为主，成虫亦可危害。幼虫由茎基部蛀孔钻入，造成枯心，或不能正常生长，形成丛生，俗称“芦蹲”或“坐坡”，严重发生可导致缺苗断垄。成虫危害幼苗叶片表皮组织成白色断续条斑，严重时可使叶片纵裂或枯萎。

成虫体长2.5～3.0 mm，宽1.5 mm，椭圆形，腹背拱凸，古铜色和蓝绿色，有金属光泽。触角11节，基部4节黄褐色，其余各节暗褐色。前胸背板拱凸密布刻点，小盾片半圆形，无刻点。鞘翅刻点较前胸背板稀疏，排列规则。腹部腹面黄褐色，可见5节。各足基节和后足腿节黑褐色，其余各节黄褐色，后足腿节显著膨大，善于跳跃，后足胫节外侧有凹刻，并生有整齐的毛列。卵长椭圆形，长约0.75 mm，米黄色至深黄色。幼虫体长4.0～6.5 mm，头部黑色，胸足黑褐色，前胸背板及臀板黑色。腹部各节白色，每节侧面及背面散生大小不等、排列不甚整齐的暗褐色斑。裸蛹，椭圆形，长约3.0 mm，乳白色，腹部末端两分叉。

粟凹胫跳甲在我国东北地区一年发生1～2代，在华北地区2～3代。以成虫潜伏在土缝，杂草根际，作物根茬、枯叶及表土层中越冬。翌年春季气温升高达15 ℃以上时，越冬成虫陆续恢复活动，咬食叶肉，残留表皮形成与叶脉平行的白色断续条纹，严重时可使叶片纵裂或枯萎，与粟负泥虫成虫危害相似，但较粟负泥虫危害条纹窄、短。以每日 9:00～16:00 最活跃，中午烈日或阴雨天，多潜伏于叶片背阴处、心叶中或土块下。成虫一生多次交尾，并有间断产卵习性。卵大多产于谷子根际表土中，少数产于谷苗茎基部叶鞘下。每雌一生可产卵 100 粒左右，卵期 7～11 d。幼虫孵化后，沿地面或叶基爬行，在谷茎接近地面部位咬小孔钻入，蛀孔似针刺黑色小孔，无虫粪。一般一株有虫 1～2 头，多者可达十余头。幼虫蛀入谷苗内，破坏生长点，3 d 后植株萎蔫出现枯心，后期被害株矮化，叶片丛生，不能抽穗结实。以苗高 6～7 cm 受害较重，40 cm 以上谷苗不再发现枯心。幼虫有转株危害习性，1 头幼虫可危害谷苗 2～7 株。幼虫老熟后在被害株基部咬孔脱出，在 1.5～4 cm 土壤中做土室化蛹，蛹期 8～12 d。第二、三代幼虫发生期，谷子已拔节抽穗，幼虫极少蛀茎，大部在叶鞘或心叶丛里潜藏危害；干旱少雨年份发生重。旱坡地重于水浇地，早播地块、重茬地块发生重。

防治方法：

（1）农业防治。秋季深翻土地，破坏越冬场所；清除地头及田埂杂草，集中烧毁或深埋，减少越冬虫源；合理轮作，避免重茬，适时播种能减轻危害；结合间苗、定苗及时拔除枯心苗，带出田外烧毁或深埋。

（2）种子处理。播种前用 70%吡虫啉可湿性粉剂或 70%噻虫嗪可分散粉剂按种子量的 0.3%拌种，或用 40%甲基异柳磷乳油按种子量的 0.2%拌种，晾干后播种。

（3）化学防治。重点防治越冬代成虫，在一代幼虫蛀茎前进行喷雾防治。可选用 4.5%高效氯氰菊酯乳油 1 000～1 500 倍液、2.5%溴氰菊酯乳油 1 000 倍液、2.5%高效氯氟氰菊酯乳油 2 000 倍液，或 2%阿维菌素乳油 2 000～3 000 倍液、10%吡虫啉可湿性粉剂 1 000 倍液、48%毒死蜱乳油 500～800 倍液等，任选其一全田喷雾。喷药时倒退施药，避免破坏药土层，可有效防治初孵幼虫，效果更佳。

### （十三）糜子吸浆虫

糜子吸浆虫（*Stenodiplosis panici* Plotnikov）属双翅目瘿蚊科。别名糜子蚊、糜子吸浆虫。国外分布于日本、俄罗斯、乌克兰、哈萨克斯坦、埃及、阿尔及利亚、欧洲南部、北美洲等地。国内主要分布在黑龙江、吉林、辽宁、甘肃、宁夏、河南等糜子种植区。

糜子吸浆虫食性颇专，主要危害糜子，有时稗草也被害。以幼虫蛀食尚未开花或正在开花授粉的糜穗花器，造成子房不能正常授粉或发育，形成空壳秕粒。整茬糜子受害较轻，复种糜子受害严重，是糜子生产上的主要害虫。糜子花器受害后，初期穗颖并不变色，当正常籽粒灌浆膨大时，受害的花器瘪瘦，逐渐褪绿干枯，呈瘦长的白色秕粒，色泽和大小与正常饱满的籽粒均有明显的差异。用手挤破秕粒，会挤压出红色的虫体组织浆液。

糜子吸浆虫在苏联地区曾普遍发生，1932—1943 年在乌克兰曾危害严重，被视为重要害虫。我国糜子吸浆虫的记载最早见朱象三（1955）记载，主要发生在甘肃庆阳、宁县、镇原、环县、泾川与陕西的长武等地，糜穗上一般有10%左右的空壳。魏凯等（1964）对宁夏银川以北平罗、石嘴山、陶乐、贺兰、青铜峡、永宁、吴忠、灵武、固原等地的糜子吸浆虫进行了调查，早糜子被害率在10%左右，回茬糜子被害率在50%以上。刘启成（1965）记载新疆昌吉、呼图壁等地糜子吸浆虫危害造成的秕粒最轻者15%，重者达42%。

成虫体长2.0～2.5 mm（不包括产卵器），翅展4.5 mm。体暗红色。复眼合眼式，黑色。触角灰黑色，14节，由两复眼中间伸出。雌成虫触角较短，每节作圆筒形，中间近微凹，着生褐色微毛和长刚毛22～26根；雄成虫较雌虫细长而多毛，每节两端膨大，中间凹入呈葫芦状，每节上着生刚毛及一圈环状毛。口器吻状退化，小颚须3节。胸腹部背面灰黑色，腹面橘红色，前胸领状甚窄，中胸极大，小盾片呈圆形隆起，侧板发达，延伸成三角形。后胸较小，平衡棍淡红色。腹部各节的背板和腹板生有黑色长毛。翅浅灰色半透明，膜质，卵圆形，被密毛，缘毛长且密，翅脉3条，基部收缩成柄状，$R_5$脉伸达翅顶。足细长，灰褐色，有细毛，跗节5节，第一节和第五节等长且短，第二节最长，相当于胫节的2/3，余节依次渐短。雌成虫产卵管等于或稍长于体长，末端有2尖裂瓣，雄成虫腹部末端有钩状抱握器一对。

卵长椭圆形，白色，半透明，0.35～0.40 mm，末端有一带状物，约有卵长的1/3。卵膜外有卵壳，卵壳末端有带状附属物，与卵近等长。

幼虫蛆形，橙黄色，老熟幼虫橘红色，长2 mm，共13节，表皮光滑，有光泽。前胸与头向下微倾，口器简单退化，周围有骨化圆片，第三体节上无剑骨片。触角微小仅1节。气孔向外突出，共9对，前胸1对，腹部8对。越冬幼虫结丝质长圆形淡黄色薄茧于糜子壳内。每个虫粒内有幼虫1个或数个。

蛹长2 mm，裸蛹，初与幼虫色相似，以后红色渐深至深红色，翅、足变黑。前端有呼吸管1对，呈指状突出，头顶有弯毛2根。雄蛹尾部的抱握器明显，可与雌蛹区分。

糜子吸浆虫年发生2～3代，以老熟幼虫在糜子或稗子壳内结茧，糜子收获时，掉落在田里、场地及仓库内越冬。越冬期长达9～10月，直到翌年7月化蛹，7月底羽化，16～25 ℃条件下都能羽化，温度高羽化早。8月中旬进入盛期。成虫全日内均可羽化，以9:00～14:00最盛。成虫飞翔力不强，遇风即在糜子剑叶与糜穗间不动，无风情况下早露水干后开始活动，至中午时间最活跃，后渐少，18:00后很少活动。成虫寿命4～5 d，交配后雌虫头部向上，倒退向糜穗下部活动，以产卵管寻找刚抽穗而未开花的糜粒产卵，将卵产于小穗的第三护颖内，在已开花的糜粒上未见产卵的。产卵时微有惊扰也不飞离。每颖壳内产卵1～2枚，一雌虫可产卵10余粒，最多可达100粒左右。卵期3～4 d，幼虫孵化后较活泼，即向子房内钻蛀，危害花器，使之不能授粉发育，形成空壳。糜子受害后只花器被破坏，外部3个护颖颖壳仍为绿色，从外形上看不出是否受害。幼虫在糜粒危害，幼虫期8～14 d，后老熟，在温湿度适合时随即在颖壳内结茧化蛹。蛹期3～7 d，蛹在羽化时头部从内外颖尖伸出，钻出一半而羽化。完成一代需 20 d 左右，当平均气温在 17～18 ℃时，12～14 d 就可完成一代。8 月底 9 月初第二代成虫出现，交配、产卵。

由于各代化蛹和羽化很不整齐，同一时期存在不同世代的各期虫态，一年内各个体亦很不一致，有的完成一代后越冬，有的则能完成 2～3 代，故常形成世代重叠。

越冬代成虫集中产第一代卵于自生糜苗或早播的整茬糜子上危害，第一代成虫于 8 月底或 9 月初出现，集中产第二代卵危害复种糜子，晚播或迟熟的糜子受害更重。若 9 月气温偏高时在 9 月可出现第二代成虫，从而发生第三代。末代老熟幼虫一般在 9 月中下旬越冬。越冬虫粒大量分散于谷场内、未打净的草堆中、掉落于田内及混入粮库等处。其中以田间及打谷场最多，越冬成活率也最高，是来年发生的主要来源。成虫不活泼可短距离飞行。靠带虫的秕糜、稗粒混在种子或糜草中传播。糜子吸浆虫成虫只产卵于尚未开花的糜穗，绝不产卵于已开花的糜穗，因此糜穗受害与否和吸浆虫羽化期的糜穗生长情况有密切关系，而糜子生长又与品种与播种期有关。不同品种间受害程度有明显差异，朱象三在陕西调查，二汉糜子的茄秆子品种受害较重，三汉糜子的笊篱头、杏猴头、鸡蛋皮品种等亦受害重，大汉糜子的黑黏糜子品种未见受害。一般小满前播种受害重，小满至芒种播种受害轻，芒种后播种受害最重。另外重茬糜子地受害重。

糜子吸浆虫虫体小、发生危害大、隐蔽性强，因此对吸浆虫防治一定要贯彻“预防为主，综合防治”的植保方针，加强系统监测，采取以农业措施降低虫口基数，在发病穗期进行有效的化学药剂防治的方法。

### （十四）粟缘蝽

粟缘蝽（*Liorhyssus hyalinus* Fabr）属昆虫纲鳞翅目缘蝽科，分布全国各地。危害作物有高粱、粟、玉米、水稻、烟草、向日葵、红麻、青麻、大麻等。

成虫体长 6～7 mm，体草黄色，有浅色细毛。头略呈三角形，头顶、前胸背板前部横沟及后部两侧、小盾片基部均有黑色斑纹，触角、足有黑色小点。腹部背面黑色，第五背板中央生一卵形黄斑，两侧各具较小黄斑 1 块，第六背板中央具黄色带纹 1 条，后缘两侧黄色。卵长 0.8 mm，椭圆形，初产时血红色，近孵化时变为紫黑色，每一卵块有卵 10 多粒。若虫初孵血红色，卵圆形，头部尖细，触角 4 节较长，胸部较小，腹部圆大，五至六龄时腹部肥大，灰绿色，腹部背面后端带紫红色。

华北年发生 2～3 代，以成虫潜伏在杂草丛中、树皮缝、墙缝等处越冬。翌春恢复活动，先危害杂草或蔬菜，7 月春谷抽穗后转移到谷穗上产卵，每雌产卵 40～60 粒。卵期 3～5 d，若虫期 10～15 d，共 6 龄。二至三代则产在夏谷和高粱穗上，成虫活动遇惊扰时迅速起飞，无风的天气喜在穗外向阳处活动。

### （十五）东亚飞蝗

东亚飞蝗［*Locusta migratoria manilensis*（Meyen）］属昆虫纲直翅目蝗总科，

分布在中国北起河北、山西、陕西，南至福建、广东、海南、广西、云南，东达沿海各省份，西至四川、甘肃南部。黄淮海地区常发生。危害小麦、玉米、高粱、粟、水稻、稷等多种禾本科植物，也可危害棉花、大豆、蔬菜等。它的天敌有寄生蜂、寄生蝇、鸟类、蛙类等。

卵粒长约6.5 mm，浅黄色，圆柱形，一端略尖，另一端稍圆微弯曲。卵块褐色圆柱形，长53～67 mm，略弯，上部稍细，卵块上覆有海绵状胶质物，4行卵粒排在下部。若虫又称蝗蝻，体型与成虫相似，共5龄。雌成虫体长39.5～51.2 mm，雄成虫33.5～41.5 mm。体黄褐色或绿色，触角丝状，多呈浅黄色，有复眼1对单眼3个。复眼后具淡色条纹，前下方生暗色斑纹。前胸背板马鞍状，隆线发达。前翅发达，常超过后足胫节中部，具暗色斑纹和光泽，后翅无色透明。后足腿节内侧基半部黑色，近端部有黑色环，后足胫节红色。在田间受环境条件影响，往往形成群居型和散居型两大类。

北京以北年发生1代，渤海湾、黄河下游、长江流域年发生2代，少数年份发生3代；广西、广东、台湾年发生3代，海南年可发生4代。东亚飞蝗无滞育现象，全国各地均以卵在土中越冬。山东、安徽、江苏等2代区，越冬卵于4月底至5月上中旬孵化为夏蝻，经35～40 d羽化为夏蝗，夏蝗寿命55～60 d，羽化后经10 d交尾7 d后产卵，卵期15～20 d，7月上中旬进入产卵盛期，孵出若虫称为秋蝻，又经25～30 d羽化为秋蝗。生活15～20 d又开始交尾产卵，9月进入产卵盛期后开始越冬。个别高温干旱的年份，于8月下至9月下旬又孵出三代蝗蝻，多在冬季冻死，仅有个别能羽化为成虫产卵越冬。成虫产卵时对地形、土壤性状、土面坚实度、植被等有明显的选择性。每只雌蝗一般产4～5个卵块，每卵块均含卵60多粒，飞蝗成虫几乎全天取食，一生可食267 g食物。飞蝗密度小时为散居型，密度大了以后，个体间相互接触，可逐渐聚集成群居型。群居型飞蝗有远距离迁飞的习性，迁飞多发生在羽化后5～10 d、性器官成熟之前。迁飞时可在空中持续1～3 d。至于散居型飞蝗，当每11 $m^2$有虫多于10头时，有时也会出现迁飞现象。群居型飞蝗体内含脂肪量多、水分少，活动力强，但卵巢管数少，产卵量低。而散居型则相反。飞蝗喜欢栖息在地势低洼、易涝易旱或水位不稳定的海滩或湖滩及大面积荒滩，或耕作粗放的夹荒地上，或生有低矮芦苇、茅草或盐蒿、莎草等嗜食的植物上。遇有干旱年份，这种荒地随天气干旱水面缩小而增大时，利于蝗虫生育，宜蝗面积增加，容易酿成蝗灾，因此每遇大旱年份，要注意防治蝗虫。

### （十六）叶螨

叶螨俗称红蜘蛛，属真螨目叶螨科。危害谷子的种类主要有朱砂叶螨（*Tetrangchus cinnabarinus*）、二斑叶螨（*Tetrangchus urticae*）、截形叶螨（*Tetrangchus truncatus*）。3种叶螨在我国谷子产区均有发生。以成虫和若虫刺吸谷子叶片的汁液，在叶片正面造成小的褪绿白斑，背面形成白色丝状物，其上有害螨及排泄物，严重的可导致叶片枯死。

叶螨在我国北方一年发生10～15代。以雌成螨在作物和杂草根际或土缝里越冬。谷子叶螨耐寒力强，经过－26 ℃的低温气候，仍能复苏活动。翌年早春，当5日平均气温达3 ℃左右时，越冬叶螨开始活动，寻找绿色寄主取食，当5日平均气温达7 ℃以上时，越冬雌螨开始产卵，5日平均气温达12 ℃以上，一代卵开始孵化。谷子出苗后，雌螨借风吹、爬行转入谷田危害。一般先在下部叶片背面取食活动，在叶片上呈聚集分布，且危害部有丝状物。然后逐渐由下部叶片向上部蔓延，在株间通过吐丝随风垂飘水平扩散，在田间呈点片分布。叶螨发生适宜温度为22～28 ℃，6～7月干旱少雨利于叶螨发生，有世代重叠现象。

防治方法：

（1）农业防治。清除田间、地边、沟渠杂草，深翻土地，将表土层越冬成虫翻入深层致死，有灌溉条件的实行冬灌或春浇，减少越冬虫源。

（2）化学防治。用1.8%阿维菌素乳油1 500～2 000倍液，40%乐果乳油、20%双甲脒乳油1 000～1 500倍液，20%甲氰菊酯乳油、73%克螨特乳油、5%噻螨酮乳油2 000倍液或50%溴螨酯乳油1 000倍液任选其一喷雾，着重于下部叶片背面施药。

### （十七）玉米蚜

玉米蚜（*Rhopalosiphum maidis*）属同翅目蚜科。全国各地均有发生，除谷子外，还危害玉米、高粱、麦类、水稻、糜子等作物和多种禾本科杂草。通过成、若蚜刺吸汁液危害谷子叶片和谷穗。苗期蚜虫主要群集于心叶危害，可使植株生长停滞，影响抽穗，同时带毒蚜虫还会传播谷子红叶病病毒。

有翅孤雌胎生蚜体长1.6～1.8 mm，翅展5.6 mm。头、胸黑色发亮。腹部黄绿色或墨绿色，第三、四、五节两侧各有1个黑色小点。触角6节，黑色，长1.2 mm左右，较体短，第三节上有小圆次生感觉圈12～19个，呈不规则排列，第四节有次生感觉圈1～5个，第五节除有一原生感觉圈外还有次生感觉圈0～2个。复眼红褐色，中额瘤及额瘤稍隆起。翅透明，中脉三叉。足黑色，腿节和胫节末端色较淡。腹管长圆筒形，端部收缢，上具覆瓦状纹。尾片圆锥形，中部微收缩，有毛4～5根。腹管与尾片均为黑色。无翅孤雌胎生蚜体长1.8～2.2 mm，淡绿色或墨绿色，附肢黑色，薄被白粉。复眼红褐色，触角6节，长0.6～0.7 mm，约为体长的1/3，第三、四、五各节无次生感觉圈。腹管长圆筒形，上具覆瓦状纹，基部周围有黑色晕纹。尾片圆锥形，中部微收缢。

玉米蚜在华北年发生20代。以成、若蚜在大麦、小麦和禾本科杂草的心叶中越冬。翌年3～4月开始活动危害，麦类黄熟后产生有翅蚜，迁往谷子、玉米等作物上危害。秋季产生有翅蚜，迁往小麦和其他禾本科杂草上越冬。玉米蚜终生孤雌生殖，高温干旱年份发生多、虫口增长快。谷子生长中后期旬平均温度23～25 ℃、旬降水量低于20 mm易猖獗危害。玉米蚜多群集于叶鞘或叶片背面近叶腋部吸食叶片汁液，造成点片状褐斑，并产生“蜜露”和“煤污”，影响植株光合作用，严重发生可导致叶片枯死。拔节期在心叶危害，可导致心叶不能展开，叶片畸形、坏死，严重发生可影响植株生长，造成谷子不抽穗或抽穗后因“蜜露”影响开花授粉，造成秕粒，千粒重下降，大面积减产。同时玉米蚜也是谷子红叶病病毒的主要传播介体，玉米蚜发生重，田间红叶病也相对较重。

防治方法：

（1）农业防治。选种抗蚜品种，结合中耕，清除田间、沟边杂草，消灭蚜虫滋生地，减少虫量。

（2）化学防治。用 4.5%高效氯氰菊酯乳油 1 500 倍液、1.8%阿维菌素乳油 1 500～2 000 倍液、10%吡虫啉可湿性粉剂 1 000～1 500 倍液或 5%啶虫脒乳油 1 500～2 000 倍液，任选其一喷雾防治。

### （十八）粟芒蝇

粟芒蝇（*Atherigona besita*），又称双毛芒蝇、粟秆蝇、谷蛆等，属双翅目蝇科。主要分布在我国东北、西北、华北等谷子产区。除危害谷子外，亦危害狗尾草、谷莠子等狗尾草属植物。以幼虫在谷子苗期至抽穗前蛀茎危害，破坏植株生长点，造成枯心苗、畸形穗和白穗等症状，严重发生可导致毁种。

成虫体长 3.0～4.5 mm。头部间额黑色；眼周围有带银白色的环；下颚须黑色，略上弯。胸部背板有 3 条暗色纵条；翅透明，腋瓣白色，平衡棒黄色；前足股节大部黑色，前足胫节黑色，中后足黄色；各足跗节黑色。腹部近圆锥形，暗黄色。雄蝇第一、二腹节背板有对不明显的暗斑，第三腹节背板有 1 对三角形大黑斑，第四腹节有 1 对小圆形黑斑，腹部末端背面可见三分叉的尾节突起，正中突与侧突大小相仿。肛尾叶的三叶突中叶菱形，顶端有 U 形缺刻，上无针刺。雌蝇第三、四两背板各有 1 对略呈长方形或梯形暗色侧斑；第五背板有 1 对暗色小圆点斑。卵乳白色，长约 1.65 mm，腹面呈缓弧形，有纵棱，前端略钝平，后端圆钝。老熟幼虫体长 4.5～6.2 mm，蛆形，初孵化时透明无色，老熟时橘黄和淡黄色，微带绿色，口钩黑色，尾端钝圆，有 2 个黑色气门突。蛹长 4.2～6.0 mm，褐色，长圆柱形，前端略钝平，尾端稍圆，上有气门突痕迹。

粟芒蝇在我国北方年发生 1～3 代，均以老熟幼虫在土中越冬。在一年一作的春谷区，一代危害谷苗主茎，二代危害分蘖及未抽穗茎。二代老熟幼虫除少数在 8 月间化蛹羽化外，大多数幼虫入土越冬。春谷区以二代危害为主，7 月上中旬为防治关键期。在春夏谷混作区，或夏谷区 1 年发生 3 代，一代危害春谷或狗尾草，二、三代危害夏谷。三代老熟幼虫在 8 月底 9 月间离株入土越冬。该区以二、三代危害为主，6 月底至 7 月初为二代防治关键期，7 月下旬为三代防治关键期。成虫对腐败鱼腥气味有很强趋性，成虫喜于早晨和傍晚取食和交尾。卵单产，卵期 3～4 d，幼虫孵化后爬入谷心咬食嫩心，造成螺旋状食痕，导致心叶萎蔫，干枯扭曲，形成炮捻状枯心苗，枯心内部多腐烂。后期侵入亦可造成畸形穗和白穗。粟芒蝇发生程度与湿度密切相关，6～8月多雨月份，发生危害重；低洼地，水渍地发生重。无论春谷或夏播谷，一般早播轻，晚播重。

防治方法：

（1）农业防治。选用抗虫品种。适时早播，避免间、混、套作，加强田间管理，促进谷苗健壮生长。

（2）种子处理。播种时用70％吡虫啉可湿性粉剂或70％噻虫嗪可分散粉剂按种子量的0.3％拌种。

（3）化学防治。苗期在田间发现被害枯心苗后，可用4.5％高效氯氰菊酯乳油、2.5％溴氰菊酯乳油或20％氰戊菊酯乳油1 500～2 000倍液全田喷雾防治。拔节后可公顷用20％氰戊菊酯乳油300 mL兑水7 500 mL，以手持电动离心喷雾机隔行进行行间超低量喷雾。

### （十九）黑麦秆蝇

黑麦秆蝇（*Oscinella pusilla*）属双翅目秆蝇科。该虫在华北地区除危害谷子外，还危害玉米、高粱、小麦、大麦、黑麦、燕麦等禾本科作物。以幼虫危害谷子心叶造成枯心苗、烂心和各种畸形株，导致减产。

雄成虫体长1.3～2.0 mm，前翅长1.3～1.9 mm；雌成虫体长2.1～2.7 mm，前翅长2.0～2.1 mm。头部黑色被灰白粉；颜凹，黑色；额三角区亮黑色，光滑；单眼瘤亮黑褐色；颊黑色，几乎与触角第三节等宽；髭角钝圆；后头区黑色；唇基黑色；头部的毛和鬃黑色。触角黑色，无粉，端圆；触角芒黑色，被黑色短毛。喙和须黑色，被黑色毛。胸部黑色，被灰白粉；中胸背板密被黑色短毛，胸侧亮黑色，无粉。后背片黑色；小盾片黑色，被灰白粉；胸部鬃毛黑色；足腿节黑色，但端部有少许黄色；胫节、跗节黄色，但后足胫节中部黑色，第三至五分跗节黑褐色至黑色。除跗节被有一些黄褐色毛外，足上毛黑色。后足胫节有长圆形的胫节器。翅透明，翅脉褐色；r-m脉位于距中室基部2/3处。平衡棒黄色。腹部黑色，腹面黄色，被灰白粉，毛为黑色。雄虫腹部末端第九背片黑色，背针突黑色，较长，内弯；下生殖板黑色，侧视宽；尾须黑褐色。雌虫腹部末端第九背板近三角形，端部圆，有1对长毛；第九腹板周围有1圈毛，黑色；尾须黑色，较长。卵乳白色，长椭圆形，长约0.7 mm，稍弯，一端较尖，表面有纵脊。幼虫蛆状，共分3龄，初孵幼虫（一龄幼虫）体白色透明，但口钩黑色；老熟幼虫（三龄幼虫）黄白色，体长约4.5 mm，前端有不明显的扇状前气门，后端有一对短圆柱形的后气门突。蛹黄褐色，长约3 mm，前端有4个乳状突起，后端有2个圆柱形突起。

在华北及黄淮海一带一年发生4～5代，以幼虫在冬小麦和禾本科杂草茎基部越冬，翌年早春随气温上升幼虫化蛹、羽化。一代继续危害小麦，二代危害小麦无效蘖和春玉米，三代、四代危害谷子、夏玉米、高粱、自生麦苗及禾本科杂草等，五代黑麦秆蝇转移到秋播小麦和杂草上危害并越冬。黑麦秆蝇成虫将卵散产在谷子幼苗茎基部叶鞘和心叶内外，卵期2～4 d。幼虫孵化后转移到谷子心叶，并钻蛀生长锥危害，造成被害处粘连或腐烂，被害株表现枯心、环形株等各种畸形症状。夏季高温多雨湿度大有利于黑麦秆蝇发生。

防治方法：

(1) 农业防治。种植抗虫品种，适当晚定苗，拔除被害株并带出田外销毁。

(2) 种子处理。用70%吡虫啉可湿性粉剂或70%噻虫嗪可分散粉剂按种子量的0.3%拌种。

(3) 药剂防治。可用10%吡虫啉可湿性粉剂1 000～1 500倍液、20%氰戊菊酯乳油2 000倍液或25%速灭威可湿性粉剂600倍液，任选其一喷雾。

## (二十) 稻纵卷叶螟

稻纵卷叶螟（*Cnaphalocrocis medinalis*），又称刮青虫，属鳞翅目螟蛾科，各谷子产区均有分布。除危害谷子外，主要危害水稻，有时危害小麦、玉米、甘蔗及禾本科杂草。以幼虫缀丝纵卷谷子叶片成虫苞，幼虫潜藏虫苞内啃食叶肉，仅留表皮，形成白色条斑，致叶片枯死，造成减产。

成虫体长7～9 mm，体、翅均为淡黄褐色，前翅前缘暗褐色，有两条褐色横线，内横线、外横线斜贯翅面，两线间有1条较短的中横线，外缘有暗褐色宽带；后翅亦有2条横线，内横线短，不达后缘，外缘具暗褐色宽带；雄蛾体稍小，色泽较鲜艳，前、后翅斑纹与雌蛾相近，但前翅前缘中部有黑色眼状纹，雌蛾前翅则无眼状纹。卵长约1 mm，近椭圆形，扁平，中部稍隆起，初产白色透明，近孵化时淡黄色，表面具细网纹。老熟幼虫长14～19 mm，头褐色。低龄幼虫绿色，后转黄绿色，成熟幼虫橘红色。中、后胸背面有8个小黑圈，前排6个，后排2个。蛹长7～10 mm，初浅黄色，后变红棕色至褐色，圆筒形末端尖，具8个钩刺。

稻纵卷叶螟在我国年发生1～11代，自北向南逐渐递增。东北1～2代，河北、河南、山东等省2～3代，在我国北纬30°以北地区，任何虫态都不能安全越冬。该虫有远距离迁飞习性，每年春季，成虫随季风由南向北而来，随气流下沉和雨水拖带降落下来，成为非越冬地区的初始虫源。秋季，成虫随季风回迁到南方进行繁殖，以幼虫和蛹越冬。稻纵卷叶螟成虫有趋光性和趋向嫩绿谷田产卵的习性，喜荫蔽和潮湿环境。白天栖息于谷田，夜晚活动、交配，把卵产在叶片的正面或背面的中脉附近，卵散产，多数1处产1粒，少数2～5粒排列在一起。每雌产卵量40～50粒，最多150粒以上。卵期3～6 d，幼虫期15～26 d，共5龄。一龄幼虫不结苞，常爬入心叶或嫩叶鞘内侧啃食。二龄幼虫先将叶尖卷成小虫苞，然后继续吐丝纵卷谷叶形成较大虫苞，幼虫潜藏虫苞内啃食叶肉，仅留表皮。幼虫蜕皮前，常转移至新叶重新做苞。第四、五龄幼虫食量增大，频繁转苞危害。每头幼虫一生可卷5～6片叶，多的达9～10片。老熟幼虫在植株基部的黄叶或无效蘖的嫩叶苞中化蛹，少数在老虫苞中，蛹期 5～8 d。

防治方法：

（1）农业防治。选用抗虫品种。

（2）物理防治。利用成虫的趋光性，于成虫盛发期采用黑光灯诱杀。

（3）生物防治。人工释放赤眼蜂。在稻纵卷叶螟产卵始盛期至高峰期，分期分批放蜂，每公顷每次放 45 万～60 万头，隔 3 d 1 次，连续放蜂 3 次。

（4）化学防治。在卵孵化高峰期至二龄幼虫盛发期，于早晨或傍晚用 90%晶体敌百虫 600 倍液、10%吡虫啉可湿性粉剂 1 000～1 500 倍液或 1.8%阿维菌素乳油 1 000 倍液，任选其一全田喷雾。一般需要隔 5～7 d 用药 1 次，连续防治 2～3 次。施药器具宜使用喷雾均匀的弥雾机或喷药孔较细的喷雾器施药。

### （二十一）椿象

椿象种类较多，均属半翅目，危害谷子的种类主要有缘蝽科的粟缘蝽（*Liorhyssus hyalinus*），蝽科的斑须蝽（*Dolycoris baccarum*），盲蝽科的甘薯跳盲蝽（*Halticus minutus*）、绿盲蝽（*Lygus pratcnsis*）和赤须盲蝽（*Trigonotylus ruficonis*）等。甘薯跳盲蝽主要在夏谷区危害，其余种类在全国谷子产区均有发生。椿象主要以成若虫吸食籽粒汁液造成秕谷，或刺吸叶片形成黄白色斑点或条点状白色斑纹。

粟缘蝽和斑须蝽在华北年发生 2～3 代，以成虫在田间杂草根际，麦田、树皮缝隙等处越冬。翌年春季气温回升后，成虫开始活动，先危害杂草、小麦、蔬菜等作物；7～8 月谷子抽穗后，逐渐转移到谷子穗部产卵危害，单雌产卵量 20～60 粒。粟缘蝽的卵红色，散产，数粒至十多粒，排列不整齐，成堆状。斑须蝽的卵排列整齐成块状。卵期 3～5 d，若虫历期 10～15 d。斑须蝽成虫较大，活动较慢，粟缘蝽个体较小，遇到惊扰时，迅速起飞。

赤须盲蝽、绿盲蝽和甘薯跳盲蝽在华北 1 年发生 3～4 代，均以卵产在田间杂草、苜蓿、油菜和小麦茎叶组织越冬。翌年春季气温达 10 ℃以上时，越冬卵孵化。第一代危害杂草和返青作物，然后逐渐转移到谷田危害繁殖。春季低温影响越冬卵的孵化时间，亦可造成初孵幼虫的死亡。夏季多雨有利于各种盲蝽的发生危害。

防治方法：

（1）农业防治。深翻土地，消灭田间地头杂草，减少越冬虫源。

（2）化学防治。用 40%乐果乳油、10%吡虫啉可湿性粉剂 1 000～1 500 倍液，4.5%高效氯氰菊酯乳油 1 500 倍液，3%啶虫脒乳油、20%甲氰菊酯乳油 2 000 倍液或 25%氰・辛乳油 2 500 倍液全田喷雾，同时也要兼顾田块周边杂草上害虫的防除。

### （二十二）褐足角胸肖叶甲

褐足角胸肖叶甲（*Basilepta fulvipes*）属鞘翅目肖叶甲科。在东北、华北、西北等谷子产区均有发生。除危害谷子外，也危害玉米、高粱、大豆、向日葵、大麻、甘草、葎草等。主要以成虫啃食谷子叶片叶肉，形成网状孔洞，严重时吃光叶片仅留叶脉，影响产量。

成虫体长 3.0～5.5 mm，宽 2.0～3.2 mm。体卵形或近方形，头、前胸和足棕红色。头部刻点密而深，头顶后方具纵皱纹。唇基前缘凹且深。触角丝状，雌虫触角长达体长一半，雄虫触角达体长 2/3。触角 11 节，第一节粗大，棒状；第二节长椭圆形，较粗，稍短于第三节；基部第一至五节的 1/2 处淡黄色，以上为黑色，节间色淡。前胸背板短宽，略呈六角形，两侧在基部之前或中部之后突出成尖角；盘区密布深刻点。小盾片盾形，光亮或具微细刻点。翅鞘颜色变异较大，有蓝色、绿色、棕黄色和棕红色等。鞘翅基部隆起，基部下面有 1 条横凹，肩胛下面有 1 条斜伸的短隆脊；盘区刻点一般排列形成规则的纵行，基半部刻点大而深，端半部刻点细弱；行距上无刻点或具细小的刻点。

发生世代不详，在华北 6 月始见成虫危害。7 月中下旬为成虫发生盛期，发生较重年份 8 月上旬仍有一定数量成虫危害谷子叶片。成虫多在傍晚集中在谷子中下部叶片或心叶活动危害，咬食叶片叶肉，仅留表皮，或形成筛网状孔洞。成虫受到惊动假死或飞走。

防治方法成虫发生期用 30%乙酰甲胺磷乳油 1 000 倍液或 4.5%高效氯氰菊酯乳油 1 500 倍液、48%毒死蜱乳油 1 500 倍液，任选其一喷雾防治。

### （二十三）双斑长跗萤叶甲

双斑长跗萤叶甲（*Monolepta hieroglyphica*），属鞘翅目（Coleoptera）叶甲科（Chrysomelidae）。在我国北方谷子产区均有分布。除危害谷子外，还可危害玉米、高粱、豆类、棉花、甘蔗、青麻、向日葵、马铃薯、胡萝卜、茼蒿、杨、柳及多种十字花科蔬菜作物。以成虫在谷子穗期危害灌浆谷粒，造成籽粒破损影响产量和品质。

成虫体长 3.6～4.8 mm，宽 2.0～2.5 mm，长卵形，棕黄色。头和前胸背板色较深。触角丝状 11 节，其中 1～3 节黄色，4～11 节黑褐色，触角为体长 2/3；复眼黑褐色；前胸背板宽大于长，表面隆起，密布细小刻点；小盾片黑色，呈三角形；鞘翅布满有线状细刻点，每个鞘翅基部具一近圆形淡色斑，四周黑色，淡色斑外侧多不完全封闭，其后面黑色带纹向后突伸成角状，有些个体黑带纹不清或消失，翅后端合为圆形。后足胫节端部具一棕褐色长刺。卵椭圆形长 0.6 mm，初产黄色，表面具网状纹。幼虫体长 6～9 mm，白色至黄白色，体表具瘤和刚毛，前胸背板骨化，颜色较深，腹节末端具铲形骨化板。蛹长 2.8～3.5 mm，宽 2.0 mm，白色，表面有刚毛。

该虫在华北北部和东北南部年发生 1 代，以卵在表土下越冬。翌年 5 月上中旬孵化，幼虫孵出后在表土层危害作物和杂草的根。幼虫在土中生活 30～40 d，老熟后在土中做土室化蛹。6 月下旬，7 月上旬成虫始发，7 月下旬至 8 月下旬成虫群集到谷子、玉米、高粱、棉花等作物危害。早期危害可造成小穗不育，抽穗后，啃食正在灌浆的籽粒，造成籽粒破损。9 月下旬粮食作物成熟后，成虫转移到菜田危害蔬菜等作物，并产卵于表土层。该虫干旱年份发生重，旱地重于水地。

防治方法：

（1）农业防治。深翻土地，将表土层的卵耕翻到深层，消灭越冬虫源。清除田间杂草，消灭中间寄主植物。

（2）人工防治。在成虫发生期，于傍晚用扑虫网扑杀成虫。

（3）药剂防治。成虫盛发期用1.8%阿维菌素乳油1 000～1 500倍液，10%吡虫啉可湿性粉剂1 500倍液，4.5%高效氯氰菊酯乳油1 000倍液，20%甲氰菊酯乳油或20%氰戊菊酯乳油2 000倍液喷雾。

## 二、主要病害

### （一）谷子白发病

谷子白发病俗称灰背、枪杆、看谷老、刺猬头等，是世界各地谷子产区普遍发生的重要病害，也是谷子中最为常见的病害之一。由于中国、朝鲜、印度及日本谷子栽培面积较大，白发病发生普遍危害严重。在我国北方谷子是主要粮食作物之一，年种植面积居世界首位。一般发病率5%～10%，严重可达50%，对谷子的产量影响很大。

**1. 病害症状**

幼苗感病后不仅症状可持续发展，而且谷子在不同生育阶段的发病症状也不一样。主要是在种子发芽时可造成烂芽，出苗后可陆续表现为灰背、白尖、枪杆、白发、看谷老等各具特点的症状。具体表现为：①烂芽，芽腐种子萌芽时受到侵染并变褐色扭曲未出土前即死亡造成缺苗断垄；②灰背，萌芽时感病植株病轻的可以出苗，从苗高至期间中下部叶片变黄绿色并纵向形成黄白色条纹潮湿条件下，叶背面产生厚厚的灰白色霜霉状物，这种叶片可提早枯死；③白尖和枪杆，当叶片出现灰背后叶片干枯但心叶仍能继续抽出，只是心叶抽出后不能正常展开而是呈卷筒状直立出现黄白色白尖，以后逐渐变褐色枪杆状；④白发，变褐色的心叶受病菌危害，叶肉部分被破坏成黄褐色粉末仅留维管束组织呈丝状白发植株死亡；⑤看谷老，部分病株发展迟缓能抽穗或抽半穗但穗变形，小穗受刺激呈小叶状整个穗子像刺猬头故又称刺猬头，不结籽粒内有大量黄褐色粉末。这些都使得谷子的品质严重受损，每年都会造成巨大的经济损失。

**2. 病原菌**

谷子白发病的病原菌为禾生指梗霉（*Sclerospora graminicola*），属鞭毛菌亚门指梗霉属真菌。在国内谷子产区均有发生，过去一直是东北、西北春谷区的主要病害，近年来在华北夏谷区也普遍发生，是严重影响谷子产量的主要病害之一。

禾生指梗霉为活体营养生物，菌丝体无色透明，无隔膜，有分枝，内含微细颗粒，侧生圆形吸器伸入寄主细胞吸取营养。灰背阶段为病原菌的无性世代，孢囊梗经寄主气孔伸出，单生或2～3根丛生。孢囊梗上宽下窄，顶端有2～3个分叉，分叉顶端产生2～5个孢子囊，孢子囊椭圆形或倒卵圆形，无色，单胞，顶端有乳状突起，大小为（13.3～26.6）μm×（11.4～19.0）μm。孢子囊在干燥条件下寿命很短，经5～50 min即丧失萌发力，在高湿、适温（15～16 ℃）条件下，经30～60 min，每个孢子囊产生3～11个游动孢子。游动孢子呈不规则肾脏形，无色透明，中央有一纵沟，纵沟中间长出2根鞭毛，借此游动，遇到寄主后鞭毛脱落，变成球形休止孢子，再产生芽管侵入寄主。病株抽穗前，顶叶组织内菌丝开始产生雄器和藏卵器，这是病原菌的有性世代。雄器丝状，顶端稍粗。藏卵器多为球形，内有1个卵球，由雄器顶端长出一根受精管穿进藏卵器，细胞核互相结合后，形成卵孢子。卵孢子圆形或近圆形，黄褐色，孢壁较厚，凹凸不平，大小（24.7～47.2）μm×（23.2～44.2）μm，与残留的藏卵器相连。卵孢子一般不易萌发，需经生理后熟期方可萌发，致死温度为54 ℃经10 min。

白发病菌以卵孢子在土壤中、种子表面或未腐熟粪肥上越冬。卵孢子在土壤中可存活2～3年，是主要初侵染源。病菌侵染谷子主要发生在幼芽期。种子萌发时，土壤中或种子表面的卵孢子也同时萌发，以芽管侵入谷子幼芽芽鞘，引起死亡或定殖其中，随着生长点的分化和发育，菌丝达到叶部和穗部，病株陆续出现灰背、白尖、白发等症状。灰背时期孢子囊和游动孢子借气流和雨水传播，进行再侵染，形成灰背和局部黄斑症状。这种再侵染的病株通常不能产生白尖、白发或看谷老。但个别地方在多雨年份，有时游动孢子随风雨自顶叶进入幼苗、分蘖，或分枝茎的生长点，也可发生重复的系统侵染，形成灰背、白尖、白发等系统侵染症状。低温潮湿土壤中种子萌发和幼苗出土速度慢，容易发病。土壤墒情差，播种深或土壤温度低时，病害发生重。大气温湿度影响再侵染，田间饱和湿度，特别是有水滴的条件和20～25 ℃气温适于孢子囊生长，有利于孢子囊和游动孢子再侵染。不同品种对白发病抗性有差异。

**3. 生理分化研究**

国内外关于粟白发病方面的研究甚少，俞大绂教授就曾确定谷子白发病菌株的致病力有差异，这是已知世界文献中关于粟白发病菌生理分化的早期研究。20世纪50年代后，山东省科研人员的研究指出，莱阳和济南的菌株致病力不同。90年代刘怀祥等进行了白发病抗性鉴定技术研究，随后褚菊征等对中国粟白发病生理小种进行了初步分类研究。国外研究认为*Sclerospora graminicola*（Sacc.）Schrobt. 包含粟白发病菌和珍珠稗白发病菌2个菌系。80年代后Ball、Werder等提出珍珠稗菌系菌株有致病力的不同。褚菊征等在全国许多地区采样最终根据68个参试菌株在5个鉴别品种上的反应特征，初步将我国白发病菌区分为6群20个生理小种，并明确了各小种在各生态区的分布。确定中国分4个谷子生态区有黄土高原区、华北区、东北区和内蒙古高原区。在黄土高原区中病菌小种类群最多，致病力最强。而山西省谷子种植面积大，白发病普遍而严重发生，给优质谷子生产造成了巨大损失。史关燕等在其后对山西省谷子白发病菌菌株进行了研究，想确定其是否有新的生理小种或菌群，但是结果很遗憾其在黄土高原病菌群或生理小种内再分类研究中未能得到原始分类菌种，不能在原始菌群或生理小种属内系统分类。以上都是近期我国在谷子白发病生理小种分类上的研究，可知研究内容还很有限，很多地方的生理小种还未调查，这些都需要今后长期的研究来完善。而近年来，由于我国谷子抗病品种选育工作的开展和谷子种质资源对白发病抗病性鉴定的需要，迫切需要了解谷子白发病菌生理小种及其分布情况。

谷子白发病是系统性侵染病害，病原菌专性寄生。这给谷子抗病性的研究带来了很大的困难，传统的鉴定方法是利用卵孢子菌土覆盖播种层。这种方法存在着卵孢子用量大、菌土覆盖不均匀等问题。而在刘怀祥等的研究中，鉴定方法得到了很大的提升和扩展，其发现卵孢子菌土包衣接种法、孢子囊接种法、浸芽接种法都有很好的效果。

王雅儒等利用前面刘怀祥等研究的鉴定新方法对我国各区优异品种谷子和各生态区多种菌株进行了抗性关系的研究，选出广谱抗性品种。这为谷子抗白发病育种、优良品种的合理布局及抗性机制的深化研究提供了基础材料。在其研究中确定：东北平原区中龙谷 25 变、龙谷 26 和大青苗 3 个品种是广谱抗性品种；华北平原区中 332 是广谱抗性品种；内蒙古高原区中七月黄、大同北郊、张农 12 和西城白是广谱抗性品种；黄土高原区吕谷 2 号抗性很优异。而且在其后的调查和推广中发现土传性病害使品种抗病性丧失所需时间较长，为了延长优良品种使用寿命，仍需注意选配多元化亲本，使抗病品种的抗性稳定、持久。

**4. 病害循环**

谷子白发病病原菌［*Sclerospora graminicola*（Sacc.）Schroeter］为假菌界卵菌门藻状菌纲霜霉菌科指梗霉属真菌。在很久以前俞大拔教授曾指出土壤中和种子上的卵孢子是白发病的主要来源，但后期又认为肥料传带卵孢子是引发病害的重要条件。为了明确土壤和肥料传病过程中哪个起的作用更大，魏嘉典等进行了详细试验，确定了由病株散落在土壤中的卵孢子是主要来源而粪肥中的卵孢子不如土壤中的侵染力强。并且卵孢子在土壤中生命力十分顽强，可存活 3～4 年仍有很强的侵染活力，这说明谷子白发病是一种土传病害。后期有研究还表明病菌可以以卵孢子的形式在土壤、粪肥中，或附着在种子表面越冬，卵孢子经过牲畜胃肠仍可发芽危害，从幼芽、胚芽鞘和幼根表皮侵入。还可以以孢子囊进行再侵染，但是侵染力明显不如卵孢子且自然界中不常见，也就未成为研究的热点。

在国内已经公认谷子白发病是由卵孢子引起的系统性侵染病害后，对于分生孢子的作用只肯定其能引起局部侵染，能否形成系统侵染尚未确定。在国外，曾提到谷子白发病的分生孢子能系统的侵染谷子，造成流行。但是稍后进行的田间调查又显示，在品种抗病性和环境条件基本一致的情况下，分糵品种主茎和单杆品种发病率大致相同。分蘖品种的无病主茎的分蘖及其分枝却大量发病或是分蘖、分枝在主茎普遍发病之后再大量发病。分蘖发病绝大多数都是次生弱小分蘖，分枝几乎全能发病。有些田块中，尽管主基发病悬殊，但是，分集、分枝发病却相当一致。这些现象显然难以完全用卵孢子初侵染来说明。由于上述的理由有些人就推测：谷子白发病病菌除了卵孢子成为系统侵染的初侵染来源外，分生孢子似亦有引致分蘖、分枝、幼芽而形成系统侵染的可能。张勤锋就这一推测进行了深入的研究，他通过人工接种、自然传病试验和单株系统发病观察等试验所获得的结果，证实在谷子各个发育阶段凡是具有分生组织的幼嫩器官，均可被白发病菌分生孢子侵入而形成系统侵染。这证实了之前推测的真实性，分生孢子也是谷子白发病系统侵染的来源之一。稍后沙菲那对御谷幼苗以分生孢子悬浮液浸泡接种后在潮湿条件下获得类似结果。

**5. 发病因素**

谷子白发病的发生受很多因素的影响，生育期，温度，光照，N、P、K 肥的施用对谷子的生长都有很大的影响作用。赵敏等调查发现，低温潮湿土壤中，种子萌发和幼苗出土速度慢容易发病；湿润条件和 20 ℃、25 ℃的气温对孢子囊生长有利；温暖潮湿气候发病多；连作发病重；播种时间或播种深度对发病有影响，播种早土壤温度低出苗迟易发病，播种较深出土慢侵染机会多；谷子品种不同抗病力，早熟品种发苗快不易侵染。这刚好与之前谷子生长的适宜条件有些矛盾，也说明谷子长得健康、自身抗性强对抵抗谷子白发病有深远意义。

**6. 防治方法**

（1）选用抗病品种，避免重茬播种。

（2）谷子白发病是以土壤传播为主的病害，实行 3 年以上轮作能有效地减轻此病，发生轮作的作物可选择高粱、玉米、小麦、经济类作物、薯类作物、杂豆等。

（3）改进栽培技术，适时晚播浅播，使苗齐苗壮减少植株的侵染概率。

（4）种子处理。在播种前可采用温汤浸种的方法杀灭种子表面白发病菌，具体做法：55 ℃温水浸种 10 min，然后用清水漂洗，去除秕粒，晒干后播种。也可以用 35%甲霜灵拌种剂每 50 kg 种子用药 0.1 kg，防效可达 80%以上。

（5）药土覆盖。如果土壤菌量过大，除拌种外仍需覆药土。即每公顷用 75%敌克松 7.5 kg 拌细土 225～300 kg，播种后沟施盖种能长期保护幼苗不受侵害。

（6）拔除病株，结合田间管理拔除灰背、枪杆等病株，但拔除病株必须在卵孢子飞散之前连根一起拔掉并烧毁或深埋处理。

## （二）谷子锈病

谷子锈病由粟单胞锈菌（*Uromyces setariae-italicae* Yoshino）引起，属担子菌亚门单胞锈菌属真菌。在各谷子产区均有发生，尤以河南、山东、河北、辽宁等地发生较重，近年来，在朝阳、承德、沧州、安阳等地又有回升，局部严重发生。锈病流行年份，一般减产 30%以上，严重地块甚至颗粒无收。

**1. 病原菌**

粟单胞锈菌是一种多孢型转主寄生的锈菌，一生可产生 5 种孢子。在谷子上，产生夏孢子和冬孢子，完成夏孢子和冬孢子世代；冬孢子萌发后形成担孢子，担孢子萌发侵染转主寄主罗氏破布木（*Cordia rothii*，属紫草科），在破布木上完成锈孢子世代，产生性孢子与锈孢子。夏孢子为单胞，球形、阔卵状或长圆形、楔形或三角形，壁光滑，顶端稍厚具芽孔，圆或截状；基部圆或渐狭，黄褐色或褐色，大小为（20～30）μm×（16～24）μm，外孢子厚 2～3 μm。冬孢子为单细胞，大部分呈三角形，也有球形或阔卵形，深褐色，孢子柄长期存在不易脱落，无色透明或半无色透明。性孢子器是金黄色小斑点，微隆起，产生在破布木叶表面。在叶片下则产生锈孢子器，圆形，黄色或褐色，聚生，直径 0.5～1.5 cm，密排，宽圆桶状，边缘白色，小齿状，周皮紧密连合，外壁 6～8 μm 厚，表面有条纹，内壁 4 μm 厚，表面有微疣。锈孢子，扁圆形、椭圆形或三角形，表面密生细疣，半透明，大小为（20～27）μm×（18～23）μm。

**2. 病害症状及病害循环**

谷子锈病可危害叶片和叶鞘，但在叶片上发生更加严重。发病初期多在中部以下叶片表面与叶背面，尤其是叶背面，开始产生红褐色夏孢子堆，稍隆起，圆形或椭圆形，约 1 mm。夏孢子堆成熟后突破表皮而外露，周围残留表皮，散出黄褐色粉末状物，即夏孢子。严重时夏孢子堆布满叶片，造成叶片枯死，秸秆柔软，籽粒秕瘦，遇风雨倒伏，甚至造成绝产。抗病品种的夏孢子堆较小，周围寄主组织枯死或失绿，或仅产生微小病斑，夏孢子堆不能突破表皮而扩散。据记载，发病后期在病株叶片和叶鞘的表皮下可以散生黑色小斑点，圆形或椭圆形，即冬孢子堆，但是，在北方极少见。在印度冬孢子萌发产生担孢子侵染破布木，形成性孢子和锈孢子，锈孢子再侵染谷子，完成整个侵染世代。而我国北方未见破布木以夏孢子完成整个病害侵染循环。谷子锈菌为专性寄生菌，有高度的致病性分化，各地存在不同的生理小种。

谷子锈病为流行性病害，主要发生在谷子生长中后期，一般在谷子抽穗前后开始发病。以夏孢子随谷草、肥料在干燥场所，或随病残体在田间越冬，成为来年初侵染源。夏孢子遇雨水飞溅到叶片上，萌发后通过气孔侵入，在表皮下或细胞间隙中生长，约 10 d 后产生夏孢子堆。夏孢子堆成熟后散发出大量夏孢子，通过风雨传播形成再侵染。气候条件合适则很快形成发病中心，并向全田扩散引起该病的暴发流行。流行过程一般可分为 3 个时期：发病中心形成期——发病初期病叶率逐渐增加，严重度没有发展，在田间形成明显的发病中心；普遍率扩展期——由发病中心向全田迅速扩展，全田普遍发病，病株率、病叶率急剧增加，为田间流行提供了充足菌源；严重度增长期——病株率、病叶率达到顶峰，发病程度急剧增加，引起植株倒伏，严重影响产量。在华北地区 7 月下旬至 9 月中旬是谷子锈病的主要流行时期。高温多雨有利于病害发生。7～8 月的降水量是决定当年锈病流行程度的关键因素，降雨多，发病重，干旱年份发病轻。低洼地和氮肥使用过多、密度过大田块发病重。谷子品种间抗病性差异明显。谷子锈菌除危害谷子外，还可以侵染青狗尾草、谷莠子等。

**3. 生理分化研究**

俞大绂用采自金狗尾草、青狗尾草和粟叶片上锈菌的新鲜夏孢子分别进行交互接种试验，结果认为粟和两种狗尾草上的锈菌是不同的生理型，两种狗尾草上的锈菌是同一生理型；刘维研究也认为金狗尾草上锈菌同粟叶片上锈菌，可能是两个不同的生理小种。Rama Krishnan 报道粟锈菌不能侵染金狗尾草（*Setaria glauca*）和轮生狗尾草（*Setaria verticillate*）。在严重感染粟锈菌的谷子田间，金狗尾草却不发病；以狗尾草锈菌夏孢子接种谷子也不能使其侵染发病，可见粟锈菌与金狗尾草锈菌属于两个不同的生理小种。

冯凌云等将 25 个粟锈菌菌种分别接种于 13 个鉴别寄主品种上，可区分出 10 个粟锈菌生理小种（或生理型），表明粟锈菌存在生理分化现象。刘维等对粟锈菌生理分化研究从 6 个省的 5 000 多个粟品种筛选出 10 个鉴别寄主，初步鉴定出 10 个生理小种（类型）。在粟品种资源抗锈性鉴定与筛选粟锈菌鉴别寄主时，发现锈菌新寄主：野稗及巨丰珍珠谷。董志平等从将近 4 000 份谷子材料中，筛选出了 6 个鉴别寄主，首次将河北省夏谷区锈菌区分为 7 群 25 个生理小种。继而又将我国北方十省谷子锈菌区分为 7 群 32 个生理小种，其中优势小种为 E3、D7，强毒性小种为 A77、A73、A57、B37，并建立了以骨干抗源和代表抗锈品种为辅助鉴别寄主的谷锈菌毒性监测体系，为谷子抗锈育种以及抗锈品种的合理布局奠定了基础。

**4. 抗病性研究**

刘维等在 1983—1985 年对 1 851 份谷子种质资源抗锈性进行了鉴定，发现在 830 份春谷种质资源中，抗病品种仅有 2 份，占鉴定品种总数的 0.24%；在 1 021 份夏谷中，抗病的有 18 份，占鉴定品种总数的 1.76%。崔光先等在 1987—1989 年对中国北方 547 份谷子新品种（系）进行了抗锈性鉴定，研究发现，抗病品种 8 份，仅占鉴定份数的 1.5%。梁克恭等在 1987—1990 年对我国 5 317 份谷子品种抗锈性进行了鉴定，研究发现，抗病品种 6 份，仅占鉴定份数的 0.11%，中抗品种 41 份，仅占鉴定份数的 0.77%。在此基础上，董志平等从近 4 000 份谷子材料中筛选出 6 个鉴别寄主，明确了谷子锈菌的优势小种和强毒性小种，利用强毒性小种先后从 8 个国家 16 000多份资源中鉴定出 52 份抗源，高抗资源 9 份，仅占总鉴定数的 0.056%。Nataraja 和 Muthusamy 等曾系统对印度谷子品种抗锈性进行鉴定并对谷锈菌进行了分类。赵立强等用强毒性小种鉴定十里香，发现该材料抗锈性十分稳定，且具有多种优良农艺性状，是谷子抗锈改良的重要资源。

**5. 谷子锈病基因分子标记**

掌握谷子抗源的抗锈遗传规律，寻找和定位与谷子抗锈基因连锁的分子标记，可为谷子抗锈病基因的定位、克隆和抗病育种等研究奠定基础。

袁进成等利用 AFLP 技术分别筛选获得与谷子不育基因紧密连锁的两个 AFLP 标记（P17/M37224 和 P35/M52208），该标记分别与不育基因的遗传距离分别是 2.1 cm和 1.4 cm；牛玉红等对由一对显性核基因（*Srf*）控制的谷子抗除草剂拿捕净种质抗性进行了分子标记的研究。通过对 AFLP 引物组合的筛选，找到了与谷子抗除草剂基因连锁的两个 AFLP 标记 AP1284（M55/15）和 AP2350（M55/14）。它们位于抗除草剂基因的一侧，与目的基因的遗传图距分别为 6.3cM 和 2.9cM。简单重复序列（SSR）是进行遗传多样性研究的一种有效分子标记，郝晓芬等利用 SSR 分子标记技术对来自山西、西藏、黑龙江等不同省份的谷子品种进行了遗传多样性分析。共筛选了 100 多对引物组合，初步筛选到 5 对有多态性、扩增稳定、重复性好的引物。获得的 34 个多态位点的平均 PIC 值为 0.732 4，96 份材料被聚成五大类；Jia 等以谷子 Shengtiebang 和 Tiegu 10 富含微卫星的文库为研究对象，开发了 81 个 SSR 标记。将开发的 SSR 标记与已知的 20 个 RFLP 标记构建成谷子分子标记连锁图谱；Azhaguvel 等以谷子 IP18293 和 Tift238D1 杂交的群体为材料，利用 RFLP 分子标记将谷子矮化基因 *d1* 和 *d2* 及紫子叶颜色基因 *P* 定位于谷子连锁图谱上；杨延兵等通过 RAPD 分析对来自春、夏谷区不同育种单位的 23 份谷子品种进行了多态性和聚类分析。结果表明，供试的 23 份不同品种间的 RAPD 标记多态性较低，13 对引物组合共扩增出 56 条多态性带，平均每个引物组合扩增获得多态性条带数目平均为 4.31 条，引物 S30 和 S45 都有 7 条多态性带，能够鉴别的品种最多为 13 个。赵立强等利用 AFLP 技术在谷子抗锈资源十里香中筛选出与谷子抗锈基因紧密连锁的 3 个标记，与抗锈基因之间的遗传距离分别为 7.4 cM、9.2 cM 和 27.4 cM。

**6. 抗锈基因克隆**

董志平等根据 NBS-LRR 和 STK 类抗病基因保守结构域设计简并引物，以十里香基因组 DNA 为模板扩增，克隆出谷子 NBS-LRR 和 STK2 类抗病同源序列（RGAs）。其中有 4 个片段分别与小麦（*Lr10*、*Lr21*）、玉米（*Rpl-D*）、高粱（*Rp1*）抗锈基因同源性达 80%以上，可能参与谷子抗病信号传递。通过 RACE 和 Genome Walking 技术，获得 5 个基因全长序列，其中一个命名为 *RUS1*，含有抗病基因产物中 NB-ARC 保守结构域，克隆到该基因的启动子。

**7. 防治方法**

（1）种植抗（耐）病品种。抗病品种是防控该病最经济有效的措施，在重发区选用抗耐病品种，如冀创 1 号、豫谷 11、朝谷 13、201019 等品种。

（2）农业防治。加强田间管理，合理密植，雨季田间及时排水，少施氮肥，增施磷钾肥，提高植株抗病力。

（3）化学防治。田间病叶率 1%～5%时用 20%三唑酮乳油 1 000～1 500 倍液或 12.5%烯唑醇可湿性粉剂 1 500～2 000 倍液喷雾，间隔 7～10 d 再防治一次。

## （三）谷瘟病

粟瘟病（俗称谷瘟病）是一种气传性病害。由谷子梨孢菌（*Pyricularia setariae* Nishik）引起，在我国谷子产区普遍发生，是谷子的重要气传流行性病害。20 世纪 70 年代曾在吉林、山西、河北、山东等地严重发生，后经推广抗病品种得到有效控制。近年来推广品种抗性较差，谷瘟病再次成为生产上严重影响产量的病害。流行年份危害严重，能引起谷子苗叶枯死、谷穗部分或全部秕粒，造成严重减产，甚至颗粒无收。因发病部位不同，可分为叶瘟、穗颈瘟、茎节瘟3种。叶瘟自幼苗到成株均可发病，苗期发病严重能引起幼苗枯死；穗颈瘟引起穗不结实或籽实秕糠；茎节瘟引起植株倾斜和倒折。患病谷子的叶、叶鞘、穗颈、小穗柄和籽粒均可被害。叶片上的典型病斑为梭形，中央灰白色至灰褐色，边缘深褐色，潮湿时，叶背面生灰霉状物；叶鞘上病斑也呈梭形，较大，严重时茎节变黑，易折断。穗颈和小穗柄被害时，均为暗褐色，组织坏死，致使上部谷穗或小穗失去养分供给而成为死穗或死小穗。

**1. 病原菌**

谷子梨孢菌（*Pyricularia setariae* Nishik），属半知菌亚门丝孢目梨形孢属。异名 *P. oryzae* Cav. 分生孢子梗单生或2～5根丛生，无色或基部淡褐色，不分枝，有2～3个隔膜，基部稍大，顶端稍尖，有时呈屈膝状，孢痕显著，大小为（74～122）μm×（4～5）μm。分生孢子梨形或梭形，无色，基部钝圆形或圆形，有小突起，顶端较尖，有2个隔膜，隔膜处有或无缢缩，大小为（16～28.7）μm×（9～11）μm。分生孢子萌发需要高湿，当相对湿度低于95%时，孢子萌芽率低甚至不萌发，而在清水中几小时即可萌芽。分生孢子萌芽后产生芽管，顶端形成球形或卵圆形的浅褐色附着胞，直径（9～10）μm×8 μm。分生孢子在4～38 ℃均可萌发，最适温度25～28 ℃，致死温度51～52 ℃。同时温度也影响孢子体积，15～25 ℃时孢子体积增大，低于10 ℃和高于30 ℃则减小。菌丝最适生长温度27～29 ℃，52 ℃时10 min即死亡，最适pH 6～6.7，但在pH 4.5～10.5时均可生长，在培养基上可存活一年以上。谷瘟病菌的有性阶段为灰喙球菌［*Ceratosphaeria grisea*（Hebert）］，可形成子囊壳、子囊和子囊孢子。子囊壳单生或群生，球形，黑色或深褐色，直径60～300 μm；颈部长，无色透明或淡灰褐色，大小（60～150）μm×（100～1 200）μm，表皮碳质，外层系短三角形细胞组成。子囊单层，（7～10）μm×（55～90）μm，圆筒形或倒棒形，内含8个子囊孢子，顶端孔口环绕有折光环圈。子囊孢子无色透明，梭形，有3个隔膜，稍弯曲，具油珠，（4～7）μm×（17～24）μm。无侧丝。

**2. 病害症状及病害循环**

谷瘟病在谷子各生育期均能发病，可侵害谷子叶片、叶鞘、节、穗颈、穗轴或穗梗等部位，引起叶瘟、穗颈瘟、穗瘟等不同症状，其中叶瘟、穗瘟发生普遍且危害严重。叶瘟：谷子苗期即可发病，病菌侵染叶片，先出现椭圆形暗褐色水渍状小斑点，以后发展成梭形斑，中央灰白色，边缘褐色，部分有黄色晕环。空气湿度大时，病斑背面密生灰色霉层（病原菌的分生孢子梗和分生孢子）。严重时病斑密集，汇合为不规则的长梭形斑，造成叶片局部枯死或全叶枯死。有时还可侵染叶鞘，形成鞘瘟，表现为椭圆形黑褐色病斑，严重时多数汇合，扩大成长椭圆形或不规则病斑，造成叶鞘枯死。严重发病时常在抽穗前后发生节瘟，节部先呈现黄褐或黑褐色小病斑，逐渐扩展环绕全节，阻碍养分输送，影响灌浆结实，甚至造成病节上部枯死，易倒伏。穗颈瘟：穗颈上的病斑，初为褐色小点，逐渐向上下扩展变为黑褐色，受害早发展快的病斑可环绕穗颈，造成全穗枯死。穗瘟：穗主轴上发病、变褐，会造成半穗枯死；或小穗梗发病、变褐，阻碍其上小穗发育灌浆，早期枯死呈黄白色，后期变黑灰色，形成死码子，不结实或秄粒干瘪。谷瘟病菌有高度的致病性分化，存在不同的生理小种。

谷瘟病菌主要以病残体在田间，或发病的种子上越冬，成为翌年初侵染源。病菌分生孢子遇水萌发，形成芽管、附着胞及菌丝，可直接穿透表皮细胞或经气孔侵入叶片或叶鞘内部，穗轴上则多从小穗梗分枝处侵入，茎节上多从其外包的叶鞘侵入。田间发病以后，以叶片病斑上的分生孢子借气流和雨水传播进行再侵染。谷瘟病的流行程度受气象条件的影响较大。生长季节降水量、田间湿度和结露量等往往对谷子发病程度有重要影响。一般情况下，温度 25 ℃，相对湿度大于 80%，有利于该病发生和蔓延。春谷区 7 月中下旬连续高湿、多雨，有利于叶瘟发生；7 月下旬至 8 月初阴雨多、露重、寡照，气温偏低，有利于穗瘟发生。田间播种过密，田间湿度大，降水多发病重；氮肥施用过多，谷子贪青徒长田块发病重；黏土、低洼地发病重。8 月是华北地区谷瘟病的发病高峰期，不同品种间抗病性差异明显。

**3. 发病条件**

谷瘟病的流行程度受气象条件的影响。在北方谷子栽培区，生长季节的气温适于病菌侵染，而降水量、湿度和田间结露量等年间波动较大，往往对各年发病程度有重要影响。在吉林省，7 月中下旬连续高湿、多雨、寡照，有利于叶瘟发生；7 月下旬至 8 月初阴雨多、露重、寡照，气温偏低（18～20 ℃），穗颈瘟可能严重发生。谷子种植密度过大或与玉米、高粱等高秆作物间作，田间郁闭，湿度高，结露量大，发病趋重。病残体积累较多的连作田块，低洼积水田块，氮肥施用过多植株贪青徒长的田块，发病都较重。

**4. 生理分化研究**

我国稻瘟病菌生理小种统一鉴别寄主 7 个，分别是特特普（Tetep）、珍龙 13、四丰 43、东农 363、关东 51、合江 18 和丽江新团黑谷。根据稻瘟病菌对鉴别品种的致病性不同划分为 7 个种群（ZA、ZB、ZC、ZD、ZE、ZF 和 ZG），43 个生理小种。目前东北稻区稻瘟菌主要种群为 ZF、ZD、ZE 和 ZA，西南稻区以强致病力菌株 ZA 和 ZB 为主，华南稻区主要种群为 ZB 和 ZC，华北稻区以致病力较弱的 ZE、ZF 和 ZG 群体为主，华中稻区主要是 ZA、ZB、ZE 和 ZC，西北地区水稻种植少，但以致病力强的 ZA 和 ZB 群为优势小种。

1974 年曹功懋、阎万元发现吉林省的粟瘟病菌的致病性有明显差异，并将 16 个分离菌根据在 8 个不同品种上的抗感反应，划分 7 个生理型。阎万元等将从我国北方 10 省份采集分离的 711 个谷瘟病单胞分离菌，经鉴别区分为 7 个群 32 个小种。

**5. 抗病性研究**

王雅儒等将 419 个国内谷子品种按粟品种生态区划分以后，可以看出不同生态区的谷子品种在鉴定中抗病性有明显差异，在东北平原区和华北平原区，湿度较大，是谷瘟病的常发区，经过自然淘汰和长期人工选择，保存下来的抗病品种较多，而在内蒙古高原区和黄土高原区气候干燥，抗病品种相对较少。陈国秋等对 24 份材料进行抗性鉴定，其中对白发病、黑穗病、锈病、谷瘟病表现出高抗的材料分别占 66.67%、33.33%、45.83%和 87.5%，表明供试品系中对白发病和谷瘟病有较强抗性的材料较多，而黑穗病和锈病的抗性材料较少。卫丽等对 1 468 份品种资源进行了谷瘟病抗性鉴定，表现高抗（1～2 级）的占参试品种总数的 4.8%；抗病（3～4 级）的占 48.4%，中抗（5 级）的占 32.6%，感病（6～7 级）的占 12.0%，高感（8～9 级）的占 0.8%。从整体来看，抗病品种（1～4 级）占 50%以上。

研究发现，易感品种健叶含还原糖、全氮量、蛋白质氮等比病叶少，而双糖、氨基氮比病叶多。病叶是病菌侵入叶组织中共同的生理生化指标。凡是叶片中含还原糖少，氨基氮多等，都不适宜病菌生长的要求，这是品种抗病性的基础。

**6. 抗性基因研究**

目前定位的 84 个稻瘟病抗性基因中，*pi21*、*Pi34*、*Pi35*、*Pb1*、*Pif*、*Pikur1*、*Pikur2*、*Pi-se1* 属于单基因控制的部分抗性基因，其余的 76 个均为主效抗性基因。70 个基因采用分子标记进行了染色体定位，5 个基因通过与已知基因的等位性测定确定了其染色体位置，其余的基因则通过同工酶标记或农艺性状标记进行了定位。

迄今，通过图位克隆法已从水稻中成功地分离，克隆了其中 15 个抗稻瘟病基因（*Pib*、*Pita*、*Pi2*、*Pi9*、*Piz-t*、*Pid2*、*pi21*、*Pi36* 和 *Pi37* 等），*Pigm* 和 *Pif* 也即将成功克隆。

Hittalmani 等将带有 *pi1*、*pita* 和 *piz-5* 的近等基因系 C101LAC、C101PKT、C101A51 分别两两互相杂交，利用 MAS 从 F2 中选择含有 2 个抗性基因的单株，在继续聚合杂交，最后得到含有 *pi1*、*pita* 和 *piz-5* 的新植株 BL125；Huang 等将 *Xa5*、*Xa4*、*Xa13*、*Xa21* 聚合在 1 个水稻上；Narayanan 等将 *Pi1*、*Piz-5* 聚合到 CO39 中；陈学伟等将 *Pid1*、*Pib*、*Pita* 聚合到 G46B 中；陈志伟等将 *Pi2* 导入珍汕 97B；柳武革等将 *Pi1*、*Pi2* 导入到 GD-7S；陈红旗等将 *Pi1*、*Pi2*、*Pi33* 聚合到金 23B；倪大虎等、陈健民等分别将 *Pi9* 导入不同水稻恢复系 M12 和闽恢 3139 中；殷得所等将 *Pi9* 基因导入品种扬稻 6 号和 R6547 中。这些育成的改良品系经抗性鉴定，抗瘟性均得到显著提高。越来越多的抗病基因被挖掘、定位和克隆为水稻抗稻瘟病育种提供了丰富的抗源，加上分子标记辅助选择技术的发展，培育抗病品种的周期缩短，效率提高。未来可以将研究稻瘟病的方法用于研究谷瘟病上，运用抗病基因定位和克隆、分子标记辅助技术等分子技术来培育抗谷瘟的品种，更方便简单。

**7. 防治方法**

（1）农业防治。种植抗病品种，使用不带菌种子。加强田间栽培管理，合理调整种植密度，及时排灌，合理施肥，避免偏施氮肥，要配合施磷、钾肥，或结合深耕进行分层施肥，增加植株抗病性。病田收获后及时清除病残体，实行 2～3 年轮作。

（2）化学防治。在田间初见叶瘟病斑时，可用2%春雷霉素可湿性粉剂500～600倍液、40%稻瘟灵乳油1 500倍液、20%三环唑可湿性粉剂1 000倍液或40%克瘟散乳油500～800倍液喷雾。如果病情发展较快，5～7 d再喷一次。为了预防穗瘟，在齐穗期可针对穗部进行一次防治。

## （四）黑穗病

黑穗病，俗称黑疸，也称黑粉病，是农作物病害中分布广、危害大的一个类群，自古以来对农业生产都具有直接威胁。中华人民共和国成立初期，禾谷类黑粉病平均发病率在8%左右，严重地块达70%（刘惕若，2000）。黑粉病是由黑粉菌引起的，黑粉菌是一类重要的植物病原寄生菌，植物受黑粉菌的侵染，许多种类的孢子堆在成熟时露出大量黑色粉末状的黑粉孢子，故由黑粉菌引起的植物病害称为黑粉病（郭林，2000）。黑粉病在小麦、大麦、玉米、高粱、薏苡、谷子、糜子等禾谷类作物上都有发生。因此，研究黑粉病发生机制及防治技术，对提高谷类作物产量和品质具有重要意义。

### 1. 黑粉菌分类

黑粉菌属于担子菌纲黑粉菌目，分3科：黑粉菌科、腥黑粉菌科和粉座菌科。全世界约有黑粉菌50个属近950多种，侵染的寄主范围很广，其中主要以禾本科（800种）为主，其次为莎草科（160种）、菊科、蓼科、百合科及其他一些单子叶和双子叶植物（Hawksworth，1995）。

寄主植物的种类是黑粉菌分类的重要依据（Vánky，1999）。目前，黑粉菌的分类主要基于两个方面，以形态特征和寄主植物为主要依据的传统分类和以分子生物学为依据的分类。形态特征为分类依据主要有黑粉菌孢子的形态、大小和表面纹饰；黑粉孢子的存在方式，例如孢子单个、孢子成对结合或者形成孢子球等；孢子堆的特征，包括不孕细胞、包被和中轴的存在和组成等以及寄主植物的科、属、种。黑粉菌冬孢子的产生是其很多基因相互作用的结果，是一个综合的表型。对于某一种黑粉菌，其冬孢子的形态特征是相对稳定的（Vánky，2001）。

国内外学者对黑粉菌的分类都做了一定的研究。我国从20世纪初开始科学研究植物病害时，就关注了黑粉菌及其所致病害。韩旅尘（1927—1928）报道了广州附近经济作物黑粉菌32种。沈其益（1934）研究汇集成《中国黑粉菌志略》，描述我国黑粉菌8属41种，其中包括一新组合，慈姑虚球黑粉菌［*Doassansiopsis horiana* (P. Hennings) Shen］。邓叔群（1963，1996）报道了黑粉菌目3科13属45种，其中黑粉菌科7属34种。王云章发表了5个新种和2种新组合（1962），描述了我国黑粉菌目15属130种1变种和1变型，其中黑粉菌科有9属99种1变种和1变型（1963）。惠友为和赵震宁（1989）发现一新种。郭林和惠友为（1989）研究了新疆黑粉菌8属36种，其中中国新记录13个。陈耀和木合达尔·艾买提（1990）发现了采自新疆的土库曼黑粉菌（*Ustilago turcomanica* Tranzsch），为中国新记录。

Ito（1936）共报道了 141 种黑粉菌，其中描述了我国东北和台湾的黑粉菌 40 种，日本有 101 种。Zundel（1953）描述了全世界黑粉菌目的种。Fischer（1953）研究了北美（美国和加拿大）黑粉菌目 22 属 276 种，寄生在 242 属植物上。Kakishima（1982）报道了日本黑粉菌目 2 科 17 属 114 种。Mordue 和 Ainsworth（1984）研究了英国黑粉菌目 2 科 13 属 86 种 3 个变种 4 个变型。Durán（1987）研究了墨西哥的黑粉菌目 15 属 125 种 3 变种。Karatygin 和 Azbukina（1987）报道了苏联黑粉菌科 16 属 235 种。Azbukina 和 Karatygin（1995）将腥黑粉菌科下设实球黑粉菌亚科（Doassansioideae）和腥黑粉菌亚科（Tilletioideae），描述了俄罗斯腥黑粉菌科 15 属 279 种。Vánky 研究了喀尔巴阡山的黑粉菌目 29 属 299 种（1985），报道了欧洲黑粉菌目 32 属 470 种（1994）。

**2. 黑粉菌的生理分化**

研究已证实，很多黑粉菌存在生理分化现象。裸黑粉菌［*Urocystis tritici*（Pers.）Rostr.］有 12 个生理小种；小麦网腥黑粉菌［*Tilletia caries*（DC.）Tul.］有 4 个生理小种，编号为 T1～T4；小麦光腥黑粉菌［*Tilletia foetida*（Wallr.）Liro］有 6 个生理小种，编号为 L1 至 L4（俞大绂，1945）。在美国已知小麦矮腥黑粉菌有 10 个生理小种，编号为 $D_1$ 至 $D_{10}$。1965 年在美国太平洋沿岸小种 $D_5$ 和 $D_6$ 曾有大发生。

美国高粱丝黑穗病菌有 1 号至 4 号 4 个生理小种（Frederiksen，1975，1978；Frowd，1980）。墨西哥高粱丝黑穗病菌根据在鉴别寄主上的致病反应分为 1 号至 3 号 3 个生理小种（Herrera，1986）。中国高粱丝黑穗病菌有 2 个致病力不同的生理小种（吴新兰，1982），后研究发现，辽宁省营口地区发生的高粱丝黑穗病菌是一个新的生理小种，定名为 3 号小种（徐秀德，1994）。通过中国高粱丝黑穗病菌小种对美国小种鉴别寄主的致病力测定，证明中国高粱丝黑穗病菌的 3 个生理小种与美国的 4 个小种对寄主的致病力完全不同，是不同的生理小种（徐秀德，1994）。山西高平高粱丝黑穗病菌的致病力明显不同于 1 号、2 号、3 号生理小种，因此，认为山西高粱丝黑穗病菌产生了新的生理小种（张福耀，2005）。

Reed 通过燕麦杂交研究燕麦散黑穗病的发病规律发现，抗感材料杂交后代 $F_1$、$F_2$ 均未发病，后代 $F_3$ 包含 95 个家系，其中有 12 个家系中发现有发病株（Reed，1925）。Sampson 通过接种散、坚黑穗病菌，确定黑穗病菌有多个生理小种（Sampson，1925）。Reed 和 Stanton 报道燕麦散黑穗病抗性基因可能是由 1～3 个基因控制的（Reed，1934）。Holton 研究发现了黑穗病菌很多生理小种，及这些小种间的生理特性、分化和遗传规律（Holton，1953）。

玉米丝黑穗病菌存在两个生理专化型，一个侵染高粱，一个侵染玉米（Halisky，1965）。中国学者认为玉米丝黑穗病菌仅侵染玉米不侵染高粱，无生理小种分化现象，但是不同丝轴黑粉菌的杂交种能同时侵染玉米和高粱（白金凯，1964）。中国至少存在 5 个玉米丝黑穗病菌生理小种（华致甫，1995）。

苏联各地糜子黑穗病菌种群至少有4个生理小种（王星玉，1992），中国糜子黑穗病菌也存在生理分化现象，王济熙（1944）用6个品种鉴定出稷轴黑粉菌［*Sphacelotheca destruen*（Schlecht.）Stevens et A. G. Johns］有6个生理小种。王斌等（2009）研究了谷子黑穗病菌生理分化现象，初步确定山西省春谷主产区至少存在3个生理小种；王云章（1964）报道有两个种，即 *Sphacelotheca destruen*（Schlecht.）Stevens et A. G. Johns 和 *S. manchurica*（Ito）Wang；戴芳澜（1979）报道为 *S. destruens* 和 *Sorosporium cenchri* P. Henn，并认为 *S. manchurica* 即为 *S. destruens*，*S. manchurica*（或 *S. destruens*）广布于东北、华北和西北诸省份，而 *Sorosporium cenchri* 仅分布在河北、内蒙古。不同的小种，致病力也是不一样的。魏仰浩（1984）研究发现，来自内蒙古和山西的黑穗病菌致病力差异极显著。

**3. 黑穗病危害机制**

糜子黑穗病病原菌有两种，为稷轴黑粉菌［*Sphacelotheca destruen*（Schlecht.）Stevens et A. G. Johns］和糜子小包黑粉菌［*Sphacelotheca manchurica*（Ito）Wang］。*S. destruen* 孢子堆呈长椭圆形、圆柱状或角状，暗褐色，表面有微刺，初在叶鞘里，后伸出，长2～3 cm，外有由菌丝所组成的白色薄膜，孢子堆内掺杂有寄主维管束组织，不育细胞和孢子同等大小，光滑。冬孢子球形至卵形，长径7～10 μm，壁红褐色，平滑或有细点，初期结合成松散的圆形或卵圆形孢子球，后各个分散。*S. manchurica* 与 *S. destruen* 所致症状基本相同，主要区别在于病菌孢子大小和膜的形态。*S. manchurica* 孢子堆长4 cm，宽3 cm，冬孢子球形或近球形，有时呈不规则形，具棱角，直径6～8 μm或（9～10）μm×（6～7）μm，表面平滑，暗褐色，厚垣孢子内夹杂有透明无色、表面平滑的不育性细胞（王云章，1963）。

病菌冬孢子黏附在种子上或遗落在土壤中传播。脱粒时，自病穗上散出的大量冬孢子附着在种子上并在种子上越冬，散落于土壤内的冬孢子在干燥地区亦可过冬。种子萌发时冬孢子即萌发，产生先菌丝，先菌丝上产生小孢子，不同性系的小孢子融合后形成侵染丝侵入幼芽鞘，在组织内蔓延，最后破坏寄主的花器，形成黑穗（刘惕若，1984）。

生产实践调查发现，感病的植株生长受到明显的抑制，病株较健株矮，晚抽穗。病穗剑叶挺直向上，病穗失去原来的穗形，若是部分籽粒受害则可保持原来的穗形。典型症状是整个穗变为指状黑粉包。孢子堆包在叶鞘内，稍膨大，后期突出体外。初期外覆有白色由菌丝组成的薄膜。孢子堆从剑叶抽出后不久，薄膜自行破裂，破裂一般是先从顶端开始，破后散出冬孢子。孢子堆内夹杂有寄主的维管束组织，呈丝状。有的病穗因受病菌侵染的刺激而畸形，畸形病穗上的小花叶片化，卷曲而成刺猬头状。病穗有时仅部分籽粒被害，形成一独立的孢子堆，外具白膜。穗的大部分小穗不被害，仍能正常结粒。病株的分蘖有时仍可形成健穗。

**4. 抗黑穗病机制**

植物抗黑粉病的形式有3种：一是抗侵入，即由于寄主的机械作用、生理作用或二者兼有，真菌不能穿透寄主表面组织。洋葱幼茎外层老化的组织阻碍条黑粉菌（*Urocystis colchidi*）的侵染。抗坚黑穗病的大麦种苗和第一片真叶期产生一种挥发性的植物杀菌素，阻碍大麦坚黑粉菌（*Ustilago hordei*）孢子萌发和菌丝的生长，并可使侵入的菌丝发育不全和退化。抗条黑粉病的小麦品种在菌丝侵入点的表皮细胞膜能形成厚的愈伤组织，组织菌丝侵入（高梨和雄，1964）。二是抗扩展，即侵入寄主体内的菌丝生长发育受阻或消融。洋葱条黑粉菌（*Urocystis colchidi*）侵入到子叶内的菌丝与寄主细胞成分不亲和而被溶解。小麦品种 Yuyakekomugi 被条黑粉菌侵入后，表皮细胞内容物发生质变，菌丝不能扩展并死亡（高梨和雄，1964）。三是超常反应，即被侵寄主受到抑制，直至死亡。小麦受到散黑粉菌侵染时会出现超常反应。

植物感病后，体内会发生一系列的生理生化反应，以抵抗病原菌的侵害。酶作为各种反应的催化剂，其活性、含量的变化可在一定程度上反映植株的抗性。不同抗、感黑穗病的谷子品种在感染黑穗病后，体内超氧化物歧化酶、过氧化物酶、多酚氧化酶活性均显著增强，抗病品种的酶活性明显地高于感病品种，这些酶活性的变化能够削弱或消除病菌对谷子的毒害作用，在谷子抗黑穗病过程中发挥重要作用（温琪汾，2004）。进一步研究表明，谷子感染黑穗病后，抗病品种的过氧化物酶活性明显高于感病品种，过氧化物酶同工酶可以作为一种遗传标记（温琪汾，2006）。当丝黑穗病菌侵染玉米后，PAL、SOD、EST 和 PPO 4 种酶活性明显提高，抗病品种酶活性升高幅度大于感病品种，而 POD 和 CAT 酶活性却下降，不同品种的成株期抗病性与其相关防御酶活性高低明显相关（贺字典，2006）。

植株感病后，可溶性糖含量、可溶性蛋白含量和维生素 C 含量在不同抗性品种上也有差别。玉米丝黑穗感病品种的维生素 C 和总糖含量均显著高于抗病品种（张国保，1995）。刘长华（2009）也得出相似结论。不同抗性水平的玉米品种与其相关生理指标变化程度密切相关，可溶性总糖、可溶性蛋白含量、SOD 活性升高程度越高及 POD 活性下降程度越大，玉米品种抗性水平越低（杨春平，2010）。

植物受黑穗病菌侵染后，基因和蛋白质表达发生变化，对病菌侵害做出相应的反应。阙友雄（2009）利用斑茅干旱胁迫 cDNA 芯片获得甘蔗受黑穗病菌胁迫后基因差异表达的大量信息，表明甘蔗抗黑穗病反应涉及多条生理代谢途径，如光合作用、离子转运和核酸代谢途径，以及多种分子水平的进程，如基因转录、蛋白质合成与修饰及细胞信号转导等。甘蔗受黑穗病菌侵染后，可能通过细胞色素 C 氧化酶基因的诱导，促使植保素合成增多，以此抵抗或抑制病原菌的胁迫（阙友雄，2009）。阙友雄（2009）分析甘蔗与黑穗病菌互作后甘蔗叶片的蛋白质谱的变化，推测 NBS 类型的抗性蛋白和 rieske Fe-S precursor protein 可能在甘蔗对黑穗病菌侵染的应答中起不同的重要作用。

**5. 抗黑粉病资源的抗性鉴定**

目前，对种质资源的抗性鉴定多采取田间接种发病的方法。田间鉴定法存在占地面积大，时间长，要求被鉴定材料的纯度高，群体不少于 50 株，同时需在多个环境鉴定等问题。为此，部分学者探讨了资源的快速鉴定法，如可溶性糖含量鉴定法、过氧化物酶活性鉴定法、过氧化物酶同工酶鉴定法、质壁分离鉴定法等。董玲等（2005）研究了玉米自交系苗期可溶性总糖含量与接种条件下丝黑穗发病率间的关系，结果表明1叶期幼苗地上部分可溶性总糖含量与田间接种的发病率有较好的相关性，可溶性总糖含量越高玉米自交系抗丝黑穗病的能力越差。刘聪莉（1997）报道了质壁分离法，可在玉米生育早期鉴定对丝黑穗病的抗性。

魏仰浩等（1987）早期对内蒙古糜子抗黑穗病资源进行鉴定，未发现免疫品种，且一级抗病品种很少。王星玉等（2004）对来自黑龙江、吉林、辽宁、内蒙古、北京、河北、陕西、湖北、山东、山西、青海、甘肃、宁夏等省份的1 807份资源进行了田间接种鉴定，结果显示未发现免疫品种，其中高抗的5份，占0.3%，抗病的206份，占11.4%，感病的1 065份，占58.9%，高感的531份，占29.4%。

20世纪50年代推广的玉米农家品种、品种间杂交种、顶交种和双交种，对玉米瘤黑粉病一般都有一定的抗性。坊杂2号、春杂2号、双跃4号、双跃80等品种为抗病，农家品种野鸡红、小青稞、金顶子等较抗病，而自交系C103、吉63、77、E28等较为抗病（朱小阳，1994）。黑龙江省农业科学院选育的龙抗37、龙抗297、龙抗80A、罗吉、RL3、龙抗1、龙抗40B和龙抗11等自交系抗病性较强，而且均兼抗茎腐病、大斑病、小斑病和丝黑穗病（苏俊，1996）。自交系Mo17、Va35、黄早四、日75-2322和A619抗瘤黑粉病（张坪，1996）。

水稻不同品种对稻粒黑粉病的感染程度有明显差异，通常情况下，早熟品种比中熟品种更敏感，高秆品种比矮或中型品种更易感病。

谷子品种资源对黑穗病表现抗病的品种较少，抗性能力比较稳，表现感病的品种占绝大多数。南京19、龙爪黏谷子、酒谷、白毛谷等品种在抗病性鉴定中表现高抗，可作为抗黑穗病育种的抗源（温琪汾，2004）。对我国糜子种质资源进行抗黑穗病鉴定，未发现免疫种质，高抗种质也较少，抗病种质有上百份，这些种质均可作为我国糜子种质遗传改良的亲本材料应用，有些丰产性和品质性状优良的种质，在黑穗病高发地区可直接用于生产（王纶，2005，2008）。Arun Gupta等（2009）对257份稗种质进行了角黑穗病抗性鉴定，筛选出高抗种质4份，抗病种质30份。

**6. 抗性基因筛选**

对寄主植物抗黑穗病基因的研究，集中在RAPD、SSR分子标记和QTL分析，但都是初步研究。陆水怡等（2009）对高粱2381恢复系（抗病）、矮四恢复系（感病）基因进行RAPD分子标记，从100个RAPD随机引物中筛选出来27个适宜引物，获得了稳定的RAPD扩增结果及多态性较好的DNA谱带，其中有6个引物对DNA扩增产生了差异谱带。李玥莹等（2007）以高粱2 381恢复系（抗病）、矮四恢复系（感病）、7050B保持系（抗病）、TX622B保持系（感病）为材料，应用RAPD分子标记技术对DNA进行多态性扩增，从48个随机引物中筛选出28个适宜引物，共扩增出114条谱带，其中引物OPM-$05_{300}$和OPM-$13_{450}$扩增出了差异谱带。

邱红波等（2008）以5个玉米品种为试材，从黄化苗提取基因组DNA后，选用85对引物进行抗丝黑穗病基因的SSR扩增，结果表明，85对引物中16对引物的多态性较好。李玥莹等（2008）以高粱抗病亲本（7050B、2381R）和感病亲本（Tx622B、矮四），及其杂交组合后代为材料，通过SSR技术对高粱丝黑穗病3号生理小种抗性基因进行了初步筛选，结果表明，供试109对SSR引物中筛选出扩增条带清晰且稳定的引物94对，其中1个SSR位点Xtxp80与高粱丝黑穗病3号生理小种抗病基因相关。

Lübberstedt等（1999）以D32×D145（220个$F_2$单株）为作图群体，构建玉米标记连锁图谱（含87个RFLP和7个SSR标记位点），将220个$F_3$家系分别在法国和中国进行抗病性评价，采用复合区间作图法分别定位3个和8个抗性QTL，可解释13%和44%的表型变异。石红良等（2005）以Mo17（抗）×黄早四（感）的$F_2$分离群体（191个单株）为作图群体，构建了含有84个SSR位点和48个AFLP位点的遗传连锁图谱，全长1 542.9 cM，平均图距11.7 cM。在吉林省公主岭和黑龙江省哈尔滨两个地点，通过人工接种方法对184个相应的$F_3$家系（缺失7个）进行抗病鉴定。采用复合区间作图法对抗丝黑穗病数量性状位点（QTL）进行定位及遗传效应分析。在吉林公主岭地区检测到5QTL，分别位于1号、2号、3号、8号、9号染色体上，解释的表型方差为10.0%～16.3%。在黑龙江哈尔滨地区也检测到5个QTL，分别位于1号、2号、3号、4号、7号染色体上，解释的表型方差为4.6%～13.4%。比较分析发现，两地一致在2号、3号染色体上各检测到1个QTL，其中2号染色体上的表现为超显性效应，第3染色体上的表现为加性效应。Lu等（1999）用100个重组近交系RILs（来自Hi34X和TZi17组合）为作图群体，构建玉米遗传连锁图谱（含116个RFLP标记和4个SSR标记），结合在南非自然条件下的抗病性评价，对玉米丝黑穗病进行抗性QTL分析。采用单一标记法确定在染色体1号、2号、9号、10号上含有抗性基因位点。其中1号染色体顶端的RFLP标记asg30位点对丝黑穗病抗性影响最大，为主效QTL；另外两个连锁标记umc167和asg75位点也与丝黑穗病抗性有关。Shi等（2009）以玉米两个回交3代群体为试材，$BC_3Q$来自齐319（抗）×黄早4（感），$BC_3M$来自Mo17（抗）×黄早4（感），黄早4为回交亲本，用BSA结合AFLP对抗性相关基因进行作图，用抗、感群体和亲本筛选AFLP多态性引物。片段P13M61-152转变成SCAR标记S130，S130与玉米丝黑穗病抗性高度相关，可用来分子标记辅助选择和抗性基因图位克隆。

Wilcoxson等（1993）用Ogle（感病）、Moore（中抗）、Starter（抗病）作为亲本，对其多个杂交组合后代黑穗病发病情况进行统计研究，推测燕麦抗黑穗病基因至少由两个基因控制。

俄罗斯、乌克兰是世界上较早开展糜子资源鉴选和抗黑穗病育种的国家。M. аксυмЧУк（1956）等认为，免疫性受单基因控制，属于垂直抗性，这种观点在得到的显抗黑穗病材料基因时得到证实（Константинов，1967；Ильин，1968；

Комарова，1970；Яшовский，1975）。但大多数学者认为还存在水平抗性，与专抗性不同，受多个隐形基因控制，不同品种之间，变幅可达 0%～100%（ОДυнцова，1977；Трчбин，1978）。Комарова（1985）研究认为，杂种群体对黑穗病的抗性不仅决定于杂交亲本的免疫程度，而且也决定于这一抗性向后代遗传力的大小。糜子的抗病性不决定于形态特征，而与变种的穗型和籽粒色有关，因此，抗病品种的获得应该从两个途径获得：一是回交，这种方法能很快创造出抗病的品种；二是对抗病类型用连续杂交选择的方法，逐渐积累所需要的生物学和经济学性状，这种方法可以获得抗病性和产量等性状优于推广品种的类型。

### （五）谷子细菌性褐条病

谷子细菌性褐条病病原菌为假单胞杆菌属粟假单胞菌（*Pseudomonas setariae*），异名燕麦假单胞菌（*Pseudomonas avenae*）。近年在各谷子产区普遍发生，部分地区危害较重，严重地块病株率可达 20%以上。

粟假单胞菌菌体杆状，两端钝圆，单生，偶有双生，大小（0.5～0.8）μm×（1.5～2.8）μm，极生鞭毛 1～2 根。革兰氏染色阴性，无荚膜，无芽孢，好气。在肉汁胨琼脂平板上生长 48 h 的菌落圆形，污白色，隆起，直径 1.0～1.5 mm，对光观察略带彩虹光彩。斜角划线培养菌苔线状，泥质。生理生化特性反应是：O-F 试验阳性，41 ℃生长阳性，耐盐性 4.0%，荧光色素阴性，氧化酶阳性，精氨酸双水解酶阳性，接触酶阳性，卵磷脂酶阴性，Tween80 水解阳性，硝酸盐还原阳性，硫酸呼吸阴性，淀粉水解反应较慢，甲基红试验阴性，果聚糖产生阴性，$NH_3$ 产生阳性，$H_2S$ 产生阳性，吲哚产生阴性，明胶液化较慢，石蕊牛乳产碱胨化还原，V. P. 试验阴性，Cohn 氏培养液中不生长，Femi 氏培养液中生长，Uschinsky 培养液中生长。烟草过敏反应阳性。在葡萄糖、半乳糖、甘露醇、甘油、木糖、果糖、棉籽糖、山梨醇、柠檬酸、丙二酸盐中产酸，在水杨苷、麦芽糖、乳糖、糊精、蔗糖、肌醇、阿拉伯糖、鼠李糖、甘露糖中不产酸。DNA 碱基含量［（G+C）%］为（71.5～73.7）Mol%。在培养基上存活时间较长，对干燥不敏感。非固酸染色。最适生长温度 31～34 ℃，最高 42 ℃，最低 5 ℃，致死 55～56 ℃。病原细菌在培养基上菌落性状变异性很大，常呈 4 种形状的菌落：S 型，菌落表面光滑，湿润有光泽；R 型，菌落表面干燥，褶皱；RS 型，为 S 型菌落的变异型；TRS 型，菌落表面光滑，湿润有光泽，在透光下呈现格状光辉，是这种菌落的特性。

该病主要危害叶片，也可侵染茎秆、叶鞘和穗部。叶片发病主要以植株中上部叶片为主。被侵染后，在叶片基部主脉附近形成与叶脉平行的水渍状浅褐色条斑或短条纹，后沿叶脉向上或向下延伸，病斑色泽逐渐加深，变为深褐色或黑褐色，边缘常有黄绿色晕圈。被害植株心叶被侵染，往往导致病穗畸形，全部或部分小穗被侵染，发褐坏死。叶鞘被侵染也可产生褐色条纹，田间湿度大时，上着生腐生的白色霉层。高感品种除在叶片上发生条斑外，常使顶梢嫩叶枯萎甚至腐烂，不能抽穗。穗部被害后，轻者部分籽粒不实，重者全穗干瘪减产。

病原细菌主要在种子和病株残体上越冬，成为第二年初侵染来源，发病后通过风雨或枝叶间摩擦造成再侵染。谷子生长期连续阴天寡照，高温多雨有利于病害的传播发病；偏施氮肥，过度密植，株间通风透光不好有利于该病发生；重茬地、低洼地发病重；虫害发生严重地块该病发生重。品种间抗病性有明显差异。

防治方法：

（1）农业防治。选用抗病和耐旱品种。精细整地，平衡施肥，合理密植，加强田间管理，排除田间积水，保持田间通风透光。

（2）化学防治。可在初发期用72%农用链霉素4 000倍液、20%噻森铜悬浮剂500倍液、46.1%氢氧化铜水分散粒剂1 500倍液、25%噻枯唑可湿性粉剂300倍液、20%噻菌铜悬浮剂500倍液、85%三氯异氰脲酸可溶性粉剂1 500倍液喷雾防治。隔7 d防治一次，连防2～3次，同时应注意害虫防治。

### （六）谷子红叶病

谷子红叶病又称红瘿病、紫叶病等，病原为大麦黄矮病毒（*Barley yellow dwarf virus*，BYDV），是由蚜虫传播的病毒病害，在我国谷子产区普遍发生，部分地区危害较重，是谷子上的主要病害。

大麦黄矮病毒的病毒颗粒球形，直径约28 nm。种子、土壤和机械摩擦都不传毒，自然情况下蚜虫是唯一传毒媒介。已知传毒蚜虫有8种，但以玉米蚜、麦二叉蚜和麦长管蚜传毒为主，尤其玉米蚜传毒能力最强。病毒寄主范围广泛，除谷子外还可侵染多种栽培和野生禾本科植物。寄主分为两类：感病寄主和带毒寄主。感病寄主有谷子、小麦、玉米、大麦、燕麦等作物及大画眉草、马唐、毛马唐、狗尾草、金狗尾草、狼尾草、糜子、六月禾、垂穗草、柳枝稷、大油芒、虉草等杂草。带毒寄主有蟋蟀草、燕麦草、雀麦、鸭草、垂穗披碱草等。

谷子红叶病可分为红叶型和黄叶型两种症状。紫秆品种感病后表现红叶型症状，叶片、叶鞘及穗部，包括穗芒，均变为红色或红紫色。感病叶片由叶尖先变红，逐渐向叶基蔓延，直至整个叶片变红。有时沿叶片中肋或叶缘向下扩展，在叶片上形成红色条斑。植株幼苗期感病，基部叶片先变红，向上扩展；成株期感病，顶部叶片先变红，向下扩展。病叶除变色外，还表现为边缘皱缩呈波浪状、上部叶片直立上冲等畸形，后期叶片自顶端向下逐渐枯死。青秆品种感病后表现为黄叶型症状，叶片黄化，形成黄色条纹，发病过程及特点与红叶型相同。红叶病病株根系稀疏，穗短小或畸形，重量轻，种子发芽率低。严重的植株矮化，不能抽穗，或虽抽穗但不结实。

谷子红叶病毒主要在田间多年生杂草寄主上越冬，是历年发病的主要侵染来源。谷子出苗后，条件适宜时由蚜虫带毒迁飞至谷子上传毒，并由蚜虫在田间的取食活动将病毒逐渐传播，引起病害流行。红叶病的传毒介体主要是玉米蚜，麦二叉蚜和麦长管蚜也能传毒。一般带毒蚜虫在健苗上取食 5 min 后即可传毒，其中玉米蚜为持久性带毒，传毒能力较强。因此，谷子红叶病的发生程度与蚜虫的发生时期及田间的虫口密度密切相关。冬季气温高，春季干旱、温度回升快，有利于玉米蚜发生和繁殖，红叶病发病早而且重。夏季降水少，有利于蚜虫繁殖和迁飞，红叶病发病重。一般早播谷田发生重，迟播发生轻。红叶病的寄主很广，多种禾本科作物和杂草都可作为该病毒的寄主，因此，杂草多的田块，毒源较多，发病较重。谷子感病的发育阶段决定病害的发展和产量损失的轻重，谷子感染越早，发病越重，减产越大。品种间抗病性差异明显。

防治方法：

（1）农业防治。种植抗、耐病品种，适期晚播。加强田间管理，及时清除谷田及周围杂草，拔除病株，以减少毒源。增施氮、磷肥，合理排灌，增强植株抗病能力。

（2）种子处理。用 70％吡虫啉可湿性粉剂或 70％噻虫嗪可分散粉剂按种子量的 0.3％拌种。

（3）化学防治。在谷子出苗后，蚜虫迁入谷田之前喷雾防治蚜虫，减少传毒介体。可用 10％吡虫啉可湿性粉剂 1 000～1 500 倍液、4.5％高效氯氰菊酯乳油 1 500 倍液、40％乐果乳油或 30％乙酰甲胺磷可湿性粉剂 1 000 倍液，连同周边杂草全田喷雾。

### （七）谷子丛矮病

谷子丛矮病的病原为北方禾谷花叶病毒（*Northern cereal mosaic virus*，NCMV）和水稻黑条矮缩病毒（*Rice black-streaked dwarf virus*，RBSDV），是谷子的重要病害之一，在各产区均有发生，严重危害可造成毁种。

谷子苗期发病可导致节间缩短，叶片丛生，植株严重矮化，叶片呈深绿色或有黄绿相间的条纹。成株期发病植株严重矮化，重病株高度比健株矮约 2/3，植株上部节间缩短，叶片直立丛生，呈墨绿色或有黄绿相间的条纹。病株多不能抽穗，或能抽穗，但穗小畸形，结实性差，籽粒瘪瘦。

谷子丛矮病主要由带毒的灰飞虱传播。在我国北方，病毒在冬小麦和多年生禾本科杂草等寄主植物上或带毒昆虫体内越冬。翌年，谷子出苗后，被带毒灰飞虱取食而感染发病。丛矮病的发生程度与带毒灰飞虱发生数量相关。谷子苗期易感病，出苗后如遇灰飞虱迁飞高峰期则发病重。田间管理粗放、杂草多，灰飞虱虫口密度大，则发病重。病株田间分布不均，临近路边和沟渠杂草丛生处发病重。谷子品种间抗病性存在明显差异。

防治方法：

（1）农业防治。种植抗、耐病品种，调整播期，避免套播和晚春播，避开灰飞虱发生高峰期。加强田间管理，铲除田间及周边杂草，及时拔除病株，减少毒源。

（2）种子处理。用 70％吡虫啉可湿性粉剂或 70％噻虫嗪可分散粉剂按种子量的

0.3%拌种。

（3）化学防治。在谷子苗期喷雾防治灰飞虱，减少传毒介体。可用10%吡虫啉可湿性粉剂1 000～1 500倍液、4.5%高效氯氰菊酯乳油或25%噻嗪酮可湿性粉剂1 500倍液、2.5%溴氰菊酯乳油2 000～3 000倍液、40%乐果乳油或30%乙酰甲胺磷可湿性粉剂1 000倍液，连同周边杂草全田喷雾。

## （八）谷子线虫病

谷子线虫病又称紫穗病或倒青，病原为贝西滑刃线虫（*Aphelenchoides bessyi*），异名水稻滑刃线虫（*Aphelenchoides oryzae*），为水稻干尖线虫的一个变种。是我国谷子的重要病害，在河北中南部、山东、河南等夏谷区发生普遍，严重地块可减产50%～80%。

贝西滑刃线虫是水稻干尖线虫的一个变种，属线虫门侧尾腺口纲垫刃目滑刃科滑刃线虫属。其幼虫和雄、雌成虫均为蠕虫状，体透明，前端稍细，尾部圆锥状，末端狭小。雄成虫尾端呈新月形弯曲，弯向腹面，交接刺镰刀状，成对，无抱片。虫体大小（477.1～675.6）μm×（11.4～20.5）μm。雌成虫尾直伸，阴门在体后端1/3处，虫体（602.1～960.0）μm×（12.5～24.6）μm。卵为蚕茧状，在体内陆续形成和排出。线虫病可侵染谷子的根、茎、叶、叶鞘、花、穗和籽粒，但主要危害花器、子房，只在穗部表现症状。感病植株的花初呈暗绿色，渐变黄褐色，后呈暗褐色。感病早的植株抽穗后即表现症状。因大量线虫寄生于花部破坏子房，因而不能开花，即使开花也不能结实，颖片多张开，籽粒秕瘦，尖形，表面光滑有光泽，病穗瘦小，直立不下垂。发病晚或发病轻的植株症状多不明显，能开花结实，但只有靠近穗主轴的小花形成浅褐色的病粒。不同品种症状差异明显。红秆或紫秆品种的病穗向阳面的护颖在灌浆至乳熟期变红色或紫色，以后褪成黄褐色。而青秆品种无此症状，直到成熟时护颖仍为苍绿色。此外，线虫病病株一般较健株稍矮，上部节间和穗颈稍短，叶片苍绿色，较脆。

谷子线虫病主要随种子传播，带病种子是主要初侵染源，秕谷和落入土壤及混入肥料的线虫也可传播。此外，用病秕粒饲喂牲畜，未腐熟的粪肥中也会有少量线虫存活诱发病害。混合在土壤中或保持在室内的线虫至少能存活两年。线虫病病原线虫为外寄生，谷子播种后在谷粒、秕子的壳皮内侧卷曲休眠越冬的成虫和幼虫遇湿复苏，侵入幼芽，在生长点外活动危害并少量繁殖。以后随着植株的生长，侵入叶原始体，拔节后线虫逐渐向叶鞘转移，在叶鞘内侧繁殖，其转移的迟早及繁殖数量的多少决定于温湿度及降雨条件，高温多雨有利于其转移和繁殖。幼穗形成后，线虫又转移到穗部危害并大量繁殖，开花末期达到高峰，造成子房受损、柱头萎缩，不能结实，但不形成虫瘿；至谷子成熟时，又以幼虫、成虫在谷粒、秕籽的颖片内侧休眠越冬。在生长期间，特别是在穗期，线虫能随雨水、流水或植株间接触而近距离传播，引起再侵染，但被侵染植株一般当年不表现症状。

线虫病的发生轻重，主要取决于种子带线虫量和穗期雨量大小，二者同时具备，则可造成毁灭性危害。一般平地重，山地轻；沙土地轻，黏土地重；积水洼地重；早播病轻，晚播病重。高温高湿有利于线虫活动繁殖，尤其是开花灌浆期多雨，利于线虫在穗部大量繁殖传播，造成病害大发生及减产。不同谷子品种间抗病性有差异。凡生育期长，特别是孕穗期到灌浆期长，而且穗粒较紧、穗毛较长的品种发病重，反之发病则轻。

防治方法：

（1）农业防治。选用抗、耐病品种。建立无病留种田，施用腐熟的粪肥和堆肥。重病田实行 3 年以上轮作倒茬，禁止秸秆还田。

（2）种子处理。可在播种前可采用温汤浸种的方法杀灭种子表面线虫，具体做法为：用 56～57 ℃温水浸种 10 min，然后用清水漂洗，去除秕粒，晒干后播种；或在播种前用 30%乙酰甲胺磷乳油或 40%辛硫磷乳油按种子量的 0.3%拌种，避光闷种 4 h，晾干后播种。

## （九）糜子斑点病

糜子斑点病病原为高粱叶点霉（*Phyllosticta sorghina* Sacc.），属半知菌亚门真菌，主要危害糜子叶片。分生孢子器黑色，亚球形，散生在叶面上，突出表皮，大小 64～104 μm。分生孢子椭圆形，单胞，无色，大小（3.5～6）μm×（2.0～3.0）μm。

糜子斑点病主要危害叶片，病斑长圆或椭圆形，直径 2～3 mm，中部淡褐色，边缘褐色，上生小黑点，即病原菌的分生孢子器。

病菌以分生孢子器在病残体上越冬。翌年北京、吉林等地于 6 月开始发病，7～8 月症状明显或流行。据观察，播种早的田块病情重于晚播的田块。品种间抗病性有差异 7～8 月空气湿度大，温度偏高年份，易造成叶点病的流行。近年，该病危害有上升趋势，严重的绝产或绝收。

防治糜子斑点病应因地制宜，选用适合当地栽培的抗病品种。引进新品种时，注意把农艺性状和抗病性结合起来，筛选出适合本地的优质、高产、抗病新品种。适期播种，不宜过早。发病重的地区于发病初期喷洒 36%甲基硫菌灵悬浮剂 600 倍液或 50%苯菌灵可湿性粉剂 1 500 倍液、80%喷克可湿性粉剂 600 倍液、80%大生 M-45 可湿性粉剂 600 倍液、30%绿叶丹可湿性粉剂 500～800 倍液。

## （十）糜子灰斑病

糜子灰斑病病原为糜子色链隔孢［*Phaeoramularia fusimaculans*（Atkinson）Liu et Guo］，异名 *Cercospora fusimaculans* Atk. 称梭斑尾孢，属半知菌亚门真菌。菌落多生在叶背。分生孢子梗簇生，浅榄褐色，生小孢痕。分生孢子无色，常串生，近 3～4 个隔膜，大小（22.5～100）μm×（1.9～3.1）μm。

主要危害叶片。病斑长椭圆形或梭形至不规则形，长 4～13 mm，宽 2～3 mm，多发生在叶脉之间，中央灰褐色，边缘暗褐色至红褐色，有时整个斑块呈暗绿色，上生灰黑色霉层，即病原菌的分生孢子梗和分生孢子。

病菌在病残体上越冬。翌春产生分生孢子进行初侵染和再侵染，借气流及雨水溅射传播蔓延，通常多雨或雾大露重的天气有利发病。植株生长不良或偏施氮肥长势过旺，会加重发病。

防治糜子灰斑病，应实行轮作，加强田间管理，与非本科作物轮作，水旱轮作最好。选用抗病品种，选用无病、包衣的种子，适时早播，及时中耕培土，培育壮苗。选用排灌方便的田块，开好排水沟，降低地下水位，达到雨停无积水，大雨过后及时清理沟系，防止湿气滞留，降低田间湿度。可于发病初期开始喷洒40%多硫悬浮剂500倍液或50%多菌灵可湿性粉剂600倍液、70%甲基硫菌灵可湿性粉剂500倍液、50%多霉威可湿性粉剂800倍液，隔7～10 d 1次，防治1～2次。

### （十一）糜子霉点病

糜子霉点病病原为一种交链孢（*Alternaria* sp.），属半知菌亚门真菌。分生孢子梗分枝或不分枝，淡榄褐色至绿褐色，屈曲，顶端孢痕多个，大小（5～125）μm×（3～6）μm。分生孢子10个呈长链生，有喙或无，椭圆形至卵形或圆筒形至倒棍棒形，平滑或有瘤，具横隔1～9个，纵隔0～6个，淡榄褐色至深榄褐色，大小（7～70.5）μm×(6～22.5）μm，（51～58.5）μm×(1.5～7）μm。

该病主要危害糜子叶片，发生在生长衰弱或接近枯死的植株上。发病叶片生许多暗褐色霉点，大小1～2 mm，严重时可连成片，没有明显的边缘。

病菌以菌丝体和分生孢子在病残体上或随病残体遗落土中越冬，翌年产生分生孢子进行初侵染和再侵染。该菌寄生性虽不强，但寄主种类多，分布广泛，在其他寄主上形成的分生孢子，也是糜子生长期中该病的初侵染和再侵染源。一般成熟老叶易染病，雨季或管理粗放、植株长势差，利于该病扩展。

防治糜子霉点病，应培育、选择抗病品种。按配方施肥要求，充分施足基肥，适时追肥。2%立克秀干拌种剂或5%速保利拌种剂、12.5%纹霉清、50%多菌灵、40%拌种双、70%甲基托布津可湿性粉剂，其中一种药剂用种子重的0.2%～0.4%加适量水混匀拌种，拌匀后即可播种。喷洒75%百菌清可湿性粉剂600倍液或50%扑海因可湿性粉剂1 000倍液、50%速克灵可湿性粉剂1 500倍液、70%代森锰锌可湿性粉剂500倍液，隔7～15 d喷1次，防治2～3次。

## 三、草　　害

杂草对谷子生产的危害极大，是影响谷子产量的重要因素。我国谷田常见杂草有30多种，主要有反枝苋、马齿苋、马唐、稗、牛筋草、狗尾草、荠菜、弯曲碎米荠、小藜、藜、铁苋菜、山苦荬、苘麻等，防除困难。杂草不仅与谷子争光、争水、争肥，使谷子的生长发育条件恶化，降低其产量和品质，而且许多杂草是病虫害的寄主植物或栖息场所，是谷子病虫害的重要侵染源。因此防除杂草是提高谷田肥水利用率，降低病虫危害，谷田增产增收的必要措施。

### （一）反枝苋

反枝苋（*Amaranthus retroflexus* L.），又称野苋菜、西风谷等，属双子叶植物纲石竹目苋科。原产美洲，19 世纪中叶发现于河北和山东，为菜园、果园及棉花和玉米等旱作物地中的常见杂草。秦岭南北坡均产，见于北坡沿渭河流域各县及南坡的凤县；生于农田内、地边、宅旁。

一年生草本，茎直立，高 20～80 cm，有分枝，有时达 1.3 m；茎直立，粗壮，淡绿色，有时具带紫色条纹，稍具钝棱，密生短柔毛。叶互生有长柄，叶片菱状卵形或椭圆状卵形，长 5～12 cm，宽 2～5 cm，先端锐尖或尖凹，有小凸尖，基部楔形，有柔毛。圆锥花序顶生及腋生，直立，直径 2～4 cm，由多数穗状花序形成，顶生花穗较侧生者长；苞片及小苞片钻形，长 4～6 mm，白色，先端具芒尖；5 被片，花被片白色，有一淡绿色细中脉，先端急尖或尖凹，具小突尖。胞果扁卵形，环状横裂，包裹在宿存花被片内。种子近球形，直径 1 mm，棕色或黑色。

反枝苋是一种典型的危害杂草，它容易影响其他生物的生长、繁殖。清除反枝苋必须加大人工的力度，当然也可以通过化学除草消灭。和很多杂草一样，反枝苋最大危害就是需要花费巨大的人力、物力去清除。反枝苋是农田、果园、路旁和荒地的常见杂草，常污染作物种子，如果不加以有效防治，玉米、大豆、春小麦、油菜和蔬菜等产量将明显受损。影响收获，由于反枝苋的侵害，甜菜的产量减少了 49%，大豆的产量减少了 22%。

苋属植物在不同的生长时期和环境条件下，都具有积累硝酸盐的能力。反枝苋积累的硝酸盐量足以将家畜致死，其茎和枝是储存硝酸盐的主要组织。随着反枝苋的生长，硝酸盐的吸收率不断增加，在开花前达到最大，叶子中硝酸盐的含量可达 30%。在反枝苋和玉米的竞争研究中发现，反枝苋储存的氮主要是硝态氮，硝态氮可能会增强反枝苋的竞争力。反枝苋在番茄地中是列当的寄主，在桃园和苹果园中是桃蚜的寄主，在辣椒地中是黄瓜花叶病毒的寄主，在马铃薯地中其严重感染马铃薯早疫病。同时反枝苋也是小地老虎、美国牧草盲蝽、欧洲玉米螟的田间寄主。有报道指出反枝苋能够引起人类皮肤过敏。

农业防除：高棵中耕作物与矮棵密播作物轮作。在作物生育期适时中耕除草 3～4 次。化学防除：可使用 2,4-滴、25%除草醚、50%扑草净、50%利谷隆可湿性粉剂。

### （二）马齿苋

马齿苋（*Portulaca oleracea* L.），又称马齿菜、马蛇子菜、马菜，属双子叶植物纲石竹目马齿苋科。遍及全国，也广布世界温带和热带，为世界性杂草。一年生草本，春、夏季都有幼苗发生，盛夏开花，夏末秋初果熟。在土壤肥沃的蔬菜地和大豆、棉花地危害严重，为秋熟旱作田的主要杂草。

幼苗子叶卵形至椭圆形，先端钝圆，肥厚，带红色。初生叶对生，倒卵形。成株全株光滑无毛，稍带肉质。茎平卧，常带暗红色，肉质。单叶互生或近对生，上表面深绿色，下表面淡绿色或淡红色，叶楔状长圆形或倒卵形，先端钝圆或微凹，有短柄，有时具膜质的托叶。花小，直径 3～5 mm，无梗。花瓣 4～5 片，黄色，倒卵形。雄蕊 10～12 枚，花柱顶端 4～5 裂。蒴果，卵形至长圆形。种子多数，细小，肾状卵形，黑色。种脐大而显，淡褐色至褐色。

农田杂草的防治方法主要有人工防治、化学防治、机械防治、替代控制和生态防治等方法。

人工防治：①控制杂草种子入田人工防除首先是尽量勿使杂草种子或繁殖器官进入作物田，清除地边、路旁的杂草，严格杂草检疫制度，精选播种材料，特别注意国内没有或尚未广为传播的杂草必须严格禁止输入或严加控制，防止扩散，以减少田间杂草来源。用杂草沤制农家肥时，应将农家含有杂草种子的肥料经过用薄膜覆盖，高温堆沤 2～4 周，腐熟成有机肥料，杀死其发芽力后再用。②人工除草结合农事活动，如在杂草萌发后或生长时期直接进行人工拔除或铲除，或结合中耕施肥等农耕措施剔除杂草。

化学防治：主要特点是高效、省工，免去繁重的田间除草劳动。国内外已有 300 多种化学除草剂，并加工不同剂型的制剂，可用于几乎所有的粮食作物、经济作物地的除草。

机械防治：结合农事活动，利用农机具或大型农业机械进行各种耕翻、耙、中耕松土等措施进行播种前、出苗前及各生育期等不同时期除草，直接杀死、刈割或铲除杂草。

替代控制：利用覆盖、遮光等原理，用塑料薄膜覆盖或播种其他作物（或草种）等方法进行除草。

### （三）马唐

马唐［*Digitaria sanguinalis*（Linn.）Scop.］属单子叶植物纲莎草目禾本科，以秦岭、淮河以北地区发生面积最大，长江流域、西南、华南也都有大量发生和危害。一年生草本。苗期 4～6 月，花果期 6～11 月抽穗。种子繁殖，边成熟边脱落，繁殖力甚强。秋熟旱作地恶性杂草。发生数量、分布范围在旱地杂草中均居首位，以作物生长的前中期危害为主。

幼苗深绿色，密被柔毛。第一片真叶长 6～8 mm，有一狭窄环状而顶端齿裂的叶舌，叶缘具长睫毛。叶鞘和叶片均密被长毛，边缘稍粗糙。成株秆丛生，基部展开或倾斜，着土后节易生根或具分枝，光滑无毛。叶鞘松弛包茎，大部短于节间，多疏生疣基软毛。叶片线状披针形，两面疏生软毛或无毛。总状花序 3～10 个，上部者互生或呈指状排列于茎顶，下部者近于轮生。穗轴宽约 1 mm，中肋白色，翼绿色。小穗披针形，通常孪生，一具长柄，一具极短的柄或几无柄。第一小花外稃与小穗等长，有明显的 5～7 脉，中部的脉更明显，脉间距离较宽而无毛，边缘具纤毛。第二小花几等长于小穗，色淡绿。带稃颖果，第二颖边缘具纤毛，第一外稃侧脉无毛或脉间贴生柔毛。颖果椭圆形，长约 3 mm，淡黄色或灰白色，脐明显，圆形，胚卵形。

农田杂草的防治方法主要有人工防治、化学防治、机械防治、替代控制和生态防治等方法。具体方法同马齿苋的防治方法。

### （四）稗

稗［*Echinochloa crusgalli*（L.）Beauv.］属单子叶植物纲莎草目禾本科。全国各地均有发生，一年生草本，生于水田、田边、菜园、茶园、果园、苗圃及村落住屋周围隙地。春季，气温 10 ℃以上时开始出苗，6 月中旬抽穗开花，6 月下旬开始成熟。喜温暖、潮湿环境，适应性强。除严重危害水稻外，亦发生于潮湿旱地。

幼苗第一片真叶线状披针形，叶片与叶鞘间的分界不显，亦无叶耳、叶舌。成株秆光滑无毛，高 40～120 cm。叶条形，宽 5～14 mm，无叶舌。花和籽实圆锥花序尖塔形，粗壮，直立，主轴具棱，分枝为穗形总状花序。小穗长 3～4 mm，密集于穗轴的一侧。第一花的外稃具 5～7 脉，内稃与外稃近等长，膜质透明。颖果椭圆形，凸面有纵脊，黄褐色。

农田杂草的防治方法主要有人工防治、化学防治、机械防治、替代控制和生态防治等方法。具体方法同马齿苋的防治方法。

### （五）牛筋草

牛筋草［*Eleusine indica*（L.）Gaertn］，别名蟋蟀草，属单子叶植物纲莎草目禾本科，全国各地均有发生，黄河流域和长江流域及其以南地区发生为多。一年生草本，苗期 4～5 月，花果期 6～10 月。种子繁殖，多生长于荒芜之地、田间、路旁，为秋熟旱作物田危害较重的恶性杂草，尤以棉田危害严重，也危害果、桑园。

幼苗全株扁平状，无毛。胚芽鞘透明膜质。第一片真叶呈带状披针形，先端急尖，直出平行脉，叶鞘向内对折具脊，有环状叶舌，但无叶耳。第二、第三片真叶与第一片真叶基本相似。成株须根较细而稠密，为深根性，不易整株拔起。秆丛生，基部倾斜向四周开展，高 15～90 cm。叶鞘压扁，有脊。叶片扁平或卷折。花和籽实穗状花序 2 个至数个呈指状簇生于秆顶。颖披针形，有脊，脊上粗糙。第一外稃有脊，脊上有狭翼，内稃短于外稃，脊上有小纤毛。囊果，果皮薄膜质，白色，内包种子 1 粒。种子呈三棱状长卵形或近椭圆形，黑褐色。

农田杂草的防治方法主要有人工防治、化学防治、机械防治、替代控制和生态防治等方法。具体方法同马齿苋的防治方法。

### （六）狗尾草

狗尾草［*Setaria viridis*（L.）Beauv.］，又名谷莠子、莠，属单子叶植物纲莎草目禾本科。全国各地均有发生，一年生草本，夏秋季抽穗，种子繁殖。荒野、路边等生境发生最多，为秋熟旱作地主要杂草之一。对玉米、大豆、谷子、高粱、马铃薯、甘薯和果、桑、茶园发生危害更甚。

幼苗第一叶倒披针状椭圆形，先端锐尖，绿色，无毛，叶片近地面，斜向上伸出。第二、三叶狭倒披针形，先端尖。叶舌毛状，叶鞘无毛，被绿色粗毛。叶耳处有紫红色斑。成株秆高20～60 cm，丛生，直立或倾斜，基部偶有分枝。叶片线状披针形，顶端渐尖，基部圆形。叶舌膜质，有毛环。花和籽实圆锥花序紧密，呈圆柱状，直立或微倾斜。小穗成簇生于缩短的分枝上，基部有刚毛状小枝1～6条，成熟后与刚毛分离而脱落。颖果近卵形，腹面扁平，脐圆形，乳白色带灰色，长1.2～1.3 mm，宽0.8～0.9 mm。

农田杂草的防治方法主要有人工防治、化学防治、机械防治、替代控制和生态防治等方法。具体方法同马齿苋的防治方法。

### （七）荠菜

荠菜（*Capsella bursa-pastoris*）属双子叶植物纲白花菜目十字花科。原产我国，我国南北各省、江西全境平原丘陵均有分布，好生于田边、路旁、庭园周围等地，主要危害麦子、油菜等作物。

荠菜为一年或二年生草本，高20～50 cm。茎直立，有分枝，稍有分枝毛或单毛。基生叶丛生，呈莲座状，具长叶柄，达5～40 mm；叶片大头羽状分裂，长可达12 cm，宽可达2.5 cm，顶生裂片较大，卵形至长卵形，长5～30 mm，侧生者宽2～20 mm，裂片3～8对，较小，狭长，开展，卵形，基部平截，具白色边缘，十字花冠；总状花序；四强雄蕊；短角果扁平；花瓣倒卵形，呈圆形至卵形，先端渐尖，浅裂或具有不规则粗锯齿；茎生叶狭披针形，长1～2 cm，宽2～15 mm，基部箭形抱茎，边缘有缺刻或锯齿，两面有细毛或无毛。总状花序顶生或腋生，果期延长达20 cm；萼片长圆形；花瓣白色，匙形或卵形，长2～3 mm，有短爪。短角果，倒卵状三角形或倒心状三角形，长5～8 mm，宽4～7 mm，扁平，无毛，先端稍凹，裂瓣具网脉，花柱长约0.5 mm。种子2行，呈椭圆形，浅褐色。花、果期4～6月。

防治方法如麦田防除方法：小麦4叶期至分蘖期，选5℃以上的晴天，每公顷用48%百草敌180 mL、20% 2甲4氯1 875 mL，兑水450 kg喷雾，拔节后禁用。小麦3～6叶期，杂草2～4叶期，每公顷用5.8%麦喜悬浮剂150 mL，兑水600 kg喷雾。小麦2～6叶期，用6.25%使阔得水分散粒剂加水喷雾。小麦3叶期、杂草出苗后，至小麦拔节前，每公顷用奔腾75 g，兑水450～675 kg喷雾。小麦返青期，杂草齐苗后，每公顷用20%使它隆750～900 mL，加水300～450 kg喷雾。杂草3～5叶期至小麦拔节前，每公顷用快灭灵330 g兑水450～600 kg喷雾。

### （八）弯曲碎米荠

弯曲碎米荠（*Cardamine flexuosa* With）属双子叶植物纲白花菜目十字花科，全国各地均有发生。一年生或二年生草本。花期3～5月，果期4～6月，种子繁殖。为常见之夏收作物田杂草。

幼苗光滑无毛，下胚轴不发达。子叶椭圆形或近圆形，先端钝。初生叶全缘，基出。最初的3片叶近心形或三角状卵形，先端钝圆，边缘浅波状，有长叶柄，以后的叶片为羽状复叶。茎基部带黑色，茎上有棱。成株株高10～30 cm，茎直立，从基部多分枝，上部稍呈之字形弯曲，下部通常被柔毛。叶为奇数羽状复叶，顶生小叶菱状卵形。茎生叶长2.5～9 cm，有柄，顶生小叶稍大，卵形，侧生小叶卵形或线形，小叶全缘或有1～3圆裂，有缘毛。有花10～20朵，花梗长约5 mm，萼片长圆形，绿色或带淡紫色。花瓣白色，倒卵状楔形。长角果线形，斜展，扁平，无毛，与果序轴近于平行排列。种子长圆形，扁平，平滑，褐色，顶端有极窄的翅。

防治方法主要有人工防治、化学防治、机械防治、替代控制和生态防治等方法。具体方法同马齿苋的防治方法。

### （九）小藜

小藜（*Chenopodium serotinum* L.）属双子叶植物纲石竹目蓼科。一年生草本，早春萌发，花期4～6月，果期5～7月。种子繁殖，适生于湿润具轻度盐碱的沙性壤土上，发生量大，危害重，属于区域性的恶性杂草。

幼苗子叶线形，肉质，基部紫红色，有短叶柄。初生叶线形，先端钝，基部楔形，全缘，叶下面略呈紫红色，有短柄。下胚轴与上胚轴均较发达，玫瑰红色。后生叶披针形，常于基部有2个较短的裂片，叶缘具波状齿。成株株高20～50 cm，茎直立，有分枝，有绿色纵条纹，幼茎常密被粉粒。叶互生，有柄，长圆状卵形，长2～5 cm，宽1～3 cm，先端钝，边缘有波状齿，下部的叶近基部有2个较大的裂片，两面疏生粉粒。花和籽实花序穗状或圆锥状；腋生或顶生。花两性。花被片5片，先端钝，淡绿色。雄蕊5枚，长于花被。柱头2个，线形。胞果包于花被内，果皮膜质。种子直径约1 mm，圆形，边缘有棱，黑色，有光泽，表面有明显的蜂窝状网纹。

防治方法主要有人工防治、化学防治、机械防治、替代控制和生态防治等方法。具体方法同马齿苋的防治方法。

### （十）藜

藜（*Chenopodium album*）属双子叶植物纲石竹目苋科。分布全国各地，广布于世界各国。生于田间、路边、荒地等地。主要危害小麦、棉花、豆类、薯类、蔬菜、花生、玉米等旱作物及果树，常形成单一群落。

一年生草本，高 30～150 cm。茎直立，粗壮，具条棱，绿色或紫红色条纹，多分枝。叶互生；叶柄与叶片近等长，或为叶片长的 1/2；下部叶片菱状卵形或卵状三角形，长 3～6 cm，宽 2.5～5 cm，先端急尖或微钝，基部楔形，上面通常无粉，有时嫩叶的上面有紫红色粉，边缘有牙齿或作不规则浅裂；上部叶片披针形下面常被粉质。花小形，两性，黄绿色，每 8～15 朵聚生成一花簇，许多花簇集成大的或小的圆锥状花序，生于叶腋和枝顶；花被片 5，背面具纵隆脊，有粉，先端微凹，边缘膜质；雄蕊 5，伸出花被外；子房扁球形，花柱短，柱头 2。胞果稍扁，近圆形，果皮与种子贴生，包子花被内。种子横生，双凸镜状，黑色，有光泽，表面有浅沟纹。花期为 8～9 月，果期为 9～10 月。

防治方法主要有农业防治和化学防除。

农业防治：①施用腐熟的有机肥，防止杂草种子入田。来自家畜粪便、饲料余渣、秸秆、路旁杂草等沤制的有机肥，往往带有大量杂草的种子。经过高温堆沤，腐熟这类有机肥，可以预防杂草的传播和蔓延。②清除田边、路旁的杂草，杜绝杂草结实。农田附近的荒地、田边、路旁、宅旁等都是藜生长繁殖的地方。藜从发芽到结实的时期较短，花枝和母株在结实前折断，能产生有生命力的种子。所以在成熟结籽前，最好在藜开花前，将其彻底清除，带出田外，沤肥或焚烧，防止其种子落入田间，可有效控制田间藜的发生量。③秋翻春耙，减少田间杂草发生量。在作物收获后，及时秋整地或春整地，可以诱发杂草提早出苗，在播种前，对表土进行全面封闭耕耙，晾晒 1～2 d，草芽干死后再播种，可以将已经发芽的藜消灭。④及时中耕，铲除藜。作物播后苗前，在藜白芽期，次生根尚未发出，进行苗前耙，及时铲趟，可有效杀伤藜。作物生长期间，每隔 10～15 d 进行一次中耕培土，可有效防除藜的危害，同时可以缩短深层土壤中的种子寿命。

化学防除：杂草出苗前或子叶期，使用 50%扑草净可湿性粉剂 100 g 兑水 50 kg 进行喷雾，或稍加水拌毒土撒施，也可用 50%除草剂 1 号可湿性粉剂 250～300 g，兑水 50～60 kg，在玉米播种后至出苗前喷雾。

### （十一）铁苋菜

铁苋菜（*Acalypha australis* L.），又名海蚌含珠，属双子叶植物纲大戟目大戟科。除新疆外，分布遍及全国，一年生草本。苗期 4～5 月，花期 7～8 月，果期 8～10 月，种子繁殖。为秋熟旱作物田主要杂草。在棉花、甘薯、玉米、大豆及蔬菜田危害较重，局部地区成为棉花、玉米及蔬菜田优势种群。

幼苗子叶长圆形，先端平截，基部近圆形，脉三出，有长柄。上、下胚轴发达。初生叶对生，卵形，先端锐尖，叶缘钝齿状，基部近圆形，密生短柔毛，有长柄。成株茎直立，高 30～60 cm。单叶互生，卵状披针形或长卵圆形，先端渐尖，基部楔形，基三出脉明显，叶片长 2.5～6 cm，叶缘有钝齿，茎与叶上均被柔毛。穗状花序腋生，花单性。雌花位于花序下部，花萼 3 裂，花柱 3 裂，全花包藏于三角状卵形至肾形的苞片内，苞片靠合时形如蚌，边缘有细锯齿。雄花序较短，位于雌花序上部，萼 4 裂，紫红色。蒴果小，钝三棱状，直径 3～4 mm，3 室，每室具 1 粒种子。种子卵球形，灰褐色。果实成熟开裂，散落种子。

农田杂草的防治方法主要有人工防治、化学防治、机械防治、替代控制和生态防治等方法。具体方法同马齿苋的防治方法。

### （十二）山苦荬

山苦荬［*Ixeris chinensis*（Thunb.）Nakai］，又名苦菜、小苦荬、小苦苣、黄鼠草、燕儿尾，属双子叶植物纲菊目菊科。全国各地均有发生，多年生草本。花果期4～10 月。种子于 5 月后即渐次成熟飞散，秋季发芽，根芽和种子繁殖，生于农田、荒地和路旁等处。危害夏收作物、蔬菜、果树和茶树，但发生量小，危害轻。

幼苗茎、叶有乳汁，光滑无毛。子叶卵圆形，初生叶卵圆形，叶缘有不明显的小齿。成株全体无毛，有乳汁。茎基部多分枝，高 10～40 cm。基生叶丛生，线状披针形或倒披针形，先端钝或急尖，基部下延成叶柄，全缘或具疏齿或不规则的羽状分裂；茎生叶互生，向上渐小而无柄，基部稍抱茎。头状花序排列成疏生的伞房花序。总苞呈圆筒状，外层总苞片卵形，内层线状披针形。花全为舌状花，白色，花药墨绿色。瘦果狭披针形，棕褐色，有条棱。冠毛白色，刚毛状。

农田杂草的防治方法主要有人工防治、化学防治、机械防治、替代控制和生态防治等方法。具体方法同马齿苋的防治方法。

### （十三）苘麻

苘麻（*Abutilon theophrasti* Medic）属双子叶植物纲锦葵目锦葵科。我国南北各地均有发生。一年生草本。4～5 月出苗，花期 6～8 月，果期 8～9 月。种子繁殖。

幼苗全体被毛。子叶心形，先端钝，基部心形，有长叶柄。初生叶卵圆形，先端钝尖，基部心形，叶缘有钝齿，叶脉明显。下胚轴发达。适生于较湿润而肥沃的土壤。主要危害玉米、棉花、豆类、蔬菜等作物。成株株高 1～2 m，茎直立，上部有分枝，有柔毛。叶互生，圆心形，先端尖，基部心形，长 5～10 cm，两面密生星状柔毛，叶柄较长。花和籽实单生叶腋，花梗长 1～3 cm，近端处有节。花萼杯状，5 裂。花黄色，花瓣 5 枚，倒卵形。心皮 15～20 组，排列成轮状。蒴果半球形，分果瓣有粗毛，有喙。种子肾形，有星状毛，成熟时黑褐色。

农田杂草的防治方法主要有人工防治、化学防治、机械防治、替代控制和生态防治等方法。具体方法同马齿苋的防治方法。

## 第二节　谷子糜子病虫草害防控技术创新与发展

随着市场经济的发展和产业化的调整，杂粮由于生长期短、耐瘠薄、播种适期较长，市场价格逐年走高，很受农民群众喜爱，种植面积逐年扩大。谷子和糜子耐寒、耐瘠薄、生育期可塑性强，是半干旱地区的主要粮食作物和救灾作物，在国际国内市场，价格普遍高于大宗作物。提高谷子和糜子病虫害的综合管理水平，对于提高其商品质量，加快特色食品开发，满足市场需要，加大人均消费量，提高人们的健康水平，提高农业效益、农民收入，促进谷子和糜子产业发展具有重要意义。

### 一、谷子糜子病虫草害的防控途径和方法

防治病虫害的途径有以下3条：①改变大田生物群落的组成相，使害虫和病菌的种类和数量减少，有益生物的种类和数量增加；②改变营养、发育和繁殖条件，不利于害虫、病原菌，而有利于天敌；③减少农作物被害的可能性，提高它们的抗病虫性，提高栽培水平，培养抗病虫品种，实行轮作。

防治方法有植物检疫、物理机械防治、农业防治、生物防治和化学防治。

植物检疫是根据国家颁布的法令，设立专门机构，对国外输入和国内输出，以及国内地区之间调运的种子、苗木及农产品进行检疫，禁止或限制危险性病、虫、杂草的传入或输出，或者在传入后限制其传播，消灭其危害。

农业防治是最古老和广泛应用的措施，人们通过改进植物的栽培措施，有目的地让植物健康生长，有利于天敌的形成，不利于病虫的生存，从而控制病虫的发生，达到避免、减轻或直接消灭病虫的目的。

生物防治就是利用害虫的天敌和病原菌来防治害虫和病害的方法，即“以虫治虫，以菌治菌”，以及其他有益动物治虫防病。生物防治能比较持久地控制病虫，对人畜无害，不会污染环境，但对有些病虫害目前还没有有效的生物防治技术。

物理机械防治法指利用物理因素（如温度、光照等）和机械设备来防治病虫害，如种子的汰选处理、害虫的诱杀等。

化学防治法是利用化学药剂的毒性杀灭农作物病、虫、杂草的方法。化学防治收效快，急救性强，能在短时间内大量歼灭病、虫、杂草，但用药过多，成本高，且会导致害虫产生抗药性，污染环境，影响人畜健康，杀灭害虫的同时会杀伤天敌，引起害虫更加猖獗。

早在20世纪70年代我国就提出了“预防为主，综合防治”的植保工作方针。“综合防治”是对有害生物进行科学管理的体系。它从农业生态系统总体出发，根据有害生物和环境之间的相互关系，充分发挥自然控制因素的作用，因地制宜地协调应

用必要的措施，将有害生物控制在经济阈值之下，以获得最佳的经济、生态和社会效益。

### （一）病害防治

植物病害防治就是通过人为干预，改变植物、病原物与环境的相互关系，减少病原物数量，削弱其致病性，保持与提高植物的抗病性，优化生态环境，以达到控制病害的目的，从而减少植物因病害流行而遭受的损害。

谷子锈病、红叶病、黑穗病、白发病、谷瘟病等是谷子生产上的主要病害，而糜子最主要的病害是黑穗病。生产上防治谷子、糜子病害，除使用抗病品种、轮作倒茬、适期播种、合理密植、均衡施肥、及时排水等耕作措施外，最主要的是利用农药预防和减少病害的危害。

农药的使用经历了化学农药到生物农药的转变。化学农药从发明之时起，因其使用方便、见效快而得到广泛的应用。阿普隆拌种防治谷子白发病效果十分明显，试验表明，湿拌效果比干拌好。对种子表面带菌的黑穗病害，可采用保护性杀菌剂50%克菌丹可湿性粉剂，一般用种子重量0.3%拌种。对谷子粒黑穗病带菌量高的种子，则需要种子重量的0.5%拌种，防治效果可达90%以上，也可用40%拌种双可湿性粉剂拌种，糜子、谷子按种子重量的0.3%拌种。用50%多菌灵可湿性粉剂、40%拌种双可湿性粉剂、50%禾穗胺可湿性粉剂及25%百理通可湿性粉剂拌种，剂量为种子重量的0.2%～0.3%，可有效地控制谷子粒黑穗病的危害，防治效果达80%～100%，用25%瑞毒霉可湿性粉剂与上述杀菌剂等量拌种，可兼治粒黑穗病和白发病。克瘟散是一种有机磷杀菌剂，具有较强的杀菌作用，对谷瘟病有较好的预防效果，在发病初期使用，防治效果一般可达80%左右。用65%代森锌可湿性粉剂500～600倍液、45%代森铵水剂1 000倍液、40%克瘟散乳油500～800倍液、40%稻瘟净乳油600～800倍液，在发病前喷雾，可有效防治谷瘟病。

但是化学农药在防治病虫害的同时，也带来了环境污染和食品安全的问题。赛力散是剧毒汞制剂，虽然防治病害效果好，但会污染环境，对人畜造成伤害，因此一些新型农药出现代替赛力散。农抗769闷种防治谷子粒黑穗病效果极显著，达81%～100%，相当于赛力散的防效，但防治谷子白发病的效果较差，且不稳定。农抗769闷种也能有效地防治糜子丝黑穗病。用瑞毒霉和农抗769工业粉混合拌种，五合多剂（五硝基苯和多菌灵各半）拌种，防治谷子白发病的效果均较好。用瑞毒霉和农抗769混合拌种，亦能很好地防治谷子黑穗病，但单一使用瑞毒霉易诱发黑穗病。春雷霉素是一种医农两用的抗生素，有内吸作用，对人畜低毒，使用安全，在谷瘟病侵入后喷药，能够有效控制菌丝在组织中的蔓延，防止病斑扩大。克瘟散和春雷霉素混用，既有保护预防作用，又有治疗作用，防治效果比两种药剂单用都高。

这些抗生素和高效、低毒、低残毒的化学农药在本质上并无区别，都是有机化合物，只不过抗生素不是化学法而是用微生物来合成的。而直接应用微生物活体来消灭或控制病原菌，以达到防治植物病害的目的，即“以菌治病”。有些微生物可侵入其他微生物体内，利用其体内营养来生长、繁殖，最后使被寄生的微生物消亡；有些微生物能溶解真菌。土壤中有大量的真菌、细菌，特别是放线菌，能产生种类繁多的抗生素，这些菌在对植物病菌的控制中起着重要作用并有巨大的潜力。还可以利用微生物间对营养、空间等环境因子的竞争，限制植物病原菌的生长，达到防病的目的。微生物中有许多病原菌的摄食体，如线虫，在土壤中大量吞食真菌和细菌。有人已对某些线虫进行人工饲养，施洒到病原菌的滋生处，以减少病原菌。国外对于能消灭或控制植物病原菌的微生物研究较多，有些成果已用于生产。

### （二）虫害防治

防治害虫常用方法有农业防治、物理防治、化学防治和生物防治。

农业防治就是根据农业生态系统中害虫（益虫）、作物、环境条件三者之间的关系，结合农作物整个生产过程中一系列耕作栽培管理技术措施，有目的地改变害虫生活条件和环境条件，使之不利于害虫的发生发展，而有利于农作物的生长发育；或是直接对害虫虫源和种群数量起到一定的抑制作用。目前常用的一些农业防治措施：①调整耕作制度，合理作物布局、合理轮作、间作套种等。②深耕土地与晒土灭虫。粟灰螟 90%左右的越冬幼虫在谷茬内，结合秋耕或春耕处理谷茬是防治粟灰螟的主要措施。③科学播种，调整播种期，采取合适的播种密度、播种深度等。④合理施肥与灌溉。⑤加强田间管理，清洁田园，清除作物的各种残余物及杂草。⑥植物抗虫性的利用及抗虫品种的选育。

物理机械防治是利用各种物理因子、人工或器械防治有害生物的方法。包括最简单的人工捕杀至近代新技术直接或间接捕灭害虫，或破坏害虫的正常生理活动，或使环境条件变成不能为害虫接受和容忍的程度。这类防治措施，一般较简便易行，花费成本也较低，不污染环境，可用于害虫大量发生危害前，也可以在已经大量发生时采用。例如利用蝼蛄嗜好马粪的趋性，黏虫对糖醋液的趋性，粟芒蝇对腐臭鱼虾的趋性，采用适当的诱杀方法。

化学防治法是利用化学药剂来防治害虫，也称为药剂防治。化学防治是目前应用最广泛的害虫防治措施。防治粟负泥虫可通过拌种技术或全田喷雾的方式进行防治。种子处理可在播种前用 70%吡虫啉可湿性粉剂或 70%噻虫嗪可分散粉剂按种子量的 0.3%拌种，即可防治成虫危害，同时对幼虫也有很好的防治作用，是目前最经济有效的防治方法。全田喷雾可用 4.5%高效氯氰菊酯乳油 1 000～1 500 倍液、2.5%溴氰菊酯乳油 1 000 倍液、20%氰戊菊酯乳油 2 000 倍液、20%速灭威乳油 2 000 倍液、10%吡虫啉可湿性粉剂 1 000 倍液或 48%毒死蜱乳油 500～800 倍液全田喷雾，兼治苗期粟鳞斑肖叶甲、象鼻虫、拟地甲、粟凹胫跳甲等成虫。防治玉米螟可在玉米螟卵孵化率达到 30%时喷洒 Bt 制剂，或辛硫磷颗粒剂灌心，或使用高效氯氟氰菊酯（功夫）喷雾。防治黏虫可在幼虫三龄前用 4.5%高效氯氰菊酯乳油 1 500 倍液，或 25%

灭幼脲 3 号胶悬剂 1 000 倍液，每公顷用药液 600 kg 叶面喷雾防治。防治粟灰螟可在卵孵盛期至幼虫蛀茎前，每公顷用 5%西维因粉剂 22.5～30 kg，也可每公顷用 40%毒死蜱乳油 3 750～4 500 mL，或 40%辛硫磷乳油 3 750 mL，与沙土混合拌成毒土，顺垄撒在谷苗根部，还可选用 5%甲维盐水分散粒剂 2 500 倍液、40%毒死蜱乳油 1 000倍液、80%敌敌畏乳油 1 000 倍液或 1.8%阿维菌素乳油 1 500 倍液等药剂防治，重点对谷子茎基部喷雾。防治粟芒蝇可在 6 月中下旬成虫盛发前期，选用 70%灭蝇胺可湿性粉剂，每公顷用药 210～315 g，或 10%灭蝇胺悬乳剂，每公顷用药1 200～1 500 mL，各兑水 600～750 kg，田间喷雾防治。产卵盛期至幼虫孵化期，选用 10%溴虫腈悬乳剂，每公顷用药 450～900 mL，或 5%溴虫腈悬乳剂，每公顷用药 450～750 mL，各兑水 600～750 kg，田间喷雾防治。也可每公顷用 40%辛硫磷乳油 15 kg，加细土 300 kg，制成毒土，在幼虫初孵阶段顺垄撒施于植株上。粟芒蝇的成虫羽化期拉得较长，所以在偏重发生的年份，距第一次施药 6～7 d 后，还需再防治第二次，但要注意交替用药，轮换用药，以免产生抗药性（常鹏等，2012）。

但是化学杀虫剂杀伤对象不加选择，大量使用后，害虫被大量杀死，其天敌也会中毒而死亡，导致害虫更加猖狂，且长年使用化学杀虫剂，会导致害虫出现抗药性，不仅污染环境，还危害人类健康。为克服上述缺点，目前化学农药的发展就更多地要求研制选择性强、高效、低毒、低残留的农药，在加强对害虫和天敌基本规律研究的基础上，注意农药品种对害虫的选择性、农药剂型、施药时期、施药量、施药次数及与昆虫天敌和周围生物群落的关系，着眼于农业生态系统全局，这是提高化学防治水平，充分发挥其在综合防治中作用的重要问题。

一些植物在和病虫草斗争过程中能产生自我防卫的化学物质，即植物源生理活性物质。据估计，这些化学物质总数可能超过 $40\times10^4$ 种，迄今为止仅鉴定出 $1\times10^4$ 种，其中有相当一部分被认为具有作为农药的潜力。据不完全统计，目前已明确对害虫生长有抑制、干扰作用的植物源生理活性物质有 1 100 余种，这些物质均不同程度地对害虫表现为拒食、驱避、抗生、抑制生长发育及直接毒杀作用。不少植物中还可提取出昆虫蜕皮激素和保幼激素类似物。目前，植物源生理活性物质类农药有以除虫菊为杀虫成分的除虫菊素、鱼藤精中的鱼藤酮、烟草中的烟碱及透骨草等（上田富雄等，1993）。多年来，我国对几种楝科植物活性成分的杀虫活性进行了许多研究，表明川楝素、印楝素和苦楝素对防治菜青虫、柑橘全爪螨、稻瘿蚊、褐飞虱等害虫有较好效果；另外，从苦皮藤中提取的杀虫活性成分具有杀虫作用。由于植物源农药没有有机合成农药可能产生的问题，这一途径的开拓是有广阔前景的（艾应伟等，2000）。

生物防治法就是利用生物或其产物控制有害生物的方法，包括传统的天敌利用和近年出现的昆虫不育、昆虫激素及信息素的利用等。到目前为止，利用天敌昆虫防治害虫是生物防治中应用最广、最多的方法。天敌昆虫可分为捕食性天敌和寄生性天敌两大类。捕食性天敌昆虫分属于昆虫纲 18 个目，近 200 个科。其中效果较好而常利用的主要有瓢虫、草蛉、食蚜蝇、食虫虻、蚂蚁、食虫椿象、泥蜂、步行虫等。寄生性天敌昆虫分属于昆虫纲5个目，97个科。大多数种类属膜翅目和双翅目，被广泛利用的主要是寄生蜂和寄生蝇。我国1983年自美国引入欧洲玉米螟赤眼蜂（*Trichogramma nubilale*），大量繁殖成功后已用于防治蔗螟、玉米螟。我国在研究赤眼蜂大量繁殖技术方面进展较快，创新了利用柞蚕卵繁殖赤眼蜂的技术，研制成功赤眼蜂人工卵半机械化生产线。

早在19世纪末叶，利用病原微生物防治害虫已经开始，但引起人们广泛注意则是近几十年的事。目前利用病原微生物防治害虫主要有两种途径：一是发挥其持续作用把害虫种群控制在较低水平；二是使用微生物农药在短期内大量杀伤害虫。目前，国外普遍应用的细菌杀虫剂有苏云金杆菌（*Bacillus thuringiensis* var. *thuringiensis*）、青虫菌（*B. thuringiensis* var. *galleriae*）、日本金龟子流乳病菌［包括日本金龟子芽孢杆菌（*B. popilliae* Dutky）和慢死芽孢杆菌（*B. lentimorbus* Dutky）两种］等。国内已经用于防治菜青虫、玉米螟、三化螟、松毛虫、稻纵卷叶螟、稻苞虫及一些林木害虫的苏云金杆菌、青虫菌、松毛虫杆菌（*B. thuringiensis* var. *denclrolimus*）、杀螟杆菌均属芽孢杆菌一类。我国利用白僵菌防治大豆食心虫、玉米螟、地老虎、松毛虫、蛴螬、甜菜象甲、甘蓝夜蛾、甘薯小象甲、红蜘蛛、蓟马、叶蝉等数十种害虫，均取得了不同程度的防治效果，利用绿僵菌防治害虫的研究正在进行中。YIP和RATH等从塔斯马尼亚的土壤中分离得到的低温绿僵菌株（可在2～25℃萌发）*M. anisopliae* DATF-001对防治地下害虫起重要作用，该菌株已经商业化生产，商品名为Biogreen颗粒剂（何恒果等，2004）。

昆虫不育性防治就是利用多种的特异方法破坏昆虫生殖腺的生理功能，或是利用昆虫遗传成分的改变，使雄性不产生精子，雌性不排卵，或受精卵不能正常发育。将这些大量不育个体，释放到自然种群中去交配造成后代不育，经若干代连续释放后，使害虫的种群数量一再减少，甚至最后导致种群消灭。自从20世纪50年代国外释放不育性螺旋蝇成功地防治了螺旋蝇之后，引起了世界各国的广泛注意，以后又在防治地中海实蝇［*Ceratitis capitata*（Wiedemann）］和苹果蠹蛾［*Laspeyresia pomonella*（L.）］方面获得了显著防治效果。

近十几年来，昆虫激素的研究发展极为迅速，由于物理学、生物化学、遗传学等各种学科的发展，越来越深入地揭示了昆虫激素的秘密，对各种激素的来源、性质、化学结构、作用、生理代谢、合成机制等方面做了大量工作，并且已逐步应用到害虫测报及防治工作中去。这方面的进展为害虫防治开辟了新的领域。

### （三）草害防治

**1. 谷子草害** 春播谷子适宜播期在4月底前后，晚春播谷子适宜播期在5月下旬，播种7 d后开始出苗。春播谷田杂草的发生与气温、降雨密切相关，气温高、雨水多，杂草就发生得早而且多，其中以双子叶杂草反枝苋、铁苋菜、苦荬菜、荠菜、小藜和藜等为主。春播谷田杂草发生危害有3个高峰，第一个高峰期在5月中旬，主要是双子叶杂草，占84.38%，单子叶杂草占14.62%，是化学防治的关键时期；第二个高峰在6月中旬；第三个高峰在7月上中旬。后两个高峰均以单子叶杂草马唐、狗尾草、牛筋草等为主，分别占57.23%和78.62%，双子叶杂草分别占42.77%和21.38%。

夏播谷田杂草只有1个高峰期，在7月上中旬，以单子叶杂草马唐、狗尾草、牛筋草等为主，占66.5%，双子叶杂草占33.5%，是化学防控的重点。到8～9月谷田尚有新生杂草，由于此时的谷株高大，杂草生长较慢，对谷子生长影响较小。

除草剂大多具有很强的专化性，对作物种类要求比较严格，使用不当不但除草效果低下，而且极易发生药害。谷子对多种化学除草剂表现敏感，稍有不慎就发生药害。谷田化学除草一直是谷子生产中难以解决的问题。生产上可用于谷田的除草剂如莠去津、苯达松、扑灭津、扑草净与2，4-滴丁酯等，在使用时，对其稀释倍数、喷施方法、施药时间、环境条件以及施药器械等要求较高，粗心大意往往产生药害，甚至影响后茬作物。谷田化学防除杂草，首先要选择安全有效的除草剂，再则掌握并重视其配套的使用技术。

苗前土壤处理：一般在播种后第二天，采用伞形喷雾法，喷施要均匀周到，不漏喷、不重喷。喷雾时倒退行走，以免破坏对地表的封闭。

44%谷友是我国具有独立知识产权的超高效除草剂单嘧磺隆与扑灭津的复配制剂，作用靶标为ALS酶，无“三致”问题，除草谱广泛，如马唐、牛筋草、狗尾草、稗草、马齿苋、反枝苋、藜、铁苋菜、苘麻等。每公顷按使用剂量1 800 g，兑水750 L，药后15 d、30 d和45 d对谷田阔叶杂草的株防效分别为95.12%、95.04%和90.03%；对禾本科杂草的株防效分别为44.66%、41.46%和41.10%；但药后30 d和45 d对谷田单子叶杂草的鲜重抑制率分别为85.27%和93.52%，对谷子安全。

50%扑灭津是选择性三嗪类除草剂，可防除谷田马唐、牛筋草、狗尾草、稗草、马齿苋、反枝苋、藜、铁苋菜、苘麻等。每公顷按使用剂量2 250 g，兑水750 L，药后15 d、30 d和45 d对谷田阔叶杂草的株防效分别为82.33%、81.48%和76.68%；对禾本科杂草的株防效分别为40.34%、35.89%和34.79%；但药后30 d和45 d对谷田单子叶杂草的鲜重抑制率分别为79.16%和91.55%，对谷子较安全。

50%扑草净是选择性三嗪类除草剂，可防除谷田马唐、牛筋草、狗尾草、稗草、马齿苋、反枝苋、藜、铁苋菜、苘麻等。每公顷按使用剂量1 800 g，兑水750 L，药后15 d、30 d和45 d对谷田阔叶杂草的株防效分别为81.50%、77.30%和76.6%；对禾本科杂草的株防效分别为80.95%、75.8%和74.79%，如使用不当，对谷子产生明显药害。

苗后茎叶处理：一般在谷子3～4叶龄期采用定向喷雾法喷洒除草剂，喷前要洗净施药器械，喷施要均匀一致，确保药液润湿杂草茎叶而不流失，不漏喷、不重喷，注意周边作物种类。

72% 2，4-滴丁酯是苯氧羧酸类激素型选择性除草剂，可防除谷田马齿苋、反枝苋、藜、铁苋菜、苘麻等双子叶杂草。每公顷按使用剂量 375 mL，兑水 750 L，药后 30 d 对谷田阔叶杂草的株防效与鲜重抑制率分别为 92.23%和 86.05%；施药后 55 d 进行调查，2，4-滴丁酯对双子叶杂草的株数、鲜重的防效（或鲜重抑制率）分别为 68.61%与 83.82%。施药时注意风速、风向，避免药液飘移到邻近阔叶敏感作物田。

**2. 糜子草害**

野糜子是糜子的野生类型，是糜子的伴生杂草。在陕西、甘肃、宁夏、内蒙古等省份都有这类杂草。野糜子与糜子同种，成熟期较当地主题品种略早，籽粒随熟随落，成熟期较长，种子颜色以条黑灰色为主，籽粒较小，千粒重小于 5 g，苗期生长势强，分蘖性强，抗旱性强，适应性广。秸秆较细，叶色较深，一般情况下，当年种子只有部分发芽。

野糜子不但抢夺作物水分、养料和阳光，而且比其他杂草危害更严重。野糜子的籽粒较小，糜子碾米时野糜子一般不能去壳，影响糜子米的品质。更危险的是野糜子易于栽培糜子自然杂交，造成良种混杂退化。野糜子形态与糜子相同，间苗定苗时不易区别，常常留苗时留下大量野糜子而造成减产。

防治方法除和谷子类似的使用除草剂的方法，还有其他农作方法。轮作倒茬是消灭野糜子的主要措施。换种其他作物后，野糜子易区别，在中耕除草时易除掉。由于野糜子种子发芽不整齐，能在土壤中保留很长时间，所以轮作倒茬一般以两年以上为好。适时播种，春耕后最好等野糜子发芽或出苗后再播种，这样可以将行内的野糜子大部分消灭掉。同时由于野糜子长得比糜子大，易区别去除。田间去杂，抽穗灌浆期，野糜子第一批种子成熟前，田间拔除，并及时带出地块，集中毁灭，不能丢在地里。

## 二、谷子糜子病虫草害防控存在的问题

### （一）抗病虫草品种及资源匮乏

种植抗病虫草品种是防治病虫草害最经济有效的措施。我国利用抗病品种在防治谷子白发病和糜子黑穗病等病虫害上取得了重要成就，在生产上发挥了重要作用。但是由于病原菌毒性的易变性往往造成抗病品种丧失抗病性。我国目前由于病菌变异，造成糜子黑穗病抗源匮乏，其他病虫草害抗性品种的利用方面更是涉及甚少，致使我国在利用抗病品种防治谷子、糜子病害的研究和推广上难度加大，抗虫品种的选育更是缺乏基础。由于缺乏很好的抗病虫草品种的利用，致使我国谷子、糜子病虫草害防控一直处于被动的防治局面。

### (二) 长期“单一”使用化学农药，造成病虫草害抗药性增加，防治成本加大

在我国，化学农药一直是防治谷子糜子病虫草害最重要的手段之一。很多病虫草害防治的药剂有效成分“单一”，有的药剂已经用了二三十年。在一些地方的防治效果已大大下降，已发现有很严重的抗药性产生。另一个方面，新的高效新型农药品种又严重不足，或者使用成本过高，很难在生产上推广，也是造成防治效果差的原因之一。

### (三) 防控技术相对滞后，不能适应新形势下病虫防控需求

改革开放30多年，我国农业生产发生了翻天覆地的变化。目前，农村大量劳动力出外打工，在农村进行农业生产的几乎都是老人和文化程度较低的妇女，他们劳动技能低，一些过去较复杂的一家一户的防治病虫草害的技术和模式已不适应目前农村生产现状。仅靠一家一户进行病虫草害防治已不适应当前农业生产的需求，急需开发一些技术成熟、操作简单、防治效率高的新的防控技术规范和防治模式。

## 三、谷子糜子病虫草害防控发展趋势

随着我国人民生活水平和对农产品质量要求的不断提高、我国农业人口不断向城镇转移，农村留守农民农业生产能力较弱，以及“一家一户”耕种方式向土地流转给少数人耕种趋势的发展，对病虫草害防控技术发生了根本性的改变，过去一家一户的分散防治方式已不能满足目前病虫草害防控的需求。结合我国实际情况，今后我国谷子、糜子病虫草害防控的发展趋势应践行“公共植保”和“绿色植保”理念，向“绿色防控”与“专业化防治”的方向发展。近年来，通过实践证明，在一些重大病虫草害防控实践中，推广“绿色防控”和“专业化防治”比农民一家一户的自我防治，在提高作业效率、提高防治效果、降低防治成本、改善生态环境、增加农民收入、保障农产品质量安全等方面有着明显优势，是一种经济实惠、便捷高效的病虫草防控有效途径，必将成为我国今后植保工作服务“三农”的主要方式，其发展有着广阔的前景。

## 四、对我国谷子糜子病虫草害防控的几点建议

针对我国目前谷子、糜子病虫害发生特点和存在问题，结合我国实际情况，今后我国在谷子、糜子病虫害防控方面应做好以下事情。

(1) 大力挖掘抗病虫资源，加大抗病虫品种的选育和推广。利用抗病虫草品种是防治病虫草害最经济有效的措施之一。由于病菌毒性变异，谷子、糜子抗源缺乏矛盾日渐突出，应加大现有抗病虫草资源的合理利用，积极从外缘材料中挖掘新的抗病虫

草基因和抗源，丰富我国谷子、糜子抗病虫草资源库。

（2）开展主要病虫草害发生规律和防控技术研究，为病虫草害防控做好技术储备。积极开展谷子白发病、谷子红叶病、谷子褐条病、糜子黑穗病、糜子灰斑病等方面的基础研究和防控技术开发。开展发病规律、药剂筛选和防控技术研究。

（3）积极开发生物源农药。随着人们生活水平的提高，对食品安全的要求越来越高，因此积极开发生物源农药，减少化学农药使用量是今后一个时期的重要研究内容。为了避免化学农药抗药性的产生，必须积极开发新型高效低毒化学农药品种，开发新的减缓农药抗药性产生的农药使用新技术。

（4）加强病虫害种群动态变化预测与评估。在雨水偏多年份，谷子白发病和糜子黑穗病发生面积加大，一些次要病害上升为主要病害，比如，山西糜子种植区由于2011年雨水偏多，导致糜子瘟病上升为主要病害。由于气候变暖，过去一些不能越冬的病虫害已经能够安全越冬，这就势必导致病虫害发生面积加大和提前，这些变化究竟对我国未来谷子、糜子病虫害的发生有何影响？影响多大？需要加大研究力度，做到防患于未然。

## 第三节　谷子糜子绿色防控技术研究与应用

绿色防控，是在2006年全国植保工作会议上提出“公共植保、绿色植保”理念的基础上，根据“预防为主，综合防治”的植保方针，结合现阶段植物保护的现实需要和可采用的技术措施，形成的一个技术性概念。其内涵就是按照“绿色植保”理念，采用农业防治、物理防治、生物防治、生态调控以及科学、合理、安全使用农药的技术，达到有效控制农作物病虫害，确保农作物生产安全、农产品质量安全和农业生态环境安全，促进农业增产、增收的目的。

从整体上来看，绿色防控是指从农田生态系统整体出发，以农业防治为基础，积极保护利用自然天敌，恶化病虫的生存条件，提高农作物抗病虫能力，在必要时合理地使用化学农药，将病虫危害损失降到最低限度。

绿色防控是持续控制病虫灾害，保障农业生产安全的重要手段；是通过推广应用生态调控、生物防治、物理防治、科学用药等绿色防控技术，以达到保护生物多样性，降低病虫害暴发概率的目的，同时它也是促进标准化生产，提升农产品质量安全水平的必然要求；是降低农药使用风险，保护生态环境的有效途径。

绿色防控具体包括：

（1）生态调控技术。重点采取推广抗病虫品种、优化作物布局、培育健康种苗、改善水肥管理等健康栽培措施，并结合农田生态工程、果园生草覆盖、作物间套种、天敌诱集带等生物多样性调控与自然天敌保护利用等技术，改造病虫害发生源头及滋生环境，人为增强自然控害能力和作物抗病虫能力。

（2）生物防治技术。重点推广应用以虫治虫、以螨治螨、以菌治虫、以菌治菌等生物防治关键措施，加大赤眼蜂、捕食螨、绿僵菌、白僵菌、微孢子虫、苏云金杆菌（Bt）、蜡质芽孢杆菌、枯草芽孢杆菌、核型多角体病毒（NPV）、牧鸡牧鸭、稻鸭共育等成熟产品和技术的示范推广力度，积极开发植物源农药、农用抗生素、植物诱抗剂等生物生化制剂应用技术。

（3）理化诱控技术。重点推广昆虫信息素（性引诱剂、聚集素等）、杀虫灯、诱虫板（黄板、蓝板）防治技术，积极开发和推广应用植物诱控、食饵诱杀、防虫网阻隔和银灰膜驱避害虫等理化诱控技术。

（4）科学用药技术。推广高效、低毒、低残留、环境友好型农药，优化集成农药的轮换使用、交替使用、精准使用和安全使用等配套技术，加强农药抗药性监测与治理，普及规范使用农药的知识，严格遵守农药安全使用间隔期。通过合理使用农药，最大限度降低农药使用造成的负面影响。

## 一、病害防治

20 世纪 50 年代以来，广泛使用化学农药带来了环境污染问题，这促进了寻找比较安全的生物源农药的研究，因此农用抗生素得到较快的发展，日本在这方面处于领先地位。1961 年，日本开发了杀稻瘟素-S 用于防治稻瘟病，是世界上第一个大规模生产的农用抗生素，它成功地取代了公害严重的有机汞制剂。60～70 年代，日本又开发了春日霉素、多氧霉素、有效霉素等高效品种。70 年代以来，一些具有防治昆虫、螨、动物寄生原虫和蠕虫、除草和调节动植物生长功能的农用抗生素等不断研究开发出来，扩大了农用抗生素的应用领域。原来，欧美国家的一些科学家担心抗生素在农业上应用，可能引起人类病原菌对医用抗生素产生抗药性，因而持慎重态度。自从日本率先开发许多化学类型与医用抗生素不同的农业专用抗生素以后，这种担心已逐渐消除，美国、西欧、苏联都已重视和加强了农用抗生素的研究开发。70 年代后期，日本农用抗生素的年总产量已达到 400 t 以上（按有效成分计）。中国从 50 年代起研究开发农用抗生素，在 20 多年里陆续投产了赤霉素、灭瘟素、春雷霉素、多抗霉素和井冈霉素等品种。

随着病菌对已有抗生素的耐药性及新病害的出现，要求不断地开发新的抗生素。海洋环境独特，其高压、高盐、低营养、低温的特点，被认为是生命活动的极端环境，这种环境造就了微生物种类及代谢途径特异性，因此有关专家预测，海洋微生物将是今后获得新的农用抗生素的重要资源。众多海洋微生物可产生各种各样的抑菌物质。海洋真菌（*Leptosphaeria oraemaris*）产生的抗菌物质对多种病原真菌和细菌具有抑制作用。*Vibrio fluvialis*、*V. parahaemolyticus*、*V. mimicus*、*V. alginolyticsu*、*Listonella anguillarum*、*Aeromonas hydrophila* 均可产生几丁质酶，几丁质酶能够有效抑制植物病原真菌；从海洋沼泽地红树林根微生物中，也分离到多株产几丁质酶的放线菌。鲁特格斯链霉菌鼓浪屿亚种（*Streptomyces rugersensis* subsp. *gulan-*

gyunensis）可产生新抗生素8510-Ⅰ属于春日霉素类。春日霉素是一种重要农用抗生素，抗菌谱广、毒性低，对稻瘟病等植物病原菌有很好的防治效果。Imamura等从大型藻（*Pocokiella variegata*）分离的一株海洋细菌*Pelagiobacter variabilis*，其代谢产物可获得酚嗪类抗生素（Pelagio micins A-C），其中Pelagio micin A可抑制多种病原真菌、细菌，同时还具有抗癌活性（田黎等，2003）。

抗菌肽是生物体内经诱导产生的一种具有生物活性的小分子多肽，相对分子质量为2 000～7 000，由20～60个氨基酸残基组成。这类活性多肽多数具有强碱性、热稳定性及广谱抗菌等特点。抗菌肽对细菌、真菌、原虫、病毒和癌细胞都有杀伤作用，在医疗保健和食品工程中有着很好的应用前景，在植保上的研究应用也正在进行。一些抗菌肽是设计新型合成类似物的原型，通过基因工程使植物能表达合成抗菌肽从而获得抗病性，或者由微生物分泌用于合成生物农药。一些真菌分泌51～58个氨基酸残基的抗菌肽，和动植物产生的防卫素相似。*Aspergillus giganteus*产生的AFP，*Penicillium chrysogenum*和*Penicillium nalgiovense*产生的PAF，*Aspergillus niger*产生的Anafp都具有抗真菌活性。Pantocine是抑制*Erwinia amylovora*转氨酶催化氨基酸生物合成的丙氨酸派生物，*Erwinia amylovora*是引起蔷薇科火疫病的病原菌。一些人工合成的抗菌肽已经制造出来了。Pep3是一种天蚕抗菌肽-蜂毒肽混合物，具有抗*Phytophthora infestans*和*Thielaviopsis basicola*活性。D4E1是一种天蚕抗菌肽类似物，能抑制茄子黄萎病菌、串珠镰孢、两种疫霉属真菌和一些细菌。基因构建，包括编码抗菌肽的序列已经在模式植物和农作物上表达，不同程度地保护植物免受病原侵害。动物防卫素基因已在多种植物中表达。蛾血素A和B在水稻中的表达，保护水稻抵御*Magneporthe grisea*和*Xanthomonas oryzae*的侵害，蛙皮素在烟草上的表达也使烟草获得了多种真菌和细菌的抗性。昆虫防卫素heliomicin和drosomycin在烟草中表达，能抵抗*Botrytis cinerea*的侵害，而来自果蝇的麻蝇素在烟草中表达，帮助烟草抵御*Pseudomonas syringae* pv. *tabaci*和*Erwinia carotovora* ssp. *carotovora*的侵害。植物防卫素也在植物中获得了表达，Rs-AFP2萝卜防卫素在烟草和番茄中表达以抵抗*Alternaria longipes*侵害，Alf-AFP苜蓿防卫素在马铃薯中表达以抵抗*V. dahliae*侵害，SPI1云杉防卫素（Hood，1968）在烟草中表达保护烟草免受*Heterobasidium annosum*侵害等，不一而足。在制药领域，抗菌肽在植物保护方面起到重要重用。微生物分泌的抗菌肽作为生物农药已经商品化。但是大部分拥有潜在功能的抗菌肽还只是在实验室内进行研究，很少在植物病害系统中进行测试，且其固有的毒性和稳定性，都限制了抗菌肽的生产和使用。未来的研究包括开发低毒稳定的化合物，通过利用微生物系统和转基因植物简化预合成和生物技术的程序，从而降低成本（Montesinos，2007）。

微生物丰富的多样性给生物防控提供了无限的资源。提高植株周围特定菌株的多样性，能减轻发病而不对环境中其他有机体产生持续影响。单个微生物抑制植物病害涉及大量机制，机体反应复杂，生防有机体对其所投放的环境的适应，这些因素都使得生物防控比化学防控更持久。产孢革兰氏阳性细菌，例如芽孢杆菌属和链霉菌属，能产生耐热耐干的孢子，这些孢子可以很容易地制造成稳定的产品。苏云金芽孢杆菌（Bt）占有超过 90%的生物杀虫剂的市场份额，代表每年防控害虫 $1.1\times10^8$ 美元的全球市场。Bt 已经成功占领市场 25 年。生物防控市场的一个新来者，Kodiak，是枯草芽孢杆菌的一个菌株，高度有效地保护植物免受镰刀菌属和丝核菌属病原菌侵害，还能刺激植物生长。*Bacillus cereus* UW85 最初是从能抑制苜蓿疫霉立枯病的根围分离物中得到的一种细菌，后证明其在美国中西部多种田间条件下能有效地控制大豆疫霉立枯病和根腐病（Emmert et al.，1999；喻景权，1999）。

## 二、虫害防治

真菌是最早被发现引起昆虫疾病的微生物，也是首先被研制成杀虫剂的微生物，并以其特殊的营养方式、独特的入侵方式和可行的宿存机制在害虫的综合治理中表现出强大的生命力。在野外调查越冬昆虫中发现，由真菌致病死亡的昆虫最多，约占全部致病微生物的 60%。已知寄生于昆虫、蜘蛛、螨和线虫的真菌数量达 100 个属 800 多种（张克勤等，1996；梁宗琦，1999）。我国已发现记载的昆虫病原真菌涉及 40 多个属 400 多种，20 世纪 50 年代以来开发利用的共有 20 多种（张克勤等，1996；李增智，1999）。近年真菌杀虫剂发展极为迅速，已经成为微生物杀虫剂的重要组成部分。对以绿僵菌、白僵菌为代表的真菌制剂的研究开发已有近 20 年的历史，曾有 40 多种登记注册，进行了商品化的生产（王成树等，2001）。应用虫生真菌防治害虫可采用多种途径：引入定殖，流行病的建立、诱发及调整，真菌杀虫剂，昆虫病原真菌作为系统的组成部分等。

白僵菌在自然界的分布极为广泛，寄生范围也非常宽广，杀虫范围达 200 多种昆虫，是世界上研究最多、应用最广的一种真菌杀虫剂。近年来我国广大农林地区大面积推广使用白僵菌，杀虫效果十分明显。我国从 1956 年以来，曾先后利用白僵菌防治南部地区的甘薯象甲和北部地区的大豆食心虫，效果较好。其后又推广应用于松毛虫、玉米螟，效果明显，一般可达 80%以上（李淑梅，1999）。

利用昆虫病毒防治害虫是微生物防治的主要手段之一，许多昆虫病毒如核多角体体病毒（nucleo polyhedro virus，NPV）、昆虫痘病毒（entomo pox virus，EPV）和颗粒体病毒（granulo virus，GV）等都已应用于生产。迄今为止，已发现的昆虫病毒达 1 200 多种、1 690 多株，并对其形态结构、生物学和病理学等方面进行了广泛而深入的研究（洪华珠等，1997；林永范等，1998）。昆虫病毒杀虫剂是一种新型生物农药，具有对天敌安全、无污染、害虫不易产生抗性、对高等动物安全、在环境中滞留期短等特点，并且易于在害虫种群中形成流行病而长期控制虫口密度。早在 1955 年美国就已登记了 8 种杀虫病毒，20 世纪 60 年代国外大量生产用于田间防治的昆虫病毒已达 50 多种（洪华珠等，1995；洪华珠等，1997）。我国昆虫病毒的开发利用起步较晚，但发展迅速，到 90 年代初已分离出了 250 多株病毒，对斜纹夜蛾[*Spodotera litura* NPV (*Splt* NPV)]、棉铃虫 [*Helicoverpa armigera* NPV (*Hear* NPV)]、苜蓿银纹夜蛾 [*Autographa californica* NPV (*Ac* MNPV)]、小菜蛾[*Plutella xylostella* GV (*Px* GV)]、菜粉蝶 [*Pieris rapac* GV (*Pr* GV)] 等 20 株昆虫病毒进行了大面积防治试验或已投入大田应用（徐伟松等，2001）。

植物次生代谢物质是代谢的终端产物，通过降解或合成产生，不再对代谢过程起作用。但植物次生代谢物质具有重要的生态学作用（孔垂华，2002）。植物通过合成植物次生代谢物质阻止其他生物的侵害，尤其是非嗜食性植物产生的植物次生代谢物质对害虫的驱避作用普遍存在。目前已知的植物次生代谢物质约有 3 万种，约有 1 万种已经进行了分子结构的鉴定。其中有许多对昆虫有很强的活性，它影响昆虫对食物的选择、摄食和利用，从而影响昆虫的生长发育、行为和群体生物学。根据昆虫对次生物质的反应，可以将其分为拒避和抗生两种类型。由于这类杀虫剂杀虫谱较窄，有明显的选择性，且杀虫率和持续效果比化学杀虫剂低，所以这方面的研究比较少。但植物杀虫剂一般不杀伤天敌或对天敌的杀伤力不大，不易使害虫产生抗药性，对环境友好，能够在害虫的持续控制中发挥巨大的作用，是未来杀虫剂的发展趋势（王洪亮等，2006）。

昆虫信息素可诱集异性昆虫而达到降低虫口，减少下一代危害的目的。人工合成美国白蛾性信息素已应用于其成虫的大量诱杀（朱丽虹等，1998）。利用性信息素防治苹果小卷蛾，取得了好的防治效果（周长泉等，1998）。应用性诱剂对棉铃虫诱杀效果较好（徐文华等，2000）。用苹果蠹蛾性信息素来诱杀雄虫非常有效（薛光华等，1995）。甲基丁香酚、诱蝇酮、甲基丁香油和地中海实蝇性信息素四种实蝇性信息素在田间能诱捕多种实蝇（赵学谦等，1994）。用金钱松小卷蛾雌性腺体抽提物能诱杀雄蛾（王恩沛等，1994）。人工合成的烟青虫性信息素能大面积诱杀其雄蛾。性信息素结合其他措施，可有效地防治多种害虫。如性信息素与病毒混合使用可使雄虫携带病毒并与雌虫交尾，由卵传给下一代幼虫可引起幼虫死亡（陈宏等，1995）。采用印度谷螟性信息素引诱雄虫可扩散微粒子病毒，控制了印度谷螟的繁殖。在性信息素诱捕器中加入根虫疫霉，小菜蛾雄蛾可把这种真菌的分生孢子传播给别的小菜蛾，从而引起根虫疫霉流行（翟林，1996）。利用雄虫扩散病菌孢子，可防治螟虫。

昆虫生长调节剂（insect growth regulator，IGR），是通过抑制昆虫生理发育，如抑制蜕皮、抑制新表皮形成、抑制取食等最后导致害虫死亡的一类药剂。由于其作用机制不同于以往作用于神经系统的传统杀虫剂，毒性低，污染少，对天敌和有益生物影响小，有助于可持续农业的发展，有利于无公害绿色食品生产，有益于人类健康，因此被誉为“第三代农药”“21 世纪的农药”“非杀生性杀虫剂”“生物调节剂（bioregulator）”“特异性昆虫控制剂（novel materials for insect control）”。由于它们符合人类保护生态环境的总目标，迎合各国政府和各阶层民众所关注的农药污染解决途径这一热点，成为杀虫剂研究与开发的一个重点领域。目前公认的昆虫生长调节剂分类如下：几丁质合成抑制剂、保幼激素类似物和蜕皮激素类似物。几丁质合成抑制剂简称几丁质抑制剂，能够抑制昆虫几丁质合成酶的活性，阻碍几丁质合成，即阻碍新表皮的形成，使昆虫的蜕皮、化蛹受阻，活动减缓，取食减少，直至死亡。早期开发的与昆虫保幼激素极相似的化合物如烯虫酯、烯虫硫酯、烯虫乙酯等生物活性和田间稳定性较低，但具很强的挥发性，可用于防治仓储害虫和卫生害虫。由昆虫体内分离并鉴定结构的蜕皮激素物质已知 15 种以上，由于提取困难，价格昂贵，其结构复杂，不易合成，因此研究进展缓慢，现已开发为商品制剂的有两种：抑食肼和虫酰肼，均为双酰肼类化合物（吴钜文，2002）。

## 三、杂草防除

当今，农田杂草控制还是以化学除草剂为主体。化学除草剂的发现和大规模应用，是 20 世纪发生的农业绿色革命最重要的标志之一，从而极大地改变了农业劳动生产方式，促进了农业的现代化。随着化学除草剂的广泛应用，带来的负面影响也日益明显。大量施用化学除草剂带来了环境污染危机；长残效除草剂的应用引起了残毒要害，导致下茬作物减产甚至土地退化；长期使用化学除草剂导致杂草产生抗药性，使得药效降低、用药量增加、成本提高。

发展绿色除草剂特别是生物除草剂替代化学除草剂，是解决这一问题的重要途径。在生物除草剂开发上较成功的是发现于链霉菌的双丙氨膦，仍是日本重要的生物除草剂产品（强胜等，2011）。

非化学方法在农田杂草防控上也起到重要作用。少、免耕使得掉落的杂草种子留在土壤表层，鸟类、其他动物的捕食、病原体作用及其萌发都能消耗杂草种子的数量（Tørresen et al.，2003）。在不使用除草剂的杂草防治方案中，轮作是最重要的一种方法。轮作创造了一种不稳定的土壤环境，破坏了杂草的生活环境，使杂草不能形成优势种群。在尼日利亚、阿富汗、土耳其等国家以及我国中西部地区，手锄仍然是用来控制田间杂草的主要工具。即使在农业发达的国家和地区，手锄、人工拔除对于农田局部杂草防治来说仍然是有效的除草方法，机械化行间除草漏掉的杂草用这种方法控制很有效。热除草法主要是由喷嘴或探头近距离对准杂草，利用高温烧死或低温冻死杂草。按能量来源可分为火焰、红外线、液氮冷冻、蒸汽、热水等方法。火焰除草法得到广泛应用，所用燃料通常是丙烷液化气，氢气作为一种清洁能源也可以使用。火焰除草比人工除草的成本要低，但是一次性投入比较大。这种方法与机械除草相比，不受土壤湿度的影响，而且不扰动土壤。

覆盖土壤表面能阻止杂草种子萌发，或者物理抑制杂草幼苗出土。覆盖物可选用活体植物、有机或无机颗粒、人工合成或天然薄板，甚至可以喷洒某种物质在地表形成薄薄一层乳胶膜（Stout，1985）。

植化相克也可用于杂草防控。植化相克，是指一方（通常是植物）释放出化学物质，抑制、驱赶，乃至杀死对方一些类型的植被，与杂草之间表现出植化相克效应。植化相克控制杂草的一条途径是利用间作或轮作的一种作物，这种作物可能不收获，但秸秆腐烂后能释放抑制杂草的毒素。如以黑麦、高粱、小麦、大麦和燕麦作为覆盖材料时，其释放的物质对杂草萌发和生长有抑制效应（Putnam et al.，1983）。另一条途径是开发能抑制杂草生长的作物品种，并采用转基因技术将控制植化相克化合物产生的全套代谢途径或某一关键步骤导入目标作物中，提高作物的植化相克潜能（刘征等，2001）。

# 第六章　谷子糜子加工与产业链延伸创新发展战略研究

## 第一节　谷子糜子加工现状

从市场调研和文献检索结果来看，谷糜加工目前主要是初级产品，但深加工产品已经初见曙光，前景广阔。加工企业逐渐增加，特别是合作社、家庭农场等小微型经营方式是谷糜加工生产体系中不可忽视和重要的组成部分，是我国新农村建设中发展“一村一品”的重要主力军。

谷子、糜子加工，应立足市场需求，针对谷子特点，组建产品构架。总体思路应以主食化为加工主线，结合谷子文化培育销售大市场；以功能化为现代需求，探索谷子的功能因子，构建以谷子为主料的功能食品；以饲料业为新的契机，培育饲料大市场；以综合利用为突破口，培育增效新产业。面对市场的需求，我国的谷糜企业需要跨越式发展。在未来的征程中需要明确发展定位，企业科研结合，加强品牌建设，强化安全意识，抓好产品开发，促进市场销售，以及注重企业文化建设等。

### 一、国外谷子糜子加工现状

国际市场上谷子主要用于饲料。主要出口国是美国、俄罗斯、澳大利亚，占世界出口量的近一半，主要进口国是荷兰、比利时、德国、意大利、英国等欧洲国家。粟米食品主要出现在印度、非洲等干旱或者半干旱地区的国家。如印度的Rabadi，是粟米粉与酸奶混合后发酵制成的产品。尼日利亚的Kamu也称作Gasara或Kuli，是一种发酵的蛋糕，Ndaleyi是发酵后干燥的粟米粉。苏丹人常吃的Kisra是粟米发酵后制作的薄饼。这些食品多为不发达国家的传统食品，没有形成规模化生产。

从搜集的国外文献看，对于粟米食品的研究多集中在分析不同的加工方法，如磨粉、浸泡、脱壳、加热、发芽、发酵、酶解等工艺对粟米营养物质和消化率的影响，也有部分研究只为了改善粟米食品的感官品质。对于粟米的功能特性如抗氧化性、抗心血管疾病、抗癌、美容、助眠等研究尚在起步阶段。

## 二、国内谷子糜子加工现状

### （一）加工产品市场供需现状

一般认为，中国是世界三大农业起源中心之一，谷子、糜子是中国北方最早栽培的农作物，是小麦、水稻在该区传播以前最重要的食物。中华人民共和国成立初期我国的谷子面积有1 000万 $hm^2$，产量与玉米、小麦相当。但是由于单产、种植效益的局限性，国家宏观政策的忽略以及老百姓长期食用粗粮和对食物喜好性的变化等原因，从20世纪70年代开始谷糜种植面积不断下降，逐渐退出了主粮地位，沦为杂粮（王慧军，2011）。近年来，随着人民生活水平的不断提高，以精细米面为主食的饮食习惯带来的各种“富贵病”严重影响了人体的健康，谷糜作为传统杂粮不仅营养均衡，而且兼具药用价值，越来越受到人们的青睐。谷子、糜子制米产品深受人们的喜爱，特别是在谷糜产区，甚至是主要口粮和保健食品。谷糜价格是小麦、玉米的1.5～2倍，而且有逐年上升的趋势。不仅在国内，谷糜在国际市场上也有需求，据不完全统计，我国谷子2011年出口1.53万t，2012年1～10月出口1.2万t，主要出口国家为华人聚居的东南亚国家及欧美国家。

谷子、糜子初加工产品遍布我国各省份，其中北方居多。南方偏少的原因，一是饮食习惯，二是与水质有一定关系。但糯性的谷糜，在南方山区依稀可见。

从供求关系上看，目前谷子生产数量尚不能满足消费者需求。以谷糜主产区山西省为例，除消耗自产谷子外，每年还需从内蒙古、河北等地调入大量的加工原料。由于本身原料资源紧缺，本地产谷子多数单价在4.5～6.0元/kg，高者在6.0元/kg以上。同时，拉动了调入地的价格上升。

目前，市场上的谷糜加工产品绝大多数是初加工产品，即以原粮的形式销售和流通，其中包括无公害小米、绿色A级小米、有机小米等。但是随着人们饮食观念的转变，有些企业改进了生产设备，将传统的石磨与现代机械相融合，既降低了加工过程中的温度，又尽可能多地保留谷糜的营养成分，这样生产出的产品在市场上颇受欢迎。尽管如此，仍不能有力地拉动谷糜消费。究其原因是因为“想吃，不方便，吃不上”。小米、糜米口感较粗糙，适口性差，食用时煮制时间长，不方便食用，市场上又缺乏适合大众方便快捷消费的深加工产品。

### （二）深加工产品

近年来，人们加强了在谷糜深加工产品方面的研究与开发，形成的产品主要有粥糊类、饮料类、面制类、营养粉类等。

粥糊类产品主要是以谷糜初加工产品——小米、糜米为主料，再配以其他杂粮，如各种豆类、燕麦、荞麦等，以八宝粥类原料包装上市。也有将此类物料组合或再配以蔬菜等先熟化，再采用烘烤、挤压膨化、冷冻干燥、油炸脱水干燥、热风干燥等技术，制成方便营养米粥。还有的是针对特殊人群的需要，强化营养元素、微量元素后，再制成方便营养粥，比如孕妇小米粥、婴儿断奶食品等。

饮料类产品可以分为发酵型饮料与未发酵型饮料两类。发酵型饮料主要是将小米浆或浸提液与牛奶混合，经乳酸菌发酵，制得营养丰富、风味独特的饮料。还有将绿豆、黄豆等豆类打浆，加入到小米乳与牛奶的混合液中，再进行发酵，以弥补小米含赖氨酸不足的缺陷。此外，小米可用来酿造黄酒已被证实；糜米主要是用来酿造黄酒，也有人用糜米来代替部分大米生产清酒。未发酵型饮料是将小米浆或酶解液与其他杂粮或蔬菜浆混合，制得饮料。还有一种小米奶饮料是先将小米直接打浆或煮制后打浆或炒制后打浆，再与牛奶混合调配而制得。另外是不添加其他辅料，直接用酶解法制得纯小米饮料。

面制产品研究方面，以小米粉为主要原料或辅助原料，开发了面条、馒头、桃酥饼、饼干、蛋糕、面包等产品。尚没有利用糜米面粉制作类似产品的相关报道。糜米粉主要还是用来制作一些传统的风味小吃，比如油糕、驴打滚、茶汤、清真酥香糖、枣糕、炒米等。目前，糜米面制作的食品仍是北方一些糜子产区人们的主要口粮。

营养粉类产品主要是方便米粉，即先将小米、糜米熟化，再制成粉剂，食用时直接用热水冲调即可食用。可根据不同人群生理特点进行针对性营养强化，生产老年小米营养粉、婴幼儿小米营养粉、孕妇小米营养粉等功能性小米营养粉，还可与豆类、玉米、麦类等搭配生产营养早餐小米粉（片），这些营养、快捷、方便的食品符合人们的消费需求，具有广阔的市场开发前景。还有将小米蛋白和羊奶蛋白二者按一定比例配合制成乳香小米蛋白粉；以豆乳为原料，添加小米浆料及脱脂牛乳，开发了小米型豆乳粉。

上述的这些产品多处于研究阶段，市场上类似的产品不多。从调研的结果看，全国的谷糜深加工企业不算少，但是生产出的产品销量不大，而且多局限于当地，与其他作物相比产品种类单一，技术含量低，远不能适应现代人方便快捷、营养全面、风味化、功能化的饮食追求，很多产品仅是昙花一现。郭志利研究证明谷子加工成优质小米增值大1～3倍，小米经粗加工生产成小米酥等，增值5倍以上，再深加工生产成一些精细产品，则增值更多，利润更高。因此谷糜深加工产品市场前景十分广阔。糜米黄酒历史悠久，市场上有出售，只是多集中在北方市场，如山西的汾酒股份有限公司、代县黄酒，特别是河北张家口北宗黄酒有限公司，年消化谷子60 000 t，产品按年代分古代、近代、现代3个系列10余款产品，按含糖量不同有甜型、半甜型、半干型、干型等之分。小米营养粉方面，比较有名的是山西沁州黄集团生产的谷之爱婴幼儿小米米粉。小米锅巴、小米饼干等产品也出现过，但多是昙花一现。科研产品虽然较多，但是如何得到企业开发和市场认可才是关键问题。总而言之，谷糜深加工产业还有很大的发掘空间，但是由于原料在口感、加工特性等方面的局限性，此项工作也是任重而道远。

### （三）加工企业发展概况

据不完全统计，我国拥有具有一定规模的谷糜加工企业130多家，还有以数百计的小微型企业和千计的作坊式生产者，主要分布在黑龙江、吉林、辽宁、河北、山东、山西、内蒙古、河南、陕西、甘肃、宁夏等省份。这些企业中谷子加工企业偏多，专门加工糜子出售的企业很少。绝大多数企业是初加工企业，拥有企业最多的是山西省，其次是辽宁省。随着国家相关政策的引导和政府扶持力度的加大，谷糜加工企业发展得很快。如今，大部分加工企业都实现了生产的标准化和管理的现代化，并且基本上都建有自己的优质原料种植基地，以生产无公害、绿色、有机原料为主。这些绿色产品的形成，为我国谷糜产业的发展注入了生机。围绕着绿色和有机产品的生产，已在谷糜生产有优势的地区形成了多个规模化生产基地，如山西省的沁县和武乡县、河北省的武安市和张家口市、内蒙古自治区的赤峰市、辽宁省的建平县等。近年来，依托谷糜规模化生产基地，一些公司的规模迅速扩大，涌现出一大批资产上千万元的中小型企业，甚至是上亿元，如山西沁州黄小米（集团）有限公司、内蒙古清谷新禾有机食品有限责任公司、河北张家口北宗黄酒有限公司、辽宁红旭现代农业有限公司等。这些公司的出现对谷糜产业的发展起到了引领和促进作用。还应该关注的是，在我国谷糜主产区分布着一批专业合作社、家庭农场、散小米和糜子加工作坊等“小微型企业”，他们依托当地区域资源优势，积极组织生产销售，形成了“一村一品”的加工原料或初加工产品，工作扎扎实实，原料货真价实。

目前，加工企业普遍实行“公司＋基地＋农户”或“公司＋生产合作社＋农户”的经营模式，坚持走公司连基地（生产合作社）、基地（生产合作社）连农户的发展道路。采用这种经营方式，不仅可以为企业提供优质、充足的原料，保证产品质量，还能够促进农民增收，推动当地经济的发展，可谓是“一举三得”。

总体上看，我国谷糜加工企业目前仍处于“一小、二散、三低”状态。企业的规模小，现代化的大型企业很少。产业布局和生产基地分散，产业集群更谈不上。产品主要以初级加工产品为主，科学技术含量低、自主创新能力低、工业化程度低。

## 三、谷子糜子加工存在的主要问题及对策

### （一）谷子糜子加工发展中存在的主要问题

#### 1. 加工滞后，不能满足市场对食品的快捷、方便、独特的要求

近年来，随着国家的重视和政策的倾斜，谷糜加工企业的规模有了一定程度的扩大，出现了一些资金雄厚的大型企业，但总体来看，各地还是以小型企业和家庭作坊为主，缺少专营的加工龙头企业，加工业还处于磨米的初级阶段；市场上谷糜精深加工产品很少见，80％～90％初加工品是以米粥和干饭的原粮形式消费，缺乏适宜大众化消费谷糜的精深加工产品。究其原因，缺少针对谷糜籽粒加工特性设计的精深加工

设备，在很大程度上制约了新产品开发工作的展开；作为原料来源的谷糜生产方式也制约着谷糜产业的发展，谷糜种植相对分散，规模化经营不够，生产过程不规范，不能为深加工提供充足、优质的原料保证。

**2. 研究基础薄弱，限制了高水平深加工产品开发**

对谷糜营养的机制和深层次功能因子的研究处于初级阶段。国外的日本和德国等虽做了一些零星工作，但数量和深度同其他作物相比，仍差得很远，国内这方面的研究也是从近几年才开始，相关的研究报道很少，这在很大程度上限制了谷糜精深加工产业的发展。

**3. 科研队伍不健全，不能满足市场对产业发展需求**

长期以来，为了解决吃饭问题，我国农业投向主要面向小麦、玉米、水稻等大宗粮食作物，而谷糜的生产科研没有得到足够的重视，科研经费匮乏，研究工作无法开展，科研人员外流主产作物或转行。虽然个别省份坚持谷糜方面的研究，但由于经费不足，也只能进行少量的简单试验，高层次的研究很难开展。目前从事谷糜科研的人员在全国仅有百余人，而且大部分集中在育种、栽培方面，致使加工基础研究、产后加工研究等方面人才匮乏。虽然在国家谷子糜子产业技术体系成立之后，这种局面得到了一定程度的改观，但仍存在研究加工队伍规模小，人才结构不合理等问题。

**4. 缺少产品转化平台和后续支持，深加工转化企业少**

造成这一问题的根本原因是缺少好的产品，因此还是应该加大力量开发适应市场的、符合人们消费观念的精深加工产品，特别需要加强相关加工设备的研制，当然这也离不开政府相关部门和企业的支持。

**5. 缺少资金，企业发展缓慢**

由于农业产业是弱质产业，风险大，投资回报率低，加工企业融资困难，投资非常谨慎，因此企业的发展缓慢。

## （二）解决思路与对策

**1. 创新研究思路，搞好产品定位**

立足市场需求，针对谷糜特点，组建产品构架。一项科研成果有无生命力，关键在于它与市场结合的紧密度，即设计阶段的质量研究。其结合能力在外部条件上取决于概念设计阶段，在内部条件上取决于食品设计阶段和工艺设计阶段。市场的竞争，是新产品生存能力和新产品及时更替能力的竞争，其背后则是科研实力和市场运作能力的综合能力较量。只有不断研究生产出营养价值高、物美价廉、安全可靠的食品来，才能保证企业永远立于不败之地。从质量的形成过程来看，食品质量不仅取决于生产工艺，还与设计质量及保存质量密切相关。从食品的特性上来分析，产品质量还包括货架寿命、营养价值、安全性和经济性等指标。运作中要做好信息反馈，以达到衰减产品质量波动的目的。

**2. 改善研究环境，壮大科研实力**

根据产品特性，选择高新技术，保证产品质量。市场呼唤新的产品，新产品的形成既需要高视角、新思维，更需要新技术。谷糜产后研究滞后，试验研究设施极度缺乏，急需大量投入，打造高层次研究平台，如食品分离技术需要的超临界流体萃取技术，超微粉碎技术，喷雾干燥技术，微波加热或过热蒸汽加热新技术，超高温杀菌或高压杀菌、欧姆杀菌新技术，质构调整的挤压蒸煮技术和气流膨化技术，食品生物技术及食品包装新技术等。

跟踪学术前沿，挖掘谷糜“金矿”，开发谷糜特色。谷糜加工的基础研究极度贫乏，与作为“金矿”去开发的形式间反差巨大，需要长期的、大量的、艰难的探索、积累、升华、深化，更需要默默无闻地奉献，非几个人可完成。在研究内容上，要突出谷糜的“特色点”，以利尽快形成产业的“闪光点”，经济的“增效点”；在研究思路上，要大胆采纳其他植物研究的技术路线，缩短研究时间；在研究过程中，要积极汲取其他作物的先进成果，增强研究效果。

谷糜科研长期以来得到国家的支持经费非常有限，研究队伍难以维持。国家谷子糜子产业技术体系建设的运转，使谷糜科研得到了新生。建议政府进一步重视加大对谷糜产业化体系建设中科研队伍的组建，增加编制，并在经费等方面给予稳定扶持。

**3. 完善产业链条，加强科企合作**

国家谷子糜子产业技术体系建设为完善产业链条搭建了良好的平台。现在需要做的是以产业为主线，将市场—科研—生产—企业—市场的流通链衔接起来，进行有效地运作，以企业为主体，构建谷糜生产区域优势，组建以保证产品原料质量的安全生产方式和培训基地，以科研为依托，组建标准化优质产品原料和优质产品的生产技术体系和培训，在企业内实现谷糜从田间到餐桌构建绿色“通道”的目的。

**4. 加强质量监控，确保食品安全**

食品安全是世界性问题。质量关乎人民群众切身利益，关乎企业和产品竞争力的增强，关乎经济社会持续健康发展。尽管目前我们还没有发现大的产品质量问题，但谷糜产品同其他食品一样，也存在着不同程度的质量问题，如原料不足造成的东补西凑，极少数企业以次充好，劣质高价等。因此完善谷糜食品安全产业链势在必行。其主要包括：①食品安全溯源。即食品从田间到餐桌，覆盖食品的原料生产、加工、销售等整个产业链全程，通过专用设备进行信息共享，以实现质量追溯。②食品安全检测。包括政府监管部门对食品的安全进行检测和消费者对食品安全的质疑并且愿意支付相关费用的检测。③相关无害替代物的开发应用。通过研制或开发原料生产过程中应用的新型农药、肥料和食品加工过程中的食品添加剂等，来替代产业链中相应环节的不安全产品，或降低其在食品中的残留。

安全问题发生的实质，主要是从业者过分追求利益问题。故此还应：①加强对企业及从业者的职业道德教育，强化企业的主体责任。②建立健全质量监管处罚机制，包括质量诚信体系建设。③围绕产业链加强新产品、新技术、新工艺、新设备的研制开发，为质量安全提供技术支撑。

**5. 广开融资渠道，力求稳健发展**

一方面，政府部门需要引导到位，帮助企业、特别是小微企业，把准市场脉搏，引导稳健发展；另一方面，政府有关部门还应提高“专业素养”，找出各方所忧、所需、所长，以尽量精准的财税优惠政策，以最少的财政投入，推动银行信贷、社会资金与大中型企业及小微企业实现高效对接。与此同时，还要提高监管标准，通过完善监管制度、加强定期审计、开展行业监督等，让企业实现可持续发展。

## 第二节　谷子糜子加工特性与方向

谷子、糜子加工特性的研究涉及淀粉、蛋白质、脂肪和水分等成分加工特性研究，从目前研究现状来看，这些研究主要集中在淀粉加工特性方面，涉及蛋白加工特性也有一定的报道，而关于脂质和水分加工特性研究相对较少，在一定程度上限制了谷子、糜子加工制品开发和品质改良。针对目前研究现状，未来研究将主要集中在谷子和糜子的蛋白质、脂质及水分加工特性，特别是蛋白质面团成形性及加工全程物质加工特性变化等领域。

### 一、谷子糜子淀粉加工特性与方向

淀粉是谷物中主要构成成分，其加工特性对产品品质具有重要影响。淀粉是由脱水葡萄糖单元经糖苷键连接在一起的共价聚合物。淀粉颗粒是由直链淀粉和支链淀粉两种高分子有序集合而成的，它们具有不同的结构和性质，直链淀粉是由葡萄糖通过 $\alpha$-1,4 糖苷键连接起来的直链状高分子，部分直链淀粉还有少量外链较长的分支，谷物中直链淀粉分子聚合度值一般为 300～1 200，平均为 800 左右。直链淀粉分子的空间结构为螺旋结构，每 6 个葡萄糖单位组成 1 个螺距。支链淀粉的结构较直链淀粉复杂得多，支链淀粉除含有 $\alpha$-1,4 糖苷键外，还存在许多 $\alpha$-1,6 糖苷键的分支，谷物中的支链淀粉分子的聚合度值分布在 1 000～36 000。

谷物淀粉中直链、支链淀粉的构成和比例决定了淀粉的加工特性，淀粉的加工特性主要涉及糊化和凝沉特性。淀粉糊化的本质是水分子进入淀粉颗粒中，晶态和非晶态淀粉分子之间的氢键断裂，破坏淀粉分子之间的缔合状态，分散在水中成为亲水性的胶体溶液。特征主要表现为天然淀粉的晶体结构消失、淀粉颗粒膨胀、直链淀粉从淀粉颗粒中脱离出来，抗化学试剂或酶腐蚀能力减弱、黏性增强、淀粉分子的柔性增大、透明度增大等。淀粉的凝沉特性即淀粉老化，是指糊化的淀粉分子在温度降低时由于分子运动减慢，直链淀粉分子和支链淀粉分子分支都趋向于平行排列，互相靠拢，彼此以氢键结合，重新组成混合微晶束，其结构与原来的生淀粉颗粒结构很相似，但不成放射状，而是零乱地组合。淀粉老化特征表现为淀粉分子产生自由组织现象，形成结晶，抗化学试剂或酶侵蚀的能力增强，黏度下降，分析的柔性减弱，透明度下降，溶液中产生凝聚，相分离现象或沉淀，凝胶的硬度上升等。淀粉的糊化和老化特性涉及淀粉颗粒的溶解性和膨润特性、淀粉糊的透明度、凝胶强度、凝沉性质、流变学特性、冻融稳定性和热力学性质等的研究。

谷子中淀粉含量为60%～70%，品种不同存在一定的差异。最早对谷子淀粉加工特性研究报道相对较少，主要集中在不同品种谷子中总淀粉、直链淀粉和支链淀粉含量差别的研究方面。随着研究技术的进步和研究内容的深入，人们对谷子淀粉加工特性有了更清楚、深刻的认识。孙翠霞对山东6个品种小米淀粉中直链淀粉含量、可溶直链淀粉含量、凝沉性、膨润性、溶解度等进行研究，结果显示不同品种小米直链淀粉含量（2.27%～31.98%）差别显著，并对淀粉理化指标进行相关性分析，分析结论为：溶解度、膨润性、凝沉体积皆与直链淀粉含量呈显著负相关。石磊采用快速黏度分析仪（RVA），研究浸泡温度对金谷米和金苗米淀粉的黏度特性的影响，发现金谷米淀粉含量、直链淀粉含量均高于金苗米，金谷米最终黏度、回生值、崩解值大于金苗米，这些因素可能导致室温状态下金谷米糊液硬，煮成饭就会较硬，且米胶冷却后较易返生。两种米在浸泡温度低于小米淀粉自身的糊化温度时，峰值黏度、谷值黏度值均增大；但当浸泡温度高于小米淀粉自身的糊化温度时，峰值黏度、谷值黏度值均下降，意味着小米浸泡过程中选择适当的浸泡温度极为重要。董颖超采用快速黏度分析仪（RVA）、差式扫描量热仪（DSC）、组织结构分析仪（TA）等手段对普通小米和黏小米的糊化特性、力学特性进行分析比较研究。结果显示黏小米和普通小米具有相近的糊化温度，但普通小米具有较高的峰值黏度、终黏度和回生值，而在糊化特性方面，普通小米优于黏小米，普通小米粉形成的凝胶也优于黏小米粉形成的凝胶。马金丰等利用快速黏度分析仪（RVA）分析了中国东北地区新近培育的春谷新品种淀粉黏滞性，发现RVA谱的峰值时间与谷子的直链淀粉含量存在一定关联，低直链淀粉含量的品种达到最高黏度时间较少；而中等或高直链淀粉含量的品种达到最高黏度时间较长。中高直链淀粉含量的品种的RVA谱最明显的特征是冷胶黏度比最高黏度高。相近直链淀粉含量品种间食用品质的优劣，可根据消减值和崩解值判断。RVA谱特征值中崩解值越大消减值越小，反之消减值越大；米饭的口渣感越小，适口性越好；RVA分析可作为谷子品质育种的一项重要的辅助选择技术。

淀粉同样是糜子中的主要成分，含量和谷子相似，淀粉结构和性质会影响到产品的加工特性。目前糜子淀粉的加工特性研究主要集中在品种方面。王颖对内蒙古达拉特和陕西延安的14个糯性和粳性糜子品种淀粉加工特性进行分析，研究结果发现，糯性糜子淀粉在透明度、冻融稳定性、黏度、抗老化能力、糊化难易程度上优于粳性糜子淀粉，在黏度、抗老化能力、凝胶质构特性方面与糯性大米淀粉相似。粳性糜子淀粉在凝胶质构方面优于糯性糜子，在透明度、冻融稳定性、凝沉性、黏度、抗老化能力、糊化难易程度、凝胶质构方面与粳性小米淀粉更为相似。此后，王颖等对糜子淀粉与糯米淀粉的加工特性差别进行了分析研究，发现与糯米淀粉相比，糜子淀粉的透明度高、凝沉性好、冻融稳定性差、峰值黏度小、糊化温度高、热稳定性好、抗老化能力差、糊化需要的热量多，认为糜子淀粉不适合用于发酵食品和冷冻食品，但适合用作增稠剂和稳定剂。周睿用 Brabender 糊化仪和 Brookfield 旋转黏度仪研究了黄米淀粉的糊化特性、流变特性以及机械剪切触变性能，并与马铃薯淀粉、大米淀粉及玉米淀粉相比，黄米淀粉糊具有较强的黏度冷稳定性以及较弱的凝胶性和凝沉性；黄米淀粉糊属于非牛顿型、假塑性、剪切稀化的触变性流体；在同一剪切速率下，表观黏度随温度的增加而降低；在同一温度下，淀粉糊的表观黏度随剪切速率的增加而减小。

## 二、谷子糜子蛋白加工特性与方向

蛋白类一般为谷物第二大成分构成，谷子和糜子的蛋白质含量一般为 12%左右。蛋白质的加工特性是指食品体系在加工、储藏、制备和消费过程中蛋白质对食品产生需要特征的那些物理、化学性质。氨基酸是组成蛋白质的基本单位，氨基酸通过脱水缩合连成肽链。蛋白质是由一条或多条多肽链组成的生物大分子，每一条多肽链有 20 个至数百个氨基酸残基（—R）不等；各种氨基酸残基按一定的顺序排列。蛋白质分子上氨基酸的序列和由此形成的立体结构构成了蛋白质结构的多样性。蛋白质具有一级、二级、三级、四级结构，一级结构为蛋白质多肽链中氨基酸的排列顺序，以及二硫键的位置；二级结构为蛋白质分子局部区域内，多肽链沿一定方向盘绕和折叠的方式；三级结构为蛋白质的二级结构基础上借助各种次级键卷曲折叠成特定的球状分子结构的空间构象；四级结构是多亚基蛋白质分子中各个具有三级结构的多肽链，以适当的方式聚合所形成的蛋白质的三维结构。蛋白质分子的结构决定了它的功能和加工特性。

蛋白质的加工特性主要有界面性质（乳化性、气泡性）、面团的形成、胶凝作用。

（1）谷物蛋白界面性质。蛋白质是两亲分子，它能自发地迁移到空气—水界面或油—水界面，在界面上形成高黏弹性薄膜，其界面体系比由低分子质量的表面活性剂形成的界面更稳定，具体涉及蛋白质起泡性、泡沫稳定性和乳化性，例如焙烤食品、甜点心、啤酒、牛奶、冰淇淋、黄油和肉馅等，这些分散体系，除非有两亲物质存在，否则是不稳定的。

（2）谷物蛋白面团成形性。谷物中含有可溶性和不溶性两类蛋白，可溶性蛋白主要为清蛋白（溶于水）和球蛋白（溶于 10%NaCl），以及少量的糖蛋白。它们对面团形成特性没有贡献。面筋蛋白（即小麦中的水不溶性蛋白是一类杂蛋白混合物）主要包含麦醇溶蛋白（溶于 70%～90%乙醇）和麦谷蛋白（不溶于水和乙醇，而溶于酸或碱）。面粉发酵时面筋蛋白能够捕捉气体形成黏弹性面团。此外，面筋蛋白中，还含有淀粉粒、戊聚糖、极性和非极性脂类及可溶性蛋白质，所有这些成分都有助于面团形成三维的黏弹性蛋白质网络和（或）面包质地形成。醇溶蛋白和谷蛋白的组成及大分子体积使面筋富有很多特性。

（3）谷物蛋白的凝胶性。变性的蛋白质分子聚集并形成有序的蛋白质网络结构过程称为胶凝作用。胶凝是蛋白质的重要功能性质，在许多食品的制备中起着主要作用，蛋白质胶凝作用不仅可用来形成固态黏弹性凝胶，还能增稠，提高吸水性和颗粒黏结、乳状液或泡沫的稳定性。

目前对谷子、糜子蛋白加工特性研究相对较少，主要集中在分离蛋白方面的研究，涉及蛋白面团成形性加工特性。周惠明对无锡的乳黄小米和黄小米的分离蛋白加工特性进行研究，两种小米中醇溶蛋白是其蛋白质的主要组分，其次为谷蛋白；最后为清蛋白和球蛋白，它们对小米面团的成形性具有重要的影响。在DSC分析结果显示，球蛋白组分热稳定性最高，其次为分离蛋白、清蛋白热稳定性最低，乳黄小米和黄小米分离蛋白的吸水性和吸油性分别为6.0 g/g、5.0 g/g和7.0 g/g、7.0 g/g，黄小米分离蛋白的起泡性和泡沫稳定性分别为137 mL和73 mL，高于乳黄小米分离蛋白，它们分别为124 mL和46 mL。进一步对小米分离蛋白进行酶解处理，小米分离蛋白酶解物具有比原分离蛋白更小的粒子和均匀分散性，对小米蛋白的加工特性有重要的影响。鉴于醇溶蛋白是谷子最主要的蛋白成分，杨延兵对来自华北、西北、东北等不同生态区141份谷子籽粒醇溶蛋白进行分析。结果显示，在分子质量18 400～45 000 u时谷子籽粒醇溶蛋白谱带较丰富，品种之间差异明显。华北平原区安阳、石家庄、济南等地的材料籽粒醇溶蛋白带型丰富度较高，东北平原区吉林、黄土高原区兰州的材料带型丰富度较低。赵学伟采用双螺杆挤压机对小米蛋白质的加工特性进行研究，挤压后水溶性蛋白、盐溶性蛋白、醇溶性蛋白和碱溶性蛋白的含量减少，其中醇溶性蛋白占总蛋白的百分比从45%降到10%，碱溶性蛋白从21.1%减到不足7%，碱溶性蛋白和醇溶性蛋白是面团成形过程具有重要作用的蛋白，因此，挤压加工对小米蛋白加工特性会有重要影响。张志芬对分步提取13个糜子品种籽粒的清蛋白、球蛋白、醇溶蛋白和谷蛋白，糜子籽粒中清蛋白含量最高，其次是谷蛋白，醇溶蛋白含量最少。清蛋白平均含量为13.67 mg/g，球蛋白为8.12 mg/g，谷蛋白为9.73 mg/g，醇溶蛋白为2.70 mg/g，糜子中不同分离蛋白的构成将对面团成形性有重要影响。

## 三、谷子糜子脂质加工特性与方向

脂质是谷物体内重要的一类物质，包括脂肪、蜡、磷脂、糖脂、固醇等成分，都具有不溶于水，而溶于乙醚、石油醚、氯仿等有机溶剂。可供人类食用的动植物油称为食用油脂，简称油脂，它是油和脂肪的总称，在常温下成液体状态的称为油，呈固体状态的称为脂。脂肪酸是构成油脂的主要成分，按照脂肪酸的结构类型，可分为饱和脂肪酸和不饱和脂肪酸（包括单不饱和脂肪酸和多不饱和脂肪酸），按照链长可分为短链脂肪酸（碳原子数小于6），中链脂肪酸（碳原子数为6～12）和长链脂肪酸（碳原子数大于12）。脂肪的加工特性涉及可塑性、起酥性、融合性、乳化分散性、氧化稳定性等。可塑性就是在外力作用下发生形变并保持形变的性质，油脂在相当的温度范围内都有可塑性。起酥性为在调制面团时，将油脂加入后，油脂覆盖于面粉的周围，由于油脂的疏水性，限制面筋蛋白质吸水，还由于油脂的隔离作用，使已形成的面筋不能相互黏合而形成大的面筋网络。融合性为经搅拌后油脂包含空气气泡的能力，或称为拌入空气的能力。乳化分散性，指油脂在与含水材料混合时的分散亲和性质。除此之外，脂质加工特性还涉及脂肪氧化，脂质通过自动氧化、光敏氧化和酶促氧化等形式作用形成氢过氧化物，氢过氧化物再分解产生低级醛、醇、羧酸等，使油脂发生氧化变质的过程。会对谷物质量产生重要影响，特别是其安全及感官风味品质。

谷子脂肪含量为3%～8%，一般含有8种脂肪酸，不饱和脂肪酸是其主要组成成分，不饱和脂肪酸占75%，主要成分为亚油酸和油酸，其中亚油酸为46%，油酸为28%。油酸和亚油酸等不饱和脂肪酸是发生氧化反应的重要底物，在加工或储藏过程中通过以自动氧化、光敏氧化和酶促氧化中的一种或几种氧化方式，引起谷子及其加工制品的品质变化。糜子一般含有6～8种脂肪酸成分，也是不饱和脂肪构成为主，约占脂肪含量的80%，其中亚油酸含量为60%左右，油酸含量20%，同样对糜子加工或储藏过程的产品品质有重要影响。李丽等对自然发酵过程糜子中的脂肪含量变化进行研究，发现经过发酵后糜子中的脂肪含量从2.22%降至0.92%，他们认为这是发酵过程中微生物对黄米脂肪水解造成的。总之，对谷子和糜子脂肪的研究主要集中在不同品种的脂肪含量的变化、脂肪酸成分构成等方面，涉及其加工特性的研究相对较少。

## 四、水加工特性与方法

水是最简单的无机化合物之一，是谷物中普遍存在的一个组成成分，从谷物化学与谷物加工学考虑，水对谷物新鲜度、保藏性和加工性等方面都具有重要的影响。谷物中水分以游离态和结合态的形式存在，游离水主要存在植物细胞间隙，具有水的一切特性，约95%水分以游离态存在；结合水包含束缚水和亲和水，束缚水是与非水组分结合最牢固的水，它是以氢键的形式与有机物的活性基团结合在一起，亲和水可存在于细胞壁或原生质中，是强极性基团分子外的几个水分子层所包含的水，以及与非水分组分中的弱极性基团以氢键结合的水，谷物中约5%水分以结合态存在。水分含量的多少决定谷物呼吸的强弱和生化代谢状况，对谷物的加工储运具有重要的意义。自由水能被微生物所利用，结合水则不能。水分活度是指食品中水分存在的状态，即水分与食品结合程度（游离程度）。水分活度值越高，结合程度越低；水分活度值越低，结合程度越高。水分活度更能反映水分作为生物化学反应和微生物生长的可用价值。水分活度和谷物中的微生物活动、酶促反应和非酶反应密切相关。

谷子和糜子中的水分含量约为10%，目前科研和生产中主要测定了不同品种、不同地区谷子和糜子中的水分含量的差别，而水分活度作为谷物储藏和加工中重要的参数尚未被引入谷子、糜子及其制品的品质评价分析中来。水分还是谷物加工中的通用原料，对谷子、糜子食品的加工特性具有重要的影响。赵学伟对采用双螺杆挤压机在不同套筒温度和物料水分水平下对小米进行挤压膨化，然后测定产品中淀粉的理化特性，结果显示了与物料水分相比套筒温度对小米淀粉糊化度的影响较大。石磊采用快速黏度分析仪对小米浸泡过程米水比对淀粉流变特性进行分析，发现米水比例对小米的 RVA 特性有一定的影响，但不同温度下应考虑小米的吸水膨胀能力，如浸泡温度较高而米水比例过低时，就会影响小米的吸水膨胀能力，易造成米粒的破碎。

## 第三节 谷子糜子功能成分研究与开发

目前，国内外对于谷子、糜子营养成分分析研究已经逐步转到对谷子、糜子功能特性的研究方面，研究的热点集中在谷子、糜子蛋白质对慢性病（糖尿病、高血压）的生理作用，谷子、糜子多酚类化合物的抗氧化能力等。中国传统饮食理论认为，小米具有味甘、咸凉，益脾和胃、安神的作用。我国北方妇女生育后，也常用小米或小米加红糖等熬粥调养身体的传统。这些传统观念尚缺乏足够的现代科学的解释；在理论研究基础上开发的功能性产品还没有形成应用；传统民间的谷子、糜子产品尚未形成工业化食品；这些将是谷子、糜子产业未来研究的重点方向之一。

### 一、谷子糜子蛋白质的生理功能

#### （一）植物蛋白质的生理功能

早在 1990 年，Hagemeister 等在研究大豆蛋白替代动物蛋白饲喂小鼠的过程中发现，大豆蛋白可降低肾脏过滤组织的渗透压和工作负荷，减少血液中白蛋白等有益成分随尿液丢失。之后 Bazzoli 等（2003）研究发现，年轻的成年女性在服用大豆蛋白 4 周后，体内总抗氧化能力提高，且不改变血浆尿酸值。同年 Appel 报道称，增加植物性蛋白的摄入，可有效地降低高血压患者的血压和预防心血管疾病。徐向英（2004）用燕麦喂食高血脂模型大鼠，30 d 后实验组动物血清中血脂含量显著降低，同时体现出保护和改善肝功能的效果。同年，陈贵堂等总结了植物蛋白的生理功能研究结果，如对肝硬化患者的营养支持作用、降低胆固醇水平，改善肾脏病的症状等。

近年来，对于生物活性肽的研究也越来越多，人们已经从乳蛋白、大豆蛋白、鱼贝类蛋白、胶原蛋白等食物蛋白的酶解产物或发酵制品中分离得到了多种生物活性肽。生物活性肽具有神经、激素和免疫调节、抗菌、抗高血压、降低胆固醇、抗癌、抗氧化作用、促进生长、调节食品风味等多种生理学功能。隋玉杰等（2008）筛选出了具有醒酒作用的玉米肽，而 Jimsheena 等（2010）从大米中提取出了具有抑制 ACE 活性的多肽。不论是对于小米、糜子蛋白质的组分研究还是功能性的研究国内外资料都非常少。蛋白质提取和组分分析也几乎集中在近 15 年。

## （二）谷子糜子蛋白质的提取方法比较

从文献看，提取小米蛋白质的方法基本有两种：第一种是碱溶酸沉法，王丽霞等（2007）在 25 ℃环境中，采用 0.1 mol/L NaOH 溶液提取 2 h，料液比为 1∶5～1∶6，蛋白质的提取率为 35%，小米蛋白粉产品其蛋白质纯度达 75%以上。醇溶谷蛋白和谷蛋白占小米总蛋白组分的 75%，小米的赖氨酸和色氨酸在其清蛋白（白蛋白）中含量最高，在其球蛋白中含量最低，小米蛋白质的氨基酸得分为 25，生物价为 63.8，其赖氨酸和苏氨酸含量都偏低。薛月圆等（2008）研究认为，小米中蛋白质主要储存在胚和胚乳细胞中，属低过敏性蛋白，其成分主要包括清蛋白、球蛋白、醇蛋白和谷蛋白。小米的储藏性蛋白质为醇溶谷蛋白，并具有 55%～58%的非极性氨基酸，故小米的醇溶谷蛋白具有很强的疏水性。刘剑利等（2009）采用正交试验方法，优化了碱溶酸沉提取小米蛋白的工艺，pH 10、温度 30 ℃、时间 3 h、料液比 1∶8，此条件下小米蛋白质提取率达 38.79%。第二种方法是盐法提取，刘剑利等（2009）认为，决定盐法提取小米蛋白的因素为温度＞时间＞物料比＞盐浓度，得出的最佳提取条件为盐质量浓度 2.5%，物料质量比 1∶8，温度 45 ℃，时间3 h，在此条件下蛋白提取率为 29.34%。

对于糜子蛋白的提取最早见于 1970 年的外文文献，Jones 等（1970）研究发现糜子蛋白质的 5%可用水提取，4%可用 1% NaCl，其余约 52%的糜子蛋白质可用 60%丁基醇或 60%乙醇在 60 ℃下提取。国内有关糜子蛋白质提取文献见于 2006 年，刘勇（2006a）采用盐法提取，提取的最佳条件为 NaCl 溶液浓度为 2%，料液比为 1∶9，提取时间为 30 min，黄米盐溶蛋白质得率可达 3.96%。之后该团队（刘勇，2006b）将去壳糜子粉碎用正丁醇脱脂后，依次用水、NaCl 溶液、醇溶液提取蛋白，分别得到清蛋白、白蛋白、醇溶蛋白样品，研究了不同蛋白级分的含量和氨基酸组成，并用电泳技术比较了不同级分中蛋白组成的差异，结果发现，不同浓度的醇溶液在不同的提取温度下得到的醇溶蛋白无本质区别，且醇溶蛋白较清蛋白和球蛋白富含丙氨酸、蛋氨酸和亮氨酸，而甘氨酸、赖氨酸、精氨酸含量较低。发现醇溶蛋白是糜子蛋白的主要组成部分，占总蛋白的 80%。到目前为止，还未见糜子蛋白引起过敏反应的报道，所以糜子蛋白可作为对普通食物蛋白过敏人群的替代蛋白源，且糜子蛋白属植物蛋白，对人体更具保健作用。

国家谷子糜子产业技术体系近年来的研究认为合适的小米、糜子蛋白质的提取方法是乙醇提取法。小米醇溶蛋白最佳提取工艺：提取温度 60 ℃，提取时间 2 h，乙醇浓度 70%，料液比 1∶7，得率为 56%，蛋白质含量为 80%。糜子醇溶蛋白的最佳提取工艺：料液比 1∶6，乙醇浓度 65%，温度 75 ℃，提取时间 1 h。在该条件下，糜子醇溶蛋白质的提取率为 78.65%，蛋白质的含量为 87.90%（徐子涵，2013）。蛋白质的提取率远高于前人的研究结果（刘勇，2006a；刘勇，2006b；王丽霞，2007；刘剑利，2009）。

## （三）谷子糜子蛋白质的含量及组成

国外有关小米蛋白质组成的研究文献大约起始于1956年，Baptist等、Mangay等和Taira等均报道小米中缺乏赖氨酸（Taira，1968）。国内有关小米蛋白质的研究在20世纪80年代。1989年，古世禄等（1989）分析了416份国内谷子品种，绝大多数品种中蛋白质含量（质量分数）为10%～13.99%，平均含量为11.73%±1.40%，并指出谷子品种的粳糯性及适口性与蛋白质没有内在联系。同时他们对小米蛋白的氨基酸组成进行了分析后认为，小米蛋白质中各种氨基酸含量的差异很大，谷氨酸、亮氨酸、丙氨酸、脯氨酸、天门冬氨酸构成了氨基酸的主要组成部分，其含量之和为4 589.6 mg/g（以N计），占氨基酸总量的58.95%。各种氨基酸在不同品种间的变异很大，变异系数最高的是蛋氨酸和酪氨酸，高达15.9%，变异系数最低的甘氨酸在13.3%以上。

李庆春等（1993）对全国各地有代表性的228份样品进行了统计，小米粗蛋白质的干基平均值为13.08%，变幅为8.06%～19.21%，分布标准差1.87，变异系数14.30%；并根据地理地貌、气候、土壤和小米品种类型等诸多条件划分，分别测定了小米粗蛋白质含量：华北平原平均值最高（13.73%），东北平原平均值位居第二（13.59%），西北内陆含量居中，内蒙古高原平均值仅为11.68%，新疆样品在全国所测试样中水平最高（15.39%）；不同米质（粳和糯性）和米色（黄、白、青和灰）的小米样品中粗蛋白含量不同，黄粒米略高于青色米和灰色米，但低于白色米，糯米略高于粳米，且同一种米色或米质的小米品种之间的变异很大。对氨基酸组成分析的结果：谷氨酸平均含量最高，占小米蛋白质的21.40%，亮氨酸、丙氨酸、脯氨酸和天门冬氨酸在样品中含量分别为1.86%、1.26%、1.03%、0.98%。

张超（2007）总结了前人对小米的营养研究，认为国内小米蛋白中多数氨基酸的含量都超过了小麦、大米和玉米，尤其是色氨酸和蛋氨酸最为突出。

2008年杨春等再一次分析了北方谷子中的27个品种，表明小米蛋白质干基平均值为12.91%，变幅为11.02%～15.97%，分布标准差为1.08%，相对标准偏差8.36%。小米氨基酸表明谷氨酸平均含量最高（3.10%），亮氨酸、丙氨酸和天门冬氨酸含量分别为1.64%、1.13%、0.82%，以上4种氨基酸平均值之和为6.69%，占蛋白质平均值的51.82%。分析结果均表明谷氨酸平均含量最高，赖氨酸含量最低，而结果的差异性可能是小米品种、产地不同造成的，这一结果与前人的研究结果一致（古世禄等，1989；李庆春，1993）。他们进一步评价了蛋白质的品质认为：小米中必需氨基酸（除色氨酸外）占蛋白质的42.03%，多数必需氨基酸评分均大于100，能满足人体的需求，所缺乏的是赖氨酸和苏氨酸，与优质鸡蛋蛋白质比较，除色氨酸外的必需氨基酸指数EAAI为76.22。总之，小米蛋白质中氨基酸种类齐全，必需氨基酸模式值与人的接近，是一种优质蛋白质。

对于糜子的研究较早的文献来自于国外，Jones 等（1970）分析了脱壳白糜子粉蛋白质的组成，认为糜子醇溶蛋白中的赖氨酸、精氨酸和甘氨酸含量较少，而丙氨酸、蛋氨酸和亮氨酸的含量则高于白蛋白和球蛋白中的含量。球蛋白中的精氨酸含量较高。Lorenz 等（1980）也分析了糜子的蛋白质，发现赖氨酸含量极低(7.9～11.4 g/kg)，体外消化研究发现糜子蛋白质比小麦蛋白质难消化，可溶性蛋白质含量也低于小麦蛋白质。Parameswaran（1994）等分析了糜子蛋白质的含量约为 12%。Kalinova 等（2006）再次分析了糜子蛋白质含量（约 11%），并发现其亮氨酸、异亮氨酸和丙氨酸的含量均高于小麦，蛋白质质量为 51%，也高于小麦，其限制性氨基酸为赖氨酸（3.3 g/kg）。

国内有关糜子蛋白质研究集中在近 10 年，刘勇（2006）发现糜子粗蛋白含量明显高于小麦、大米等日常主食，糜子中含有 18 种氨基酸，其中赖氨酸、色氨酸、含硫氨基酸含量较低。2009 年，柴岩和张志芬等几乎同时发表文章称：糜子籽粒储藏蛋白主要是清蛋白（平均含量为 13.67 mg/g），其次是谷蛋白（平均含量为 9.73 mg/g），球蛋白平均含量为 8.12 mg/g，而醇溶蛋白含量最少（2.70 mg/g）。清蛋白和球蛋白大多是生理活性蛋白质（酶），含较多的赖氨酸、色氨酸、蛋氨酸，营养平衡较好。4 种蛋白组分中粳性和糯性平均含量相差最大的是醇溶蛋白，相差 2.37 mg/g。糯性糜子蛋白质含量一般在 13.6%左右，最高可达 17.9%。糜子籽粒中人体必需 8 种氨基酸的含量均高于小麦、大米和玉米，尤其是蛋氨酸，每 100 g 小麦、大米、玉米分别为 140 mg、147 mg、149 mg，而糜子为 299 mg，是小麦、大米和玉米的 2 倍（柴岩，2009；张志芬，2009）。

### （四）谷子糜子蛋白质生理功能

有关小米、糜子中蛋白质生理功能的研究是近 10 年的事情。Choi 等（2005）分析Ⅱ型糖尿病小鼠中脂肪、葡萄糖、胰岛素和胰联素等含量在饲喂小米蛋白质后的变化，研究发现在喂养小鼠 3 周后，血浆中高密度脂蛋白胆固醇和胰联素水平明显上升，而胰岛素水平明显下降，葡萄糖水平变化不明显。说明小米蛋白质通过影响胰联素浓度，显著影响胰岛素和胆固醇的代谢。从而认为小米蛋白质预防与肥胖有关的Ⅱ型糖尿病和心血管疾病有一定帮助。Li 等（2007）研究发现，胁迫发芽后的小米水溶性蛋白质对羟自由基的抑制作用更为显著。许洁等（2011）采用脱脂后的小米，加入 α-淀粉酶去除淀粉，获得了小米酸不溶性蛋白（蛋白质含量为 68%，纤维素含量 25.3%），并研究了小米酸不溶性蛋白对 $CCl_4$ 所致小鼠肝损伤动物模型的保肝作用。结果显示，小米酸不溶性蛋白处理组与肝损伤对照组相比，小米酸不溶性蛋白处理组的小鼠血清中谷丙转氨酶、谷草转氨酶水平及肝组织中丙二醛含量显著降低，小鼠肝脏表面形态异常症状减轻，小米酸不溶性蛋白处理组的肝细胞坏死、脂肪变性和炎性细胞浸润等病变较少，其中小米酸不溶性蛋白高剂量组（每 1 200 g饲料 250 g 小米酸不溶性蛋白）的效果最佳。从而说明小米酸不溶性蛋白对

$CCl_4$ 所致动物急性肝损伤具有保护作用。刘剑利等（2012）分别用高、中、低剂量小米多肽［250 mg/(kg·d)、500 mg/(kg·d)、1 000 mg/(kg·d)］喂饲小鼠 30 d，发现小米多肽对小鼠免疫调节作用。小米多肽均有能刺激淋巴细胞转化，吞噬率、吞噬指数增加，与对照组比较差异有统计学意义（$p \leqslant 0.01$），脾脏指数和胸腺指数也均明显增加（$p \leqslant 0.01$）。Amadou 等（2013）从干酪乳酸杆菌发酵的小米中分离纯化的多肽具有抗氧化活性和抗菌效果，并且可以抗胰蛋白酶消化，从而在食用时不会被降解。

对于谷子蛋白质功能性研究不仅局限于小米蛋白质，而且也有研究人员关注米糠蛋白质的功能特性。单树花（2012）研究了小米米糠蛋白的特性，首先米糠蛋白可能为碱性蛋白，等电点大约在 8.5，分子结构稳定，具有较强的耐热性。在体外抗肿瘤活性研究中发现，该蛋白能够显著抑制人结肠癌细胞株 DLD1 和宫颈癌细胞株 Hela 的增殖，并能诱导其凋亡；而对人正常肝细胞株 HL-7702 无明显作用。说明小米米糠活性蛋白对不同肿瘤细胞的抑制作用存在一定差异，该蛋白有望为结肠癌的治疗提供新的靶向药物。李卓玉（2013）也提取了小米米糠蛋白，并通过细胞增殖试验（MTT 法），筛选出抗肿瘤活性蛋白单一组分，分子质量约为 35 ku。基因测序结果表明：该蛋白是具有抗结肠癌活性的新型蛋白。该蛋白处理能够使细胞周期在 G1 期阻滞，从而显著抑制人结肠癌细胞株的生长，并且具有明显的剂量和时间依赖性，但对人正常肝细胞株 HL-7702 无明显抑制作用。经过小米米糠蛋白处理能显著诱导结肠癌细胞凋亡。使 DLD1 细胞线粒体膜电位明显下降，Caspase8 和 Caspase3 被显著激活，促凋亡蛋白 Bax 表达量上调、抗凋亡蛋白 Bcl-2 表达量下降。同时发现小米米糠蛋白能显著抑制老鼠体内肿瘤细胞的生长。因而认为小米米糠蛋白是一种新型抗结肠癌活性蛋白，它不但能显著杀伤结肠癌细胞，而且对正常细胞没有明显毒副作用。因此，小米米糠蛋白有望开发成为低毒、高效的新型抗癌药物。

1990—2002 年，以 Nishizawa 为首的研究人员用糜子蛋白作为饲料饲喂四周龄 Wistar 大鼠、BALB/ccrslc 小鼠和 SpragtlcDawley 大鼠，结果表明，在饲喂 21 d 后，大鼠和小鼠的血清总胆固醇含量较低，血浆中高密度脂蛋白胆固醇含量较高，而强化赖氨酸和苏氨酸的糜子蛋白则可提高血清总胆固醇含量。从而认为糜子蛋白质有抑制动脉粥样硬化的可能，并发现，由 D-半乳糖胺诱导血清中天冬氨酸转移酶、丙氨酸转移酶、乳酸脱氢酶升高，在用 20%糜子蛋白质饲料饲喂小鼠 14 d 后，这些指标明显下降，从而认为糜子蛋白质具有保护肝的作用（1990，1995，1996，2002）。国内类似研究始见于 2007 年。刘勇等（2007）比较了分别饲喂酪蛋白、大豆分离蛋白、糜子醇溶蛋白小鼠的血清总胆固醇、高密度脂蛋白胆固醇、低密度脂蛋白胆固醇、甘油三酯浓度和动脉硬化指数。结果显示，糜子醇溶蛋白（添加 1.82%赖氨酸和 0.23%苏氨酸）能显著提高小鼠血清高密度脂蛋白胆固醇浓度，降低动脉硬化指数；但体外试验表明，糜子醇溶蛋白不能抑制羟甲基戊二酸单酰辅酶 A（HMG-

CoA）还原酶的活性，即不能抑制胆固醇的合成。线性回归分析得出黄米醇溶蛋白对小鼠血清胆固醇代谢的调节作用与其蛋氨酸与甘氨酸含量之比、疏水性氨基酸、含硫氨基酸含量密切相关。认为糜子醇溶蛋白组小鼠血清 HDL-c 水平显著升高可能是因为糜子醇溶蛋白含有极高比例的含硫氨基酸。糜子醇溶蛋白组小鼠的 HDL-c 最高，AI 值最低，意味着糜子醇溶蛋白组小鼠患动脉粥样硬化和冠心病的概率最小，糜子醇溶蛋白可能参与调节诸如胆固醇分泌或转化等过程而影响血清胆固醇水平。

## 二、谷子糜子碳水化合物的生理功能

### （一）淀粉的生理功能

1993 年，欧洲抗性淀粉研究协会将抗性淀粉定义为“健康者小肠中不被吸收的淀粉及其降解产物的总称”。抗性淀粉具有防止肠道疾病，降血脂、降血糖、促进矿物质吸收等多种生理功能。抗性淀粉广泛存在于一些水果及豆科作物中，在食物加工过程，如加热处理含淀粉食品（谷类早点及面类食品）等都会产生抗性淀粉。抗性淀粉属于多糖类物质，从功能性来看被视为膳食纤维，但与膳食纤维仍有所不同。抗性淀粉对人体直接产生作用的生理功能较少，其生理功能主要通过影响其他物质的吸收代谢，以及在结肠内发酵产生的次生产物而得到发挥。已有证据表明，缓慢消化和吸收碳水化合物对于患有糖尿病等的病人有益（Cheng，2000）。

### （二）淀粉的组成及提取方法

**1. 淀粉的提取方法**

目前实验室制备小米淀粉主要有碱提法、水磨法、表面活性剂法（图 6 - 1）。不同的提取方法对提取效果影响较大，从而对后续试验结果有着一定的影响。如 Balasubramanian 等用 6 倍体积的 NaOH 浸泡珍珠粟，45 ℃水浴 90 min 并不停搅拌，3 000 r/min 离心 15 min，洗涤；赵学伟等提取小米淀粉方法与之类似。Krishna 等将黄米、谷子、稗子等用 0.2 mol/L 醋酸盐缓冲液（pH 6.5）与 0.01 mol/L 升汞溶液 6 ℃下浸泡 30 h，胶体磨碎过 80 目筛，加入 1/8 体积的甲苯脱去蛋白，洗涤；刘成等将小米粉用去离子水磨浆，过 100 目筛，滤液于－4 ℃放置 1～5 h，反复用去离子水洗涤；Kim 等先将小米粉用 1∶1 体积的 85%甲醇溶液浸泡，再加入 5 倍体积的十二烷基磺酸钠浸泡，复用 85%甲醇溶液浸泡后，蒸馏水洗涤。小米籽粒粉碎后过 0.25 mm筛。

杨斌等（2012）在前人的基础上进行了改进，即取适量小米粉，按 1∶3 的比例浸于乙醚中，重复脱脂 2 次，每次 2 h，期间搅拌数次；脱脂后的样品按 1∶3 的比例浸于 60%乙醇溶液中重复脱糖 2 次，每次 2 h，期间搅拌数次。将脱脂脱糖后的样品于 4 000 r/min 离心 10 min，用蒸馏水洗涤 3 次，调节至 pH 10.0。加入 0.03%碱性

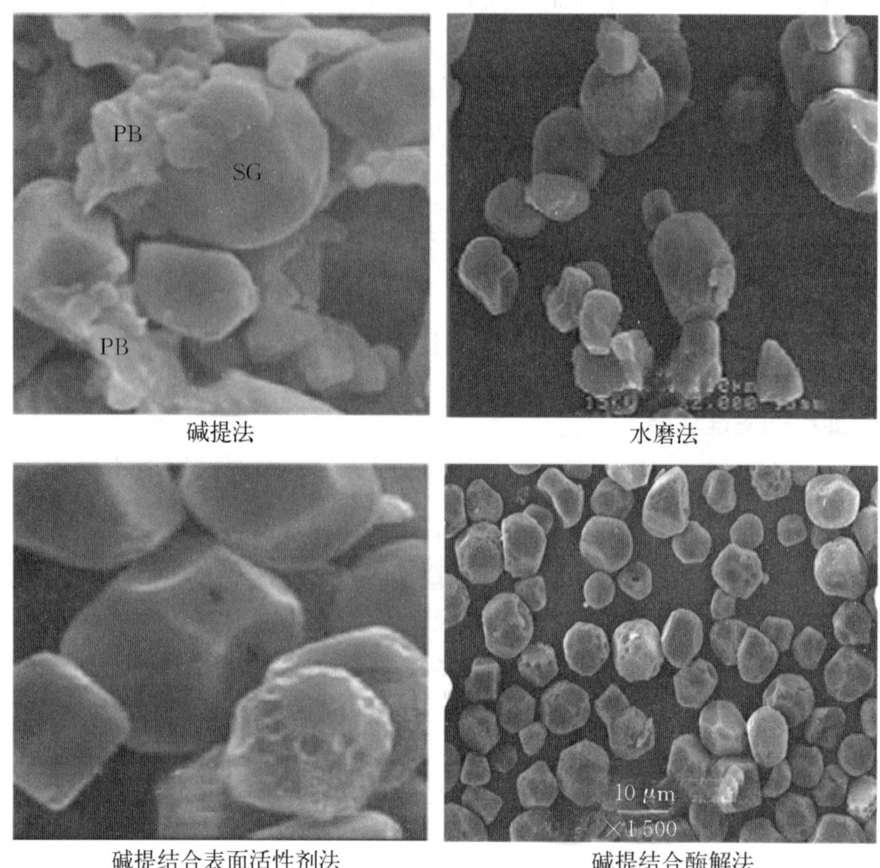


碱提法 水磨法

碱提结合表面活性剂法 碱提结合酶解法

图 6-1 小米淀粉不同提取方法

蛋白酶（10 000 U/g），在 45 ℃下搅拌水解 6 h，4 000 r/min 离心 10 min，用蒸馏水洗涤 3 次。沉淀分为 3 层，剔除上表层后于烘箱中 45 ℃烘干，粉碎过 0.15 mm 筛，装入干燥容器中备用。研究表明，本提取方法可以有效地去除与淀粉颗粒结合的蛋白与脂类物质。

糜子淀粉的提取方法分为酶法提取和碱法提取。所谓酶法提取，即将糜子浸泡 10 h 后粉碎，并调节 pH，加入酸性蛋白酶水解蛋白质，pH、酸性蛋白酶用量、浸泡时间及温度会影响淀粉的得率；研究表明，酶法最佳提取条件：pH 4.0，酸性蛋白酶体积分数为 2%，浸泡时间 10 h，浸泡温度 50 ℃，此条件下淀粉提取率为 70.12%。碱法提取是将糜子浸泡 10 h 后粉碎，放入 NaOH 溶液中浸泡，pH、料液比、浸泡时间及温度会影响淀粉的得率；碱法最佳提取条件：pH 11.0，料液比 1∶5，浸泡时间 8 h，浸泡温度 25 ℃，此条件下淀粉提取率为 81.59%。研究可知，碱法的淀粉提取率高，提取条件相对温和（王学川，2013）。

**2. 淀粉的形态与大小**

谷子淀粉颗粒均为单粒，多数为呈棱角分明的多角形，少数为卵圆形，其中又以小多角形、小卵圆形居多，不同品种间淀粉颗粒大小和形态具有明显差异。

Kumari（1998）、Fujita（1996）等利用扫描电子显微镜测定谷子淀粉粒径，结果表明，谷子淀粉粒径为0.8～11.96 μm。杨斌等（2012）使用激光粒度仪对夏谷区9个品种淀粉粒径进行测定，发现谷子淀粉颗粒均由0.42～2.25 μm与3.42～29.26 μm两种不同粒径范围的颗粒组成。各品种淀粉粒度分布均呈现出"三峰"型，集中分布于0.4～2.5 μm、4.5～12.0 μm与13～21 μm 3个区间，不同品种在第一区间的分布特征差异不明显，而在后两个区间分布特征具有较大的差异。

Soulaka（1985）、Whattam（1991）以及Peterson（2001）等研究表明，淀粉大小颗粒分布影响直链淀粉含量、糊化特性、流变学特性、烘培品质、凝沉特性等理化性质，进而影响到淀粉的加工品质与用途。

**3. 谷子糜子淀粉生理功能**

对于小米、糜子淀粉生理功能的研究资料很少。Bangour等（2012）测定脱脂并煮沸处理后的黄小米和白小米淀粉中分别含有14.56%～8.24%和13.35%～7.46%的抗性淀粉。对于有高脂血症等代谢紊乱疾病的患者，食用一定量的小米能改善其健康状况。

Yanez（1999）认为糜子淀粉与玉米淀粉的消化率基本一致。王学川等（2013）发现糜子淀粉具有部分抗性淀粉的性质，因而认为对糖尿病和心血管病有辅助治疗作用。

## （三）膳食纤维的生理功能

现代医学普遍认为膳食纤维有如下生理功能：①促进肠道蠕动，清洁胃肠道，减少和预防胃肠道疾病；②抑制胆固醇的吸收，预防高血脂症和高血压等心血管疾病；③抑制有毒发酵产物，预防结肠癌；④调节血糖水平，防止糖尿病；⑤增加饱腹感，预防肥胖症；⑥改善肠道菌群，维持体内的微生态平衡，有利于某些营养素（如维生素$B_3$、维生素$B_6$、维生素$B_7$等）的合成。

郑红艳（2010）研究发现，谷子、糜子膳食纤维对$NO_2^-$均具有较强的吸附作用。而且谷子、糜子膳食纤维结合$NO_2^-$后，进入肠道中就不会发生可逆反应，即不会造成$NO_2^-$重新释放，故可以认为谷子、糜子膳食纤维在人体正常胃液条件下对癌症具有一定的预防作用。刘敬科等（2012）以小米糠膳食纤维为原料，通过测定空腹血糖、糖耐量、血清总胆固醇（TC）、甘油三酯（TG）、高密度脂蛋白胆固醇（HDL-C）等指标，研究了小米糠膳食纤维对血糖和血脂的调节作用，结果表明，与对照组比较，低、中剂量组空腹血糖值差异极显著，高剂量组差异显著；低剂量组在0、0.5 h、2 h时的血糖值和曲线下面积均低于模型对照组，且差异显著；中剂量组能显著降低血清总胆固醇水平；各剂量组对甘油三酯和高密度脂蛋白胆固醇的含量影响不大。国家谷子糜子产业技术体系经过研究发现小米的口感与淀粉有直接关系。

## （四）谷子糜子脂肪的生理功能

目前与谷子、糜子脂肪有关的功能性研究暂时没有报道。对谷子、糜子脂肪的研究还停留在含量的分析及脂肪酸的组成上。杨延兵等（2012）研究得出小米含脂肪为2.8%～8%，因品种和产地不同含量略有差异，平均为4%～4.5%，都是优质脂肪，而脂肪是影响小米香味和外观光泽的重要成分。柴岩（2009）分析了榆糜1号和榆糜2号的脂肪含量为3.70%～4.05%。

国家谷子糜子产业技术体系在脂肪方面的研究与前人类似，暂时没有进行功能性研究。只是分析了近千种小米中脂肪的含量，并对部分品种的脂肪酸组成进行了分析。

## （五）谷子糜子维生素的生理功能

**1. 维生素的生理功能**

维生素是人和动物为维持正常的生理功能而必须从食物中获得的一类微量有机物质，在人体生长、代谢、发育过程中发挥着重要的作用，大致可分为脂溶性和水溶性两大类。脂溶性维生素主要包括维生素A、维生素D、维生素E和维生素K。水溶性维生素主要包括B族维生素和维生素C等。

**2. 谷子糜子维生素的含量及组成**

小米中维生素A、维生素D、维生素C和维生素$B_{12}$含量低，但维生素E的含量比较高（43.48 μg/g）。叶酸含量为1.0 μg/g，小米肌醇含量为0.5%～0.7%（薛月圆，2008）。

糜子榆糜1号和榆糜2号的维生素$B_1$含量为9.03～12.70 mg/kg，维生素$B_2$含量为1.08～1.10 mg/kg，β-胡萝卜素为0.176～0.200 mg/kg，含量高于榆林大米（柴岩，2009）。虽然糜子中含有丰富的B族维生素，但维生素C的含量几乎检测不到，维生素E的含量也不高（刘勇，2006a）。

## （六）谷子糜子矿物元素的研究

**1. 矿物质的生理功能**

根据体内含量及每日需要量，人体必需的矿物质可以分为钙、磷、钾、钠、氯等常量元素以及铁、锌、铜、锰、钴、钼、硒、碘、铬等微量元素。它们在体内的生理功能主要包括：构成机体重要组织，作为多种酶的活化剂、辅助因子或组成成分，组成某些具有特殊生理功能的物质，维持机体的酸碱平衡及组织细胞渗透压，维持神经肌肉兴奋性和细胞膜的通透性。

**2. 谷子糜子矿物元素的组成**

王尧琴等（1989）对101个谷子样品的硒含量做了分析，平均含硒量为0.071 mg/kg，变幅为0.040～0.101 mg/kg，变异系数为14.513%。2008年薛月圆（2008）也对小米中的矿物元素进行了分析，表明小米中含硒 1.2 μg/g±0.4 μg/g，镁 231 μg/g，锌 172 μg/g，钾 2 490 μg/g，铅大约 31.3 ng/g，镉 55.7 ng/g。现在普遍的观点认为，谷子、糜子中矿物质含量丰富。小米含铁量约为 47 mg/kg，黄米约为 57 mg/kg，在粮食作物中占有绝对优势（王颖，2012）。

柴岩（2009）分析了榆糜 1 号和榆糜 2 号黄米的矿物质元素含量：钠 51.01～72.62 mg/kg，钙 14.3～218.3 mg/kg，钾 201.5～1 380.9 mg/kg，镁 698.4～737.4 mg/kg，锰 3.80～12.56 mg/kg，铜 5.35～8.78 mg/kg，铁 40.02～156.29 mg/kg，锌 30.94～37.60 mg/kg，铬 0.363～0.470 mg/kg，硒 0.019～0.013 mg/kg。

## （七）其他

### 1. 色素

小米黄色素与玉米黄色素基本相同，主要有玉米黄素（3,3′-二羟基-β-胡萝卜素）、隐黄素（3-羟基-β-胡萝卜素）和叶黄素（3,3′-二羟基-α-胡萝卜素）等，属类胡萝卜素（薛月圆，2008）。小米黄色素含量与外观品质呈显著相关，是衡量小米外观品质的重要因素，可作为品质育种的重要指标。杨延兵等（2012）分析了来自不同地区的 169 份谷子品种（系），其中包括黄米材料 154 份，白米材料 12 份，绿米材料 3 份。分析发现小米黄色素含量变幅较大，黄小米黄色素含量为 5.40～19.55 mg/kg，绿小米黄色素含量为 10.14～16.44 mg/kg，白小米黄色素含量较低，变幅为 1.10～2.49 mg/kg。小米黄色素含量地区之间差异较大。

### 2. 多酚类化合物

谷物的外种皮中含有大量的多酚类化合物，包括酚酸、黄酮类化合物和原花青素等，这些多酚类化合物具有很强的抗氧化活性，用于开发制备天然抗氧化剂的潜力极大，已引起国内外广泛关注。绝大多数多酚有很强的抗氧化作用，可以预防从骨质疏松、肿瘤疾病、心血管病到老年痴呆症等多种疾病。小米中多酚和单宁酸的含量与抗氧化活性并不呈线性相关关系。小米对羟基自由基的清除率达到 91%，高于其他大部分谷物（薛月圆，2008）。

Gluchoff-Fiasson 等（1987）早在 1987 年就分离提取了 180 种谷子中的黄酮类化合物，发现小米中含有原或者酰化 *O*-糖基衍生物 8-*C* 糖基黄酮和 *O*-糖基黄酮，发现了 7 个黄酮类型，且黄酮含量与质量和品种有很大关系。之后他们又继续分析了 545 种谷子品种，又新发现了 16 个黄酮类型（Gluchoff-Fiasson，1990）。许多黄酮类成分具有止咳、祛痰、平喘、抗菌的活性（薛月圆，2008）。

杨联芝等（2010）选用冰浴均质辅助多酚提取，并采用响应曲面法的 Box-Behnken 模式对糜子壳多酚类物质的提取工艺进行了研究，得出丙酮体积分数 90%、料液比 1∶30（g/mL）、提取次数 5 次，在该工艺条件下，多酚实际得率达 1.458%。该团队同时（臧盛，2010）分析了 15 个糜子品种壳粉中多酚类物质的含量及抗氧化活性，结果表明在15个糜子样品中，壳粉中酚含量（以对应的没食子酸量表示）为9.357～19.093 mg/g，主要以结合酚的形式存在；壳粉中黄酮含量以对应的芦丁量表示为0.247～0.682 mg/g，主要以游离黄酮形式存在；糜子外壳颜色越深，其自由酚含量与自由黄酮含量越高。糜子壳粉中不同存在形式的多酚物质均具有抗氧化活性。

**3. 甾醇**

Takatsuto等（1999）采用气质联用的方法发现谷子中含有大量菜油甾醇和二氢谷甾醇等甾醇类化合物。甾醇能降低体内的胆固醇，有修复组织、抑制肿瘤生长的作用。甾醇的乳化性能好而且稳定，可用作生化试剂和医药原料。

**4. 其他功效**

在医学护理方面，糜子壳因其性凉、微寒、透气性好，渗透性及沥水性强，常作为褥疮的护理用品。可降低病人皮肤的温度，使皮肤需氧量减少，提高组织对缺氧耐受性，从而降低皮肤潮湿感和灼热感，预防压疮的发生（闫格，2013）。

国家谷子糜子产业技术体系也在致力于研究谷子、糜子微量元素的功能特性研究，分析了谷子麸皮中植酸的含量，并对植酸的抗氧化特性进行了研究。

## 第四节　食品加工技术与创新

目前，谷子、糜子加工技术与创新的研究主要集中在发酵类制品加工技术与创新、饮料类食品加工技术与创新、营养粉类食品加工技术与创新、速食方便类食品加工技术与创新，这些加工技术与创新引入谷子、糜子食品中对于促进谷子、糜子新型产品的开发和产业链的延长具有积极的推动作用，未来研究将主要集中在主食化食品加工技术研究与创新等方面，增强谷子、糜子产品加工业对产业发展的拉动力。

### 一、发酵类食品加工技术与创新

发酵，是指生物体对于有机物的某种分解过程。发酵是人类较早接触的一种生物化学反应，如今在食品工业、生物和化学工业中均有广泛应用，已作为主要的食品加工技术广泛地应用于谷子和糜子产品加工中。涉及酒类制品加工技术、发酵粥类制品加工技术和传统发酵食品加工技术。

#### （一）酒类制品的加工技术

谷子、糜子由于含有丰富的营养成分和独特的保健功能特性，主要被开发为黄酒系列的酿造酒产品，黄酒历史悠久、源远流长，是我国和世界上最早的酒，它极具丰富的酒文化内涵，是我国宝贵的科学文化遗产，将谷子和糜子开发为黄酒类制品是对黄酒文化的继承和发扬。在保存谷子、糜子营养成分的同时，经过酒曲中多种微生物的糖化发酵作用，赋予产品新的功能特性和独特的感官品质。在谷子和糜子发酵酒类制品中应用到的技术有物料混合发酵技术、液态发酵技术、专用品种加工发酵技术等。

**1. 物料混合发酵技术**

物料混合发酵技术是将多种物料混合在一起进行糖化和发酵的技术，由于多种物料混合在一起进行发酵加工，所生产出的产品风味和口感更加柔和、协调，营养更加丰富。河北省农林科学院谷子研究所采用混合发酵技术开发出了果酿小米营养酒和杂粮低糖营养酒，其中果酿营养酒是以小米和水果为原料，小米经淘洗、浸泡、蒸煮、淋水冷却和糖化制成前醪液；水果经过处理加工成果汁，将前醪液、果汁、水和酵母混合均匀，进行混合发酵，再经压榨、澄清、灭菌和陈酿工序制作而成，产品既具有小米酿造酒的营养和口味，又具有特殊果香，口感更佳。杂粮低糖营养酒，是将小米、糜子、高粱、薏米、荞麦等多种杂粮分别进行筛选、清洗、浸泡、蒸煮，将前处理好的杂粮和酒曲混合均匀，进行多料混合糖化制成糖化液；再将糖化液和酵母搅拌均匀，进行多料混合发酵；然后将发酵好的物料进行压榨、澄清、过滤、杀菌、陈酿等工序制作而成，最终产品糖分含量低于 120 mg/kg，产品既可以满足人们对营养和口味的需求，又符合现代生活中人们对低糖食品需求的观念。

**2. 液态发酵技术**

液态发酵技术指发酵醪呈液态时进行发酵的技术。由于在液体中进行发酵，酵母发酵作用较完全，因而发酵迅速，生产周期短，原料利用率高，且适于大规模机械化、连续化、自动化生产。河北瑞禾庄园酒业有限公司采用液态发酵技术生产小米清酒，以小米为原料，将小米粉碎，按照一定比例热水制备粉浆，加入 $\alpha$-淀粉酶，搅拌均匀，液化后，再添入根霉曲和黄酒干酵母，进行液态前发酵和后发酵，然后经压滤、澄清、催熟、过滤等工艺制备而成，该技术生产出的产品色泽自然金黄、醇和柔净、清香爽口、口味谐调、余香绵长、风格独特。张满富也采用液态发酵技术开发了小米黄酒，将小米粉碎、浸泡、磨浆液化、发酵、压滤、煎酒、勾兑等工序加工而成。传统的米酒酿造工艺，液态发酵技术生产小米黄酒，有效缓解了能耗高、水耗高、劳动强度高、机械化程度低、污水（主要是米浴水）需排放处理、生产过程中物料损耗较大的问题。

**3. 专用品种加工发酵技术**

专用品种加工发酵技术是针对一些特殊谷子品种加工适应性、营养品质等特点为切入点，以扩大谷子种植面积、基地建设延长其加工产业链为目的，开发的黄酒类产品加工技术。张杂谷是张家口市农业科学院赵治海团队培育的杂交谷子系列新品种，具有高产、抗旱、优质的特点，平均单产 6 000 $kg/hm^2$ 以上；其中张杂谷 5 号创造了单产 12 178.5 $kg/hm^2$ 的世界之最。张家口北宗黄酒有限公司针对张杂谷杂交谷子加工特点开发出杂交谷子小米黄酒类产品。磨杂交谷子、去皮、泡米、蒸饭、糖化发酵，添加麦曲和酒母后酵，其中冷冻工艺步骤为其独特的加工方式。糯小米是一种优质酿造黄酒原料，是陕北地区的特色黄酒，生产多由传统家庭作坊酿造，生产规模小，科研投入少，对市场的带动能力弱，一直未能有大的发展。志丹县鹏翔食品有限责任公司针对上述问题，开发了糯小米生产酿造酒的技术，以糯小米为原料，经过洗米、烫米、浸米、蒸饭、摊晾、加酒曲和酵母及复合酶制剂落缸、主发酵、大罐后酵、板框压滤、煎酒、陈放，该加工技术特点使用耐受性强的活性干酵母和复合酶制剂，有效提高原料的利用程度，保证糖化发酵的平衡，并根据酒曲的质量进行范围调整，采用低温液态发酵模式、较长的发酵周期和高温差大瓮陈放等技术的应用极大地提高了产品品质。

## （二）发酵粥类食品加工技术

发酵粥类食品是我国一类传统类食品，主产于我国内蒙古西部地区，是黄河沿岸老百姓普遍喜欢吃的一种食物。其原料最初仅为糜米，后来随着个人喜好将大米、小米、江米或玉米渣等也单独或混合作为原料。常用的加工技术有自然发酵加工技术、专用发酵剂发酵加工技术和混合菌种发酵加工技术。

**1. 自然发酵加工技术**

自然发酵加工技术，属于传统发酵生产，发酵在室温下一般进行 4～6 d。发酵能够使谷物中的大分子分解成小分子，以及将一些不溶性化合物分解成可溶性低分子化合物，微生物的自溶作用还可以使产品产生原来没有的化学成分，大大提高产品的营养价值。黑龙江八一农垦大学李丽采用自然发酵对糜子品质影响进行了分析，发现其可显著地改变黄米组成成分，发酵降解黄米总蛋白、总脂肪、总灰分、总淀粉含量，还可对黄米淀粉起到改性和纯化的作用。

**2. 专用发酵剂发酵加工技术**

从自然发酵粥中分离专用发酵剂，并对分离的菌种进行形态观察和产酸特性实验，对筛选出的单菌种进行复壮、扩大培养，用于产业化生产利用。内蒙古大学王志伟从内蒙古地区传统谷物发酵食品——酸粥中分离、筛选出了性状优良的乳酸菌，分别以糯米、糜米、小米、玉米渣为原料制作酸粥，并对接种量、发酵温度、发酵时间等因素进行单因素、正交试验。得到人工接种发酵酸粥的最佳工艺条件，产品酸度适口，谷香味突出，具有独特风味，为传统食品的工业化大生产及改善传统制品的风味提供了一定的理论依据。该团队成员，还利用从内蒙古地区传统自然发酵食品酸粥中筛选得到了具有潜在益生特性的两株乳酸菌，菌株耐受低 pH，有耐受人体小肠中胆汁的潜能，并且具有良好的耐受胆盐的能力，对胆固醇降解率均在 50%以上，都是潜在功能性菌株。

**3. 混合菌种发酵加工技术**

混合菌种发酵加工技术指采用两种或多种微生物的协同作用共同完成某发酵过程的一种新型发酵技术。它是纯种发酵技术的新发展，也是一种不需要进行复杂的 DNA 体外重组却可取得类似效果的新型发酵技术。优点是可提高发酵效率甚至可形成新产品。布扎，是一种由小米发酵的古老健康饮料，源自保加利亚，采用保加利亚传统发酵工艺加工而成。黑龙江省麒麟工贸公司针对传统布扎以手工操作为主，生产量小，成本偏高，批次之间不稳定问题，研制了新型粟米布扎饮料。饮料是将粟米液化、糖化后，经保加利亚乳杆菌、啤酒酵母菌混合发酵制成，营养丰富。此项发明的工艺过程简单，操作过程容易控制，生产成本低廉，比较容易实现工业化生产。

### （三）其他发酵类产品的开发

**1. 小米醋加工技术**

醋是以粮食、糖、酒等原料经醋酸菌发酵酿制而成的，是生活中不可缺少的调味佳品，在山西等地谷子是酿醋的传统原料。汪建利等人在传统加工技术之上开发出了小米甜醋加工技术，小米粉碎与细谷糠混合、拌匀、水浸润、蒸熟冷却、加入大曲酒母拌匀、糖化、发酵、倒醅、加入醋酸菌发酵、加盐、后熟、淋醋、灭菌、麦饭石过滤、陈酿、澄清、配制、检验、包装。该技术是在采用我国传统的固态发酵工艺流程的基础上，在配制程序前又增加了一次麦饭石过滤程序。纯小米适量与小米糠发酵，配以含具有多种营养保健功能的麦饭石过滤，不但增加了纯小米醋的营养保健功能，而且对药物残留和有害细菌有吸附、消除作用。

**2. 粟米酱加工技术**

从用传统方法酿造出来的粟米酱中分离、筛选、诱变得到的米曲霉 Y26 及粟米来制曲，并进行发酵，酿造出特殊风味的粟米酱。主要工艺：粟米筛选、清洗、浸泡、蒸煮接种米曲霉 Y26 孢子制成曲料；称取大豆、粟米分别清洗、浸泡、蒸煮；加入曲料进行混合，在混合料中加入盐水，搅拌，使其充分混匀，发酵即可做出颜色鲜艳，具有独特酱香，味道鲜美，氨基酸态氮含量也较高的特色粟米酱。

## 二、饮料加工技术与创新

谷物饮料为饮料大家族中的新品类，通过现代工艺将谷物做成可直接饮用的产品，不仅能够充分保留谷物中对人体健康有益的营养成分，并具有口感更好、饮用更方便、吸收更容易的特点。近年来对谷子、糜子类谷物饮料的研究较为广泛。谷物饮料加工过程中产品分散稳定性是其加工技术的核心，谷子、糜子类产品是谷物饮料产品中的重要成员，按照其产品状态可分为浓浆状饮品加工技术、颗粒状饮品加工技术。

### （一）浓浆状饮品加工技术

浓浆类产品是主要的谷子、糜子加工类产品，将原料经预处理、磨浆、调配、均质、杀菌等工艺制备而成。按照原料的组成可分为单一式浓浆类饮料和复配式浓浆类饮品。江南大学张霁月等将小米去杂加水浸泡、打浆、高温糊化、加酶（高温 $\alpha$-淀粉酶）、水解、煮沸灭酶、分离、调配、均质、装罐、灭菌、检测成品。过程中添入的稳定剂和乳化剂是由酪蛋白酸钠、蔗糖酯和海藻酸钠等成分构成，以保证产品分散稳定性。形成的小米保健饮料产品色泽淡黄、成色好、口味清淡、口感清爽、酸甜适度、稳定性好。中国农业大学沈群团队采用小米，经筛选、清洗、焙炒、浸提、液化、糖化、过滤、调配、均质、冷却、无菌包装、冷却开发了小米饮料产品。采用焙炒熟化方式赋予了产品浓郁炒香的气味品质，另外该加工技术还采用了 $\alpha$-淀粉酶、$\beta$-淀粉酶双酶酶解技术，再加上阿拉伯胶、黄原胶组成的稳定剂有效地保证了产品的稳定性。河北省农林科学院谷子研究所利用糯质谷子品种冀创 1 糯小米为原料，制备了糯小米营养乳或复合糯小米营养乳及其生产工艺。利用糯小米支链淀粉含量高的特点，所制得的产品长期储存不老化凝固、不沉淀，不需添加任何抗凝固的稳定剂，还特别适合与奶蛋白、豆蛋白搭配，营养更均衡，可传承中华民族喜食小米的饮食传统，可代餐。

山西省农业科学院经济作物研究所将糜米脱壳，浸泡磨浆，煮沸，加入 $\alpha$-淀粉酶、$\beta$-淀粉酶、木瓜蛋白酶酶解，再糖化处理、灭酶、调配、过滤、均质、灌装、灭菌，得到成品。在加工中 $\alpha$-淀粉酶、$\beta$-淀粉酶、木瓜蛋白酶等酶类物质的综合添加，使产品中淀粉和蛋白等大分子物质转化为小分子物质，更加容易消化吸收。该团队还开发出一种糜米低醇饮料加工技术，将糜米与苦荞米按照 3∶1 的比例混合，冷水浸泡、蒸米、糖化，控制在 20 ℃以下发酵，每天搅拌一次，使混料均匀，发酵温度上下一致，直至半个月，然后静止发酵 25 d。该产品结合了糜米与苦荞米的优点，具有低醇度、低耗粮、高营养等特点，特别是具有芦丁、槲皮素、D-手性肌醇等生理功能因子，能有效地调节血糖，改善糖尿病人症状。

### （二）颗粒状饮品加工技术

这类产品保持了谷物原有的形态特征，又赋予产品饮料的性状和功能特性。内蒙古伊利实业集团股份有限公司研制了含小米颗粒的小米饮料，所制得小米饮料中包含以干重计为 1.1％～5.5％的小米颗粒，先将小米饮料中除小米颗粒以外的其他原料配制成基础料液，再与小米颗粒混合，然后杀菌灌装，得到产品。该产品通过合理的增稠剂、稳定剂及恰当的工艺，可有效防止小米饮料在货架期内的沉淀、结冻等问题，能实现产品在货架期内的良好稳定性。

## 三、营养粉加工技术与创新

谷物营养粉是谷物经过熟化后加工而成粉末状，冲调后形成流质态食品，特别适合婴幼儿和老人食用，携带、食用都很方便，也能满足现代快节奏生活的需求。干燥熟化技术是这类产品的技术核心，常用于这类产品的干燥熟化技术有膨化技术、滚筒干燥技术、喷雾干燥技术。

### （一）膨化技术

膨化技术是利用相变和气体的热压效应原理，被加工物料内部的液体迅速升温汽化、增压膨胀，并依靠气体的膨胀，带动组分中高分子物质的结构变性，从而使之成为有网状组织结构特征、定型的多孔状物质的过程。马燕飞采用膨化技术开发了一种小米营养粉，由小米、泰国香米、黑米、黑芝麻、可可粉、磷脂、奶粉和冰糖粉配制而成，其生产方法是将各原料混合均匀，烘干后进行膨化、粉碎、灭菌、包装制成产品。配料中多种原料的加入使小米营养粉产品中含有多种维生素和微量元素，特别是富含硒元素和各种氨基酸，营养丰富，具有保健功能。安徽燕之坊食品有限公司也采用膨化技术开发了青稞小米营养粉产品，将小米和青稞类产品分别膨化、干燥、粉碎处理后，将膨化青稞和小米粉与精盐、麦芽糊精、白砂糖、番茄粉、牛肉粉、冷冻干燥苹果粒、冷冻干燥胡萝卜粒送入混合机中混合加工而成。赵奋飞采用膨化加工技术开发出了以糜子粉为主料，辅以其他配料，经原料除杂、粉碎、混合、膨化、烘干、包装等工序制成糜子营养粉系列产品，配料中包括大豆粉、红豆粉、核桃粉、花生粉、薏仁粉、芝麻粉、莲子粉等众多原料中的一种，这些成分的加入进一步强化了产品的营养、丰富了产品的口味。

### （二）滚筒干燥技术

滚筒干燥技术是一种内加热传导型转动连续干燥技术，将料浆均匀地分布于以蒸汽加热的滚筒表面形成一层薄膜，水分随即迅速被蒸发掉，然后利用刮刀将薄膜刮下，产品为片状，再进行破碎，以取得颗粒状的干燥产品。中国农业大学采用该技术开发出一种生产婴幼儿小米米粉的方法，将小米与其他米按重量比混合后，经过淘洗、蒸煮、磨浆、过滤，或者采用生料打浆再糊化后过滤得到滤液，并与植物油、大豆分离蛋白、食糖和脱脂奶粉等配料混合，经过均质，滚筒干燥得到小米米粉。

### （三）喷雾干燥技术

干燥室中将稀料经雾化后，在与热空气的接触中，水分迅速汽化，即得到干燥产品。该法能直接使溶液、乳浊液干燥成粉状或颗粒状制品，可省去蒸发、粉碎等工序。中国农业大学采用该技术开发了另外一种婴儿小米米粉的加工技术，是将小米淘洗、磨浆、糊化、过滤、酶解、配料、均质、喷雾干燥等，制成的产品可以冲调成乳状液的粉剂，改善了小米口感粗糙、纤维含量高不利于婴幼儿食用的缺点，而且本发明可以单独或者与奶粉一起冲调，用奶瓶摄取。另外该产品的酶解工艺的加入对于进一步丰富产品的营养和口感也具有积极作用。

### （四）速食方便类食品加工技术

速食方便类食品加工技术指以米、面、杂粮等粮食为主要原料加工制成，只需简单烹制即可作为主食的具有食用简便、携带方便、易于储藏等特点的食品制造技术。

随着经济的迅速发展，尤其是生活节奏的加快，促使人们改变了传统的生活方式，新一代的消费群体在不断壮大，使方便食品越来越保持良好的增长势头。目前常见的谷子、糜子加工的速食类食品主要有速食小米粥类食品和小米鲊类食品。

**1. 速食小米粥食品加工技术**

小米粥是我国的传统食品，口味独特、营养丰富，具有代参汤的美誉。为了满足现代生活快节奏的需求，速食小米粥类食品被开发出来。山西省农业科学院经济作物研究所采用喷雾干燥技术和冷冻干燥技术开发了新型速食小米粥类食品，先将小米浸泡、清洗、蒸煮、冷却、冷冻干燥制成小米颗粒；再将部分小米浸泡、清洗、蒸煮、磨浆、喷雾干燥，制成小米粉，将两种干燥小米产品混合，即得速食小米营养粥。该技术生产出的产品冲调性好、复水时间短、食用方便、口感舒爽、工艺简单，易于实现工业化生产。

**2. 小米鲊食品加工技术**

小米鲊是中国贵州省传统食品，小米鲊是用精选上等糯小米为主要原材料，加入少许的其他辅料蒸扣而成。贵州五福食品有限公司采用糯小米为主料，添加猪肉、排骨、玉米、荞麦中的一种作为辅料，小米经过清洗、浸泡、物料混合、蒸煮、冷却、真空包装等工艺加工而成。该产品技术特点：在蒸煮步骤，采用蒸笼蒸煮 8 h 而成，该产品为即食产品，食用和携带方便。不同原料与小米复配，极大地丰富了产品的营养，而且风味独特，口感绵甜，香味浓郁，糯软爽口，柔和度与甜味适中，适合于工业化生产。

## 第五节　谷子糜子市场与产业链延伸

### 一、谷子糜子市场结构简析

#### （一）产品市场

在我国琳琅满目的产品市场中，谷子和糜子产品以初级产品小米、糯黄米占主导地位（张喜文，2011），在北方，小米一般用来熬粥、炒米饭，糯黄米用来做糕、粽子、腊八粥等传统食品；这些初级产品一方面难以提升产品的档次，另一方面易受时节性限制，在总体上减少了企业的利润，降低了产品的收益率。随着消费需求的变化，消费水平的提高，消费者对最终消费产品的种类要求越来越多，品质要求越来越高。为满足广大消费者需求，科研人员必须不断进行技术创新，开发适合人们需求的产品。

截至 2013 年 7 月，据国家谷子糜子产业技术体系专家实地调研和阿里巴巴等官方网站调研，除小米和软黄米等初级产品外，市场上有代表性的主要谷子、糜子深加工产品有 128 个，其中营养粉，小米锅巴、小米麻薯等休闲食品，酒类居多；方便粥类产品，饼干、煎饼等焙烤食品和醋类次之；还有少量的面条、挂面、油茶、糖等其他食品。所占比例大致见图 6－2。

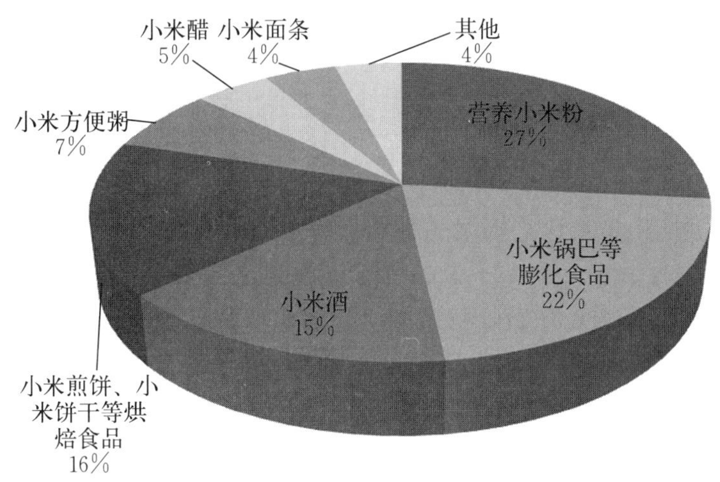


图 6-2　谷子加工产品所占比例

但加工企业对小米产品和副产品的综合利用能力欠缺，产品的加工能力比较差，企业总体呈现出小、散、低、弱状态，缺乏整体的竞争优势。无论哪个企业、哪种产品，成功的关键是精炼出一个消费者难以忘怀的卖点。从战略、成本、品牌、产品角度来看竞争，成本已经不可能超越客观因素，战略也仅仅是一个方向，能够让企业快速突破的只有产品和品牌。高举产品、品牌两面大旗是要培育出能够代表企业形象的拳头产品和整合推广品牌。通过产品持续升级拉动品牌内涵的完善，再通过品牌塑造拉动产品销售，形成良性循环，进而使谷子、糜子产品为企业赢利（毛长存，2012）。

## （二）品牌市场

我国小米品牌市场的运作与改革发展同行，从无到有，遍布北方谷子主产区。“沁州黄”小米在明代时已被列为宫廷贡品，后康熙皇帝赐“沁州黄”命名，清光绪年间在印度国际博览会上获金奖，1915 年在巴拿马万国博览会上获金奖。20 世纪 80 年代，山西沁州黄小米集团有限公司成立，并连续多年荣获“山西省名牌产品”称号，被列入国家原产地域保护产品目录。2006 年 6 月“沁州”商标获“中国驰名商标”，同年公司生产的沁州黄小米又获得“中国名牌农产品”称号。

20 世纪 90 年代初，优质谷子晋谷 21 育成，并获山西省科技进步一等奖、国家科技进步三等奖、山西省科技进步（推广）二等奖，其小米汾州香系列产品，行销海内外，连续五届在中国农业博览会上夺冠，成为我国小米市场上的又一张王牌，省内外累计推广面积 466.7 万 $hm^2$ 以上，社会经济效益达 30 亿元以上，直至现在还是西北春谷区的主栽品种，为我国优质谷子生产发展和科技事业做出重要贡献。

这些名牌产品的成功，加之人们对健康意识的增强，对五谷杂粮的认识，引发诸多有志之士的关注，带动了更多的大型企业投入小米产业，如吉林圣泉春实业有限责任公司、山西沁州檀山皇小米发展有限公司、河北仓盛兴粮油工贸有限公司、宁夏新野食品有限公司（全国农产品加工业出口示范企业）等，这些公司的出现对小米产业的发展起到了引领和促进作用，开辟了优质小米产业开发的先河，形成各具地方特色的多品种优质小米商品化生产的新格局，带动了全国优质小米产业化的发展。

截至2013年7月，据国家谷子糜子产业技术体系专家实地调研和阿里巴巴等官方网站调研，有代表性的小米、软黄米等初级产品品牌134个，其中通过阿里巴巴等官方网站调研品牌57个，这些网络品牌均具有雄厚的实力。

在调研的深加工产品中，128个品牌涉及深加工产品，其中官方网站调研品牌105个。实力最强的应数沁州黄，营销网络遍布山西地市以上所有城市以及北京、天津、石家庄、上海、齐齐哈尔、大连等地，产品进入了沃尔玛、家乐福等全国1 000多个大型KA商超及诸多官方网站。

## （三）区域市场

截至2013年7月，据国家谷子糜子产业技术体系专家实地调研和阿里巴巴等官方网站调研，我国拥有记载在册的小米加工企业134家，还有数以千计的小型专业合作社、作坊式生产者，主要分布在黑龙江、吉林、辽宁、河北、山东、山西、内蒙古、河南、陕西、甘肃、宁夏等省份。其中，拥有企业最多的是山西省，其次是辽宁省。以生产无公害、绿色、有机小米为主。截至2009年春，我国通过绿色食品认证的小米产品有103个，认证的品牌有83个，近几年随着人们消费水平的提高，保健产品的需求，绿色、有机产品成为一种时代特色、时尚消费，数量与日俱增，其中品牌数量最多的省份是山西，其次是辽宁、黑龙江和河南。这些绿色、有机产品的形成，为我国谷子产业的发展注入了生机。围绕绿色和有机产品的生产，在谷子生产优势区域形成了多个谷子规模化生产基地，如山西沁县和武乡县、河北武安市、内蒙古赤峰市和辽宁建平县等（刁现民，2011）。

初级产品品牌134个，区域市场分布如图6-3所示。

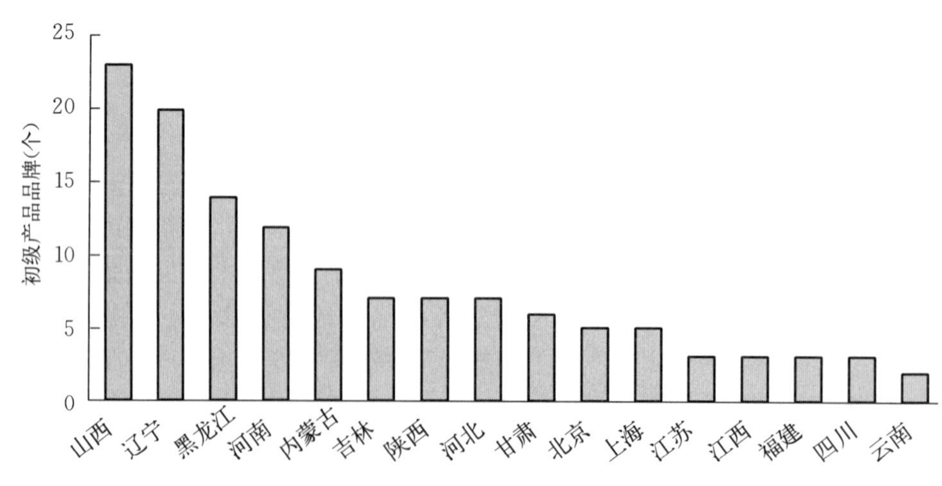


图6-3　初级产品区域市场分布

深加工产品品牌128个，区域市场分布如图6-4所示。

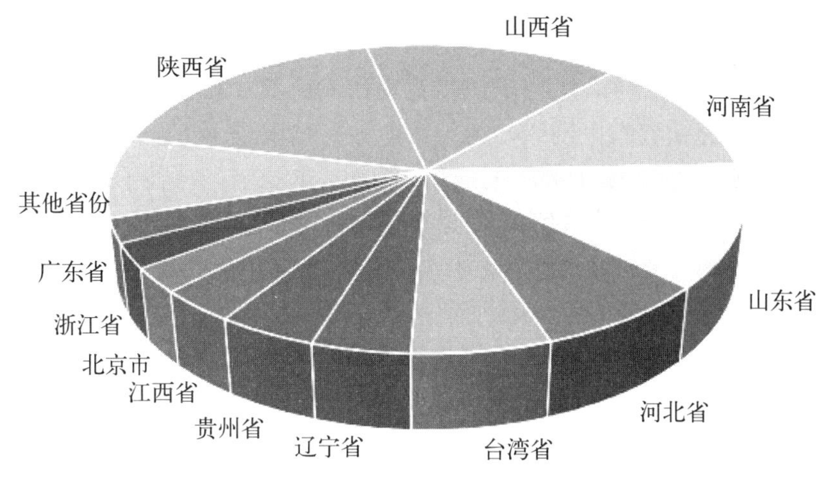


图6-4　谷子深加工品牌全国分布

其中陕西以酒类、锅巴、琼锅糖等休闲食品居多，山西以醋类、营养粉类居多，河南以酒类、醋类居多，山东以小米煎饼居多，河北以酒类居多，台湾以小米麻薯居多，辽宁以方便粥类居多，贵州以小米鲊居多；我国南方市场以营养粉类居多，东北市场以粥类产品居多，中西部市场以酒类、醋类、营养粉类产品居多，东部市场以煎饼类居多；还有部分进口产品，德国、瑞士主要为小米粉，澳大利亚和马来西亚为五谷饼。

区域市场的运作是一个公司整体营销战略规划的有机组成部分，也是营销战略规划在执行中的具体体现，更是考验营销团队功力的最好战场。可以说，区域市场操作的成败在很大程度上决定着公司的整体营销业绩。通常来讲，市场与销售的开拓，总是存在一个逐步扩展的过程，很少有哪一家公司一开始就齐头并进地开发全国范围的市场。这就要求不同规模、实力和不同产品结构的企业，必须确定大小不同的目标区域市场的空间范围。在具体确定了区域范围后，必须对区域市场进行分类定位，划分出不同的区域类型，在不同类型的区域，推行不同的营销策略（李明利，2011）。

### （四）渠道市场

渠道市场是由生产者、批发商和零售商所组成的一种统一的联合体。在建立小米加工业渠道市场的过程中，应从规模化、专业化、综合化多方面进行考虑，以现有的各种综合性市场、区域性专业市场、地方特色商品小市场为基础，采用多种途径推动小米加工业市场，在政府的支持下利用特色农产品的拉动作用，以及产业优势建立区域性和国内外大市场战略。

谷子、糜子产品销售适合于广度结构的渠道市场，即多元化选择的一种渠道，也就是采用混合渠道模式来进行销售。比如公司针对大型客户，可在内部成立大客户部直接销售；针对数量众多的中小型用户，采用广泛的分销渠道，可在超市、专卖店、便利店等其他集散地销售；针对一些年轻、追求时尚的白领阶层和偏远地区的消费者，则可采用直接邮购、电话销售、公司网上销售等方式来覆盖。随着网络购物的普及和消费者网购意识的加强，大力提倡培育现代流通方式和新型流通业态，发展农产品网上交易、连锁分销和农民网店，为加工产品另增市场渠道。

北方地区一直有喝米粥的传统习惯，消费量基本稳定，在谷子丰产年份，谷子价格就会有所下滑，开拓谷子新的消费渠道，已迫在眉睫。但目前，深加工产业除了暴露出产业链条短，综合加工和利用能力弱，深加工高科技产品少，附加值低等缺陷外，生产商和深加工企业之间的物流通道构建也暴露出问题，物流成本较高，严重影响了渠道市场的形成和培育。供应商的业务能力、市场能力、服务质量、合作能力等均影响着深加工产品的质量、价格和产品供给，同时制约着深加工企业能力的发挥和产业的整体竞争力提升。

只有多形式、多方位、多渠道地尽力加强企业与科技院校的联系沟通，努力寻找一批技术含金量高、附加值高，市场适销性强、产品竞争力强的“两高两强”产品，才能真正培育出一批新的经济增长点，才能找到真正卖点，才能获得多赢格局。

## 二、谷子糜子产业链延伸

### （一）产业链构成

谷子、糜子产业链是由生产者、加工企业、分销商、零售商以及物流配送企业等“从农田到餐桌”上下游企业构成的网链状式体系，具体可分为产前、产中、产后3个阶段，即生产、加工、消费等环节，产前生产环节可细分为田间育种、种植管理、收获收购、保鲜储运，产中加工环节可细分为初级加工、精深加工、综合利用，产后消费环节可细分为产品包装成品、检验流通、销售消费、养殖积肥、返回田间，一系列相互关联却又相对独立的环节共同构成了小米产业价值的创造过程，也就是小米产业的产业链。

我国谷子、糜子加工业是以生产为主体，加工为配角发展的，虽然产品加工业近年来发展迅速，但起点水平低，后劲不足，不能掩盖产业发展的缺陷。如果小米、软黄米、碎米、米糠、谷壳和秸秆都得到充分利用，实现谷物原料的“吃干榨净”，将对行业循环经济建设贡献巨大，产业链条环环相扣、紧密联系、互相支持、共同发展，实现谷子、糜子从制种到消费的不断增值，使生产者、加工者和销售者都从中获得合理的利益。

### （二）产业链各环节简述

建立谷子和糜子生产、加工和消费各环节协调发展的产业链（图6-5），包括科研单位、农户、生产基地、龙头企业、流通市场、技术推广、安全检测、管理咨询和金融服务等相关支持体系，通过产业链在一定区域内的集聚发展，形成产业间的关联和协作效应，成为具有较强市场竞争力的产业群落（崔俊敏，2009）。

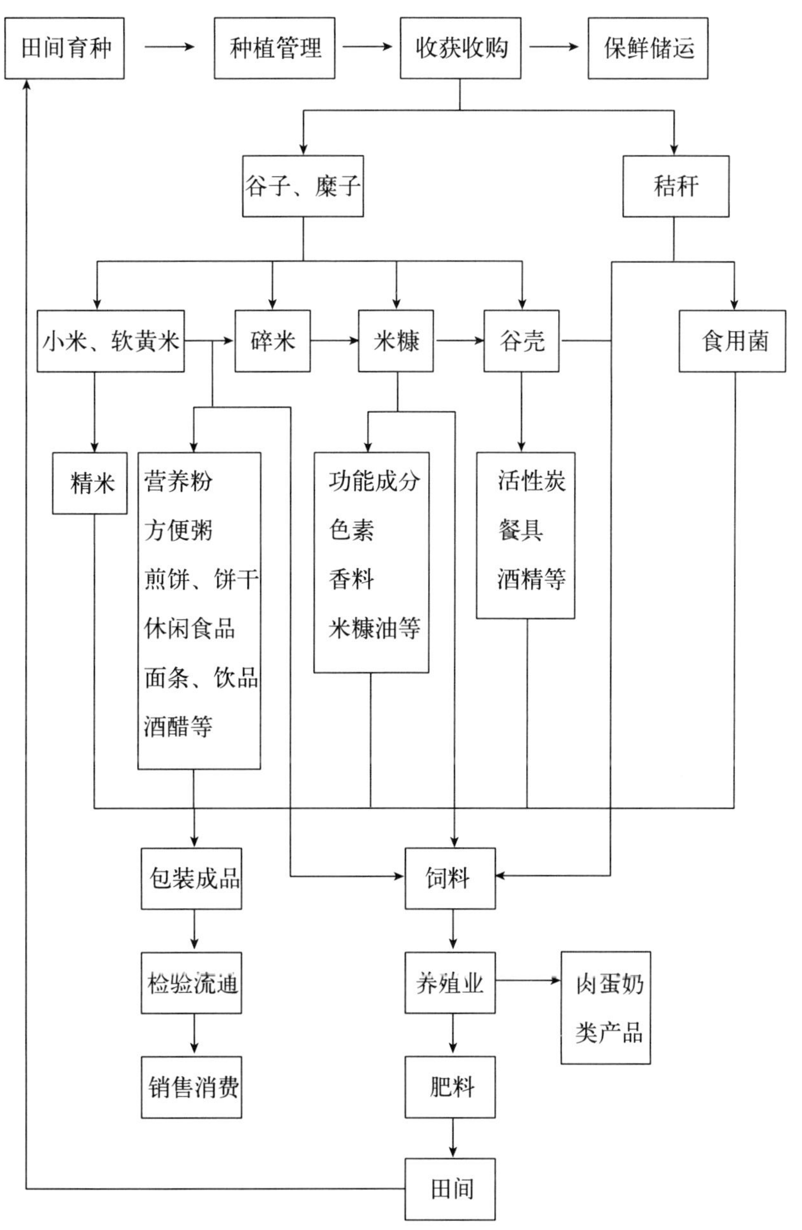


图 6－5　谷子、糜子产业链

把小米加工产业上、中、下游的产业链集中起来，加强供需关系的连接，达到节约成本、增加效益的目的。一般情况下，链条前段的初级产品利润率较低，但销售额较大，往往构成企业主要的现金收入来源。产业链遵循“质量守恒定律”，越是到了链条后段，其产品量越精越少，每个环节的技术都必须以安全、环保、可持续、低碳这些理念为基本前提，确保产品质量和安全。

近年来，部分谷子、糜子原料，直接或只经过简单的初加工进入本地农产品市场，供消费者消费，其余的原料是要经过加工销往国内外市场的。对于广大的农户来讲，如何将生产的大量谷子、糜子作为原料提供给加工企业，实现第一次销售收入，就成为加工产业链中的关键环节。顺利实现作为原材料的谷子、糜子销售，既可以调动农户生产的积极性，又可以保证农产品加工业的原料供应，完成从链条的第一环向下一环的过渡。影响这一环节顺利实现的因素主要是原料的品质和加工企业的加工能力，为此，农户应该积极选择优良品质的谷子、糜子进行生产，既可提高产量，又为加工企业提供符合质量标准的原材料（张润清，2005）。而产前环节优良品种的选择依赖于农业类高等院校和科研机构的科研开发和推广能力，并且需要保证品种及其配套栽培技术的标准化实施，形成便于操作的规范化栽培规程，包括谷田选择、施肥、机耕、耙耢、整地、播种、病虫害防治、合理密植、中耕、追肥、收获等栽培技术的规范，还应建立与质量相匹配的土壤肥料的检测，田间管理措施是否到位的检验、产品质量是否符合生产要求以及收购、储运、保鲜直到加工销售的整个过程，这是发展优质小米加工产品的最佳保证，也是小米加工企业寻找供应链联盟伙伴的基础。

小米加工企业的加工能力和技术条件决定着这些企业能否消化本地提供的原料，也直接关系到与第一环节联系的紧密程度。这些更需要国家及相关部门加大对加工产品研究和开发的投资力度，需要企业与科研机构密切协作，从供应链上形成原料、初加工产品、深加工产品、制成品输出、废弃物再利用的链式结构，进行产业链延伸，研制诸多高新产品，引进先进生产线，提高综合加工能力，既消化掉本地区的原料，解决农民销售问题，又使产品得到增值利用，为企业创造更多的利润，实现农户与企业的双赢，完成农产品“生产—加工—销售”整个链条的紧密衔接。产中环节包括谷子、糜子原料经简单脱壳后加工的初级产品，经深加工后成饼干等焙烤食品、方便粥等粥类产品、营养粉等粉剂食品、面条类、酒类、醋类、休闲类等食品；还包括将碎米、米糠、谷壳和秸秆等副产物综合利用制成的米糠油、色素、香料、食用菌和饲料等产品及功能成分的提取；产中环节更需保证产品的标准化实施，按照小米品种、加工方式、食用和使用方式，不同系列和种类的小米深加工产品，对其品质即时监测，以规范企业生产行为，引导新产品的发展，加强食品安全监管。争取权威标准机构对自己产品的合格认证，如在小米加工产品中争取国际有机食品 OCIA 标准认证，AA 级绿色食品认证以及食品安全控制体系 HACCP 等认证。

产后环节包括产品销售、流通消费、废物利用、养殖积肥，最后返回田间。其中深加工、副产品综合利用后剩余的残渣及秸秆可加工制成饲料和肥料，用于养殖业和土壤配肥，形成良性循环链，促进生态农业的发展。此外谷子、糜子产业发展应该在政府支持下，利用农产品资源优势，在科研和技术驱动下，发挥政策引领、第三方物流和金融管理等作用，实施总体发展战略，构建完整的谷糜循环发展产业链。

因地制宜，加强对小米深加工企业的整体规划，合理布局产业集群，鼓励像山西沁州黄小米集团有限公司这样的大型龙头加工企业进一步发挥技术、品牌等优势，做大做强。同时有计划、分步骤地培植一批与大企业集团产前、产中相配套，产后相衔接的中型企业，提高企业的经营规模和产业的集中度，进而发挥产业链条的优化作用，延伸小米深加工，推动结构升级。适度发展功能性产品，引导小米深加工向自身优势明显、市场需求高、发展潜力大的产品进军。

## 三、体制与机制

我国农业管理体制中一直在延续计划经济体制形式，长期以来，我国农业科技研究经费80%在农业生产领域，而农产品加工研究经费不足30%，这与美国70%的科研经费用于农产品加工方面，正好形成鲜明的对比（张莉，2011）。“十二五”期间国家谷子糜子产业技术体系投资总额接近1.2亿元，产品加工研究投资不足10%。尤其小米和谷草在传统战争中起着决定性作用，政府应予谷子发展特殊支持，同时，中国北方的农耕文化，谷子文化占相当地位。利用中华民族的五谷传统文化发展小米产业，用战略性眼光关注谷子、糜子发展全局（王慧军，2011）。

在社会飞速发展的今天，为适应生活的快节奏，方便快捷成为食品主要需求。谷子以单纯喝小米粥或某些消费人群的调剂食品的消费食料不可能创造更大的消费，任其发展，也只能由主粮演化为附属食品。然而丧失的确是极具中国特色和高度抗旱性的古老传统作物，丧失的还是完全可以作为应对未来全球变暖及水资源严重短缺时可应对其干旱的战略储备作物。为了谷子、糜子不被农产品全面市场化运作挤出农业市场，更严重导致物种灭绝，保持我国农作物物种的多样性，国家应把谷子、糜子放在长远战略的高度，支持国家谷子糜子产业技术体系发展。

纵观谷子、糜子发展中企业，数量多、规模小、实力薄弱，这更需要政府发挥引导牵头作用进行宏观调控，改革管理体制，引导和支持谷子、糜子产区的涉农企业，进行谷子、糜子的产业化开发，形成一个民族特色产业，走向国际化。企业运用产加销一条龙垂直经营模式，即农户—加工企事业—销售公司连接一体化经营，通过农产品专业化、企业规模化和产品品牌化实现共赢。

机制是泛指一个系统中，各元素之间的相互作用的过程和功能，是经过实践检验的各种有效方式、方法的基础上总结和提炼的，它是运动的、变化的，根据内在因素和外在条件的变化，需要不断创新。通过国家大的管理体制改革，促使企事业有法可依，不断创新单位的管理机制，而企事业为适应风云变幻的市场形势，需要依据国家法规，经常创新自己的内部运行机制。

延伸产业链，实现产品的多层次增值利用。企业是维持产业链良性运作的关键所在，需走以龙头企业为主导，带动谷子、糜子种植领域发展，促进消费。龙头企业运作需要在国家大的体制背景下，更新经营理念，进行运作机制创新，把上自种植农户下至消费者的利益诉求，纳入企业的经营体系中去。过去个别企业只考虑自身利益，把获取利润的焦点聚焦在谷子糜子农户、合作社上，上压其原料价格，下提其产品的消费价格，违反市场规律的价格与价值理论，价格与价值严重偏离，经营伦理严重失守，从而导致农户或合作社因价格过低不愿销售原粮，甚至不愿种植，改种其他作物。消费者因产品价格过高而另选其他消费对象，企业把自己困在了孤岛。因此建议国家把谷子、糜子作为粮食直补作物，提高农民的种植积极性，同时建议企业应适当让利于农户，稳定供求原料的数量和质量，还可通过促销等手段适当地让利于消费者，稳定和扩大消费群体，保证企业收益有稳定来源。

此外，企业还需在原有产品正常营销基础上，加大深加工产品的研发，激发消费者的消费欲望，增加消费量。而制约小米深加工产业发展的重要瓶颈是科技研发投资少，国内尚未建立一个完整的小米深加工产业体系。首先，有的企业在激烈的市场竞争中为了维持生存，把有限的资金和精力投放到生产当中去，没有建立自己的研发机构，缺少拥有自主知识产权的核心技术，从而导致技术水平低、开发能力有限、研发新产品种类少、产品更新速度慢、档次低，制约着企业对小米价值的全方位综合利用。其次，用于购置国内外小米深加工先进技术和设备的投资少，物力资源不能得到有效的发挥。再次，产业内企业合作开发加工技术力度不够，例如企业同国内外高等院校、科研单位、专家等缺乏合作关系，加工技术落后，减少了企业持续发展的后劲。最后，在供应链上下游企业间缺乏共同投资，共担风险的联合科研攻关和技术开发等。此外，缺乏专业的高层次人才，智力资源得不到保障。

深加工业加大科研投入的力度，不仅要加大科研经费投入，而且要提高科技项目中资金的利用率，促进产业健康、优质发展。科研结构调整可对我国农业生物多样性、农业生产系统均衡和谐发展提供技术和人才保证，具有深远的科研生态学和可持续发展的战略意义。不与现行体制发生太大的冲突，不给未来改革留下太多障碍，通过机制创新逐步带动体制创新。

因而建议国家相关管理部门不断完善管理体制和机制，提高对谷子、糜子企事业的扶持，加强谷子、糜子科研，尤其是给予深加工领域的经费支持；建议谷子、糜子加工企业在国家大体制改革背景下，根据市场因素变化，不断创新自己的运行机制，调整农户、企事业与消费者之间的关键枢纽，保持谷子和糜子产业产前、产中、产后的产业链良性运作和不断延伸，促进消费。企业作为市场的主题，只有在利益上兼顾了多赢，才能永远立于不败之地。

# 政策选择篇

ZHENGCE XUANZE PIAN

# 第七章　谷子糜子产业发展的组织形式

## 第一节　谷子糜子产业组织形式分析

### 一、谷子糜子产业组织发展现状

中华人民共和国初期，我国谷子种植面积 1 000 万 $hm^2$ 左右，糜子种植面积 200 万 $hm^2$ 左右。随着我国种植业结构的调整及小麦、玉米产量的大幅度提升，我国谷子、糜子种植面积逐步萎缩，种植区域进一步转向干旱、半干旱地区及丘陵山区。种植条件的变化，使得生产上种植分散、品种混杂、产量徘徊不前。在产业发展中，产品形式以初级加工为主，产品档次较低，产业组织落后，品牌、文化意识较差，产业效益低。

随着人民生活水平的提高，富贵病的增加，以及北方气候干旱的日趋严重，引起人们对膳食结构和环境友好作物的重新定位与认识，谷子、糜子等特色杂粮作物的需求快速增长。表现为谷子、糜子种植区域进一步集中，优质品种种植面积稳步增长，一批小米加工专业户、种植专业合作社和小型企业如雨后春笋般发展起来，并出现了部分龙头企业。同时，企业的品牌意识、文化意识逐步增强，对谷子的产地、品质要求逐步提高，订单农业增多，企业、合作社、种植大户对产业的拉动作用进一步增大。形成了谷子和糜子种植大户、专业合作社（小型企业）、小米集散地、龙头企业等几种产业组织形式。根据产业经济岗位调研，其中小米集散地是我国谷子、糜子产业的重要组成部分，占贸易量的70%左右，种植专业合作社（小型企业）占25%左右，龙头企业占5%左右。

### 二、谷子糜子生产农户基本情况分析

农户是产业组织的最基本的组成单位。国家谷子糜子产业技术体系启动以来，产业经济岗位对河北邯郸、河南洛阳、陕西延安、陕西府谷、甘肃会宁、山西长治等我国谷子、糜子主产区的农户进行了广泛调研，基本能够反映我国谷子、糜子种植农户基本情况。主要特征是种植谷子、糜子种植农户知识水平低、年龄偏大，种植规模小，在丘陵山区谷子、糜子比较效益好，是农户的主要收入来源，表明谷子、糜子种

植在主产区经济作用大，农户急需在技术、政策方面得到支持。

### （一）农户年龄、教育水平特征分析

目前，我国谷子、糜子种植多分布在我国华北、西北、东北的干旱、半干旱的丘陵山区，属老少边贫地区。2011年河北邯郸地区调研表明，被调查的农户平均年龄为51.6岁，年纪最大的达到80岁，最小的21岁；小学文化及文盲占61.9%，初中文化占35.1%，高中占3%；农户平均家庭人口4.77人，劳动力人数2.4人，外出打工人数1.07人；农户平均耕地面积0.44 $hm^2$，农户种植谷子的面积占耕地面积的比例达到51.3%，农户承包土地的比例占3%。

### （二）农户收入结构分析

被调查农户收入结构包括种植业收入、养殖业收入、外出打工收入、本地职工及其他收入（本村小企业、建筑队等）。其中种植业是所有调查农户中都存在的一种收入方式，另外养殖业农户占调查农户的1.5%，外出打工的农户占调查农户的47.0%，有本地职工及其他收入的农户占调查农户的7.6%，除去养殖业、打工、本地职工及其他的农户，其余56.1%均靠种植业收入生活。

### （三）成本收益调查分析

通过对农户家庭情况的调查分析可知，种植谷子的群体基本上是老人、妇女等劳动能力较弱的人群。在谷子生产上劳动人工费不计入生产成本中，在计算产值时也只是计算主产品谷子的产值，谷子种子费用平均为289.5元/$hm^2$，化肥费用为907.5元/$hm^2$，农药费用为168元/$hm^2$，用工天数187.5 d/$hm^2$，谷子单产3 175.5 kg/$hm^2$，谷子单价为5.0元/kg。在对河北省与谷子同期的作物比较效益分析表明，在太行山区、黑龙港低平原区，种植谷子较同期种植的玉米、大豆、杂豆等作物具有明显高的比较效益。

### （四）销售途径分析

农户出售谷子的方式包括自己销售、批发商收购、专业合作社收购和企业收购4种方式。调查结果显示批发商收购所占比例最大，占44.6%；其次是自己销售，占41.5%；专业合作社收购和企业收购均为9.2%。农户收获的谷子基本上是一半卖掉，做经济收入，一部分留作自己食用，还有一部分是用来换取小麦，以弥补面粉的空缺。

## 三、谷子糜子产业组织案例分析

### （一）种植大户典型分析

在调研中发现，近年来随着谷子、糜子比较效益的提升，以及规模种植效益导

向，各地纷纷出现了种植大户，并有逐渐增多的趋势。谷子、糜子种植大户，一般是具有一定种植经验和技术，并具有一定资金实力，通过土地流转或承包等方式获得较多的土地使用权，将农户闲散的耕地租赁来扩大种植面积、集中耕种实现规模经营。种植大户种植谷子糜子面积大多在 7 $hm^2$ 以上，多的可达 200 $hm^2$。种植大户的特征是文化水平较高，接受新技术和新品种的能力强；对规模化生产技术需求强烈；具备购置大型农业机械的能力和愿望，可利用规模化生产和实现规模效益。

邢台市广宗县冯寨乡李国钦以每公顷 6 000 元/年价格承包当地 200 $hm^2$ 土地，有 20 $hm^2$ 采用小麦＋玉米种植模式，其余采用油葵＋特早 1 号杂交谷子种植模式。油葵 3 月种植，7 月 15 日前后收获，由于种植玉米的最佳时期已经错过，李国钦选择了播种生育期短的特早 1 号杂交谷子，将油葵秸秆粉碎还田耕翻土地，谷子播种量为 7.5 kg/$hm^2$；全生育期无间苗定苗，未施肥、浇水、人工除草，10 月中旬左右收获，经改良的特早 1 号在采用晚播种植方式后，出穗相对较小，避免了倒伏问题，由于生长期错后，也避开了谷瘟病等季节性病害，单产在 6 000 kg/$hm^2$ 左右，经济效益可观。小麦、玉米、油葵秸秆全部粉碎还田，谷子秸秆和谷糠出售，另外农场还雇佣当地农民参与生产环节，一个农民在农场每天收入在 40～100 元，增加了当地农民收入，农场购买了谷子播种机、土地翻耕机、谷子脱粒机等机械设施，实现了规模化生产，集约化经营。通过对农场的调研，从中发现不论在投入和经济效益，还是产投比方面，油葵＋特早 1 号杂交谷子种植模式远远高于小麦＋玉米模式，其中经济效益比小麦＋玉米多 22 500 元/$hm^2$，产投比达到 5.95。

### （二）专业合作社典型分析

农民专业合作社以农民家庭生产经营为基础，以合作社为主导，集体统一组织部分生产经营环节，发挥集体优势而形成的规模生产的一种经济模式。这种模式能有效推进土地流转、促进品种改良、提高组织化程度、促进农民增收。谷子、糜子专业合作社主要有能人带动型、企业领办型、供销社领办型、农民自发组建型等几种模式。

**1. 行唐县龙兴贡米专业合作社**

（1）发起背景。行唐县龙兴庄地处河北省行唐县东北部丘陵山区龙兴庄村，该村地处太行山丘陵区，非常适合谷类杂粮的生长。龙兴庄村种植谷子历史悠久，小米以营养丰富、口感上品而久负盛名。龙兴庄小米历史文化底蕴深，相传龙兴庄原名刘兴壮，由康熙皇帝敕封得名，该村小米贡奉朝廷，遂有“贡米”之誉。为了更好地利用地理优势、历史文化开发龙兴庄贡米，龙兴庄党支部书记杨润月于 2004 年着手组建行唐县龙兴贡米专业合作社。在国家商标局注册了“龙行庄”牌龙兴贡米商标，建立了龙兴贡米种植示范基地，实行“合作社＋基地＋农户”的产业发展模式。龙兴贡米种植示范基地 2008 年 8 月被石家庄市政府授予优秀产业化项目。目前龙兴贡米除占领本地市场外，还畅销北京、天津、辽宁、山东及河北省内市场。目前全村 408 户农户与合作社签订了谷子种植收购合同，种植面积达到 800 $hm^2$，年销售收入 660 万元，占全村经济收入80%。辐射本县周围6个乡镇36个村。

（2）主要做法。一是充分利用独特的地理优势、文化底蕴开发品牌。突出特色，在品牌培育上下功夫，打造有竞争力的产品，注册了“龙行庄”牌商标，在品牌上实现了突破。二是引进优质品种，实行标准化生产。从河北省农林科学院谷子研究所（国家谷子改良中心）引进了小香米、冀谷19、冀谷18、冀谷31等优质谷子品种，实行标准化生产。制定了严格的统一种植、统一收获、统一加工、统一包装、统一品牌的“五统一”管理制度。三是积极发展订单农业。为扩大谷子种植规模，合作社尝试了订单农业。合作社和农户双方签订《产销协议书》和《种植收购合同》，并高出市场价格20%现金结算。四是建立服务体系。合作社购买了谷子播种机、联合收割机，在谷子种植季节，免费为入社农户播种、收获，这样既保证了品种和技术的统一，又保证了品种的稳定。

**2. 山东沂南县孙祖小米种植专业合作社**

（1）发起背景。孙祖小米产于沂蒙山孟良崮东麓—沂南县孙祖镇，迄今已有1 000多年的种植历史。孙祖镇气候宜人，土壤、水质俱佳，没有受到任何污染，非常适宜有机作物种植。2009年，孙祖镇黄庄村村民孙乃祥（山东千荟工艺品有限公司董事长、总经理）积极响应国家大力发展有机作物种植的号召，在专家帮助下，通过实地考察、调研、化验分析和充分挖掘当地作物种植历史，成立谷子种植合作社，拥有社员1 000余户，发展有机小米种植100 $hm^2$。申请注册商标“孙祖”牌有机小米，获国家工商行政管理总局商标局核批。2009年被市政府评为“市级农业产业化重点龙头企业”和“市农业产业化生产标准基地”。2010年“孙祖”牌有机小米被评为“首届沂蒙优质农产品知名品牌”，并于年底获得国家地理标志性产品认证，发展前景更加广阔。

（2）主要做法。一是完善管理服务体系。成立了专业技术服务队伍，组织种植技术培训，建立起统一基地、统一供种、统一供肥、统一收购、统一销售、统一管理的六统一管理制度，与中粮集团合作，产品远销北京、上海等地，销售价格达到36元/kg，为社员增加效益18 000元/$hm^2$。二是快速壮大种植规模。采取宣传发动、利益引导等措施，鼓励农民入社发展小米种植。在种植有机小米的基础上发展有机地瓜、花生、玉米、小麦、黄豆、绿豆等品种，实行换茬轮作，提升质量。三是创建品牌和宣传推介。实行“孟良崮”和“孙祖”两个品牌相结合的双品牌运作模式，坚持“以质量求生存”的发展理念，不断提升产品质量和品牌知名度，以加盟形式吸引全国各地的客商加盟，建立完善销售体系。

**3. 甘州区花寨小米种植专业合作社**

（1）发起背景。花寨小米所在的甘州区花寨乡地处祁连山区，海拔高达2 150 m，干旱缺水、土地贫瘠、无霜期长，受自然条件的制约，当地种植结构单一、农作物效益低下，谷子是当地的主要作物。谷子虽然产量低，但独特的光热水土条件造就了它优良的品质，花寨小米还是历史上记载的“贡米”。2009年花寨乡西阳村致富能人甄彬组建了甘州区花寨小米种植专业合作社。入社社员也由最初的 5 户发展到现在的 1 026户，分布在甘州区花寨乡、安阳乡、山丹县、民乐县等地，辐射带动谷子种植户 5 000 多户。2012 年，合作社销售收入 2 782 万元，农户二次返利近 242 万元，农民增收达 22 890 元/$hm^2$。“金花寨”小米硬是在“劣势环境”下成长为一个“优势产业”，当地农民也由此走出了一条适宜山区农业产业化发展的新路子。

（2）主要做法。一是积极争取各级支持。先后得到市、区供销社的支持，投资 500 多万元，新建改建加工厂房，购置碾米设备、小米“色选仪”等。二是标准化种植。合作社还实行统一提供种子、统一提供农机具、统一提供技术培训、统一肥料配方、统一田间管理、统一收割、统一收购、统一加工、统一包装、统一销售等“十统一”种植管理模式。三是创建品牌、提高产品档次。申报注册了“金花寨”小米商标，荣获“甘肃金奖农产品”称号。

## （三）谷子糜子集散地典型分析

### 1. 河北省藁城马庄小米集散地

藁城市南营镇马庄村位于藁城、赵县、栾城三县（市）交界的特殊位置，该村小米加工经营历史悠久。马庄村小杂粮加工起步于 20 世纪 80 年代，经过 20 余年的滚动发展，全村已拥有小杂粮加工企业 80 余家，从业人员 2 300 余人，形成了以华北为依托，经销网络辐射全国的马庄小杂粮批发市场和华北最大的小杂粮集散地，年交易额达 4 亿元左右，年销售小米等杂粮 30 万 t，农民可增收近 500 万元。根据对马庄市场监测，50%谷子货源来自内蒙古，30%来自东北，10%来自河北。

### 2. 河北省孟村小米集散地

孟村小米加工集散地是 20 世纪 80 年代，由农民自发组织形成的小米作坊式加工企业。目前，小米加工作坊共有 50 多家，谷子来源于东北、内蒙古，加工后，经过包装大批量销售到河南、江苏、山东等南部省份。县政府比较重视谷子产业的发展，正在规划小米加工企业，把分散的企业通过整合聚集到一起，形成具有地方特色的农产品发展模式。

### 3. 河北省蔚县吉家庄镇杂粮中转站

河北省蔚县是历史上杂粮面积种植大县之一，蔚县桃花镇的“九根齐”小米为历史四大名米之一。目前全县杂粮面积为 3.3 万 $hm^2$ 左右，其中：谷子常年种植面积 1.13 万 $hm^2$，总产量约 5 000 万 kg，品种以 8311、张杂谷为主，主要集中分布在旱坡丘陵区。吉家庄镇的杂粮中转站市场初具规模，目前小型贸易货栈就有 50 多家，近几年每家的销售额约为 2 000 万元。

### 4. 小米集散地交易新模式：互联网辅助交易模式

随着网络媒体的发展，小米集散地交易依靠网络销售成为时尚，其中 QQ 群已在小米集散地交易中发挥越来越大的作用。谷子产区种粮大户、粮食收购点经纪人、各地的谷子加工企业、加工集散地加工户都拥有各自的 QQ 号，自发地建立了 QQ 行业交流群。供求双方都可以在群上根据自己的需求发布谷子供求信息，有意者与消息发布者建立联系，一般多为QQ私聊或者直接电话联系，洽谈生意。商谈的内容主要是谷子品种、数量、新旧品质、装车价格和运费价格等内容，谈妥后由供方联系车辆并负责装车等事项。谷子通过运输到买家手中，验收货物后再付款，基本是通过银行转账支付货款。运费由买家支付，运费根据货物重量、运货距离和其他杂费确定，基本是与营运市场价格相当。

这种交易模式的最大特点就是方便快捷，根据自己的需求发布信息，供需双方可以直接地建立沟通商谈生意。也存在着一些风险，首先就是双方就谷子品质认同不一致的风险，因为是货到付款，收货人在收货后可能存在一些异样，还有就是恶意欠款的风险，不过这种情况比较少。总体来说通过互联网沟通进行交易，双方的信誉靠自觉维护，事实上大家都比较遵守这种建立起来的信誉，欠账或纠纷也时有发生，但比较少，一次失信于人，就影响了在行业内的声誉。双方交易成功，双方就建立起了联系和信任，为下次交易奠定了基础。

## （四）龙头企业典型分析——山西沁州黄小米（集团）有限公司

### 1. 企业概况

山西沁州黄小米（集团）有限公司是我国以小米开发为主的龙头企业之一，集良种繁育、基地建设、科研开发、产品加工、市场营销于一体的省级农业产业化经营重点龙头企业，山西省优势农产品谷子基地示范企业，全国标准化生产示范区建设实施单位。公司成立于1989年，2001年改为股份制，2002年组建集团，下设5个控股子公司，注册资本1.15亿元，现有员工350名。多年来秉承“诚信经营、追求卓越、创新服务、奉献社会”的经营理念，始终坚持公司＋基地＋农户＋标准化＋品牌的产业化经营方式，严格实行统一地块标准、统一种植品种、统一技术规程、统一配方施肥、统一订单收购的“五统一”基地管理模式，以打造小米产业第一品牌为目标，坚持不懈抓科研、建基地、上项目、塑品牌、拓市场，取得显著的经济效益和社会效益，在全县13个乡镇发展沁州黄绿色标准化基地4 000 $hm^2$，年产优质沁州黄谷子15 000 t，带动26 000多农户户均收入3 000元，成为老区农民脱贫致富的支柱产业。目前，公司产品销售市场已覆盖全国20多个省会城市和180多个地级城市，终端销售店达到2 300多个。2000年以来，沁州黄小米连续获得国家绿色食品认证、有机食品认证、QS认证，被评定为“山西省名牌产品”“中国名牌农产品”和“中国优质产品”；“沁州”商标被国家工商行政管理总局评定为“中国驰名商标”。

### 2. 企业成功经验

（1）充分利用资源优势、发掘历史文化内涵。“沁州黄”小米为我国四大名米之一，产于山西省沁县，栽培历史悠久，康熙年间成为宫廷贡米，具有丰富的历史文化。沁州黄公司自成立以来，充分利用资源优势，深入挖掘历史文化，走出了一条文化推动产业发展的路子。一是挖掘整理沁州黄小米深厚的历史文化内涵，注重对文献、典籍、史料以及传说故事的搜集整理工作，建立了沁州黄小米史展厅。二是在传承历史的基础上不断创新，打造公司文化。公司设计使用的米、鼎形司徽之中，则蕴含了“沁州黄”小米天下至尊、品质第一，集团公司诚信经营、追求卓越的经营理念。三是把文化渗透于一切经营活动之中，把文化运用在包装设计、营销宣传、各项社会活动中，取得了良好效果。

（2）抓科技服务与标准化生产，提升产品档次。公司成立科达农资公司，对基地统一提供种子、复合专用肥、绿色有机肥、农机具、农药等农业生产资料。采取五统一基地管理模式，制定并严格实施了沁州黄谷子种植基地标准、种植技术规程、良种繁育技术规程、施肥标准、病虫害防治标准以及田间管理标准等，从地块的选择、规划到品种的选定、种子的处理，从施肥配方到田间管理，形成了一套完整的以技术标准为核心的“沁州黄”谷子种植管理规程和标准体系。公司积极申请了“地理标志保护产品”，基地获得绿色食品认证、有机食品认证，提高了产品档次和产业效益。

（3）与科研单位结合，以研发促产业发展。公司成立研发部，紧密与国内科研单位联合，对“沁州黄”种子进行等离子处理、提纯复壮、抗病植株培育等一系列科学研究和杂交试验，培育出沁 03049、沁 04108、沁 07011、沁 07012 等 7 个沁州黄优质新品系，其中沁 07012 于 2011 年 3 月经山西省农作物品种鉴定委员会审定，正式命名为沁黄 2 号优质新品种，在全省推广种植。在产后加工方面与中国农业大学合作，引进了营养米粉生产技术，延长了产业发展链条。

（4）发展谷子深加工，提高谷子综合效益。“十二五”期间，他们重点实施年产 2 万 t 谷之爱中老年营养小米粉生产线、1 万 t 谷之爱孕产妇营养小米粉生产线的研发和生产，2 万 t“沁州黄”小米加工包装生产线，1 万 t“沁州黄”米醋、1 万 t 饲料加工厂建设项目，4 万 t 谷子秸秆草粉颗粒饲料加工项目、5 000 t“沁州黄”小米营养早餐片生产线等项目。其中谷之爱婴幼儿营养小米粉已正式投产上市，年计划生产能力 10 000 t。谷之爱营养米粉的成功上市，使资源优势转化为产品优势，走出了一条企业转型、产业升级、产品换代，带动区域经济发展的新路子。

## （五）县域谷子产业发展典型分析——武安市谷子产业组织发展历程及启示

### 1. 武安市谷子产业组织发展历程

河北省武安市是我国谷子的发源地，武安市的磁山文化表明我国谷子种植历史已有 8 700 多年。武安市也是全国谷子种植面积最大的县市之一，常年种植面积在 2 万 $hm^2$ 左右。经过多年发展，武安市谷子产业组织初具规模，企业、合作社、政府、科研单位等在产业发展中发挥了重要作用，产业组织化水平和产业效益得到显著提升。根据各阶段的参与主体所起到的主导作用，可将武安市谷子产业组织发展阶段划分为：自然发展阶段、政府推动阶段和企业主导阶段。

（1）自然发展阶段（2004 年以前）。2004 年以前，武安市谷子生产处于自然发展阶段，几乎没有农民种植专业合作社、龙头企业，政府对产业发展没有投入。谷子生产由于品种杂乱，品质优劣不齐，单产不足 3 000 kg/hm²，产后加工基本是空白。谷子主产区没有转为优势产区，生产优势不能有效转化产业优势。分析原因主要有两个方面：一是武安市政府部门对谷子产业发展意识不强，没有意识到谷子产业发展可以发展成武安市的特色产业。二是由于经费短缺、示范项目少，科研单位没能在武安市开展有效的科技服务，缺乏有效组织和技术支撑，谷子生产基本处于自然发展状态。

(2) 政府推动阶段（2005—2011 年）。随着武安市经济的转型以及特色农业发展的需要，政府部门对谷子产业发展给予了高度重视。武安市重点从 3 个方面推动谷子产业发展。第一，与科研单位合作，寻求技术支撑。市政府与河北省农林科学院谷子研究所合作，把武安作为重要示范基地，将多个项目整合，放在示范基地。河北省农林科学院谷子研究所组成科技服务专家队伍，从产业发展角度提出科技创新方向。河北省农林科学院谷子研究所连续多年在武安市召开优质特色品种筛选、简化栽培技术、丘陵山区谷子机械研制现场观摩会，有针对性地研发适合武安市的谷子生产技术和品种，对谷子产业发展提供了有力的技术支撑。第二，武安市农业局积极组织谷子绿色基地认证、有机基地认证；申请了地理保护标识产品，制定了栽培技术规程等，为提升武安市谷子产业发展水平奠定了基础。第三，政府加大谷子产业补贴力度，市政府将谷子产业列入武安市“十二五”三大农业支柱性产业之一，每年市财政拿出 200 万元应用谷子良种补贴、测土配方施肥等。第四，大力扶持龙头企业、专业合作社。积极组织农户和龙头企业、专业合作社对接，实行订单生产，促进产业组织发展。

(3) 企业主导阶段（2012 年至今）。2012 年以后，政府对谷子产业已无补贴，但是龙头企业、种植专业合作社由于效益的提升对发展谷子产业的愿望持续提高。河北仓盛兴粮油工贸有限公司、河北华瑞农源有限公司自主建立了优质谷子生产基地，自购优质谷子品种，和农户签订收购合同，武安市基地谷子收购价比市场每千克高 0.2～0.8 元，农民的效益增加。武安市农业局与河北省农林科学院谷子研究所合作继续进行新技术研发与示范，示范了农机农艺结合生产技术、富硒谷子栽培技术、丘陵山区膜侧栽培高效集雨技术。通过上述技术集成与配套，有效提高了谷子生产效益，形成了企业主导、政府科研单位助推、农户参与的谷子产业组织发展模式。

**2. 武安市谷子产业发展成效**

在政府推动、科研单位技术支撑、龙头企业带动下，武安市谷子产业发展取得显著成效。一是谷子品种全面更新，品质和产业得到提升。经过品种筛选与示范，逐步形成了以优质谷子品种冀谷 19、优质简化品种冀谷 31 为主的品种布局，良种普及率达到 99%。全市谷子单产由几年前的 3 000 kg/hm² 上升到现在的 4 500 kg/hm²，示范方谷子单产达到 6 000 kg/hm² 以上。二是种植面积逐步扩大，种植优势明显。逐步形成“六沟五梁六面坡”的优质谷子生产基地，总面积达到 2 万 hm²，其中 684.3 hm²通过绿色谷子生产基地认证，85 hm² 通过有机谷子生产基地认证，国家质量监督检验检疫总局授予“武安小米”地理标志保护产品。三是龙头企业带动能力日益增强，建成两大年加工能力1.5万t的小米加工龙头企业，注册了“晶秋”“磁山粟”“洺水源”等商标，创出了自己品牌的武安小米，不仅走进了北京、上海等大城市，而且漂洋过海远销东南亚。种谷效益大幅提高，旱地谷子产值达到15 000元/$hm^2$以上，促进了农业增效、农民增收。

**3. 武安产业组织发展的启示**

（1）政府推动是关键。当地政府认识到了发展谷子产业的重要性，积极发展谷子产业能有效带动农民增收、企业增效。从产业发展的角度布置各项工作，一是和科研单位合作，引进优质品种和技术，制定标准化生产技术规程；二是制定良种补贴、扶持龙头企业、种植专业合作社等相关政策；三是积极组织进行有机、绿色基地认证、地理标识保护等工作。

（2）多元化参与是产业发展的重要因素。有效调动参与各方的积极性，明确各方需求。政府部门需要当地产业发展，农业增效；科研单位的需求使自己成果转化、示范基地的显示力度增强，提高单位的社会知名度；企业、种植专业合作社以及农户需要从中获取更大的经济效益。依托河北省农业科学院谷子研究所，该市实施了“国家太行山星火产业带谷子基地建设项目”“河北省山区杂粮技术创新与产业化示范项目”“邯郸市百万亩优质谷子提质增效工程”，将这些项目进行整合，取得显著成效。

（3）以市场为导向是产业持续发展的根本。一个产业发展的根本动力是适合市场需求，能够取得更大的经济效益。武安市谷子产业成功的根本因素是抓住了当前社会膳食结构需要调整，优质小米等杂粮需求旺盛，以及干旱半干旱的丘陵山区发展谷子生产具有明显的比较优势，优质小米具有强大的市场需求等特点。实践证明，近年来农户种植谷子达到了旱地谷子单产15 000元/$hm^2$的目标，企业优质小米开发取得显著的经济效益。

（4）资源禀赋、农民意愿是产业发展的基础。武安旱地面积占耕地面积的67%，种植谷子历史悠久、粟文化源远流长，当地农民种植和食用小米习惯久远。充分利用当地的资源禀赋，有效引导农户科学种植，把资源优势转变为产业优势和规模效益是武安谷子产业发展的基础。

## 四、谷子糜子产业组织存在的问题及未来发展模式

### （一）我国谷子糜子产业组织存在的主要问题

一是农户文化层次低、劳动力年龄结构偏大、种植规模小、种植条件差，不利于新技术、新品种在产业的应用，也不利于产业组织的发展，难以形成规模经济。二是种植大户、种植专业合作社获取市场信息能力不足，开拓市场能力不够。小规模、分散经营的种植大户和合作社没有能力进行市场分析和市场调研，时常陷入了价格上涨—扩大种植规模—价格下跌—减少种植规模却又价格上涨的怪圈，极大挫伤了种植谷子积极性。三是企业规模偏小，带动能力小。我国大部分谷子、糜子企业起步晚，

多数以小米的初级加工为主，竞争力不强，难以带动谷子、糜子产业技术升级。

#### （二）未来发展模式

国家谷子糜子产业技术体系启动以来，已在优良品种、简化生产、专用农业机械等方面取得突破，使谷子、糜子规模化种植成为可能。谷子、糜子种植大户多数属于农村能人，接受新鲜事物能力强，同时家庭农场将是未来国家支持重点，因此谷子糜子种植大户发展空间较大，将在未来产业发展起到重要作用。种植专业合作社、小型企业经营灵活，是产业组织的源头，发展各具特色的谷子、糜子种植及产品开发，形成百花齐放的格局，将是提高我国谷子、糜子产业组织化水平的重要力量。小米集散地继续发挥重要作用，今后应在加工标准化、交易信息平台等方面加以正确引导。藁城马庄集散地将建成北方最大的杂粮城，小米集散地在加工技术、产品等级、物流及信息化等组织方面将提高水平，为集散地未来发展提供借鉴。龙头企业是产业发展方向，在提高产业化水平方面发挥关键作用。未来发展方向和模式：一是注重文化挖掘，我国粟文化博大精深，深入挖掘粟文化助推产业发展；二是进行产品细分，按类型可以分为主食化企业、特色功能企业、出口创汇企业以及饲料企业；三是科研单位按照企业需求加强科技创新，针对企业需求，培育优质、专用新品种，为企业的标准化生产提供技术支撑。

## 第二节　谷子糜子产业发展与品牌建设

### 一、谷子糜子产业品牌建设现状

#### （一）谷子糜子产业品牌概况

**1. 全国谷子糜子企业概况**

据不完全统计，全国共有谷子、糜子经营企业万余家，通过对部分谷子、糜子企业的调查可以发现以下特点：

（1）企业组织形式多样化。谷子糜子企业注册类型多样，涵盖有限责任公司、股份有限公司、国有企业、集体企业、私营企业等，目前我国谷子、糜子企业形式以有限责任公司为主。不同类型的企业成长路径也大不相同，主要由农业专业合作组织、农业专业大户创办，另有乡镇企业和国有企业转变而来，少数由投资农业的企业家、返乡创业的农民工或是村干部带头人直接投资创办。

（2）企业经营初具规模。我国相关的谷子、糜子企业经过几年的发展，已经取得了显著成绩，经调查发现，经营模式主要以生产加工、经销批发、招商代理为主。小型和个人加工厂一般无需验资，粮油加工有限公司注册资本多在100万元以上，年销售额多在50万～100万元及以上，大型集团类的企业注册资本多在5 000万元以上，年销售额也多在5 000万元以上，少数知名品牌的年销售额更高，经营范围以谷子、糜子的初加工为主，且部分企业多拥有自己的产品供应基地。

（3）企业经营模式灵活。企业经营模式灵活多样，"公司＋专业协会＋农户、基地＋农户、公司＋基地＋合作社＋农户、公司＋合作社＋农户、公司＋农户"等多种模式并存。带动作用明显，企业在自身不断发展壮大的同时，积极带动周边农户增收，调查中发现有的企业自身直接带动农户发展，有的企业通过专业合作组织和种植大户带动农户发展，农户收入增长明显。

**2. 谷子糜子产业"三品一标"概况**

无公害农产品、绿色食品、有机农产品和农产品地理标志统称"三品一标"。"三品一标"是政府主导的安全优质农产品公共品牌，是当前和今后一个时期农产品生产消费的主导产品。我国谷子、糜子产业"三品一标"近年来发展势头良好（表7－1）。我国谷子、糜子无公害产品集中在山西、山东、内蒙古、黑龙江、辽宁等省份，目前共有53件，其中谷子（小米）37件，糜子（大黄米）16件；我国谷子、糜子绿色认证产品多集中在河北、河南、辽宁、黑龙江、内蒙古等省份，目前共有67件，其中小米原粮60件，小米煎饼2件，小米营养粉4件，小米饮料1件等；我国谷子、糜子有机产品共有161件，主要分布在黑龙江、山东、山西、吉林、内蒙古等地，其中谷子（小米、小米粉）139件，糜子（大黄米）22件；我国共有小米地理标志保护产品33件（表7－2），主要分布在山西、山东、黑龙江、陕西、河北、河南、内蒙古、辽宁、吉林。

**表7－1　我国谷子、糜子"三品一标"各省份发展情况**

| 省　份 | 无公害产品 | 绿色产品 | 有机产品 | 地理标志 |
|---|---|---|---|---|
| 山西 | 6 | 12 | 33 | 9 |
| 内蒙古 | 8 | 5 | 37 | 2 |
| 辽宁 | 4 | 11 | 1 | 2 |
| 黑龙江 | 24 | 16 | 33 | 4 |
| 山东 | 2 | 8 | 12 | 6 |
| 河南 | 1 | 2 | 3 | 2 |
| 陕西 | 1 | 2 | 3 | 3 |
| 宁夏 | 7 | 0 | 0 | 0 |
| 河北 | 0 | 6 | 7 | 3 |
| 吉林 | 0 | 5 | 25 | 1 |
| 北京 | 0 | 0 | 6 | 0 |
| 四川 | 0 | 0 | 1 | 0 |
| 甘肃 | 0 | 0 | 0 | 1 |
| 合计 | 53 | 67 | 161 | 33 |

表 7-2　国家地理标志保护谷子品种

| 名　称 | 所属地区 | 认证年份 | 名　称 | 所属地区 | 认证年份 |
|---|---|---|---|---|---|
| 武安小米 | 河北 | 2010 | 林州东姚小米 | 河南 | 2011 |
| 曲周小米 | 河北 | 2012 | 仰韶小米 | 河南 | 2010 |
| 蔚州贡米 | 河北 | 2010 | 夏家店小米 | 内蒙古 | 2009 |
| 博洛埔小米 | 辽宁 | 2013 | 敖汉小米 | 内蒙古 | 2013 |
| 朝阳小米 | 辽宁 | 2009 | 安塞小米 | 陕西 | 2008 |
| 乾安黄小米 | 吉林 | 2009 | 延安小米 | 陕西 | 2012 |
| 古龙小米 | 黑龙江 | 2011 | 米脂小米 | 陕西 | 2008 |
| 龙江小米 | 黑龙江 | 2010 | 什社小米 | 甘肃 | 2010 |
| 甘南小米 | 黑龙江 | 2012 | 沁州黄 | 山西 | 2003 |
| 托古小米 | 黑龙江 | 2011 | 寿阳小米 | 山西 | 2009 |
| 沁水皇小米 | 山西 | 2010 | 隆化小米 | 山西 | 2009 |
| 析城山小米 | 山西 | 2011 | 大宁红皮小米 | 山西 | 2010 |
| 阳曲小米 | 山西 | 2011 | 河峪小米 | 山西 | 2010 |
| 洪井三皇小米 | 山西 | 2011 | 柳沟小米 | 山东 | 2010 |
| 龙山小米 | 山东 | 2010 | 孔祖小米 | 山东 | 2010 |
| 马庙金谷 | 山东 | 2010 | 临淄边河小米 | 山东 | 2012 |
| 高密毛家屋小米 | 山东 | 2012 | | | |

**3. 我国谷子糜子企业品牌建设取得初步成效**

近年来，随着人们对谷子、糜子等特色杂粮营养保健的认识，市场需求逐步扩大，新建谷子、糜子企业快速增加，企业品牌建设取得了初步成效。一是品牌注册显著增加。2000 年以来，谷子、糜子企业逐步增加，品牌就是效益、品牌就是竞争力开始成为部分生产经营主体的共识，各地注册谷子、糜子品牌的积极性逐步高涨，谷子、糜子注册商标数量急剧增加，且品牌的地区分布主要集中在主产地，如山西、内蒙古、河北、陕西、宁夏、辽宁、吉林、河南、山东等，其他地区的小米品牌多以单纯加工为主，且多以杂粮生产为主。二是地理标志保护从无到有。2003 年之前全国谷子、糜子还没有一项地理标志注册，2009 年以来地标注册量有较大幅的增长，截至 2013 年年初，我国总共有 33 件谷子地理标志注册产品。三是企业的规模化、标准化进展显著，逐步转向深加工领域。据不完全统计，截至 2013 年上半年，我国规模化（万吨以上）小米加工企业 4 家：河北瑞禾庄园、张家口北宗黄酒、山西沁州黄小米（集团）有限公司和山西柏图啤酒公司；小米黄酒加工企业10家：五朵山黄酒有限责任公司、洛阳村沽酒业有限公司、南阳市西峡县来顺黄酒厂等；小米煎饼加工企业28家：泰安市泰山区鲁特综合加工厂、莱芜市田香食品有限公司、淄博淄川美玉食品厂等；小米醋加工企业18家：山西三盛合酿造有限公司、张营醋业酿造有限公司、山西金醋生物科技有限公司、山西省沁县老实酿造厂等。

## （二）我国谷子糜子品牌建设模式选择

### 1. 自然资源开发整合利用模式

自然资源开发整合利用模式是指利用当地所独有的自然资源优势来发展特色农产品的模式，可通过地理保护标志认证、注册商标等方式创建品牌，可以辐射带动周围区域的生产者共享资源，扩大生产规模，提高生产效益，增强品牌力。这一模式的选择主要集中在山西、陕西、内蒙古、河北等地。

### 2. 历史文化融入模式

历史文化融入模式是将当地谷子、糜子悠久的历史文化底蕴融入到产业生产链中。消费者在购买品牌之时，其实也是在选择品牌的文化品位。这就要求在建设谷子、糜子产业品牌中，要善于依托地方历史悠久、源远流长的文化底蕴，突出浓厚的人文、风土气息，丰富品牌的文化内涵，进而提升品牌价值。同时，利用多种途径，加大历史文化的挖掘和宣传，让消费者从更深更广的内涵上感受其价值，从而推动品牌长久发展。如我国的四大名米：沁州黄、金乡小米、龙山米、桃花米，其悠久的历史造就了今日的举世闻名。

### 3. 龙头组织带动模式

龙头企业带动模式主要依靠实力较强的企业发挥其龙头带动作用，不断进行技术创新、产品研发，以自身的品牌建设为核心，推行统一管理，辐射带动周边的基地和农户，从而保障产品的质量，提升产业效益。这一模式选择主要集中在山西、河北等地。

在品牌建设模式选择上，我国谷子糜子产业技术体系应将3种模式相融合，以自然资源开发整合为主，历史文化融入于龙头企业带动为辅的模式选择，这样既能发挥我国资源丰富、历史文化丰厚的特点，又能体现出品牌建设要多方面整体推进的必要性，如图7-1所示。

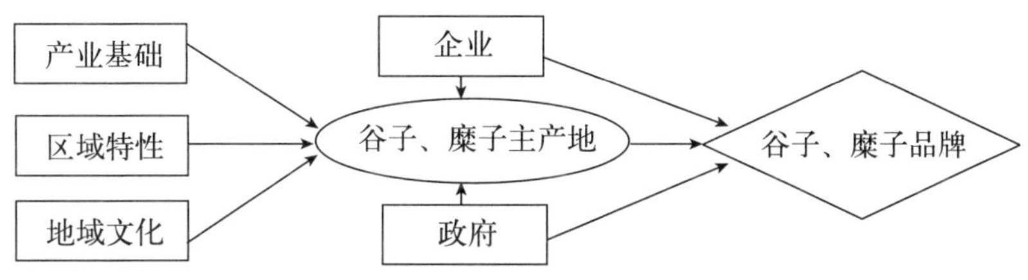


图7-1 我国谷子、糜子品牌建设模式选择

## 二、基于SWOT分析的谷子糜子品牌建设

### (一) 谷子糜子产业品牌建设的有利因素

**1. 人文历史悠久**

谷子起源于我国，在我国已经有8 700年的栽培历史，是我国北方原始农业最早驯化的栽培谷物，曾长期是我国北方的主要粮食作物。谷子作为五谷之首，自夏商、先秦、隋唐以来一直占据着我国主粮地位；糜子也是我国的传统种植作物，是我国第二大禾谷类作物。无论从考古发现还是在古代文献记载上，都能看出谷子一直贯穿在中华民族的整个历史长河中，对中华文明的孕育和发展做出了自己独特的贡献。

**2. 政策支持**

在科技创新上，2008年谷子被列入现代农业产业技术体系，成为50个农产品产业体系之一，“十二五”以来，把糜子纳入体系，形成了国家谷子糜子产业技术体系。国家谷子糜子产业技术体系的建立为谷子、糜子产业的发展提供了良好的机遇，为国内谷子、糜子科研机构提供了稳定的经费，稳定和壮大了科研队伍，为谷子、糜子产业的发展提供科技保障。在产业发展上，2012年农业部首次把谷子纳入高产创建，河北省以及一些谷子、糜子主产区把谷子、糜子纳入良种补贴，对谷子、糜子企业进行了扶持，促进了谷子、糜子产业发展。政策上的倾斜促使我国谷子、糜子产业的发展在资金、技术、人才、信息等方面有了保障，使其获得了较强的竞争优势。

**3. 市场潜力大**

谷子、糜子营养丰富、均衡全面、易于消化吸收，具有养肾、养胃、消渴、消宿食等功效，同时还具有一定的药用价值。谷子、糜子的这些保健和食疗方面的功效正在逐步被人们重新认识。随着人们生活水平的提高和保健意识的增强，谷子、糜子及其深加工产品的国内消费市场越来越大。在国际上随着世界性杂粮热的升温，谷子、糜子的贸易量逐年增加，成为我国粮食作物在世界市场较具有竞争力的农产品之一，巨大的国外市场为我国发展谷子、糜子生产提供了广阔的空间。

### (二) 谷子糜子产业品牌建设的主要制约因素

**1. 品种同质性强，产品结构单一**

谷子、糜子产业作为特色产业，附加价值未能充分挖掘。产业或企业要创建自己的品牌，首先是该产品要有独特性、排他性、差异性或显著的地理区域性，要让消费者便于和其他同类产品相区分，由于市场产品结构多元，消费者选择就多样化。对谷子、糜子产业来说，由于整个产业基础研究还较薄弱，研究的重点多偏重于提高产量，品质的改良和改善未取得较大突破。且同质化产品多，差异化产品少，大多数谷

子、糜子产品仍以初级产品出售，产品层次较低，附加值不高，产业链条不长，难以满足日益变化的消费需求，导致市场疲软，缺乏品牌创建的动力。

**2. 营销理念落后，增加品牌创建难度**

谷子、糜子加工企业普遍存在着作坊式经营、家族式管理，营销意识淡薄，营销手段匮乏，许多企业和农户几乎没有考虑市场需求，只按习惯和经验生产，在营销方面，多数企业都把宣传重点放在产品通过无公害、绿色食品或有机食品认证上，而较少宣传产品的生产质量安全问题。对于农产品，产品质量安全是基本的前提和保证，是消费者的最低消费要求。但只满足消费者的最低层次消费需求，对创建谷子、糜子品牌是远远不够的，企业必须努力满足消费者更高层次的消费需求，才能使品牌给消费者留下较深刻的印象；另一方面，在广告宣传方面，过分强调产品通过“三品”认证并不会给消费者带来好的印象，陷入创建谷子、糜子名牌的盲区，直接加剧了品牌创建的难度。

**3. 组织化程度低，生产经营较分散**

目前，与其他大作物相比，谷子、糜子生产经营分散，产业化水平低，龙头企业和合作组织带动能力弱，规模经济效益偏低，品牌共享意识差。因此，品牌创建的主体实力与数量均不足，创建与整合速度缓慢，创建意识淡薄，严重制约了谷子、糜子产业品牌的培育与长远发展。

## （三）谷子糜子产业品牌建设的机遇

**1. 国际形势**

在世界范围，2009 年以来，全球饥饿、营养不良人口已超过 10 亿，主要在亚太、非洲、拉丁美洲等贫瘠、干旱地区。一些撒哈拉以南的非洲国家，如布隆迪和马达加斯加等，由于缺乏必要的营养，大约有一半的儿童生长发育迟缓。谷子、糜子的营养丰富且均衡，无疑是应对营养不良和饥饿的保障食品。因此，谷子、糜子可以作为应对全球干旱、营养不良背景下的重要战略作物，在国际上特别是亚非拉地区有广阔的市场前景以及发展机遇，设想未来小米以健康、营养食品出口亚非拉地区，必将拉动谷子在全球的消费和生产。

**2. 膳食结构调整**

时下消费者对食品的需求正在向营养、健康方向转变。近 20 年来，随着人们膳食结构及生活方式的改变，作为主食的“五谷杂粮”日益从餐桌上减少，内地居民膳食纤维摄取量逐年下降，肥胖、高血压与糖尿病等慢性病发生率持续上升，仅糖尿病人就达上亿人。新版《中国居民膳食指南》制定的健康膳食原则是“食物多样、谷类为主、粗细搭配”。随着人们保健意识的增强，膳食结构的调整，城市居民对五谷杂粮的需求量会逐年增加。相信以谷子、糜子为主的杂粮会越来越成为人们餐桌的必备食品，甚至成为高档餐厅的特色产品，因此无公害、绿色、优质谷子、糜子品牌的市场前景广阔。

## (四) 谷子糜子产业品牌建设面临的挑战

从20世纪90年代开始，谷子、糜子加工业一直以较快的速度增长。随着农产品加工业的快速发展，一批规模化、集团化的谷子、糜子加工龙头企业和知名品牌开始涌现出来。经过近几年的快速发展，都取得了明显成效，但是农产品加工依旧存在许多问题。首先，加工转化和增值能力不强，结构性矛盾比较突出。谷子、糜子以初级加工产品为主，多为从谷到米的加工，精深加工比重不大，缺乏深度与高附加值的产品。其次，大部分谷子、糜子加工企业经营分散、规模偏小、缺乏专业人才，自主研发能力弱，加工设备简陋，成果转化能力差，辐射带动作用不强。再次替代品牌产品带来的威胁。随着人民生活质量的提高，消费者对杂粮的需求越来越大，各种各样的杂粮充斥着市场，对谷子、糜子市场产生了强大的冲击力。最后市场对质量要求越来越严格。谷子、糜子作为小作物，科研投入不足，影响了新品种、新技术的创新与推广，少数农户还在种植多年前的无名自留种，直接影响了谷子、糜子在品种质量上的保证。

## (五) 实施谷子糜子产业品牌化建设的必要性

### 1. 谷子糜子产业发展品牌建设的必要性

(1) 市场化条件下提高竞争力的内在要求。一直以来，谷子、糜子大都以“原始”形象示人，以初级产品为主。随着谷子、糜子市场化程度的加深，消费需求不断变化，人们开始更多地关注谷子和糜子的品牌、档次、特色、包装、内涵等，谷子、糜子的市场竞争已由过去数量之争、价格之争转化为质量之争与品牌之争。在市场经济里，品牌是建立产品差异化竞争优势的工具，是生产者与消费者有效沟通的桥梁，是引领整个行业和产业发展的火车头，其地位至关重要。因此，加快谷子、糜子产业品牌建设是满足消费者名、特、优的需要，也是谷子、糜子参与市场竞争的内在要求。

(2) 提高农产品综合效益的客观需要。无论农民、企业经营者还是地方政府，生产、经营、推广的初衷都是为了获得一定的经济效益。建设一批享有知名度的谷子、糜子品牌，无疑是提高我国谷子、糜子产业综合效益的最佳选择（图7-2)。第一，品牌是一种高效的广告手段，它提高了谷子和糜子的曝光率、知名度、美誉度和市场竞争力，吸引消费者眼球，从而在消费中促成其购买行动，无形中提高了谷子、糜子的经济效益。第二，谷子、糜子品牌在自身成长的同时也承担了社会责任，以发展反哺社会，比如促进地方增收、提升地方知名度、拓宽就业渠道、推动农业科技创新等，形成了良好的社会效益。第三，谷子、糜子品牌的建设，将形成一整套紧密相连的产业链，为使谷子、糜子生产、加工、销售等各个环节良好衔接，人们必将更加注重生产、开发和管理的科学化，自觉保护环境，积极改善环境，以保证品牌的可持续发展。

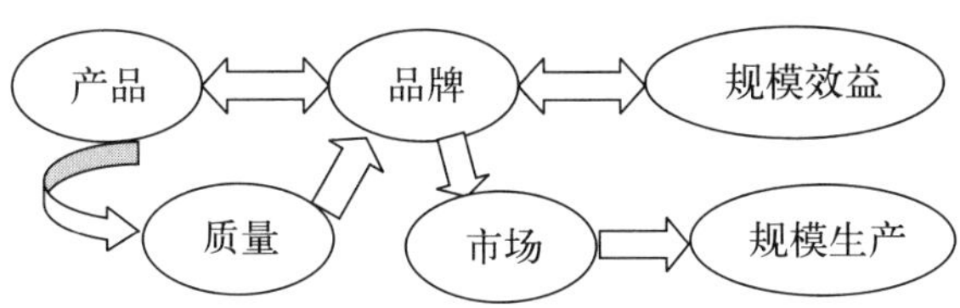


图 7－2　品牌与规模效益的关系

（3）降低消费者选择成本的外在需要。由于谷子、糜子品种繁多，消费者面临的可选择信息越来越多。消费者想获取某类产品相关信息需要一定的时间成本和信息成本。品牌作为产品的形象代言，其基本特征和所代表的信息集合相对固定，可以将企业经营者理念和产品相关信息更好地传播给受众。消费者利用品牌进行信息收集，择优决策，大大降低了选择成本。加强谷子、糜子品牌建设，可以降低消费者的选择成本，并使消费者形成稳定的品牌忠诚度。

（4）增加企业利润，提高企业美誉度的需要。品牌承载着生产者对产品质量的承诺，容易使消费者产生信任度和追随度，形成品牌美誉度，从而降低产品推介成本。品牌产品的价格一定高于均衡价格，为企业带来超额利润。拥有品牌就拥有市场。品牌是企业的无形资产，加强谷子、糜子品牌建设，可以提高产品认知度，占据更多的产品市场，增加企业利润，推动企业良性发展。

（5）增强农户可持续增收能力本质需要。一旦有了产品品牌，就会对生产产生带动和辐射作用，就有了强有力的市场竞争力，产品销量将得到提升，从而也解决了“卖难”的问题。同时，将提升整个村和周边乡镇地区的种植信心，也将促进“公司＋基地＋农户”模式的良性互动。另外，一旦形成“品牌联盟”，将有力提升“专业合作社＋龙头企业＋农户”或“龙头企业＋专业合作社＋农户”的合作组织水平，带动、辐射、提升整个谷子和糜子产业发展的专业化和组织化水平，保持农民持续增收。

**2. 谷子糜子产业发展品牌建设的意义**

（1）推动谷子糜子品牌提高附加价值。高知名度的谷子、糜子品牌具有增值效应。现代社会，以高知名度品牌为时尚，追求高知名度品牌商品消费的潮流已经兴起。与其说是商品给生产经营者带来财富，倒不如说是品牌的知名度给他们带来了财富。高知名度品牌满足了消费者心理和生理多方面的需求，迎合了人们的求名偏好。高知名度品牌能给生产经营者带来财富，就是因为它们比同行业、同类商品的其他品牌更有名气。不少人心甘情愿地将“名声费”付给他们喜欢、渴求或向往的高知名度品牌商品，以奖赏名牌创造者因奋斗、冒险而获得的名声。这也是名牌刺激人们购买的一个原因。基于这一动因，实施谷子、糜子产业品牌化战略，可促使谷子、糜子生产者和经营者不断在创高知名度品牌上下功夫，以便获取或增加高知名度品牌的附加价值。

（2）推动谷子品牌提高市场竞争力和整体竞争力。实施谷子、糜子产业品牌化，可以形成较好的市场机制。由于我国谷子、糜子生产规模小、成本高，在这样的形势背景下，实施谷子产业品牌化，明确主要目标市场，确定发展思路，集中力量进行重点培育，发挥品牌效应，尽快形成一批具有竞争力的优势谷子、糜子品牌，辐射和带动全国谷子、糜子产业的整体发展水平，成为尽快提高我国谷子、糜子产业整体竞争力的战略措施。实施谷子、糜子产业品牌化，树立谷子、糜子品牌信誉，在市场上创名牌、保名牌，有利于提高农业和农村经济的整体竞争力，促进农业和农村经济的发展。

（3）有利于挖掘谷子糜子品牌的丰富的文化内涵。谷子、糜子品牌的命名也凝结着生产者或经营者的追求，品牌主题成为这些企业的象征，构成这些企业文化的组成部分。实施谷子、糜子品牌化战略，培育品牌的企业文化、区域文化，挖掘谷子、糜子品牌的丰富的文化内涵，这反映了品牌诞生所应具备的一般条件和形成名牌的某些规律性。

## 三、案例分析——小谷子如何做成大产业

### （一）“沁州黄”品牌建设实践

1986—1992 年，沁州黄小米新品系的育成与“沁州黄”商标的注册。

1997—2000 年，“山西沁县沁州黄集团”的成立与初步建设。

2001—2008 年，企业逐步进行体制改革与创新，取得骄人成绩。

2009 年至今，企业逐步探寻深加工产品，努力实现转型长远发展。

### （二）“沁州黄”品牌的构建途径

从发展规划、制定标准、推向市场、媒体宣传等多方面加以引导，并取得了较为明显的效果。主要的构建途径：从规模化建设向品牌化建设推进，从流通加工过程中提升品牌形象，从展示展销活动中把品牌推向市场，通过行业协会等增强品牌创建和营销凝聚力，从宣传导向上扩大品牌影响力，从新产品的开发中打造多元化的品牌建设，从基地建设中保障品牌的建设，从辐射带动中促进品牌的建设。

### （三）“沁州黄”品牌建设启示

山西沁州黄小米集团的品牌发展模式是我国小米经营企业的先进典型，它的发展基础、发展环境、发展条件等在我国有很强的代表性，其发展历程和建设经验带来以下启示：

高端特色品牌企业的发展是坚持解放思想，不断更新观念的结果。山西沁州黄小米集团确立惠农大思路，咬定转型大项目，抢抓机遇，引资上项，进一步加大投入力度，深度开发沁州黄小米，延伸小米产业链，提高产品附加值，实现由初加工向深加工转变，由外延扩张向内涵提升转变，由单一的传统产业向集约、低碳、多元循环发

展转变。这就是解放思想、与时俱进、不断探索的具体反映。

高端特色品牌农业建设必须强化机制创新。建设高端特色品牌农业是一项系统性、综合性很强的农业工程，需要创新体制机制，激发各方活力，扎实推进。山西沁州黄小米集团在机制创新中，着眼于健全工作机制、增投农业发展资金、创新农业经营形式取得了明显效果，如他们拥有自己的示范种植基地、农资公司、订单农户、研发中心等。

政府在高端特色品牌农业建设中发挥积极的引导作用。从根本上讲，谷子品牌的发展是市场选择的必然结果，是发挥市场配置资源的基础性作用。特色品牌建设同样离不开政府的引导、管理和服务，需要政府根据经济社会发展的要求及时调整战略，推动和引导产业品牌发展。从山西谷子发展经验来看，政府在推进谷子产业建设中主要采用以下措施：一是试点示范。在基础设施、产业结构、经营方式等方面进行试点示范，引导企业和农户采用新技术、新品种，发挥示范企业和农户的辐射和带动作用。二是从政策上支持谷子产业品牌的发展。山西各市出台了多种支持政策，补贴、奖励等。三是夯实基层组织基础。农村基层组织是谷子品牌建设的组织者、推动者和实践者。构筑现代农业产业体系，离不开一支能干会干、富有创造精神和充满生机活力的基层农技推广队伍。

## 四、加快谷子糜子产业品牌建设的对策

目前，我国谷子、糜子品牌建设推进工作取得了重大成就，商标注册量与地理保护标志量均有不同程度增长，但绝大部分产品并没有成为品牌，少许仅仅是区域性小品牌，全国知名的品牌屈指可数。因此，为创建我国谷子、糜子品牌，必须通过科技化、标准化、组织化、市场化、规模化等手段，把谷子、糜子产业的品牌做大做强。

### （一）用科技化提升谷子品牌建设水平是关键

近年来，受健康膳食的影响，谷子产业快速发展。但目前产业化开发品种主要是沁州黄、黄金苗、晋谷 21、龙谷 25、冀谷 19、懒谷 3 号等一批农家品种和老品种。今后的科技创新应针对产业发展，尽快出一批优质品种、轻简化生产技术成果来支撑产业发展。同时，充分利用国家谷子糜子产业技术体系示范基地，发挥示范基地的试验、示范和带动作用，培训一批基层农技人员，用科技化提升谷子糜子产业化水平。

### （二）用标准化规范谷子糜子品牌建设是重点

标准化事关谷子、糜子品牌建设的成功与否，为促进我国谷子、糜子产业品牌建设，需要研究和建立谷子、糜子产业发展的标准体系。为促进我国谷子、糜子产业品

牌建设，需要加快研究和建立谷子糜子质量标准体系，积极制定质量标准和安全优质生产技术规程，形成国家、行业和地方标准相配套的标准体系来保障产品质量和安全性。地方政府要鼓励和支持龙头企业申报“三品”认证及新技术和新品种的国家专利。

### （三）用组织化服务谷子糜子品牌建设是保障

为使我国谷子、糜子产业的品牌创建长远发展，必须提高产业的组织化服务水平。加大对谷子、糜子产业合作经营组织的支持力度，通过实施一系列组织化建设，来创建名优品牌和扩大市场销售。设立专项资金，扶持合作社组织和龙头企业的发展，鼓励新种植区谷农组建乡村专业协会、专业合作社等合作经济组织，一方面，通过合作组织的带动，种植户可以采取新技术、新管理等措施，来满足市场发展的要求；另一方面，随着合作组织的做大、做强以及对市场的不断开拓，品牌的影响力也会不断增强。

### （四）用市场化指引谷子糜子品牌建设方向是途径

在创建谷子、糜子品牌建设中，始终要把着眼点放在培育市场上，各级地方要建立信息服务平台，让农户及时掌握市场动态，依靠市场信息指导生产，使生产的谷子、糜子适销对路、产销衔接，最大限度地降低了市场风险。同时大力发展多种销售模式，减少中间流通环节，降低流通成本，对于扩大销售和增加农户收入能发挥较大的作用。

### （五）规模化是壮大谷子糜子品牌建设目标

我国谷子、糜子产业正在经历由小规模生产、分散化经营向规模化区域化集中方向转变。谷子、糜子种植规模化是发展现代农业产业的重要内容，规模化经营通过扩大生产经营规模，实现经营成本下降，收益上升，达到效益的最大化。因此，必须加快土地使用权的流转，培育新型经营主体，为谷子、糜子产业规模化和品牌化发展创造条件。

### （六）培育扶持龙头企业带动品牌建设

品牌建设与产业化是相辅相成的，没有雄厚的产业基础，就不可能有规模，没有知名品牌建设，产业化也不可能做大做强。根据我国谷子、糜子产业发展特点，当前必须着力培育、打造一批带动力强的龙头企业，在产业内发挥引领作用，鼓励龙头企业建设专业合作社，引导企业和农户之间建立稳定的产销合同和服务契约，从而保障小生产与大市场的有效衔接，切实推动谷子、糜子产业和品牌的发展，如山西的沁州黄小米有限公司。

### （七）加大宣传力度提升品牌价值

与其他作物的营销相比较，谷子、糜子相关产品的品牌建设相对落后，营销力度较弱，品牌的拥有者应该予以重视。为提升市场对谷子、糜子品牌、产品的认知度和美誉度，树立与巩固品牌形象和主导市场地位，生产企业必须要树立品牌观念，增强品牌自有宣传能力，使谷子、糜子产品从“低端”走向“高端”，在超市要开设营销专柜，包装要符合现代人“少而精致”的消费观念，产品量上要做到“少而精”；在宣传方面，重点突出谷子、糜子产品营养平衡丰富的消费理念，以此增强消费者对该类产品的消费意识，扩大市场销路。进一步提升企业的综合竞争力。企业要充分认识到良好的企业品牌形象，更容易受到消费者的青睐，从而更能提升品牌的自身价值，提高市场占有率。

### （八）挖掘产业文化内涵塑造品牌形象

谷子是历史长河中积累下来的产物，各地方在对区域谷子、糜子品牌文化进行挖掘时，必须全面了解该区域内的历史文化以及与之有关的历史和文化事件，如“小米加步枪”等消费者耳熟能详的历史，只有形成产品的差异化，才能吸引不同消费者的消费偏好，其次在体现区域品牌浓厚的人文特色时，区域谷子、糜子品牌建设是一个长期、系统的工程，需要各方面的力量来共同参与。

# 第三节　谷子糜子产业发展与文化

## 一、粟文化的丰富内涵

谷子、糜子是中国北方原始农业最早驯化的栽培谷物。谷子、糜子的种植使我国的文明核心区完成了从流动采食向定居生活的历史性革命，由此创造出最早的文字甲骨文，积聚起天文地理、物候历法、度量衡、中医草药等知识，孕育了早期华夏文明。在漫长的农耕史中，围绕粟类作物的种植、加工与食用，形成了一套特有的生产生活方式、习俗观念、制度规范等，统称为粟文化（包括黍文化）。直至秦汉时期，黄河流域的粟文化一直领先于长江流域的稻文化。某种程度上，粟黍已成为中华民族的文化符号。

粟文化这座亟待挖掘的文化矿藏，已开始引起各界学者关注。游修龄、何红中从史学角度，高国仁、高强从农学角度，袁辰霞和我国台湾学者徐雅慧、余桂荣等从文化人类学角度进行了初步研究，关于粟的农谚、民间传说也是林林总总。本书将粟文化概括为3个层面，即技术层面、制度层面和精神层面。

就技术层面而言，从传说中的“后稷教民稼穑，树艺五谷”，到汉代发明铁犁、木耧，中国科技史上许多发明创造和农耕知识、经验，都直接或间接来自于粟的种植和加工。例如，我国2 000多年前发明的播撒谷种用的耧车，是西方播种机的始祖。北魏农学家贾思勰对粟的变异性有着深刻的认识。《齐民要术·种谷篇》曰："凡谷，成熟有早晚，苗秆有高下，收实有多少，质性有强弱，米味有美恶，粒实有息耗。早熟者苗短而收多；晚熟者苗长而收少。强苗者短，黄谷之属是也；弱苗者长，青、白、黑谷是也。收少者美而耗；收多者恶而息也。"这一描述与现代育种学、栽培学对于矮秆或半矮秆品种与高秆品种之比较观察几乎完全一致，其提出时间远远早于西方。

就制度层面而言，粟作为中国古代社会最主要的粮食作物，处于至高无上的地位。它不但是百姓向朝廷完纳租赋的最重要的粮食作物，是官仓大量储积的"战备粮"和"救命粮"，而且曾作为官吏的俸禄、赏赐之物、补官拜爵和减刑免罪之物，表明其是财富的象征。在"兵马未动，粮草先行"的时代，粟对历次战争的胜负均起到举足轻重的作用，可谓"得谷者昌，失谷者亡"。

就精神层面而言，粟不但在我国传统的宗教信仰中起着关键作用，而且在当今社会仍发挥着人格教育和伦理教化功能。自周朝起，粟就成为祭祀活动中的粢盛，后稷则演化为人们顶礼膜拜的谷神，在"江山社稷"中起着支柱作用。在当今语言文字、农谚典故、诗歌咏颂、日常生活、民俗信仰等方面，仍随处可见粟的印迹和符号。

精神层面的文化，是文化的核心内涵。由于本书篇幅有限，仅就精神层面的粟文化展开论述。

### （一）粟之寓意和谶纬

从语言文字看，甲骨文之"禾"字像成熟时谷穗下垂的粟，"稷"字则是一跪着的人对"禾"崇拜的形象，现今代表稻文化的语言文字基本上都承继粟文化而来。汉语中含有"粟"的成语不胜枚举，比如贯朽粟陈、飞刍挽粟、不食周粟、斗粟尺布、布袍脱粟、沧海一粟、杯水粒粟、肤粟股栗、天粟马角、鬼哭粟飞等，其中一些成语至今仍经常使用。

粟被赋予了各种意旨和寄托。由于粟在粮食中占据首要地位，故常常和"菽""稻"等搭配，组成"菽粟""稻粟""稌（tú）粟"等词语，作为粮食的代称。《墨子·尚贤中》："是以菽粟多而民足乎食。"《国语》卷十《晋语四》曰："黍稷无成，不能为荣。"古代文学又有"稻粱惠"（"稻粱恩""稻粱遇"）一说，意谓养育之恩或困境时受人恩惠。

无论是在英语还是在汉语中，粟黍都具有"小"的含义。英语的黍粟都称"millet"，在中古英语作"milet"，和mill同源。黍的拉丁学名为*Miliacium*，它源自印欧语"mele"，是"压碎""磨碎"的意思。由于磨成的粉细小，无法计数，所以用million（百万）形容极多，并且用"milli-"作为千分之一这样的前缀，"mini-"代表很小的前缀。我国古人也常用粟比喻微小之物，如把粟状小粒之金称为"粟金"，把粟状花纹称为"粟文"，把细微差错称"粟错"，把数量极少称"粟许"，把小国林立称“粟散”，把皮肤受凉所起的“鸡皮疙瘩”称“粟肤”等。例如，苏东坡《前赤壁赋》引同伴语“寄蜉蝣于天地，渺沧海之一粟”，比喻微小之物。

粟在古代还被比作君子之德。《管子·小问》载：“桓公曰：‘何物可比于君子之德乎?’隰朋对曰：‘夫粟，内甲以处，中有卷城，外有兵刃。未敢自恃，自命曰粟，此其可比于君子之德乎！’管仲曰：‘苗始其少也，眴眴乎何其孺子也。至其壮也，庄庄乎何其士也。至其成也，由由乎兹免，何其君子也！天子得之则安，不得则危，故命之曰禾。此其可比于君子之德矣。’桓公曰：‘善’。”以粟、禾来喻君子之德，足见粟、禾之显赫尊贵。实际上，粟文化已深深烙印在国人的精神世界中，并深刻影响着他们的思维和人文情怀。古有伯夷、叔齐“不食周粟”，饿死于首阳山，孔子称赞两位是“求仁得仁”，韩愈专门写作《伯夷颂》颂扬其德。

古人常将粟与奇异同列，表达了对粟的一种敬畏。商周之际粟是占卜常用之物，且一直到汉代都比较流行，如《诗经·小宛》有“握粟出卜”，《管子》有“握粟而筮者屡中”。古人又视嘉禾生为祥瑞，天雨粟则为警戒。传说仓颉造字，“天为雨粟，鬼为夜哭”（《春秋·元命苞》），仓颉祭祀即为谷雨节气的来源。梦中遇粟也有特别的说法。

### （二）关于谷子糜子的诗歌吟诵

粟作为古代重要的作物、百姓必备之口粮，又被赋予各种寓意，往往成为诗歌创作的一部分，或寓情于景或咏物明志。

其一，古人常黍稷连称，用作郊庙歌辞（祭祀），是以咏颂明德。黍稷为家国所必须，亦有馨香之气，是为庙堂祭祀之尊物。《乐府诗集·齐明堂乐歌》曰：“惟诚洁飨，惟孝尊灵。敬芳黍稷，敬涤牺牲。”黍稷为郊庙咏颂之物，之后为历代所效仿。所谓“每日孜孜勤法行之”，方能达到明德之理，而非止谓黍稷之馨。《尚书·君陈》：“黍稷非馨，明德惟馨。”历代史书多引用此说，用以郊庙咏颂明德。张衮《郊庙歌辞·梁郊祀乐章·庆肃》“笾豆簠簋，黍稷非馨”。褚亮的《祭方丘乐章·顺和》“黍稷良非贵，明德信惟馨。”这里的黍稷泛指五谷。意思是五谷美味并不是最香的，光明的德行才是馨香啊。

其二，古代常用禾黍来咏田园丰收之美，粟黍也常作为农家风貌的典型写照。隋末唐初王绩《秋夜喜遇王处士》：“北场芸藿罢，东皋刈黍归。相逢秋月满，更值夜萤飞。”芸藿（就是锄豆）和“刈黍”一样都是秋天的农事活动，流露出诗人对田园生活的陶醉和悠闲自如的情趣。李峤《奉教追赴九成宫途中口号》诗：“郁郁桑柘繁，油油禾黍积。”盛唐田园诗人储光羲《田家杂兴八首》：“种桑百余树，种黍三十亩。……闲时相顾笑，喜悦好禾黍。”丰收之后，农民为可以享用自己的劳动成果而安心地笑。唐代刘眘虚《浔阳陶氏别业》一诗，“愿守黍稷税，归耕东山田”，反映出一种辞官归隐的心态。

其三，古代又有“禾黍之悲”（亦称“黍离之悲”），用以伤怀故国败落或家园凋敝。《诗经·王风·黍离》是周代社会生活中的民间歌谣。“彼黍离离，彼稷之苗。行迈靡靡，中心摇摇。知我者，谓我心忧，不知我者，谓我何求。……彼黍离离，彼稷之穗。行迈靡靡，中心如醉。……彼黍离离，彼稷之实。行迈靡靡，中心如噎。”这首诗作于西周灭亡后。一位周朝士大夫路过旧都，见昔日宫殿夷为平地，种上庄稼，不胜感慨，写下了这篇哀婉悲伤的诗。此后，黍离之悲成为悲悯故国破败或胜地废圮之典，用以表达对国家昔盛今衰的痛惜伤感之情。清代郑燮（号板桥）《还家行》曰：“死者葬沙漠，生者还旧乡。遥闻齐鲁郊，谷黍等人长。”韦应物的诗句“晨起西郊道，原野分黍稷。”贾岛《酬姚合》：“黍穗豆苗侵古道，晴原午后早秋时。”都反映出类似的情感。

其四，一些诗歌描写了种植谷子糜子的繁忙景象。北宋王安石《后元丰行》：“麦行千里不见土，连山没云皆种黍。”这里或许有夸大的成分，但元丰之政时农业生产的繁荣可见一斑。

中国长江流域地区在唐宋以前的很长历史时期里一直保留着刀耕火种的耕作方式，称为“畲田”。粟因适宜在山区雨水较少且耕作粗放的条件下种植，故是畲田上的主要作物。唐代温庭筠的《烧歌》，再现了唐代南方山区人民烧畲耕种的真实情景，“烧畲为早田。豆苗虫促促……广场鸡啄粟”。白居易在杭州任刺史时写下了“水苗泥易耨，畲粟灰难锄”的诗句。他任江州哥马时作诗曰：“九江地卑湿……泥秧水畦稻，灰种畲田粟”，说明在地势低洼的江西九江一带，人们在山区旱田种粟，在水田种稻。《山鹧鸪》“畲田有粟何不啄”；《和梦游春诗一百韵》“宅荒渚宫草，马瘦畲田粟”，宋朝陆游《和范待制秋日书怀二首游自七月病起蔬食止酒》一诗：“畲粟山苗俱可饱，明年东去隐峨眉”，都反映了畲田上种粟的情形。宋代范成大《劳畲耕》：“麦穗黄剪剪，豆苗绿芊芊。饼饵了长夏，更迟秋粟繁。”

其五，一些诗歌通过描写粟作的艰辛，表现出诗人对农业生产和百姓的关心。唐代李绅《古风二首》云：“春种一粒粟，秋收万颗子。四海无闲田，农夫犹饿死”，体现出关注民生、珍惜粮食的情怀。“锄禾日当午，汗滴禾下土”，更是对粟作艰辛的生动写照。曾巩《追租》一诗有句云：“赤日万里灼……禾黍死硗确”，形容天旱民饥。白居易《夏旱》：“旱日与炎风，枯焦我田亩。金石欲销铄，况兹禾与黍。嗷嗷万族中，唯农最辛苦”。北宋司马光《道傍田家》：“翁携镰索妪携箕，自向薄田收黍稷”，道出了农民的艰苦。杜甫《秋雨叹》其二曰：“禾头生耳黍穗黑，农夫田妇无消息”。禾头长出芽蘖，其形如耳，预示收成不好；黍不耐雨，穗发黑即将烂，当然秋收无望。禾头生耳，倾听世上的呜咽而无策，而农夫田妇之音亦隐沦雨中。

其六，许多诗歌反映出粟黍在国计民生中的重要地位。杜甫《忆昔》：“忆昔开元全盛日，小邑犹藏万家室。稻米流脂粟米白，公私仓廪俱丰实。”这里的粟是指白粱粟，是白色的。这一句既描写了粮食的堆积，也隐含着人们在丰收时的劳动过程。李白在《书怀赠南陵常赞府》一诗中，有“虽有数斗玉，不如一盘粟”的名句，表现了物价暴涨、人民生活水深火热的社会现实，也反映出粟在当时国计民生中的重要地位。宋代苏泂《刘振之访别举似喜雨诗次韵》："尺泽霏微起寸阴，稍苏焦槁见青青。便疑菽粟中天降，绝喜阶除半夜听"，描写了种粟时久旱逢雨的喜悦心情。元代张养浩的套曲《南吕·一枝花·咏喜雨》："恨不得把野草翻腾做菽粟，澄河沙都变化做金珠"，是他在陕西救灾时所作。陆游《喜雨歌》"不雨珠，不雨玉，六月得雨真雨粟"，反映出农历六月气温高，需水特别迫切的事实。初唐郭震《米囊花》："花开空道胜于草，结实何曾济得民。却笑野田禾与黍，不闻弦管过青春"。字面意思是，米囊花（即罂粟花）虽然花大而艳丽，但不能食用，实在不如野田禾与黍。这首诗讽刺那些无益于民的官员，将那些默默无闻的能人志士比作"野田禾与黍"。

粟是古代人喜爱的一种粮食，这在众多诗歌中都有流露。杜甫在《赠卫八处士》中云："夜雨剪春韭，新炊间黄粱"。小米作为平常人家的待客主食，是那么亲切。《佐还山后寄三首》中写道"白露黄粱熟，……味岂同金菊，香宜配绿葵……"。王维《积雨辋川庄作》："积雨空林烟火迟，蒸藜炊黍饷东菑。"连雨时节，妇人煮好菜（藜）和饭食（黍），提携着送往东面田头，展现出浓郁的生活气息。白居易《村居卧病》："种黍三十亩，雨来苗渐大。种薤三十畦，秋来欲堪刈。望黍作冬酒，留薤为春菜。荒村百无物，待此养衰瘵（shuāi zhài）。"意思是："种了三十亩黍子，下雨以后幼苗慢慢地长高；种了三十小块薤白，到秋天就可以割了；希望黍子丰收，冬天里好酿酒，把薤白留下来腌制，第二年春天当菜吃；待在此荒村疗养痨病。"此外，还有北宋邵雍《秋怀三十六首》："黄黍秋正熟，黄鸡秋正肥。"陆游《娥江市》："薄饷炊畲粟，珍烹采涧芹"。刘禹锡《乐天少傅五月长斋广延缁徒谢绝文友坐成暌间因以戏之》："黍用青菰角，葵承玉露烹。"

黏性较大的秫米或黍米出酒率高，因而宋人多使用这种粮食造酒。在古代诗咏中，时时可见到粟黍与酒的联系。例如，陆游《剑南诗稿》卷五三《社酒》诗有云："种黍踏曲蘖，终岁勤收敛。社瓮虽草草，酒味亦醇酽。"白居易《九日登巴台》"黍香酒初熟，菊暖花未开"，是关于重阳节的著名诗句。杜甫《羌村三首》是乱世人民相亲相怜的写照，诗中写道："……赖知禾黍收，已觉糟床注。"秋收已毕，虽然新酒未曾酿出，却似乎可感到它从糟床汩汩流出。"苦辞酒味薄，黍地无人耕"，由斟酒谦称"酒味薄"，说到生产的破坏，道出了连年战争给人们造成的痛苦。

### （三）关于谷子的谚语

几千年来，我国劳动人民积累了丰富的种谷经验，并以农谚的形式世代相传，朗朗上口，生动质朴。例如，说明种谷的最佳农时，"适时谷，打满屋。""杏花黄，种谷忙""榆钱黄，种谷忙""榆钱钱落地，打耙谷地""谷子种在谷雨头，走走站站不发愁"（西安）。形容谷黍早熟特性的："立秋糜子二指高，到了秋收没半腰。""夏至高山不种黍，还有十天小糜黍。"谷子属抗旱作物，正所谓"旱谷涝豆"。尤其是播种至拔节期间喜干旱，"谷草旱个死，老来一包籽""谷茬不见火，害虫遍地走"。到了拔节期至抽穗期又需要较多的水分。"谷子生得乖，无水不怀胎""谷秀三场雨，遍地都是米”“三伏没雨，谷子没米；伏天有雨，谷子有米”。谷粒、黍粒较小，谷黍作物宜实行精耕细作。农谚“谷子不怕小，就怕坷垃咬”，上党谚语“边种谷，边踩谷，保住墒，出苗足。”谷子的收割期是每年的“白露”前后。农谚云：“秋分糜子割不得，寒露谷儿等不得”。从秋分到寒露的15 d里，是谷农最忙碌的时期，谷子成熟后要及时收割，以防霜露，防雷电、大风。“处暑一场霜，一石谷子九斗糠”（郧县）。“雷打秋，下季谷子对半收”（闽西客家谚语）。“伏里西北风，谷子颗颗空”。种谷和种麦具有不同的规律，农谚对此多有对比，例如，“麦种场，黍种汤”，意思是麦地宜坚，黍地宜柔；“麦种深，谷种浅，糜子只盖半拉脸”“谷旱小，麦旱老”“麦浇小，谷浇老”“伤镰麦，靠镰谷”“阳坡麦子背坡谷”“谷宜稀，麦宜稠，玉茭地里卧下牛”“麦收十年早，谷收十年晚”“割谷要稳，收麦要紧”“谷是泥里秀穗，麦是火里生金”。

### （四）民俗典故中的粟文化

小米在中国传统文化中不仅是食物，更是“圣物”，在社会生活、宗教祭仪、文化传承等各个层面中扮演着举足轻重的角色。

中国的年节与谷子具有密不可分的渊源。“年”字在甲骨文中是一种象形符号，上半部从“禾”，下半部从“人”，像是人背负成熟的谷穗的样子。由于谷禾一年一熟，所以“年”便被引申为岁名了。中国古代对土地和五谷神的祭祀，都来源于对谷子的原始崇拜。《白虎通义·社稷》说：“人非土不立，非谷不食。土地广博，不可遍敬也；五谷之多，不可一一祭也，故封土立社，示有土地；稷，五谷之长，故立稷而祭之也。”“稷”初为田官之长，诸农官之中居位最高，后来逐步演变成稷神，受到统治者和百姓的尊崇和祭祀。古代稷神与社神祭祀往往并提，及至“社稷”成为国家的象征。民间祭祀稷神的传统延续至今。传说正月初八是谷子的生日，也称为“顺星节”，当天的习俗是对写有谷物名称的牌位进行膜拜，忌食米饭，蕴涵着重视农业、珍惜粮食的思想。

粟文化在起屋、婚丧、庙会、春节等活动中处处有体现。古代婚嫁中有用粟的习惯。据唐代段成式《酉阳杂俎·礼异》记载：“近代婚礼，当迎妇，以粟三升填臼，席一枚以覆井，枲三斤以塞窗，箭三只置户上。……婚礼，纳采有合欢、嘉禾、……嘉禾，分福也。”这种婚礼习俗中，无论是代表丰收的粟，还是代表分福的嘉禾，都代表人们对新人的美好祈福。台湾布农族新媳妇入门时，不能马上吃夫家的小米饭，须经过一系列的仪式并在米仓里住上一个月之后，才能和夫家共同享用圣粟，从而正式成为家庭的一分子，表明小米具有确认家庭成员身份的功能（徐雅慧，2006）。黄河流域以种谷子为主的氏族公社，将谷子这种多子植物作为图腾物，妇女生孩子时在谷草（带谷穗）上生，是为“坐草”，孩子降生为“落草”。在黄河中下游地区，至今流传着生孩子后在产房“插谷草”的风俗。我国人民还有用谷物随葬的传统。西部一些地区在将死者抬到大门外时，须在地上铺垫与逝者岁数相同的若干根谷草，称“岁数草”。

## 二、粟文化在当代社会的价值

粟黍的栽培史，是一部丰厚的中华生态文明遗产。在大力建设生态文明、提高国家软实力的时代背景下，粟文化的生态价值和精神价值日益凸显出来。

### （一）粟文化的生态价值

糜子耐瘠耐旱的生物学特性，使其成为一种天生的生态友好型作物。谷子耗水量少，在谷类作物中的“蒸腾效率”最高。粟黍对土壤的适应性很强，杜甫在秦州二十首中就提到“瘦地翻宜粟”。谷田的施肥水平显著低于玉米、小麦等大宗农作物。适度扩大谷子、糜子种植，对于保障国家用水安全、弥补和克服现代石油农业的弊端、开辟生态农业发展的新道路具有重要意义。

周代种粟就已实行菑、新、畬，就是以3年为周期的轮荒耕作制度，目的是维持地力。春秋战国向连种制过渡期，便采用“养”的工夫来保护土壤，逐步发展起精耕细作的耕作模式。黍粒、谷粒较小，且多种在旱地，必须精细整地才有利于出苗并保住墒情。《庄子》指出，耕作的精细与否，直接影响产量的高低。“昔予为禾，耕而鲁莽之，则其实亦鲁莽而报予；芸而灭裂之，则其实亦灭裂而报予。予来年变齐，深其耕而熟耰之，其禾繁以滋，予终年厌飧”。《齐民要术》强调中耕管理要“锄早锄小”“深锄勤锄”。《种谷篇》中说：“苗生如马耳，则旋锄。谚曰：‘欲得谷，马耳旋’……锄得十遍，便得八米也”。农谚云：“谷子不发芽，砘碾脚来踏。”“谷拔寸，顶上粪。”“谷锄三遍，八米二糠。”“老汉锄糜糜，锄破地皮皮。”

谷子栽培必须合理轮作。“谷田必须岁易”的要求，有助于保持生物多样性。农谚云“谷后谷，望着哭”，“谷子重了茬，莠草大量发。”《吕氏春秋·任地》所说“今兹美禾，来兹美麦”，就是禾麦的轮作复种。当某些情况下必须连作时，农民采取换品种的办法进行补救。《马首农言》“不怕重茬谷，就怕谷重茬。”谷子异地换种，是农民总结出的一条简易的增产经验，其机制在于提高种性，增强抗病抗逆力。豆类作物是谷类作物的良好前作。农谚有云：“谷子黍子，三年换个主子。”“豆茬种谷，十种十得。豆后谷，粮满屋。”“黍苦种豆，亲如娘舅”。间作、混作，可以充分利用土地和空间，更可以利用“复合的作物生态系统”的群体缓冲性以保持产量的稳定性，减轻自然灾害损失。“粟地间种豆，不用问舅舅。”“谷子苗不够，小豆来补救。”“两耧配两行，玉米谷子双丰收。”洛阳南部丘陵区有玉米、谷子、高粱、豆类等种在一块地内，称“老婆田”，农谚云“种老婆田，吃得肚子圆”（《洛阳耕作栽培制度演变》）。

古代谷子、糜子种植注重用生态粪肥养土。《诗经》“荼蓼朽止，黍稷茂止”，说明人们开始利用锄掉的杂草来肥田养地。俗语说：“谷子孕穗要肥足，追担大粪换担谷。”“一个驴粪蛋，半碗小米饭。”“灰粪山药大粪菜，羊粪谷子人人爱。”《齐民要术》中介绍了种粟时肥田、免虫害的几种方法，包括蚕矢拌种、用兽骨汁或雪汁浸种等，仅绿肥轮作方式就多达 8 种。

从传统粟作经验中可以发现，其特点是遵循作物生长发育的阶段性，适应天时（气候变化）、地利（土壤、地形等），用地和养地结合，注重对自然的顺应和遵循，体现出一种朴素的生态文明观。谷子、糜子产业发展应坚持以绿色有机作为方向，使粟文化的精髓得到传承和弘扬。

### （二）粟文化的精神价值

一方水土养一方人。8 000 年前，生活在黄河流域的先民之所以选择粟黍作为首先栽培的农作物，是因为粟黍具有野生种分布广泛、抗旱耐瘠、生长期短等特性，且这些生物学特性与当时黄河流域的土壤、气候等自然条件相契合，满足了先民对食物营养的渴求。因此，粟黍作为我国农业的起源，是物竞天择与人工选择相结合的必然结果。粟由于其产量优势，很快就取代黍成为当家品种。谷子耐旱耐瘠等生物特性以及数千年漫长的粟文化，熔铸成了一种独特的民族精神，我们称其为“谷子精神”。“粟是对外界条件要求最少、生命力最强、繁殖系数最高、最耐储藏、营养成分也最为丰富的粮食作物”。由耐旱到耐苦耐劳，到忍受周围的一切严酷环境，谷子、糜子这种抗逆性生物基因，对于铸造中华民族的优秀品格——自强不息、厚德载物、乐观进取，具有直接的影响。按照我国台湾“小米穗原住民文化基金会”的解释，小米文化代表着落地生根、富于营养、高抵抗力、生命力强韧等特性，他们把小米作为高山族传统文化寻根、保护和传承的象征与媒介。另外，粟粒有层坚硬的外壳，可长久储藏，自古就有“九谷尽藏，以粟为主”“五谷之中，唯粟耐陈”之说。积谷防灾的长期实践，使我国人民形成了“有备无患”的自觉意识，而忧患意识“构成中华民族衰而复振的思想基础”。

可见，谷子、糜子作为中国古代的重要农作物，是中国传统农耕文化和民族精神的源头，作为缔造新中国的“红色作物”，它也是党与人民群众血肉联系的体现。加强对谷子精神的传承和弘扬，对于塑造国民健康的精神风貌，加强党风廉政建设，构建和谐社会，提高文化软实力具有深远意义。

## 三、基于粟文化传承的谷子糜子产业发展构想

综上，谷子、糜子作为中华民族的哺育作物、中国几千年的主栽作物，具有其他作物无可比拟的文化内涵。要振兴古老的谷子、糜子产业，应采取文化与科技双轮驱动策略，即从传统粟文化的挖掘与宣传入手，运用现代科技，促进谷子深加工和不断增值，培育和扩大消费需求，完善谷子产业链。这既是发展现代农业的需要，又是实现文化大繁荣大发展、提升中华民族软实力的需要。将源远流长的粟文化变为谷子产业发展的催化剂，应从以下几个途径进行：

## （一）将传统粟作遗产作为农业科研创新的宝贵资源

我国谷子农家品种资源是世界上最丰富的，仅北方地区就搜集整理了 27 000 多份材料，其中有不少品质优良甚至名贵的品种，比如十石准、压塌车、媳妇笑等高产类型；气死风、水里站、不死苗等抗逆类型；六十天还仓、耧里秀谷、六月鲜谷等特早熟适于救灾的品种；味道香美的十里香谷（安阳）、玉子青谷、米色洁白的馍馍谷、羊毛糯酒谷、乌黑金、干捞饭等优质专用类型等，还育成了号称“四大贡米”的沁州黄、桃花米、金乡小米、龙山米等优质名牌品种。对谷子农家品种进行系统搜集整理，保护珍稀特品种资源并利用现代分子生物技术开展育种攻关，将为谷子产业的技术创新奠定坚实的基础。

在几千年的粟作实践中，中华民族积累了许多宝贵的种植经验。汉代之前穗选法已见诸记载，南北朝时期出现了类似今日的“种子田”，清代则出现了“一穗传”技术。《吕氏春秋》《氾胜之书》《齐民要术》等古代农书对粟的种植有着详细科学的描述，其中许多认识领先于世界。譬如，北魏贾思勰对选用良种和良种繁育技术进行了全面系统的总结。他对苗秆和产量以及产量和品质之间的关联有着深入细致的观察与研究，许多描述与现代育种学、栽培学对于矮秆或半矮秆品种与高秆品种之比较观察几乎完全一致。应组织力量对农学典籍中的粟作栽培进行系统整理，鼓励农学与人文社会科学相结合的交叉研究，为谷子科研的开展提供有益的启示和可行方向。

## （二）开展文化营销，拉动谷子消费

目前，需求已成为制约谷子产业发展的瓶颈。张家口市农业科学院培育出来的张杂谷，最高产量已达 12 000 $kg/hm^2$，政府、科研院所、企业都在积极推广。然而，销售难的问题始终制约着张杂谷的推广。令人担忧的还不仅仅是小米本身受到冷落，而是整个传统文化面临的危机。改革开放以来，欧美强势文化的入侵打破了我国“五谷为养”的传统饮食结构，青少年热衷于“洋快餐”而对五谷杂粮日益冷淡，其深层次心理动机在于对西方文化的崇拜甚至盲从。借鉴韩国“身土不二”的宣传经验，应将粟文化提高到国家软实力的高度来重视，在中小学教材中增添有关粟文化的内容，通过广播电视等渠道加强对小米营养、保健知识的科普宣传，赋予小米以健康食品、民族文化等符号意义，着力培养年轻一代对小米的情感与偏好。在捍卫、拯救传统饮食文化的同时，也要与时俱进，开发时尚化、方便化、特色化的小米休闲食品，满足年轻人的情感诉求，谨防小米消费断层。

小米虽不算珍馐精贵，却居五谷之首，既可充饥，又可医疾，冬能暖身，夏能祛暑，曾深受广大人民喜爱。小米熬粥是古代平民百姓最易获得的、最廉价也是性价比最高的养生食品，有“代参汤”之美称。山东龙口民间有句民谚：“打一千骂一万，清明节吃干饭。”“干饭”就是小米熬的干饭。据说，再调皮的孩子清明这天闯了祸也免于责打，平日里再怎么争吵的夫妻在清明这天也要心平气和，全家人和和美美地吃上一顿香甜的小米干饭。河南商丘县北关公园抗日阵亡烈士纪念碑和陈官庄淮海战役烈士陵园，每逢清明节就有百姓捧着金黄色香喷喷的小米干饭上贡，说这小米就是在淮海战役中给战士们吃的功米。北方一些地区居民对小米的特殊偏好，为谷子、糜子产业发展提供了消费基础。餐饮企业可以仿效日本的粟饼屋，通过对餐具、环境氛围的打造，并利用传统技艺、食俗、节庆等文化资源，充分彰显粟文化特质，吸引那些对粟文化情有独钟的忠诚消费者。

北方许多地区饮食单调，餐餐不离小米。为了改善小米的适口性，劳动人民苦中作乐，创造并积累了多种多样的谷黍加工方式。即使最普通的米粥，也可以加入豆类、甘薯、南瓜、面食等，成为花样繁多的饮食，如钱钱饭、瓜糊饭、米旗、和子饭、米米拌糨饭、煮拍儿拍儿等。谷子风味小吃有煎饼、凉皮、摊黄儿、锅巴、茶汤、炒米、清真酥香糖等。粗粮细作的加工方式带来了健康营养和美味，也为功能食品的开发提供了丰厚的历史传统资源。可惜，大多数谷黍特色食品仅停留在产地农家餐桌上，不为广大消费者知晓，有的已经失传。例如，我国青海省喇家遗址发现了距今 4 000 年世界上最早的小米面条，而今天仍做不出筋道可口的粗粮面条。大力发掘传统饮食文化宝库，通过加工技艺的改良创新，推动小米主食化，是实现粟文化与谷子产业良性互动的必由之路。

我国文学作品、民间故事、轶文轶事、民风民俗等资源中蕴含着丰富的粟文化内涵，小米食品企业应进行广泛深入的挖掘，开展全方位、多角度的文化活动，最大限度地满足消费者文化的、审美的、心理的、娱乐的多种需求。沁州黄小米有限公司已连续举办几届文化节，通过历史故事情景剧表演、歌舞、书法、绘画等活动，举办“走进沁州黄”专场音乐会、“沁州黄”杯龙舟邀请赛等，成立沁州黄文化研究会，筹建沁州黄传媒公司，向文化产业进军。河北黄粱美梦米业有限公司成立伊始就高举“梦文化”和“粟文化”两面大旗，主推当地传统品种——黄粱梦古法碾子小米，“黄粱美梦”的故事成为其“金字招牌”。辽宁化石戈谷业有限责任公司将骆驼山小米作为朝廷贡米的传说印制到产品包装上，产品畅销北京、大连等地。这些都是文化营销的成功典范。

### （三）融入地域文化，强化地理标志保护

我国的谷子、糜子主产区大多也是粟文化底蕴深厚的地区，当地政府应从战略高度做好粟文化的宣传，通过原产地品牌保护、名优品种开发等途径，实现谷子产业与区域文化形象互动发展。我国早期四大名米原产地——山西沁县、山东金乡、章丘、河北蔚县，均位于黄河中下游地区，是中华文明起源地，流传着许多动人的传说故事；又由于地处偏僻，曾作为近代革命军队的根据地，是红色文化教育基地。这些地方近年来不约而同地将文化产业作为支柱产业，而粟文化作为农耕文化、民俗文化、红色文化的重要组成部分，也自然地融入区域文化形象的塑造之中。例如，“沁州黄”又称“吴阁老”，传说曾是皇后的救命米。纵横山西沁县西境的羊头山生产的“黑

黍”，在汉以后的历代，都是朝廷采用累黍法修制“度、量、衡”的标准器物。《汉书》中有清晰表述，“羊头山世糜谷，沁水所出”“羊头山黍以定黄钟”。目前，沁县提出建设“北方水城·中国沁州”战略，用文化产业提升小米之乡的知名度和美誉度。又如，“桃花米”的原产地河北蔚县，是我国五谷保留最全的地方，至今有1.33万 $hm^2$ 黍子、糜子种植。这里毗邻200万年前东方人类发祥地的泥河湾遗址，仰韶文化、龙山文化、西北河套文化在历史上不间断地出现，被称为“中华文明三岔口”。蔚县正努力打响“千年蔚州、蔚州古城”这一品牌，五谷文化成为区域品牌营销的亮点之一。河北武安不但把谷子产业作为三大农业支柱产业之一，而且力争把小米做成武安的金色名片。

地理标志是基于原产地的自然条件和世代劳动者的集体智慧而形成，是一项重要的知识产权。通过原产地域保护的农产品，既能严格保持其生物学特性、当地自然生态和历史人文因素，促进标准化生产、品牌化发展，又能让具备资格的企业共享这种品牌资源。原产地域文化属于一种公共产品，必须研究好使用策略，避免“公地的悲剧”。“沁州黄”小米是基于地理和人文因素的地方农产品，然而，沁州黄各大品牌生产企业盲目争夺商标权，甚至对簿公堂，导致两败俱伤。从经济学上分析，这是对品牌背后的文化价值的无序利用。目前，由于多头立法和多头管理等问题，地理标志保护产品的权威性受到损害，应尽快从立法和管理层面加以完善。

### （四）举办以粟文化为主题的会展节庆活动

目前，谷子生产上古老的木耧仍在使用，尤其黄土高原谷子产区使用较为普遍，可以作为农业文化遗产加以保护。被誉为“中国小米之乡”、粟文化发祥地的河北省武安市，于1994年建成磁山文化博物馆，后又于2011年改扩建。博物馆将炭化的核桃壳、灰化的粟米、修复的陶品、完整的石磨盘等承载着新石器时代文明的文物展现在人们眼前，并利用声光电等科技手段布置了新石器时代的人类生活场景，成为集观光旅游、考古研究、爱国主义教育于一体的文化游览区。河北蔚县利用“华夏第一仓”常平仓遗址，建起了全国第一家县级粮食文化博物馆。作为一种公益性设施，粟文化博物馆虽然不能直接创造经济效益，但作为一个有固定场所的存在，起到了保存、展示和传播粟文化的积极作用。

相对于静态的文化博物馆，农业节庆活动可以动态地、全方位地、集中地宣传造势，是弘扬和传播粟文化的有效手段。例如，优质的米脂小米曾因市场营销乏术，导致产量和价格上不去。2006年、2007年杨凌农高会上，米脂县科技局安排了“米脂婆姨推销米脂小米”的现场宣传活动，米脂小米一度脱销。这就是文化与市场相对接的范例。

### （五）秉承绿色农业理念，体现粟文化的生态价值

吸取粟文化中蕴含的生态和谐思想，坚持绿色化、有机化方向，保证小米品质，

是谷子、糜子产业发展必须坚持的方向。谷子相对于其他粮食作物来说，其独特性就在于健康营养，而有机小米含有的抗氧化物又比普通小米多40%，能够减少患癌症和心脏病的概率。直至20世纪80年代，日本谷子栽培基本上还是传统方法，采用沟播、手撒籽或用人力播种机播种，不使用除草剂。传统栽培、现代管理，加工成的小米罐头供不应求。针对我国当前有机食品的乱象，当务之急是降低认证费用，加强市场监管，使有机小米能够实现“优质优价”，从而提高小米食品的附加值，维护粟文化的纯洁性。目前绿色小米开发较好的是山西武乡县。该县谷子种植面积达7 000 hm$^2$，全部按绿色标准化操作规程作业，基地周边5 km以内无任何污染源与工矿企业。武乡县老家农业开发有限公司生产的有机小米，从武乡山区一路进入太原、石家庄、天津等地的大中型超市。武乡县决心以老家小米、小杂粮为主，扩建新建原生态石磨粉加工厂、千头黑猪养殖场、土鸡养殖加工厂、野菜系列食品厂，这样，对生产小米、小杂粮过程中剩余的谷草、米糠等渣料都可以充分利用，养殖产生的肥料又可以还田保耕，形成一种新型循环经济圈和生态农业。

### （六）发展创意农业，体现粟文化的精神价值

创意农业概念是20世纪90年代由发达国家最早提出。创意农业属于农业文化产业的一个部分，它不是以食用为目的，而是主要通过造型、色彩等观赏价值，提升农业附加值。体验经济时代，体验农业或农业旅游成为弥合农业文化遗产保护与经济发展之间裂隙的有效途径。对于谷子优势种植区来说，将部分农田开发为休闲体验农场，并将谷子间苗、除草、收获等田间劳动过程向城市居民开放，让他们体验“锄禾日当午，汗滴禾下土”的艰辛，既能减轻谷农田间劳动的负担，又满足了城市游客和中小学生亲近自然、拥抱土地的愿望，不失为一种传承粟文化、发展谷子产业的双赢之举。再如，五谷粮食画是起源于唐朝、盛行于清朝的非物质文化保护遗产。在山西和顺、陕西咸阳等地，在一些艺术家的培训和带动下，五谷画已成为农民发家致富的新兴产业。这种产业主要面向出口市场，承载着提高中华民族文化软实力的重要作用，政府应大力扶持，更好地提高其社会效益和经济效益。

# 第八章　中国谷子糜子产业政策与可持续发展战略选择

## 第一节　粮食产业政策演变及对谷子生产的影响

粮食政策是党中央和国务院在不同农业生产发展阶段，为实现粮食增产、稳产，维护国家粮食综合生产能力而制定的战略措施。粮食政策是一个极为复杂的系统，伴随时间的推移和我国粮食生产战略的调整，粮食政策也在不断调整。本节沿着国家粮食产业政策演变的脉络，将谷子生产放在国家粮食产业政策的背景下，通过对比分析粮食生产的变动来了解国家粮食产业政策对谷子生产的影响，同时对谷子产业政策进行现状分析。

### 一、粮食产业政策演变概述

纵观我国粮食产业政策演变的历程，大致经历了以下几个阶段：

（1）1949—1952 年自由交易时期。粮食生产政策实行土地政策和大规模兴修水利设施；粮食流通政策实行公粮征收，在全国范围内统一调配粮食；消费政策主要实行市场政策，即消费者及用粮单位按市场价格自主消费，政府采取经济手段，利用所掌握的粮源来维持市场消费价格的相对稳定。

（2）1953—1978 年统购统销时期。粮食生产政策主要是合作生产政策，即土地集中，统一种植；粮食流通政策主要运行计划收购与计划销售政策，即统购统销政策；粮食消费政策主要运行城乡有别的粮食消费政策，即在城市实行凭粮票计划供应政策，在农村实行自我供给的消费政策。

（3）1979—1997 年购销“双轨制”时期。粮食生产政策主要采取投入引导政策、体制支持政策与耕地产权支持政策。粮食流通政策先后经历过统购派购政策、合同定购与议购政策、市场流通政策；粮食消费政策，在口粮消费上，1993 年年底之前城市居民继续实行凭票计划供应政策，1994 年之后运行以政府补贴为手段从市场直接购买的政策，在农村继续实行农民自我供给政策，在饲料与工业消费上采取从市场上直接购买的政策。

（4）1998—2003 年市场改革期间。粮食生产政策主要采取逐步取消强制性粮食生产计划和定购任务，实行宏观指导政策，率先在云南、贵州等6个省份采取现金补贴的形式对粮食生产者进行直接补贴；粮食流通政策采取开放粮食购销价格；粮食消费政策主要采取口粮消费，饲料与工业用粮基本上运行完全市场政策。

（5）2004年以后，全面市场化期间。粮食生产政策主要采取减免农业税和取消除烟叶以外的农业特产税，对种粮农民实行直接补贴，实行良种和购置农机补贴，补贴作物涉及小麦、玉米、棉花、大豆等；流通政策主要包含市场发展、流通企业发展、价格稳定、风险规避、财政与税收优惠、出口优惠、运费补贴和减免税收等政策；粮食消费政策主要体现在为促进粮食转化增值，积极发展农区畜牧业，通过发展养殖业带动粮食增值；支持粮食主产区建立和改造一批大型农产品加工、种子营销、农业科技企业等。

## 二、粮食产业政策对谷子糜子生产的影响

根据全国粮食总产量变化趋势及小麦、玉米、稻谷、谷子、糜子产量变化（图8-1至图8-4），结合国家粮食产业政策的阶段性变化，分析粮食产业政策对谷子生产的影响。

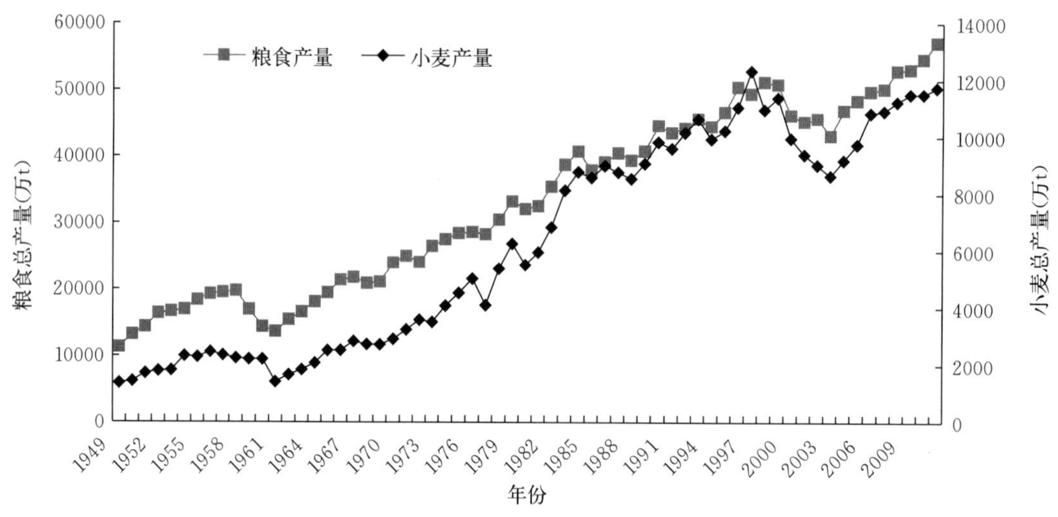


图8-1 粮食总产量与小麦总产量的变化趋势

1949—1958年，9年间中国粮食生产处于总产量增长阶段，在这一时期，国家实行土地制度改革，社会主义改造，政府重视粮食生产，持续稳定的增加中央财政对农业的投入，使这一时期粮食产量明显增加。粮食总产量由1949年的11 318万t增加到1958年的19 765万t，年均增速为6.39%，其中小麦增速为5.62%，玉米增速为7.16%，稻谷增速为5.81%，谷子增速为0.45%。

1961—1967年，经过3年困难时期之后，政府和人民高度重视粮食生产，实行“三级所有，队为基础”的新的生产组织形式，使这一时期的粮食生产得到长足发展，

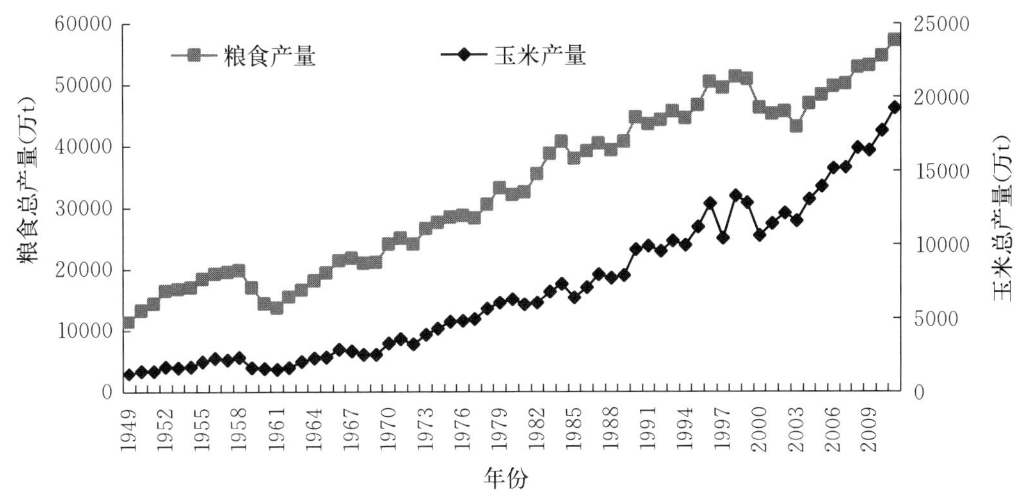


图 8-2　粮食总产量与玉米总产量的变化趋势

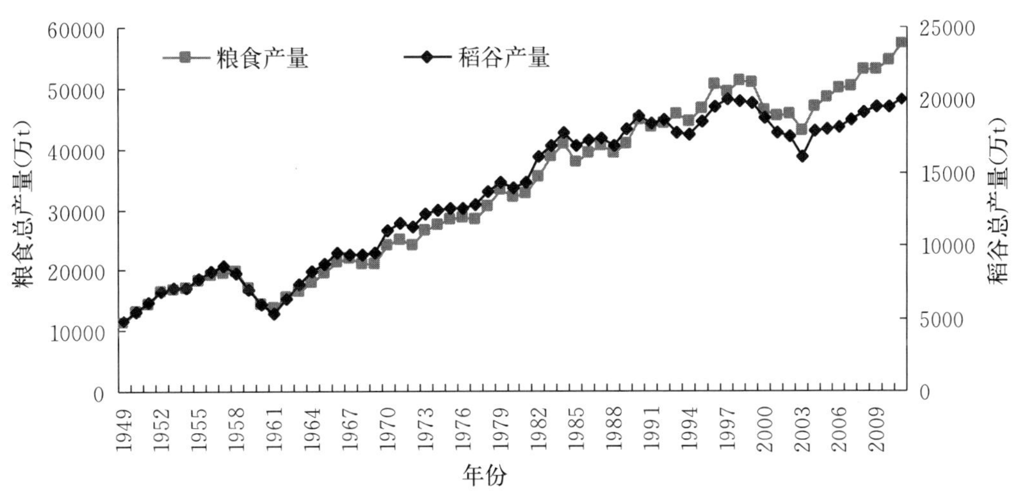


图 8-3　粮食总产量与稻谷总产量的变化趋势

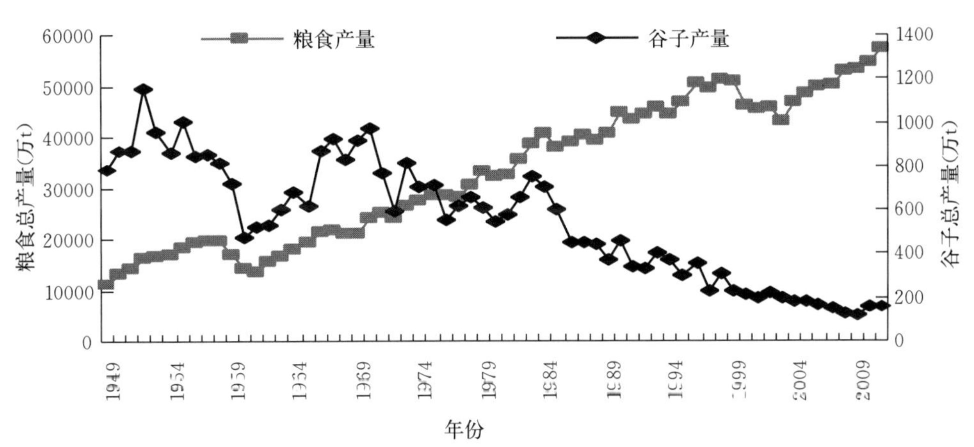


图 8-4　粮食总产量与谷子总产量的变化趋势

6年中国家粮食总产量增长迅速，由1961年的13 650万t增加到1967年的21 782万t，年均增速为8.10%，其中小麦增速为12.23%，玉米为9.98%，稻谷增速为9.74%，谷子增速达到9.93%。

1968—1977年，随着政治上极“左”路线的推行，产权极度模糊，农村市场几近全部关闭，产业结构简单趋同，农业微观经济行为主体（农户）对农业生产缺乏自觉推动力，农业的缓慢增长，由此导致粮食生产的低速增长。全国粮食总产量由1968年的20 905.5万t增长到1977年的28 272.5万t，年均增速为3.06%，其中小麦增速为4.11%，玉米增速为7.03%，稻谷增速为3.12%，谷子增速为－3.02%。

1978—1984年，我国推行了家庭联产承包责任制的改革，全国农村基本上实行了以家庭承包经营为基础，统分结合的双层经营体制，农户作为从事粮食生产经营活动的主体，大大刺激了其种粮的积极性，粮食生产能力得到了充分释放。同时政府放松市场管制，提高粮食的收购价格，全国6种粮食（小麦、籼稻和粳稻、谷子、高粱、玉米、大豆）统购价格，平均每50 kg由10.64元提高到12.86元，实际提价幅度达到了20.86%。这更加调动了广大农民生产粮食的积极性，粮食生产水平持续提高。全国粮食总产量由1978年的30 476.5万t增加到1984年的40 730.5万t，年均增速达到4.95%。其中小麦增速为8.50%，玉米增速为4.63%，稻谷增速为4.49%，谷子增速为1.15%。

1985—1998年，1985年开始取消粮食统购，改为合同定购；合同定购的品种是小麦、稻谷、玉米和辽宁、吉林、黑龙江、内蒙古、安徽、河南的大豆。谷子等定购以外的粮食自由购销。此后，国家数次调整和完善粮食合同定购制度，逐步缩小计划调节范围，扩大市场调节范围。1994年，农村实行的税费改革结束了农民种地缴税的历史，这在一定程度上降低了农民的种粮成本，提高了农民的积极性。同时大幅度提高粮食定购价格，其中小麦、稻谷、玉米、大豆4种粮食定购价格平均提高44%。1996年，粮食定购价格再次提高约40%。1997年，在粮食丰收情况下，在全国范围内对小麦、稻谷和玉米三大主要粮食品种实行按保护价敞开收购，一系列的政策调整极大地调动了农民的种粮积极性，连续5年实现了粮食规模的增加，全国粮食总产量达到51 229.3万t，1998年创历史最高水平。其中，粮食总产量年均增速为2.34%，其中小麦增速为1.91%，玉米增速为5.81%，稻谷增速为1.27%，但谷子种植面积下降速度平均达到6.37%，总产量下降速度平均达到4.90%。

1999—2003年，针对我国粮食已由长期短缺变成总量大体平衡、丰年有余，粮食生产结构性矛盾日益突出，优质品种相对不足，一些粮食品种销售不畅，库存大量积压，财政补贴负担过重的状况，国家实时调整定购农产品的保护收购价格和保护价收购范围，再加上全国宏观经济紧缩，城市购买能力下降，致使农产品出现了全面销售困难，粮食价格持续下降，造成种粮比较效益下降，农民收入降低，挫伤了农民种粮的积极性。全国粮食连续 5 年滑坡，2003 年跌到了“八五”期间的最低谷，总产量为 43 069.4 万 t，同 1999 年总产量相比年均递减速度为 4.06%，小麦总产量下降速度为 6.65%，玉米总产量下降速度为 2.48%，稻谷总产量下降速度为 5.15%，谷子下降速度为 4.33%。

2004 年以后，针对上一阶段粮食生产的大滑坡，2004 年中央 1 号文件中明确“三农”问题是全党全国工作的重中之重，提出了“多予、少取、放活”的农村工作指导方针，全面取消农业税和农业特产税，建立了农业补贴制度，对农民实行粮食直接补贴、良种补贴、农机具购置补贴和农业生产资料综合补贴，同时全面放开粮食购销市场和价格，实施粮食最低收购价和临时收储政策。这一系列政策的实施，调动了农民种粮的积极性，增加了种粮农民的收入。2011 年全国粮食总产量达到 57 120.9 万 t，比 2004 年增加 21.7%，年均增速为 2.84%，其中小麦总产量增速为 3.55%，玉米总产量增速为 5.76%，稻谷增速为 1.66%，谷子总产量下降速度为 2.05%。全国粮食播种面积由 2004 年的 1 524.1 万 $hm^2$ 增加到 2011 年的 1 658.6 万 $hm^2$，增速为 1.22%，其中小麦播种面积增速为 1.66%，玉米播种面积增速为 4.03%，稻谷播种面积增速为 0.82%，谷子播种面积下降速度为 2.9%，同上期相比，谷子的总产量和播种面积下降速度有所减缓。特别是 2010 年以来，谷子总产量有回升的趋势，由 2009 年的 122.5 万 t 增加到 2011 年的 156.7 万 t，增加了 27.9%。

通过粮食产业政策历史沿革的梳理及对粮食生产的影响不难发现，粮食的起伏和增产无不与国家的粮食政策息息相关。谷子生产也不例外，同样受到了国家粮食产业政策不同程度的影响，如中华人民共和国成立初期的粮食产业政策和农村推行的家庭联产承包责任制、土地承包政策、减免农业税、直接给予农民生产补贴等都对谷子生产起到了积极的促进作用。但从粮食政策演变的长河中也不难发现，从 1985 年取消粮食统购，改为合同定购后，谷子等杂粮作物完全成了市场作物，自由购销，游离在国家对大宗粮食产品的保护政策之外，尤其是流通领域和消费领域政策的缺失，影响了谷子的生产，产量由此下降直到 2008 年以后才有所回升。主要是从 2008 年起，谷子等杂粮产品逐渐受到大家的青睐，并且国家从科技、粮食直补等方面给予支持。虽然良种补贴没有列入国家的良种补贴范围，但谷子主产省对谷子良种实行补贴，也对谷子的生产起到一定的刺激作用，所以粮食产业政策对谷子生产的作用不可忽视。

## 三、谷子糜子产业政策现状

通过近几年的实地调研，总体看谷子、糜子生产方面的政策主要存在 3 种形式。其一，政府补贴政策。这种政策主要是区域性的补贴，缺乏国家层面的补贴政策并且政策无连续性。例如河北省 2011 年对张杂谷实行良种补贴，2012 年取消了张杂谷良种补贴。作为杂粮大省，山西省对杂粮种植出台了新的政策，谷子享受粮食直补政策

1 200 元/$hm^2$。其二，以项目形式的补贴。这种政策涉及面积比较小，如各级农业成果转化资金、农开办、农业推广等项目。其三，合作社及农业龙头企业对订单生产的农户给予种子、农资、农机等方面的补贴。

流通与消费方面没有专门针对谷子、糜子产业发展的政策，收购和储备政策缺乏。国家对谷子、糜子没有最低限价和保护价收购，加上谷子、糜子加工附加值小，停留在原粮消费层面，导致谷子、糜子价格起伏不稳，当谷子、糜子种植面积扩大，供大于需时，谷子、糜子价格下降明显，打击农户种植的积极性；当谷子、糜子价格上涨时，农户跟风种植现象严重。

## 第二节　谷子糜子产业战略选择

SWOT 分析是一种企业内部分析方法，通过对优势、劣势、机会和威胁的综合评估与分析得出结论，再调整企业资源及企业策略，来实现企业的目标。目前，该方法广泛应用于战略研究与竞争分析，成为战略管理和竞争情报的重要分析工具。所以本节借助现代管理学上的 SWOT 战略分析法，对我国谷子、糜子产业发展的内在优势、劣势，外在机遇和挑战进行系统分析，并根据谷子、糜子产业发展的具体情况提出其健康发展的战略选择。

### 一、谷子糜子产业发展的 SWOT 分析

#### （一）优势分析

**1. 营养均衡，粮饲兼用**

小米营养成分齐全丰富，富含人体所需要的蛋白质、维生素和各种氨基酸以及锌、硒、铜等微量元素，锗、铬等元素含量适宜，能够满足人类生理代谢较多方面的需要。小米中人体必需氨基酸指数分别比稻米、小麦、玉米高 41%、65%和 51.5%；小米中的维生素 $B_1$、维生素 $B_2$ 等含量均超过水稻、小麦和玉米；小米中的矿物质含量如铁、硒、铜、镁均超过稻米、小麦和玉米（表 8-1）。国家谷子糜子产业技术体系经济岗位通过对谷子、玉米、小麦和水稻的营养均衡性研究初步结果表明，谷子的营养均衡性最高，其次为玉米、小麦，稻谷的营养均衡性最低。由于谷子含有较多的微量元素及功能成分，具有医疗保健作用，可以治疗胃气弱、食不消化、消热等，还具有滋阴养血的功能，可以使产妇虚寒的体质得到调养，帮助她们恢复体力。谷糠中提炼的谷糠油，可以添加到软膏中治疗皮肤病。虽然小米已经不是主粮作物，但是在生活中也是主食的补充，现在好多地区推出小米特色食品，如小米方便粥、小米蛋糕等，备受消费者的青睐。谷子除收获籽粒外，还能收获数量较多、质量较高的谷草和谷糠，粮、草比为 1∶1～1∶3。谷子秸秆和谷糠是优质饲草，营养价值高于一般禾本科牧草。谷草质地柔软、容易消化，是大牲畜的良好饲草，十分有利于畜牧业的发

展。此外，谷糠还可用于饲养家禽。据中国农业科学院畜牧研究所分析，谷草含粗蛋白质3.16%、粗脂肪1.35%、无氮浸出物44.3%、钙0.32%、磷0.14%，其饲料价值接近豆科牧草。由于我国人多地少，发展畜牧业缺乏足够的天然草场，又不能毁粮种草，谷子无疑是粮草兼用的最佳作物。在人均耕地逐年减少的形势下，发展谷子可在不减少粮食产量的前提下，生产大量饲草，缓解粮草争地的矛盾。

**表8-1　各种作物主要营养成分含量比较**

| 品种名称 | 谷子 | 玉米 | 小麦 | 水稻 |
|---|---|---|---|---|
| 脂肪（%） | 4.223 0 | 3.430 0 | 2.462 5 | 3.432 5 |
| 蛋白质（%） | 9.577 1 | 7.725 0 | 13.047 5 | 10.052 5 |
| 粗纤维含量（%） | 2.145 3 | 2.320 0 | 3.182 5 | 1.170 0 |
| 碳水化合物（%） | 75.899 1 | 84.192 5 | 77.432 5 | 79.496 7 |
| Cu（mg/kg） | 6.032 | 0 | 0 | 0 |
| Fe（mg/kg） | 36.367 | 1.869 | 2.021 | 1.426 |
| K（mg/kg） | 1838.345 | 2.682 | 6.392 | 3.946 |
| Mg（mg/kg） | 1129.267 | 39.348 | 80.614 | 26.721 |
| Se（mg/kg） | 0.709 | 0.189 | 0.163 | 0.114 |
| 维生素 $B_1$（mg/kg） | 3.210 | 2.760 | 2.990 | 1.697 |
| 维生素 $B_2$（mg/kg） | 0.874 | 0.467 | 0.305 | 0.398 |
| 维生素 E（mg/kg） | 59.720 | 4.620 | 12.940 | 10.110 |

注：国家谷子糜子产业技术体系经济岗位测定结果。

**2. 抗旱耐瘠**

全球气候变暖，水资源匮乏，旱灾频繁发生，直接威胁粮食安全。从图8-5可以看到我国旱灾情况比较严重，历年占受灾面积的比例在28.4%～74.1%，成灾率在31%～66.1%。从近几年看，旱灾发生频率明显加快、范围逐年扩大、持续时间长、成灾率高等特点，对农作物的生产产生了不利影响。

在水资源不断减少和干旱的情况下，谷子越来越能体现出它的价值和重要性。谷子抗旱耐瘠，被称为“旱地农业的绿洲”。其种子萌发需水仅为自身重量的26%，而高粱、小麦和玉米分别为40%、45%和48%。谷子根系发达，所以在干旱地区当土壤湿度下降到不能满足其他作物发芽要求时，谷子仍能正常发芽。资料显示，谷子具有较低的蒸腾系数和较高的蒸腾效率，其蒸腾系数为240，而玉米和小麦分别为369和510。谷子具有较好的耐瘠薄性，在含氮0.04%～0.07%、有机磷8 mg/kg、有机质0.04%的贫瘠土地上，仍能获得较高的产量。所以说，谷子是旱地农业理想的种植作物。

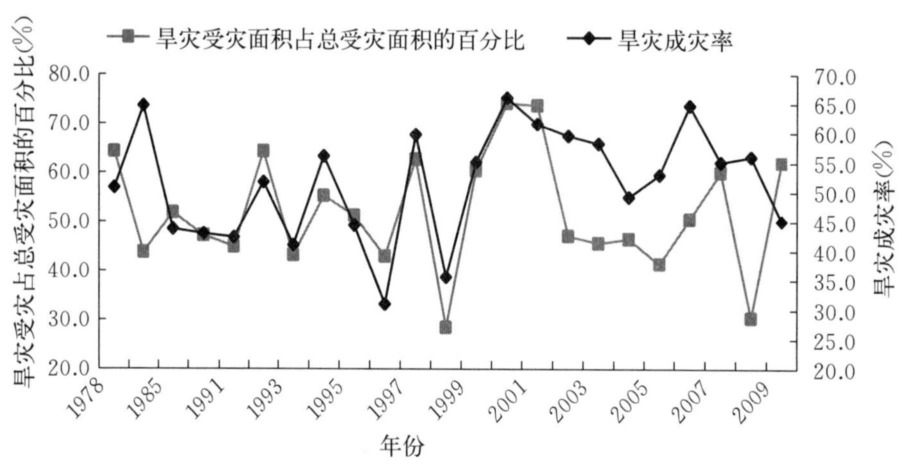


图 8－5 全国旱灾变化情况

**3. 价格和比较效益高**

农产品价格与效益的高低直接影响着农民增收与种植该作物的意愿，谷子也不例外。从图 8－6 可以看出，谷子的价格在比较期内除低于大豆价格外，总体高于小麦、玉米和稻谷的价格。尤其近几年，随着谷子营养价值被广泛认可以及旱情加重，谷子的利用价值得到重新定位和重视，在大宗粮食价格持续低迷的情况下，谷子价格一路走高。2000 年谷子每 50 kg 的价格为 57.54 元，分别比小麦、玉米、粳稻的价格高 8.5 元、13.52 元和－3.59 元，2009 年谷子每 50 kg 的价格为 165.65 元，分别比小麦、玉米、粳稻高 66.61 元、81.13 元和 59.19 元。由于价格的提升，使谷子的经济效益也逐步提高，其单位面积纯收益和产投比由 2004 年在同比产品中的最低变为 2009 年的最高（表 8－2）。所以说，谷子价格高，农民可以获得较高的收入，农民种植意愿也会增强。

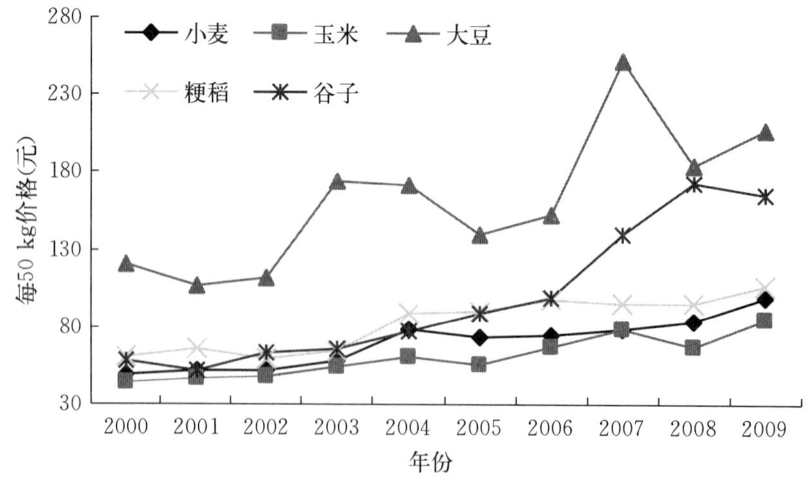


图 8－6 河北省谷子与主粮粮食作物价格比较

表 8-2　河北省谷子与主要作物经济效益比较

| 品种 | 项　　目 | 2004 年 | 2005 年 | 2006 年 | 2007 年 | 2008 年 | 2009 年 |
|---|---|---|---|---|---|---|---|
| 小麦 | 纯收益（元/kg） | 3 008.85 | 2 016.00 | 1 326.15 | 1 941.30 | 2 376.45 | 3 266.25 |
| | 产投比 | 1.49 | 1.31 | 1.18 | 1.25 | 1.29 | 1.36 |
| 玉米 | 纯收益（元/kg） | 2 872.50 | 2 075.40 | 3 183.45 | 4 300.95 | 2 376.75 | 4 261.50 |
| | 产投比 | 1.58 | 1.39 | 1.57 | 1.71 | 1.34 | 1.59 |
| 稻米 | 纯收益（元/kg） | 7 493.70 | 6 127.35 | 7 571.55 | 4 880.55 | 3 045.30 | 3 228.15 |
| | 产投比 | 1.82 | 1.61 | 1.74 | 1.39 | 1.21 | 1.19 |
| 大豆 | 纯收益（元/kg） | 4 332.90 | 3 116.25 | 3 282.60 | 7 347.75 | 2 922.30 | 4 156.35 |
| | 产投比 | 2.13 | 1.74 | 1.84 | 2.52 | 1.51 | 1.70 |
| 谷子 | 纯收益（元/kg） | 1 502.10 | 2 163.75 | 2 466.30 | 1 704.75 | 5 017.95 | 6 504.75 |
| | 产投比 | 1.39 | 1.55 | 1.63 | 1.36 | 1.98 | 1.96 |

## （二）劣势分析

### 1. 生产劣势

（1）单产水平较低。谷子单产较低，已成为谷子产业发展的一大制约因素。数据表明，20 世纪 70 年代以前，谷子的单产水平与小麦、玉米的单产水平差异不大。70 年代以后，谷子单产水平远远落后于小麦、玉米的单产水平。从图 8-7 看，全国的小麦、玉米单产增长趋势随着时间的变化远远超过谷子单产的增长趋势，其中小麦单产以年均 3.34％的速度增长，玉米单产以年均 2.89％的速度增长，谷子单产以年均 1.37％的速度增长。1949—1970 年，小麦单产基本上低于谷子单产，玉米单产略高

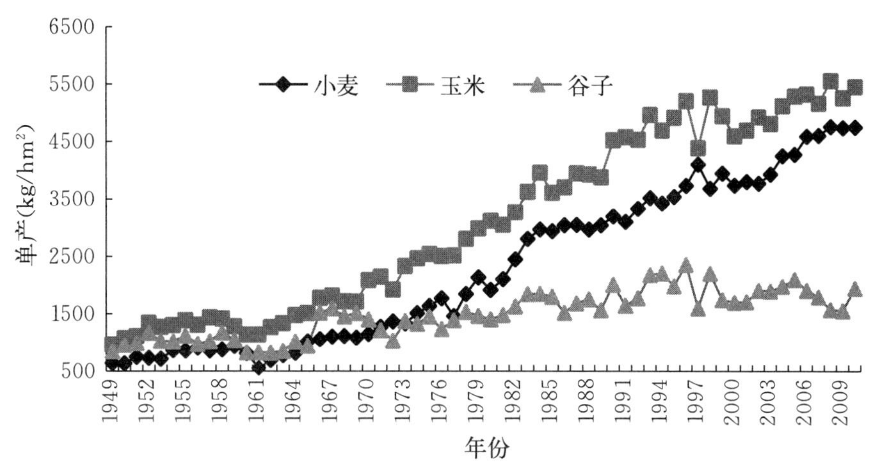


图 8-7　1949—2010 年谷子、小麦、玉米单产比较

于谷子单产；1970—2010 年，小麦、玉米单产则远超过谷子单产，小麦、玉米的单产年均增速分别达到 3.62%和 2.43%，谷子只有 0.81%；1970 年小麦、玉米的单产是谷子单产的 0.81 倍和 1.48 倍，2010 年则分别达到 2.44 倍和 2.80 倍。

（2）生产方式落后。现代农业发展要求用现代物质条件装备农业，农业水利化、机械化和信息化水平程度不断加强，土地产出率、资源利用率和农业生产率不断提高。目前看，谷子的生产仍然沿袭传统的耕作栽培方式，谷子的栽培没有大的创新与进步。多数农户还是采用原始的人力、畜力、木耧、石砘等耕作，人工间苗、除草、播种、收获等配套农机落后，劳动强度大，生产效率低，没有摆脱“锄禾日当午，汗滴禾下土”的劳动，谷子的生产方式与现代农业的距离越来越远，现代物质投入远落后于小麦、玉米等主要农作物。

以河北省谷子生产为例。由图 8－8 可以看出，河北省谷子化肥施用量远低于小麦和玉米，虽然 2009 年谷子单位面积施肥量有所增加，但只是小麦施肥量的 47.5%、玉米的 72.4%。由图 8－9 看，谷子、小麦、玉米、大豆的单位面积机械作业费呈逐年增长趋势，尤其是近几年谷子的机械作业费增长较快，但从总体看，谷子的作业费仍低于小麦和玉米的作业费。2009 年谷子的机械作业费只是小麦的 32.5%、玉米的 56.1%、大豆的 93.0%。目前看，小麦、玉米生产从耕地、播种、收获整个过程基本上实现了机械化，而谷子种植过程中只有少量的播种和收获机械，机械化程度较低，费工费时。由图 8－10 看出，谷子单位面积的排灌费除 2009 年有所增加，高于玉米和大豆外，其他同比年份都低于小麦、玉米和大豆。化肥投入少、机械化、水利化程度低，严重影响了谷子生产效率的提高，单位面积产出明显低于小麦、玉米，2009 年只是小麦单产的 62.5%、玉米的 58.6%（图 8－11）。随着机械化水平的提高，谷子、小麦、玉米和大豆单位面积用工量都呈下降趋势，但谷子的用工量总体高于小麦、玉米和大豆的用工量（图 8－12）。单位面积产出低，用工量高，致使劳动生产率明显低于小麦和玉米的劳动生产率，2009 年谷子的劳动生产率是小麦的 44.15%、玉米的 48.57%（图 8－13）。

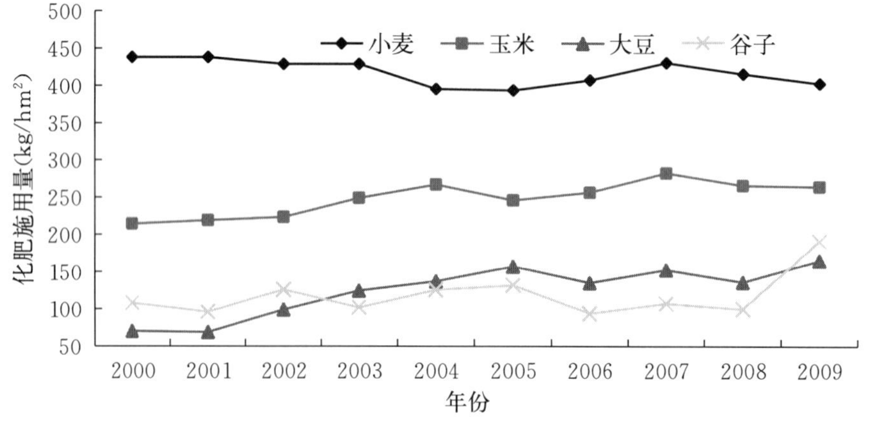


图 8－8　2000—2009 年河北省谷子与主要粮食作物施肥量比较

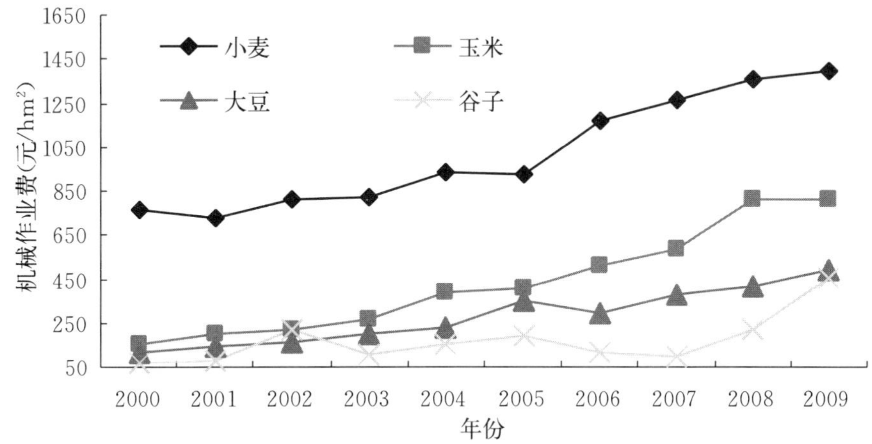


图 8－9　2000—2009 年河北省谷子与主要粮食作物机械作业费比较

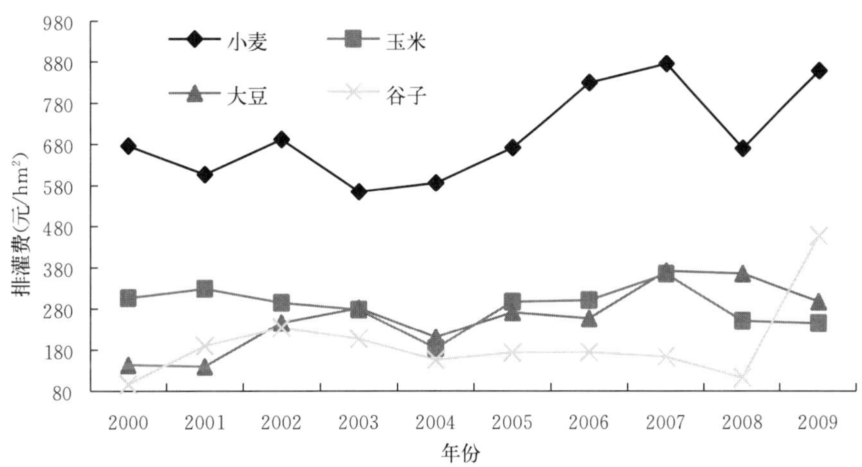


图 8－10　2000—2009 年河北省谷子与主要粮食作物排灌费比较

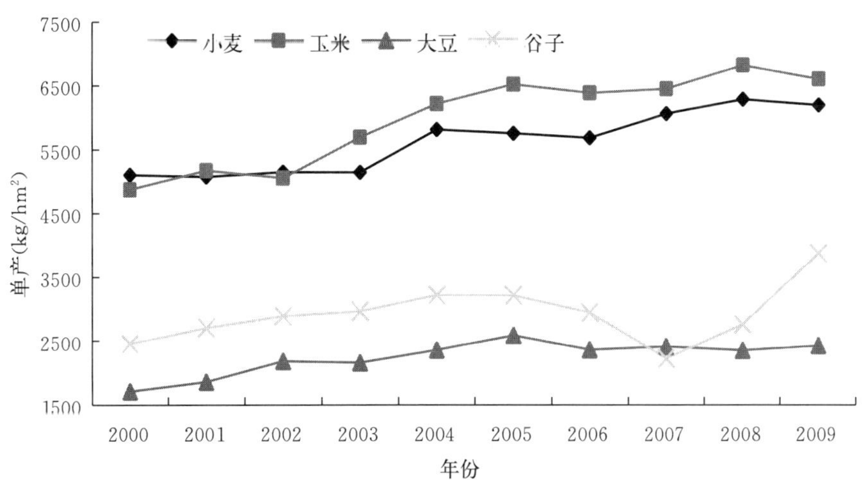


图 8－11　2000—2009 年河北省谷子与主要粮食作物单产比较

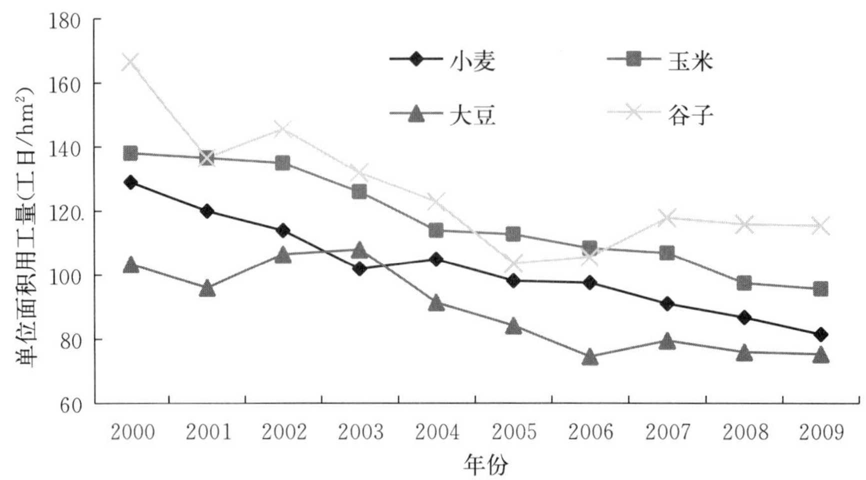


图 8-12　2000—2009 年河北省谷子与主要作物用工量比较

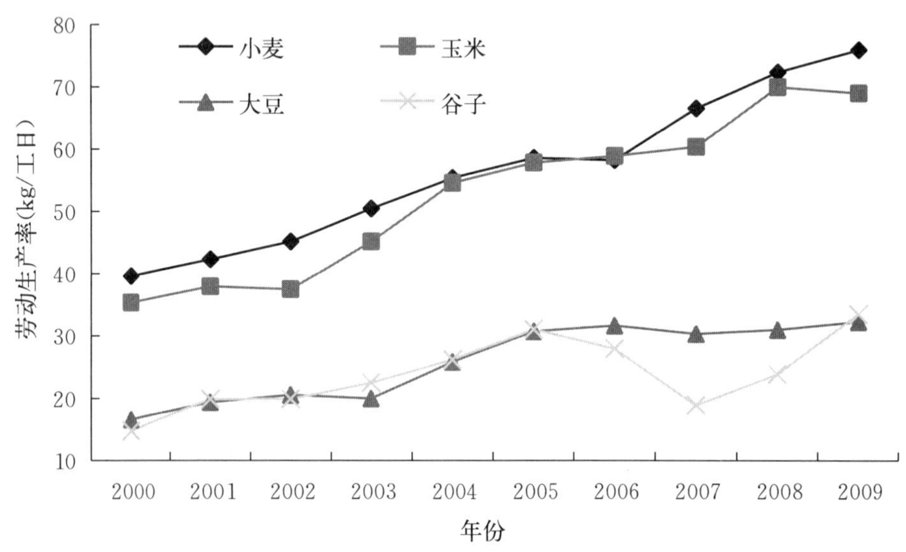


图 8-13　2000—2009 河北省谷子与主要粮食作物劳动生产率比较

（3）种植分散，产业组织化程度低。谷子因为具有耐旱耐瘠的特性，适应性比较广，抗逆性强，因此，在人们的传统观念中，谷子都是种植在比较贫瘠的干旱丘陵山区，不少农民也将谷子当作低产作物，种植积极性差，造成很多地区的谷子都是散片散点零星种植。这种小户零散的种植模式使得谷子生产不能形成规模，生产管理跟不上，产量水平低，品质也难以保证，同时也不利于谷子生产机械的推广使用，更不能为谷子深加工提供充足的原料保证，限制了谷子加工业的发展。由于零散种植，谷子生产基地、合作社、龙头企业相对较少，产业组织化程度较低，造成农民与合作社、涉农企业对接困难。

（4）病虫草鸟害严重，部分次要病虫危害加剧。在我国，谷子的病虫草害发生比较频繁，是困扰我国谷子生产的重要影响因素，每年都因此造成严重的产量损失。研究表明，危害我国谷子的主要病虫害有百余种，主要害虫有钻心虫、蝼蛄、黏虫、红蜘蛛、粟芒蝇、玉米螟等；生产上常发病害有白发病、黑穗病、红叶病、谷瘟病、线虫病等；草害主要是谷莠子，鸟害主要是麻雀。

另外，随着耕作制度的改变，秸秆还田技术及免耕技术的推广，谷子有害生物群结构和数量也随之发生了相应变化，主要表现在新的病虫草害不断发生，一些以前已经得到控制的病虫又重新猖獗，部分次要病虫危害加剧。

**2. 加工劣势**

（1）深加工产品少。目前谷子消费以原粮消费为主，加工种类还是很少，商品品种比较单一。国家谷子糜子产业技术研发中心调查的58个谷子加工企业中，生产小米的企业占100%，其中有个别企业除生产小米外，还经营一些小米米粉、小米煎饼、小米乳，但尚未形成市场销售规模。

（2）产后加工机械匮乏。相关调查显示，谷子、糜子产后加工机械仍以小米原粮包装和秸秆利用为主，缺乏成套的小米加工机械设备，秸秆饮料加工机械和米糠利用方面的配套设备。价格低、性能好的清选机械、精细碾米机械、小米抛光和色选机械、小米保鲜技术设备、小米糠综合利用设备等都是谷子、糜子行业所需要的。目前小米加工技术设施，多是从大米的加工设施改造后形成的，针对谷子、糜子本身特点研制的加工设施极少。

另外，谷子、糜子加工设施出米率低，比石碾米低10%左右；并且在加工过程中受高温高压的影响，米胚和谷糠中的油脂被部分挤出，与细糠成团，极易堵塞通道，严重影响生产，疏通的过程使得生产中经常停机，造成资源的浪费和生产成本的增加。

（3）龙头企业数量少。近几年来，随着人们消费观念的改变，杂粮市场有了较迅速的发展，再加上国家对农产品加工企业一系列的优惠政策，一批龙头企业应运而生，并且在一定程度上有了较高的知名度，比如山西的沁州黄小米（集团）有限公司、山西省檀山皇小米开发有限责任公司、山西汾州香米业有限公司等，这些企业有的发展成了省级龙头企业，有的是国家扶贫龙头企业，其中“沁州”注册商标也屡获“山西省著名商标”，杂粮类“中国驰名商标”等；这些企业通过“企业＋基地＋农户”“企业＋基地＋农户＋科研”“企业＋农户”等组织方式，在其周边区域形成了具有明显优势的谷子集中产区，实现了从田间到餐桌的绿色食品生产，拉动了当地的谷子生产，提高了当地农户谷子的种植效益。但从全国总的情况来看，龙头企业的数量少之又少，加工手段落后，谷子加工产品没有形成规模和档次，缺少真正能够带动谷子产业发展的大企业。

（4）缺少成品转化平台。据调查，谷子产品近年来逐渐增多，特别是“十一五”以来，国家对谷子产业扶持力度加大，科研单位研制了不少新的产品，例如，河北省农林科学院谷子研究所研制的小米速溶强化粉、小米酒、小米冰激凌，山西省农业科学院研制的速食小米、小米固体八宝粥、小米饮料、小米速溶粉、小米蛋糕、小米酥饼等，这些产品符合我国居民对方便快捷、健康饮食的需求，但其中的大部分产品缺少成品转化平台。由于对科研成果缺乏技术、经济、市场等多方面的客观评价，科研单位与小米加工企业不能实现有效对接，造成有的产品“望企兴叹”，束之高阁，开发的产品还没有大规模摆到人们的餐桌上来。

**3. 流通劣势**

（1）流通渠道不畅。目前，我国农产品的大宗物流一般经过这样几个主要环节：生产者—产地市场—运销批发商—销地市场—零售商—消费者，谷子产品也不例外。但在谷子产品流通环节中，由于生产方（农户）多是分散经营，一家一户规模小，组织化程度低，在交易谈判中无法获得优势，处于被动局面。由于流通法律体系不健全，运销秩序不规范，流通体制管理中各部门协调不力，交易方式落后，针对谷子产品流通的统计指标体系和信息采集、传播、共享机制不健全，交易信息不能及时传递，造成流通企业不能通过有效供应引导市场，往往只是市场需要什么就收购什么，很少与生产者签订长期供应合同，即使签约也会因市场变化而违约。

（2）流通主体组织化程度不高。

① 缺乏销售网络和组织。农民自己的销售组织较少，甚至在一些相对发达的专业生产区域内也尚未发育形成农民自己的经销队伍和网络，而是依靠外在力量从事经销。这些经销商虽然大都是由农民分化形成的，但他们往往不再具有农民的身份和角色，而是专业化的商人。他们与农民是纯粹的交易关系，不代表农民的利益；相反，他们常侵蚀农民的应得利益。在市场行情不好时，他们压低收购价格，最大限度地将风险转嫁给农民，使其承受更大的损失；在行情好时，农民所得的利润也远不及商贩的利润。

② 谷子的经销商、中介队伍发育滞后。农民从事谷子、糜子经销的力量薄弱，经营规模较小，抵御市场风险的能力差，资金匮乏，无力组织谷子的大流通，这样，农民只能获得有限的生产利润，商业利润大量流失，从事谷子、糜子经营的商人则赚取了大量的商业利润。

（3）流通市场体系不健全。

① 基础设施建设相对落后，流通效率低。市场长期停留在出租铺位的简单物业管理层次上，统一结算、信息传递、价格形成、运输、保管、包装、加工、配送等各种辅助性功能都很薄弱。流通业技术、标准化的基础工作十分薄弱，导致谷子产品市场流通的信息量小、信息渠道不畅、信息质量不高、信息落后，有些方面虽有国家标准，但没有加以普及和应用，制约了流通现代化的进程。

② 流通设施不完善。流通市场没有建立起以批发市场为中心，集贸市场为基础，连锁超市、电子商务为先导的现代谷子市场流通体系。

③ 法律体系和监督机制不完善。尽管我国商品市场体系初步建立，但是市场规则不完善，市场秩序混乱，市场发展所需要的一些法律、法规方面仍存在一些空白。市场秩序和交易行为不规范，特别是涉及地方和部门利益时法律的约束力不足，导致

市场秩序混乱和市场竞争不佳。

**4. 消费劣势**

（1）消费方式单一。谷子、糜子是我国粮饲兼用的作物，并且有一定的药用价值，是北方地区人民不可缺少的重要粮食作物。谷子、糜子历来以营养价值高而著称，目前我国谷子、糜子的消费还是以原粮为主，人们对小米的消费逐渐由原来的主食和粥食变成以粥食为主的消费方式，其次以小米面做煎饼、发糕，消费量不大，这种相对单一的消费方式直接导致谷子的消费驱动不足。而小麦和水稻加工开发的食品基本占据了人们的主食市场，比如馒头、面条、米饭等；速食消费食品有方便面、方便米线等；功能饮料开发方面则以玉米为原料的饮品比较常见，这样谷子的消费市场相比较就变得更加狭窄。

（2）方便食品开发少。随着人们生活节奏的加快，速食产品越来越多地占领人们的消费市场，尤其在年轻人中间，速食产品更以其方便快捷得到青睐，但这些产品的原料鲜有谷子，大多以面粉和大米为原料，比如现在超市常见的方便面，方便米线，一些加热即食的馒头、包子、水饺等；小米传统的加工方式和传统的小米加工产品已经不能适应快节奏的生活方式，小米深加工产品的研发成为当务之急，例如可以开发谷子面粉为原料的方便面食品、适合早餐的小米饼干和小米面包、小米煎饼，适合中晚餐的小米面条、小米茶等，使谷子产品真正能够适合人们的快节奏的生活方式，端上人们的餐桌。

（3）功能性产品缺乏。随着我国人民生活水平的不断提高，保健食品、减肥食品等功能性食品的需求不断增加，作为杂粮的小米，是符合人们健康饮食需要的，比如，小米粗蛋白质含量高，是农业部宣布的保健粮源，可开发日常保健食品；含人体所必需的氨基酸，分别比大米高41%、比玉米高51.5%、比小麦面粉高65%，可以开发具有保健功能的中老年食品；粗脂肪、不饱和脂肪酸含量高，可以开发适合减肥人群的减肥食品；维生素A、维生素$B_1$和维生素$B_2$含量丰富，可以开发功能全面的健康食品；维生素E含量丰富，可以开发适合婴幼儿食用的代乳食品，还有美容食品、静心食品等的开发等；但现阶段我国小米的功能性食品开发方面还显滞后，以谷子为原料的代乳产品、高纤维食品、美容食品、静心食品、健身食品等还比较少见。

**5. 科技发展劣势**

20世纪70年代以前谷子的单产水平与小麦、玉米的单产差异不大，从70年代以后谷子单产水平远远落后于小麦、玉米的单产水平。造成这种现象的原因主要是科技对小麦、玉米单产提高的作用尤为突出，而对谷子单产的作用则相对较小。据测算，河北省2000—2007年谷子的科技进步贡献率为17.8%，而小麦、玉米的科技进步贡献率分别为66.1%和73.0%。主要差距在于谷子科研人员少，并且创新性和前瞻性研究意识缺乏。据统计，全国谷子科研单位从1985年的41家减至2005年的21家，科研人员数量从200人减至约70人。虽然，“十一五”以来，国家加大了谷子科研的支持力度，从事谷子科研的人员在上升，但也仅仅有数百余人，且大多数集中在育种领域，从事谷子基础研究、农机农艺、栽培植保、产后加工等领域的人才极为匮乏。资源发掘和种质创新落后，谷子品种多样化研发落后，缺乏先进的栽培技术，生产加工过程中科技含量高的机械设备不足。

## （三）机遇分析

### 1. 国家强有力的政策支持

（1）杂粮产业是我国战略型新兴产业。目前，我国农业正处于由传统农业向现代农业转变的阶段，国家十分重视杂粮产业的发展，时任农业部副部长危朝安在2011年全国种植业工作会上指出，因地制宜发展小杂粮生产。党中央多次在中央1号文件中提出依托地区特色，因地制宜发展杂粮等特色产业，在科技创新方面，科技部“十二五”启动了“谷子杂种优势利用与示范”项目等，为杂粮科研和生产提供了有利的宏观政策环境。

（2）中央财政对“三农”投入持续加大。2011年，中央财政对“三农”的投入超过1万亿元，2003—2011年的8年，投入金额增长了4倍。2012年中央1号文件在“三农”投入上再次要求“三个持续加大”，即持续加大财政用于“三农”的支出，持续加大国家固定资产投产对农业农村投入，持续加大农业科技投入，而且要确保增量和比例均有提高。中央1号文件同时强调，要保证财政农业科技投入增幅明显高于财政经常性收入增幅，财政上的大额投入为农业发展提供了充足的经济支持。

（3）农业部启动了国家谷子糜子产业技术体系。农业部启动了国家谷子糜子产业技术体系，建立从产地到餐桌的系统研究体系。同时，科学技术部、国家自然科学基金也加大了支持特色杂粮科研的项目。

### 2. 谷子生产中一批新成果问世

（1）杂交种培育成功，产量取得新突破。近几年，杂交谷子培育取得新进展，比如，张杂谷5号，2007年通过专家测产最高单产达到12 150 kg/hm$^2$，平均单产达9 750 kg/hm$^2$；长杂2号，我国第一个中晚熟谷子杂交种，较对照增产16.5%，且抗除草剂，制种产量达到1 500 kg/hm$^2$，突破了谷子杂交制种技术难题等。

（2）简化栽培技术新品种研发取得成功。谷子产业一直缺少集优质、高产、抗除草剂、适合机械化收获等优点于一身的品种，河北省农林科学院谷子研究所培育的冀谷31，也称懒谷3号，集中了这些优点。其应用简化栽培技术，抗倒性、抗旱耐涝性均达到1级，应用专用除草剂就能实现化学除草、化学间苗，小米鲜黄，煮粥黏香，省火，等级达到国家一级优质米，并且高产潜力突出。2009年在河北武安市核心示范田公顷产量就达到6 235.4 kg，较当地品种增产42.5%，被河北邯郸市农业局列为“4123工程”的首选品种；宁晋大曹庄农场懒谷3号每公顷产量达到8 137.5 kg，做到了利用简化栽培技术达到优质高产的效果。

（3）培育了一批广适的优质谷子品种和饲草专用品种。近几年，谷子产业培育了一批适合产业开发的优质谷子品种，例如，糯质白米新品种糯质白，可用于生产粽子、年糕、元宵和切糕等，还有华北地区的冀谷 19、小香米、沧谷 4 号、豫谷 15、保谷 18，东北地区的龙谷 31、龙谷 25、九谷 13，西北地区的晋谷 48、长农 36、蒙古 10 号和长谷 4 号等。

饲草专用品种谷草 1 号，鲜草每公顷达到 57 930 kg，干草 21 300 kg，粗蛋白每公顷产量可达 2 032.5 kg，且具有茎秆柔软、干叶比重高等诸多优点，为谷子产业的发展拓宽了道路。

（4）旱地谷子栽培技术创新取得成效。谷子地膜覆盖技术将“膜面集雨就地入渗、覆膜抑蒸保墒增温、垄沟种植技术”融为一体，集成了机械播种、微垄集水入渗叠加利用、土壤增温、土壤水分抑蒸等技术，有效地提高了有限降水资源的利用率，显著提高了谷子产量；谷子渗灌技术通过埋在地下土层中的渗灌管渗出灌溉水，凭借土壤毛细管作用给作物根层供水，能减轻病虫害的发生，抑制杂草生长，从而达到旱地谷子增产增收的效果。

（5）谷子化控间苗技术取得成功。山西省农业科学院谷子研究所研制成功了既能使谷子正常发芽、出苗、发挥群体顶土作用，又能在出苗后两叶时自行死亡的 MND 制剂，这种制剂处理过的谷种和正常谷种以 1.86∶1 的比例混匀按常规播种，不用间苗或少间苗，即可实现每公顷留 37.5 万～45 万株的春谷大田栽培密度要求，很大程度上解决了谷子种植过程中费工费时问题。

**3. 居民生活质量提高对杂粮需求加大**

（1）杂粮消费热情增加。我国居民的食品需求正在向营养、健康转变。近 20 年来，随着膳食结构及生活方式的变化，作为主食的“五谷杂粮”日益从餐桌上减少，内地居民膳食纤维摄取量逐年下降，肥胖、高血压与糖尿病等慢性病发生率持续上升，这种情况下，人们对杂粮的重要性有了重新的认识；新版《中国居民膳食指南》制定的健康膳食原则是“食物多样，谷类为主，粗细搭配”，并建议成年人每天应摄入 50 g 以上的杂粮，以保持均衡营养和身体健康，这必将拉动杂粮的消费，因此带动小米的消费增长。

（2）食疗保健作用得到验证。医学研究证明，谷子对糖尿病、心脑血管疾病、皮肤病等多种疾病有食疗作用，杂粮热已在全球悄然兴起。小米味甘性平，具有健脾健胃的功效，适用于脾胃虚热，反胃呕吐，腹泻及产后、病后体虚者食用。随着人们保健意识的增强，城市居民对小米的需求量逐年增加，人们的膳食结构调整必然得到高度重视，以谷子为主的杂粮越来越成为人们餐桌的必备食品，甚至成为高档餐厅的特色产品，因此无公害、绿色、优质小米市场前景广阔。

（3）市场发展潜力骤增。我国目前年产谷子 300 万 t，折合小米 180 万 t，全国年人均小米拥有量为 1.3 kg 左右，而在 20 世纪 50 年代，我国人均拥有小米 20 kg。人均拥有量的巨大差距，恰恰表明在我国谷子产业有着巨大的发展潜力。伴随人们健康意识的提高和适应人们快节奏生活的谷子相关产品的研发成功，小米的消费量必然会有较大的提高。

**4. 低碳、可持续发展使谷子产业焕发青春**

（1）蓬勃发展的畜牧业为谷子饲草也带来发展机遇。畜牧业的发展需要优质牧草，普通谷子的牧草可作为畜牧业发展的饲料，使得谷子这种作物可以得到全方位的加工和利用，而谷子的新品种例如谷草1号，是饲草专用品种，鲜草单产达到57 930 kg/hm$^2$，干草21 300 kg/hm$^2$，粗蛋白单产可达2 032.5 kg/hm$^2$，且具有茎秆柔软、干叶比重高等诸多优点，为畜牧业的发展提供了优质饲草，也为谷子产业的发展拓宽了道路。

（2）抗旱节水特性为旱区农业可持续发展带来希望。近几十年来，我国农业取得了长足进步，但农业所面临的问题也相当严重，比如化肥污染、水资源的浪费、农药的污染等，这种现状使得农业的可持续发展受到严峻挑战，要做到农业的发展可持续，要减少化肥污染、水资源的浪费、农药的污染等，而谷子在节水、节肥和节药方面都有其优势。如，谷子具有抗旱的特点，是节水型作物，全生育期基本不用浇水，每667 m$^2$可节水100 m$^3$。

**5. 世界的粮食形势为谷子产业发展提供了良好机遇**

近几年，由于干旱、高粮价以及全球经济衰退等原因，全球饥饿和营养不良人口总数已经超过10亿，这种大背景下，如果小米以健康食品、营养食品出口亚非拉地区，必将拉动谷子在全球的消费和生产，同时也为谷子产业的发展提供了良好的机遇和更为广阔的前景。

### （四）挑战分析

**1. 资源环境条件不利**

随着人们生活水平的提高和食粮结构的习惯性改变，谷子由人们的主粮演化为附属食品，使得谷子播种面积一降再降，而且主要集中在干旱和半干旱地区。这些区域年降水量比较少，地表水、地下水十分缺乏，土壤贫瘠，谷子生产容易受到干旱等自然条件的影响。而玉米和小麦等高产作物主要分布在平原区，这些区域气候环境适宜、农业基础设施比较完善，水肥条件好，机械化程度高，使得谷子单产赶不上小麦、玉米单产。确保粮食安全已经成为当前农业生产的首要解决问题，我国耕地面积逐年减少，大宗作物单产高，保证和不减少其播种面积是确保粮食安全生产的重要前提，谷子等杂粮作物受重视程度较低。

**2. 饮食习惯和口味影响谷子的消费者**

我国居民现阶段的主食以大米和小麦面粉为主。和小麦粉相比，现在的小米淀粉颗粒偏大，口感发粗、发干，面筋含量低，适口性差；与大米相比，小米做成干饭的口感又不及大米，而作为米粥的食用方式口感又优于大米，所以谷子消费就一直在小米粥的这种单一的消费方式上徘徊，而且这种消费主要存在于北方，近年来逐渐收缩在中老年人群。谷子加工的面粉在存放中又易氧化变质，谷子加工成的食品也具有同样的缺陷，这些问题直接影响到谷子加工产业的发展速度和市场占有份额。

**3. “小作物”的思想观念未转变**

谷子起源于中国，是中华民族数千年文明史的主要栽培作物。但从20世纪70年代以后，由于单产水平低，种植费工费时，消费量有限，科研水平低，逐渐从粮食主产区退出，面积大幅度减少。出现这种现象除谷子产业发展本身问题外，还有一个重要原因就是人们的思想观念问题。长期以来，在人们的思想中，谷子就是一个“小作物”——低产作物，费工作物，短产业链条作物，仅是抗旱耐瘠作物，分散种植作物，所以得不到各方面的关注。政府的政策很少惠及，科研部门无暇问津，农民管理粗放，造成谷子生产不能与时俱进、消费环节创新不足，科技支撑力度弱，无法与小麦、玉米等大宗粮食作物媲美。虽然，随着人们消费水平的提高以及对食品营养、健康与安全的关心，谷子的生产与消费问题得到重视，但人们的思想观念不从根本上改变也将是谷子产业发展的一大威胁。

## 二、谷子糜子产业发展的战略选择

### （一）发展思路

以科学发展观为统领，立足谷子、糜子特色作物，定位于膳食结构调整、平衡营养、主粮替代及粮食安全补充作物，充分发挥谷子和糜子抗旱、耐瘠、环境友好的优势，大力发展旱作农业，以提高丘陵旱地资源利用率、节约水资源为根本出发点，以市场为导向，调动政府、企业、农户、科研各方面积极性，聚集科技、人力、资金等多种资源，以提升谷子产业竞争力为核心，合理布局，稳步发展，优化结构，促进增效，构建长效机制，为水资源高效利用、改善膳食结构、农业增效、农民增收、提升谷子和糜子产业发展水平奠定坚实基础。

### （二）战略选择

SWOT分析这一战略选择方法，将外部机会与内部优势和弱点进行了匹配，形成可行的备选战略。SWOT的备选战略组合有4种：优势—机会（SO）战略；弱点—机会（WO）战略；优势—威胁（ST）战略；弱点—威胁（WT）战略。优势—机会（SO）战略：是一种发挥内部优势与利用外部机会的战略，是一种理想的战略模式。弱点—机会（WO）战略：是利用外部机会来弥补内部弱点，改劣势而获取优势的战略。优势—威胁（ST）战略：是指利用自身优势，规避或减轻外部威胁所造成的影响。弱点—威胁（WT）战略：是一种旨在减少内部弱点，规避外部环境威胁的防御性战略。考察其中任何一种战略都是将现有优势发挥到极致，将所有弱势减少到最低，充分利用外部有利环境，规避不利条件，最终实现利益最大化。基于对谷子、糜子产业发展的优势、劣势、机遇和威胁等方面的综合分析，列出了我国谷子、糜子产业发展分析矩阵（表8-3），提出谷子、糜子产业发展的战略选择。

表 8-3　谷子糜子产业发展的 SWOT 组合战略矩阵

| | | 内　部 | |
|---|---|---|---|
| | | S（优势）<br>1. 营养均衡，粮饲兼用<br>2. 抗旱耐瘠<br>3. 价格和效益较高 | W（劣势）<br>1. 生产：谷子单产较低、生产方式落后、种植面积不集中、病虫草鸟害严重<br>2. 加工：深加工产品少、产后加工机械匮乏、龙头企业带动作用小、缺少成品转化平台<br>3. 流通：流通渠道不畅、主体组织化程度不高、市场体系不健全<br>4. 消费：消费方式单一、快捷食品开发少、功能性产品缺乏<br>5. 科技发展：资源发掘和种质创新落后、品种多样化研发落后、缺乏先进的栽培技术 |
| 外部 | O（机遇）<br>1. 国家强有力的政策支持<br>2. 谷子产业一批新发明成果问世<br>3. 居民生活质量提高对杂粮需求加大<br>4. 可持续发展的要求<br>5. 世界的粮食形势也为谷子产业发展提供了良好机遇 | S-O 战略<br>1. 加强谷子品种多样化研发<br>2. 坚持走优质、高效、生态、可持续发展之路 | W-O 战略<br>1. 逐步打造谷子产业聚集区<br>2. 加速生产的机械化进程，实现谷子规模化发展<br>3. 整合谷子深加工企业<br>4. 延长谷子产业链条<br>5. 提高谷子流通效率<br>6. 加大谷子先进技术普及力度<br>7. 提升产业组织化程度<br>8. 加大多功能产品开发力度 |
| | T（威胁）<br>1. 资源环境条件不利<br>2. 不适宜消费者的饮食习惯和口味<br>3. “小作物”的思想观念未转变 | S-T 战略<br>1. 科学规划谷子种植区域<br>2. 深刻挖掘谷子产业的其他功用 | W-T 战略<br>加大小米功用宣传力度，使之走进居民日常消费 |

## （三）谷子糜子产业发展方向

从品种选育方向来看，要选育优质适合企业开发适口、营养功能强的品种；选育适合深加工产品的专用新品种；选育适合现代农业发展的简化栽培新品种；选育适合机械化操作的新品种；选育高产优质杂交种；培育优质专用饲草品种，发展饲草谷子产业。

从生产技术创新方向看，要开展谷子和糜子水地高产、旱地高效的集成技术研究；开展农机农艺结合的简化生产技术研究；开展针对谷子生产全过程的机具开发；

开展谷子病虫草鸟害的综合防治技术研究。

从产后加工产品开发看，要开发大众化消费食品，用现代加工手段实现工厂化生产；开发方便、快捷食品；细化消费人群，开发适用老人、孕妇、幼儿等需求的功能食品。

从产业组织方向看，要建立政府引导、企业主体、创新支撑、农民参与的产业组织体系；探索“利益共享、风险共担”的新机制。

从未来谷子、糜子产业发展模式看，要“四家”（政治家、企业家、科学家、金融家）握手；谷子产业聚集区以市场为导向，产业化企业为龙头，形成生产、加工、销售一体并逐步聚集的产业集群方向发展；充分依靠各区域自然禀赋，打造各自特色的知名品牌，形成百花齐放的态势。

## 第三节　谷子糜子产业政策建议

通过对粮食产业政策演变的梳理及对谷子生产的影响分析可以看出，谷子、糜子产业发展战略的实现离不开国家政策的支持。

### 一、政策倾斜，提高种植积极性

我国到目前为止确定的良种补贴全覆盖的有大豆、小麦、玉米、棉花和水稻 5 种作物。政府应把良种补贴、农机补贴等惠农政策拓展到谷子、糜子，以提高农户的积极性。对涉及谷子、糜子生产领域的小型农田水利工程、土壤培肥改良、病虫草鸟害防治设备等予以支持，提高谷子生产的农业装备水平；对谷子生产采用滴灌、膜覆盖技术、简化栽培技术等新技术的农户给予资金支持。

### 二、扶持加工企业，延长其产业链

通过银行贷款、信用社贷款等途径提高企业资金支持力度，制定减免税收等相关优惠政策，使中小型企业能够扩大生产规模，通过项目支持提高企业的研发能力和基础设施改造，从深加工产品的研发、加工设备的改进、产品的销售等环节对相关企业进行扶持，提升加工水平，改变目前零星分布的小作坊格局。使龙头企业真正成为能够带动区域谷子产业发展、自身得到长远发展、带动当地农民致富的企业。

### 三、完善流通政策，提高流通效率

粮食流通是连接粮食生产和消费的中间环节，合理组织粮食流通可以促进粮食生产的发展。从 1985 年起，谷子、糜子等杂粮作物游离在国家对大宗粮食产品的保护政策之外。造成谷子、糜子产品流通渠道不畅，流通体制不健全，主要表现：基础设施建设相对落后，流通设施不完善，流通效率低；法律体系和监督机制不完善；流通主体组织化程度不高；市场调控不够完善。所以，谷子、糜子等杂粮产品也应该像大宗粮食产品一样享受国家政策的保护。①加强市场宏观调控，根据品种差价、质量差价、季节差价、地区差价，引导农民合理调整种植结构，生产适销对路的产品，满足社会对谷子的需求；②完善价格预警机制，为粮农实时提供价格信息；③提高流通主体组织化程度，减少流通风险，降低流通成本；④实施保护价收购。

## 四、列入国家储备粮，推动谷子产业发展

随着工业化和城镇化的推进，我国粮食安全面临的形势出现了一些新情况和新问题，受人口、耕地、水资源、气候、能源、国际市场等因素变化的影响，我国粮食和食物安全将面临严峻挑战。谷子有坚硬的外壳，可以较好地做到防虫防霉；另外其具有良好的耐热性，易储存，可以使得谷子在储藏过程中减少数量损失和降低质量安全风险，谷子作为健康安全食品也可以满足人们崇尚绿色和追求健康的消费需求，如果将谷子纳入储备粮，必将对谷子产业的发展起到巨大的推动作用，拉动谷子相关产业的快速发展。

## 五、培育新型农业经营主体，提高综合生产能力

目前谷子种植大户规模经营启动相当困难，土地流转费逐年增加，人工成本高，种粮户获利空间越来越小，合同履行也很不稳定；合作社也没有好的模式和成功的经验。政府应对新型农业经营主体给予一定的资金支持，通过直接补贴、农机购置补贴，提高其机械化程度；通过银行或合作社贷款等方式资助其基础设施建设，购置收获后的仓储、烘干、晾晒等设备；制定法律政策保障土地流转过程中的各种关系顺畅，同时为新型农业经营主体提供信息方面的支持，减少信息不对称所造成的资源浪费，提高其综合生产能力。

## 六、规范农民专业合作组织，提高组织化程度

目前农民专业合作社还处于发展起步阶段，虽然国家政策方面对专业合作社有倾向，但相关的扶持力度欠缺，比如贷款方面困难重重，在管理上处于多部门管理的状态，这些都不利于合作社的壮大发展。因此，在成立谷子、糜子专业合作社的过程中，要加大专业合作社的指导力度，在人才、信贷和税收、用地等方面出台切实可行的扶持政策和优惠政策；鼓励相关技术人才入社，加强对合作社工作人员管理培训；宣传引导相关企业和农民入社，定期聘请专家对社员进行技术培训和相关法律培训；创立自己的产品品牌，通过标准化生产以提高产品品质，打造知名品牌，充分发挥品牌效应。

# 参 考 文 献


安徽燕之坊食品有限公司，2012. 一种青稞小米速溶食品及其制备方法：中国，20121014906 1.5 [P].

安小平，2005. 杂粮快餐粥的研制 [J]. 粮油加工与食品机机械（4）：71－73.

蔡靖杰，2010. 福建农产品品牌发展的SWOT分析 [J]. 台湾农业探索（6）：31－34.

曹尔福，1991. 谷子质核互作型雄性不育系选育初报 [J]. 粟类作物（1）：1－2.

柴晓娇，李书田，赵敏，等，2012. 内蒙古谷子产业发展存在的问题与解决对策 [J]. 内蒙古农业科技（5）：8.

柴岩，1999. 糜子 [M]. 北京：中国农业出版社.

柴岩，2007. 中国小杂粮产业发展报告 [M]. 北京：中国农业科学技术出版社.

柴岩，2009. 糜子（黄米）的营养和生产概况 [J]. 粮食加工，34（4）：90－91.

柴岩，冯佰利，2001. 小杂粮生产现状及对策 [J]. 中国农业科技导报，3（5）：57－61.

柴岩，冯佰利，2003. 中国小杂粮产业发展现状及对策 [J]. 干旱地区农业研究，21（3）：145－151.

柴岩，冯佰利，2013. 中国杂粮与杂粮产业——第五届海峡两岸杂粮健康产业研讨会论文集 [D]. 杨凌：西北农林科技大学.

柴岩，高小丽，2013. 中国糜子生产现状 [C]. 杨凌：西北农林科技大学出版社.

陈凤莲，2009. 小米酥性饼干的配方研究 [J]. 食品研究与开发，30（6）：78－81.

陈贵堂，赵霖，2004. 植物蛋白的营养生理功能及开发利用 [J]. 食品工业科技，25（9）：137－140.

陈桂平，杨琳芬，2011. 品牌建设对蜂产业发展的必要性 [J]. 蜜蜂杂志（11）：38－39.

陈令军，2010. 基于文化视角的农产品品牌构建研究 [D]. 杨凌：西北农林科技大学.

陈炜，2010. 基于SWOT模型的新疆农产品品牌战略选择 [J]. 新疆财经大学学报（3）：12－17.

陈卫军，2000. 国内外谷子的研究现状 [J]. 杂粮作物，20（3）：27－29.

陈卫卫，2006. 烯效唑浸种对谷子幼苗生长和生理指标的影响 [J]. 黑龙江农业科学（4）：33－35.

陈相艳，2011. 我国小米加工产业现状及发展趋势 [J]. 农产品加工·学刊（7）：131－133.

陈香，2013. 河南省农产品区域品牌建设与维护策略研究 [J]. 中国商贸，36：134－137.

陈新霞，2011. 中耕次数对谷子生长发育的影响 [J]. 山西农业大学学报（自然科学版），31（3）：205－208.

陈有清，1995. 种粟史话 [M]. 北京：中国农业科学技术出版社.

陈有清，张通，1995. 种粟史话 [M]. 北京：中国农业科学技术出版社.

陈云，1948. 陈云文选 [M]. 北京：人民出版社.

程炳文，2007. 中国糜子产业发展现状与对策 [M]. 北京：中国农业科学技术出版社.

程炳文，2008. 糜子产业发展的对策与措施 [J]. 农产品加工（3）：12－13.

程炳文，2009. 旱地先锋作物——糜子 [M]. 银川：宁夏人民出版社.

程炳文，2010. 宁夏春谷区谷子密肥交互效应试验研究 [J]. 现代农村科技（8）：42－43.

程汝宏，2005. 我国谷子育种与生产现状及发展方向 [J]. 河北农业科学，9（4）：86－90.

程汝宏，2010. 产业化生产背景下的谷子育种目标［J］. 河北农业科学，14（11）：92－95.

程汝宏，2010. 谷子简化栽培技术研究进展与发展方向［J］. 河北农业科学，14（11）：1－4.

程汝宏，杜瑞恒，1993. 夏谷育种新途径——氮离子注入诱变育种［J］. 河北农业大学学报，16（4）：257－261.

程汝宏，刘正理，1998. 夏谷新品种冀谷14号的选育［J］. 河北农业科学，2（2）：16－20.

程汝宏，刘正理，2003a. 我国谷子育种目标的演变与发展趋势［J］. 河北农业科学，7（增刊）：95－98.

程汝宏，刘正理，2003b. 谷子育种中几个主要性状选育方法的探讨［J］. 华北农学报，18（院庆专辑）：145－149.

程汝宏，刘正理，2003c. 我国谷子育种目标的演变与发展趋势［J］. 河北农业科学，7（增刊）：95－98.

程汝宏，刘正理，师志刚，等，2005. 谷子新品种"谷丰2号"选育研究［J］. 河北农业科学，9（3）：92－95.

程汝宏，刘正理，师志刚，等，2006. 水分高效利用型谷子新品种冀谷19的选育研究［J］. 河北农业科学，10（1）：80－81.

程汝宏，师志刚，刘正理，等，2010a. 谷子简化栽培技术研究进展与发展方向［J］. 河北农业科学，14（11）：1－4.

程汝宏，师志刚，刘正理，等，2010b. 抗除草剂简化栽培型谷子品种冀谷25的选育及配套栽培技术研究［J］. 河北农业科学，14（11）：8－12.

褚清河，2013. 施肥技术在中国粮食产量增加中的作用及应用前景［J］. 中国农业科技导报，15（1）：12－19.

丛殿峰，2013. 中国主要粮食作物肥料利用率现状与提高途径［J］. 农民致富之友，6（下半月）：88.

崔福柱，2008. 旱地谷子渗水地膜覆盖温度变化研究［J］. 山西农业大学学报（自然科学版），28（2）：172－175.

崔俊敏，2009. 农业产业链、产业集群与粮食主产区农民增收［J］. 河北农业科学，13（4）：114－116.

崔文生，孔玉珍，杜贵，1991. 谷子光敏型显性核不育材料"光-1"选育研究初报［J］. 华北农学报，6（增刊）：47－51.

崔文生，孔玉珍，赵治海，1991. 谷子光敏型隐性核不育材料"292"选育初报［J］. 华北农学报，6（S1）：33－35.

单树花，武海丽，李宗伟，等，2012. 小米米糠中抗癌细胞增殖活性蛋白的分离纯化［J］. 食品科学，13：57.

邓烈，2007. 我国柑橘优势产业带建设的成就经验及主要问题［J］. 中国果业信息，24（1）：1－5.

刁现民，2007. 中国谷子生产与产业发展方向［M］. 北京：中国农业科学技术出版社.

刁现民，2008. 谷子产业化发展的现状和未来［J］. 农产品加工（3）：9－11.

刁现民，2010a. 中国谷子产业与未来发展［M］. 北京：中国农业科学技术出版社.

刁现民，2010b. 中国谷子产业与产业技术体系［M］. 北京：中国农业科学技术出版社.

刁现民，2011. 中国谷子产业与产业技术体系［M］. 北京：中国农业科学技术出版社.

刁现民，陈振玲，段胜军，等，1997. 金色狗尾草的组织培养和植株再生［J］. 植物生理学通讯，33：128－129.

刁现民，陈振玲，王鹏，等，1999. 影响谷子愈伤组织基因枪转化的因素［J］. 华北农学报（14）：31－36.

刁现民，段胜军，陈振令，等，1997. 金色狗尾草的组织培养和植株再生［J］. 植物生理学通讯，33：128－129.

刁现民，王鹏，智慧，等，2002. 谷子体细胞无性系变异及其在育种上的应用［J］. 作物学报，28：480－485.

刁现民，王永芳，李伟，等，2003. 抗除草剂基因Bar转化谷子的研究［C］//中国作物学会2003年学术年会论文集.

刁现民，张喜文，程汝宏，等，2011. 中国谷子产业与产业技术体系［M］. 北京：中国农业科学技术出版社.
刁现民，智慧，王鹏，等，1999. 谷子体细胞无性系变异分析［J］. 中国农业科学，32：21－26.
丁瑞霞，2007. 宁南旱区沟垄微型集水种植谷子最优沟垄宽度的确定［J］. 干旱地区农业研究，25（2）：12－15.
董凤丽，2013. 沈阳经济区农业结构效益评价及产业带构建［J］. 中国农业资源与区划，34（2）：97－101.
董晋江，夏镇澳，1989. 小米原生质体再生小植株［J］. 植物生理学通讯（2）：56－57.
董孔军，2013. 西北旱作区不同地膜覆盖种植方式对谷子生长发育的影响［J］. 干旱地区农业研究，31（1）：36－40.
董颖超，李俊，李军国，等，2009. 普通小米粉与黏小米粉加工特性的比较研究［J］. 食品科技，34（3）：148－150.
董云州，段胜军，2000. 基因枪轰击谷子幼穗获得转基因植株［J］. 西北植物学报（20）：175－178.
董云州，段胜军，赵连元，等，1999. 用基因枪转化花粉获得转基因谷子与玉米［J］. 中国农业科学，32：9－13.
董志平，2012. 一种糯小米营养乳及其制备方法：中国，201210165101.5［P］.
董志平，李志勇，马继芳，等，2011. 谷子抗病基因同源序列的克隆与分析［J］. 植物病理学报，41（1）：93－97.
董志平，张士遵，2002. 谷子种质资源与繁育技术的探讨［J］. 河北农业科学，6（1）：60－65.
杜国平，2012. 浅析我国谷子育种与生产现状及发展方向［J］. 吉林农业（11）：100－101.
杜伟，2012. 宁夏南部旱作农业区谷子全膜覆盖栽培技术［J］. 农业科学研究，33（4）：94－96.
封山海，1998. 旱地糜子吸肥规律的研究初报［J］. 干旱地区农业研究，16（3）：51－54.
封世忠，赵伟利，封芳琴，2005. 浅谈糜子良种生产现状及解决对策［J］. 现代种业，2：32.
冯佰利，蒋纪云，曾盛名，1998. 生态高度对糜子籽粒蛋白质及氨基酸含量的影响［J］. 西北农业大学学报，24（5）：80－84.
冯耐红，卫天业，郑洪源，等，2006. 小米南瓜复合饮料的研制［J］. 中国食品学报，6（3）：65－69.
浮吟梅，崔惠玲，王凤霞，2007. 小米馒头工艺与品质研究［J］. 食品科技，32（1）：53－57.
付进刚，覃吕高，陈克平，2013. 杂种优势机理的研究进展［J］. 生物学杂志，30（1）：68－70.
盖钧镒，2006. 作物育种学各论［M］. 北京：中国农业出版社.
高凤菊，2011. 夏播谷子不同栽培方式试验研究［J］. 种子科技（12）：20－21.
高国仁，1991. 粟在中国古代农业中的地位和作用［J］. 农业考古（1）：195－201.
高强，2003. 姜炎文化与粟作文化［J］. 寻根（1）：30－33.
高强，2003. 粟与粟文化［J］. 华夏文化（4）：15－17.
高亚军，1993. 半干旱地区糜谷的生产潜力及密度、磷肥效应［J］. 干旱地区农业研究，11（增刊）：121－124.
高志军，2013. 糜子在不同播种量下的群体出苗密度研究初探［J］. 内蒙古农业科技（3）：30.
葛颜祥，接玉梅，徐光丽，2008. 改革开放30年我国粮食生产回顾及其政策解析［J］. 山东农业大学学报（社会科学版）（3）：1－5.
龚院生，姚艾东，王成中，1999. 小米发酵饮料研制［J］. 郑州粮食学院学报，20（3）：41－44，56.
古世禄，刘厦，1989. 中国谷子蛋白质氨基酸组成的研究［J］. 华北学报（1）：8－15.
古世禄，刘子坚，李凌雨，1986. 山西省谷子蛋白质、脂肪含量及其相互关系的研究［J］. 华北农学报，1（4）：15－20.

古世禄，马建萍，古兆明，等，2004. 山西谷子（粟）栽培起源与初始发展 [J]. 山西农业科学，32（4）：24-28.

古世禄，马建萍，刘子坚，等，1996. 谷子（粟）杂种 $F_2$ 抗旱性遗传分析 [J]. 山西农业科学（3）：27-31.

古世禄，1987. 谷子和粟类作物 [J]. 山西农业科学（5）：35-36.

古兆明，古世禄，2007. 山西谷子起源与发展研究 [M]. 北京：中国农业科学技术出版社.

管延安，杨延兵，秦岭，等，2009. 山东省谷子生产现状与技术需求对策 [J]. 山东农业科学（9）：119-122.

贵州五福坊食品有限公司，2007. 玉米小米鲊及其制作方法：中国，20071020075 8. X [P].

郭成宇，2004. 绿豆-小米酸乳的研制 [J]. 食品与发酵工业，30（1）：145-147.

郭二虎，2006. 小米香酥脆饼干的研制 [J]. 农产品加工（1）：34.

郭红珍，陈苗苗，2007. 小米酸奶加工工艺的研究 [J]. 中国粮油学报，22（2）：117-120.

郭贤仕，1999. 谷子旱后的补偿效应研究 [J]. 应用生态学报，10（5）：563-566.

郭志利，2005. 小杂粮利用价值及产业竞争力分析研究 [D]. 北京：中国农业大学.

郝凌峰，2011. 张家口 80 万亩“张杂谷”为农增收 5 亿元 [N]. 农民日报.

何国长，2010. 甘肃苹果产业品牌建设问题研究 [J]. 甘肃科技纵横，39（4）：61-64.

何红中，惠富平，2010. 古粟（*Setaria italica* Beauv.）研究综述 [J]. 中国粮油学报，25（4）：121-128.

何一，2012. 贵州农业企业品牌建设研究 [D]. 贵州：贵州财经大学.

河北瑞禾庄园酒业有限公司，2012. 一种小米清酒及其制备方法：中国，20111029054 4. 2 [P].

河北省农林科学院谷子研究所，2009. 果酿小米营养酒的制作方法：中国，20081018269 4. X [P].

黑龙江省麒麟工贸公司，2013. 粟米布扎饮料的制作方法：中国，20121043259 4. 4 [P].

胡洪凯，石艳华，王朝斌，等，1993. “Ch 型”谷子显性核不育的遗传及其应用研究 [J]. 作物学报，19（3）：208-217.

胡社论，2004. 我国粮食经济研究及其政策分析 [D]. 北京：国防科学技术大学.

胡希远，1997. 半干旱偏旱区糜子沟垄径流栽培研究初报 [J]. 干旱地区农业研究，15（1）：44-49.

胡长海，曾凌，2005. 仙人掌低糖米露爽饮料的研制 [J]. 渤海大学学报（自然科学版），26（2）：108-109.

黄其煦，1983. 黄河流域新石器时代农耕文化中的作物（续）[J]. 农业考古，1：39-50.

黄亚玲，2009. 加快优势特色农业产业带建设提高宁夏农业综合生产能力 [J]. 共产党人（11）：10-11.

黄英杰，1989. 谷子品种产量及产量构成因素稳定性的分析 [J]. 黑龙江农业科学（6）：24-26.

黄云霞，张继昕，2011. 农产品地理标志法律保护困境探析——以山西为研究对象 [J]. 人民论坛（2）：98-99.

籍贵苏，杜瑞恒，张喜英，1999. 高秆矮秆谷子根的遗传、分布差异及根与产量有关性状的相关研究[J]. 华北农学报，14（2）：42-47.

贾根良，2009a. 拔节后糜子干物质积累及分配规律研究 [J]. 西北农林科技大学学报（自然科学版），37（4）：86-90.

贾根良，2009b. 不同栽培模式下谷子叶片衰老的生理效应 [J]. 干旱地区农业研究，27（2）：133-136.

江南大学，2013. 一种具有良好色泽和甜味的子小米饮料制备方法：中国，20121049965 1. 0 [P].

晋雪梅，2010. 我国农产品品牌成长环境的 SWOT 分析 [J]. 生态经济（3）：85-92.

鞠国泉，彭辉，吕惠丽，等，2007. 南瓜小米营养粥的研制 [J]. 农产品加工（3）：14-15.

康怀英，任补花，2011. 山西省定襄县“张杂谷”推广种植渐成产业 [N]. 新农村商报.

孔凡娜，鹿永华，等，2012. 基于 SWOT 分析的烟台苹果品牌发展及对策研究 [J]. 林业经济（11）：76-80.

赖雨萍，林贤在，2010. 关于加快特色农产品品牌建设的调查与思考 [J]. 中国农技推广（11）：8-10.

雷智刚，杨有为，谭志强，2014. 庆阳市谷子生产现状与发展对策［J］. 甘肃农业（16）：8－9.
黎裕，1992. 世界粟类作物生产［J］. 世界农业（5）：20－21.
李翠兰，戚淑芬，2009. 吉林省粟类作物生产现状及对策［J］. 湖北农业科学，48（4）：1011－1013.
李东辉，1991. 谷子新品种选育技术［M］. 北京：天则出版社.
李东辉，1993. 李东辉谷子论文集［M］. 石家庄：河北科学技术出版社.
李凤成，韩清华，李狁，等，2005. 杂粮饮料生产工艺及设备［J］. 粮油加工与食品机机械（2）：77－78.
李福全，2011. 浅析农产品品牌建设的意义和方法［J］. 商业经济（10）：77－79.
李慧，常景玲，丁璐，2006. 小米奶饮料的研制［J］. 中国酿造（10）：77－79.
李建君，冯绍波，潘志山，等，2001. 小米酿制清香型曲酒试验［J］. 酿酒科技（1）：36－38.
李洁，2012. 陕西苹果集群品牌建设研究［D］. 青岛：中国海洋大学.
李锦东，2012. 论农产品品牌建设与管理［J］. 现代商贸工业（23）：25.
李竞雄，1959. 作物栽培学［M］. 北京：高等教育出版社.
李静，谭海刚，宫春波，等，2008. 发酵型小米奶的研制［J］. 饮料工业，11（4）：26－28.
李军，2002. 宁南半干旱偏旱区旱作糜子田水分动态与平衡研究［J］. 中国农业气象，23（2）：22－26.
李凯旭，2011. 农产品品牌化建设的途径探析［J］. 现代化农业（2）：36－37.
李丽，2010. 自然发酵对黄米理化性质的影响研究［D］. 大庆：黑龙江八一农垦大学.
李丽，曹龙奎，2010. 自然发酵对黄米化学成分的影响研究［J］. 粮油加工（2）：47－50.
李懋学，1991. 植物染色体研究技术［M］. 哈尔滨：东北林业大学出版社.
李名扬，唐岱，徐淳，1990. 谷子细胞悬浮培养的体细胞胚胎发生和植株再生［J］. 西南农业大学学报（21）：379－385.
李明利，2011. 六步成就区域市场营销［J］. 中国畜牧业（24）：94－96.
李庆春，吴舒致，1993. 不同品种小米中粗蛋白质含量的普查与评价［J］. 中国粮油学报（8）：8，9－13.
李淑杰，胡喜连，李继红，等，2010. 优质、矮秆谷子新品种公矮 6 号选育及栽培技术［J］，中国科技成果，11（19）：11.
李顺国，刘斐，刘猛，等，2014. 我国谷子产业现状、发展趋势及对策建议［J］. 农业现代化研究，35（5）：531－535.
李顺国，刘猛，赵宇，等，2012. 河北省谷子产业现状和技术需求及发展对策［J］. 农业现代化研究（3）：286－289.
李文刚，2012. 山东省优势农产品产业带建设影响因素分析［J］. 山东农业科学，44（5）：125－129.
李晓健，李秀昂，2011. 谷子鸟害的生物学防治技术［J］. 农业技术与装备（10）：57.
李秀兰，陈瑞阳，1985. 谷子和狗尾草核型分析［J］. 武汉植物学研究，3（4）：409－412.
李荫梅，1997. 谷子育种学［M］. 北京：中国农业出版社.
李占林，郑洪元，卫天业，等，2004. 小米方便粥加工工艺研究［J］. 粮油加工与食品机机械（11）：62－64.
李卓玉，2013. 小米米糠中新型抗肿瘤活性蛋白的制备和功能研究［C］//BIT's 6th Annual World Protein and Peptide Conference－2013，Suzhou，China.
林金剑，2008. 多种谷物馒头粉的研究［D］. 江南大学.
林素娟，2008. 以品牌化思路重构农民专业合作组织的健康发展选择［J］. 江苏商论（4）：14－17.
林争鸣，2004. 乳香小米蛋白粉的研制［J］. 粮油加工与食品机机械（4）：54－55.
刘建全，1996. 酒精—盐酸—醋酸洋红在植物染色体制片中的运用［J］. 植物学通报，13（2）：63－64.
刘剑利，曹向宇，李其久，等，2012. 小米多肽对小鼠免疫调节作用［J］. 中国公共卫生，28（1）：44－45.
刘剑利，曹向宇，李其久，2009. 小米蛋白提取方法比较研究［J］. 食品工业（3）：30－31.

刘敬科，赵巍，张华博，2012. 小米糠膳食纤维调节血糖和血脂功能的研究 [J]. 湖北农业科学，51 (8)：1636-1638.

刘俊花，张宝善，伍小红，2006. 复合米露的研制 [J]. 食品工业科技 (3)：122-123.

刘猛，2012. 营养转化肥对不同品种谷子产量的影响 [J]. 河北农业科学，16 (1)：10-12.

刘猛，赵宇，李顺国，等，2011. 河北省太行山区谷子生产现状与发展建议 [J]. 农学学报 (11)：57-60.

刘晓东，白丽，于树会，等，2011. 河北省谷子生产现状调查研究 [J]. 江西农业学报，23 (10)：199-201.

刘晓辉，1989. 谷子千粒重遗传的双列分析 [J]. 吉林农业科学 (4)：33-35.

刘晓辉，高士杰，杨明，等，2005. 优质高产新株型谷子品种公矮 2 号选育技术 [J]，杂粮作物 (5)：305-306.

刘晓辉，高士杰，杨明，2007. 谷子新品种公矮 4 号的选育 [J]. 安徽农业科学，35 (22)：6747-6754.

刘旭，2012. 中国作物栽培历史的阶段划分和传统农业形成与发展 [J]. 中国农史 (6)：28.

刘旭，黎裕，曹永生，等，2009. 中国禾谷类作物种质资源地理分布及其富集中心研究 [J]. 植物遗传资源学报，10 (1)：1-8.

刘勇，姚惠源，王强，2007. 黄米醇溶蛋白对小鼠胆固醇代谢的调节作用 [J]. 华东理工大学学报（自然科学版)，33 (2)：195-199.

刘勇，姚惠源，王强，2006a. 黄米营养成分分析 [J]. 食品工业科技 (2)：172-174.

刘勇，姚惠源，王强，2006b. 黍蛋白研究进展 [J]. 中国粮油学报，21 (3)：8-11.

刘勇，姚惠源，2006a. 黄米盐溶性蛋白提取工艺研究 [J]. 粮油食品科技，14 (6)：21-23.

刘振福，1983. 根据谷子的蒸腾系数分析经济合理的发展谷子生产 [J]. 农业经济 (4)：35-40.

刘正理，2007. 不同密度条件下 3 种类型谷子品种产量及其构成要素变化特征研究 [J]. 中国生态农业学报，15 (5)：135-138.

刘正理，程汝宏，2004. 谷子目标性状基因库育种研究 [J]. 华北农学报，增刊：40-44.

刘正理，程汝宏，2005. 谷子目标性状基因库育种技术体系的构建及其应用 [J]. 中国农业科学，38 (7)：1306-1311.

刘正理，李素英，程汝宏，1999. 中秆紧凑、半紧凑型夏谷新种质创新及其在育种中的应用 [J]. 中国农业科学，32 (6)：28-33.

刘正理，夏雪岩，2009. 关于糜子育种和产业发展策略的商榷 [J]. 中国农村小康科技 (9)：17-20.

刘正理、程汝宏，2004. 目标性状基因库育种法在高产优质多抗谷子新品种选育中的应用 [J]. 华北农学报，增刊：45-47.

柳随年，吴群敢，1985. 中国社会主义经济简史 [M]. 哈尔滨：黑龙江人民出版社.

卢健民，巫东堂，杨春，等，2002. 小米挤压膨化加工营养方便粥的工艺研究 [J]. 农业工程学报，18 (3)：123-127.

卢良恕，王健，2007. 粮食安全 [M]. 杭州：浙江大学出版社.

鲁晓东，2010. 对我国粮食最低收购价政策的思考 [J]. 中国粮食经济 (6)：13-15.

陆欣，2002. 土壤肥料学 [M]. 北京：中国农业大学出版社.

罗庆丰，周丽静，连喜军，2008. 玉米大米小米混合粉挤压膨化工艺参数的优化 [J]. 农产品加工学刊，154 (11)：39-42.

罗世武，2013a. 宁南干旱区谷子氮肥不同时期追施试验研究 [J]. 陕西农业科学 (3)：13-16.

罗世武，2013b. 宁南干旱区谷子肥料试验研究 [J]. 陕西农业科学 (4)：88-91.

罗世武，2013c. 宁南干旱区糜子水肥调控丰产试验研究 [J]. 陕西农业科学 (1)：52-55.

罗新谈，郭扶兴，周俊彦，等，1993. 谷子 Ch4n×法式狗尾草杂种幼胚培养及杂种 $F_1$ 的鉴定 [J]. 作物学报（19）：352－358.
吕邦民，1990. 谷子主要数量性状配合力研究［J］. 黑龙江农业科学（1）：13－17.
吕卫，2012. 论发挥温州港优势加快沿海产业带建设［J］. 现代商贸工业（24）：9－80.
马波，2010. 谷子冠层下的土壤溅蚀速率特征［J］. 干旱地区农业研究，28（1）：130－134.
马建萍，王志，王余兰，2009. 山西省中部地区谷子产业现状与技术需求［J］. 农业科技通讯（12）：19－21.
马金丰，2010. 直链淀粉含量对谷子淀粉粘滞特性的影响［J］. 中国农学通报，26（15）：195－198.
马金丰，2011. 黑龙江省谷子高产栽培技术［J］. 黑龙江农业科学（3）：147－148.
马金丰，李延东，王绍斌，等，2013. 谷子新品种龙谷 34 选育及栽培技术［J］. 黑龙江农业科学（1）：148－149.
马金丰，李延东，王绍滨，2010. 浅谈黑龙江省谷子生产现状、存在问题及发展思路［J］. 中国农技推广（2）：20－21.
马清学，2010. 农产品区域品牌建设模式实证研究［J］. 河南科技学院学报（5）：1－4.
马晓红，2011. 河南省特色农产品品牌建设必要性［J］. 神州商贸（8）：63－65.
马燕飞，2008. 一种小米营养粉及其生产方法：中国，200810055498.6［P］.
毛长存，2008. 无竞争不发展［J］. 中国乳业（3）：50－52.
门果桃，陈强，范挨计，等，2009. 糜子产业发展现状与对策［J］. 内蒙古农业科技（2）：79－82.
孟祥艳，2008. 黄米淀粉理化特性的研究［D］. 重庆：西南大学.
孟昭桂，齐敏学，1988. 谷子郑矮 2 号矮秆基因的遗传研究［J］. 河南农业科学（7）：1－2.
莫永，朱秋莲，吴俊，2008. 农作物育种过程中鸟害防治方法［J］. 安徽农学通报，14（6）：81－82.
牟东风，苟斌才，2013. 对巴中市畜产品品牌建设的思考［J］. 四川畜牧兽医（1）：13－14.
穆长春，孟召雷，陈伟利，2006. 黍米清酒的研制［J］. 酿酒，33（3）：87－88.
耐红，卫天业，郑洪源，等，2002. 南瓜小米快餐粥的研制［J］. 粮油加工与食品机机械（6）：55－56.
内蒙古伊利实业集团股份有限公司，2010. 含小米颗粒的小米饮料及其生产方法：中国，200810144225.9［P］.
牛玉红，黎裕，石云素，等，2002. 谷子抗除草剂“拿捕净”基因的 AFLP 标记［J］. 作物学报，28（3）：359－362.
戚业伟，魏代国，2010. 创新基地品牌建设模式提高蔬菜科技示范园水平［J］. 中国果菜（12）：52.
乔全生，霍园园，2009. 山西方言与小米文化［N］. 太原日报，10－19.
乔治军，2013. 糜子产业发展现状与思路［J］. 作物杂志（5）：25－27.
秦其文，张曼婕，2009. 湘西州猕猴桃产业品牌建设研究［J］. 青海农林科技（4）：83－86.
秦泰辰，1981. 杂种优势利用原理和方法［M］. 南京：江苏科学技术出版社.
秦晓威，2008. 谷子冠层温度分异现象及其生理特性研究［J］. 西北农业学报，17（2）：101－105.
屈洋，2011. 不同节水种植模式对糜子籽粒产量和水分利用效率的影响［J］. 干旱地区农业研究，29（6）：68－72.
屈洋，高小丽，冯佰利，2013. 中国糜子产业现状与发展策略［M］. 杨凌：西北农林科技大学出版社.
曲天一，1996. 从历史到今天—国有粮食政策的演变［J］. 中国商贸（1）：2.
任建军，徐亚平，2008. 小米方便米饭加工工艺研究［J］. 食品研究与开发，29（2）：95－97.
任婧，2012. 贵州省产业带的构建及发展对策研究［J］. 北京农业，33：175.
山西省农业科学院，1987. 中国谷子栽培学［M］. 北京：农业出版社.
山西省农业科学院经济作物研究所，2004. 一种小米方便粥及其制备方法：中国，03141350.1［P］.
山西省农业科学院经济作物研究所，2009a. 糜米低醇饮料的制作方法：中国，200810080037.4［P］.

山西省农业科学院经济作物研究所，2009b. 糜米无醇饮料的制作方法：中国，200810080049.7 [P].
邵鲁，盛亚军，2011. 我国粮食直接补贴政策效率的实证研究 [J]. 现代商业（27）：157－158.
申为宝，2004. 临沂市优势果茶产品产业带建设战略研究 [J]. 临沂市示范学院学报（3）：91－93.
师志刚，程汝宏，刘正理，等，2007. 高产抗旱谷子新品种“冀谷 22”选育研究 [J]. 河北农业科学，11（1）：95－96.
师志刚，刘正理，夏雪岩，等，2010. 简化栽培型谷子新品种“冀谷 29”选育研究 [J]. 河北农业科学，14（11）：129－130.
师志刚，刘正理，夏雪岩，等，2010. 谷子抗咪唑乙烟酸新种质的创新研究 [J]. 河北农业科学（11）133－134.
石磊，王世清，陈海华，等，2010. 浸泡温度及米水比例对小米淀粉糊化特性的影响 [J]. 食品与机械，26（1）：31－34.
宋国平，2012. 大同市谷子生产现状及其产业化发展对策 [J]. 农业技术与设备，10B：46－47.
宋吉香，2006. 建国以来有关粟（*Setaria italica*）的研究综述 [J]. 农业考古（4）：163－167.
宋克敏，1995. 营养液缺钙或缺钾对糜子幼苗抗旱性的影响 [J]. 植物生理学报，21（1）：35－42.
隋方功，1991a. 氮磷钾在夏谷不同器官中的分配与转移 [J]. 莱阳农学院学报，8（3）：186－191.
隋方功，1991b. 夏谷不同叶片养分吸收及运转动态的研究 [J]. 莱阳农学院学报，8（4）：257－263.
隋玉杰，何慧，石燕玲，等，2008. 玉米肽的醒酒活性体外试验及其醒酒机理研究 [J]. 中国粮油学报，23（5）：54－58.
孙翠霞，郭晓冬，李颖，等，2012. 不同品种小米淀粉品质特性研究 [J]. 粮食与油脂（5）：10－13.
孙黛珍，1999. 不同肥料因子对中国黍稷蛋白质脂肪含量影响的研究 [J]. 山西农业大学学报，19（4）：291－294.
孙殿生，赵志立，周乃建，1990. 春谷主要农艺性状相关遗传力分析 [J]. 山西农业大学学报，10（1）：34－37.
孙蕾，沈群，2012. 小米饮料的最佳液化——糖化及稳定条件研究 [J]. 食品工业科技，33（13）：220－227.
孙培业，周翔，侯变英，等，1994. 谷子的细胞遗传学研究Ⅴ谷子起源初探. 遗传，16（3）：24－27.
孙守如，2006. 种子丸粒化技术研究现状与展望 [J]. 中国农学通报，22（6）：151.
孙秀秀，2010. 古代作物栽培 [M]. 长春：吉林文史出版社.
唐启宇，1986. 中国作物栽培史稿 [M]. 北京：农业出版社.
唐喜国，王飞雪，杜云建，2007. 小米醇化乳酸菌饮料的工艺研究 [J]. 饮料工业，10（5）：27－29.
唐燮军，潘朝辉，2003. 中国农业的本土起源及其三大模块 [J]. 贵州文史丛刊（1）：48－52.
田伯红，2008. 空间诱变对谷子农艺性状效应的研究 [J]. 植物遗传资源学报，9（3）：340－345.
田伯红，2013. 禾谷类作物抗倒伏性的研究方法与谷子抗倒性评价 [J]. 植物遗传资源学报（2）：265－269.
汪建利，2011. 一种纯小米甜醋及其制备方法：中国，201010570680.2 [P].
王德慧，2013. 播期对糜子生长发育及产量影响的研究 [J]. 中国种业（4）：61－64.
王峰山，2008. 东省农产品品牌建设研究 [D]. 泰安：山东农业大学.
王改兰，1990. 砖窑沟流域旱地土壤水分状况与糜子耗水特征 [J]. 水土保持通报，10（6）：30－33，45.
王桂荣，张新仕，王慧军，等，2013. 河北省谷子单产水平变化与成因分析 [J]. 农业现代化研究，34（3）：353－357.
王慧军，2010. 河北省粮食综合生产能力研究 [M]. 石家庄：河北科学技术出版社.
王慧军，2011. 与时俱进 消费引领 科技支撑，重新构建我国现代谷子产业体系 [M]∥刁现民. 中国谷子产业与产业技术体系. 北京：中国农业科学技术出版社：317－323.

王剑芳，赵光洲，2011. 产业集群理论下特色农产品区域品牌模式——以云南红河哈尼族彝族自治州为例［J］. 安徽农业科学，39（35）：22045－22047.

王节之，张海风，郑向阳，等，1998. 常用激素对谷子幼穗组培的影响［J］. 山西农业科学，26：40－43.

王丽霞，孙海峰，赵海云，等，2007. 山西小米资源开发利用的研究——小米营养蛋白粉制备技术［J］. 食品工业科技，28（1）：173－175，188.

王莉，钱海峰，2007. 添加小米及大豆混合发酵酸奶研究［J］. 粮食与油脂（7）：22－23.

王龙昌，2001. 宁南旱区应变型种植制度的机理与技术体系构建［D］. 咸阳：西北农林科技大学.

王少先，2002. 种子包衣及丸化技术研究进展［J］. 种子，125（5）：32－35.

王素英，刘金荣，路志国，等，2010. 豫北地区谷子生产现状及产业化发展思路［J］. 河南农业科学（9）：52－54.

王文略，王生林，马丁丑，2010. 甘肃省典型农业特色优势产业区发展的实证分析［J］. 吉林农业科学，35（5）：50－53.

王霞，宋慧娟，苏腊梅，等，2005. 谷物型豆乳粉的研制［J］. 黑龙江八一农垦大学学报，17（4）：83－86.

王晓明，2012. 光温敏两系谷子杂交种制种生产技术［J］. 河北农业科学，16（3）：15－17.

王星玉，1996. 中国黍稷［M］. 北京：中国农业出版社.

王星玉，王纶，温琪汾，2010. 黍稷的名实考证及规范. 植物遗传资源学报，11（2）：132－138.

王学川，李飞虎，强涛涛，等，2013. 酶法与碱法提取糜子淀粉的最佳工艺条件研究［J］. 粮食与饲料工业（1）：19－22.

王彦哲，彭辉，董丽萍，等，2007. 早餐工程——南瓜小米营养粥的研制［J］. 食品科技，32（2）：81－84.

王洋，2012. 旱地谷子水肥高效调控技术研究进展［J］. 山西农业科学，40（5）：540－542.

王尧琴，王伟闽，1989. 我国谷子营养成分初探［J］. 作物品种资源（4）：29－31.

王颖，2012. 糜子品质特性与淀粉理化特性研究［D］. 杨凌：西北农林科技大学.

王永芳，李伟，刁现民，2003. 根癌农杆菌共培养转化谷子技术体系的建立［J］. 河北农业科学（7）：1－6.

王玉文，李会霞，田岗，2010. 谷子高异交结实雄性不育系的创制及应用［J］. 中国农业科学，43（4）：680－689.

王玉文，李会霞，田岗，等，2008. 小米外观品质及淀粉 RVA 谱特征与米饭适口性的关系［J］. 山西农业科学，36（7）：34－39.

王玉文，李会霞，王高鸿，1998. 谷子高度雄性不育系长 10A 的选育［J］. 甘肃农业科技（12）：12－13.

王志民，刘春吉，王润奇，等，1996. 用 gFM13 探针进行谷子品种的指纹分析［J］. 遗传学报，23（3）：228－233.

王志民，王润奇，刘春吉，等，1994. 谷子 RFLP 多态性研究及基因组 DNA 文库的建成［J］. 中国农业科学（4）：86－87.

王志民，1997. 谷子 RFLP 连锁图谱的构建及禾谷类物种比较遗传学研究［D］. 北京：中国农业大学.

王志伟，2010. 谷物发酵食品——酸粥生产工艺的研究［D］. 呼和浩特：内蒙古农业大学.

王中，2012. 高端特色品牌农业的理论与实证研究［D］. 青岛：中国海洋大学.

魏仰浩，王星玉，柴岩，1990. 中国黍稷论文选［M］. 北京：农业出版社.

温淑萍，周蕾，2012. 宁夏枸杞产业品牌化发展对策［J］. 宁夏农林科技，53（11）：162－163，166.

文松中，2006. 五谷画“画”出锦绣“钱程”［N］. 中国证券报，7－29.

乌日汗，周长海，2010. 粟米酱米曲霉制曲过程中菌体生长及酶活性变化［J］. 内蒙古大学学报，25（6）：660－663.

吴权明，白君礼，2000. 谷子与轮生狗尾草（18、4$X$）种间的亲缘关系分析［J］. 西北植物学报，20

（6）：954-959.
吴硕，1995. 中国粮食购销政策的演变及评价［J］. 中国农村观察（6）：35-43.
伍长南，2012. 加快海峡蓝色产业带建设研究［J］. 发展研究（12）：74-78.
夏超明，2009.《秋雨叹》赏析［J］. 现代语文（8）：32-33.
夏雪岩，师志刚，程汝宏，2010a. 优质简化栽培谷子新品种“冀谷31”［J］. 中国种业（8）：87-88.
夏雪岩，师志刚，程汝宏，2010b. 谷子简化栽培增产的生理机制研究［J］. 华北农学报，增刊，79-83.
谢志明，2004. 密度与磷肥对糜子生育性状和产量性状及品质的影响研究［D］. 长春：吉林农业大学.
谢志明，2008. 不同密度处理对吉林省西部地区糜子光合作用的影响［J］. 白城师范学院学报，22（6）：57-60.
辛逸，2005. 农村人民公社分配制度研究［M］. 北京：中共党史出版社.
邢宝龙，2011. 谷子高产栽培技术［J］. 内蒙古农业科技（2）：109-110.
邢国，1999. 旱地糜子不同覆膜方式栽培试验初报［J］. 甘肃农业科技（6）：24-25.
熊爱华，张红霞，2012. 山东省农业集群品牌建设模式研究［J］. 软科学研究（5）：46-49.
徐界华，2010. 中国粮食政策对粮食生产影响的研究［D］. 淄博：山东理工大学.
徐向英，2012. 燕麦蛋白提取，性质以及降血脂活性研究［D］. 郑州：河南工业大学.
徐雅慧，2006. 布农族的小米文化生态学研究——以南投县望乡部落为例［D］. 台湾：中原大学文化资产研究所.
许洁，王常青，赵陈勇，等，2011. 小米酸不溶性蛋白抗四氯化碳肝损伤的研究［J］. 食品科学，32（15）：251-254.
许文苹，曾燕，2011. 地理标志农产品品牌治理组织协同模式研究［J］. 西安电子科技大学学报（社会科学版）（7）：45-50.
许智宏，卫志明，杨丽君，1983. 谷子和狗尾草的幼穗培养［J］. 植物生理学通讯（5）：40.
薛月圆，李鹏，林勤保，2008. 小米的化学成分及物流性质的研究进展［J］. 中国粮油学报，23（3）：199-203.
闫格，徐文进，杨鹏，等，2013. 糜子的养生价值［J］. 宁夏农业科技，54（3）：121-122.
闫小明，2014. 谷子栽培推广工作探析［J］. 农业技术与设备（7B）：66-67.
严凤岐，2008. 杂交谷子亩产创世界之最［J］. 河北农业科学（2）：56.
颜波，2005. 2004年中国粮食政策综述［J］. 粮食科技与经济（3）：4-6.
杨斌，张喜文，张国权，等，2012. 夏谷区主栽谷子品种淀粉理化特性研究［J］. 食品科学（17）：58-63.
杨成元，2007. 不同谷子品种的肥力效应比较分析［J］. 杂粮作物（3）：238-239.
杨春，栗红瑜，邓晓燕，等，2008. 小米蛋白质的氨基酸组成及品质评价分析［J］. 农产品加工（学刊）（12）：8-10.
杨春，卢健鸣，杨德贵，2001. 孕产妇型小米粥的研制及营养评价［J］. 粮食与饲料工业（11）：36-38.
杨春，巫东堂，杨德贵，2001. 功能性即食糊的加工及营养评价［J］. 粮油食品科技，9（5）：31-33.
杨红梅，石龙，王建功，等，2006. 山西省谷子生产及其产业化开发探讨［J］. 山西农业科学，34（4）：11-13.
杨江学，2013. 不同栽培行距对糜子产量的影响［J］. 现代农业科技（4）：14-17.
杨丽军，许智宏，1985. 悬浮培养的谷子细胞的胚胎发生和植株再生［J］. 实验生物学报，18（4）：493-498.
杨丽军，许智宏，王大元，1986. 谷子愈伤组织的分离和培养［J］. 实验生物学报，19（4）：497-503.
杨联芝，臧盛，高清菡，等，2010. 糜子皮壳中多酚物质的提取工艺研究［J］. 安徽皮壳中多酚物质的提取工艺研究，38 (21)：11482 - 11485.
杨淑婷，1989. 晋西北旱地糜子高产农艺措施数学模型研究 [J]. 西北水土保持研究室集刊，10：56 - 63.
杨天育，2010. 旱地谷子地膜覆盖栽培技术的研究与实践 [J]. 中国农学通报，26 (1)：86 - 90.
杨晓明，2012. 实施农业品牌化的战略意义 [J]. 农业与技术 (9)：34.
杨秀芬，2011. 张杂谷——小作物孕育大希望 [J]. 现代农村科技 (1)：76.
杨延兵，管延安，秦岭，等，2012. 不同地区谷子小米黄色素含量与外观品质研究 [J]. 中国粮油学报，27 (1)：14 - 19.
杨延兵，秦岭，管延安，等，2013. 不同生态区谷子籽粒醇溶蛋白多态性分析 [J]. 中国粮油学报，28 (4)：22 - 26.
杨占平，2011. 原状土柱模拟不同降水年型条件下冬小麦、夏谷子耗水量研究 [J]. 河南农业科学，40 (9)：58 - 61.
姚亚平，田呈瑞，张国权，等，2009. 糜子淀粉理化性质的分析 [J]. 中国粮油学报，24 (9)：46 - 52.
叶敏，2013. 农产品品牌建设中的问题及对策 [J]. 中国经贸导刊 (1)：42 - 43.
尹义坤，2010. 我国粮食产业政策研究 [D]. 哈尔滨：东北农业大学.
游修龄，1993. 黍粟的起源及传播问题 [J]. 中国农史，12 (3)：1 - 13.
于亚军，2006. 同水肥条件对宁南旱地谷子产量、WUE 及光合特性的影响 [J]. 水土保持研究，13 (2)：87 - 90.
于艳琴，2001. 小米、绿豆发酵乳的研制 [J]. 食品工业科技，22 (1)：59 - 60.
余桂荣，2008. 小米文化与原乡妇女的生命力：布农族部落中的一对母女在小米中的对话 [J]. (台湾) 文化研究 (7).
袁辰霞，2009. 台湾高山族小米文化初探 [J]. 莆田学院学报，16 (4)：24 - 31.
臧盛，杨联芝，王敏，等，2010. 15 种糜子壳粉的多酚类化合物的抗氧化活性 [J]. 西北农业学报，19 (9)：139 - 143.
曾雄生，2010.《中国稻作文化史》序 [J]. 中国农史 (3)：137 - 139.
曾友明，丁泉水，罗武泉，2005. 小米牛奶的研制 [J]. 中国乳品工业，33 (1)：22 - 23.
张艾英，郭二虎，2013. 旱地谷子易揭膜覆盖试验 [J]. 山西农业科学，41 (4)：348 - 350.
张超，张晖，李冀新，2007. 小米的营养以及应用研究进展 [J]. 中国粮油学报，22 (1)：51 - 55，78.
张德奇，2005. 宁南旱区谷子地膜覆盖的土壤水温效应 [J]. 中国农业科学，38 (10)：2069 - 2075.
张德荣，2011. 有机硅缓释肥料在谷子上的应用效果初探 [J]. 现代农村科技 (6)：57.
张东光，2008. 小籽粒谷物精少量播种机研究现状与进展 [J]. 当代农机 (4)：69 - 70.
张芳，薛志和，2010. 榆林市谷子生产现状及发展思路 [J]. 农业科技通讯 (6)：13 - 14.
张国农，AMZA Tidjani，吕兵，2006. 婴儿配方仿制乳的研究 [J]. 食品与机械，22 (5)：27 - 31.
张海金，2007. 谷子在旱作农业中的地位和作用 [J]. 安徽农学通报，13 (10)：169 - 170.
张霁月，杨晓倩，唐逸甜，等，2008. 酶解法制小米饮料 [J]. 食品研究与开发，29 (10)：67 - 69.
张家口北宗黄酒酿造有限公司，2013. 杂交谷子酿造小米黄酒的配方及其制备工艺：中国，201210089575.6 [P].
张孔金，2012. 食用菌品牌建设与发展对策 [J]. 福建农业科技 (10)：78 - 80.
张莉，丁浩泉，高德鹏，等，2012. 山西省谷子生产现状及原因分析 [J]. 中国种业 (7)：15 - 17.
张莉，2011. 我国农产品加工业产业链现状及对策研究 [J]. 中国集体经济与商贸流通 (4 下)：130 - 131.
张履鹏，1979. 粟及其栽培技术 [M]. 北京：中国农业出版社.
张敏，2010. 我国粮食政策的历史及其现状分析 [D]. 保定：河北大学.

张鹏飞，2010. 叶面施硒对谷子硒富集及品质的影响［J］. 华北农学报，25（4）：231－234.
张清媛，2008. 辽西小杂粮的生产优势及发展对策［J］. 中国农业信息（4）：37－38.
张庆，2007. 优势农产品产业带建设：基于区域经济学的理论分析与对策思考. 经济体制改革（3）：79－83.
张全红，2011. 我国粮食政策性波动分析［J］. 农业经济（5）：22－24.
张润清，2005. 构建江汉平原农产品加工业产业链的设想［J］. 生态经济（4）：90－94.
张少仙，2005. 柑橘北缘产区优势产业带建设对策［J］. 湖北农业科学（1）：6－7.
张守攻，陈成彬，韩素英，2005. 中国部分杨属植物的染色体数目［J］. 植物分类学报，43（6）：539－544.
张树森，1990. 种谷农谚解［M］. 北京：中国农业科学技术出版社.
张文英，智慧，柳斌辉，等，2010. 谷子全生育期抗旱性鉴定及抗旱指标筛选［J］. 植物遗传资源学报（5）：560－565.
张文英，2011. 干旱胁迫对谷子孕穗期光合特性的影响［J］. 河北农业科学，15（6）：7－11.
张锡梅，1987. 谷子、糜子、高粱、玉米抗旱品种气孔扩散阻力、蒸腾速率、叶水势关系的研究［J］. 干旱地区农业研究（3）：80－85.
张喜文，2005. 山西谷子新品种及系列栽培技术［M］. 北京：台海出版社.
张喜文，2011a. 谷子产业加工现状、加工产品与未来方向［M］//刁现民. 中国谷子产业与产业技术体系. 北京：中国农业科学技术出版社：324－327.
张喜文，2011b. 谷子幼苗对土壤铅、铬的生长响应及吸收积累的差异性［J］. 植物研究，31（06）：739－743.
张喜英，1997. 谷子根系生长发育规律及其在土壤中分布的动态模拟［J］. 华北农学报，12（3）：83－87.
张小红，2012. 半干旱区旱地不同覆盖方式对糜子耗水和产量的影响［J］. 水土保持研究，19（5）：29－33.
张新华，夏念和，2005. 木兰科植物染色体数目报道［J］. 热带亚热带植物学报，13（6）：516－518.
张绪成，1999. 旱地糜子全生育期地膜覆盖穴播栽培试验研究及栽培技术［J］. 甘肃农业科技（8）：23－25.
张绪成，2001. 地膜糜子节水补灌技术研究［J］. 耕作与栽培（2）：41－42.
张野，2012. 覆膜对谷子农艺性状、产量及土壤物理性质的影响［J］. 作物杂志（5）：153－158.
张永清，2006. 切断深层根对黍子根系及地上部营养生长的影响［J］. 干旱地区农业研究，24（1）：134－137.
张永清，2009. 烯效唑浸种对谷子植株生长发育的效应［J］. 作物学报，35（11）：2127－2132.
张毓芳，袁妙葆，1995. 一种快速酶解去壁低渗制备植物染色体标本的方法［J］. 遗传，17（5）：48.
张志芬，高小丽，冯佰利，等，2009. 糜子籽粒贮藏蛋白的组分分析［J］. 西北农林科技大学学报（自然科学版），37（4）：81－85.
章焰，2004. 方便米粉的抗老化及品质控制研究［D］. 武汉：华中农业大学.
赵功玲，娄天军，莫宏涛，等，2004. 豆渣小米蛋糕研制［J］. 食品科技（12）：28－30.
赵功玲，路见锋，孙艳玲，2006. 大豆小米复合乳的工艺研究［J］. 食品研究与开发，27（6）：87－91.
赵立强，潘文嘉，马继芳，等，2010. 一个谷子新抗锈基因的 AFLP 标记［J］. 中国农业科学，43（21）：4349－4355.
赵立艳，2006. 论中西方文化的区别与融合［J］. 沈阳农业大学学报（社会科学版），8（1）：124－127.
赵连元，纪云，段胜军，等，1991. 高效谷子原生质体培养体系的建立［J］. 华北农学报，6（增刊）：53－58.
赵敏，2007. 杭州市优势特色农业产业带建设研究［J］. 杭州农业科技（1）：6－9.
赵学伟，魏益民，张波，2012. 挤压对小米淀粉理化特性的影响［J］. 食品工业科技，33（6）：185－188.
赵艺学，1990. 糜子生育期土壤水分变化规律的研究［J］. 水土保持通报，10（6）：34－38.

赵宇，刘猛，刘斐，等，2013. 2013年谷子糜子产业发展趋势与政策建议［J］. 农业展望（4）：56－59.

赵治海，崔文生，杜贵，1994. 光敏核不育谷子光周期反应初步研究［J］. 华北农学报，9（增刊）：29－32.

赵治海，崔文生，杜贵，1996. 谷子光（温）敏不育系821选育及其不育性与光、温关系的研究［J］. 中国农业科学，29（5）：23－31.

甄润英，马俪珍，屈智勇，2008. 小米鸡肉高钙肠的研制［J］. 食品研究与开发，29（8）：88－92.

郑风田，2004. 我国农业结构调整新思路——规模化、特色化与专业化产业区发展模式［J］. 农村经济（6）：1－4.

郑风田，程郁，2005. 从农业产业化到农业产业区——竞争型农业产业化发展的可行性分析［J］. 管理世界（7）：64－73.

郑红艳，2010. 小米麸皮膳食纤维的提取及成分和功能性质研究［D］. 重庆：西南大学.

郑洪源，冯耐红，卫天业，等，2002. 无油绿豆小米方便粥的研制［J］. 食品科技（6）：34，37.

郑坚强，司俊玲，杜立红，2003. 小米奶饮料的研制［J］. 饮料工业，6（4）：32－34.

郑勤，1998. 甘肃中部干旱地区糜谷全生育期地膜覆盖高产栽培技术［J］. 甘肃农业科技（1）：20－21.

志丹县鹏翔食品有限责任公司. 2012. 一种利用糯小米生产酿造酒的技术：中国，201110376864.X［P］.

中国农业大学，2008. 一种婴幼儿小米米粉的制备方法：中国，200810055851.0［P］.

中国农业大学，2008. 一种婴幼儿小米米粉的制备工艺：中国，200810055850.6［P］.

钟岩，2008. 灌浆期谷子净光合速率日变化及相关影响因子的研究［J］. 吉林农业科学，33（2）：5－7.

钟兆站，2000. 中国北方主要旱地作物需水量的计算与分析［J］. 中国农业气象，21（2）：3－4.

周俊彦，罗新谈，郭扶兴，等，1988. 云南狗尾草×谷子（四倍体）F1组织培养中的植株再生［J］. 作物学报，14（3）：131－136.

周睿，曹龙奎，鹿保鑫，2011. 黄米淀粉的制备及流变学特性的研究［J］. 中国食品添加剂（2）：93－98.

周长海，李红玫，乌日汗，等，2008. 特色粟米酱酿制工艺技术［J］. 中国酿造（12）：87－88.

朱光琴，吴权明，段永钊，1990. Ch在谷子三系选育中的应用方案的探讨［J］. 粟类作物（1）：38－41.

朱元刚，2013. 穴距对夏播谷子产量及其相关性状的影响［J］. 山东农业科学，45（3）：61－63，67.

朱正玲，2012. 浅析李白诗中为何多用金玉意象［J］. 群文天地（16）：126.

左丽君，2010. 发展农产品品牌化经营的必要性［J］. 现代农业（5）：127.

KAMARA，2010. 小米蛋白及其酶解物的营养和功能特性研究［D］. 无锡：江南大学.

Amadou I，Le G W，Amza T，et al，2013. Purification and characterization of foxtail millet-derived peptides with antioxidant and antimicrobial activities［J］. Food Research International，51（1）：422－428.

Amir Ahmadi Aghtape，Ahmad Ghanbari，Alireza Sirousmehr，2011. Effect of irrigation with wastewater and foliar fertilizer application on some forage characteristics of foxtail millet（*Setaria italica*）［J］. International journal of plant physiology and biochemistry，3（3）：34－42.

Appel L J，2003. The effects of protein intake on blood pressure and cardiovascular disease［J］. Current opinion in lipidology，14（1）：55－59.

Austin D F，2006. Fox-tail millets（*Setaria poaceae*）—Abandoned food in two hemispheres［J］. Economic Botany，60（2）：143－158.

Bangoura M L，Nsor-Atindana J，Ming Z H，et al，2012. Starch functional properties and resistant starch from foxtail millet［*Setaria italica*（L.）P. Beauv.］species［J］. Pakistan journal of nutrition，11（10）：821－830.

Bazzoli D L，Hill S，DiSilvestro R A，2002. Soy protein antioxidant actions in active，young adult women［J］. Nutrition research，22（7）：807－815.

Ben Y, Kokuba T, Miyaji Y, 1971. Production of haploid plant by anther culture of setaria italica [J]. Bull Fac Agric Kogoshima Univ, 21: 77 - 81.

Benabdelmouna A, Shi Y, Abirached-Darmency M, et al, 2001. Genomic in situ hybridization (GISH) discriminates between the A and the B genomes in diploid and tetraploid *Setaria* species [J]. Genome, 44: 685 - 690.

Bennetzen J, Schmutz J, Wang H, et al, 2012. Reference genome sequence of the model plant *Setaria* [J]. Nature biotechnology, 30 (6): 555 - 561.

Birky C W Jr, 1978. Relaxed cellular controls and organelle heredity [J]. Science, 222 (4623): 468 - 475.

Botstein D, White R L, Skolnick M, Davis R W, 1980. Construction of a genetic linkage map in man using restriction fragment length polymorphisms [J]. American journal of human genetics, 32: 314 - 331.

Brown W V, 1948. A cytological study in the Gramineae [J]. Am J Bot, 35: 382 - 385.

Cáceres M E, Biasutti C A, Balzarini M, 1994. Multivariate analysis of morphological characters in *Setaria leiantha* Hackel [J]. Euphytica, 80: 13 - 17.

Cheng H H, Lai M H, 2000. Fermentation of resistant rice starch produces propionate reducing serum and hepatic cholesterol in rats [J]. The journal of nutrition, 130 (8) .

D'Ennequin M L, Panaud O, Toupance B, 2000. Assessment of genetic relationships between *Setaria italica* and its wild relative *S. viridis* using AFLP markers [J]. Theor appl genet, 100: 1061 - 1066.

De Wet J J, 1954. Chromosome numbers of a few South African grasses [J]. Cytologia, 19: 97 - 103.

Dekker J, 2003. Evolutionary biology of the foxtail (*Setaria*) species-group [M] // Inderjit K. Principles and practices in weed management: weed biology and management. Dordrecht, The Netherlands, Kluwer Academic Publishers: 65 - 114.

Dekker J, 2004. The evolutionary biology of the foxtail (*Setaria*) species-group [M] // Inderjit (Ed.) . Weed biology and management. the Netherlands, Kluwer Academic Publishers: 65 - 113.

Devos K M, Wang Z, Beales J, et al, 1998. Comparative genetics maps of foxtail millet (*Setaria italica*) and rice (*Oryza sativa*) [J]. Theor appl genet, 96: 63 - 68.

Diao X M, 2011. Current status of foxtail millet production in China and future development directions [M] // The industrial production and development system of foxtail millet in China. Beijng: Chinese Agricultural Science and Technology Press.

Doust A N, Kellogg E A, Devos K M, et al, 2009. Foxtail millet: a sequence-driven grass model system [J]. Plant physiol, 149: 137 - 141.

Doyle J J, 1991. DNA protocol for plants CTAB total DNA isolation [M] // Hewitt G M. molecular techniques in taxonomy. Springer, Berlin: 283 - 293.

Dwivedi S, Upadhvava H, Senthilvel S, et al, 2011. Millets: genetic and genomic resources [J]. Plant Breed. Rev., DOI: 10.1002/9781118100509. ch5.

Ellegren H, 2004. Microsatellites: Simple sequences with complex evolution [J]. Nat Rev Genet, 5: 435 - 445.

Fairbrothers D E, 1959. Morphological variation of *Setaria faberii* and *S. viridis* [J]. Brittonia, 11 (1): 44 - 48.

Fujita S, Sugimoto Y, Yamashita Y, et al, 1996. Physicochemical studies of starch from foxtail millet (*Setaria italic* Beauv.)[J]. Food chemistry, 55 (3): 209 - 213.

Gale M D, Devos K M, 1998. Comparative genetics in the grasses [J]. PNAS, 95: 1971 - 1974.

Gluchoff-fiasson K, Jay M, 1987. Discriminative flavonoid patterns within a preliminary collection of the setaria italica specific complex [J]. Biochemical systematic and ecology, 15 (5): 581 - 586.

Gluchoff-fiasson K, Jay M, Viricel M, 1990. Detection of new flavonoid patterns in foxtail millet [*Setaria italic* (L.) Beauv.]: Comparison between pure lines and hybrids [J]. Biochemical systematics and ecology, 18 (4): 221 - 227.

Gupta P K, Singh R V, 1977. Variations in chromosomes and flavonoids in *Setaria* Beauv. [J]. The nucleus, 20: 167 - 171.

Gupta S, Kumari K, Sahu P P, et al, 2012. Sequence-based novel genomic microsatellite markers for robust genotyping purposes in foxtail millet [*Setaria italica* (L.) P. Beauv.] [J]. Plant Cell Rep, 31: 323 - 337.

Hagemeister H, Scholz-Ahrens K E, Schulte-Coerne H, et al. 1990. Plasma amino acids and cholesterol following consumption of dietary casein or soy protein in minipigs [J]. The Journal of nutrition, 120 (11): 1305 - 1311.

Hendawy S F, El-Sherbeny S E, Hussein M S, et al, 2012. Evaluation of some cultivars of foxtail plants under salinity conditions [J]. Journal of applied sciences research, 8 (2): 620 - 627.

Houyuan Lu, Jianping Zhang, Kam-biu Liu, et al, 2009. Earliest domestication of common millet (*Panicum miliaceum*) in East Asia extended to 10 000 years ago [J]. PANS (2009) 106 (18) 7367 - 7372; doi/10.1073/pnas.0900158106.

Huang X, Kurata N, Wei X, et al, 2012. A map of rice genome variation reveals the origin of cultivated rice [J]. Nature, 490: 497 - 501.

Hubbard F T, 1915. A taxonomic study of *Setaria* and its immediate allies [J]. Am. J. Bot., 2: 169 - 198.

Hufford M B, Xu X, Heerwaarden J V, et al, 2012. Comparative population genomics of maize domestication and improvement [J]. Nature genetics, 44: 808 - 811.

Jia G, Shi S, Wang C, et al, 2013. Molecular diversity and population structure of Chinese green foxtail [*Setaria viridis* (L.) Beauv.] revealed by microsatellite analysis [J]. J Exp Bot, 64: 3645 - 3655.

Jia G, Huang X, Zhi H, et al, 2013. A haplotype map of genomic variations and genome-wide association studies of agronomic traits in foxtail millet (*Setaria italica*) [J]. Nature Genetics, 45: 957 - 961.

Jia X, Zhang Z, Liu Y, et al, 2009. Development and genetic mapping of SSR markers in foxtail millet [*Setaria italica* (L.) P. Beauv.][J]. Theor Appl Genet, 118: 821 - 829.

Jia X P, Shi Y S, Song Y C, et al, 2007. Development of EST-SSR in foxtail millet (*Setaria italica*) [J]. Genet Resour Crop Evol, 54: 233 - 236.

Jimsheena V K, Gowda L R, 2010. Arachin derived peptides as selective angiotensin I-converting enzyme (ACE) inhibitors: structure-activity relationship [J]. Peptides, 31 (6): 1165 - 1176.

Jones R W, Beckwith A C, Khoo U, et al, 1970. Protein composition of proso millet [J]. Journal of agricultural food chemistry, 18 (1): 37 - 19.

K V Bhaskara Rao, P B B N Charyulu, 2005. Evaluation of effect of inoculation of *Azospirillum* on the yield of *Setaria italica* (L.) [J]. African journal of biotechnology, 4 (9): 989 - 995.

Kalinova J, Moudry J, 2006. Content and quality of protein in proso millet (*Panicum miliaceum* L.) varieties [J]. Plant foods for human nutrition, 61 (1): 45 - 49.

Kayser M, Kittler R, Erler A, et al, 2004. A comprehensive survey of human Y-chromosomal microsatellites [J]. Am. J. Hum. Genet., 74: 1183 - 1197.

Khosla P K, Sharma M L, 1973. Cytological observations on some species of *Setaria* [J]. The Nucleus,

26：38－41.

Kumari S K，Thayumanavan B，1998. Characterization of starches of proso，foxtail，barnyard，kodo and little millets [J]. Plant foods for human nutrition，53（1）：47－56.

Lagercrantz U，Ellegren H，Andersson L，1993. The abundance of various polymorphic microsatellite motifs differs between plants and vertebrates [J]. Nucleic Acids Res，21：1111－1115.

Lariepe A，Mangin B，Jasson S，et al，2012. The genetic basis of heterosis：multiparental quantitative trait loci mapping reveals contrasted levels of apparent overdominance among traits of agronomical interest in maize（*Zea mays* L.）[J]. Genetics，190：795－811.

Lata C，Gupta S，2012. Prasad M. Foxtail millet：a model crop for genetic and genomic studies in bioenergy grasses [J]. Critical reviews in biotechnology，DOI10. 3109/07388551. 2012. 716809.

Li C H，Pao W K，Li H W，1942. Interspecific crosses in *Setaria* Ⅱ. Cytological studies of interspecific hybrids involving：1，*S. faberii* and *S. italica*，and 2，a three way cross，$F_2$ of *S. italica*，*S. viridis* and *S. faberii* [J]. J Hered，33：351－355.

Li H W，Li C H，Pao W K，1945. Cytological and genetical studies of the interspecific cross of the cultivated foxtail millet，*Setaria italica*（L.）Beauv. and the green foxtail millet，*S. viridis* L. J. Amer [J]. Soc. Agron，37：32－54.

Li J J，Chen Z X，Yao H Y，et al，2007. Optimization of stress medium enhance hydroxyl radical inhibition by water-soluble protein from germinated millet [J]. LWT-Food science and technology，40（9）：1630－1636.

Li L，Lu K，Chen Z，et al，2008. Dominance，overdominance and epistasis condition the heterosis in two heterotic rice hybrids [J]. Genetics，180（3）：1725－1742.

Li P，Brutnell T P，2011. *Setaria viridis* and *Setaria italica*，Model genetic systems for the panicoid grasses [J]. Journal of experimental botany，62：3031－3037.

Li Q，Wan J，2005. SSRHunter：development of a local searching software for SSR sites [J]. Hereditas (Beijing)，27（5）：808－810.

Li Y，Wu S，Cao Y，1995. Cluster analysis of an international collection of foxtail millet [*Setaria italica*（L.）P Beauv.][J]. Euphytica，83：79－85.

Li Y，Jia J，Wang Y，et al，1998. Intraspecific and interspecific variation in *Setaria* revealed by RAPD analysis [J]. Genetic resources and crop evolution，45：279－285.

Lin H S，Chiang C Y，Chang S B，et al，2011. Development of simple sequence repeats（SSR）markers in *Setaria italica*（Poaceae）and cross-amplification in related species [J]. Int. J. Mol. Sci.，12：7835－7845.

Ling Q H，2002. Innovation and development of crop cultivation [J]. Yangzhou Univ.（Agricultural and Life Sciences Edition)，23（4）：66－69.

Liu K，Muse S V，2005. PowerMarker：integrated analysis environment for genetic marker data [J]. Bioinformatics，21：2128－2129.

Liu Meng，Zhao Yu，Liu Fei，et al，2012. Current status and perspective development of broomcorn millet production in China [J]. Agricultural science & technology，13（11）：2438－2441.

Liu R H，Meng J L，2003. MapDraw：A microsoft excel macro for drawing genetic linkage maps based on given genetic linkage data [J]. Hereditas (Beijing)，25（3）：317－321.

Lorenz K，Dilsaver W，1980. Proso millets milling characteristics，proximate compositions，nutritive value of flours [J]. Cereal chemistry，57（1）：16－20.

Lu H，Zhang J，Liu K B，et al，2009. Earliest domestication of common millet（*Panicum miliaceum*）in east Asia extended to 10 000 years ago [J]. Proc Natl Acad Sci USA, 106: 7367 - 7372.

Macia J, Sole R V, Elena S F, 2012. The causes of epistasis in genetic networks [J]. Evolution, 66: 586 - 596.

Majid Valipoor Dastenai, Mohammad Javad Mirhadi, Ardalan Mehrani, 2012. The study and comparison of 3 foxtail millet (*Setaria italica* L.) cultivars in different phenological stages in karaj region [J]. Technical journal of engineering and applied sciences, 2 (3): 62 - 68.

Mitchell-Olds T, 1995. Interval mapping of viability loci causing using heterosis Arabidoposis [J]. Geneties, 140 (3): 1105 - 1109.

Morgante M, Hanafey M, Powell W, 2002. Microsatellites are preferentially associated with nonrepetitive DNA in plant genomes [J]. Nat. Genet., 30 (2): 194 - 200.

Nakamura S, Hosaka K, 2010. DNA methylation in diploid inbred lines of potatoes and its possible role in the regulation of heterosis [J]. Theor Appl Genet, 120 (2): 205 - 214.

Nei M, Takezaki N, 1983. Estimation of genetic distances and phylogenetic trees from DNA anlysis. Proc [C]// 5th World Cong. Genet. Appl. Livstock Prod., 21: 405 - 412.

Nishizawa N, Fudamoto Y, 1995. The elevation of plasma concentration of high-density lipoprotein cholesterol in mice fed with protein from proso millet [J]. Biosci biotechnol biochem, 59 (2): 333 - 335.

Nishizawa N, Oihoko M, Hareyama S, 1990. Effect of dietary protein from proso millet on the plasma cholesterol metabolism in rats [J]. Agricultural and biological chemistry, 54: 229 - 230.

Nishizawa N, Shimanuki S, Fujihashi H, et al, 1996. Proso millet protein elevates plasma level of high densitibility poprotein: a new food function of proso millet [J]. Biomedical and environmental sciences, 9: 209 - 212.

Nishizawa N, Sato D, Ito Y, et al, 2002. Effects of dietary protein of proso millet on liver injury induced by D-galactosamine in rats [J]. Bioscience, biotechnology and biochemistry, 66 (1): 92 - 96.

Osuna-Avila P, Nava-Cedillo A, Jofre-Garfias A E, et al, 1995. Plant regeneration from shoot apex explant of foxtail millet [J]. Plant cell tissue and organ culture, 40: 33 - 35.

Pandey G, Misra G, Kumari K, et al, 2013. Genome-wide development and use of microsatellite markers for large-scale genotyping applications in foxtail millet [*Setaria italica* (L.)] [J]. DNA Research, doi: 10.1093/dnares/dst002.

Peres S R, Valle L E D, Munir M, 2003. Millet seeds mixed with phosphate fertilizers [J]. Scientia Agri cola, 60 (3): 573 - 579.

Parameswaran K P, Sadasivam S, 1994. Changes in the carbohydrates and nitrogenous components during germination of proso millet, *Panicum miliaceum* [J]. Plant foods for human nutrition (Dordrecht, Netherlands), 45 (2): 97 - 102.

Paul Ajithkumar I, Panneerselvam R, 2013. Osmolyte accumulation, photosynthetic pigment and growth of *Setaria italica* (L.) P. Beauv. under drought stress [J]. Asian pacific journal of reproduction, 2 (3): 220 - 224.

Peterson D G, Fulcher R G, 2001. Variation in minnesota HRS wheats: Starch granule size distribution [J]. Food research international, 34 (4): 357 - 363.

Pham Van Cuong, Hoang Viet Cuong, Nguyen Duc Doan, 2009. Effect of environmental factors on biological characters and grain quality of vietnamese foxtail millet (*Setaria italica* L.) [J]. J. ISSAAS, 15 (1): 170 - 174.

Powers L, 1994. An expansion of Jone′s theory for the explanation of heterosis [J]. The American Naturalist, 7 (3): 8-27.

Rafalski J A, Tingey S V, 1993. Genetic diagnostics in plant breeding: RAPDs, microsatellites and machines [J]. Trends Genet, 9: 275-280.

Reddy L A, Vaidyarath K, 1990. Callus formation and regeneration in two induced mutants of foxtail millet (*Setaria italica*)[J]. Genet & Breed, 44: 133-138.

Rice P, Longden I, Bleasby A, 2000. EMBOSS: the European molecular biology open software suite [J]. Trends Genet, 16: 276-277.

Rominger J M, 1962. Taxonomy of *Setaria* (Gramineae) in north America [M]// Illinois biological monographs . University of Illinois Press, Urbana, Illinois, USA.

Sayed Alireza Valadabadi, Hossein Aliabadi Farahani, 2010. Studying the interactive effect of potassium application and individual field crops on root penetration under drought condition [J]. Journal of agricultural biotechnology and sustainable devel opment, 2 (5): 82-86.

Schlotterer C, Tautz D, 1992. Slippage synthesis of simple sequence DNA [J]. Nucleic Acids Res, 20: 211-215.

Soulaka A B, Morrison W R, 1985. The amylose and lipid contents, dimensions and gelatinization characteristics of some wheat starches and their A-granule and B-granule fractions [J]. Journal of the science of food and agriculture, 36 (8): 709-718.

Srivastava D, Vyas M C, Chaudhary R K, 1983. Prognostic significance of eosinophil count during radiotherapy [J]. Indian J Med Res, 78 (Suppl): 162-163.

Taira H, 1968. Amino acid composition of different varieties of foxtail millet (*Setaria italic*) [J]. Journal of agricultural and food chemistry, 16: 1025-1027.

Takatsuto S, Kosuga N, Abe B, et al, 1999. Occurrence of potential brassinosteroid precusor steroids in seeds of wheat and foxtail millet [J]. Journal of plant research, 112 (1): 27-33.

Tamura K, Dudley J, Nei M, et al, 2007. MEGA4: molecular evolutionary genetics analysis (MEGA) software version 4.0 [J]. Mol Biol Evol, 24: 1596-1599.

Tauz D, Renz M, 1984. Simple sequences are ubiquitous repetitive components of eukaryotic genomes [J]. Nucleic Acids Res, 12: 4127-4138.

Temnykh S, Park W D, Ayers N, et al, 2000. Mapping and genome organization of microsatellite sequences in rice (*Oryza sativa* L.) . Theor Appl Genet, 100: 697-712.

Tian Bohong, Wang Jianguang, Zhang Lixin, et al, 2010. Assessment of resistance to lodging of landrace and improved cultivars in foxtail millet [J]. Euphytica, 172: 295-302.

Till-bottraud X, Reboud P, Brabant M, et al, 1992. Outcrossing and hybridization in wild and cultivated foxtail millets: consequences for the release of transgenic crops [J]. Theoretical and applied genetics, 83: 940-946.

Tilney N L, Bancewicz J, Rowinski W, et al, 1978. Enhancement of cardiac allografts in rats: Comparison of host responses to different treatment protocols [J]. Transplantation, 25 (1): 1-6.

Traore M, Bismarck Nacro H, Tabo R, 2012. Potential for agronomical enhancement of millet yield via Jatropha curcas oilcake fertilizer amendment using placed application technique [J]. Int. J. Biol. Chem. Sci, 6 (2): 808-819.

Tsaftaris A S, 1990. Biochemical analyses of inbreds and their heterotic hybrids in maize [J]. Prog Clin Biol

Res, 344 (12): 639-664.

Vigouroux Y, Mitchell S, Matsuoka Y, et al, 2005. An analysis of genetic diversity across the maize genome using microsatellites [J]. Genetics, 169: 1617-1630.

Wang C, Jia G, Zhi H, et al, 2012. Genetic diversity and population structure of Chinese foxtail millet [*Setaria italica* (L.) Beauv.] landraces [J]. G3, 2: 769-777.

Wang Z, Devos K M, Liu C, et al, 1998. Construction of RFLP-based maps of foxtail millet, *Setaria italica* [J]. Theor Appl Genet, 96: 31-36.

Weber J L, 1990. Informativeness of human $(dC\text{-}dA)_n$. $(dG\text{-}dT)_n$ polymorphisms [J]. Genomics, 7: 524-530.

Whattam J, Cornell H J, 1991. Distribution and composition of the lipids in starch fractions from wheat flour [J]. Starch-Starke, 43 (4): 152-156.

Xiong L, Andrews D, Regnier F, 2003. Comparative proteomics of glycoproteins based on lectin selection and isotope coding [J]. J Proteome Res, 2 (6): 618-625.

Yanez G A, Walker C E, Nelson L A, 1999. Some chemical and physical properties of proso millet starch [J]. Journal of cereal science, 13: 299-305.

Yang X, Wan Z, Perry L, et al, 2012. Early millet use in northern China [J]. Proc Natl Acad Sci USA, 109: 3726-3730.

Yin J, 2006. Application of modern biotechnologies to deepen the study on crop cultivation: A discussion about subject development [J]. Henan Agric. Sci (8): 45-48.

Yu S B, Li J X, Xu C G, et al, 1997. Importance of epistasis as the genetic basis of heterosis in an elite rice hybrid [J]. Proc Natl Acad Sci USA, 94 (10): 9226-9231.

Zhang G, Liu X, Quan Z, et al, 2012. Genome sequence of foxtail millet (*Setaria italica*) provides insights into grass evolution and biofuel potential [J]. Nature biotechnology, 30 (6): 549-554.

Zhang L, Yuan D, Yu S, et al, 2004. Preference of simple sequence repeats in coding and non-coding regions of *Arabidopsis thaliana* [J]. Bioinformatics, 20: 1081-1086.

Zhang Z, Deng Y, Tan J, et al, 2007. A genome-wide microsatellite polymorphism database for the Indica and Japonica rice [J]. DNA Res, 14: 37-45.

Zhao M, Zhi H, Doust A N, et al, 2013. Novel genomes and genome constitutions identified by GISH and 5s rDNA and kotted1 genomic sequences in the genus *Setaria* [J]. BMC Genomics, 14: 244.

**图书在版编目（CIP）数据**

中国现代农业产业可持续发展战略研究．谷子糜子分册／国家谷子糜子产业技术体系编著．—北京：中国农业出版社，2018.7
ISBN 978-7-109-23925-8

Ⅰ.①中…　Ⅱ.①国…　Ⅲ.①现代农业-农业可持续发展-发展战略-研究-中国 ②谷子-栽培技术 ③糜子-栽培技术　Ⅳ.①F323 ②S51

中国版本图书馆 CIP 数据核字（2018）第 033647 号

中国农业出版社出版
（北京市朝阳区麦子店街 18 号楼）
（邮政编码 100125）
责任编辑　郭　科　宋会兵
文字编辑　刘金华

中国农业出版社印刷厂印刷　新华书店北京发行所发行
2018 年 7 月第 1 版　2018 年 7 月北京第 1 次印刷

开本：787mm×1092mm 1/16　印张：25
字数：540 千字
定价：180.00 元